Albrecht Tyrell

Führer befiehl...

Selbstzeugnisse aus der ‚Kampfzeit' der NSDAP

GONDROM VERLAG

Lizenzausgabe für Gondrom Verlag GmbH + Co. KG, Bindlach 1991

Covergestaltung: Grafik Design Studio L. Mielau, Wiesbaden
Gesamtherstellung: Leipziger Verlags- und Druckereigesellschaft mbH
ISBN 3-8112-0694-X

INHALTSVERZEICHNIS

Vorwort

Als dieses Buch 1969 zum erstenmal erschien, gab es noch keine Gesamtdarstellung des Aufstiegs des Nationalsozialismus vor dem Hintergrund der Weimarer Republik. Dafür fehlten seinerzeit wichtige Vorarbeiten. Ein bedeutendes Defizit bestand darin, daß keine fundierte Untersuchung über die Entwicklung vorlag, die die NSDAP als Partei vom Zeitpunkt ihrer Gründung unmittelbar nach dem Ende des Ersten Weltkriegs bis zum Jahre 1933 durchmachte, als sie zur Staatspartei des Dritten Reiches wurde. Allerdings stand damals bereits in den historischen Archiven der Bundesrepublik – wenn auch verstreut – aufschlußreiches Quellenmaterial in erheblichem Umfang zur Verfügung. Der Herausgeber unternahm es deshalb seinerzeit, diese Lücke durch eine Dokumentation zu verkleinern, die im wesentlichen auf unveröffentlichten innerparteilichen Unterlagen und schwer zugänglichen Texten aus der NS-Publizistik beruhte. Der Versuch, bei dem die Dokumente und Materialien sachlich und chronologisch gegliedert und durch erläuternde Einführungen und einen Anhang mit Organisations- und Zahlenübersichten ergänzt wurden, hat sich wohl bewährt, wie das Echo und die Benutzung durch Forschung und Publizistik zeigten.

Der Band wird nunmehr in weitgehend unveränderter Form wieder vorgelegt. Auf eine Überarbeitung der Einführungen zu den verschiedenen Kapiteln, auf zusätzliche Erläuterungen zu den Texten, auf eine Aktualisierung des Literaturverzeichnisses[1] und auf die Berichtigung einzelner Fehler mußte der Herausgeber schweren Herzens fast ganz verzichten. Den Schwerpunkt dieser Arbeit bildet die Dokumentation der strukturellen Entwicklung der NSDAP: der Entstehung, Organisation, Funktionsweise, Kampfmethoden und politischen Zweckbestimmung des neuartigen Typs der Führerpartei, den sie verkörperte. Vor allem wird der innerparteiliche Formungs- und Stabilisierungsprozeß der Jahre 1925–1930 ausgeleuchtet. In diesem Zeitraum entstanden die grundlegenden Voraussetzungen, die die NSDAP seit 1929/30 befähigten, die politischen Chancen wahrzunehmen, die sich mit dem offenen Ausbruch der tiefgreifenden

1) Hingewiesen sei wenigstens auf M. Broszat: Die Machtergreifung. München 1984; W. Horn: Führerideologie und Parteiorganisation in der NSDAP (1919–1933). Düsseldorf 1972; G. Jasper: Die gescheiterte Zähmung. Wege zur Machtergreifung Hitlers 1930–1934. Frankfurt 1986; P. Manstein: Die Mitglieder und Wähler der NSDAP 1919–1933. Frankfurt 1989; G. Schulz: Aufstieg des Nationalsozialismus. Frankfurt 1975; H. Schulze: Weimar. Deutschland 1917–1933. Berlin 1982; H. U. Thamer: Verführung und Gewalt. Deutschland 1933–1945. Berlin 1986; A. Tyrell: Vom 'Trommler' zum 'Führer'. München 1975.

politischen, wirtschaftlichen und gesellschaftlichen Krise der Weimarer Republik für sie ergaben. Ihre organisatorische und ihre ideologische Gestalt hatte sich verfestigt, und sie hatte unter schwierigen Bedingungen gelernt, ihre Kampfmethoden der Daueragitation, der Massenregie und der offenen Drohung mit - auch der Anwendung von - Gewalt wirksam zu entfalten. Außerdem wurden bereits in dieser Formationsphase viele Züge ausgeprägt, die die nationalsozialistische Politik und die eigentümliche Systemlosigkeit des Dritten Reiches maßgeblich mitbestimmten. Für zahlreiche hohe Funktionsträger des Regimes bildeten diese Jahre des Wartens ohne sichere Aussicht auf Erfolg die wichtigste politische Schule.
Der seinerzeit verschiedentlich geäußerten Anregung, die innerparteiliche Entwicklung der Jahre 1930-1933 und die Vorgeschichte der „Machtergreifung" umfassender zu dokumentieren, kann in dieser Neuausgabe leider nicht entsprochen werden. Bemerkenswerterweise klaffen hier noch immer beträchtliche Forschungslücken. Deshalb sei an dieser Stelle wenigstens auf die Ergebnisse einer Untersuchung verwiesen, in der jüngst erstmals die internen Überlegungen der NS-Führung über die möglichen Wege zur politischen Macht genauer dargestellt werden.
Das Wahlergebnis vom 14. September 1930, durch das die NSDAP mit 18,3% der Stimmen zur zweitstärksten Fraktion im Reichstag wurde, schuf eine ganz neue Konstellation für die Republik, weil weder Reichspräsident von Hindenburg noch Reichskanzler Brüning die SPD noch einmal in eine Regierung einbeziehen wollten. Dadurch kam dem Verhalten der Nationalsozialisten plötzlich zentrale Bedeutung im politischen Kräftespiel zu. Vom Zentrum bis zu den offenen Befürwortern eines autoritären Präsidialregimes bemühte man sich um sie.
Aus der Sicht der NSDAP-Führung öffneten sich dadurch verschiedene Zugänge zu Schaltstellen, die es erlaubten, die Politik des Reiches in eine ihnen erwünschte Richtung zu lenken und durch Eindringen in die Machtstrukturen der Republik zu einer Konstellation zu kommen, in der das Gewaltpotential der NSDAP im Einverständnis oder mit Duldung der staatlichen Machtträger gegen die Linke eingesetzt werden konnte.
Diesen Einstieg suchten die Nationalsozialisten in drei Richtungen, wobei sie die verschiedenen Wege gleichzeitig erkundeten. Die erste Möglichkeit bildete eine Regierungsbeteiligung unter Brüning, von dem sie zunächst Innen- und Reichswehrministerium und den Bruch der langjährigen Koalition des Zentrums mit der SPD in Preußen forderten. Dem ehemaligen Reichskanzler Cuno und dann Brüning selbst erläuterte Hitler wenige

2) A. Tyrell: Der Aufstieg der NSDAP zur Macht, in: K.D. Bracher, M. Funke, H.-A. Jacobsen (Hg.): Die Weimarer Republik 1918-1933. Düsseldorf 1987, S. 476ff.

Wochen nach der Septemberwaahl seine Grundsätze für den innenpolitischen Teil seines Regierungsprogramms: „Radikalster Bruch mit dem jetzigen parlamentarisch-demokratischen System, Säuberung dieses korrupten Staates, Abbau des Parteibuchbeamtentums, ... Staatsgerichtshof für Novemberverbrecher, Todesstrafe für Vaterlandsverrat", mit einem Wort: schärfstes Durchgreifen gegen „Bolschewismus und Marxismus". Hitlers Drang, bei gleichzeitiger Erhöhung des Drucks von unten über Brüning raschestens die Möglichkeit zu bekommen, in Deutschland „aufzuräumen" und die Fesseln von Versailles mit energischen Schritten abzuschütteln, war zeitweilig äußerst stark. Seit Januar 1931 bemühten Göring und er sich gezielt um die Verbesserung der Beziehungen zur Reichswehrführung, weil man für die beabsichtigten Maßnahmen die bewaffnete Macht auf seiner Seite haben mußte. Im März des Jahres klagte Goebbels in seinem Tagebuch, Hitler sei geradezu kompromißwütig, weil er unter allen Umständen sofort „an die Macht" wolle. Nachdem im Mai die Landtagswahl in Oldenburg mit einer Steigerung des NS-Stimmenanteils auf 37,2% gezeigt hatte, daß das Wählerpotential der NSDAP noch längst nicht ausgeschöpft war, erweiterte er seine Bedingungen allerdings um die Forderung nach Auflösung und Neuwahl des Reichstags. Brüning und der immer stärker an Einfluß gewinnende General v. Schleicher blieben zwar an der Ausweitung der Regierungsbasis nach rechts interessiert, doch kam es bis zum Sturz des Kanzlers nicht zu einer Einigung.
Ein zweiter Pfad zur Macht führte über das Amt des Reichspräsidenten. Seine verfassungsmäßigen Rechte, den Reichskanzler zu berufen und zu entlassen, den Reichstag aufzulösen und aufgrund des Artikels 48 durch Notverordnungen regieren zu lassen, eröffneten ihm unter den inzwischen gegebenen Umständen weiten Handlungsspielraum, der vorläufig noch Brüning zugute kam. Seit dem Herbst 1930 interessierte sich die NS-Führung für Bestrebungen, einen Einheitskandidaten rechts von der Mitte für Hindenburgs Nachfolge aufzubauen. Im Dezember akzeptierte sie dafür Cuno unter der Bedingung, daß ihn auch DNVP, Stahlhelm, Reichslandbund und andere Gruppen unterstützten und daß er das einflußreiche Amt des Staatssekretärs in der Präsidialkanzlei einem nationalsozialistischen Vertrauensmann übertrüge. Diese Voraussetzungen realisierten sich anschließend jedoch nicht. Die negativen Erfahrungen, die sie in dieser Frage mit den potentiellen Verbündeten von der brüchigen „Harzburger Front" machten, dürften mit ein Grund dafür gewesen sein, daß Hitler sich Anfang Februar 1932 nach längerem Zögern doch entschloß, selbst einen Anlauf auf das Präsidentenamt zu unternehmen.
Mit seiner an sich aussichtslosen Kandidatur gegen Hindenburg unterstrich Hitler seinen Anspruch, der zugkräftigste Führer der „nationalen

Opposition“ zu sein und förderte damit seine Chancen, auf dem dritten Weg doch zum Erfolg zu kommen. Dieser führte ebenfalls über das Präsidentenamt, mit dem Unterschied, daß Hindenburg Amtsinhaber bleiben konnte. Kern dieser Alternative, die spätestens im August 1931 klare Konturen annahm, war, Brüning im Reichstag über die wirtschafts- und finanzpolitischen Notverordnungen, mit denen er der schweren Krise beizukommen trachtete, zu stürzen und den Präsidenten dazu zu bringen, ein rechtsgerichtetes Fachkabinett zu berufen; falls der Reichstag diesem sein Mißtrauen aussprach, sollte er sogleich aufgelöst werden. Wenn Neuwahlen keine Mehrheit für die Regierung erbrachten, sollte versucht werden, den Reichstag über ein Ermächtigungsgesetz sich selbst ausschalten zu lassen; schlimmstenfalls sollte er, gestützt auf den Präsidenten, „nach Hause gejagt“ (Goebbels) werden – das Instrumentarium des Jahres 1933 wurde hier also bereits zurechtgelegt.
Diese Lösung setzte jedoch voraus, daß entweder dramatische Veränderungen eintraten oder daß Hindenburg sein Vertrauen in Brüning verlor. Zeitweilig scheint Hitler ziemlich fest mit kommunistischen Gewaltaktionen gerechnet zu haben, wobei er hoffte, daß zu ihrer Abwehr die SA an die Seite von Polizei und Reichswehr gerufen werden müßte. Während diese Erwartung fehlging, steigerten die Erfolge bei Landtagswahlen das Selbstbewußtsein der Nationalsozialisten weiter. Im Dezember 1931 erklärte Hitlers Unterhändler Göring gegenüber Hindenburg, neben den bisher geforderten Ämtern müßten sie jetzt auch das Kanzleramt verlangen. Damit waren die Forderungen auf dem Tisch, die im folgenden Jahr Hitlers Haltung zum Regierungseintritt bestimmten.
Das Eindringen der Nationalsozialisten in zentrale Machtpositionen blokkierte vor allem der Reichspräsident selbst, der an der Aufrichtigkeit ihrer Bereitschaft zur Teilung der Macht und zu ehrlicher Zusammenarbeit mit anderen nationalen Kräften zweifelte. Diese Kluft vermochten die Nationalsozialisten aus eigener Kraft nicht zu überwinden. Hier lag nun die entscheidende Verantwortung, die die konservativ-nationalen Kreise um Schleicher und Papen und in der Umgebung Hindenburgs auf sich luden, indem sie ihm so lange ihr Zähmungskonzept als den einzigen Ausweg aus der Krise suggerierten, bis der Greis schließlich nachgab und Hitler zum Kanzler eines „Kabinetts der nationalen Konzentration“ ernannte.

I. Entstehung und Entwicklung der NSDAP bis zum »Hitler-Putsch«. 1919–1923

Am 5. Januar 1919 gründeten der Eisenbahnschlosser Anton Drexler und der Sportjournalist Karl Harrer in München ihre Deutsche Arbeiterpartei. Zu den geistigen Vätern gehörte nicht nur die völkisch-antisemitische, logenartig organisierte Thule-Gesellschaft, von der Harrer zu dieser Gründung inspiriert worden war, sondern Drexler repräsentierte Strömungen, die schon vor dem Krieg um eine Versöhnung des Arbeiters mit dem Gedanken der Nation gerungen hatten und sowohl den sozialistischen Internationalismus wie die vom Marxismus behauptete Unaufhebbarkeit der Klassengegensätze bekämpften (2).

Bereits zu Beginn des Jahrhunderts hatten die »national-sozialistischen« Bemühungen einer anderen Deutschen Arbeiterpartei im deutsch-tschechischen Nationalitätenkonflikt der Habsburgermonarchie außer dem sich durch Kapitalismus und Sozialismus gleichermaßen bedroht fühlenden Mittelstand auch nationalistische Teile der Arbeiterschaft mobilisieren können. Im Mai 1918 nahm diese Partei den Namen Deutsche Nationalsozialistische Arbeiterpartei an. Allerdings war die Reichsleitung der NSDAP, wie sich die Münchener DAP seit Februar 1920 nannte, in gewisser Weise sogar im Recht, wenn sie später die Bedeutung dieser Vorläufer herunterzuspielen bemüht war (1). Sie entstand und entwickelte sich von Anfang an, unbeschadet lockerer Kontakte (1, 5, 6), unabhängig von der DNSAP in Österreich und der Tschechoslowakei.

Zweifellos stammten die von Drexler zusammengetragenen Gedanken, die wesentlich auch das berühmte 25-Punkte-Programm der NSDAP vom 24. Februar 1920 bestimmten (2, 4), aus solchen älteren Quellen. Die Bezeichnung »Nationaler Sozialismus«, die auch der 1919 erschienenen theoretischen Schrift des sudetendeutschen DNSAP-Abgeordneten Rudolf Jung (109) den Titel gab, schrieb dem verwirrenden Konglomerat aus antikapitalistischen und zugleich antimarxistischen, aus nationalistischen und antisemitischen Ressentiments und ausgesprochen mittelständisch orientierten Einzelforderungen sehr viel mehr Substanz zu, als sich hinter den niemals konkretisierten, aber populären Parolen verbarg. Gerade die mangelnde Geschlossenheit der programmatischen Konzeption und ihre schlagwortartige, propagandistisch wirksame Formulierung verweisen darauf, daß die Gründe für den raschen Aufstieg der NSDAP noch anderweitig zu suchen sind.

Ohne die Erschütterungen durch Krieg, Niederlage, »Novemberrevolution«, »Versailles« und die bayrische Sonderentwicklung zur Räterepublik wäre er nicht denkbar gewesen. Die dadurch freigesetzten Ängste und Haßgefühle hatten in bisher unpolitischen Schichten eine zuvor nicht gekannte Anfälligkeit für einen politischen Radikalismus zur Folge, der den nationalistischen Grundströmungen der letzten Jahrzehnte deutscher Geschichte entsprechend wohl nur nach »rechts« tendieren konnte. Angesichts der aktuellen außen- und innenpolitischen Gefahren verließ der Nationalismus der NSDAP die reaktionäre und theoretisierende Linie der bisherigen völkisch-antisemitischen Bewegungen Deutschlands. Im Programm vielerlei Interessen ansprechend – offen auch für Außenseiter-Ideen wie Gottfried Feders Forderung nach »Brechung der Zinsknechtschaft« (4) –, enthielt ihr Anspruch auf die orientierungslos gewordenen Massen erhebliche Sprengkraft. Der »sozialistische« Tenor entsprach unzweifelhaft ehrlichen Empfindungen und blieb nicht ohne Anklang (2, 4, 6). Was Gregor Straßer 1932 die »antikapitalistische Sehnsucht der Massen« nannte, war bereits seit 1918/19 wirksam: nicht als klares Ziel oder ausgesprochenes Bedürfnis, sondern in der sozialen Unsicherheit weiter Bevölkerungskreise und ihrem Haß gegen die vermeintlich Schuldigen am Zusammenbruch des Reiches und der eigenen Hoffnungen. Bei ihnen fanden die in sich kontroversen aggressiven Parolen willige Aufnahme, weil sie eben diese Bewußtseinslage artikulierten und zugleich eine Erklärung boten und einen Ausweg verhießen. Dabei erwies sich, daß fast noch stärker als programmatische Forderungen die Aktivität gegen »Novemberverrat« und »Bolschewisierung« Zustimmung fand. Hier entstand der Nährboden, auf dem allein solche Bewegungen des reinen Ressentiments ihre revolutionäre Dynamik entfalten konnten, und man darf nicht übersehen, daß unter der scheinbar geglätteten Oberfläche der Republik in der Mitte der zwanziger Jahre diese Erschütterungen fortwirkten. Den Sprengstoff hatten die »Programmatiker der Bewegung« bereitgelegt, doch fehlte noch der Funke, ihn zu zünden.

Daß die NSDAP die günstige Konstellation zu nutzen vermochte, verdankte sie dem Impuls, den der als Reichswehrspitzel am 16. September 1919 zufällig auf die Vierzig-Mann-Partei gestoßene Gefreite Hitler gab (3). Man muß sich davor hüten, Hitlers Fähigkeiten überzubewerten, doch war er innerhalb der DAP/NSDAP und der Münchener nationalistischen Kreise insofern eine singuläre Erscheinung, als er sich – dreißigjährig und ohne Beruf – mit fanatischer Entschlossenheit ganz der Agitation verschrieb: nicht die Politik, aber die Partei wurde sein Beruf (7). Die radikale Wendung an die Öffentlichkeit, die Hitler gegen den ausscheidenden Harrer durchsetzte, bedeutete zugleich die Grundlage seines persönlichen Aufstiegs, denn sein einziges, bereits beim Militär erprobtes Talent war seine explosive rednerische Wirkung. Der Erfolg seiner ersten Auftritte machte ihm und der wachsenden Zahl der Parteimitglieder Mut, so daß sich ihre Taktik von selbst ergab. Vom 24. Februar bis Ende 1920 hielt die NSDAP allein in München 46 Versammlungen vor bis zu 3500 Menschen ab. Hitler sprach in dreizehn Monaten mehr als fünfzigmal, u. a. in Stuttgart, Rosenheim und mehrfach auch in Österreich (6). Die Massenagitation bescherte der aus dem Nichts gekommenen Partei bis Ende 1920 über 2000 Mitglieder (3). Ähnliche Anstrengungen verdoppelten die Zahl im folgenden Jahr; beim Verbot der gesamten Partei am 11. November 1923 betrug sie rund 50 000.

Die politische Vorstellungswelt des frühen Hitler gründete letztlich in der einen außenpolitischen Forderung nach Revision des Kriegsausgangs. Alles andere maß er an der Wiedererringung großdeutscher Weltgeltung (5). Deutschlands Freiheit war in seinen Augen aufs stärkste durch eine internationale jüdisch-marxistische Verschwörung bedroht; innenpolitische Bolschewisierung und damit Schwächung ging für ihn Hand in Hand mit gleichzeitiger außenpolitischer Knechtung und wirtschaftlicher Ausbeutung. Jede Änderung mußte im Inneren Deutschlands ansetzen und zunächst die Stützen dieser Politik beseitigen (14, 71 b). Die Zeit dazu erschien ihm äußerst kurz bemessen, statt politischer Betätigung blieb daher nur die gewaltsame Lösung. Diese wiederum setzte eine ungeheure Aufklärungskampagne und die Schaffung eigener Machtmittel voraus (14). Im frühesten Stadium bot sich das schon weitgehend vorgeformte 25-Punkte-Programm (4), das er am 24. Februar 1920 in der ersten großen Versammlung vor 2000 Besuchern verkündete, als Propagandamittel an, ohne daß Hitler sich fortan mit den einzelnen Forderungen identifiziert hätte. Der Zeitdruck, dem er sich zunehmend ausgesetzt fühlte, ließ ihn nach jedem Hilfsmittel zur »Befreiung Deutschlands« greifen, das ihm geboten wurde (12, 14, 15, 18). Die taktische Wendigkeit in der Verfolgung seines Hauptziels blieb lebenslang für ihn charakteristisch (70). Dem viel berufenen »Sozialismus« kam dabei kein Eigengewicht zu, er erschien vielmehr als geeignetes Mittel zu dem Zweck, die revolutionären Massen aus den »marxistischen« Parteien herauszuziehen und in seine Kampftruppe zu überführen (10, 11, 14). Zweifellos hat er selbst lange an diese Möglichkeit geglaubt (38, 65, 70), ohne darauf seine ganze Hoffnung zu setzen. Die kampfkräftigen Elemente aus dem »ganz rechten Flügel« waren ihm ebenso willkommen (10) – und sie kamen.

Nicht nur ebenfalls entlassene Armeekameraden traten der Partei bei, sondern schon sehr bald wurde man höheren Orts auf diese Gruppe aufmerksam, die ihre Radikalität schnell aus den vier Dutzend anderer rechtsextremer Organisationen in München heraushob. Zu den ersten Mitgliedern gehörte der streng monarchistisch gesinnte Hauptmann Ernst Röhm (3), der beste Kontakte zu den Spitzen der an allen konterrevolutionären Gruppen interessierten Reichswehrführung in Bayern besaß und nach der Gründung der SA (8) als »Maschinengewehrkönig von Bayern« auch deren Waffenausbildung vermittelte. Ohne die finanzielle Hilfe der Reichswehr und der Bemühungen seines zweiten Mentors, des Dichters und Peer-Gynt-Übersetzers Dietrich Eckart, hätte Hitler auch sein erstes wichtiges Teilziel nicht erreicht: ein parteieigenes Propagandaorgan, das fortan den nationalsozialistischen Protest in zehn- bis fünfundzwanzigtausend Exemplaren halbwöchentlich (seit dem 8. 2. 1923 täglich) hinausschrie (7, 14).

Obgleich selbst Anton Drexler ihn für den geeigneten Führer der NSDAP hielt, konnte Hitler sich bis zum Juli 1921 nicht zur offiziellen Beteiligung an der Parteiführung entschließen, da er fürchtete, daß der mehrheitlich entscheidende leitende Ausschuß seinen radikalen Ideen nicht immer folgen würde. Erst die vom Vorstand angebahnte Verschmelzung der NSDAP mit anderen völkischen Gruppen (8), die seinen Einfluß stark geschmälert hätte, ließ ihn am 10. Juli 1921 seinen Austritt (3) mit dem ultimativen Begehren »diktatorischer Machtbefugnis« verknüpfen. Auf die Attraktion der Partei zu verzichten, mußte dem Vorstand als sinnloses Opfer erscheinen. Er gab bedingungslos nach und gestattete Hitler, seine Vorstellungen von Führung und Verantwortung in der NSDAP zu verwirklichen. Nicht weniger als dreimal bestätigte die neuformulierte Satzung die Alleinverantwortlichkeit des Parteivorsitzenden (9). Der weiterhin berufstätige Drexler wurde als Ehrenvorsitzender mit formal weitgehenden Rechten von Hitlers Aktivismus überspielt. Die hier bereits proklamierte Unabänderlichkeit des Programms hatte taktische Bedeutung, sie sollte – wie auch andere Bestimmungen der Satzung – dem Wiederaufleben der Fusionsbestrebungen einen Riegel vorschieben (8, 9, 10). Der Leitungsapparat nahm bei der sich überstürzenden Entwicklung bis 1923 bei weitem nicht die vorgesehene Gestalt an, doch erwiesen sich Entwurf und Tätigkeit als wichtige Schule für die folgenden Jahre, in der Hitler und seine Helfer zur Führung einer Großpartei notwendige Erfahrungen sammelten.

Inzwischen war die NSDAP auch außerhalb Münchens gewachsen. Hitlers über Bayerns Grenzen hinaus im nationalen Lager an Popularität gewinnender Name fand nicht nur Anhänger, sondern auch einflußreiche Fürsprecher und Geldgeber (10, 12, 18). Letztere erhofften sich von der Unterstützung des »Arbeiterführers«, als der Hitler vielen galt, bereits recht früh ein positives Einwirken auf die sozialistische Arbeiterschaft. So nahm die NSDAP schon in ihren ersten Jahren die janusköpfige Gestalt der Integrationspartei an, welche die durchaus konträren Interessen und die Aktivität verschiedenster Bevölkerungsgruppen zu vereinigen vermochte, während es ihrem Führer allein darauf ankam, Hilfe zur Erreichung seines weitgesteckten Zieles zu erhalten. Zum ersten Mal begegnet hier das folgenschwere Mißverständnis »nationaler Kreise«, man könne Hitler vor den eigenen Wagen spannen, das später Hugenberg, Papen und manch anderem Kurzsichtigen unterlief.

Hitlers Richtlinien für die Ortsgruppen (10, 11) gaben zwar bis ins einzelne gehende Anweisungen, in denen außer der Bedeutung der propagandistischen Tätigkeit der Ortsgruppen und der zynischen Bejahung der Gewalt vor allem das Anknüpfen an die vorhandenen antisemitischen Traditionen auffällt. Doch in der Regel begnügte er sich mit der grundsätzlichen Anerkennung seiner Führerposition. Diese Flexibilität ermöglichte es ihm, nach dem Verbot der NSDAP in Preußen (15. 11. 1922) und anderen norddeutschen Staaten auf Grund des Republikschutzgesetzes aushilfsweise den dortigen Parteigruppen die Unterstellung unter die Ende 1922 von drei abtrünnigen deutschnationalen Reichstagsabgeordneten gegründete Deutschvölkische Freiheitspartei zu gestatten (22 a). Deren Führer Albrecht von Graefe hatte Hitler 1922 im Berliner Nationalen Klub kennengelernt (12).

Die zunehmende Verschlechterung der innen- und außenpolitischen Lage des Reiches sowie sein wachsender Erfolg verschärften Hitlers Ton immer mehr. Die umfassende Bittschrift, die er am 22. Oktober 1922 offensichtlich für finanzkräftige Kreise entwarf, zeigt einmal mehr die Triebkräfte, die ihn vorwärts hetzten (14). Zur »Vernichtung und Ausrottung der marxistischen Weltanschauung« durch »brutalste, rücksichtsloseste Kraft« entwickelte er einen Plan, dessen pedantische Detailaufzählung den grotesken Widerspruch zwischen Hitlers missionarischem Selbstverständnis und der geradezu naiven Einschätzung der Erfordernisse einer Revolution aufdeckt. Weder in seinen Dispositionen noch in seinem Privatleben (17) besaß er das Format eines Revolutionärs, zu diesem Zeitpunkt war er wirklich nicht mehr als der »Trommler« (15, 21). Doch genügte diese seltene Eigenschaft schon, ihn in eine starke Position zu heben: wie niemand sonst zog er die Massen an; die organisatorische Arbeit zu tun, standen Gehilfen bereit. Das galt für den Ausbau der Geschäftsstelle und der Zeitung durch den geschäftstüchtigen Max Amann und die Erfahrungen anderer (8, 18) ebenso wie für die SA. Entgegen seiner Behauptung in »Mein Kampf« waren auch die Symbole der NSDAP, Hakenkreuzbanner und SA-Standarten, nicht seine Erfindung (13), sondern sein

»ausgesprochen kombinierendes Talent« (K. Heiden) nutzte und popularisierte das, was andere ihm an Einzelleistungen zutrugen. Diese Stellung – mehr über den Teilbereichen der Partei als an ihrer Spitze – ermöglichte ihm die freie Verfügung über seine Zeit und gab seinem sprunghaften Wesen und den kleinbürgerlichen Sehnsüchten Raum. Das hatte zwar einige negative Auswirkungen auf die Arbeit der Parteizentrale (17), doch taten sein ehemaliger Kompaniefeldwebel Amann und die VB-Redaktion mit Eckart und Rosenberg ebenso wie Hitlers Faktotum Esser alles, um seine für den Zusammenhalt der Partei unentbehrliche Position abzustützen.

Eine besondere Entwicklung nahm das Machtinstrument, mit dem er neben der »unvergleichlich genial aufgezogenen Propaganda- und Aufklärungsorganisation« die Rettung Deutschlands bewerkstelligen wollte. Das provozierende Auftreten der NSDAP machte bald einen eigenen Versammlungsschutz erforderlich (8, 9, 11). Von Anfang an besaß die SA jedoch einen Doppelcharakter, der ihre Organisation als »Sturmabteilung« nach dem Vorbild der in Bayern besonders zahlreichen paramilitärischen Wehrverbände bedingte, weil man einen über den Parteischutz weit hinausgehenden Einsatz für die Zukunft erwartete (14). Ihr erster Führer, Leutnant a. D. Ulrich Klintzsch (3), wurde Hitler denn auch von dem berühmt-berüchtigten Putschisten Kapitän Ehrhardt zur Verfügung gestellt, der einen wesentlichen Teil der Finanzierung übernahm. Seit Oktober 1921 gehörte eine militärische Grundausbildung zu ihrem Programm. In dem Maße, in dem sich Hitlers Beziehungen zu den rechtsradikalen Kampfverbänden vertieften, wandelte die SA ihren Charakter zum Wehrverband. Zur Erleichterung Hitlers, der übrigens stets eine Ausbildung in Boxen und Jiu-Jitsu für Saalschutzzwecke als ebenso wichtig ansah, verlor sie die persönliche Bindung an ihn jedoch nicht. Der besonders durch Mussolinis erfolgreichen Marsch auf Rom (28. 10. 1922) aktualisierte Putschgedanke (15) bewirkte innerhalb der NSDAP, daß der Ausbau der SA gegenüber der »zivilen« Partei zunehmend dringlicher wurde. Seit März 1923 stand an ihrer Spitze ein nach militärischem Vorbild organisiertes Oberkommando unter Fliegerhauptmann a. D. Hermann Göring. Im November betrug ihre Stärke 2500 Mann.

Mit dem Einmarsch der Franzosen ins Ruhrgebiet im Januar 1923 spitzte sich die Situation weiter zu. Vor allem in Bayern herrschte fieberhafte Tätigkeit. Die Wehrverbände, die weitgehende Förderung durch militärische und staatliche Stellen erfuhren, schlossen sich auf Röhms unermüdliches Drängen zu einem Kampfbund zusammen, dessen politischer Leiter Hitler seit dem 25. 9. war. Die offiziellen Stellen verhielten sich gegenüber dem Verlangen der Reichsregierung nach Unterbindung der hemmungslosen Agitation Hitlers und der putschistischen Aktivitäten sehr zurückhaltend. Im Laufe des Herbstes verdichteten sich bei ihnen sogar eigene Pläne zu einem Vorgehen gegen »Berlin«. Die repräsentative Figur, deren man sich bedienen zu können hoffte, war der legendäre »Held des Weltkriegs«, der politisch recht unbedarfte General Ludendorff (15, 21).

Das Verständnis, das Hitler hier fand, verleitete ihn und seine Anhänger (19) auf dem Höhepunkt der Krise schließlich zur völligen Fehleinschätzung der Lage. Als er in der Nacht vom 8. auf den 9. November 1923 ohne irgendein politisches Konzept (15) die Berliner »Regierung der Novemberverbrecher« für abgesetzt erklärte und die »provisorische Nationalregierung« aus Ludendorff, Hitler, General von Lossow, dem Chef der Landespolizei Oberst von Seißer und anderen proklamierte, sah er sich als Vorreiter einer nationalen Erhebung und hoffte, durch seine Initiative die vermeintlich nur zögernden Machthaber Bayerns mitzureißen. Deren Illoyalität gegenüber dem Reich wurde jedoch von ihrer Sorge, sich durch ein derart unzulänglich vorbereitetes Unternehmen zu diskreditieren, noch übertroffen. Bereits in den frühen Morgenstunden des 9. November resignierte Hitler. Julius Streicher, der sich ein Jahr zuvor mit seiner Nürnberger Ortsgruppe der Deutschsozialistischen Partei der NSDAP angeschlossen hatte, mußte dem demoralisierten Trommler gar auf seinem ureigenen Tätigkeitsfeld, der Massenagitation, zu Hilfe kommen (20). Daß er ihn in diesem Augenblick schwach gesehen hatte und darüber schwieg, war der wahre Grund von Hitlers späterer »Treue« zu dem Psychopathen Streicher (38, 58 b, 73).

Der berühmte Marsch zur Feldherrnhalle in den Vormittagsstunden war nur noch der Ausfluß der überreizten Atmosphäre dieser Wochen. Eine besondere Symbolfunktion als heroische Opfertat erhielt er erst durch Hitlers in ganz Deutschland aufsehenerregende Deutung der Ereignisse (21). Anfängliche Verzagtheit über den Fehlschlag wich rasch, als er erkannte, daß die Verstrickung der politischen Größen Bayerns in den Putschversuch ihn vor der Auslieferung an das Reichsgericht bewahrte. Die offene Sympathie des Münchener Volksgerichts und all derer, die eine »nationale Erneuerung« herbeigesehnt hatten, die Details des dilettantischen »Hitlerputsches« aber nicht kennen konnten, gab Hitler die Chance, den Hochverratsprozeß in ein Propagandaforum zu verwandeln. Indem er sich zum Vollstrecker des Volkswillens stilisierte, pathetisch alle Schuld vor der Geschichte auf sich nahm und das Scheitern lediglich dem Versagen Lossows und des bayrischen Generalstaatskommissars von Kahr zuschrieb, gelang es ihm, nicht nur ein äußerst mildes und ehrenhaftes Urteil zu erwirken, sondern zugleich die Grundlagen dafür zu schaffen, daß der Rechtsradikalismus in Deutschland weiterhin in ihm einen seiner bedeutendsten Führer sehen mußte. Zu fünf Jahren Festungshaft mit der

Aussicht auf Strafaussetzung nach einem halben Jahr verurteilt, bezog Hitler am 1. April 1924 in Landsberg/Lech eine Zelle, die ihm viele Freiheiten ließ (26). Der Einspruch der Staatsanwaltschaft wurde auf Weisung des bayrischen Justizministeriums unter Dr. Gürtner, später von 1932 bis 1941 Reichsjustizminister, zurückgezogen. Mit Hitler traten der Führer des »Bund Oberland«, Dr. Weber, und der militärische Führer des Kampfbundes, Oberstleutnant a. D. Kriebel, ihre gleichlautende Strafe an. Dagegen brauchte der ehemalige Münchener Polizeipräsident Pöhner seit Januar 1925 nur drei Monate seiner ebenfalls fünf Jahre abzusitzen und konnte sich in der Zwischenzeit als Fürsprecher Hitlers betätigen (35). Hauptmann a. D. Röhm, Oberleutnant a. D. Wilhelm Brückner, Leutnant Robert Wagner, Polizei-Oberamtmann Dr. Frick und Ludendorffs Schwiegersohn Pernet erhielten für ihre 15 Monate Haft sofortige Bewährungsfrist zugebilligt, Ludendorff wurde freigesprochen. Den letzteren stand damit der Weg für eine sofortige Weiterarbeit in der Bewegung offen.

[1 a] *Auftrag zu einer nationalsozialistischen Selbstdarstellung*

[St] Kanzlei von Adolf Hitler München, den 31. 12. 25
Herrn Rosenberg oder Herrn Gengler, Schriftleitung

Anbei ein Schreiben des »Politischen Almanach«. Herr Hitler läßt bitten, daß einer der beiden Herren einen Beitrag über die Bewegung schreibt. Doch bittet er um Vorlage vor Absendung.

Neben dem Aufsatz könnte das Hitler-Buch angezeigt werden.

Deutschen Gruß
[gez.] R. Heß

[1 b] *Gründung und Entwicklung der National-Sozialistischen Deutschen Arbeiter-Partei*

Die National-Sozialistische Deutsche Arbeiter-Partei wurde im Winter 1918/19 in München unter dem Namen »Deutsche Arbeiterpartei« ins Leben gerufen. Ihr Begründer war der Schriftsteller Karl Harrer in München. Im Februar 1920 erhielt die Bewegung in 25 Thesen ihre programmatischen Ziel- und Leitgedanken. Im Frühjahr 1920 erfolgte ihre Namensergänzung als »National-Sozialistische Deutsche Arbeiter-Partei«. Am 7./8. August 1920 Parteitag in Salzburg mit einer ganzen Anzahl ähnlicher Parteien. Die Tagung selbst wurde einberufen von der bereits 1904 in den Sudetenländern und Deutsch-Österreich gegründeten »Deutschen Nationalsozialistischen Partei«. Das Ergebnis des Salzburger Parteitages war die Bildung einer gemeinsamen zwischenstaatlichen Kanzlei in Wien. In ihr waren die nationalsozialistischen Parteien der Tschechoslowakei und Deutsch-Österreichs, die National-Sozialistische Deutsche Arbeiter-Partei Sitz München und die Deutsch-Sozialistische Partei (unter praktischer Führung Julius Streichers) vertreten. Bis zum Sommer 1920 besaß die junge Partei in Deutschland nur die Ortsgruppe München. Es erfolgte dann als erste weitere Gründung eine Ortsgruppe in Rosenheim, dann in Kolbermoor, Landshut, Traunstein, weiter in rascher Folge zahlreiche Ortsgruppen im südlichen Bayern. Seit dem Frühjahr 1922 ging die Bewegung auch auf Nordbayern bzw. auf das andere Reichsgebiet über. Eine der ersten Gruppen in Norddeutschland war Hannover. Ende 1922 Vereinigung der von Streicher geführten Deutsch-Sozialistischen Partei mit der N.S.D.A.P. (National-Sozialistische Deutsche Arbeiter-Partei). Rasches Aufblühen der Bewegung in Franken. Ende 1922 Verbot der Bewegung durch eine Anzahl deutscher Staaten (Preußen, Sachsen, Thüringen, Baden usw.). Ende 1923 (11. November) Verbot der National-Sozialistischen Deutschen Arbeiter-Partei auch in Bayern. 27. Februar 1925 Neubegründung der Bewegung.

[Die Nationalsozialisten Deutsch-Österreichs haben sich seit 12. August 1926 der Reichsleitung der N.S.D.A.P. des reichsdeutschen Gebietes als Landesleitung Österreich der N.S.D.A.P. (Hitler-Bewegung) unterstellt.]

Die nationalsozialistischen Parteien Deutsch-Böhmens und des Reiches stellen bei vollkommener Souveränität der einzelnen Parteien dennoch eine einheitliche Bewegung dar.

[Sie verfügen über ca. 30 Parteiblätter, darunter mehrere Tages- und Wochenzeitungen. Das führende Zentralorgan ist die in München erscheinende große Tageszeitung »Völkischer Beobachter« (Herausgeber Adolf Hitler, Schriftleitung München, Schellingstr. 39/I, Ruf-Nr. 20801–03. Verlag (Verlagsdirektor Max Amann): Thierschstr. 15, Ruf-Nr. 20647).][1]

[Dokumente 1 a u. 1 b BAK, Slg. Schumacher 374]

---

1 Dieser Text findet sich ohne die eingeklammerten Schlußsätze und mit der bezeichnenden Änderung von »Deutsch-Böhmen« in »Tschechoslowakei« in: Politischer Almanach. Leipzig, 3. Jg. 1926, S. 235.

[2] *Anton Drexlers Politisches Erwachen*

Liebe Kollegen,
es ist ein Arbeitsgenosse, der zu Euch redet – einer, der heute noch am Schraubstock steht.

Was er Euch zu sagen hat, wird viele von Euch befremden und überraschen, denn es klingt so ganz anders, als Ihr es gewohnt seid.

Es ist aber auf Erfahrungen gegründet und auf Tatsachen, die ich jedem beweisen kann. Wer das Nähere erfahren will, der lese meine Schrift:

Mein Politisches Erwachen

»Aus dem Tagebuch eines deutschen sozialistischen Arbeiters.«

Ich bin Sozialist wie Ihr und erstrebe die Gleichberechtigung des Handarbeiters als Staatsbürger mit allen anderen schaffenden Ständen, sowie die Vernichtung des Faulenzer- und Drohnentums und die Abschaffung arbeits- und mühelosen Gewinnes.

Ich erhoffe auch heute noch von einem

wahrhaften und gerechten Sozialismus

die Erlösung des Arbeiterstandes und die Befreiung der schaffenden Menschheit aus den Fesseln eines ausbeuterischen Kapitalismus.

Aber ich bin der Überzeugung geworden, daß wir zur Erreichung dieses Zieles bisher nicht auf dem rechten Wege waren ...

Bei meinen Untersuchungen bin ich zu folgender Erkenntnis gekommen:

Es gibt einen geheimen Weltbund, der viel von Freiheit, Humanität und Toleranz redet, und doch nichts anderes bezweckt, als die Völker in ein neues Joch zu spannen.

Diesem Weltbund gehört auch eine Anzahl Arbeiterführer an.

Die Leiter dieses Weltbundes sind große Kapitalisten.
Sie haben die Völker überzeugt, daß die Fürsten ein Hindernis für die Völkerfreiheit wären; und wir sind ihnen behilflich gewesen, die Fürsten fortzujagen – aber wir werden erleben, daß neue Tyrannen – nämlich die Geldfürsten – sich an deren Stelle setzen.

Darum geben große Bankhäuser Geld für die revolutionäre Bewegung. – Meint Ihr, daß sie es aus bloßer Liebe für den Arbeiter tun? ...

Lernen wir doch endlich die falschen Freunde unserer Bewegung durchschauen. Der großkapitalistische Jude spielt immer den Freund und Wohltäter gegen uns; er tut es aber nur, um uns vor seinen Triumphwagen zu spannen.

Wir vertrauensselige Arbeiter sollen ihm behilflich sein, die Weltherrschaft des Judentums aufzurichten. Denn das ist ihr Ziel; das steht schon in der Bibel:

»Alle Völker sollen dir dienen.« – »Alle Reichtümer der Welt sollen Dir gehören.« – »Die Könige sollen Dir zu Füßen fallen und die Fürstinnen Deine Säugammen sein.«

Das ist das Ziel des jüdischen Größenwahnes; denn die Juden betrachten sich als das geborene Herrenvolk, als die »natürliche Aristokratie der Menschheit.« –

Sie wollen uns alle zu ihren Knechten machen, denn nach ihren Talmud-Rabbinern sind wir nur eine bessere Art von Tieren, dazu bestimmt, ihnen zu dienen. Im Talmud heißt es: »Es wird die Zeit kommen, wo jeder Jude 2800 Knechte hat.«

Genossen, wollt Ihr Judenknechte werden?

Helft mit, daß diesem größenwahnsinnigen Volke, das nie gearbeitet hat und alle ehrliche Handarbeit verachtet, endlich sein religiöser Aberglaube zunichte werde! Sie sind im Verein mit verjudeten Christen die schlimmsten Ausbeuter.

Aber ihre Herrschaft sinkt in nichts zusammen, wenn erst alle ehrlichen Menschen die Sachlage begreifen und sich einmütig gegen den wahren Volksfeind zusammenschließen ...

Ist der Mittelstand, der Bürger und Bauer nicht auch produktiv? Muß er nicht auch durch seiner Hände, durch seines Kopfes Arbeit sich ernähren? – Leidet er nicht auch unter der Herrschaft des Großkapitals – genauso wie wir? Wollen wir nicht lieber den Grundsatz: »Leben und leben lassen« gegen jeden Volksgenossen anwenden – auch gegen den Bürgerlichen?

Wäre es nicht richtiger, wir reichten ihm die Hand und wendeten uns mit ihm zusammen gegen den gemeinsamen Feind?

Wir Arbeiter allein werden niemals eine so große Macht bilden, daß wir den Weltkapitalismus bezwingen können. Gehen wir aber mit dem produktiven Bürgertum zusammen, so wird uns keiner widerstehen. Dann bilden wir in allen Ländern eine erdrückende Mehrheit gegen den Wucherkapitalismus.

Es ist ja die besondere List der kapitalistischen Völkerunterjocher, daß sie Arbeiterschaft und Bürgertum immer gegeneinander ausspielen und dadurch beide in der Ohnmacht erhalten.

Genossen macht die Augen auf und erkennt den wahren Feind! Laßt Euch nicht länger an der Nase herumführen! Sagt Euch los von Euren jüdischen und im Dienste Judas stehenden Führern; wählt Führer aus Eurer Mitte und wacht darüber, daß sie nicht Kapitalisten werden!

Und noch eins: Erwartet nichts von dem Bolschewismus! Er bringt den Arbeitern die Freiheit nicht! Er ist nur die Fortsetzung jener Revolution, wie sie Rathenau charakterisierte.

Der Achtstundentag ist abgeschafft in Rußland. Arbeiterräte gibt es nicht mehr. Alles steht unter der Diktatur einiger hundert Regierungskommissare, die zu neun Zehnteln aus Juden bestehen.

Der Bolschewismus ist jüdischer Betrug!

A. Drexler, Werkzeugschlosser, München.

[Undatiertes Flugblatt (1921/22) nach Drexlers Broschüre von 1919 (gekürzt). BAK, Slg. Schumacher 373]

[3] *Aus dem Mitgliederverzeichnis der NSDAP bis August 1921*[2]

Mitglieds-nummer	Name (Parteiamt)	Beruf	Geburtsdatum	Tag des Eintritts
526	Anton Drexler (1. Vors. bis 29. 7. 1921, seitdem Ehrenvors.)	Werkzeug-schlosser	13. 6. 1884	vor dem 2. 2. 1920
531	Gottfried Feder	Dipl.-Ing.	27. 1. 1883	„
555	Adolf Hitler (Werbeobmann bis 29. 7. 1921, seitdem 1. Vors.)	Maler/ Schriftsteller	20. 4. 1889	„
594	Emil Maurice (erster Organisator des Versammlungsschutzes 1920)	Uhrmacher	19. 1. 1897	„
623	Ernst Röhm	Hauptmann	28. 11. 1887	„
625	Alfred Rosenberg (seit Juli 1921 Schriftl. des VB, seit 10. 3. 1923 Hauptschriftl.)	Architekt	12. 1. 1893	„
641	Rudolf Schüssler (bis Juli 1921 Geschäftsführer der Partei)	Kaufmann	16. 9. 1893	„
743	Oskar Körner (seit Juli 1921 2. Vors. der Partei)	Kaufmann	4. 1. 1875	5. 2. 1920
881	Hermann Esser	Redakteur	29. 7. 1900	8. 3. 1920
925	Heinrich Hoffmann	Photograph	12. 9. 1885	6. 4. 1920
1600	Rudolf Heß	Kaufmann	26. 4. 1894	1. 7. 1920

2 Den hier aufgeführten frühen Parteigenossen kommt in der Geschichte der NSDAP eine gewisse Bedeutung zu. Die Auswahl orientiert sich zugleich an den Namen, die in dieser Dokumentation eine Rolle spielen. Die Mitgliedsnummern begannen erst bei 501, zunächst in alphabetischer Reihenfolge.

Mitglieds-nummer	Name (Parteiamt)	Beruf	Geburtsdatum	Tag des Eintritts
1622	Hans Jacob (2. Vors. seit Januar 1923)	Straßenbahn-angestellter	6. 8. 1884	8. 7. 1920
2414	Max Erwin von Scheubner-Richter	Dr.-Ing.	21. 1. 1884	22. 11. 1920
2882	Ulrich Graf	Freibank-meister	6. 7. 1878	16. 2. 1921
3061	Dr. Emil Gansser (Berlin)	Privatgelehrter	7. 10. 1874	
3579	Hellmuth von Mücke	Kapitänleut-nant a. D.	25. 7. 1881	8. 7. 1921
3603	Hans-Ulrich Klintzsch (von August 1921 bis März 1923 Führer d. SA)	Leutnant a. D.	4. 11. 1898	20. 7. 1921
3680	Adolf Hitler			26. 7. 1921
3850	Christian Weber	Kaufmann	25. 8. 1883	15. 8. 1921

[Mitgliederverzeichnis der DAP/NSDAP seit 2. 2. 1920, Abschrift. BAK, NS 26–230]

[4] *Das 25-Punkte-Programm der NSDAP vom 24. Februar 1920*

Das Programm der Deutschen Arbeiterpartei ist ein Zeit-Programm. Die Führer lehnen es ab, nach Erreichung der im Programm aufgestellten Ziele neue aufzustellen nur zu dem Zweck, um durch künstlich gesteigerte Unzufriedenheit der Massen das Fortbestehen der Partei zu ermöglichen.

1. Wir fordern den Zusammenschluß aller Deutschen auf Grund des Selbstbestimmungsrechtes der Völker zu einem Groß-Deutschland.

2. Wir fordern die Gleichberechtigung des deutschen Volkes gegenüber den anderen Nationen, Aufhebung der Friedensverträge von Versailles und St. Germain.

3. Wir fordern Land und Boden (Kolonien) zur Ernährung unseres Volkes und Ansiedlung unseres Bevölkerungs-Überschusses.

4. Staatsbürger kann nur sein, wer Volksgenosse ist. Volksgenosse kann nur sein, wer deutschen Blutes ist, ohne Rücksicht auf Konfession. Kein Jude kann daher Volksgenosse sein.

5. Wer nicht Staatsbürger ist, soll nur als Gast in Deutschland leben können und muß unter Fremden-Gesetzgebung stehen.

6. Das Recht, über Führung und Gesetze des Staates zu bestimmen, darf nur dem Staatsbürger zustehen. Daher fordern wir, daß jedes öffentliche

Amt, gleichgültig welcher Art, nur durch Staatsbürger bekleidet werden darf.

Wir bekämpfen die korrumpierende Parlamentswirtschaft einer Stellenbesetzung nur nach Parteigesichtspunkten ohne Rücksicht auf Charakter und Fähigkeiten.

7. Wir fordern, daß sich der Staat verpflichtet, in erster Linie für die Erwerbs- und Lebensmöglichkeit der Staatsbürger zu sorgen. Wenn es nicht möglich ist, die Gesamtbevölkerung des Staates zu ernähren, so sind die Angehörigen fremder Nationen (Nicht-Staatsbürger) aus dem Reiche auszuweisen.

8. Jede weitere Einwanderung Nicht-Deutscher ist zu verhindern. Wir fordern, daß alle Nicht-Deutschen, die seit dem 2. August 1914 in Deutschland eingewandert sind, sofort zum Verlassen des Reiches gezwungen werden.

9. Alle Staatsbürger müssen gleiche Rechte und Pflichten besitzen.

10. Erste Pflicht jedes Staatsbürgers muß sein, geistig oder körperlich zu schaffen. Die Tätigkeit des einzelnen darf nicht gegen die Interessen der Allgemeinheit verstoßen, sondern muß im Rahmen des Gesamten und zum Nutzen Aller erfolgen.

Daher fordern wir:

11. Abschaffung des arbeits- und mühelosen Einkommens.

Brechung der Zinsknechtschaft.

12. Im Hinblick auf die ungeheuren Opfer an Gut und Blut, die jeder Krieg vom Volke fordert, muß die persönliche Bereicherung durch den Krieg als Verbrechen am Volk bezeichnet werden. Wir fordern daher restlose Einziehung aller Kriegsgewinne.

13. Wir fordern Verstaatlichung aller (bisher) bereits vergesellschafteten (Trusts) Betriebe.

14. Wir fordern Gewinnbeteiligung an Großbetrieben.

15. Wir fordern einen großzügigen Ausbau der Alters-Versorgung.

16. Wir fordern die Schaffung eines gesunden Mittelstandes und seine Erhaltung, sofortige Kommunalisierung der Groß-Warenhäuser und ihre Vermietung zu billigen Preisen an kleine Gewerbetreibende, schärfste Berücksichtigung aller kleinen Gewerbetreibenden bei Lieferung an den Staat, die Länder oder Gemeinden.

17. Wir fordern eine unseren nationalen Bedürfnissen angepaßte Bodenreform, Schaffung eines Gesetzes zur unentgeltlichen Enteignung von Boden für gemeinnützige Zwecke. Abschaffung des Bodenzinses und Verhinderung jeder Bodenspekulation.

18. Wir fordern den rücksichtslosen Kampf gegen diejenigen, die durch ihre Tätigkeit das Gemein-Interesse schädigen. Gemeine Volksverbrecher,

Wucherer, Schieber usw. sind mit dem Tode zu bestrafen, ohne Rücksichtnahme auf Konfession und Rasse.

19. Wir fordern Ersatz für das der materialistischen Weltordnung dienende römische Recht durch ein deutsches Gemein-Recht.

20. Um jedem fähigen und fleißigen Deutschen das Erreichen höherer Bildung und damit das Einrücken in führende Stellung zu ermöglichen, hat der Staat für einen gründlichen Ausbau unseres gesamten Volksbildungswesens Sorge zu tragen. Die Lehrpläne aller Bildungsanstalten sind den Erfordernissen des praktischen Lebens anzupassen. Das Erfassen des Staatsgedankens muß bereits mit dem Beginn des Verständnisses durch die Schule (Staatsbürgerkunde) erzielt werden. Wir fordern die Ausbildung besonders veranlagter Kinder armer Eltern ohne Rücksicht auf deren Stand oder Beruf auf Staatskosten.

21. Der Staat hat für die Hebung der Volksgesundheit zu sorgen durch den Schutz der Mutter und des Kindes, durch Verbot der Jugendarbeit, durch Herbeiführung der körperlichen Ertüchtigung mittels gesetzlicher Festlegung einer Turn- und Sportpflicht, durch größte Unterstützung aller sich mit körperlicher Jugend-Ausbildung beschäftigenden Vereine.

22. Wir fordern die Abschaffung der Söldnertruppe und die Bildung eines Volksheeres.

23. Wir fordern den gesetzlichen Kampf gegen die *bewußte* politische Lüge und ihre Verbreitung durch die Presse. Um die Schaffung einer deutschen Presse zu ermöglichen, fordern wir, daß:

a) Sämtliche Schriftleiter und Mitarbeiter von Zeitungen, die in deutscher Sprache erscheinen, Volksgenossen sein müssen.

b) Nichtdeutsche Zeitungen zu ihrem Erscheinen der ausdrücklichen Genehmigung des Staates bedürfen. Sie dürfen nicht in deutscher Sprache gedruckt werden.

c) Jede finanzielle Beteiligung an deutschen Zeitungen oder deren Beeinflussung durch Nicht-Deutsche gesetzlich verboten wird und fordern als Strafe für Übertretungen die Schließung einer solchen Zeitung, sowie die sofortige Ausweisung der daran beteiligten Nicht-Deutschen aus dem Reich.

Zeitungen, die gegen das Gemeinwohl verstoßen, sind zu verbieten. Wir fordern den gesetzlichen Kampf gegen eine Kunst- und Literatur-Richtung, die einen zersetzenden Einfluß auf unser Volksleben ausübt und die Schließung von Veranstaltungen, die gegen vorstehende Forderungen verstoßen.

24. Wir fordern die Freiheit aller religiösen Bekenntnisse im Staat, soweit sie nicht dessen Bestand gefährden oder gegen das Sittlichkeits- und Moralgefühl der germanischen Rasse verstoßen.

Die Partei als solche vertritt den Standpunkt eines positiven Christentums, ohne sich konfessionell an ein bestimmtes Bekenntnis zu binden. Sie bekämpft den jüdisch-materialistischen Geist *in* und *außer* uns und ist überzeugt, daß eine dauernde Genesung unseres Volkes nur erfolgen kann von *innen* heraus auf der Grundlage:

Gemeinnutz vor Eigennutz.

25. Zur Durchführung alles dessen fordern wir die Schaffung einer starken Zentralgewalt des Reiches. Unbedingte Autorität des politischen Zentralparlaments über das gesamte Reich und seine Organisationen im allgemeinen.

Die Bildung von Stände- und Berufskammern zur Durchführung der vom Reich erlassenen Rahmengesetze in den einzelnen Bundesstaaten.

Die Führer der Partei versprechen, wenn nötig unter Einsatz des eigenen Lebens für die Durchführung der vorstehenden Punkte rücksichtslos einzutreten.

München, den 24. Februar 1920.

[Foto eines NS-Flugblattes von 1920/21. BAK, NS 26–80]

[5] *Anton Drexler und Adolf Hitler an Dr. Walter Riehl*[3]

München, den 1. März 1920

Sehr geehrter Herr Dr. Riehl!

Trotzdem wir annehmen müssen, daß der Brief vom 6. Februar 1920, den Sie an uns zu richten die Güte hatten, eigentlich wohl an die unrichtige Adresse gekommen ist, müssen wir Ihnen dennoch eine Antwort übermitteln, um wenigstens unsere Stellung zu den Punkten, die Sie in dem uns vorliegenden Schreiben berührten und die uns als besonders vordringlich und wichtig erscheinen, Ihnen klarzulegen, soweit dies im Rahmen eines solch kurzen Briefes überhaupt möglich ist.

Schon das beigelegte Programm unserer Partei wird Ihnen zeigen, daß wir, vielleicht im Gegensatze zur deutschsozialistischen Partei, das *größte Gewicht auf die vollständige Einigung aller deutschen Stämme, ohne Rücksicht auf ihre bisherige staatliche Zugehörigkeit legen.*

Wir können uns kein anderes Ziel denken, das irgendwie geeignet wäre, uns im Innern zu befriedigen, wenn nicht *das Ziel, dem deutschen Volk*

---

3 Dr. Riehl war Obmann der österreichischen DNSAP und Leiter der im Dezember 1919 gegründeten »Zwischenstaatlichen nationalsozialistischen Kanzlei des deutschen Sprachgebietes«, die von Wien aus eine Koordinierung der verschiedenen nationalsozialistischen Gruppen herbeiführen sollte.

die Stellung auf dieser Erde zu geben, die ihm kraft seiner Zahl und seiner Kultur gebührt. Und dieses Ziel scheint uns nicht erreichbar, ehe nicht die Zersplitterung deutscher Stämme beendet, unser Volk geeinigt ist.

Für Verhandlungen auf diesem Gebiete käme in erster Linie unsererseits in Betracht Herr *Adolf Hitler*, der in diesem Briefe mitunterzeichnet und der selber geborener Deutschösterreicher ist. Herr Hitler ist Werbeobmann unserer hiesigen Ortsgruppe der Partei ...

Im übrigen bestätigen wir Ihnen hier zum Schlusse noch einmal, daß unser Vaterland nicht Preußen heißt und nicht Bayern, nicht Österreich und nicht Sachsen, sondern Deutschland.

Ihrer Antwort entgegensehend, unterzeichnen wir uns

hochachtend

Ad. Hitler e. h. Ad. Drexler e. h.

[Nach: A. Schilling, Dr. Walter Riehl und die Geschichte des Nationalsozialismus. Leipzig 1933, S. 241–243 (gekürzt)]

[6] *Plakat für eine Hitler-Versammlung in Österreich 1920*

DIE REVOLUTION

ist auf halbem Wege steckengeblieben, denn die gekrönten Häupter sind zwar gestürzt, aber die Herrscher der Großfinanz sind noch nicht entthront. Mit den liberalen Wirtschaftsformen des Kapitalismus, bei denen sich hinter der Freiheit die *ärgste Sklaverei* verbirgt, muß gebrochen werden. Für die arbeitenden Massen gibt es aber keinen anderen Weg aus der Hölle des Kapitalismus als die Straße, die zum *nationalen Sozialismus* führt, weil es einen internationalen Sozialismus wohl in der Theorie, aber nicht in der Praxis gibt. (Lehrreiches Beispiel siehe die Boykottblamage, Friedens-Generalstreik usw.!) Die Völker sind nicht alle für den Sozialismus gleich reif. Sollen die fortgeschrittensten Völker warten, bis der letzte Huzule und Kongoneger für den Sozialismus reif sein werden?

EIN Staat muß allen Völkern mit der Verwirklichung des Sozialismus vorangehen, und dieser Staat wird das neue Deutschland, der große sozialistische alldeutsche Freistaat sein! Darüber, wie die von den Juden begonnene und nach Erreichung ihrer Ziele verratene Revolution in deutschem Geiste fortgesetzt und beendet werden kann, werden

Mittwoch, 6. Oktober, 1/28 Uhr abds.
im Stadtsaale zu St. Pölten
in einer öffentlichen Vereins-
VERSAMMLUNG

Adolf Hitler, München	*und*	*Walter Gattermayer, Wien*
der Führer der nationalsozialistischen Partei des Deutschen Reiches		Vorsitzender des Reichsbundes der nationalen Gewerkschaften Österreichs

sprechen.

Parteigenossen, Hand- und Kopfarbeiter, Kleingewerbetreibende und Ihr alle, die Ihr vom Ertrage Eurer Arbeit lebt, kommt in die Versammlung!

Die Ortsorganisation St. Pölten
der Nationalsozialistischen Partei.

Juden und sonstige Nichtdeutsche werden gebeten, der Versammlung fernzubleiben.

[Nach dem Faksimile des Plakates in: Völkischer Beobachter, Wiener Ausgabe, vom 6. 10. 1938]

[7] *Hitlers Dank an Dietrich Eckart*

Herrn Dietrich Eckart — München, den 18. Dezember 20.
München

Lieber Herr Eckart!
Nach der nun endlich erfolgten Übergabe des »Völkischen Beobachter« an die Partei, will ich Ihnen, lieber Herr Eckart, für die uns noch in letzter Minute gewährte große Hilfe auch auf diesem Wege meinen wärmsten Dank zum Ausdruck bringen.

Ohne Ihr hilfreiches Einspringen wäre die Sache vermutlich nicht so gekommen, ja ich glaube, daß wir damit auch die beste Aussicht, eine eigene Zeitung zu gewinnen, wohl auf viele Monate hinaus verloren hätten. Ich hänge nun selber so mit Leib und Seele an der Bewegung, daß Sie sich kaum denken können, wie glücklich ich infolge der Erreichung dieses bisher so ersehnten Zieles bin, und wie sehr es mich drängt, Ihnen für dieses heutige Glück meinen tiefgefühlten Dank auszudrücken.

In treuer Verehrung
Ihr
[gez.] A. Hitler

[Foto des Originals. BAK, NS 26–96]

[8] *Hitlers erstes Rundschreiben als Parteivorsitzender*

München, den 10. 9. 21

Rundschreiben No. 4

1. Parteileitung. Durch Beschluß der Mitgliederversammlung vom 29. 7. 21 wurde die neue Parteileitung wie folgt zusammengesetzt:

1. Vorsitzender	Herr Adolf Hitler
2. „	„ Oskar Körner
1. Kassier	„ Singer
2. „	„ Wutz
1. Schriftführer	„ Hesse
2. „	„ Angermeier

Zum Gründungs- und Ehrenvorsitzenden wurde Herr Anton Drexler bestimmt.

Gesetzlicher Vertreter und verantwortlicher Leiter der Partei ist auf Grund der Satzungen der 1. Vorsitzende. Als solcher wende ich mich heute zum ersten Mal im Namen der gesamten Parteileitung an die einzelnen Ortsgruppen, bezw. ihre Führer, sowie die Führer der Sektionen in München mit der Bitte, der neuen Parteileitung volle Unterstützung zuteil werden zu lassen.

Wenn die Parteileitung sich erst heute in einem Rundschreiben an die einzelnen Ortsgruppen wendet und damit den geregelten Dienst aufnimmt, so geschieht dies deshalb, weil ein unerhörter Wust von Arbeit in der inneren Verwaltung der Bewegung zunächst zu erledigen war. Erst nach vollzogener Neuordnung ist es möglich, einen laufenden Dienstverkehr aufzunehmen.

2. Geschäftsführung. Zur technischen Führung der Geschäfte der Partei wurde Herr Max Amann in den Parteidienst übernommen. Herr Amann ist ab jetzt als 1. Geschäftsführer allein zeichnungsberechtigt außer den Vorsitzenden der Partei. Herr Schüssler ist Parteibeamter und verbleibt als solcher im Dienst der Bewegung.

3. Protokolle. Das Protokoll der letzten Mitgliederversammlung sowie die neuen Satzungen werden sofort nach ihrer behördlichen Genehmigung in Abzügen den einzelnen Ortsgruppen zur Verfügung gestellt; desgleichen eine Organisations- und Dienstanweisung für Ortsgruppen und Ortsgruppengründung.

4. Ausschlüsse. Die im Rundschreiben 3 verfügte Ausschließung der Parteigenossen Esser, Wagner und Huber wird durch Parteibeschluß als grundlos zurückgenommen.

Herr Otto Dickel-Augsburg, Verfasser des Buches »Auferstehung des Abendlandes« wurde durch einstimmigen Parteibeschluß aus der Nationalsozialistischen Deutschen Arbeiter-Partei ausgeschlossen. Begründung: Herr Otto Dickel vertritt im oben erwähnten Werke Grundsätze, die den Tendenzen der am 5. 1. 1919 gegründeten Deutschen Arb.-Partei widersprechen. Herr Otto Dickel hat einen Widerruf seiner damaligen Gesinnungsäußerung bisher noch nicht vorgenommen. Im Gegenteil konnten die Führer der Bewegung, insbesondere auf einer Zusammenkunft in Augsburg erneut feststellen, daß zwischen den Anschauungen Herrn Dr. Dickels und denen der Leiter und Gründer der Partei eine gewaltige Kluft sich befindet. Eine ausführliche Schrift zur Begründung des Beschlusses wird gesondert herausgegeben.

5. Ortsgruppenbesprechung. Der Termin für die nächste Ortsgruppenbesprechung wird auf Mittwoch, den 21. Sept. 1921, nachm. 6 Uhr festgesetzt. Ort: Sterneckerbräu, Tal 54, Leiberzimmer. Sämtliche Ortsgruppen, denen die Entsendung von Vertretern möglich ist, werden aufgefordert, die notwendigen Vorkehrungen zum Besuch der Besprechung zu treffen. Die Anwesenheit der Führer der Sektionen in München ist Pflicht.

6. Beiträge. Die Ortsgruppen werden dringend aufgefordert, die fälligen Mitgliedsbeiträge an die Hauptleitung der Partei unverzüglich einzusenden.

Laut Mitgliederbeschluß vom 29. 7. 21 beträgt der Mitgliedsbeitr. ab 1. 8. 21 monatlich 2 Mk. einschließl. 50 Pf. Pressesteuer. Es sind davon an die Hauptleitung abzuliefern 20 % des Mitgliedsbeitr., sowie die gesamte Pressesteuer.

7. Nachrichtenabteilung. Der Untersuchungsausschuß der Hauptleitung hat als Hauptaufgabe unter anderem die Organisation eines gründlichen Nachrichtendienstes durchzuführen. In diesen Rahmen fällt auch die Anlegung eines Partei-Archives. Sämtliche Ortsgruppen, sowie die Sektionen Münchens werden aufgefordert, von sämtlichen durch sie verfaßten Plakaten, Ankündigungen, Flugblättern, Aufnahmescheinen usw. usw. je ein Exemplar an die Hauptleitung einzusenden. Ebenso sämtliche durch die Ortsgruppen aufgegebenen Annoncen, Pressebesprechungen über Parteiversammlungen, sonstige wichtige Presseartikel in einem Exemplar an die Parteileitung einzusenden. Die Einsendungen haben die Aufschrift »Nachrichtendienst« zu tragen.

8. Sturmabteilung. Laut Beschluß der Mitgliederversammlung hat die Partei die Organisation einer Turn- und Sport-(Sturm-)Abteilung begonnen. Zweck: Schutz der Versammlungen, Abstellung des Sicherungs- und Ordnungsdienstes, gegenseitige Unterstützung bei gefährdeten Versammlungen usw. Nähere Anweisungen werden durch den Leiter der Sturmabteilung, Herrn Parteigenossen Klintzsch, bekanntgegeben. Mitglieder sollen nicht jünger als 17, nicht älter als 23 Jahre sein. Die Organisation solcher Abteilungen ist einstweilen in den Ortsgruppen vorzubereiten durch Entgegennahme der Anmeldungen. Ihre besondere Ausgestaltung wird Parteigenosse Klintzsch in die Hand nehmen.

9. Völkischer Beobachter. Sämtliche Ortsgruppen, sowie die Sektionen Münchens sind verpflichtet, dafür einzutreten, daß jedes einzelne Mitglied den Völkischen Beobachter im Abonnement bezieht.

Die Ortsgruppen sind verpflichtet, im Völkischen Beobachter ihre gesamten Veranstaltungen anzukündigen, sowie Besprechungen über den Verlauf derselben einzusenden. Besprechungen kurz und bündig! Ankündigungen erfolgen kostenlos.

10. Rosenheim. Anläßlich einer von der Parteileitung organisierten Riesenkundgebung am Mittwoch, dem 31. 8. 21 gegen den Erzbergerrummel der Linksparteien trat an die Parteileitung zum ersten Mal die Notwendigkeit heran, zur Sicherung des Ordnungsdienstes an eine auswärtige Ortsgruppe die Bitte um Unterstützung zu richten.

Bei der im Zirkus Krone stattgefundenen Riesenversammlung, die einen Besuch von rund 7000 Personen aufwies, machte ein Teil der Rosenheimer Sturmabteilung Dienst, Schulter an Schulter mit ihren Münchner Genossen. Sie haben dadurch wesentlich mitgewirkt an der Aufrechterhaltung der Disziplin, durch die diese Versammlung zu einer gewaltigen, einmütigen Kundgebung wurde.

Die Parteileitung drückt der Ortsgruppe Rosenheim, sowie der dortigen Sturmabteilung den besonderen Dank auch dafür aus, daß die gesamten Kosten der Reise der Rosenheimer Sturmabteilung nach München von der Ortsgruppe Rosenheim in großherziger Weise getragen wurden.

Für die Parteileitung:
gez.: A. Hitler, I. Vorsitzender

[BAK, NS 26–97]

[9] *Die Satzung der NSDAP vom 29. Juli 1921*[4]

Satzungen des nationalsozialistischen deutschen Arbeiter-Vereines

§ 1. Der Verein hat die Aufgabe, alle ehrlich schaffenden Kreise unseres Volkes, gleich ob körperliche oder geistige Arbeiter, zusammenzu-

4 Die Satzung des Nationalsozialistischen Deutschen Arbeiter-Vereins e. V. verlieh der NSDAP Rechtscharakter. Die Neufassung, die Hitlers Führerstellung verbriefte, wurde am 29. Juli 1921 von der Mitgliederversammlung mit 543 gegen eine Stimme angenommen. Der Text wird hier erstmals veröffentlicht.

schließen, um in gemeinsamer Arbeit unserem Volke die Vorbedingungen zur Erringung seiner politischen Freiheit, seiner wirtschaftlichen Selbständigkeit zu schaffen.

Laut Vereins-Programm hat dies zu geschehen durch Pflege der sittlichen Kräfte und körperliche Ertüchtigung des einzelnen sowie der Gesamtheit.

§ 2. Ziel der Bewegung sowie Mittel und Wege zu ihm sind im Vereins-Programm vom 24. Februar 1920 niedergelegt.

Das Programm ist unabänderlich, es findet seine Erledigung nur durch seine Erfüllung.

§ 3. *Mitgliedschaft:*

Die Mitgliedschaft kann durch Ausfüllung eines Aufnahme-Scheines jeder unbescholtene Angehörige des deutschen Volkes erwerben. Vorbedingung jedoch ist arische Abkunft.

Jugendliche Personen gehören von der Schulentlassung bis zur Erlangung der Wahlberechtigung der Jugend-Abteilung an.

Über die Gültigkeit entscheidet in jeder Ortsgruppe des Vereines ein von dem jeweiligen Vorsitzenden eingesetzter Untersuchungs-Ausschuß. Oberste Instanz jedoch ist der vom I. Vorsitzenden des Gesamt-Vereins eingesetzte Haupt-Untersuchungsausschuß. Ablehnungen von Neueintretenden erfolgen ohne Angabe von Gründen. Jedes aufgenommene Mitglied erhält als Ausweis eine Mitgliedskarte bezw. ein Mitgliedsbuch.

§ 4. Der Austritt des einzelnen Mitglieds aus dem Verein hat durch schriftliche Erklärung zu erfolgen. Der Mitgliedsbeitrag ist für den Austritts-Monat noch voll zu bezahlen.

Mitglieder, deren Verhalten gegen die Satzungen und Ziele des Vereins verstößt, werden durch den Untersuchungs-Ausschuß dem jeweiligen Vorsitzenden der betreffenden Ortsgruppe zum Ausschluß vorgeschlagen. Jeder Auszuschließende muß durch Schreiben mit persönlicher Unterschrift des I. Vorsitzenden der betreffenden Ortsgruppe von seinem Ausschluß unterrichtet werden. Der Ausschluß tritt zunächst sofort in Wirksamkeit, doch steht dem Ausgeschlossenen frei, dagegen bei der Mitglieder-Versammlung um Widerruf bezw. um Angabe der Gründe seines Ausschlusses schriftlich anzusuchen. Gegen den Entscheid der Mitglieder-Versammlung steht ihm der gleiche Weg zur Verfügung beim Haupt-Untersuchungsausschuß des Gesamt-Vereins. Gegen den Entscheid des Haupt-Ausschusses steht ihm die Anrufung der in München jährlich in der 2. Hälfte des Januar tagenden großen Mitglieder-Versammlung des Gesamt-Vereins zu, deren Einberufung den Mitgliedern durch Post mitzuteilen ist. Über die Mitgliederversammlung ist ein Protokoll zu führen, das vom Schriftführer und Vorsitzenden zu unterzeichnen ist. Der Haupt-Untersuchungsausschuß hat die Befugnis, in dringenden Fällen im Einvernehmen mit dem I. Vorsitzenden des Gesamt-Vereins selbständig den Ausschluß von Mitgliedern durchzuführen. Den Betroffenen steht jedoch auch in diesem Falle der Beschwerdeweg zur großen Mitglieder-Versammlung frei.

Der Mitgliedsbeitrag ist einschließlich 50 Pfennige Pressesteuer auf monatlich M 2.– festgelegt.

Pressesteuer sowie 20 % der Mitgliedsbeiträge und 50 % der Wahl- und Werbe-Beiträge sind von den einzelnen Ortsgruppen an die Hauptgeschäftsstelle des Vereins in München einzuliefern.

§ 5. *Organisation* des Vereins.

Sitz des nationalsozialistischen deutschen Arbeiter-Vereins ist München.

Die Partei-Leitung als solche wird, solange dem Vereine durch die Einläufe aus den einzelnen Ortsgruppen nicht solche Mittel zur Verfügung stehen, daß dadurch eine eigene Reichsparteileitung finanziell erhalten werden kann, mit der Leitung der Gesamt-Partei die Leitung der Ortsgruppe München verbinden.

Die Einnahmen der Ortsgruppe München als Muttergruppe der gesamten Bewegung werden nach wie vor in großzügigster Weise zur Verbreitung der Gesamtbewegung verwendet.

Der Verein gliedert sich zunächst in Ortsgruppen, die der Haupt-Parteileitung unterstellt sind.

Je nach Bedarf werden diese in Unterabteilungen als Gau-Verbände, diese wieder als Landes-Verbände zusammengefaßt.

Um eine entschlossene Leitung der Bewegung zu ermöglichen, ist für die Führung des Gesamt-Vereines in erster Linie verantwortlich der I. Vorsitzende des Gesamtvereins. Für die Leitung der einzelnen Ortsgruppen der I. Ortsgruppen-Vorsitzende.

Der I. Vorsitzende des Gesamt-Vereins ist gesetzlicher Vertreter desselben. In der Abwesenheit wird er durch den II. Vorsitzenden vertreten.

Die *Hauptpartei-Leitung*

Die Hauptpartei-Leitung besteht 1. aus dem gesetzlich durch die Mitglieder-Versammlung zu wählenden Ausschuß, bestehend aus dem I. und II. Vorsitzenden, dem I. und II. Kassier, dem I. und II. Schriftführer,

2. aus den Unter-Ausschüssen.

Da die eigentliche verantwortliche Leitung des Vereines in den Händen des I. Vorsitzenden liegt, ist dessen Stellung als über dem Ausschuß stehend zu betrachten. Er ist verantwortlich nur der Mitglieder-Versammlung.

§ 6. Um einen großzügigen Ausbau der Organisation zu ermöglichen, werden außer dem von der Mitglieder-Versammlung gewählten Ausschuß noch eine Reihe weiterer Unter-Ausschüsse gebildet, die sich in dessen Arbeit zu teilen haben.

a) Der Propaganda-Ausschuß, bestehend aus einem Vorsitzenden und 6 Beisitzern. Aufgabe: Erledigung aller die Propaganda betreffenden Fragen.

b) Finanz-Ausschuß, bestehend aus den von der Mitglieder-Versammlung gewählten I. und II. Kassenführern als Vorsitzenden und 5 Beisitzern. Aufgabe: Oberste Kontrolle über das gesamte Kassenwesen des Vereins, Sicherung der finanziellen Grundlagen der Bewegung, finanzielle Werbetätigkeit im allgemeinen.

c) Ausschuß für Jugend-Organisation, bestehend aus einem Vorsitzenden, 6 Beisitzern. Aufgabe: Gründung und Ausbau der Jugend-Abteilung.

d) Sport- und Turn-Ausschuß, bestehend aus einem Vorsitzenden und 8 Beisitzern. Aufgabe: Zusammenfassung und körperliche Ertüchtigung der sich in der Bewegung befindlichen männlichen Jugend. Abstellung des Schutzordner- und Sicherungsdienstes.

e) Der Untersuchungs-Ausschuß, bestehend aus einem Vorsitzenden und 2 Beisitzern. Aufgabe: Prüfung aller Eintritts-Erklärungen und Anträge zu Ausschlüssen, Anlegung eines Nachrichtendienstes.

f) Schlichtungsausschuß, bestehend aus den Gründungsvorsitzenden und Ehrenmitgliedern der Partei, sowie 2 von ihm gewählten Beisitzern. Aufgabe: Friedliche Schlichtung von Streitigkeiten innerhalb der Partei.

Zu den Unterausschüssen a, c, d, e werden die Vorsitzenden, im Unterausschuß e auch die beiden Beisitzer vom I. Vorsitzenden der Partei bestimmt. Die Beisitzer der Unterausschüsse a, b, c und d bestimmt der jeweilige Vorsitzende des Unterausschusses.

§ 7. Um dem I. Vorsitzenden der Partei in der Leitung derselben weitesten Spielraum zu gewähren, ihn unabhängig von Majoritätsbeschlüssen des Ausschusses zu machen, aber das Verlassen des durch Partei-Programm und Statuten vorgezeichneten Rahmens zu verhindern, steht das Recht zur Einberufung einer außerordentlichen

Mitglieder-Versammlung, um ihn vor dieser zur Verantwortung zu ziehen bezw. seine Neuwahl zu verhindern, zu:

1. dem Gründungs-Vorsitzenden Ehrenmitglied *Anton Drexler*,
2. dem von der Mitglieder-Versammlung gewählten Ausschuß, bestehend aus dem II. Vorsitzenden, den beiden Schriftführern und Kassierern,
3. einem Zehntel von Mitgliedern der Gesamtbewegung.

§ 8. Die Organisation der Leitung der einzelnen Ortsgruppen ist nach ähnlichen Grundsätzen durchzuführen.

§ 9. *Gründungsvorsitzender.*

In Anbetracht der großen unzerstörbaren Verdienste, die sich der Gründer der Bewegung in seiner bisher unermüdlichen Tätigkeit erworben hat, wird dessen Stellung auf die Dauer seiner ganzen Lebenszeit als über der Gesamt-Bewegung stehend, unabhängig von jeder Mitglieder-Versammlung, festgelegt durch dessen Anerkennung als Gründungs-Vorsitzenden und Ehrenmitglied des Gesamt-Vereins. Ihm steht das Recht einer Überkontrolle der vom I. Vorsitzenden des Gesamt-Vereins geleisteten Tätigkeit zu. Im Falle ihm der Weg, den dieser einschlägt, bedenklich und als im Widerspruch mit seinen gewollten Endzielen stehend erscheint, kann er dem Gesamt-Ausschuß die Aufforderung auf Einberufung einer außerordentlichen Mitglieder-Versammlung zugehen lassen. Die Tagesordnung wird dabei durch den Gründungs-Vorsitzenden selber bestimmt. Die Partei-Leitung hat in diesem Falle binnen 10 Tagen die Abhaltung der außerordentlichen Mitglieder-Versammlung durchzuführen. In dieser hat der I. Vorsitzende des Gesamt-Vereins zunächst sein Amt niederzulegen und Rechenschaft von sich und seiner Tätigkeit zu geben. Die Versammlung entscheidet über seine Neuwahl.

Dem Gründungs-Vorsitzenden steht das Recht der Teilnahme an sämtlichen Ausschuß-Sitzungen und Beratungen zu.

§ 10. *Aktions-Ausschuß.*

Um in Zeiten dringender Not eine straffe und energische Führung der Gesamt-Bewegung sicherzustellen, steht dem I. Vorsitzenden das Recht zu, einen Aktions-Ausschuß, bestehend aus ihm und drei weiteren Mitgliedern einzusetzen. Die Namen dieser Mitglieder bleiben der breiten Öffentlichkeit gegenüber geheim, doch müssen sie die Billigung des Gründungs-Vorsitzenden finden. Mitglieder dieses Ausschusses, die vom Gründungs-Vorsitzenden abgelehnt werden, sind sofort zu ersetzen.

§ 11. Zur Ermöglichung einer innigen Verbindung und dauernden Fühlungnahme der einzelnen Ortsgruppen mit der Partei-Leitung findet monatlich je eine gemeinsame Besprechung statt. Ihren Termin bestimmt der I. Vorsitzende durch Rundschreiben. Die Ortsgruppen sind verpflichtet für möglichst starken Besuch Sorge zu tragen.

§ 12. Im Falle sich geschlossene Gruppen anderer Verbände oder Vereinigungen, Parteien überhaupt an den nationalsozialistischen Deutschen Arbeiter-Verein anzuschließen wünschen, kann dies nur unter Verzicht auf jede Gegenleistung von Seiten des Vereins erfolgen.

Name, Programm und Tendenz der Bewegung sind unabänderlich.

§ 13. Der nationalsozialistische deutsche Arbeiter-Verein ist aus der Erkenntnis gegründet worden, daß der Verrat und Mißbrauch an Mitgliedern bisher bestehender Parteien, besonders aber der sozialistischen, nur möglich war, indem sich Kapitalisten-Gruppen in streberhaften materialistisch veranlagten Führern Helfershelfer für ihre eigenen Interessen heranzogen. Um das Einreißen solcher die Interessen des schaffenden Volkes auf das Schwerste schädigenden Zustände von vornherein unmöglich zu machen, bestimmen die Gründer und bisherigen Leiter der nationalsozialistischen deutschen Arbeiter-Partei, die bisher alle nur ehrenamtlich ihre Posten bekleideten, daß unverbrüchlich an den idealen Grundsätzen der Bewegung festzuhalten ist.

Kein leitendes Mitglied irgendeines Ausschusses darf eine bezahlte Stelle in der Partei, sei es in der Geschäftsführung oder in Partei-Zeitungen, inne haben. Ausschußmitglieder, die in ein dauerndes Dienstverhältnis der Bewegung eintreten, verlieren [das] Mitbestimmungsrecht der ordentlichen, d. h. nicht besoldeten, nur ehrenamtlich ihre Pflicht erfüllenden Mitglieder der Bewegung. Die Geschäftsführer der Partei haben in den Ausschuß-Sitzungen kein Stimmrecht, sollen aber den Sitzungen mit beratender Stimme beiwohnen.

§ 14. Die Auflösung des Vereines kann nur erfolgen, wenn ein Rest von nicht mehr als 5 Mitgliedern sich mit Mehrheit für die Auflösung entschließt. Etwaiges Inventar und Vermögen fallen an die Partei.

[Vom Registergericht beglaubigte Abschrift. BAK, NS 26–79]

[10] *Wir brauchen die Massen von ganz rechts und ganz links*

Herrn Gustav *Seifert* München, 6. 9. 21
Vorsitzender der Nationalsoz. Deutschen ArbP.
Ortsgruppe Hannover

Werter Parteigenosse!
In Beantwortung Ihres letzten Briefes teile ich Ihnen Nachstehendes mit:

Zunächst freut es mich noch nachträglich, mich wenigstens mit 2 Herren aus Hannover persönlich ausgesprochen zu haben. Herr Wenzel, der ja vermutlich bereits wieder bei Ihnen sein dürfte, hatte hier Gelegenheit, noch ein paar große Versammlungen, darunter eine im Zirkus Krone mitzumachen. Er wird Ihnen seine Eindrücke geschildert haben. Es ist mein sehnlichster Wunsch, daß auch die anderen Ortsgruppen im Norden ähnlich emporblühen.

Ich will da gleich einen von Ihnen angeschnittenen wichtigen Punkt besprechen. Sie frugen mich im letzten Brief, ob und inwieweit ich einverstanden wäre, daß Sie von Hannover aus die Gründung neuer Ortsgruppen in die Hand nehmen. An und für sich wäre hiergegen nichts einzuwenden. Tatsächlich aber besteht dabei nur die große Gefahr, daß Ihre Arbeitskraft zersplittert wird. Ich halte es für das Allervordringlichste, daß Sie zunächst Ihre gesamte Tätigkeit soweit irgend möglich auf die Bearbeitung Hannovers konzentrieren. Das wird schon vom finanziellen Gesichtspunkt aus unumgängliche Notwendigkeit. Ich glaube nicht an die Möglichkeit, ohne die Anwendung größerer Geldmittel fruchtbringende Arbeit in der Gründung neuer Ortsgruppen leisten zu können. Wir haben da ja doch reichliche Erfahrung. Außerdem ist es ja natürlich, daß die Wirkung, die in der Gründung einer Ortsgruppe liegt, umso größer ist, je bedeutender die begründende Ortsgruppe selber erscheint. Es ist unbedingt notwendig, daß sich die gegründete Ortsgruppe an ihrer Begründerin erbauen kann und von ihr immer neue Energie bezieht.

Aus dem Grunde will ich ganz dringend bitten, falls nicht außerordentlich günstige Vorbedingungen vorliegen, zunächst von der Begründung neuer Gruppen abzusehen und die ganze Arbeit auf den Ausbau und die Organisation, besonders aber die unermüdliche Werbetätigkeit auf die Ortsgruppe Hannover zu beschränken.

Weiter fragen Sie in Ihrem letzten Schreiben an, ob Sie nicht mit verschiedenen deutschsozialistischen Gruppen zwecks Herbeiführung von Einigungsverhandlungen in Verbindung treten könnten.

Wir haben unbedingt keinen Grund, sogenannte Einigungsverhandlungen herbeizuführen. Am allerwenigsten mit den Deutschsozialisten. Die deutschsozialistische Partei ist ein Fantasiegebilde. Praktischer Wert kommt ihr keiner zu. Seit 2 1/2 Jahren wursteln die Herrschaften herum, das Resultat war und ist überall gleich Null. Den schlagendsten Beweis für die Richtigkeit dieser unserer Anschauung bot die letzte Vortragsreise des Pg. Schilling aus Mährisch-Ostrau. Pg. Schilling hat bei uns drei Versammlungen abgehalten, die alle drei einen Massenbesuch aufwiesen. Die Versammlung in Rosenheim war glänzend besucht und stellte einen großen Erfolg dar. Desgleichen die in Landshut. Bei der Münchner Versammlung war, glaube ich, Pg. Wenzel persönlich anwesend. Sie war von rund 7000 Personen besucht. Schon die erste Versammlung aber, die Pg. Schilling bei den Deutschsozialisten abhielt, und zwar in ihrer sogenannten »Haupt- und Hochburg Nürnberg«, war ein Mißerfolg, sie wurde kaum begonnen, auch schon gesprengt. Die Erfahrungen, die Pg. Schilling im übrigen Deutschland bei den Deutschsozialisten machte, waren anscheinend noch schlechter. Also, darin liegt kein Wert, sich mit derart schwächlichen Gebilden zu verbinden. Was wir brauchen, ist das Herzuziehen kräftiger Massen, am besten aus dem ganz rechten und ganz linken Flügel. Mit derartigen Zwittererscheinungen, wie sie die Deutschsozialisten darstellen, ist uns nicht gedient. Sie glauben, daß sich in Dresden auch eine nationalsozialistische Gruppe aufgemacht hat, ebenso in Berlin. Das stimmt nicht. Diese Gruppen gehören der Deutschsozialistischen Partei an und haben sich bloß einen neuen Mantel angezogen, den nationalsozialistischen.

Zusammenfassend also bitte ich Sie ganz dringend, die Ereignisse ruhig heranreifen zu lassen. Der Anschluß der wertvollen Teile dieser Gruppen wird in eben dem Maße erfolgen, in dem die positive Arbeit unserer Bewegung und unserer Ortsgruppen sich durchsetzt. Also werben und noch einmal werben und die ganze Kraft anspannen, daß Hannover allmählich ebenfalls zu einem Bollwerk unserer Bewegung wird. Wären die Entfernungen nicht gar so groß, wäre ich schon längst persönlich oben. Trotzdem bin ich überzeugt, daß es mir gelingen wird, in absehbarer Zeit zu Ihnen zu kommen. Und dann wollen wir uns ganz gründlich persönlich über gewisse Dinge aussprechen.

So wünsche ich Ihnen denn von Herzen Glück für Ihre ganze Arbeit im Dienste unserer Bewegung.

Mit treudeutschem Gruß!
[gez.] Adolf Hitler.

[BAK, NS 26–141]

[11] *Anweisung zur Ortsgruppengründung*

Nationalsozialistische Deutsche Arbeiterpartei
Hauptgeschäftsstelle der Parteileitung. 1922

Das Ziel der Nationalsozialistischen Deutschen Arbeiterpartei ist niedergelegt im Programm vom 24. Februar 1920, München.

Gliederung und Organisation der Bewegung werden bestimmt durch die Statuten. Der Ausbau der Bewegung erfolgt durch die Gründung von Ortsgruppen.

Bei diesen Gründungen ist nach folgenden Gesichtspunkten zu verfahren:

Grundsätzliches

Es ist grundsätzlich dafür Sorge zu tragen, daß in jeder Ortsgruppe die Partei den Charakter einer wahrhaftigen Volkspartei erhält. Also, es ist grundsätzlich dafür Sorge zu tragen, daß entsprechend der Schichtung der Bevölkerung überhaupt, auch in jeder Ortsgruppe die Leitung derselben eine ähnliche Zusammensetzung ihrer Mitglieder aufweist.

Mindesten $^2/_3$ Handarbeiter, höchstens $^1/_3$ Akademiker bezw. sonstige geistige Berufe.

Standesvorurteile, Standesdünkel oder Klassenbewußtsein haben in unseren Reihen keinen Platz.

Die Bewertung des einzelnen Mitgliedes hat ausschließlich zu erfolgen nicht nach der Art seines bürgerlichen Berufes, sondern nach der Form, in der er seinen bürgerlichen Pflichten gerecht wird, wobei unter »bürgerlich« nur die Pflichten des Volksbürgers zu verstehen sind.

Der Vertrauensmann

Voraussetzung zur Bildung einer neuen Ortsgruppe ist zuallererst die Gewinnung eines Vertrauensmannes der Bewegung in diesem Ort. Als solcher kann nur in Betracht kommen ein Mann, der innerlich bereits auf dem Boden unseres Programms steht bezw. den festen Willen besitzt, dieses Programm zu seinem eigenen zu machen und opferwillig für die Bewegung zu kämpfen ...

Tätigkeit des Vertrauensmannes innerhalb seines Ortes

a) Der Vertrauensmann soll dauernd ein genaues Bild von der allgemeinen Stimmung seines Ortes der Parteileitung zu entwerfen vermögen. Z. B. allgemeine wirtschaftliche Unzufriedenheit oder Hinneigen der Bevölkerung zur Judengegnerschaft oder zur Judenfreundschaft. Aus welchen Gründen?

Stimmung der Bevölkerung der jeweiligen Regierung gegenüber. Ihre Haltung einzelnen besonders hervortretenden Regierungsmaßnahmen gegenüber usw.

b) Der Vertrauensmann hat weiter an die Parteileitung Bericht zu erstatten über das Vorhandensein antisemitischer Bünde in dem betreffenden Ort, z. B. Schutz- und Trutzbund, Hammerbund, sogenannte germanische Logen usw. und zwar: Stärke dieser Verbände, ihre Popularität? Beteiligen sich an ihnen auch Arbeiter? Welche Bevölkerungsschichten sonst? Haben sie bestimmenden Einfluß auf die Vertretungskörper des betr. Ortes usw.?

c) Genaue Information über die Stärke der Juden in dem betr. Ort, und zwar ihren Einfluß auf politische Parteien sowie ihren Einfluß in wirtschaftlicher Hinsicht.

d) Verhältnisse in der Handarbeiterschaft. Ist die Handarbeiterschaft judenfreundlich oder, wenn auch nur gefühlsmäßig, judengegnerisch? Ist sie radikal gesinnt oder mehr gemäßigt?

e) Wie ist die Handarbeiterschaft organisiert? Frei, christlich oder in anderen Verbänden? Befindet sich im Ort eine Ortsgruppe des D.H.V. (Deutschnationalen Handlungsgehilfenverbandes)? Wie stark?

f) Wer sind die hervorragendsten politischen Führer im Ort und zwar nach Namen, Parteizugehörigkeit und Einfluß?

g) Befinden sich im Ort höhere Schulen, wie ist die Jugend gesinnt und befinden sich endlich im Ort Turnvereine und welche Richtung?

Voraussetzung für diese Berichte ist absolute Wahrhaftigkeit! Jedes Schönfärben wäre Selbstbetrug. Am wertvollsten für die Bewegung ist derjenige Vertrauensmann, dessen Berichte am nüchternsten der Wirklichkeit entsprechen.

Propaganda des Vertrauensmannes

Der Vertrauensmann hat seine Propaganda zu beginnen:

1. Zunächst im engeren Verwandten- und Bekanntenkreise und zwar im Verlaufe des täglichen Gesprächs, durch Lesenlassen des Völkischen Beobachters, sowie ähnlicher Zeitschriften, leihweise Überlassung antisemitischer Literatur, Bücher, Zeitschriften usw.

2. Im Wirtshause, am Stammtisch ebenfalls im Verlauf des allgemeinen Gesprächs durch Hinweis auf die Partei und ihre Ziele, durch Übergabe einzelner Werbeschriften, durch Ausleihen einzelner Bücher, durch Besprechung des Programms der Bewegung, ihrer Erfolge usw. Der Wirt ist zu veranlassen, den Völkischen Beobachter zu abonnieren und zum Lesen aufzulegen.

3. Im Geschäft und an der Arbeitsstelle, vor allem durch Verbreitung von Flugblättern, durch ununterbrochene Kritik der heutigen Zustände, besonders aber durch schärfste Kritik nicht der einzelnen Parteimitglieder als solcher, sondern immer wieder deren Führer. Die Judenfrage muß ununterbrochen auf die Tagesordnung gebracht werden. Jede, auch die kleinste gefühlsmäßige Abneigung ist sofort rücksichtslos auszunützen.

Grundsätzlich ist bei Angehörigen sogenannter »gebildeter« Berufe die Judenfrage mehr vom Gesichtspunkt der wissenschaftlichen Erkenntnis des Rasseproblems, der höheren Ethik usw. zu behandeln, während bei Angehörigen der handarbeitenden Klassen das rein gefühlsmäßige Moment aufgegriffen werden muß, die gefühlsmäßige Abneigung gegen den Juden mit allen Mitteln zu steigern ist.

4. Im Eisen- und Straßenbahnwagen durch Austeilen von Aufklärungsschriften, des Programms, des Völkischen Beobachters, durch Hinweis auf hervorragende antisemitische Bücher, durch Aufklärung über die Partei und ihre Ziele, durch Kritik an den augenblicklichen Zuständen, dauernde Verantwortlichmachung der Führer unserer heutigen Parteien für diese Zustände, schärfste Kritik an den Juden. *Immer wieder in Bahnhofsbuchhandlungen den Beobachter verlangen.*

5. In der Diskussion bei Versammlungen anderer Parteien, allerdings in erster Linie nur dann, wenn sich der Vertrauensmann stark genug fühlt, dem gegnerischen Redner gewachsen zu sein. In solchen Fällen ist immer wieder auf die Bewegung hinzuweisen als der einzigen Zukunft unseres deutschen Vaterlandes.

Grundsätzlich dürfen unsere Redner nie vergessen, daß die Hauptaufgabe unserer Bewegung z. Zt. nicht irgend ein verlogener Aufbau sein kann, solange nicht die Verbrecher unserer Vernichtung, die Betrüger unseres Volkes entlarvt und zur Verantwortung gezogen sind.

Einen Aufbau in Deutschland kann es erst geben nach Beseitigung seiner Verderber.

Ihre Beseitigung aber wird nicht erreicht durch blödsinniges Mitschwätzen vom »Aufbauen«, »Heben« usw., sondern nur durch ätzende, unbarmherzige, grausame Kritik.

Flugschriften sind von der Geschäftsstelle zu beziehen.

Vorläufiger Ausschuß

... Hat der Vertrauensmann mehrere Mitglieder für die Bewegung geworben, so stellt er zunächst einen vorläufigen Ausschuß zusammen, der ihn in seinen Arbeiten unterstützt.

Sprechabende

Um die Werbetätigkeit nun mit erhöhtem Eifer fortsetzen zu können, sind ab jetzt Sprechabende einzuberufen ...

Der Gesprächsstoff des Sprechabends ergibt sich aus den Tagesereignissen, Artikeln im Beobachter, sowie aus der antisemitischen Literatur.

Öffentliche Versammlung

Ist durch diese Tätigkeit allmählich ein größerer Kreis von Anhängern und Mitgliedern der Bewegung entstanden, so sind die Vorbereitungen zur ersten öffentlichen

Werbeversammlung

behufs *Gründung einer Ortsgruppe* durchzuführen.

Die erste Werbeversammlung muß ganz besonders gut vorbereitet sein, sonst verläuft sie erfolglos.

Daher grundsätzlich: *Besser keine Versammlung als eine schlecht vorbereitete ...*

Man miete fürs erstemal einen nicht zu großen Saal. Besser ein kleiner Saal gedrückt voll, als ein größerer Raum nur zur Hälfte gefüllt oder gar gähnend leer.

Ist in dem betreffenden Ort eine Anmeldung der Versammlung notwendig, dann hat diese Anmeldung der Vertrauensmann bezw. der vorläufige Ausschuß durchzuführen.

Sofort nach Festsetzung des Tages der Versammlung, des Themas derselben, hat größte mündliche Propaganda einzusetzen. Alle in den Sprechabenden bereits anwesenden Mitglieder und Gäste sind schriftlich aufzufordern, möglichst frühzeitig am Versammlungstag den Saal zu besetzen.

Sicherung der Versammlung

Der Sicherungsdienst in der Versammlung ist zunächst nach folgenden Grundsätzen durchzuführen:

1. Die zu möglichst frühem Erscheinen aufgeforderten Parteimitglieder bezw. stillen Anhänger der Bewegung sind um das Rednerpult zu gruppieren.

2. Die männlichen Mitglieder der Bewegung sind grundsätzlich nicht für untergeordnete Dienste zu verwenden, die keinerlei körperliche Kraft beanspruchen. Kassendienst, Billettenabgabe sind, wenn irgendmöglich, durch Frauen zu besorgen. Die Männer bemühen sich, im Saale die Ordnung aufrecht zu erhalten.

3. Völkische Verbände, die sich bereits am Orte befinden, sind einzuladen und zu ersuchen, wenn notwendig, an der Aufrechterhaltung der Ordnung mitzuwirken.

Zu solchen völkischen Verbänden rechnen wir aber niemals politische Parteien, da erfahrungsgemäß außer unserer Bewegung in Deutschland keine politische Partei auf streng völkischer Grundlage steht. ...

Ein Versammlungsbild als Beispiel

Der Beginn der Versammlung ist für 8 Uhr abends festgesetzt. Die Saaleröffnung findet um 7 Uhr statt. Der vorläufige Ausschuß mit seinen Hilfskräften trifft bereits um 6 Uhr im Saale ein, verteilt die Flugblätter, Propagandaschriften usw. auf die einzelnen Tische, richtet die Kasse ein, sorgt für das Rednerpult (Glocke) und beendet seine Veranstaltungen so, daß zur gegebenen Zeit die Saaleröffnung ohne weiteres stattfinden kann. An der Kasse bei der Billettenverteilung sitzen Frauen, die Kontrolle beim Eingang übernimmt ein Mann, nach Bedarf mehrere. Ein Ordnerausschuß verteilt die eintretenden Besucher auf die Plätze so, daß Parteiangehörige bezw. neutrale Besucher möglichst um das Podium gruppiert werden, verhindert vor allem, daß Gegner sich in absolut geschlossenen Mengen zusammenfinden. Nach Eintreffen des Referenten betritt der Versammlungsleiter das Podium, schafft durch Läuten Ruhe, begrüßt erstens die Versammlung, zweitens den erschienenen Referenten und gibt diesem nach kurzer Betonung des Zieles der angesetzten Versammlung das Wort.

Während der Rede des Referenten sorgt der Versammlungsleiter für Ruhe im Saale, d. h. er läutet bei Unruhe zur Ruhe, mahnt Zwischenrufer, ihre Störung zu unterlassen, sich am Ende in der Aussprache zu Wort zu melden.

Meldet sich oder ruft ein Gegner zur Geschäftsordnung, so läßt der Versammlungsleiter abstimmen,

1. ob die Versammlung den Antrag des sich zur Geschäftsordnung Meldenden zur Abstimmung bringen lassen will oder nicht.
2. Wünscht die Versammlung die Abstimmung über den Antrag, führt er die Abstimmung durch.

   Anträge, die das Hausrecht irgendwie in Frage stellen wollen, werden nicht zur Abstimmung gebracht, sondern vom Versammlungsleiter kurz zurückgewiesen. Das sind z. B. Anträge auf Schluß der Versammlung, Kürzung der Redezeit des Referenten usw.

Sind die Machtmittel der Partei im Saale bereits genügend große, so werden Ruhestörer vom Versammlungsleiter zunächst kurz ermahnt, im Wiederholungsfalle aber rücksichtslos aus dem Saale entfernt. *Ruhestörer, die aus dem Saale mit Brachialgewalt entfernt werden müssen, sind so zu behandeln, daß ihnen die Lust zur Störung nationalsozialistischer Versammlungen ein für alle Mal vergeht.*

Befindet sich im Saal zur Aufrechterhaltung der Ordnung eine von der Parteileitung in München abgestellte Abteilung der Sturmtruppe, so führt in diesem Falle die Aufsicht über die Ordnung im Saale der Leiter der Sturmabteilung.

Der Leiter der Sturmabteilungen hat sich zu Beginn der Versammlung beim Versammlungsleiter zu melden und sich mit diesem ins Einvernehmen zu setzen.

Die Leiter der Sturmabteilung haben ihre Instruktionen von der Parteileitung.

Hat der Referent seine Rede beendet, so dankt der Versammlungsleiter ihm für seine Worte und fordert die Versammlung nun auf

1. sich diese Worte zu Herzen zu nehmen und in ihrem Sinne zu handeln,
2. nach einer kurzen Pause von 5 Minuten in die Aussprache einzutreten ...

Je nach der verfügbaren Zeit und der Zahl der gemeldeten Redner bestimmt der Versammlungsleiter die Redezeit des Einzelnen.

Sie darf nicht unter 5 Minuten und soll nicht über 15 Minuten sein. Melden sich keine Gegner zum Wort, sollen, um den einheitlichen Eindruck der Wirkung der Rede des Referenten nicht zu beeinträchtigen, auch keine Anhänger zum Wort gelassen werden.

Hier muß das Gefühl des Vorsitzenden das Richtige treffen.

Ist die Diskussion nun beendet, so erhält der Referent durch den Versammlungsleiter das Schlußwort.

Während der Diskussion selber hat der Versammlungsleiter noch darauf zu achten, daß die einzelnen Redner im Rahmen des Themas bleiben, vor allem aber die Versammlung als solche nicht verletzen und beleidigen.

In solchen Fällen ist dem jeweiligen Diskussionsredner grundsätzlich das Wort zu entziehen.

Nach Beendigung der Versammlung, die möglichst frühzeitig anzusetzen ist, fordert nun der Versammlungsleiter zum Eintritt in die Bewegung auf und ersucht diejenigen, die gewillt sind, der Bewegung beizutreten, sofort die Aufnahmescheine auszufüllen. Darauf verkündet der Versammlungsleiter, daß er noch im Verlaufe einer Woche eine Zusammenkunft aller Mitglieder veranlassen werde, zur Wahl einer ordnungsmäßigen Ortsgruppenleitung. War der Verlauf der Versammlung ein besonders glänzender und treten eine größere Anzahl von Mitgliedern ohne weiteres der Bewegung bei, so kann die erste Mitgliederversammlung zwecks Gründung bezw. Wahl der Ortsgruppenleitung sofort im Anschluß an die öffentliche Versammlung stattfinden. In diesem Falle sind die anwesenden

Versammlungsbesucher, die nicht gewillt sind, der Bewegung beizutreten, zu ersuchen, den Saal zu verlassen und es kann nach ihrem Abgang unter den anwesenden nunmehrigen Parteimitgliedern sofort zur Wahl des ordnungsmäßigen Ausschusses geschritten werden.

In beiden Fällen ist der Vorgang bei der Wahl des Ausschusses folgender:

Ortsgruppenausschußwahl

Der bisherige Vertrauensmann der Partei und Leiter des vorläufigen Ausschusses stellt fest, daß sich in der Versammlung so und soviele Mitglieder der Bewegung befinden, daß die Versammlung mithin beschlußfähig ist. Er legt kurz Bericht ab über seine Tätigkeit und bittet nun um Vorschläge zur Wahl eines ordnungsmäßigen Ausschusses der aus folgenden Mitgliedern zu bestehen hat:

einem 1. und 2. Vorsitzenden
einem 1. und 2. Kassier
einem 1. und 2. Schriftführer.

Die Vorschläge, die aus der Mitte der Versammlung durch Zuruf usw. übermittelt werden, sind vom Leiter der Versammlung aufzugreifen und zur Abstimmung zu bringen.

In der Abstimmung entscheidet einfache Majorität. Es ist selbstverständlich, daß in erster Linie die Wahl des bisherigen Parteivertrauensmannes zum 1. Vorsitzenden als wünschenswert erscheint. Nach vollendeter Wahl übernimmt der neue 1. Vorsitzende der Ortsgruppe die Leitung der Versammlung, bringt derselben noch eventuelle Mitteilungen oder Vorschläge vor und schließt endlich die Versammlung.

Aufgaben der Ortsgruppenleitung

Sofort nach vollendeter Gründung der Ortsgruppe, der Wahl ihres Ausschusses, hat sich der Vorsitzende der neugegründeten Ortsgruppe mit der Parteileitung in München in Verbindung zu setzen und seine Tätigkeit als Leiter der Ortsgruppe aufzunehmen.

Der Dienst der Ortsgruppe, ihre Organisation, ihre Tätigkeit nach außen usw. sind niedergelegt in der technischen Dienstanweisung für Ortsgruppen.

[B. H. St. A. I, Sonderabgabe 1509 (gekürzt)]

[12] *Hitler vor dem Nationalen Klub in Berlin*

Nationaler Klub 1919 e. V. Berlin.
Mitgliederverzeichnis (Stand vom 15. Oktober 1940)

Der Führer und Reichskanzler Adolf Hitler hat seinen ersten Vortrag in Berlin im Mai 1922 vor der Mitgliedschaft des Nationalen Klubs gehalten. Der Vortrag mußte wegen seines tiefen Eindrucks auf die Mitglieder einige Monate später wiederholt werden.

Berlin, den 26. V. 1922

Vertrauliche Mitteilung

Montag, den 29. Mai 1922 Abends 8^{30} spricht im Nationalen Klub, Sommerstr. 6, im Anschluß an das Abendessen (7^{30})

Adolf Hitler, München

in engerem Kreis über die nationalsozialistische Deutsche Arbeiterbewegung.

Im Hinblick auf die Bedeutung dieser Erscheinung für Deutschlands Zukunft erlaube ich mir höflich, Ew. Hochwohlgeboren um freundlichen Besuch dieses Vortrags zu bitten; auch wäre es erwünscht, wenn Sie noch weitere deutsche Männer von sozialpolitischer und wirtschaftlicher Bedeutung zu diesem Vortrag einzuführen die Güte hätten.

In vorzüglicher Hochachtung

1 Einlage. Dr. Emil Gansser.

[Aus dem gedruckten Mitgliederverzeichnis, S. 9. Faksimile der handschriftlichen Einladung S. 7. BAK, Slg. Schumacher 220]

[13] *Zur Entstehung nationalsozialistischer Symbole*

Kunststickerei M. Auer, München
Inh. Georg und Marie Hagl, geb. Auer

München,
den 9. April 1934

Mein Führer!
Durch Zufall erfahre ich, daß neuerdings Feldzeichen für die S. A. in Auftrag gegeben werden und erlaube ich mir zu bitten, die Stickerei zu denselben wieder bei mir ausführen zu lassen.

Vielleicht erinnern Sie sich noch, daß ich die ersten Standarten ausführte, daß Sie hiewegen selber öfter in meinem Geschäft waren. Als Sie das erste Mal zu mir kamen, machte ich den Vorschlag die Standarten nach Art der römischen Feldzeichen auszuführen und zeigte Ihnen den

Entwurf von dem sog. Leiber-Bundesbanner, das ich bereits 1914 ausführte und von welchem ich Lichtbild beilege.

Der Entwurf fand sofort Ihren Beifall und als ich auf Ihre Fragen erklärte, daß das künstlerische Urheberrecht mein Eigentum sei und keine Schwierigkeiten wegen Nachahmung entstehen können, entschlossen Sie sich zu dieser Form.

Ich ließ Zeichnungen nach Ihren Angaben anfertigen, diese sind heute noch in meinem Besitze, ebenso der Durchschlag des ersten Kostenvoranschlages vom 18. Okt. 1922 lautend auf den Preis von M 44–45000.– für eine Standarte.

Zur Ausführung der Metallteile stellte ich seinerzeit Herrn Gahr ebenfalls die Zeichnungen zur Verfügung, welcher mir sagte, daß er diese nach Ihren Angaben umgezeichnet hat.

Daß ich »Hitler-Standarten« anfertigte, mußte ich geschäftlich schwer büßen. Es wurde damals von der Konkurrenz ausgenützt, ich erhielt keine Kirchenparamente mehr bestellt und mußte mich ganz auf Herstellung von Vereinsfahnen verlegen. Diese werden jetzt auch nicht mehr verlangt, weil die Mitglieder von Krieger-, Schützen- usw. Vereinen in die nationalen Verbände eingetreten sind ...

Bitte nochmals um gütige Bestellung und verspreche deren sorgfältigste Ausführung.

Heil mein Führer!
[gez.] M. Auer.

[BAK, Slg. Schumacher 408 (gekürzt)]

[14] *Hitler über den Ausbau der NSDAP*

Denkschrift

(Ausbau der Nationalsoz. Deutschen Arbeiterpartei)

Eine der Hauptursachen einer auch heute noch vorhandenen optimistischen Auffassung der deutschen Lage ist der Irrtum, daß die »Wirtschaft« wohl in der Lage wäre, den »Wiederaufbau« Deutschlands durchzuführen. Ein Irrtum deshalb, weil Wirtschaft laut geschichtlicher Erfahrung immer eine secundäre Erscheinung im Völkerleben ist, gebunden an die primäre Voraussetzung des Staatsgedankens und Staatserhaltungstriebes einer Nation.

Ein Irrtum aber besonders deshalb, weil ja auch in dem uns betreffenden Falle nicht die Wirtschaft der versagende Teil war, sondern auch hier und heute in Deutschland noch immer der Mangel an Nationalgefühl und

Staatserhaltungstrieb die Ursache dessen ist, was wir mit »deutschem Zusammenbruch« bezeichnen.

Die Frage einer Genesung unseres deutschen Volkes ist nicht die der Genesung unserer Wirtschaft, sondern die der Wiedergewinnung jener inneren Einstellung unseres Volkes, die allein staatliche Größe, damit aber auch wirtschaftliche Wohlfahrt zu gewährleisten vermag.

Die Frage wird nicht entschieden werden durch Veränderungen in den derzeitigen Majoritätsverhältnissen der Parlamente. Das Verhängnis unseres Volkes liegt nicht darin, daß Deutschland etwa eine Linksmajorität besitzt, sondern es liegt ganz kurz gesagt darin, daß unser Volk kaum zur Hälfte mehr den Willen zur Erhaltung des Volkstums, den Willen zur Erhaltung des Staates besitzt, während die übrige Hälfte grundsätzlich Volk und Staat negiert.

Solange auch nur bei einem Drittel unseres Volkes diese Verneinung des Staates und des eigenen Volkstums vorhanden ist, ist jeder Wiederaufstieg deshalb unmöglich, weil im Augenblick des von einer (angenommen rechtsstehenden) Regierung an das Volk gerichteten Appells die innere Zerrissenheit sofort wieder zur lebendigsten Gefahr werden würde.

Tatsächlich stellt die Summe der »international-marxistisch« eingestellten Angehörigen unseres Volkes über 40 % unserer Gesamtbevölkerung dar.

Eine entsetzliche Wahrheit besonders deshalb, weil in diesen 40 % die aktivsten, tatkräftigsten Elemente der Nation zur Zeit vereinigt sind.

Gefährlich aber noch ganz besonders durch die straffe organisatorische Zusammenfassung dieser Menschen teils in Wirtschaftsbünden (Gewerkschaften), teils in politischen Bewegungen (V.M.S.P., K.P.D.), alle von einem gleichen Ziel erfüllt, von gleichem Willen beseelt, entschlossen, das Prinzip einer demokratischen Mehrheitsbestimmung nur solange als bindend anzuerkennen, solange nicht die Wahrscheinlichkeit vorhanden ist, durch brutalste Machtanwendung die Demokratie durch die Diktatur des Proletariats ablösen zu können.

Und in rasender Schnelligkeit eilt Deutschland diesem letzten Schicksale entgegen.

Sowohl der unbändige Trieb zur Macht an und für sich, als aber auch der Trieb zur Selbsterhaltung zwingt die marxistische Bewegung auch in Deutschland zur letzten Auswirkung.

Der Trieb zur Macht; denn 50 Jahre hindurch wurde die Notwendigkeit und das Recht dieser Machtanwendung mittelst einer ungeheuerlichen Propaganda den Gehirnen der Massen eingehämmert. Der Wille, der so geweckt wurde, läßt sich heute nicht mehr verleugnen. Die Revolution des Novembers 1918 hat das Tor geöffnet, ohne eine volle Befriedigung gewähren zu können.

In geschicktester Weise bezeichnet der Agitator der Linken den November 1918 als den »Beginn« der Weltrevolution.

Der Trieb der Selbsterhaltung; denn zuviel hatte man dem Arbeiter an Gütern des kommenden sozialistischen, irdischen Paradieses versprochen, als daß bei einer längeren Beibehaltung des heutigen Jammers die Massen nicht rebellisch würden und gegen ihre Führer sich aufbäumend Rechenschaft fordern würden.

Die Sozialdemokratie weiß nur zu genau, daß auch ihre Existenz heute an einem Faden hängt. Gelingt es ihr nicht, die Macht vollständig zu erringen und nach russischem Muster die Träger eines allenfalls möglichen Widerstandes (die geistige Führerschaft) auszurotten, so wird der Tag einer unbarmherzigen Vergeltung für die gewissenlosesten Volksbetrüger mit naturnotwendiger Sicherheit einst hereinbrechen.

Die steigende wirtschaftliche Not, die daraus sich resultierende Erbitterung der Massen, wird sich so oder so entladen. Gelingt es nicht der linken Seite, diese Empörung für sich zu benützen, wird sie zu Gunsten der rechten wirken – und umgekehrt.

Heute muß gesagt werden, daß die größere Wahrscheinlichkeit dafür spricht, daß es der gigantischen Propaganda der marxistischen Maschinerie gelingt, die beginnende Wandlung der breiten Massen in ihren Dienst zu spannen. Denn Wirklichkeit und Zeit sind niemals Kampfgenossen an und für sich, sondern sie sind nur Waffen, die dem dienen, der sie zu verwerten versteht. 950 marxistischen Zeitungen, die teils tagtäglich, teils wöchentlich, teils monatlich in die Massen hinausströmen, steht nur ein Bruchteil an Blättern der rechten Seite gegenüber. Der überwältigenden Organisation der marxistischen Bewegung jedoch auf nationaler Seite überhaupt nichts.

Denn um was es sich hier handelt, das ist nicht die Erringung einer Majorität, auch nicht die der sogenannten politischen Macht, sondern es handelt sich um einen Kampf auf Leben und Tod zwischen zwei Weltanschauungen, die beide nebeneinander nicht zu existieren vermögen und in deren Kampf es nur Sieger und Vernichtete geben wird. Diese Einstellung ist dem Marxismus in Fleisch und Blut übergegangen (siehe Rußland). Ein Sieg der marxistischen Idee bedeutet die vollständige Ausrottung der Gegner.

Da auf sogenannter bürgerlicher Seite dieses innerste Wesen dieses Kampfes bisher nicht begriffen wurde, fehlt dort mit der Erkenntnis aber auch die unbändige Entschlossenheit, dem brutalen Machtkoloß auf der einen Seite steht deshalb auf der anderen zum Teile jämmerlichste Unzulänglichkeit gegenüber. Die Erkenntnis eines Kampfes auf Leben und Tod fehlt hier vollständig und sie wird genau wie in Rußland erst dann kommen, wenn unter Maschinengewehrkugeln die geistige Führerschaft der Nation verblutet, wenn es zu spät ist. Die Bolschewisierung Deutschlands jedoch bedeutet die Vernichtung der gesamten christlich-abendländischen Kultur überhaupt.

In der voraussehenden Erkenntnis dieser Katastrophe und der Unzulänglichkeit der Mittel zu ihrer Abwehr wurde vor drei Jahren, am 5. Januar 1919, die Nationalsozialistische Deutsche Arbeiterpartei gegründet. Ihr Ziel heißt ganz kurz: Vernichtung und Ausrottung der marxistischen Weltanschauung.

Mittel hierzu sollen sein

1. eine unvergleichliche, genial aufgezogene Propaganda- und Aufklärungsorganisation, alle Möglichkeiten menschlicher Beeinflussung erfassend;
2. eine Organisation rücksichtslosester Kraft und brutalster Entschlossenheit, bereit, jedem Terror des Marxismus einen noch zehnfach größeren entgegenzusetzen, die sogenannte »Sturmabteilung« der Bewegung.

Diese Vermählung von Wahrheit und Recht auf der einen Seite und brutalster, rücksichtslosester Kraft und Entschlossenheit auf der anderen, muß die Möglichkeit geben, den Kampf gegen diese größte Menschheitsgefahr aufzunehmen.

Trotzdem diese Bewegung durch gänzlich unbekannte Männer einst gegründet wurde, drei Jahre lang ohne jegliche auch nur nennenswerte Unterstützung den Kampf durchgefochten hat, ist es ihr heute gelungen, sich nicht nur einen Namen zu erfechten, sondern vor allem ein Gebiet Deutschlands von der bolschewistischen Seuche gründlich freizumachen. In der zweitbedeutendsten Hauptstadt des Reiches, in München, ist durch diese junge Bewegung nach kaum dreijährigem Kampf der marxistische Terror vollständig gebrochen und die Wiederauferstehung des deutschen Gedankens begründet worden.

Gerade aber die Unzulänglichkeit der Mittel zwang die Leitung, sich auf ein Gebiet zu beschränken, das im wesentlichen südlich der Donau liegt. Erst seit etwa einem Jahr beginnt die Bewegung mehr und mehr auch im übrigen Reich Fuß zu fassen und vermag heute wenigstens die Ansätze zu einer späteren Ausgestaltung auch im übrigen Reich aufzuweisen.

Soll diese Ausbreitung den kommenden Ereignissen gegenüber nicht zu spät eintreffen, muß ihre Beschleunigung mit allen Mitteln und um jeden Preis herbeigeführt werden. Die Führer der Bewegung sind so wie vor drei Jahren überzeugt, daß es auch bei gleichbleibender Indolenz des Bürgertums gelingen müßte und gelingen wird, die Bewegung im Verlaufe von

30 oder 40 Jahren zum entscheidenden Faktor im Kampfe gegen den Marxismus auszubauen. Da jedoch diese Zeit der Lösung dieser Frage nicht zur Verfügung steht, muß durch Einsatz größter Mittel die notwendige Zeit der Entwicklung auf das äußerste gekürzt werden, ja es besteht die große Gefahr, daß bereits in den nächsten Monaten die Entwicklung der Dinge in Deutschland eine katastrophale sein wird und daß bei dem vollständigen Fehlen irgendeines wertvollen Gegengewichtes außerparlamentarischer Art gegen die marxistische Welle der Kampf auf Leben und Tod beginnt und die junge Bewegung als einzige stoßkräftige Organisation führend in diesen Kampf einzugreifen gezwungen sein wird.

Ihre Eignung zu dieser Rolle hat sie bisher noch überall da bewiesen, wo zwischen Marxismus und Nationalsozialistischer Deutscher Arbeiterpartei der Kampf um die tatsächliche Macht entbrannte.

Gleich der faszistischen Bewegung in Italien hat es die junge Bewegung bisher verstanden, selbst bei einer Minorität an Zahl durch rücksichtslosesten Kampfwillen den jüdisch-marxistischen Terror niederzubrechen.

Soll die Bewegung also in den kommenden Kämpfen mit Aussicht auf Erfolg Volkstum, Staat und damit aber auch Wirtschaft verteidigen, so ist ihre Organisation in den oben bereits gekennzeichneten zwei Richtungen mit äußerster Schnelligkeit auszubauen. Also:

Vervollständigung und Vertiefung der Propagandaorganisation und zweitens, äußerste Verstärkung derjenigen Machtmittel, die da, wo Propaganda versagt, allein in der Lage sind, den kommenden Terror niederzubrechen, die nationale Wirtschaft in Gang zu erhalten.

Der Ausbau der Propagandaorganisation bedeutet die günstigste Vorbereitung des späteren Erfolges. Was durch Papierkugeln zu gewinnen ist, braucht dereinst nicht durch stählerne gewonnen zu werden.

Was der nationalen Seite heute fehlt, ist aber in erster Linie eine Presse, die nicht nur von Mittelstand und Intelligenz gelesen wird, sondern die in volkstümlichster Auffassung den nationalen Gedanken in die ärmste Hütte hineinzutragen geeignet erscheint. Die in unermüdlicher Eifrigkeit den tagtäglichen Kampf gegen die marxistischen Lügen und Volksverhetzungen aufnimmt, in Ton und Farbe grundsätzlich auf günstige Beurteilung seitens der sogenannten Intelligenz verzichtend, sich nur an die wendet, die es in erster Linie zu gewinnen gilt, den Arbeiter.

Das wirksamste Kampfmittel dieser Art ist die Tageszeitung.

Der Ausbau des Völkischen Beobachters, der zur Zeit wöchentlich zweimal erscheint, zur Tageszeitung ist eine der wesentlichsten Aufgaben des Augenblicks.

Die Lösung dieser Aufgabe kann nur erfolgen, wenn Nachstehendes berücksichtigt wird:

1. Ist die Schaffung einer Tageszeitung nicht nur mit größerem Kapitalaufwand an sich verbunden, sondern bei der heutigen wirtschaftlichen Entwicklung auch nicht rentabel. Zuschüsse sind also immer nötig.
2. Ein Durchhalten der Zeitung erscheint nur gegeben dann, wenn es gelingt, ihre Auflagezahl auf einer Höhe von mindestens 25–30 000 Exemplaren zu erhalten.

Der heutige Völkische Beobachter, das Hauptorgan der Bewegung hat z. Zt. eine Auflagezahl von 12–15 000 bei zweimaligem wöchentlichen Erscheinen. Der unerhörte Kampf, der von Seite der sozialistischen Parteien gegen dieses Blatt geführt wird, läßt eine dauernde Steigerung der Auflagezahl erst dann erwarten, wenn es der Bewegung gelingt, in mindestens 12–15 größeren Städten Deutschlands sich in den Besitz eigener Geschäftsstellen zu setzen, die als Parteikanzleien von einem besoldeten Berufsbeamten betraut das Gerippe für den Vertrieb der Zeitung abzugeben vermögen. 15 Geschäftsstellen in 15 großen Städten bedeuten, pro Geschäftsstelle bloß 1000 Beobachter gerechnet, mit einem Schlage die Steigerung der Auflage auf rund 30 000 und damit die Möglichkeit eines Bestehens überhaupt. Sie geben zugleich der Bewegung das notwendige geschäftliche Gerippe, da diese Organisation von sogenannten »ehrenamtlichen« Arbeitern niemals in Sauberkeit und Schlagkraft geleistet werden kann.

Weiter ist die Herstellung der Zeitung selber zu verbilligen durch

1. Beteiligung der Bewegung an einer Druckerei durch evtl. Einlage in Form von Setzmaschinen oder Rotationsmaschine,
2. durch grundsätzlichen Selbstkauf des Papieres.

Punkt 1 bietet noch den Vorteil, eine solche Druckerei von vorneherein mit Angehörigen der Nationalsozialistischen Deutschen Arbeiterpartei als Betriebspersonal zu besetzen und dadurch wenigstens eine Druckerei vollständig streikfrei zu erhalten.

Punkt 2 bedeutet die Ersparnis der Umsatzsteuer bezw. die Möglichkeit, durch günstige Papiereindeckung Millionenersparnisse zu erzielen.

Die finanzielle Voraussetzung dafür ist folgende:

1. Sofortige Anschaffung der Einrichtung von 12–15 Geschäftsstellen (je 1 Kassenschrank, Schreibmaschine, Schreibtisch, Tisch, Wandschrank, Bücher- und Schriftenregale, Tisch und Stühle). Gesamtbetrag etwa je 300 000 M. Summe: rund 4 Millionen Mark.
2. Niederlegung des Gehaltes für 12 Geschäftsführer auf 1 Jahr (evtl. in ausländischen Valuten zur Verhinderung einer Geldentwertung) monat-

lich pro Geschäftsführer (für jetzt) 20 000 M, für das Jahr mithin 240 000 M, in der Gesamtsumme: rund 3 Millionen Mark.

3. Beteiligung der Bewegung an einer Druckerei durch Setzmaschine, evtl. Rotationsmaschine in der Höhe von 2½–3 Millionen Mark.
4. Sofortige Eindeckung mit 40–50 000 Kilogramm Papier, ausreichend bis Monat März, Kostenvoranschlag bei sofortigem Kauf etwa 5½ Millionen Mark.
5. Zur Umstellung des inneren Betriebes vom Wochenblatt zur Tageszeitung einen Garantiefond von rund 600 000 M.
6. Zum sonstigen Ausbau der Propagandaorganisation:
Anstellung von vier Wanderrednern, Sicherung ihres Gehaltes auf 12 Monate und zwar pro Redner monatlich 30 000 M, insgesamt rund 2 Millionen.
7. Zur Anschaffung und großzügigsten Verbreitung von Flugblättern und sonstigem Propagandamaterial für die kommenden drei Monate: 8 Millionen Mark.

Gestellte Aufgabe: Überschwemmung mit Flugblättern, Propagandaschriften usw. von Nordbayern, Mitteldeutschland und Westdeutschland.

Der Ausbau der praktischen Machtmittel der Bewegung (Sturmabteilungen):

1. Ausbau der Geschäftsstelle evtl. durch Ankauf eines eigenen Hauses – der Betrag hierfür könnte unter Umständen auch in Form einer Belehnung aufgenommen werden – voraussichtlich benötigte Summe: 5–6 Millionen Mark.
2. Sofortige Anschaffung von Lastkraftwagen zur Ermöglichung von Mannschaftstransporten an irgendwie bedrohte Stellen:
Für München eine Kraftwagenstaffel von zunächst 6 Kraftwagen, augenblicklicher Anschaffungspreis etwa 8 Millionen Mark. (Dieses Kapital könnte evtl. durch Belehnung der Wagen aufgebracht werden.)
3. Sofortige Eindeckung mit Betriebsstoff: 10 000 kg Tetralit, Kostenpreis augenblicklich 1 940 000 Mark. 2000 Liter Benzin (für Motorräder und Kraftwagen), Kostenpreis augenblicklich über 600 000 M.
4. Gleichmäßige Ausrüstung der Sturmabteilungen durch Anschaffung von Windjacken, Mützen, Lederkoppeln, Schutzwaffen usw., erste Kostensumme: 8 Millionen Mark.
5. Gründlicher Ausbau des Nachrichtendienstes: 600 000 M.
Als Kampfschatz ein Depot in der Höhe von 2 Millionen aufwärts.

Gesamt-Kostenvoranschlag:

A.

1. Geschäftsstelleneinrichtungen	4 000 000 M
2. Gehaltsdepot der Geschäftsführer	3 000 000 M
3. Rotations-, Setzmaschine	3 000 000 M
4. Papiereinkauf	5 500 000 M
5. Betriebsumstellung	600 000 M
6. Wanderredner	2 000 000 M
7. Propagandamaterial	8 000 000 M
Summe	26 100 000 M

Davon könnte der unter Zf. 2 und 6 bezeichnete Betrag in Raten einbezahlt bezw. garantiert werden, der unter Zf. 3 eingesetzte Betrag durch Verpfändung sichergestellt werden.

B.

1. Neue Geschäftsstelle	6 000 000 M
2. Lastkraftwagen	8 000 000 M
3. Betriebsstoff (Tetralit)	1 940 000 M
„ (Benzin)	600 000 M
4. Ausrüstung der Sturmabteilungen	8 000 000 M
5. Nachrichtendienst	600 000 M
6. Kampfschatz	2 000 000 M
Summe	27 140 000 M

Davon können durch Pfand sichergestellt werden die unter Ziff. 1 und 2 eingesetzten Beträge.

Es beträgt somit das Gesamterfordernis zu einem augenblicklich durchzuführenden großzügigen Ausbau der Bewegung:

53 240 000 Mark,

das sind in Friedenswährung rund 95 000 Mark,
ein lächerlicher Betrag einer Sache gegenüber, die so oder so von größter Bedeutung für die Zukunft unseres Vaterlandes sein wird.

Von dieser Summe wären, wie schon oben erwähnt, 17 Millionen durch Pfänder sicherzustellen und mithin eigentlich nur ein unverzinsliches Darlehen.

Sollte es der Bewegung beschieden sein, im kommenden Entscheidungskampfe um Deutschlands Zukunft oder Ende selbst nur den kleinsten Erfolg zu erringen, würde der ziffernmäßig ausgedrückte Erfolg ein Hunderttausendfaches der jetzt aufgewendeten Summe sein.

Der italienische Faszismus hat dem italienischen Staat Milliarden an Goldwerten gerettet. Unsere junge Bewegung soll dereinst mithelfen, dem deutschen Volk mehr zu bewahren als nur dies, nämlich den Bestand des Staates und das Leben der Bürger.

Denn die kommende Entwicklung wird nicht Halt machen vor allen Reichtümern und Wirtschaftsgütern, sondern sie wird gleich wie in Rußland ein wüstes Chaos hinter sich zurücklassen.

Fünfzig Jahre hindurch hat das deutsche Bürgertum seine Verpflichtung der breiten Masse gegenüber nicht erkannt und dieses Volk willenlos der Führung fremder Elemente überlassen.

In entsetzlicher Weise hat die Geschichte diesen sträflichen Leichtsinn gerächt.

Man hoffte Hunderttausende zu ersparen und hat einen Staat geopfert. Wenn aber auch heute noch dieses Bürgertum sich seiner Aufgabe nicht bewußt wird, dann wird es wertlose Papiermillionen ersparen, aber das Leben verlieren.

Genauso gefühllos, wie wir heute auf dem Leichnam des russischen Volkes fremde Kapitalien arbeiten sehen, wird einst die Welt gefühllos den Hyänen an unserem eigenen Leibe zublicken.

Des deutschen Volkes Vernichtung aber heißt, wie schon oben erwähnt, letzten Endes ganz Europa in diesen unergründlichen Schlund des Verderbens mit hineinreißen. Der Widerstand gegen diese Entwicklung wird nicht von den Parlamenten ausgehen. Die Parlamente konnten einst nicht die Katastrophe des 9. November 1918 verhindern, wohl aber hätten in jeder Stadt 300 entschlossene Männer genügt, den Spuk der Revolution zu einem Nichts werden zu lassen.

Die Dreihundert haben damals gefehlt.

Die Organisation dieser Hunderte und Zehntausende ist heute gebildet.

Sie wird ihre Aufgabe in den kommenden Monaten um so gründlicher lösen können, je tiefer die Erkenntnis der drohenden Gefahr und je großzügiger die Organisation zu ihrer Bekämpfung ausgebaut wird.

Wenn die kommende Zeit von Zehntausenden von Männern fordern wird, daß sie ihr Leben dem Bestande des Vaterlandes und der Erhaltung der nationalen Existenz weihen, dann haben diese das heiligste Recht von den anderen Zehntausend zum mindest zu fordern, daß sie ihr Gold nicht diesem Zwecke entziehen.

Denn kostbarer als alles Geld ist letzten Endes doch noch das Blut.

München, den 22. Oktober 1922

[B. H. St. A. I, Sonderabgabe 1509]

[15] *General von Lossows Aussagen im Hitler-Prozeß*

... Ich muß nun zu meinen Beziehungen zu Hitler übergehen. Seine erste Bekanntschaft machte ich am 25. Januar 1923. Es war damals, glaube ich, ein Konflikt wegen der Fahnenweihe zwischen Hitler und der Staatsautorität. Die Sache war aber nicht bedeutungsvoll. Im Laufe des Jahres 1923 hat mich Hitler öfters aufgesucht. Die Besuche fanden in zwei Wellen statt; die eine lag im Frühjahr 1923 von Ende Februar bis Anfang April, die zweite im Oktober. Die Initiative ging immer von Hitler aus. Sein Wunsch war im allgemeinen, mich unter vier Augen zu sprechen, mein Wunsch, wenn irgend möglich, den Chef des Stabes, wie das eben der Natur des Stabschefs entspricht, zugegen zu haben. Die erste Welle im Frühjahr fällt in den Beginn der Ruhrereignisse. Hitler entwickelte mir damals sein inzwischen bekanntes Programm. Das nächste, was zu geschehen hätte, sei die Erledigung der Novemberverbrecher. Ich sollte, soweit das in meiner Macht läge, bei der Durchführung helfen. Die hinreißende und suggestive Beredsamkeit des Hitler hat auch auf mich anfangs großen Eindruck gemacht. Es ist ohne weiteres klar, daß Hitler in vielem recht hatte. Je öfter ich aber Hitler hörte, desto mehr schwächte sich der erste Eindruck ab. Ich merkte, daß die langen Reden doch fast immer das gleiche enthielten, daß ein Teil der Ausführungen für jeden national eingestellten Deutschen selbstverständlich ist und daß ein anderer Teil davon Zeugnis ablegte, daß Hitler der Wirklichkeitssinn und der Maßstab für das, was möglich und erreichbar ist, abgeht ... Ich betone ausdrücklich, daß Hitler bei seiner ersten Besuchswelle im Frühjahr 1923 nie etwas für sich wollte, keinen Posten, keine Staatsstelle. Er betonte immer, er wolle nur Propaganda machen und das Feld bearbeiten für den, der kommen soll. Damals galt auch für Hitler der bekannte Vers: Und der König absolut, wenn er unsern Willen tut. Tat man seinen Willen, war es gut, tat man ihn nicht, stand man schlecht im Kurse ...

Erst im Oktober 1923 setzte die zweite Besuchswelle Hitlers bei mir ein. Hitler hielt die Zeit damals für gekommen, um seine Pläne durchzuführen. Seit dem Deutschen Tag in Nürnberg schien mir der Maßstab für das wirkliche Kräfteverhältnis mehr und mehr auf der Seite des Kampfbundes geschwunden zu sein. Man glaubte, man könne jetzt alles tun. Hitler war denn auch nicht mehr so selbstlos. Er hielt sich für den deutschen Mussolini, für den deutschen Gambetta, und seine Gefolgschaft, die das Erbe des Byzantinismus der Monarchie angetreten hatte, bezeichnete ihn als den deutschen Messias. Er war der »Berufene«, und die damalige Misere verstärkte natürlich diesen Glauben.

Es entstand der Plan der Reichsdiktatur Hitlers.

Die Reichsdiktatur Hitler–Ludendorff in Bayern aufzustellen und von hier aus den Norden zu erobern und Deutschland zu sanieren, das war im allgemeinen das Programm, das mir von Hitler in diesen Oktobertagen teils unter vier Augen, teils in Gegenwart von Oberst von Seisser und des Oberstleutnants v. Berchem entwickelt wurde. Ich sollte für dieses Programm gewonnen werden und hierfür wurde alle Beredsamkeit aufgeboten. Ich habe damals wie Oberst v. Seisser die Besuche Hitlers nicht abgelehnt, wir haben vielmehr immer den Versuch gemacht, Hitler auf den Boden der Wirklichkeit und der Tatsachen zurückzuführen, weil wir den gesunden Kern der Hitler-Bewegung erkannt hatten, den wir darin sahen, daß die Bewegung die werbende Kraft für die nationale Einstellung der Arbeiterschaft besaß. Wir wollten die Hitler-Bewegung nicht gewaltsam unterdrücken, sondern sie auf den Boden des Möglichen und Erreichbaren stellen. Wir wollten Hitler und seinen Anhang nicht in eine Kampfstellung gegen den Staat, damals gegen das Generalstaatskommissariat in Bayern, hineinzwingen.

Der Unterschied in der Auffassung zwischen Hitler und mir besteht also darin: Ich war für das Direktorium, wie ich schon entwickelte, Hitler war für die Einsetzung der Reichsdiktatur Hitler–Ludendorff in Bayern. Die Darstellung, die Hitler nun in diesem Saale von unseren damaligen Besprechungen gemacht hat, ist zu einem recht großen Teil unrichtig. Geredet hat Herr Hitler. Ich habe sehr selten Fragen an ihn gerichtet.

Ich betonte ja schon, daß es umsonst ist, bei Hitler Einwendungen zu machen. Das ist bedauerlich, aber es ist so. Herr Hitler läßt sich auf Einwendungen gar nicht ein. Er ist der Berufene und die anderen haben das anzunehmen, was er spricht. Die Hitlersche Einstellung zu diesem Direktorium war ungefähr folgende: Die 5 bis 7 Männer, die man brauchte, werde man nicht finden. In dem Sumpf im Norden gebe es niemand. Da hat Hitler leider jetzt bis zu einem gewissen Grade recht gehabt. Das Programm solle erst später durchgearbeitet werden, man könne nun nicht darauf warten. Man könne jetzt ganz ruhig zu regieren anfangen, das Programm werde schon kommen. Die Reichswehr, von der ich sagte, daß sie geschlossen hinter diesem Direktorium hätte stehen müssen, bringe der Name Ludendorff mit. Ich möchte das bestimmt und klar aussagen. Es war nicht einmal, sondern öfter davon die Rede, daß die Reichswehr mit Ludendorff oder zum mindesten nicht gegen Ludendorff gehen würde ...

[Aus der Zeugenaussage des Generalleutnant von Lossow, 1923 Kommandeur der 7. (bayrischen) Reichswehr-Infanterie-Division, vor dem Münchener Volksgericht am 10. März 1924. Nach: Der Hitler-Prozeß vor dem Volksgericht in München. Erster Teil. München 1924, S. 263–264]

[16] *Verpflichtungsschein*

Als Angehöriger der Sturmabteilung der N.S.D.A.P. verpflichte ich mich auf deren Sturmfahne:
jederzeit bereit zu sein, im Kampfe um die Ziele der Bewegung Leib und Leben einzusetzen;
zum unbedingten militärischen Gehorsam meinen militärischen Vorgesetzten und Führern gegenüber;
in und außer Dienst mich ehrenhaft zu betragen;
Mich stets den übrigen Kampfgenossen gegenüber kameradschaftlich zu verhalten!
München, den .... 192........ (Unterschrift)

[BAK, Slg. Schumacher 389]

[17] *Der Revolutionär als Lebemann*[5]

Adolf Hitler in Berchtesgaden / Bei Sekt und schönen Frauen / Der Krach mit der Braut

Unser Genosse Reichstagsabgeordneter Hermann Müller-Franken hatte in einer Debatte des Reichstags dem völkischen Abgeordneten Gottfried Feder auf einen Zwischenruf über den Verkehr von Sozialdemokraten mit Barmat erwidert, daß die Nationalsozialisten gar keinen Grund hätten, sich auf das hohe moralische Roß zu setzen. Adolf Hitler hätte es auch ganz gut verstanden, in Berchtesgaden bei Sekt und schönen Frauen das Leben zu lieben. Der völkische Vorkämpfer Gottfried Feder regte sich nun mächtig über diese Abfuhr auf und bestritt, daß diese Behauptung wahr sei.

Um das allem Anschein nach durch die Vorgänge des 8./9. November 1923 etwas lädierte Gedächtnis des Herrn Feder ein wenig aufzufrischen, wollen wir auf die Vorgänge »Sektgelage« ein wenig näher eingehen, nicht etwa, um uns moralisch darüber zu entrüsten, sondern lediglich um die Tatsachen festzustellen und den Beweis zu erbringen, daß wir wahrheitsgemäß berichtet haben.

Im August 1923 hatten sich die Verhältnisse in der Nationalsozialistischen Partei gegen Esser, Amann, Hanfstaengl u. a. zugespitzt. Von vielen Seiten kamen Klagen, daß es unmöglich sei, Hitler zu sprechen.

5 Der Bericht entspricht den anderweitig belegten Tatsachen (siehe Literaturverzeichnis: Luedecke, Hanfstaengl). Der erwähnte Brief Gottfried Feders datiert vom 23. August 1923 und ist von O. J. Hale veröffentlicht worden.

Er halte sich dauernd in Berchtesgaden auf, seine Gesellschaft sei nicht einwandfrei, er wohne in vornehmen Hotels, kurz und gut, er laufe Gefahr, vom klaren Wege abgedrängt und einseitigen (man befürchtete Freimaurer an der Arbeit) Interessen und Zwecken dienstbar gemacht zu werden.

Bald wurden dann die Gerüchte klarer. Man sprach von »schönen Frauen«, die Hitler in ihren Bann gezogen hätten, weiter davon, daß man in Berchtesgaden äußerst fidel sei, dabei beileibe nicht kleinlich. Man beanstandete, daß die »Damen« ... in seidenen Hosen herumlaufen, kurz und gut: die ganze Sache sei ein »Skandal«. Es wurden sogar noch schärfere Worte gebraucht, u. a. von Hans Jacob, M. d. R. (2. Vors.), Oskar Körner, Max Wutz, Scheurer, Sesselmann usw. Um gegen diese leidige Angelegenheit Stellung zu nehmen, kamen bei dem Oberreg.-Rat Lauböck-München mehrere Führer zusammen, zu deren Wortführern Feder gehörte, und die gemeinsam beratschlagten, was zu tun sei. Es wurde allseitig als unumgänglich notwendig erkannt, Hitler von dem Einfluß der Esser, Hanfstaengl usw. zu trennen; es wurde verschiedentlich von

Sektgelagen, Schwelgereien und unwürdigem und auffälligem Benehmen in Berchtesgaden

gesprochen und besonders die Angaben Körners und Scheurers, daß

Hitlers Verhältnis Jenny Haug (die allgemein als seine Braut galt und die Schwester seines Chauffeurs Haug war) es ganz energisch abgelehnt hatte, mit nach Berchtesgaden zu kommen, um an den Vergnügungen dort teilzunehmen, worauf Hitler ganz zornig und unbeherrscht sagte: »Was sich die Spinnete ... nur einbildet!«

erregte allgemeine Entrüstung und bestätigte die Notwendigkeit des Eingreifens.

In einer dieser Besprechungen las Feder im Beisein der Vorhererwähnten einen Brief vor, den er an Hitler gerichtet hatte und in welchem in bezug auf die Vorfälle in Berchtesgaden wörtlich folgende Stellen vorkommen: »Es muß dem Führer, der als künstlerischer Mensch nicht mit kleinlichem Maßstab gemessen werden darf, vergönnt sein, ›im Kreise schöner Frauen‹ Erholung zu finden usw.« – Ferner »Der Führer muß sich bewußt sein, daß er mit seinem ganzen Tun und Lassen im öffentlichen Leben steht und daß man nach seinem Verhalten den idealen und sozialen Wert der Partei beurteilt.« – So hat Feder in der Sitzung bei Lauböck (und er meinte, daran gebe es gar keinen Zweifel) die Vorgänge in Berchtesgaden vorgelesen, und zwar nicht einmal, sondern an zwei verschiedenen Abenden. Es ist als sicher anzunehmen, daß Hitler den Brief auch bekommen hat, denn Ende August sprach Hitler in der Schellingstraße von der »Bude im Ostbahnhof« (der Wohnung Lauböck), wo er mal ganz energisch hineinfahren werde, und Esser erklärte, daß er nur zwei Tage zu Gast auf der Hochzeitsreise bei Hitler in Berchtesgaden gewesen sei. Jedenfalls ging durch diesen Brief und die damit zusammenhängenden Ursachen die Freundschaft Hitlers mit Lauböck, Jacob, Scheurer, Koller, Wutz u. a., mit denen er vorher in engster Fühlung stand, in die Brüche und wurde erst am 8. November 1923 notdürftig geflickt.

Ferner rufen wir Herrn Feder noch folgenden Vorfall in die Erinnerung zurück, der gleichfalls mit seinem Brief zusammenhängt.

Um Hitler zu einer geordneten Arbeitsweise zu erziehen (wörtlicher Ausdruck von Feder), sollte ein Offizier, mit dem Feder bereits dieserhalb gesprochen hatte, Hitler als Sekretär zur Seite gestellt werden, der die Tagesarbeit genau nach der Uhr festlegen und in Hitlers Tätigkeit Ordnung und Programm hineinbringen sollte. Als Hitler dies erfuhr, schlug er mit der Faust auf den Tisch und donnerte: »Was bilden sich diese Kerle ein? Ich gehe meinen Weg, wie ich ihn für richtig halte.« Durch diese Aktion Feders und seiner Leute gewannen Esser und Amann wieder die Oberhand. Damit hängt es dann auch zusammen, daß Hitler für das Buch Feders »Der völkische Staat« nicht, wie er es erst Feder versprochen, ein längeres Vorwort, sondern, nachdem Feder vom August bis Ende September vergeblich auf dieses versprochene Kapitel gewartet hatte, sein Buch ohne Vorwort, lediglich mit zwei Sätzen als Geleitwort von Hitler in Druck geben mußte, worüber er seiner Entrüstung offen Ausdruck gab, was ebenfalls sehr vielen bekannt ist.

Es ist das einfachste, wenn die beteiligten völkischen Oberführer Adolf Hitler und Gottfried Feder sich selbst zur Sache äußern. Wir sind sehr neugierig, ob einer von ihnen es wagt, die Darstellungen unseres ausgezeichnet unterrichteten Gewährsmannes jetzt noch zu bestreiten.

[Fränkische Tagespost (sozialdemokratisch), Nr. 66 vom 8. März 1925]

[18] *Wer ist Ernst Hanfstaengl?*

Man schreibt uns:

Die Hitlerpartei trägt sich mit der Absicht, um ihren mit gewissen Kreisen des Auslandes angeknüpften Beziehungen die nötige Rückendeckung zu geben, eine »Auslandspressestelle« der NSDAP zu schaffen, die der direkten Leitung Adolf Hitlers unterstehen soll! Als Leiter dieser »Auslandspressestelle« wird Alfred Rosenberg genannt. Als ständiger Vertreter dieser »Auslandspressestelle« für England wird Ernst Hanfstaengl bezeichnet, während der Vertreter für Italien noch nicht feststeht. ...

Ende des Jahres 1922 tauchte plötzlich in der Hitlerbewegung ein Mann auf, der sehr bald führenden Einfluß auf Hitler gewann. Den alten Gründern und Mitgliedern der Partei war diese ein wenig mystisch angehauchte Persönlichkeit mit dem Dollarnimbus von allem Anfang an ziemlich verdächtig und höchst rätselhaft! Dieser Mann war Ernst Hanfstaengl! Sehr bald trat sein Einfluß auf Hitler aktiv in die Erscheinung. Seinem Einfluß verdankt die Hitlerpartei die »amerikanische« Methode sowohl in der Propaganda als auch in der Presse. Ernst Hanfstaengl war es, der den Anstoß gab zu zehn Massenversammlungen an einem Tag, er war der geistige Urheber der »Riesenflugblattpropaganda« und er schuf das große Format des Hitlerblattes. Er war es, der Hitler vollständig einkreiste, ihn mit Personen umgab, die, geblendet von seinen Dollarspenden, ihm nur allzu willfährige Werkzeuge waren. So kam es, daß schon im Sommer 1923 unter Führung von Gottfried Feder die Kaltstellung Hanfstaengls und seiner Gefolgsleute mehr als eifrig – allerdings ohne jeden Erfolg – betrieben wurde. Die Beziehungen zwischen Ernst Hanfstaengl und Scheubner-Richter, sowie zwischen ihm und dem so sehr »mysteriösen« Herrn Luedecke werden wohl niemals restlos geklärt werden, denn Scheubner-Richter ist tot und Luedecke von der politischen Bühne verschwunden. Der Einfluß Hanfstaengls auf Hitler beruhte aber nicht nur in den großen Dollarspenden, die er, allerdings gegen Schuldscheine, Hitler zukommen ließ, er hatte auch in der Freundschaft Hitlers zur Frau Hanfstaengl einen Untergrund. Ernst Hanfstaengl vermittelte aber nicht nur die Bekanntschaft Hitlers mit Scheubner-Richter, er brachte ihn auch mit Frau Kommerzienrat Bechstein und mit anderen Industriellen zusammen. Im Jahre 1923 war es offenes Geheimnis, daß niemand so sehr das Ohr Hitlers besaß als E. Hanfstaengl, Hitlers damaliger Haus-Außenminister. So nur ist es auch erklärlich, daß Hitler nach seinem verunglückten Marsch zur Feldherrnhalle den Weg nach Uffing in das Landhaus seines [Freundes] und seiner Freundin Hanfstaengl wählte ...

[Münchener Post (sozialdemokratisch), Nr. 260 vom 11. November 1930 (gekürzt)]

[19] *Es lebe das nationalsozialistische Großdeutschland*[6]

Liebwerter Parteigenosse! am 3. 10. 1923.

Unser Freund überbringt Euch diesen Brief und einen weiteren Bericht aus Hattingen. Wegen der dortigen politischen »Hochkonjunktur« will ich mich kurz fassen:

Für Euch und Adolf Hitler:

Soweit wir hier oben im Hessenland u. auch an der Ruhr wirkliche Nationalsozialisten sind, heißen wir Eure Maßnahmen gut und auch die des Herrn v. Kahr, wenn sie sich nicht gegen uns richten. Wenn v. Kahr sich in der Rolle des Täufers Johannes gefällt, so laßt ihm den Spaß! Sorgt nur dafür, daß »nach ihm einer kommen wird ...« Die von Herrn Hitler verlangte u. vorgenommene reinliche Scheidung zwischen Völkischen und »Auch-Solchen« ist richtig. Wir stehen nach wie vor treu zu Hitler, wie ich es Euch seinerzeit am Abend der Ruhrbesetzung als Gesamtausdruck aller Freunde telegrafierte. Seid dort unten an der Isar dessen gewiß, daß Ihr hier oben am Tage der Vergeltung, der rassischen und seelischen Erneuerung unseres Volkes und Staates Ihr auch außerhalb Bayerns treue Freunde habt. Sagt dies unserem Adolf Hitler.

Es lebe das nationalsozialistische Großdeutschland!

Heil!
Rudolf Likus.

[Handschreiben. BDC, Briefwechsel der Hauptgeschäftsstelle mit der Ortsgruppe Kassel 1922/23]

[20] *Warum marschiert Julius Streicher an der Spitze des Zuges zur Feldherrnhalle?*

Nachdem in der Nacht vom 8. auf 9. November 1923 der Verrat des bayerischen Generalstaatskommissars Herrn von Kahr bekannt und damit der beginnenden nationalen Revolution die Möglichkeit zum Sieg genommen war, wandte sich Julius Streicher an Adolf Hitler mit dem Rat, die Massen zu einer Demonstration aufzupeitschen und die nationale Revolution zum Durchbruch zu bringen. Adolf Hitler war der gleichen Mei-

6 Dieser Brief von Rudolf Likus an den Hauptgeschäftsführer der Partei in München, Max Amann, kennzeichnet die überspannten Erwartungen, die völkische Fanatiker auch im Reich auf Hitler setzten. Likus wurde nach 1933 von seinem ehemaligen Schulkameraden Joachim von Ribbentrop zum Adjutanten in der Dienststelle Ribbentrop berufen.

nung. Er beauftragte Julius Streicher mit der Organisierung dieser Massendemonstration und stellte ihm folgende Vollmacht aus:

»Herr Streicher (Nürnberg) ist von der provisorischen Nationalregierung beauftragt, die Rednerpropaganda zu organisieren und zu leiten. Die Transportleitung hat ab jetzt in erster Linie den Anforderungen Herrn Streichers Genüge zu leisten und das notwendige Wagenmaterial herbeizuschaffen. Sämtliche Redner der Partei unterstehen ab jetzt Herrn Streicher und erhalten von ihm ihre Instruktionen.

Die Nationalregierung:
gez. Adolf Hitler«

Am frühen Morgen des 9. November begann Julius Streicher die gefahrvolle propagandistische Arbeit ...

16 Monate nach dem Blutbad an der Feldherrnhalle begann Adolf Hitler den Wiederaufbau der Partei. Nürnberg war die erste Stadt, in der der Führer nach der Wiedergründung sprach. In seiner Rede gedachte er der Tat Julius Streichers. Adolf Hitler sagte:

»Einer der ersten, der sich nach meiner Rückkehr aus der Festungshaft bei mir gemeldet hat, war Herr Streicher. Er kam zu mir und erklärte: ›Ich habe während Ihrer Abwesenheit versucht, das Beste zu tun, ob es mir gelungen ist, ich weiß es nicht. Wenn ich Fehler gemacht habe – es ist möglich –, aber ich habe es nicht gewollt. Jetzt, da Sie da sind, lege ich mein Werk in Ihre Hände!‹ Er hat mir damals keine Bedingungen gestellt, bedingungslos gab er mir sein Werk, das er unter schwierigsten Verhältnissen geführt hatte.

Sie werden sich wundern, daß ich diesen Mann besonders hervorhebe. Ich habe etwas in Erinnerung, das ich nie vergessen werde. Am 9. November 1923 hat er sich neben und vor mich wie ein Held hingestellt, mit offener Brust, und wenn ich von einem sehe, daß er bereit ist, für seine Idee zu sterben, so ist das der Mann, den die Bewegung braucht ...«

[Verfasser: Dr. Heinz Preis, Nürnberg. Völkischer Beobachter vom 6. November 1938 (gekürzt). Über Hitlers Stellungnahme zu Streicher am 2. März 1925 findet sich ein ähnlicher Bericht im Völkischen Beobachter Nr. 2 vom 7. 3. 1925]

[21] *Aus Hitlers Schlußwort vor dem Münchener Volksgericht am 27. März 1924*

... Keine Macht wird uns die Hand reichen, wenn sie nicht die Überzeugung hegt, daß die Hand, die ihr entgegengestreckt wird, die Faust von 70 Millionen darstellt, die von dem eisernen Willen beseelt ist, mit allen

Mitteln wieder den Kampf für die Freiheit und für unsere Nation aufzunehmen. Das ist die Voraussetzung, die wir erkannt haben.

Wir wollten positive Arbeit leisten dadurch, daß wir versuchten, die Massen aufzuklären, und daß wir erkannten, daß jede Aufklärung zwecklos ist, solange der Vernichter in Deutschland sein Unwesen treibt. Der Aufklärung auf der einen Seite mußte die Propaganda zur Vernichtung auf der anderen Seite gegenübergestellt werden. Der Herr Staatsanwalt hat nicht im üblen Sinne ein Wort geprägt: Wir wären keine Demagogen. Ich kann Ihnen versichern, wenn wir ein Gramm von Demagogie gehabt hätten, stünden wir nicht hier. Wir hätten es leichter gehabt, ins andere Lager zu gehen. Glauben Sie mir, ich wäre auch im anderen Lager mit offenen Armen aufgenommen worden ...

Lossow sagte hier, er habe im Frühjahr mit mir gesprochen und damals nicht beobachtet, daß ich etwas für mich erstrebe, sondern daß ich nur Propagandist und Weckrufer sein wollte.

Wie klein denken doch kleine Menschen! Nehmen Sie die Überzeugung hin, daß ich die Erringung eines Ministerpostens nicht als erstrebenswert ansehe. Ich halte es eines großen Mannes nicht für würdig, seinen Namen der Geschichte nur dadurch überliefern zu wollen, daß er Minister wird. Da könnte man auch die Gefahr laufen, neben anderen Ministern begraben zu werden; ich nenne nur die Namen Scheidemann und Wutzelhofer. Ich wollte mich nicht gemeinsam mit diesen in eine Gruft legen.

Was mir vor Augen stand, das war vom ersten Tage an mehr, als Minister zu werden. Ich wollte der Zerbrecher des Marxismus werden. Ich werde diese Aufgabe lösen, und wenn ich sie löse, dann wäre der Titel eines Ministers für mich eine Lächerlichkeit. Als ich zum ersten Mal vor Wagners Grab stand, da quoll mir das Herz über vor Stolz, daß hier ein Mann ruht, der es sich verbeten hat, hinauf zu schreiben: Hier ruht Geheimrat Musikdirektor Exzellenz Baron Richard von Wagner. Ich war stolz darauf, daß dieser Mann und so viele Männer der deutschen Geschichte sich damit begnügen, ihren Namen der Nachwelt zu überliefern, nicht ihren Titel. Nicht aus Bescheidenheit wollte ich damals »Trommler« sein; das ist das Höchste, das andere ist eine Kleinigkeit ...

Herr Staatsanwalt, so wie Sie in der Anklageschrift betonen, daß wir mit zusammengebissenen Zähnen warten müßten, bis die Saat reif geworden wäre, so haben auch wir gewartet, und als der Mann kam, haben wir gerufen: Die Saat ist reif, die Stunde ist gekommen! Dann erst habe ich mich nach langem Zögern zur Verfügung gestellt. Ich verlangte, daß ich die Führung des politischen Kampfes in meine Faust bekomme, und zweitens habe ich verlangt, daß die Führung der Organisation, die wir alle ersehnten und die auch Sie innerlich genau so ersehnen, der Held bekommt, der in den Augen des ganzen jungen Deutschlands nun einmal berufen ist hierzu. Höhnisch erklärte der Zeuge, man mußte Ludendorff nehmen, weil dann die Reichswehr nicht schießen würde. Ist das ein Verbrechen von mir? Lag darin etwa ein Hochverrat, daß ich zu Lossow sagte: »Wie Sie den Kampf beginnen, muß es zum Kampf kommen; wie ich es mir vorstelle, kommt es nicht zum Kampf.« ...

Was wollten wir am 8. November, abends? Im Reiche wollten die Herren alle ein Direktorium. Was man im Reiche angestrebt hat, kann man in Bayern nicht verdammen. Das Direktorium war in Bayern schon da, es bestand aus den Herren Kahr, Lossow und Seisser. Von einer legalen Regierung haben wir nichts mehr gewußt, wir haben nur gefürchtet, daß bei der letzten Entscheidung vielleicht noch Hemmungen kommen könnten.

Ich bin kein Monarchist, sondern letzten Endes auch Republikaner. Pöhner ist Monarchist, Ludendorff treu ergeben dem Hohenzollernhaus. Wir alle, die wir so verschieden eingestellt sind, standen zusammen. Deutschlands Schicksal liegt nicht in der Republik oder der Monarchie, sondern dem Inhalt der Republik oder Monarchie. Was ich bekämpfe, ist nicht die Staatsform als solche, sondern der schmähliche Inhalt. Wir wollten in Deutschland die Voraussetzungen dafür schaffen, die allein es möglich machen, daß die eiserne Faust unserer Feinde von uns genommen wird. Wir wollten Ordnung schaffen im Staatshaushalt, die Drohnen ausweisen, den Kampf gegen die internationale Börsenversklavung aufnehmen, gegen die Vertrustung unsrer ganzen Wirtschaft, den Kampf gegen die Politisierung der Gewerkschaften, und vor allem sollte wieder eingeführt werden die höchste Ehrenpflicht, die wir als Deutsche kannten, die Pflicht zur Waffe, die Wehrpflicht. Und da frage ich Sie: Ist das, was wir gewollt haben, Hochverrat? ...

Nun wird gesagt: Aber Exzellenz v. Kahr, v. Lossow und v. Seisser wollten den Vorgang am 8. November abends nicht. Die Anklageschrift sagt, daß wir die Herren in eine Zwangslage hineingestoßen haben. In die Zwangslage waren wir durch die Herren selber geraten, sie haben uns in die Zwangslage hineingestoßen. Herr v. Kahr hätte ehrenhaft sagen müssen: Herr Hitler, wir meinen unter Staatsstreich etwas anderes, wir meinen unter Marsch auf Berlin etwas anderes. Er hätte die Pflicht gehabt, uns zu sagen: Wir meinen mit dem, was wir hier machen, etwas anderes als das, was Sie glauben. Er hat das nicht getan, die Folgen kommen ausschließlich auf die drei Herren.

Jetzt muß ich mit zwei Bitten kommen. Zunächst bitte ich ja nicht für mich persönlich. Es würde in meinen Augen erbärmlich sein, um etwas zu flehen, von dem ich weiß, daß es mir die Nachwelt ohne weiteres zugestehen wird. Ich bin von den Herren Kahr, Lossow und Seisser dahin belehrt worden, daß die Abrechnung mit Berlin in der angegebenen Form stattfindet. Die Herren können das glauben oder nicht. Eines können Sie nicht abstreiten: Ich habe meine Herren in diesem Sinne unterrichtet. Deshalb haben Sie die Pflicht, wenigstens bei diesen anzuerkennen, daß sie schuldlos sind. Mögen Sie mir das nicht zubilligen, gut. Aber den anderen, von denen ich sage, ich habe sie so unterrichtet, müssen Sie es zubilligen. Warum ich darum bitte: Die Organisation ist geschaffen worden, aus welchem Grund wissen Sie, und der Grundsatz des unbedingten Gehorsams wurde eingeführt. Lassen Sie die Männer nicht ins Gefängnis kommen, die getreu der ihnen eingeprägten Pflicht zum Gehorsam gehandelt haben.

Zweitens bitte ich Sie um etwas, auch nicht für mich, um etwas, das in meinen Augen für das deutsche Volk dereinst schmachvoll und schändlich sein würde. Die Anklageschrift sieht auch die Anwendung des § 9 des Republikschutzgesetzes vor. Wenden Sie ihn nicht an! Sie haben als Knaben auch die deutsche Geschichte studiert und Sie werden von Scham erfüllt umgeblättert haben die Zeit, da die Besten unseres Volkes, wenn sie den Ministern unbequem wurden, ausgewiesen wurden. Ich war vier Jahre lang außerhalb des Bodens, den ich als meine Heimat bezeichnen muß. Da habe ich mit glühender Liebe die Stunden gezählt, die es mir gestatten würden, von Frankreich zu ihm zurückzukehren. Wenn es notwendig wäre, ginge ich auch heute hinaus, auch als Ausgewiesener. Sorgen Sie dafür, daß sich die größte Schmach der deutschen Nation in Zukunft nicht wiederholt...

Nun muß ich auf etwas eingehen, was die Anklagebehörde erklärt: Wir sind der Strafe verfallen, weil das Unternehmen mißlungen ist. Die Tat des 8. November ist nicht mißlungen. Sie wäre mißlungen dann, wenn eine Mutter gekommen wäre und gesagt hätte, Herr Hitler, Sie haben auch mein Kind am Gewissen. Im Gegenteil. Tausende andere sind gekommen und haben sich in unsere Reihe gestellt. Von den jungen Männern, die gefallen sind, wird es dereinst heißen, wie es am Obelisk zu lesen ist: »Auch sie starben für des Vaterlandes Befreiung.« Das ist das sichtbare Zeichen des Gelingens des 8. November, daß in seiner Folge die Jugend sich wie eine Sturmflut erhebt und sich zusammenschließt...

Die Armee, die wir herangebildet haben, die wächst von Tag zu Tag, von Stunde zu Stunde schneller. Gerade in diesen Tagen habe ich die stolze Hoffnung, daß einmal die Stunde kommt, daß diese wilden Scharen zu Bataillonen, die Bataillone zu Regimentern, die Regimenter zu Divisionen werden, daß die alte Kokarde aus dem Schmutz herausgeholt wird, daß die alten Fahnen wieder voranflattern, daß dann die Versöhnung kommt beim ewigen letzten Gottesgericht, zu dem anzutreten wir willens sind.

Dann wird aus unseren Knochen und aus unseren Gräbern die Stimme des Gerichtshofes sprechen, der allein berufen ist, über uns zu Gericht zu sitzen. Denn nicht Sie, meine Herren, sprechen das Urteil über uns, das Urteil spricht das ewige Gericht der Geschichte, das sich aussprechen wird über die Anklage, die gegen uns erhoben ist. Ihr Urteil, das Sie fällen werden, kenne ich. Aber jenes Gericht wird uns nicht fragen: Habt Ihr Hochverrat getrieben oder nicht? Jenes Gericht wird über uns richten, über den Generalquartiermeister der alten Armee, über seine Offiziere und Soldaten, die als Deutsche das Beste gewollt haben für ihr Volk und Vaterland, die kämpfen und sterben wollten. Mögen Sie uns tausendmal schuldig sprechen, die Göttin des ewigen Gerichtes der Geschichte wird lächelnd den Antrag des Staatsanwaltes und das Urteil des Gerichtes zerreißen; denn sie spricht uns frei.

[Nach: Der Hitler-Prozeß vor dem Volksgericht in München. Zweiter Teil. München 1924, S. 88–91]

II. Die führerlose Zeit – der Zerfall der völkischen Bewegung. 1924–1925

Die Erregung der politischen Atmosphäre wirkte in den Maßnahmen nach, die Hitlers Verhaftung und der Flucht vieler Beteiligter folgten. In letzter Minute hatte Hitler durch eine kurze Notiz Rosenberg beauftragt, um den Zusammenhalt der Partei besorgt zu sein. Unter dem sinnigen Decknamen »Rolf Eidhalt«, der aus den Buchstaben des Führernamens gedrechselt war, bereitete dieser eine illegale Weiterarbeit vor (22). Die übergroße Vorsicht erwies sich bald als unnötig. Obgleich die »Großdeutsche Volksgemeinschaft« ganz offenkundig eine Nachfolgeorganisation der verbotenen NSDAP war (23), wurde sie ohne Schwierigkeiten zugelassen. Das langsame Abklingen der Spannung und das Unbehagen mancher bayrischer Politiker vor dem bevorstehenden Prozeß trug dazu ebenso bei wie die Satzung der GVG, die nunmehr ihre Ziele »unter ausschließlicher Anwendung aller gesetzlich erlaubten und zulässigen Mittel« – insbesondere durch die Teilnahme an Wahlen – verfolgen wollte.

Wie Rosenberg bald feststellte, war die NSDAP außerhalb Münchens noch keineswegs zu einer stabilen Organisation zusammengewachsen. Trotz des unleugbaren Aufschwungs, den die Monate nach dem Putsch der völkischen Bewegung brachten (25), mußte das Fehlen des bisher einigenden »Führers« ihre Zersplitterung zur Folge haben, wenn es nicht schnell gelang, diese Popularität in feste organisatorische Formen zu gießen. Das wäre um so notwendiger gewesen, als nunmehr noch stärker als bis 1923 divergierende Kräfte und selbstsüchtige Interessenten vor allem aus dem Bürgertum herzudrängten (24 a), die unter einen gemeinsamen Hut zu bringen Rosenberg die Autorität fehlte. So bildete sich in Bayern neben der GVG als der eigentlichen »nationalsozialistischen« Partei der »Völkische Block in Bayern« als Wahlorganisation verschiedener rechtsgerichteter Gruppierungen. Die mit berechtigten Hoffnungen erwarteten Wahlen unmittelbar nach dem Ende des Prozesses (25) gaben zwar zunächst dem propagandistischen Tätigkeitsdrang der Nationalsozialisten Raum, ihr Ergebnis mußte aber auf längere Sicht die Aktivität der nicht mehr einheitlich geführten Bewegung bremsen. Hitler, der in Landsberg jederzeit und kaum kontrolliert Besuch empfangen durfte (26), versuchte zunächst, von dort aus steuernd einzugreifen, doch vermochte er die Änderung des bisherigen Kurses nicht zu verhindern (24, 26). Ihn verdroß vor allem, daß er als österreichischer Staatsangehöriger, dessen Ausweisung die bayrische Regierung betrieb (21), selbst nicht von den mit einer Wahl in den Landtag verbundenen Vorteilen profitieren konnte wie z. B. Gregor Straßer als Mittäter des 8./9. November.

Der Zerfallsprozeß wurde dadurch beschleunigt, daß die schon bestehenden Kontakte mit der DVFP (22 a) auf deren Wunsch noch enger gestaltet wurden. Dabei war der spätere Vorwurf der Nationalsozialisten nicht ganz unberechtigt, es sei der anderen Seite in erster Linie gar nicht um eine Einigung des gesamten völkischen Lagers gegangen, sondern eher darum, sich zur Rechtfertigung der parlamentarischen Trennung von den Deutschnationalen einen Unterbau zu verschaffen. Tatsächlich war die DVFP weitgehend eine wenig homogene Sammlung bürgerlicher Nationalisten, die zum Teil eine bewegte völkische Vergangenheit hinter sich hatten und jetzt in dem grassierenden Wahlfieber eine Chance erblickten, zu politischem Einfluß zu gelangen. Andererseits erschlossen sie und der entstehende »Völkisch-Soziale Block« (24 b) im Namen Hitlers in Nord- und Mitteldeutschland, aber auch im Süden neue Anhänger aus gemäßigteren Kreisen, die der NSDAP bisher nicht zugänglich gewesen waren. Dem Verlangen dieser Kräfte nach einer einheitlichen, »machtvollen« Bewegung konnten Hitlers politisch unerfahrene, vorwiegend auf Bayern beschränkte Platzhalter allerdings kein eigenes Konzept gegenüberstellen, das ihnen mehr Einfluß auf die Gesamtbewegung verschafft hätte. Vor allem war es der am 4. Mai mit 31 anderen Kandidaten der Einheitsliste »Deutschvölkische Freiheitspartei«, auf der nur wenige Nationalsozialisten zu finden waren, in den Reichstag gewählte Ludendorff, der mit dem Gewicht seines Kriegsruhmes für den Zusammenschluß eintrat, weil er sich nur einer Volksbewegung, keiner Partei zur Verfügung stellen wollte.

Die Bestimmtheit, mit der von Graefe und Ludendorff die hinhaltenden Äußerungen Hitlers deuteten (27), überzeugte diesen schließlich davon, daß er den verwickelten Lauf der Dinge von Landsberg aus nicht beeinflussen könne. Darauf bedacht, sich für die Zukunft Handlungsfreiheit zu bewahren, brach er mit niemandem, sondern überließ die Bewegung sich selbst (28, 33). Statt dessen widmete er sich seinem Buch »Viereinhalb Jahre Kampf gegen Lüge, Dummheit und Feigheit«, das, später in »Mein Kampf« umbenannt, »der weiteren Öffentlichkeit« sein Programm vorstellen und zugleich seine neuen Unternehmungen finanzieren helfen sollte (33).

Der DVFP-Flügel begrüßte Hitlers Schritt enthusiastisch (29 a). Man glaubte, die Zurückziehung aller Vollmachten durch Hitler nehme der »Münchener Richtung« die Legitimation. Der große Einigungsparteitag vom 15. bis 17. August 1924 in Weimar, der die bisherigen Einzelorganisationen im Reich zur »Nationalsozialistischen Freiheitsbewegung Großdeutschlands« unter der Reichsführerschaft Ludendorff–von Graefe–Straßer verschmelzen sollte, brachte diesen Zusammenschluß jedoch nur äußerlich zustande. Die Gegensätze zwischen den Anhängern der bisherigen Gruppierungen, die vielfach mehr persönlich als sachlich motiviert waren, blieben bestehen, so daß das Ergebnis eher als ein Sympton der Schwäche bezeichnet zu werden verdient.

In Norddeutschland kam es unter Führung der Göttinger Nationalsozialisten und des baltendeutschen Rechtsanwalts Adalbert Volck (Lüneburg) sogar zu einer Gegengründung. Ihrer »Nationalsozialistischen Arbeitsgemeinschaft« schlossen sich Gruppen aus Hamburg, Schleswig-Holstein, Pommern, Sachsen und Baden an. Bis zur Wiederkehr Hitlers wollten sie als »reine Hitlerbewegung« den alten Kurs halten und auf jeglichen »Parlamentarismus« nach außen und in den eigenen Reihen verzichten (37, 38).

Um das Erbe Hitlers rang man auch in München. Der gerade 24 Jahre alte Hermann Esser verdrängte im Bund mit dem auf eine starke Hausmacht gestützten Julius Streicher den zartbesaiteten Rosenberg von der Spitze der GVG (23, 30, 31). Obwohl Streicher selbst dem Landtag angehörte, gerieten sie durch ihren Anspruch, allein die »alte« antiparlamentarische Hitlerpartei zu repräsentieren (31, 34), schnell in einen scharfen Gegensatz zum Völkischen Block und zur Fraktion. Der innervölkische »Vernichtungskampf« (32, 33) nahm solche Formen an, daß die eigenen Ehrengerichte alle Hände voll zu tun hatten. Gregor Straßer, der sich nicht nur für eine friedliche Zusammenarbeit aller Gruppen bis zu Hitlers Entlassung verwandte, sondern als einziger überhaupt auf allen Seiten Sympathien genoß, sah sich sogar veranlaßt, den Ausschluß Essers und Streichers aus der NSFB wegen ihres »unvölkischen Verhaltens« zu beantragen (34).

Auf Drängen der Staatsanwaltschaft war die von Hitler erhoffte Entlassung zum 1. Oktober nicht erfolgt, da sich seine Absichten nicht gewandelt hätten. Außerdem belastete ihn gerade zu diesem Zeitpunkt ein Verfahren, das wegen Geheimbündelei gegen die von dem unermüdlichen Röhm betriebene Einigung der offiziell verbotenen Organisationen des ehemaligen Kampfbundes zum »Frontbann« angestrengt worden war; Weiterungen verhinderte aber auch in diesem Fall eine Amnestie. Selbst Hitler hätte jedoch den Niedergang nicht mehr aufgehalten. Bei der erneuten Reichstagswahl am 7. Dezember 1924 schmolz die Zahl der Stimmen für die ziellose und zerstrittene NSFB um über eine Million auf 907 000. Nur vier der vierzehn verbliebenen Abgeordneten waren bereit, Hitler auch bei der Trennung von der DVFP zu folgen, die er nach seiner am 20. Dezember schließlich doch erreichten Entlassung sofort in Angriff nahm. Als wichtigster Gehilfe bei seinen ersten Schritten erwies sich der wenige Monate später tödlich verunglückte Pöhner (35), der ihm auch den Weg zum bayrischen Ministerpräsidenten Held ebnete. Hitlers zurückhaltendes Auftreten und sein Versprechen, nur »ordnungsgemäße Agitation« zu treiben, fanden bei Held durchaus wohlwollendes Gehör (36). Noch im Januar deutete sich die Aufhebung des Verbots der NSDAP in Bayern an und trieb die Spannungen in der NSFB zur Entscheidung. Bereits bei der Tagung ihrer preußischen Gruppen am 17. Januar war der Bruch offenkundig (37). Ludendorffs naive Versuche, eine weitere Zusammenarbeit zu ermöglichen, wurden von beiden Seiten in der Absicht geduldet, das Odium der Spaltung dem Rivalen anzuhängen. Was in diesen Tagen an gehässigen Äußerungen fiel, vergiftete das Klima auf Jahre hinaus und verwandelte die einstigen Partner in erbitterte Feinde. Die aus taktischen Gründen bis 1927 beibehaltene Fraktionsgemeinschaft im Reichstag bildete innerhalb der NSDAP eine Quelle ständigen Mißfallens. Besonders der Reichstagsabgeordnete Wulle und der »Reichswart« seines Kollegen Graf Reventlow taten sich mit dem Vorwurf hervor, Hitlers »Romhörigkeit« habe ihm seine freie Entscheidung genommen (37), nachdem Ludendorff sich bereits im Hitlerprozeß mit seinen Angriffen auf den Münchener Kardinal Faulhaber manche Sympathien verscherzt hatte.

Am 12. Februar 1925 legte die bisherige Reichsführerschaft der NSFB ihr Amt nieder. Fünf Tage später wurde in Berlin die DVFP ohne das erhoffte Ergebnis neugegründet: wichtige Vertreter der Gebiete Nord-, West- und Mitteldeutschlands entschieden sich für den Anschluß an Hitler. Damit war aus der Münchener NSDAP endgültig eine Reichspartei geworden (39). Von den lokalen und regionalen Führern, die sich mit ihrem Anhang jetzt zu Hitler bekannten, verließen ihn die meisten nicht wieder (152). Die wohl bedeutendste positive Auswirkung, die das völkische Chaos trotz allem hatte, lag aber darin, daß das Fehlen ideologischer und personeller Übereinstimmung die Notwendigkeit eines von außen kommenden einigenden Faktors so drastisch demonstriert hatte, daß v. Corswants sektiererische Schwärmerei für den gottgesandten Führer keineswegs vereinzelt dastand (37). Das niederschmetternde Resultat des durch die Umstände erzwungenen Versuchs, dem »Nationalsozialismus« ohne Hitler Ausdruck zu geben, bildete eine ebenso wichtige Grundlage des nationalsozialistischen Führerprinzips wie Hitlers Führeranspruch (40), dem hier der fruchtbare Boden bereitet wurde.

Noch ein zweites Ergebnis ist bemerkenswert. Mit dem zwangsläufig, wenn auch zunächst gegen Hitlers Willen, beschrittenen Weg in die Parlamente wurde grundsätzlich der Legalitätskurs eingeleitet, der – wie immer die NSDAP ihn verstanden wissen wollte – schließlich wie von selbst die Antwort auf die gegen Ende des Jahrzehnts immer drängendere Frage »wie weiter?« bot.

[22 a] *Die Partei lebt!*

Parteileitung der N.S.D.A.P. München, den 3. Dezember 1923
Stempelabdruck Geheim! Nach Durchsicht zu verbrennen!
An die Bezirksleiter.
Die Führer der Novemberrepublik haben eine planmäßige Deutschenverfolgung begonnen und zusammen mit den separatistischen Verrätern die völkische Freiheitserhebung verraten, die N.S.D.A.P. verboten, ihre Führer, wo sie ihrer habhaft werden konnten, verhaftet und das Eigentum der Bewegung beschlagnahmt. Deutsche Männer, welche für die Rettung Deutschlands arbeiten wollen, werden mit entehrenden Zuchthausstrafen bedroht.

Die Leitung der N.S.D.A.P. ist trotz alledem wieder in festen Händen. Adolf Hitler hat beglaubigte Vertreter für sich eingesetzt. Die zentrale Leitung der Partei ist nach wie vor in München. Wegen des behördlichen Verbotes ist es notwendig, die Partei von nun an als geheime Organisation aufzuziehen. Es wird deshalb angeordnet:

1. Alle Briefe, die von der Parteileitung ausgehen, sind mit der Schreibmaschine geschrieben und tragen links oben am Kopf den hier beigedruckten Stempel. Sie sind außerdem unterzeichnet mit dem Decknamen *Rolf Eidhalt.* *Stempelabdruck*

2. Die einzelnen Ortsgruppen werden in Bezirke zusammengefaßt. Bezirke und Ortsgruppen erhalten Decknamen. Die näheren Anweisungen über die Zusammensetzung der Bezirke folgen umgehend.

3. Die Anschriften und Stichworte der S.-A. werden von Ziffer 2 nicht berührt (siehe den Sonderbefehl des Oberkommandos).

4. Wichtige Nachrichten werden in Zukunft chiffriert durchgegeben. Schlüssel und Anweisung folgt umgehend. ...

7. Nachdem die N.S.D.A.P. nach wie vor selbständig weiterbesteht, kommt der Anschluß an eine andere Partei nicht in Frage. Über eine mögliche Arbeitsgemeinschaft erfolgt weitere Mitteilung. Die Zusammenarbeit mit der Freiheitspartei für die außerbayerischen Gebiete ist durch die Vereinbarungen zwischen Adolf Hitler und von Graefe schon gegeben. Ohne Genehmigung der Parteileitung sind keinerlei Verbindlichkeiten mit anderen Organisationen einzugehen. Alle Besprechungen nach dieser Richtung sind vorbehaltlich der Genehmigung der Parteileitung abzuschließen.

Als vordringlichste Aufgabe der Parteiführer wird bezeichnet, ein Zerflattern unserer Bewegung zu verhindern und darauf hinzuwirken, daß jeder Nationalsozialist sich verpflichtet fühlt, heute mehr denn je für Deutschlands Befreiung zu arbeiten. Auch die Stunde für die Verräter wird einmal schlagen.

Heil!
Rolf Eidhalt.

[BAK, Slg. Schumacher 374 (gekürzt)]

[22 b] *»Rolf Eidhalt« an die Ortsgruppe Hannover*

14. Januar 1924.

... Die beiliegende Hitlerpostkarte muß in Millionen Stücken als Symbol unseres Führers in unserem Volke wirken. Der Name Adolf Hitlers muß immer wieder dem deutschen Volke in Erinnerung gebracht werden. ...

[Nach: Ludolf Haase, Aufstand in Niedersachsen. Maschinenschriftl. Manuskript. 1942, S. 363. Abschrift. Forschungsstelle f. d. Gesch. d. Nationalsozialismus in Hamburg.]

[23] *Die Gründung der Großdeutschen Volksgemeinschaft*

München 56, 20. Februar 1936

An das Hauptarchiv der N.S.D.A.P.
Veranlaßt durch Pg. W. Bohl, stelle ich dem Hauptarchiv der N.S.D.A.P. mit Gegenwärtigem einen Kurzbericht zur Gründung der Großdeutschen Volksgemeinschaft zur Verfügung.

Nachdem die am 24. Februar 1920 gegründete N.S.D.A.P. unter den Ereignissen vom 9. November 1923 zerschlagen und verboten war, gab unser in Haft befindlicher Führer seinem Vertrauensmann Hans Jacob, Städt. Assistent, und dem damaligen Schriftleiter Rosenberg Auftrag, Mittel und Wege zu finden, um ein Verlaufen der National-Sozialisten zu verhindern.

Jacob veranlaßte daraufhin eine Zusammenkunft der bewährtesten National-Sozialisten am 30. I. 1924 in meiner Wohnung an der Ismaningerstraße 62.

Bei dieser Besprechung wurde die

Großdeutsche Volksgemeinschaft

(als Fortsetzung der verbotenen N.S.D.A.P.) in der Form eines Vereins gegründet und als E. V. am 31. I. 1924 in das Vereinsregister mit nachgenannter Vorstandschaft eingetragen:

I. Vors. Max Harbauer, Drogeriebesitzer
II. „ Andr. Reuter, Obersekretär
I. Kassier Gg. Schmid, Schreinermeister
II. „ Jos. Boesl, Kunstgewerbler
alle in München.

Esser war in jenen Tagen nach Österreich geflohen und, im Mai 1924 zurückgekehrt, versuchte er die G.V.G. in seine Hände zu bekommen, ungeachtet der Tatsache, daß Jacob mit Handschreiben unseres Führers vom 14. April 1924 als sein alleiniger Vertreter der G.V.G. für Bayern (mit Ausnahme Franken) bestimmt war.

In diesem Zusammenhang wurde am 1. Aug. 1924 eine Generalversammlung einberufen mit der Tagesordnung: »Wahl der Vorstandschaft.«

Es wurde gewählt:
I. Vors. Julius Streicher, Lehrer in Nürnberg,
II. „ Hermann Esser, Schriftleiter in München,
I. Kassier Franz Xaver Schwarz, Oberinspektor a. D. in München,
II. „ Joh. Bertl, Bäckermeister in München,
und als Vorstandschaft in das Vereinsregister eingetragen. Nach Rückkehr des Führers aus Landsberg wurde mit Neugründung der N.S.D.A.P. die G.V.G. aufgelöst. Ich werde mich bemühen, Protokollbuch, Statuten etc. aufzufinden und sie gegebenenfalls dem Hauptarchiv der N.S.D.A.P. zur Verfügung zu stellen.

Heil Hitler!
(gez.) A. Reuter
Mitbegründer der G.V.G.
Träger des Blut-Ordens und des Gold. Parteiabzeichens

[BAK, Slg. Schumacher 374]

[24 a] *Aus dem völkischen Zirkus*

Warum hat der völkische Götze Hitler nicht zum Landtag kandidiert und warum trägt kein völkischer Wahlaufruf die Unterschrift Hitlers? Die Wahlbeteiligung der Völkischen ist gegen den Willen ihres Häuptlings erfolgt. Der Gedanke der Wahlbeteiligung tauchte zuerst in den Köpfen der mandatslüsternen Herren Dr. Glaser, Dr. Roth und Dr. Buttmann auf. Nachdem man durch das Versprechen eines Mandats sich der Person des Anton Drechsler [sic] versichert hatte, wurde der »Völkische Block« gegründet. Nun galt es, Hitler für den Plan zu gewinnen. Mehrere Obernationalbolschewisten fuhren nach Landsberg, wo Hitler sich damals in

Gewahrsam befand. Er präzisierte seinen Standpunkt in folgenden drei Sätzen:

1. Uns fehlen Redner, Mittel und die Presse, um die Massen wirkungsvoll zu bearbeiten und unsere Umstellung (vom Antiparlamentarismus zum Parlamentarismus) genügend zu propagieren.
2. Gesetzt den Fall, wir bekommen 10 bis 12 Sitze, was soll uns das nützen?
3. Wenn durch die Wahl gezeigt wird, wie stark oder wie schwach wir in Wirklichkeit sind, dann können wir nie gewinnen, sondern nur verlieren, denn jetzt überschätzt man uns, weil wir die größere Aktivität für uns haben, bei der Wahl aber entscheidet die Stimmenzahl.

Trotzdem setzen die »völkischen Mandatsjäger« ihre Bemühungen fort. Der Erfolg sollte nicht ausbleiben. Hitlers Verteidiger, Dr. Roder, gelang es, seinen Mandanten soweit umzustimmen, daß dieser schließlich erklärte: »Wenn sich die Partei durchaus blamieren will, so mag sie es tun.« Und so stellte Hitler den Mitgliedern der »Nationalsozialistischen Deutschen Arbeiterpartei« (!) die Beteiligung an der Wahl frei; wenn sie sich aber beteiligten, sollten sie nur für die Kandidaten des Völkischen Blocks stimmen. Dagegen war Hitler nicht zu bewegen, eine Kandidatur anzunehmen oder auch nur seine Unterschrift unter einen »völkischen« Wahlaufruf zu setzen. In Gesprächen hat sich Hitler über die Mandatsjäger im »Völkischen Block«, namentlich aber über den Haupttreiber Dr. Glaser, den Freund Kahrs, wenig schmeichelhaft geäußert.

[Coburger Volksblatt (sozialdemokratisch), Nr. 90 v. 15. 4. 1924. Abschrift. B. H. St. A. I, Sonderabgabe 1738]

[24 b] *Der völkische Block*

Mitteilungsblatt der Völkischen Wahlverbände Bayerns, Thüringens, Sachsens, Württembergs, Hessens, Badens und des Rheinlandes, zusammengefaßt in der Reichsliste der Vereinigten Nationalsozialistischen und Deutsch-Völkischen Freiheits-Parteien.

Nr. 1 München, den 25. April 1924

Die gemeinsamen Richtlinien.

Am 30. März ist in Berlin eine engere Wahlgemeinschaft zwischen den in verschiedenen Ländern gebildeten völkischen und völkisch-sozialen Blocks beschlossen worden. Die nachstehend wiedergegebenen Richtlinien bilden die Grundlage für die gemeinsame Wahlarbeit. ...

[BAK, NS 26–869]

[25] *Ergebnisse der Reichs- und Landtagswahlen 1924*

Parlament	Datum	Name der Liste	Stimmenzahl	%	Mandate	Zahl der Abgeordneten, die 1925 der NSDAP beitraten	
Reichstag	4. 5.	DVFP	1 918 310	6,5	32:472	3	
Reichstag	7. 12.	NSFB	907 242	3,0	14:493	4	(s. 1927: 7)
Thüringen	10. 2.	Verein. Völk. Liste	81 412	9,3	7:72	3	(s. 1926: 4)
Mecklenburg-Schwerin	17. 2.	DVFP			13:64	2	
Bayern	6. 4.	Völk. Block	512 217	17,1	23:129	6	
Württemberg	4. 5.	Völk. Soz. Block	47 301	4,0	3:80	1	(s. 1927: 2)
Anhalt	22. 6.	Völk. Soz. Freih. Block	7 189	4,1	2:36	–	
Anhalt	9. 11.	NSFP	7 958	4,1	1:36	1	
Hamburg	26. 10.	Völk. Soz. Block	13 495	2,5	4:160	1	
Preußen	7. 12.	NSFP	454 886	2,5	11:450	1	
Braunschweig	7. 12	NSFB	9 479	3,4	1:48	–	
Hessen	7. 12.	NSFB	8 478	1,4	1:70	–	
Bremen	7. 12.	NSFB	7 432	4,1	4:120	–	
Lippe	18. 1. 25	NSFB	678	0,8	–	–	

[Nach: Statistisches Jahrbuch für das Deutsche Reich. 45. Jg. (1926)]

[26] *Aus dem Leben des Festungsgefangenen Adolf Hitler*

Auszug aus einem Bericht der Anstaltsleitung an das Staatsministerium der Justiz vom 18. 9. 1924.

Direktion der Gefangenenanstalt u. Festungshaftanstalt Landsberg a. L.
An das Staatsministerium der Justiz in München

Betreff: Adolf Hitler Ziffer I. ....
Ziffer II. ....

Die Zahl der Besucher, die sich hier bei Hitler einfanden, war außerordentlich groß. Es kamen Bittsteller, Stellungsuchende, Gläubiger, Freunde, dazwischen auch Neugierige. Rechtsanwälte fanden sich ein, Geschäftsleute, die die völkische Bewegung u. den Namen Hitler für sich ausbeuten wollten; Verleger, die sich für das Hitlerbuch oder andere schriftstellerische Arbeiten Hitlers interessierten, versuchten, teils mit, teils ohne Erfolg Zutritt zu Hitler zu bekommen. Viele wurden mit und ohne Hitlers Zustimmung von der Anstaltsleitung zurückgewiesen. Auch Vertreter der völkischen Presse kamen, um ihre Zeitungen zu finanzieren und sich wegen der von der Schriftleitung einzuhaltenden Richtung Rat zu holen. Parteipolitiker kamen anfangs wegen der Taktik bei Vorbereitung und Durchführung der Landtags- und besonders der Reichstagswahl. Die Besucher wollten von Hitler wissen, wer in einzelnen Bezirken als Wahlkandidat aufgestellt werden sollte. Dann kamen solche, die als Wahlkandidaten aufgestellt waren, und nach den Wahlen kamen gewählte völkische Abgeordnete. Es kamen Abgesandte, die sich bei Hitler Rat erholten, wie sie sich zur Beilegung der vielfachen Meinungsverschiedenheiten und Streitigkeiten innerhalb der Orts-, Bezirks- und Landesgruppen im völkischen Lager, gegen die Unbotmäßigkeit berufener oder sich aufdrängender Parteiführer verhalten sollten. Auf briefliche Anfragen und Zuschriften hat Hitler von allem Anfang an und ständig fast nicht oder nur ganz kurz geantwortet. Es kann nicht gesagt werden, daß Hitler für die Fortführung der verbotenen nationalsozialistischen Arbeiterpartei eingetreten sei oder andere, die etwa die Fortführung betreiben wollten, in ihrer Absicht bestärkt habe. Unter den Besuchern befanden sich auch Leute, die aus einem Hitler entgegengesetzten Parteilager stammten u. von Hitler erfahren wollten, wie sich Hitler zu dieser entgegengesetzten Richtung stelle.

Anfangs war Hitler bemüht, den Besuchern einen Bescheid zu erteilen. Als er merkte, daß seine Bescheide und Meinungsäußerungen teils unvollständig, teils mißverständlich und entstellt in Wahlversammlungen und Presseerörterungen verwertet wurden, gab er, nachdem er lange vorher schon versucht hatte, durch mündliche Anweisungen an Parteipolitiker und Freunde politische Besuche und Besprechungen abzuwehren, wiederholt und mit Eindringlichkeit in der Presse bekannt, daß er während der Dauer der Strafhaft sich von der politischen Betätigung fernhalten, politische Äußerungen vermeiden und politische Entscheidungen nicht treffen wolle. Seit Wochen hat er die Enthaltung von der Parteipolitik beharrlich durchgeführt.

Eine Reihe von Besuchern wurde von der Anstaltsleitung zurückgewiesen, um die Ordnung im Besuchsbetrieb aufrecht zu halten.

Ziffer IIII. .... gez. Leybold

[B. H. St. A. I, Sonderabgabe 1501]

[27] *Einheitspartei?*

Berichtigung

General Ludendorff übergibt uns zur Richtigstellung unserer auf falschen Informationen beruhenden Erklärung in Nr. 71 des »Pommerschen Beobachters« vom 31. Mai – die wir hiermit selbstverständlich vollinhaltlich widerrufen – folgende Bekanntmachung:

»Die in Nr. 71 abgegebene Erklärung »Falschmeldung der Presse über die Nationalsozialistische Freiheitspartei« ist *unrichtig.*

Hitler hat sich mir gegenüber klar und deutlich über die Notwendigkeit des Ineinanderaufgehens der Deutschvölkischen Freiheitspartei und Nationalsozialistischen Arbeiterpartei auch außerhalb des Reichstages in eine Parteibildung ausgesprochen.

Ich füge ausdrücklich hinzu, daß Herr Rosenberg und ich das in der ersten Fraktionssitzung bekanntgegeben haben. Mitglieder der Freiheitspartei sind dabei nicht beteiligt gewesen.«

gez. Ludendorff

[Aus: Der Pommersche Beobachter. Völkisches Kampfblatt für alle schaffenden Stände. Nr. 79 v. 11. 6. 1924]

[28] *Hitler resigniert*

Lieber Herr Stier! Landsberg, L. 23. 6. 24.

... Ich brauche Ihnen auch weiter nicht versichern, daß die von Ihnen geschilderte Entwicklung der Bewegung weder mein Ziel noch mein Wille ist. Ich sehe den Weg, den die Bewegung heute läuft, und der sie immer mehr zu einer reinen bürgerlichen Konkurrenzpartei abstempeln wird. Leider bin ich augenblicklich nicht in der Lage, von hier aus das Steuer herumzureißen und die Front wieder in die alte Richtung zu bringen. Da ich aber nicht gewillt bin, die Verantwortung für den heutigen Kurs auch nur dem Namen nach zu übernehmen, habe ich ja die Führung der Bewegung vor einer Woche niedergelegt, um mich auf die Dauer meiner Haft von der politischen Betätigung loszulösen. ...

Mit treudeutschem Gruß

[gez.] A. Stier gez. Adolf Hitler

[Von Stier angefertigter Auszug. BAK, NS 26–843]

[29 a] *Die völkische Interpretation*

Abschrift aus der »Mecklenburger Warte« Nr. 153 v. 9. 7. 24

Die Einigung der völkischen Bewegung!

Hitlers völkische Tat!

Die Heerführer Ludendorff und von Graefe!

Die Wege, die die völkische Freiheitsbewegung im Norden und Süden des deutschen Reiches nahm, laufen zusammen. Es ist ein innerer Zwang, daß die äußeren Schlacken abfallen und ein Feuer der Freiheitssonne ein neues organisches Ganzes geschmiedet wird [sic]. Die rein äußerliche Schwierigkeit, die einer straffen organisatorischen Zentralleitung entgegenstand, lag in dem Schicksal unseres Adolf Hitler begründet, der hinter Kerkermauern für den schnöden Verrat anderer büßen muß. Aber wie Adolf Hitler von jeher nicht nur der »Trommler der völkischen Bewegung«, sondern auch der Politiker der Tat gewesen ist, so hat er auch jetzt wieder in treuer Waffenbrüderschaft mit Ludendorff und von Graefe die Fesseln durchschnitten und den entscheidenden Schritt zur inneren Befreiung der gesamten Bewegung getan. Aus Landsberg hat Adolf Hitler mitgeteilt, daß er die Führung der Nationalsozialistischen Deutschen Arbeiterpartei niedergelegt und sich auf die Dauer seiner Haft jeder politischen Tätigkeit enthält. Er zieht damit sämtliche von ihm ausgestellten persönlichen Vollmachten zurück und bittet, sich nicht auf ihn zu berufen. Insbesondere bittet Adolf Hitler seine Anhänger, von Besuchen in Landsberg künftig abzusehen.

Was bedeutet dies alles? Unsere Gegner werden in altbekannter Lügenmelodie ein Freudengeheul ob der »Uneinigkeit im völkischen Lager« anstimmen. Und doch, kann es einen schöneren Beweis und größeren Beweis von völkischer Einigkeit und selbstlosem Dienst am großen Ganzen geben, als diese neue politische Tat Hitlers? Durch die praktische Unmöglichkeit, aus der Enge der Kerkerzelle die große nationalsozialistische Bewegung im Reiche fest und klar leiten zu können, fällt die Übernahme der praktischen Verantwortung fort. Die Verantwortung muß aber voll und ganz in den Händen einer unbehinderten Zentralstelle liegen. Aus diesen Gründen hat Hitler sein Amt niedergelegt und Ludendorff und von Graefe gebeten, die Leitung an seiner Stelle zu übernehmen. Für die Dauer der Inhaftierung Hitlers hat Ludendorff Herrn Straßer von der ehemaligen N. S. D. A. P. für die Reichsführerschaft berufen. Herr Rosenberg, München, hat sein Amt ebenfalls niedergelegt.

Vorwärts! heißt die Parole. Der völkischen Einheit entgegen! Auf dem großen Reichsparteitag in Weimar am 15., 16. und 17. Juli [sic] wird die Einigung der beiden Parteien als gewaltiges sichtbares Zeichen des völkischen Einheitsgedankens vollzogen werden. Dann gibt es keine äußeren Anlässe mehr, die Kleingeister zu törichten Nadelstichen veranlassen können. Dann gibt es nur noch ein gewaltiges völkisches Heer, soweit die deutsche Zunge klingt. Und Ludendorff und von Graefe sind seine Führer bis an den Tag, da der befreite Held von München als Dritter wieder in ihren Kreis treten kann.

Für die Richtigkeit der Abschrift: [gez.] Rob. Schulz
[St] NSDAP Gau Meckl.-Lübeck
Geschäftsstelle Hornstorf b/Wismar

[BAK, Slg. Schumacher 205]

[29 b] *Hitler billigt Straßers Eintritt in die »Reichsführerschaft«*

18. Juli 1924

... Hitler hat weder Straßer noch sonst jemand zu seinem Nachfolger oder Vertreter ernannt. Die Ernennung Straßers ist durch Ludendorff erfolgt und zwar durch Berufung als bayerischer Vertreter in die »Reichsführerschaft« (Fraktion?). Herr Hitler hat an dieser Ernennung also keinen Anteil, ich vermute jedoch, daß sie mit seiner Zustimmung erfolgt ist. [hd] (Auf Rückfrage erhielt ich diese Vermutung bestätigt.)

[Hermann Fobke, Landsberg/L., an Adalbert Volck, Lüneburg. BAK, NS 26–895]

[30] *Esser droht*

München, d. 24. VII. 24.

Die letzte Konferenz[7] wurde vom Vorsitzenden leider geschlossen, ehe der erste Referent noch einmal das Wort erhielt. Abgesehen von den Zurückweisungen unbegründeter Vorwürfe hatte er beabsichtigt, einen Fall der Konferenz zur Beurteilung vorzulegen, der nicht unerhört bleiben darf.

Zwischen Herrn Esser und dem Völkischen Block in Bayern war es zu Differenzen gekommen. Herr Esser war monatelang im Ausland gewesen, und kehrte etwa Ende März nach München zurück. Er glaubte die bis dahin von anderen geleistete Organisationsarbeit angreifen zu müssen, ebenfalls etliche Persönlichkeiten. Eine Mitarbeit mit den in München tätigen führenden N.S. lehnte er ab. Ohne vorherige Rücksprache im engeren Kreise griff er in öffentlicher Versammlung den Völkischen Block in einer Weise an, daß der Ehrenvorsitzende A. Drexler sich schwer beleidigt fühlte. Die Fraktion des Völkischen Blocks veröffentlichte daraufhin eine Zurückweisung, in welcher bedauert wurde, daß Herr Esser Mißtrauen schafft. Darauf erschien von Esser folgende, in der Anlage wiedergegebene Erklärung mit der Drohung, das gesamte Material zu veröffentlichen, falls man ihn in engerem Kreise nicht hören wolle (was er früher nicht versucht hatte).

Einen Brief mit der höflichen Bitte um Aufnahme seiner Erklärung hat

---

7 Am 20. 7. 1924 fand unter Vorsitz von Rosenberg und Röhm in Weimar eine Vertretertagung der nationalsozialistischen Gruppen statt, auf der eine einheitliche Haltung gegenüber den Deutschvölkischen und der Reichsführerschaft gefunden werden sollte. Sie endete ohne Ergebnis und verschärfte nur die bestehenden persönlichen Spannungen.

Esser auch an die alljüdische »Frankfurter Zeitung« gerichtet, wie aus der Anlage ersichtlich. Zur Rede gestellt, hat E. diese Tatsache zugegeben, sich aber nicht durch eine Affekthandlung entschuldigt, sondern seine Handlungsweise als berechtigt hingestellt, wobei er sich sogar auf – – Hitler berief. Auch dieser habe früher Berichtigungen an feindliche Zeitungen übersandt. Ohne zum Angriff Essers auf den Völkischen Block und zu dessen Antwort Stellung zu nehmen, ersuchen wir den Landes- bezw. Kreisleiter um seine Stellungsnahme:
1. zum Inhalt der Esserschen Erklärung
2. zur Tatsache des Briefschreibens an die »Frankf. Zeit.«.

Steht die Landesleitung auf dem Standpunkt, daß Essers Schritt für einen N.S. möglich ist, ganz gleich, ob er sich unberechtigt zurückgewiesen fühlt oder nicht? Wenn nicht, welcher Beschluß käme nach Anschauung des Landes- bezw. Kreisleiters in Frage?

Die Antwort ersuchen wir möglichst schnell zu übersenden, und zwar an die Adresse vom Abg. G. Straßer, München, Landtag.

gez. M. Eidhalt. [sic]

[BAK, NS 26–893]

[31] *Esser und Streicher verdrängen Rosenberg*

Rundschreiben München, den 29. Juli 1924

An sämtliche Ortsgruppen der Großdeutschen Volksgemeinschaft e. V. Sitz München.

Der Rücktritt Herrn Adolf *Hitlers* von der Führung der Bewegung und das damit zusammenhängende Erlöschen der von Herrn Hitler ausgestellten Vollmachten im Zusammenhang mit dem im Laufe des Monats Juni erfolgten Rücktritte mehrerer Herren des bisherigen Vorstandes der Großdeutschen Volksgemeinschaft brachte die Notwendigkeit, durch eine außerordentliche Mitgliederversammlung der Großdeutschen Volksgemeinschaft eine neue Führung bezw. Vorstandschaft zu geben. Die Versammlung fand am 9. Juli 1924 statt. Nach einer gründlichen Aussprache, an der sich laut Protokoll die Herren Reuter als bisheriger II. Vorsitzender, Rosenberg als bisheriger Führer, Ziegler, Edelmann, Emmer und Plümer als Vertreter der Mitgliedschaft, sowie als geladene Gäste die Herren Straßer und Esser beteiligten und die über alle schwebenden Fragen auch persönlicher Natur erschöpfendste Aufklärung gab, brachte die Wahl der neuen Führung bezw. des neuen Vorstandes folgendes Ergebnis:

I. Vorsitzender	Landtagsabgeordneter Herr Julius Streicher, Nürnberg
II. „	Herr Hermann Esser, München
I. Kassier	Herr Franz Xaver Schwarz, Verwaltungsinspektor, München
II. „	Herr Heinrich Hoffmann, Photograph, München
I. Schriftführer	Herr Friedrich Schneider, Obersekretär, München
II. „	Herr Andreas Reuter, Obersekretär, München

Eine am 10. Juli abgehaltene erweiterte Vorstandsitzung, zu der sämtliche Sektionsführer Münchens sowie sämtliche Vertrauensleute zugezogen waren, gab den neuen Vorsitzenden der Großdeutschen Volksgemeinschaft nach eingehender Prüfung der organisatorischen und vor allem finanziellen Lage der Gruppe diktatorische Vollmachten.

Die unterzeichneten Vorsitzenden der Großdeutschen Volksgemeinschaft e. V. Sitz München geben folgendes bekannt:

1. Wir haben die Führung dieser Bewegung übernommen in der Überzeugung, daß die Großdeutsche Volksgemeinschaft zwar keine Nachfolgerin der am 10. November 1923 verbotenen und aufgelösten nationalsozialistischen Partei ist, daß in ihr aber der Geist und der Wille Adolf Hitlers allein maßgebend und Richtung gebend sein kann. Das Programm der aufgelösten nationalsozialistischen Partei, das wir als Einzelpersonen zur Rettung des deutschen Volkes allein brauchbar seit 4½ Jahren anerkannt haben, wird zwar nicht in der Fassung vom 24. Februar 1920, aber in seinen großen Grundzügen auch weiterhin das erstrebenswerte Ziel der von uns geführten Bewegung sein. Grundlegend wird folgendes bekannt gegeben:

Als einzigen für uns letzten Endes maßgebenden Führer betrachten wir Herrn Adolf Hitler. Neben ihm erkennen wir als einzige Autorität in der Bewegung mit Rücksicht auf seine – wie wir überzeugt sind – durch und durch ehrliche nationalsozialistische Gesinnung seine Exzellenz Herrn General Ludendorff an. Weder der Reichstags-Fraktion noch den Landtags-Fraktionen erkennen wir das Recht zu, daß sie die Bewegung führend beeinflussen. Die Fraktionen sind lediglich das Vollzugsorgan des Willens der Bewegung in den Parlamenten. Wir verlangen von unseren Vertretern im Parlament Anerkennung des Grundsatzes, daß das Schwergewicht der alten Hitlerbewegung nach wie vor außerhalb der Parlamente liegt, wesentlicher als die parlamentarischen Erfolge eine ständige Fühlungnahme mit den breiten Massen des schaffenden Volkes ist, das durch eine geschickte und volkstümliche Propaganda aus den marxistischen Klauen zu befreien und in das nationale Lager überzuführen nach wie vor die Hauptsache der alten Hitlerbewegung darstellt. Die Großdeutsche Volksgemeinschaft steht zu den Fraktionen in dem Verhältnis, daß sie sich bemüht, durch Ausbau einer straffen Organisation von größter Aktivität in der Propaganda den von unseren Fraktionen gestellten Anträgen in den Parlamenten den notwendigen Nachdruck zu verleihen.

2. Den Völkischen Block als politische Partei anzuerkennen, sind wir nicht in der Lage. Der Völkische Block ist gegründet und geschaffen als eine Wahlorganisation, als solche betrachten wir ihn auch heute noch und gehören ihm auch weiterhin vorläufig an. Als politische Partei wird der Völkische Block nach unserer Überzeugung jenem Schicksal verfallen, dem alle Blockbildungen verfallen sind: Er wird eines Tages mit mehr oder weniger großem Getöse auseinanderbrechen. Blockparteien tragen den Keim des Verfalls in sich. Im Übrigen sind wir der Meinung, daß es zwischen den Gruppen innerhalb des Völkischen Blocks einen Kampf oder Rivalitäten nicht geben darf. Zur Deutschvölkischen Freiheitspartei des Herrn von Graefe und Genossen ist unser Verhältnis so, daß eine Einigung mit dieser Partei zur Zeit nicht möglich ist, daß man aber versuchen muß, an den Orten, an denen neben Gruppen der Großdeutschen Volksgemeinschaft Gruppen der Freiheitsparteien bestehen, eine erträgliche Zusammenarbeit so weit als möglich herbeizuführen. Beschwerden über Herren der Deutschvölkischen Freiheitspartei, die durch die Art ihres Auftretens diese von uns gewünschte Zusammenarbeit stören, sind unmittelbar an die Leitung zu richten. Wir möchten nicht unterlassen, bei dieser Gelegenheit auch die Meinung Hitlers zu dieser Frage bekannt zu geben, die dahin geht, daß er zwar zunächst nicht für eine Vereinigung mit der Freiheitspartei ist, daß er aber doch wünscht, daß jeder Kampf zwischen den beiden Gruppen unterbleibt ...

München, den 29. Juli 1924.
[gez.] Streicher [St] Hermann Esser

[BAK, NS 26–857 (gekürzt)]

[32] *An die Völkischen Führer Herrn Straßer und Herrn Dr. Frick*

... Wir Mitglieder der G.V.G. Sektion Innere Stadt fordern Einigkeit unter den Völkischen Führern, Einigkeit unter Gewählten und Wählern. Wir bitten daher Herrn Apotheker Straßer als Reichsführer und Herrn Oberamtmann Dr. Frick als Landesführer in kürzester Zeit alle Völkischen Abgeordneten, sowie sonstige Leiter zu einer gemeinsamen Sitzung einzuladen und mit allen zur Verfügung stehenden Mitteln die unbedingt notwendige Einigkeit herzustellen, zum allermindest den gegenwärtigen Vernichtungskampf einzustellen.

Mit treudeutschem Heilgruß!
[gez.] Leonh. Prestel

[St] Großdeutsche Volksgemeinschaft
Sektion Innere Stadt.
Jeden Montag Sprechabend
Hofbräuhaus Saal 3
[hd] einstimmig angenommen am 25. 8. 24.

[BAK, NS 26–857 (gekürzt)]

[33] *Optimismus in Landsberg*

R. Heß Festung Landsberg a/Lech, 16. VII. 24.

Lieber Herr Heim,
immer hoffte ich noch, eine Antwort Herrn Hitlers auf den Brief Ihres Freundes übermitteln zu können, zusammen mit meinem Dank für die freundliche Zurverfügungstellung der beiden Bände »Das deutsche Volkstum«. Aber Herr H. will z. Zt. durchaus nichts wissen von allen politischen Tagesfragen. Ein letzter Anlauf heute morgen mit dem Brief war vergeblich. Nunmehr zog er sich ja auch öffentlich zurück von der Leitung. Grund ist, daß er nicht die Verantwortung übernehmen will für das, was draußen ohne sein Wissen u. teilweise gegen seinen Willen geschieht. Ebensowenig ist er in der Lage, die ewigen Streitereien zu schlichten, wenigstens von hier aus nicht. Er hielt es für überflüssig, sich mit all den kleinlichen Widerwärtigkeiten herumzuschlagen.

Auf der anderen Seite ist er überzeugt, bald nach der Erlangung der Freiheit alles wieder in die richtigen Bahnen steuern zu können. Vor allem wird er dann sehr schnell alles beenden, was irgendwie zu Konfessionsgegensätzen führt und wird die Kräfte zusammenfassen zum Kampf gegen den Kommunismus, der gefährlicher denn je unter der Decke sich bereit macht zum großen Schlag.

Und dem gegenüber tritt auch für mich die Bedeutung der mir wohl bekannten unerfreulichen Zustände, die Ihr Freund aus der völkischen Bewegung berichtet, zurück. Ich glaube, daß nur zu bald der Augenblick kommt, da sich im Verzweiflungskampf gegen die bolschewistische Pest alles hinter Hitler stellt, was nicht zur Gegenseite gehört. Hoffen wir, daß er früh genug seine Handlungsfreiheit erlangt.

Aber selbst wenn der Kommunismus nicht den Anstoß zur Einigung über alle Bedenken hinweg gibt, auch dann ist die Schädigung durch die Auswüchse in der völkischen Bewegung nicht so tragisch zu nehmen. Unabhängig von allen Dummheiten seiner Anhänger wird sich [die] Persönlichkeit Hitlers – deren gewaltige Bedeutung ich erst hier wohl ganz erfaßte – durchsetzen. Und von oben her drückt er dann seiner Volkheit den Stempel auf u. überträgt seinen Geist, der die Auswüchse wieder beseitigt.

Schon heute schließt man nicht so leicht mehr von den Rüpeleien u. Hanswurstiaden der Anhänger, von »Völkischen« und Völkischen auf Hitler selbst. Man wird es noch weniger tun, wenn im Herbst Hitler's Buch erscheint, das nicht nur ein Bild des Politikers, sondern auch des Menschen Hitler der weiteren Öffentlichkeit übermitteln wird.

Bitte verzeihen Sie mit dem, was ich anfangs sagte, daß Sie erst jetzt den Brief zurückerhalten, ebenso, wie die Unterstreichungen in ihm von meiner Hand; ich wollte wenigstens diese Stellen Hitler vor Augen führen.

Herzlich danke ich Ihnen für das Werk von Hans Meyer. Ich nehme an, daß ich es noch einige Zeit behalten darf. Mit sehr viel Interesse las ich vor allem den Abschnitt über deutsche Literatur u. freute mich als Geopolitiker, daß darin die Einflüsse der Umwelt, der Lage, des Bodens nicht vergessen wurden.

Die Schrift über »Arbeitsdienstpflicht« ist wohl das Beste, das ich bisher über die Frage gelesen habe. Einwände dagegen, ihre Wirkungen u. Nebenwirkungen, mit ihr zu verbindende Möglichkeiten sind gut herausgearbeitet.

Anbei die Schrift zurück. Gleichzeitig lege ich einen Sonderdruck aus Deutschlands Erneuerung von Hitler bei. Sollten Sie ihn schon besitzen, können Sie ihn ja gelegentlich Frl. Pröhl[8] geben.

Sehr gefreut hat es mich, daß Sie Frl. Pröhl unter Ihre Fittiche nahmen u. mit zu Spann brachten.

Leben Sie wohl und seien Sie herzlich gegrüßt.

Ihr
Rudolf Heß.

[Foto des Handschreibens in: BAK, NS 26–1182]

8 Ilse Pröhl, seit 20. 12. 1927 Frau Heß.

[34] *Das Wort »völkisch« lockt keinen Hund mehr hinter dem Ofen hervor*

München, 27. 10. 24.

An die Ortsgruppen der Großdeutschen Volksgemeinschaft.

Die Landeskonferenz der G.V.G. am 19. 10. hat unter Überwindung vieler berechtigter und begründeter Bedenken sich auf meine Befürwortung hin entschlossen, sich unter gewissen Bedingungen zum Eintritt in die sogenannte »Nationalsozialistische Freiheitsbewegung Großdeutschlands« unter der Führung Ludendorffs, Straßers, Graefes bereit zu halten. Dieser von uns gezeigte gute Wille hat ein schmähliches Entgegenkommen gefunden. Die Landeskonferenz des Völkischen Blocks in Bayern, an der auch General Ludendorff teilnahm, hat sich gnädigst bereit erklärt, die G.V.G., die älteste auf nationalsozialistischem Boden stehende Organisation nach dem 9. November, in die Freiheitsbewegung hereinzulassen, die Leiter der G.V.G. aber, Streicher und Esser, aus der Nationalsozialistischen Freiheitsbewegung auszuschließen. Es wurde als Zeichen besonderer Gerechtigkeit gnädigst genehmigt, daß ein Ehrenhof gebildet wird, vor dem die Herren Streicher und Esser »ihre persönliche Ehre« wiederherstellen können, dagegen hat diese Rehabilitierung nicht zur Folge, daß die beiden Herren wieder in die Nationalsozialistische Bewegung aufgenommen werden können.

Dazu haben wir folgendes zu erklären:

Streicher und Esser sind Mitglieder der G.V.G. Diese hat ihnen auf der letzten Landesversammlung einstimmig ihr Vertrauen ausgesprochen. Nicht der Völkische Block, auch nicht die Reichsführerschaft sind dazu berufen, die beiden Herren aus der »Nationalsozialistischen Bewegung« auszuschließen, denn der einzige Mann, der ein Recht hat, jemand, der sich seinen Platz in der Bewegung der Nationalsozialisten seit Jahren erkämpft hat, aus dieser auszuschließen, ist einzig und allein Adolf Hitler. Wenn die Herrschaften des Völkischen Blocks heute sich den Namen »Nationalsozialisten« beilegen – nachdem das Wort »Völkisch« keinen Hund mehr hinter dem Ofen hervorlockt –, so ist das an und für sich schon eine Anmaßung sondergleichen. Wenn aber Herrschaften, die noch vor 8 Tagen erklärt haben, daß sie nie Nationalsozialisten waren und sein können, die durch ihre bisherige Tätigkeit im Landtag bewiesen haben, daß sie alles andere sind als wie Bannerträger der Idee Adolf Hitlers, Männer, die jahrelang als die engsten Mitarbeiter Adolf Hitlers gearbeitet haben, aus der Nationalsozialistischen Bewegung ausschließen, so ist das eine Unverschämtheit, die nur beweist, daß es den Herrschaften nicht um den Nationalsozialismus und um dessen Erhaltung zu tun ist. Daß Exzel lenz Ludendorff die Sache gebilligt hat, beweist nur, daß er nicht in der Lage ist, zu durchschauen, mit welchen Mitteln gewisse Kräfte die letzte Hitlerbewegung langsam erdrosseln. Auf eine weitere Charakterisierung der Stellungnahme Ludendorffs, vor allem mit Rücksicht auf seine bisherige Haltung wird aus naheliegenden Gründen verzichtet.

Daß der sachliche Kampf, den wir in den letzten Monaten gegen die Entwicklung im völkischen Lager geführt haben, berechtigt ist, zeigt sich immer deutlicher. Ganz abgesehen davon, daß die sogenannte Reichsführerschaft nicht in der Lage war, organisatorisch die Bewegung – sei es auch nur in Preußen – kräftig zu erfassen und ihr den nationalsozialistischen Stempel aufzudrücken – die aus allen Teilen Deutschlands eingehenden Zuschriften alter Nationalsozialisten beweisen dies auf das beste –, zeigt auch der von der Reichsführerschaft erlassene Wahlaufruf zur Reichstagswahl alles andere als wie Verständnis für die Psyche des deutschen Arbeiters und der zu seiner Erfassung einzig und allein geeigneten alten Nationalsozialisten. Jedenfalls fühlen wir uns stark genug, um jetzt gerade vor der Entscheidung der kommenden Reichstagswahlen nochmals den Versuch zu machen, die alte nationalsozialistische Bewegung zu erfassen und in den Kampf zu werfen. Wir wenden uns diesmal über Bayerns Grenzen an alle jene, die seit Monaten schon in verbissener Wut zur Seite stehen, weil sie als aufrechte Vertreter der alten Hitleridee sich mit der Entwicklung der völkischen Bewegung zu einer Offiziers- und Doktorenpartei nicht einverstanden erklären konnten, aber auch nicht stark genug waren, sich durchzusetzen. Wir berufen für kommenden Sonntag, den 2. 11. vorm. 11 h im

»Roten Saal« der Augustiner-Bierhallen zu München, Neuhauserstr. 16

einen Reichsparteitag der G.V.G. ein und lassen dazu mit Rücksicht auf die kommenden Reichstagswahlen und das allgemeine Interesse, das unser Vorgehen gefunden hat, Einladung ergehen an alle Einzelpersonen und Gruppen, die seit Jahren an führender Stelle der Hitlerbewegung gestanden sind. Die Ortsgruppen der G.V.G. werden aufgefordert, restlos Vertreter zu entsenden, jeder Ogr.Führer wird gebeten, 2 seiner besten und vertrauenswürdigsten Leute als Beisitzer mitzubringen.

Für die Leitung der G.V.G.
[gez.] Hermann Esser

Für die Richtigkeit: [St] Großdeutsche Volksgemeinschaft e. V.
Geschäftsführer

[BAK, NS 26–857]

[35] *Hitler hat viel Lauferei*[9]

Mein lieber Fobke! München, am 11. 1. 25.
Deine Karte, sowie Brief habe ich erhalten. Ich war heute wieder bei Hitler er hat immer noch keine Zeit. Weißt er will unbedingt bis 1. Februar die Bewegung sowie Beobachter frei haben. Auch wegen die noch in Landsberg befindlichen hat er viel Lauferei ebenso wegen seinem Buch. Pöhner ist z. Z. auch in Festung übrigens hat Pöhner briliant gearbeitet er ist seit Hitler da ist bei ihm gewesen und mit ihm gearbeitet. Wenn wir zusammenkommen werde ich Dich soffort verständigen sobald ich genauen Tag weiß. Sonst gibt es nichts neues. Geiselbrecht und ich sind immer noch in starker Klemme.

Herzlichen Gruß von uns alten allen
Dein Hamm Emil

[BAK, NS 26–899]

[36] *Hitler bei Ministerpräsident Held am 4. Januar 1925*[10]

Der Ministerpräsident wendet sich dann der Frage des Redeverbotes für Adolf Hitler zu ... Ich bin kein Feind Hitlers, aber ich muß pflichtgemäß ein Gegner seiner Agitations- und Aktionsmethode sein, weil beide die öffentliche Sicherheit gefährden, für die ich die Verantwortung trage ... Soll ich wirklich noch einmal an die Lage Bayerns im Innern gegenüber dem Reich nach dem Putsch 1923 erinnern? Ich habe es ehrlich mit Hitler gemeint. Als Hitler bei mir war, habe ich mich eingehend mit ihm unterhalten und ihm erklärt, daß ich ihn bei einer ordnungsgemäßen Agitation nicht behindere, daß ich selbst das allergrößte Interesse habe, daß unsere Jugend vaterländisch erzogen wird. Ich habe ihm aber auch keinen Zweifel gelassen, was ich tun werde, wenn er zu den alten Methoden zurückkehrt. Hitler hat beteuert, daß die ganze Zeit an ihm nicht spurlos vorübergegangen sei, und er würde nichts anderes tun, [als] was dem Staat fromme. Mit dieser Bemerkung ging Hitler von mir und er hat darauf die Genehmigung zu seinem Wiederauftreten erhalten. Er hat aber sofort die

---

9 Der Verfasser des Handschreibens, Landespolizeiwachtmeister Emil Hamm, war wie der inzwischen entlassene Fobke und über 30 weitere Angehörige des »Stoßtrupp Hitler« im Zusammenhang mit dem Novemberputsch zu 15 Monaten Haft in Landsberg verurteilt worden.

10 Auszug aus dem Bericht über Dr. Helds Rede im Bayrischen Landtag am 15. 12. 1925.

alte Agitationsmethode, die er vorher beliebte, wieder angewandt. Das war das pure Gegenteil von dem, was er versprochen hat. (Zuruf der Nationalsozialisten: Das Stenogramm war falsch!). Hitler hat wenige Tage nach der Bürgerbräuversammlung in einer geschlossenen Versammlung unverhüllt der Regierung die Fehde angesagt ... Bleibt das Redeverbot? Darüber lasse ich den Herrn Hitler selbst entscheiden, dazu bedarf es nichts weiter als eines neuen erkennbaren Bekenntnisses, daß der Hitler von heute nicht mehr der Hitler von 1923 ist ... Ich habe Hitler verfolgt in seinen Reden und seinen Artikeln bis zum heutigen Tag und ich frage die Nationalsozialisten, ob sie es zu bestreiten wagen, daß es derselbe Geist von 1923 geblieben ist. Die Artikel im »Völkischen Beobachter« sind die reinsten Revolutionsartikel und gerade die Rede, die Dr. Buttmann hier gehalten hat, würde eine Entscheidung sehr schwierig machen, ob sie wirklich nur der Aufklärung gedient habe ...

[Bayerische Staatszeitung und Bayerischer Staatsanzeiger vom 16. 12. 1925, S. 2–3]

[37] *Scheidung im völkischen Lager*[11]

Cuntzow, den 15. 1. 25.

Sehr geehrter Herr Volck!
Von der Preußentagung zurückgekehrt, an der ich zusammen mit Herrn Haag (Rügen) als Vertreter bezw. als Horchposten der vorpommerschen, insonderheit der Greifswalder Nationalsozialisten gegen den Willen des Gauführers v. Bodungen teilgenommen hatte, finde ich Ihren Brief vom 14. d. Mts. hier vor, für den ich Ihnen bestens danke. Daß wir hingefahren waren, war doch sehr notwendig, obgleich die Erinnerung an das uns gebotene Schauspiel nicht gerade erhebend für mich ist. Der Sinn dieser Preußentagung war ohne Zweifel der, Hitler vor vollendete Tatsachen zu stellen, oder möglichst überhaupt über Hitler und natürlich auch Sie und alle Antiparlamentarier zur Tagesordnung überzugehen. Am Tage vordem hatte eine Besprechung der Landesführer stattgefunden, bei der es schon ziemlich lebhaft zugegangen zu sein scheint. Man hat anscheinend L. dazu benützt, um in ihm einen Sturmbock gegen Hitler zu haben. In-

11 Diese Abschrift des Originalbriefes des späteren Gauleiters von Pommern (1927–1931), Walther von Corswant-Cuntzow, trägt ein falsches Datum. Die »Preußentagung« der Nationalsozialistischen Freiheitsbewegung in Berlin fand am 17. Januar 1925 statt. Siehe auch Dokument 38. L. bedeutet Ludendorff, H. bedeutet Hitler.

wiefern dies den Freiheitsparteilern gelungen ist, weiß ich nicht, da furchtbar geheimnisvoll getan wurde. Jedenfalls war L. nicht da und soll nach München gefahren sein, um H. zu beschwören, von der Aufziehung der N.S.A.P. Abstand zu nehmen. Im übrigen hat man auch L.'s Wunsch, mit irgendwelchen Entschließungen zu warten, bis H. gesprochen hat (er soll in den nächsten Tagen nach Berlin kommen wollen, um sich mit v. Graefe evtl. auseinanderzusetzen!), nicht respektiert, sondern mit einer ca. 3/4 Mehrheit der vertretenen Freiheitsparteiler allerhand Entschließungen und Richtlinien aufgestellt. Eröffnet wurde die Sache mit einer raffiniert ausgeklügelten Rede Wulles, der ungefähr folgende Argumente brachte, um Hitlers Autorität herabzusetzen.

1. Der Ultramontanismus wäre die bei weitem größte Gefahr, schlimmer noch als die jüdische Gefahr. Hitler habe Held einen Besuch gemacht, also gegenüber dem Zentrum gekuscht. Die Gefahr bestünde also, daß H. – der durch die lange Haft vielleicht mürbe geworden wäre – sich gegenüber dem Ultramontanismus beuge.

2. Gefahr des bayrischen Partikularismus unter der (geschwächten) Führung Hitlers. Süd gegen Nord! Er (Wulle) vertrete ausgesprochen preußische Politik.

3. Auch Bismarck habe demokratische Mittel benutzt, man müsse daher von dem taktischen Mittel des Parlamentarismus Gebrauch machen.

4. Unter der Beschwörung der »Einigkeit« und »Diversem« wurde Hitler, seine Anhänger und überhaupt alle anders denkenden Völkischen aufgefordert, sich unter die weise Führung einer hohen Berliner Leitung zu begeben.

5. Denn, das »Gefühlsmäßige« der »anderen« wäre ja ganz schön, aber man müsse doch vor allem eins, kluger Politiker sein, und ließ dabei durchblicken, daß Hitler im Gegensatz zu ihm und v. Graefe eben kein »Politiker« wäre.

Deutlicher drückte sich schon Henning aus:
Die von Hitler beabsichtigte Aufziehung der N.S.A.P. wäre bedauerlich. Ebenso, daß H. sich von »jugendlich unreifen Schwätzern« beeinflussen ließe. Was H. im Süden, wäre v. Graefe im Norden! Nur wisse man nicht, ob H. nach der Haft noch der Alte wäre, ob er noch frei wäre, und wäre H. wohl vielleicht der Trommler, aber eben kein Politiker.

Und am deutlichsten sprach Dr. Körner die Meinung der Freiheitspartei aus, als er sagte:

»Hitler nimmt sich das Recht heraus, unsere Sache zu zerschlagen.«
»Hitler auch nicht einmal ›Trommler‹, sondern ›Papst‹.«
»Wir (von der Fr. P.) Alles geschaffen. H. nichts!«
»Hitler hat Treubruch begangen am Treubund.«

Natürlich großer Lärm bei uns N.S. Wulle als Vorsitzender der Versammlung weist nicht etwa den Redner zur Ordnung, sondern uns Protest erhebende Nationalsozialisten.

Ein N.S. bittet v. Graefe, Stellung zu nehmen, und rügt, daß er derartige Angriffe auf Hitler habe geschehen lassen. (Ich muß allerdings gerechter Weise einfügen, daß vordem, als Wulle wegen der »Einigkeit« die Anwesenden aufforderte, H. dazu zu bringen, daß er (H.) sich fügen solle, in erregtem Tone der Vertreter Westfalens (Herr v. Pfeffer-Salomon) Wulle zugerufen hatte, dann könne er (Wulle) ja lieber seine Führung niederlegen!)

v. Graefe: H. käme überhaupt nicht mit ihm zusammen, habe auf seinen Brief (in dem er sich darüber beschwert, daß H. mit den Volck-Leuten, Esser – Dinter und seinen anderen Feinden zu sympathisieren scheine) bis heute nicht geantwortet. Tatsache sei somit, daß H. den Treubund gebrochen. Er lehne es ab, ein Urteil über H. zu fällen. Die Tatsachen sprechen für sich.

Trotz Protestes, vor allem Dr. Feders, wird der Brief v. Gr.'s verlesen. Wulle verlangt von uns, wir sollten alle Anwesenden über den Inhalt des Briefes nichts verlauten lassen, dürften aber sagen, daß wir davon Kenntnis hätten. (Warum das? Warum diese Heimlichtuerei? Der Brief beweist trotz seiner geschickten, höflichen, anscheinend überherzlichen Form, die v. Gr. den Ruf, »bisher noch zu bescheiden gewesen zu sein«, einbringt, namentlich in seinem Schlußsatz, daß v. Gr. Hitler sachlich ein Ultimatum gestellt, ihm die Pistole auf die Brust gesetzt hat, sofort mit den »Andern« zu brechen, andernfalls die Freiheitspartei ihre eigenen Wege gehen würde. Das hat sie gestern getan. Trotzdem H. erklärt hatte, sich erst in Ruhe orientieren zu wollen. Nachdem er erklärt hatte, auch in diesen Tagen nach Berlin zu einer Besprechung kommen zu wollen. Trotzdem man es H. nicht verdenken kann, daß er derartige schwerwiegende Entscheidungen nicht einem Brief anvertrauen will, sondern lieber mündlich mit v. Graefe besprechen wollte. Wenn die Nichtbeantwortung dieses Briefes von den Berlinern als casus belli angesehen (als Treubruch) und öffentlich kritisiert wird, warum sollen wir schweigen? Wir haben Wulle nicht versprochen, darüber zu schweigen, das könnte ihm so passen! Denn man merkt die Absicht!)

Im übrigen sprachen von den versammelten Gauleitern sich die Vertreter der Industriegegenden Rheinlands, Westfalens, Schichau-Werke Elbing, auch der Vertreter Hannover-Süd, zum Teil auch Halle-Merseburg, Niederschlesien und Mittelschlesien (der die Angriffe Dr. Körners zurückwies und diesen eine »Nummer« nannte) für die Hitlersche Art aus, die andern meistens für die Freiheitspartei. Der Vertreter Mecklenburgs nannte Ihre Leute eine »Bande«, die den Frieden störte. Auch »Weser-Ems« und Admiral v. Rosenberg schimpften auf Ihre Anhänger, die sich als »wahre Nationalsozialisten« ausgäben, und wären die »Nationalsozialisten in Wirklichkeit meist solche Leute, die Dreck am Stecken hätten«. Der Vertreter Oberschlesiens wieder schimpfte Stein und Bein auf Kunze. Kurz, es war ein erhebendes Bild, einen konnte der Ekel ankommen über diese gegenseitige Schimpferei und diese Intrigen von gewissen Leuten.

Wenn man dieses Bild an sich vorüber ziehen ließ, aber auch das Tragische dieses Bildes sich klar machte, daß es die meisten dieser Leute trotzdem ehrlich meinten, so wurde mir eines umso klarer, nämlich, daß wir um Hitlers willen doch bloß Schluß machen müssen mit diesem üblen »Parlamentarismus« in unseren eigenen Reihen. Lieber schon, daß der *Eine* Führer, zu dem man das meiste Zutrauen hat, versagt, als dieses Hin und Her der Vielen, von denen ein jeder etwas anderes will. Ich glaube nun einmal an das Gottesgnadentum Hitlers, den ich persönlich nie gesehen habe, und glaube daran, daß Gott ihn erleuchten wird, jetzt aus diesem Chaos den richtigen Weg zu finden. Nicht mit einer Verstandeskraft einer hervorragenden politischen Begabung, sondern ganz einfach, indem er seiner inneren Stimme, der Stimme des Herzens, folgt. Jetzt wird es sich zeigen, ob er von Gott erleuchtet ist oder nicht. Ist es so, wird er sich durchsetzen, trotzdem heute fast alle gegen ihn zu reden scheinen. Ist es nicht so, nun, so habe ich mich geirrt, und warte ich dann darauf, daß Gottes Stimme aus einem anderen sprechen wird.

Wulle und seine Schar haben ihre Anhänger aufgefordert, in Massen an Hitler zu schreiben. (Er soll ersticken unter der Flut dieser Briefe, die auf ihn niederprasseln! Ich habe die Empfindung, daß dieses mit der teuflischste Trick Wulles war, Hitler die Unbefangenheit seines Urteils auf diese Art zu rauben!) Ich selber schreibe nicht. Auch nicht, was mir so am Herzen liegt, daß er erkennen möchte, daß seine Mission ausgespielt wäre (meinem Ermessen nach!), wenn er die N.S.A.P. als parlamentarische Partei, und nicht etwa als nationalsozialistische Bewegung aufzieht! Aber ich schreibe darum alles so ausführlich an Sie, weil ich zum ersten das Zuvertrauen zu Ihnen habe, daß Sie jederzeit die Sache über Ihre eigene Person stellen werden, und weil ich zum anderen weiß, daß, wenn Sie mit Hitler persönlich sprechen, oder auch ihm schreiben, sein Ohr haben werden, wenn Sie helfen, nicht den Verführungen scheinbar weniger verstandeslogischer Gründe nachzugeben (wenn alle auf ihn einreden), sondern nur der Stimme seines Herzens (in Bescheidenheit der Grenzen seines Erkenntnisvermögens [Irren ist menschlich!]) zu folgen! Und endlich schreibe ich an Sie, weil ich in Ihnen einen überzeugten Vertreter und Verfechter des antiparlamentarischen Gedankens (wenn nicht gar seinen ersten Verfechter, nachdem andere in die Irre gegangen waren!) erblicke.

Ich beschwöre Sie, schweigen Sie nicht in dieser Stunde, in der sie alle Hitler umdrängen und ihm zum Unheil raten wollen.

Gewiß, die völkische Idee wird auch marschieren, wenn Hitler in die Irre geht, und sich nicht als der erweist, für den wir Nationalsozialisten, die wir den fanatischen Glauben haben, ihn hielten. Aber man ist versucht zu beten, wie unser Herr im Garten von Gethsemane »Wenn es möglich ist, möchte dieser Kelch« – neuer großer Enttäuschungen, die uns zunächst wieder weit zurückbringen würden – »an uns vorübergehen!«

Verzeihen Sie die Eile und Flüchtigkeit. Aber ich habe wenig Zeit und Eile war geboten. Von vorliegendem Schreiben können Sie nach Ihrem Ermessen Gebrauch machen, es auch, wenn es Ihnen geraten scheint, H. vorlegen.

gez. Unterschrift

[BAK, NS 26–899]

[38] *Hitler sammelt die Versprengten*

[hd Fobke]
Preußentagung. Abschrift. Göttingen, d. 2. 2. 25

Sehr verehrter Herr Volck!
Im Auftrage von Herrn Haases Vertreter, Herrn Uhlendorff, bin ich mit dem an Sie gerichteten Brief des Herrn von Corswant zu Hitler gefahren, um den uns außerordentlich wichtig erscheinenden Inhalt auf jeden Fall zu H.s Kenntnis zu bringen. In der Anlage finden Sie den Durchschlag eines Schreibens an Herrn v. C., in dem ich über meinen Besuch bei Hitler berichte. Das Schreiben ist noch nicht abgegangen, da ich erst Ihr Einverständnis einholen möchte, da mir nicht ganz im klaren bin, ob meine Mitteilungen an Herrn v. C. nicht zu weit gehen. Ich bitte mir Ihre Ansicht umgehend mitteilen zu wollen, damit das Schreiben im bejahenden Falle nicht allzuspät weggeht.

Für Sie habe ich dem Brief an Herrn v.C. noch Folgendes hinzu zufügen: Hitler betonte ausdrücklich, daß er seine Aufgabe nur in der Bekämpfung des Marxismus, positiv ausgedrückt in der Nationalisierung der deutschen Arbeiterschaft sähe. Den Kampf gegen andere, namentlich nationale Parteien, lehnte er ab, da er an sich schon national gesonnene Menschen weder brauche noch wolle.

Wie H. Herrn v. Graefe beurteilt, geht daraus hervor, daß er ihn mehrfach mit dem schmückenden Beiwort »parlamentarischer Lump« belegte.

Über seine Stellungnahme zu den einzelnen Gruppen – Esser, Streicher, Dinter – sprach er sich dahin aus, daß es ihm nur darauf ankommen dürfe, was der Betreffende geschaffen habe. So habe Streicher z. B. in Nürnberg ausgezeichnet gearbeitet, er habe dort 60 000 Anhänger hinter sich allein vereinigt, mehr als die Reichsführerschaft im gesamten übrigen Bayern. H. könne nun um irgendwelcher persönlicher Antipathien willen die auf Streicher eingestellte Anhängerschaft nicht vor den Kopf stoßen.

Ich wiederhole nochmals die schon in der Anlage erwähnte Bitte Herrn Hitlers an Sie, sehr geehrter Herr Volck, zu einer Aussprache nach München zu kommen. Als ich erwähnte, daß die Leitung der N.S.A.G. zur Zeit auf Haase übergegangen sei, legte H. ausdrücklich Wert darauf, auch Sie zu sprechen. Ich bitte dieses als direkte Einladung H.s zu betrachten, die zu übermitteln ich beauftragt bin. Herr H. bittet jedoch darum, Ihr Kommen vorher anzumelden, um ein Nichttreffen zu verhindern.

Wir werden hoffentlich Gelegenheit haben, uns am Freitag noch näher auszusprechen.

Mit deutschem Gruß!
Ihr sehr ergebener
[gez.] F[obke].

[BAK, NS 26–899]

III. Neugründung und Konsolidierung der NSDAP. 1925–1926

Das Ergebnis seiner zweimonatigen Bemühungen stimmte Hitler zuversichtlich. Mitte Februar fiel in Bayern und daraufhin auch in den anderen Ländern das Parteiverbot. Aus allen Teilen des Reiches gingen Treuebekundungen ein (39), und das tägliche Erscheinen des Völkischen Beobachters, dem jetzt als Bindeglied zu den verstreuten Gruppen erhöhte Bedeutung zukam, war unter Amanns kein Risiko scheuender Finanzregie seit Anfang April einigermaßen sichergestellt.

Nach wie vor von seiner politischen Mission besessen, benutzte Hitler die erste Ausgabe, offen und scharf den Anspruch auf die alleinige Führung seiner neuen Partei zu erklären (40). In der Praxis zeigte er sich jedoch flexibel. Die im März aus dem Personal der inzwischen aufgelösten Großdeutschen Volksgemeinschaft gebildete Geschäftsstelle mit Philipp Bouhler als Geschäftsführer und Stadtrat Franz Xaver Schwarz als pedantisch genauem Kassierer begnügte sich mit der zentralen Erfassung aller Mitglieder (55, 65), ohne die angekündigten strengen Auswahlkriterien bei der Aufnahme anzuwenden. Auch die bisherigen Organisationsformen übernahm man ohne weiteres und vereinheitlichte sie erst im Laufe der nächsten zwei Jahre. Die Führer bereits bestehender Gaue, die ihre Mitglieder in München anmeldeten, erhielten anstandslos die vorläufige Vollmacht Hitlers (152). In mehreren Fällen zögerte Bouhler nicht einmal, Bewerbern in weniger erschlossenen Gebieten, die behaupteten, mehrere Gruppen hinter sich zu haben, diese Vollmacht zu verschaffen. Wenn dadurch auch bis zur endgültigen Bereinigung der Verhältnisse im Sommer 1926 vor allem in Mitteldeutschland gelegentlich heillose Verwirrung entstand, so war es doch ganz einfach notwendig, jedes Angebot freiwilligen Einsatzes anzunehmen, da die Zahl der Anmeldungen und vor allem die finanziellen Eingänge hinter den Erwartungen zurückblieben.

In diesen ersten Monaten, in denen die rudimentäre »Reichsleitung« noch kaum etwas über die einzelnen Gaue und Personen wußte, prägte sich schon die starke Stellung der Gauleiter in ihrem Gebiet aus, die ein sehr wichtiges Strukturmerkmal der neuen NSDAP war. Denn die von Hitler proklamierte »innere Einheit der Bewegung« bestand vorerst nur in der grundsätzlichen Unterstellung unter den Führer (42, 43 b), zumal da man in München wußte, daß man nicht über die nötigen Mittel und Kenntnisse verfügte, um eigene Maßnahmen anzuordnen und durchzusetzen. Art und Tenor der Agitation zu bestimmen, blieb den Gauen ebenso überlassen wie die Unterteilung in propagandistisch wirksame Einheiten. Allerdings regte sich sehr bald bei ihnen selbst der Wunsch nach Vereinheitlichung der Propaganda und nach gewissen organisatorischen Normen (45), so daß sich hier die Vorstellungen von Parteileitung und Gauleitern aufeinanderzu bewegten.

Auf die prinzipielle Anerkennung des obersten Führers, die den Gauleitern weiten Spielraum für persönliche Ambitionen und Initiativen ließ, war auch Hitlers Definition des Führertums (42) auf den Tagungen abgestimmt, die im Juni und Juli in Plauen, Stuttgart, Rosenheim/Obb. und Weimar für die Führer der Untergruppen abgehalten wurden. Diese Gewähr der Einheit forderte Hitler allerdings. Als in Stuttgart die überwiegende Mehrheit des ehemaligen Landesverbandes der NSFB glaubte, Hitler nur unter gewissen Bedingungen folgen zu können, verzichtete er auf sie und begnügte sich damit, daß als Gau Württemberg der NSDAP im wesentlichen nur die Ortsgruppe Stuttgart zu ihm stand (55). Im übrigen hatten diese Führertagungen den nicht zu unterschätzenden psychologischen Effekt, daß die Anwesenden, die Hitler vielfach zum ersten Male sahen und hörten, sich vom Wachsen der Bewegung persönlich überzeugen konnten.

Während die technische Seite der Zusammenarbeit der Reichsgeschäftsstelle mit den Gauen und noch selbständigen Ortsgruppen sich einzuspielen begann, sah sich Hitler, der sich um organisatorische Details weiterhin kaum zu kümmern brauchte, einer Reihe von Fragen taktischer Art gegenüber. Klare Vorstellungen davon, wie es weitergehen sollte, hatte er nicht. Seine Hoffnung, die Arbeiterschaft in nennenswertem Umfang für seine Bewegung gewinnen zu können (38, 40), bestand noch immer, und die Leiter der neuen Gaue Nord- und Westdeutschlands bestärkten ihn darin (39, 65, 86). Attraktive eigene Gewerkschaften zu gründen, wie vielfach von ihm gefordert wurde, hielt er freilich zu Recht für ein halsbrecherisches Experiment. Mit den wenigen Parlamentsmandaten, die der Partei nach der Trennung von der DVFP verblieben waren (25), wußte er vorerst nichts Rechtes anzufangen; zum rein antiparlamentarischen Kurs zurückzukehren, erschien jedoch angesichts der Verbotsgefahr für eine außerparlamentarische Organisation nicht ratsam. Außerdem erkannte er bald den Nutzen, den die vom Staat besoldeten Propagandisten der armen Partei brachten (55). Wie vorsichtig er taktieren zu müssen glaubte, zeigte sich auch am Beispiel der neuen SA. Der Plan, Röhm mit ihrem Aufbau zu betrauen, scheiterte daran, daß der nicht bereit war, die »Soldatenspielerei«

aufzugeben, während Hitler die SA künftig nur für den Partei- und Versammlungsschutz eingesetzt wissen wollte. So blieb die SA-Frage bis zum Herbst 1926 ungelöst (40).

Zudem hatte Hitler sein Wirkungsfeld selbst eingeengt. Sein erstes Wiederauftreten vor mehreren tausend Menschen am 27. Februar riß ihn derart mit sich fort, daß die dem Ministerpräsidenten Held gegenüber gezeigte Zurückhaltung von ihm abfiel. Der Aufschrei: »Es ist mein einziger Wunsch, daß das Hakenkreuzbanner, wenn der Kampf mich das nächste Mal niederstreckt, mein Leichentuch werden soll«, kostete ihn seine Redefreiheit und beraubte die NSDAP in Bayern für zwei Jahre – in Preußen gar bis zum September 1928 – einer ihrer stärksten Waffen (41). Weil es der Partei gelang, die Durststrecke zu überwinden und die »Redeverbots-Schande« für den Mythos Hitler fruchtbar zu machen, erwies sich der Schaden am Ende allerdings als nicht allzu groß.

Nicht nur dieser Fehler, sondern auch sein opportunistisches Festhalten an den umstrittenen Personen seiner Umgebung (38) ließ in München, wo die Bewegung fortan stagnierte, Unzufriedenheit aufkommen (43). Immerhin gelang es Hitler, die wichtigsten der Münchener Kontrahenten zur Weiterarbeit zu gewinnen: Dr. Frick, MdR, Feder, MdR, Dr. Buttmann, MdbL, und den alten und neuen VB-Hauptschriftleiter Rosenberg, den er von seinem Vorhaben abbrachte, Hermann Esser vor Gericht zu ziehen (42, 44). Wer wie Drexler und der größere Teil der Landtags- und Stadtratsfraktionen Hitlers Appell zur Einigkeit nicht folgen wollte, galt von nun an als Feind. Mit wollüstiger Inbrunst bekämpften die Münchener Parteigenossen – allen voran wieder Esser – die Renegaten vom Nationalsozialen Volksbund (43 c), so daß sich Drexler und Hitler schließlich sogar vor Gericht trafen. Diese Verhältnisse waren ein tragendes Element des Unwillens, der sich in den selbstbewußten und stärker programmatisch denkenden Gruppen außerhalb Bayerns gegen den planlosen Münchener Radaustil erhob, welcher sich als Ausläufer der inhaltsleeren Putschpsychose von 1923 nicht verleugnen konnte.

Unter den Kräften, die sich für eine Weiterarbeit mit Hitler entschieden hatten, war der Reichstagsabgeordnete Gregor Straßer, Apotheker aus Landshut, der zugleich die rund 1000 Mitglieder seines Kreisverbandes Niederbayern und dessen Sekretär Heinrich Himmler in die NSDAP einbrachte, zweifellos für die Zukunft die wertvollste. Seine Differenzen mit Hitlers Trabanten, denen er ihre Unfähigkeit zu ernsthafter politischer Arbeit ankreidete (46), wogen nicht so schwer, daß er deswegen sein sachliches Anliegen zurückgestellt hätte, alle geeigneten Kräfte in einer einzigen Bewegung des nationalen Sozialismus zusammenzufassen. Er sah sich selbst auf dem »sozialistischen« Flügel der völkischen Bewegung, den bei aller Verwandtschaft von der bürgerlichen Berliner Richtung doch sein Bekenntnis zu denen trennte, um die sich Bürgertum und Nation bisher nicht gekümmert hatten (50 a, 109, 110). Das Fronterlebnis hatte dem schwerblütigen Weltkriegsleutnant über den nationalistischen Impetus hinaus diesen »Gefühls-Sozialismus« vermittelt (110), für den er nun mit starkem persönlichem Einsatz warb (Bild 2).

91 Versammlungen zwischen Hamburg, dem Ruhrgebiet, Danzig und Wien 1925 und 96 im folgenden Jahr bestärkten seinen Glauben, daß nicht nur kleinbürgerliche Existenzangst den Traum von der Nation als »Not- und Brotgemeinschaft« teilte, sondern daß damit der Einbruch in proletarische und proletarisierte Schichten möglich war. Viel stärker als den taktisch denkenden Hitler, der in diesen existenziell gefährdeten Massen bis 1927 den schlagkräftigsten und nur deshalb attraktiven Machtfaktor sah, beeindruckte ihn ihre menschliche Not. Sein emotionaler Impuls vermochte allerdings den durch bourgeoise und vorindustrielle Leitbilder bestimmten Ansatz seines Konzeptes und dessen nicht allzu hohes Niveau nicht zu überdecken (49 a). Zwar war es stärker detailliert und praxisorientiert als Hitlers maßlose, ausschließlich machtpolitische Visionen, doch teilte er im Grunde dessen Meinung, daß für die Errichtung eines Staates des nationalen Sozialismus die konkreten politischen Bedingungen ausschlaggebend sein würden, unter denen seine Bewegung maßgeblichen Einfluß in Deutschland erlangen werde. Wie Hitler ersehnte er die außenpolitische Vormachtstellung des Reiches als Primärziel, nur wollte er sich um die Gestaltung ihrer innenpolitischen Grundlagen mehr kümmern (50 a).

Im Gegensatz zu seinem Bruder Dr. Otto Straßer, der freilich in der NSDAP immer eine Randfigur blieb, war Gregor seiner ganzen derben Natur nach kein Doktrinär; der heiße Atem einer Parteiversammlung erschien ihm für die Bewegung stets wertvoller und typischer als am Schreibtisch erarbeitete Pläne (136). Deshalb maß er den Nuancen, die ihn von Hitler unterschieden, nicht allzugroße Bedeutung bei; zugunsten der »gemeinsamen Idee« war sein – in den eigenen Reihen – um Ausgleich bemühtes Wesen immer bereit, Trennendes zurückzustellen. Da er jedoch weit mehr als der Parteiführer dazu neigte, den tagespolitischen Gegebenheiten Beachtung zu schenken, ging sein Bestreben dahin, den abstoßenden Münchener Radau-Antisemitismus durch werbewirksamere Sachlichkeit abzulösen. Den von ihm initiierten Versuch, die dürftigen programmatischen Grundlagen der Partei neu zu überdenken, hat die auf seinen 1930 lautstark aus der NSDAP geschiedenen Bruder zurückgehende, heute noch wirksame Legende unzutreffenderweise als gegen Hitler gerichtete Oppositionstätigkeit dargestellt, die Gregor Straßer bei aller Zurückhaltung in der Beurteilung von Adolf Hitlers politischen Fähigkeiten (133) fernlag. Die Quellen und die bisher von der Forschung vernachlässigte Einordnung des fälschlich so genannten »Straßer-Flügels« in die Gesamtentwicklung der NSDAP bieten dieser Interpretation keine Stütze. Bis zur Resignation im Dezember 1932 blieb sich Gregor Straßer vielmehr bewußt, daß »der große Topf der nationalsozialistischen Idee« (139) niemals auf Hitler als den die heterogenen Kräfte für das gemeinsame Ziel zusammenhaltenden Deckel würde verzichten können. Diese Grundhaltung zu kennen, ist unerläßlich notwendig, um die »Arbeitsgemeinschaft nord- und westdeutscher Gaue«, die im Herbst 1925 unter Straßers maßgeblicher Regie entstand, zutreffend beurteilen zu können.

Seine Tätigkeit in der NSFB hatte den seit 1921 in München bekannten und geschätzten (29 b) Straßer 1924 in nähere Beziehungen zu den Völkischen Nord-, Mittel- und Westdeutschlands gebracht. Selbst schon entschieden, mit Hitler zu gehen, warb er dort im Januar für ihn und vermittelte Kontakte nach München. Die rasche organisatorische Festigung der NSDAP in diesen Gebieten war, wie er richtig erkannte, dringend geboten, um der gegen Hitlers angebliche Spaltung der völkischen Bewegung gerichteten Agitation der DVFP zu begegnen. Deshalb ließ Straßer sich von Hitler bevollmächtigen, noch vor dem offiziellen Wiedererstehen der NSDAP deren Anhänger im norddeutschen Raum auf Hitlers Banner zu verpflichten (39). Keineswegs gründete er dort, wie die Legende will, selbst neue Gaue oder schuf sich eine eigene Hochburg. Als dem mit den Verhältnissen am besten vertrauten und durch die Vorzüge seines Mandates besonders beweglichen Botschafter hatte Hitler ihm diese freiwillig übernommene Aufgabe gern überlassen. So steckte Straßer auch im Auftrage der Parteileitung am 22. März 1925 in Harburg/Elbe gemeinsam mit den Gauleitern Norddeutschlands sinnvolle Gaugrenzen ab und stellte ihnen »mit Vollmacht Adolf Hitlers« vorläufige Bestallungen aus.

Während die Münchener Nationalsozialisten ihre persönlichen Fehden ausfochten und Hitler es nach den Führertagungen für wichtiger hielt, die Bayreuther Festspiele zu besuchen (43 b) und im Sommer in den Bergen den zweiten Band seines Buches zu schreiben, als sich um die Partei außerhalb Bayerns zu kümmern, suchten dort, angeregt von dem rastlosen Gregor Straßer, die Kräfte nach neuen Wegen, die sich gerade ihres Aktivismus wegen von der DVFP getrennt hatten. Die »Arbeitsgemeinschaft der nord- und westdeutschen Gaue«, die sie am 10. September 1925 in Hagen/Westf. gründeten (45), entstand vornehmlich aus drei Motiven.

Die finanzielle und personelle Schwäche der Parteileitung ließ es, auch in Hitlers Augen, dringend geraten erscheinen, das organisatorische und propagandistische Potential benachbarter Gaue zu koppeln (45, 47). Das aber machte eine gemeinsame Haltung in Tagesfragen aus propagandataktischen Gründen erforderlich, besonders, nachdem Esser und Bouhler in Vertretung Hitlers gerade innerhalb weniger Tage drei verschieden lautende Anweisungen für das Verhalten bei den bevorstehenden preußischen Kommunal- und Provinziallandtagswahlen gegeben hatten. In diesem Zusammenhang spielte die grundsätzliche Frage der Parlamentsbeteiligung eine besondere Rolle, da einige Gauleiter eine solche nach wie vor strikt ablehnten (58). Der Ärger über das unsachliche »Maulheldentum« der Esser, Streicher und Dinter tat ein übriges (44, 46, 50b), um die Parteigenossen des Nordens um eine Versachlichung der nationalsozialistischen Arbeit bemüht sein zu lassen.

Schließlich hatte Gregor Straßer schon im Juni in einem Brief an den von ihm sehr geschätzten Oswald Spengler die Absicht geäußert, »die Probleme der nationalsozialistischen Außen-, Innen- und Wirtschaftspolitik unabhängig von jeder offiziellen Beeinflussung« zu überdenken, um die große Linie der nationalsozialistischen Willensrichtung präziser herauszuarbeiten.

Die Arbeitsgemeinschaft, die in den oft noch kollegial geführten Gauen lebhaftem Interesse begegnete, schien den geeigneten Rahmen auch für diesen Plan abzugeben. Hitler, der von Straßer über ihre Zwecke informiert worden war (45), sah einstweilen keinen Anlaß zu Mißtrauen, sondern begrüßte diese Stärkung der Kampffront (47). Die beginnende Diskussion innerhalb der AG ließ schnell deutlich werden, daß unter dem Schild »Nationalsozialismus« sehr verschiedene Auffassungen lebendig waren: Monarchie oder Republik, Wahlbeteiligung oder strikter Antiparlamentarismus (58), Ost- oder Westorientierung (46, 48, 52), selbst die Frage nach dem eigentlichen Kern der »nationalsozialistischen Idee« waren bei aller verbalen Übereinstimmung der Norddeutschen über die Notwendigkeit, die »sozialistische« Komponente stärker zu betonen (50, 52), kontrovers. Gregor Straßers vorläufiger Programmentwurf wurde denn auch arg zerrupft (49).

War der Beginn der Diskussion noch unproblematisch gewesen, so entwickelte sich aus der zwangsläufig folgenden Erstellung konkreter Programme und deren offener Diskussion doch eine doppeldeutige Situation gegenüber der Reichsleitung. Straßer war sich dessen durchaus bewußt, obgleich er seinen Plan ganz offen im Völkischen Beobachter verkündete (50a) und aus München Rosenberg in die Aussprache einbezogen war. Sehr bald hatte man nämlich den ursprünglichen Gedanken, die Programmüberlegungen im engen Freundeskreis zu halten (51), zugunsten einer breiteren Diskussion aufgegeben, um angesichts der chaotischen Münchener Verhältnisse durch die AG als eigenes Kraftfeld in der Partei »richtunggebend« zu wirken (46, 50b).

Diese Situation, die Hitler offenbar zunächst als nicht sonderlich gefährlich für seine Stellung ansah, resultierte aus der bisherigen Entwicklung in der Partei. Nachdem die NSDAP im Verlauf des ersten Jahres ihre Kräfte äußerlich zusammengefaßt hatte, war die Frage noch offen, wie sie zu der auch von den Mitgliedern herbeigesehnten inneren Einheit finden und worin diese überhaupt bestehen sollte.

Hitler beurteilte die Möglichkeit, die Homogenität der Bewegung durch ihre programmatische Konzeption zu gewährleisten, sehr skeptisch. Ohnehin war seine Haltung in Programmfragen bis auf ganz wenige „unerschütterliche" Glaubenssätze – das Leben als Kampf zwischen Schwachen und Starken, die durch das rassenideologische Feindbild geforderte Bekämpfung des Judentums, die Erringung und endgültige Festigung der deutschen Weltmachtstellung durch Raumeroberung im Osten – taktisch bestimmt. Wenn Hitler von „Freiheit für Deutschland" sprach, meinte er vor allem die Verwirklichung dieser Ziele (65, 66, 71). Den ersten Schritt auf dem Weg dahin sah er weiterhin im Frontalangriff gegen die demokratische, Republik von Weimar. Als Hilfstruppen standen ihm vorerst jedoch nur sehr heterogene Kräfte zur Verfügung. Um sie zu einer »festen Waffe« zu bündeln, so hatte er erkannt (40), galt es, die zwischen ihnen bestehenden Meinungsverschiedenheiten wirksam zu überspielen. Durch sein Verhalten als Parteiführer wollte er die Brücke über den Abgrund der offenen Fragen schlagen. Mit der ihm eigenen Gabe, die Dinge auf einen Generalnenner zu bringen, verkündete er: »Entweder versinkt man im Blutsumpf der Linken, oder es kommt das Gegenteil. Zum Gegenteil gehört dann aber Macht und Energie« (55, 75). Sie zu sammeln, sollte Aufgabe der NSDAP sein. Darin erschöpfte sich schon der »neue Glaube«; ihm einen konkreteren Inhalt zu geben, hielt Hitler angesichts der Zeitnot für gar nicht möglich und nötig. Kontroverse Ansichten über die zukünftige politische Form des Nationalsozialismus mochten einstweilen ruhig bestehen bleiben, solange sie die Geschlossenheit des politischen Instrumentes NSDAP nach außen und seine Angriffswucht nicht hemmten. Deshalb forderte er, sich dem Führer in diesem Kampf um »Freiheit und Brot« ohne Bedingung unterzuordnen (61, 66).

Die Blicke seiner neuen Gefolgschaft reichten weniger weit. Viele hielten ein klares Parteiprogramm gerade deswegen für selbstverständlich und notwendig, weil man sich von allen übrigen Gruppen prinzipiell unterschieden wußte und dem Ausdruck geben wollte. Wirksame Propaganda konnten sie sich gar nicht anders vorstellen. Sie gingen Hitler gegenüber ihre Verpflichtung ein, ohne die Absicht hinter seiner Zurückhaltung zu erkennen; vielmehr sahen sie nur das dadurch entstehende Vakuum. Die Schwerpunktverlagerung innerhalb der AG von dem ursprünglich vorrangigen Sektor der technischen Zusammenarbeit auf die Programmdiskussion illustriert diesen Prozeß.

Noch bevor die weitere Entwicklung über Vereinbarkeit oder Unvereinbarkeit der beiden Tendenzen miteinander Auskunft geben konnte, scheiterte dieser Versuch, auf einer anderen, sozusagen niedrigeren Ebene die innerparteiliche Einheit herzustellen, schon im Entstehen am Eingreifen des bisher übersehenen Außenseiters Gottfried Feder. Schon 1923 hatte er sich bei Hitler um eine parteioffizielle Anerkennung des selbstverliehenen Titels »Programmatiker der Bewegung« bemüht, jedoch lediglich ein kurzes Vorwort für sein Buch »Der deutsche Staat auf nationaler und sozialer Grundlage« erhalten (17). Gleichwohl bestand Feder darauf, zu allen Versammlungen unter dieser Bezeichnung angekündigt zu werden, was ihm von seiten Gregor Straßers schon groben Spott eingetragen hatte. Wie Hitler in solchen Fällen zu tun pflegte, ließ er ihn aber ruhig gewähren, da Feders Fleiß – 107 Versammlungen hielt er 1926 ab – der an Rednern armen Bewegung zugute kam. Seit Feder Kenntnis von Straßers Entwurf hatte, ließ er Hitler keine Ruhe mehr. Auf seine Initiative berief Hitler die berühmte Bamberger Tagung vom 14. Februar 1926 ein. Noch auf der Fahrt nach Bamberg bearbeitete Feder den Parteiführer, der während der Tagung die noch gar nicht recht formierte »Opposition« kaum zu Wort kommen ließ (52). Daß die Gesamtpartei der Disziplinierung bedurfte, hatte Feder ihm auch damit klarzumachen gewußt, daß die AG sich gerade noch öffentlich gegen die von Hitler befürwortete Entschädigung der deutschen Fürstenhäuser für ihr 1918 verlorenes Eigentum ausgesprochen hatte. Nachträglich mahnte Hitler in einer persönlichen Aussprache nochmals, die nach Straßer, den im März ein Autounfall für mehrere Monate außer Gefecht gesetzt hatte, wichtigsten Köpfe der Arbeitsgemeinschaft zur Disziplin. Ganz abgesehen davon, daß Goebbels nun ohne Bedenken die vorher mit großem Gefühlsaufwand vertretene Linie ebenso überschwenglich verließ (53), offenbarte sich auch bei dieser Gelegenheit wieder, daß die Bestrebungen der AG noch nicht sehr weit geführt hatten. Von der Zusammenarbeit großen Stils blieben nur bilaterale Kontakte, von der Programmdiskussion das nichtoffizielle Forum der Nationalsozialistischen Briefe und die Hoffnung auf die von verschiedenen Parteigenossen angeregte Zusammenfassung der führenden Köpfe zu einem »geistigen Generalstab« (52).

Wenn auch über Hitlers Äußerungen in Bamberg nur unvollkommene Zeugnisse vorliegen – nach Goebbels' Tagebuchaufzeichnungen dauerte seine Rede vier Stunden –, so lassen doch spätere Äußerungen seine Bedenken gegen die in der AG aufgebrochene Tendenz erkennen. Allein die dort vertretene Meinungsvielfalt auf einen Nenner zu bringen, hätte erhebliche Energien vom eigentlichen Kampf abgelenkt und in – nach Hitlers Meinung (57 a, 78 d) – unfruchtbaren internen Kontroversen verbraucht, vielleicht sogar die gerade erst geschaffene äußere Einheit der Partei in Mitleidenschaft gezogen. Ein verbindliches Programm hätte die Partei vor der Öffentlichkeit auf Sachforderungen festgelegt und der Diskussion um seinen Wert ausgesetzt. Hitler mußte befürchten, daß die NSDAP zu Versuchen konstruktiver Mitarbeit verführt und im Weimarer „System" ersticken würde, bevor sie ihren instrumentalen Zweck auf dem Weg zu dem Fernziel erfüllen konnte, das er ihr gesetzt hatte.

Die Alternative hieß, die weitere Diskussion über programmatische Grundsätze in ein unverbindliches Vorfeld zu verschieben, alle nicht autoritativ entscheidbaren Kontroversen von der Partei »sorgfältigst fernzuhalten« (57 a, 78 d) und stattdessen die gesamten agitatorischen und ausdrücklich auch die körperlichen Energien (63) in konzentriertem Einsatz nach außen zu richten.

So bedeutete die Bamberger Tagung mehr als nur das Ende der Arbeitsgemeinschaft: auf ihr entschied sich, was »Nationalsozialismus« künftig sein sollte. Aufgabe der Nationalsozialisten war es fortan nicht, „geistige Waffen" zu schmieden, sondern „fanatische Entschlossenheit" zur Überwindung der politischen Gegner in der demokratischen Republik zu mobilisieren (55). Die Partei sollte ein Instrument zur Eroberung der politischen Macht werden, sie sollte dadurch die Grundlage schaffen, die man brauchte, um „Deutschlands Freiheit" in dem vorhin erläuterten Sinne herbeizuführen. Sie sollte keineswegs das einzige Instrument sein; Hitler blickte stets mit wachem Interesse auf die sozialen Kräfte, auf die sich ein politisch und militärisch starkes, industriell und wirtschaftlich möglichst unabhängiges Deutschland stützen mußte und deren Interessen dem seinigen zumindest teilweise parallel liefen (65, 71 a, 94, 134). Daß nicht die Gesinnung die Nationalsozialisten von Millionen anderen Deutschen unterschied, sondern allein die Aggressivität ihres Auftretens, unterstrich auch Gregor Straßer (111).

Hitler verlangte seit der Neugründung, daß die Parteigenossen ausschließlich seinem Befehl unterstellt blieben (43 b, 56). Die Entwicklung zur Führerpartei als einer politischen Organisation ganz neuen Typs unterstützten künftig auch die stärker programmatisch orientierten Kräfte, Gregor Straßer eingeschlossen. Ihnen war klar, daß die Verwirklichung ihrer Pläne von einem Massenerfolg der NSDAP abhing, der nach dem Chaos von 1924 – wenn überhaupt – nur mit Hitler möglich sein würde. Wie er standen sie der Republik fern genug, um die Auffassung zu teilen, daß der Versuch keinen Sinn habe, diesen Staat in Details zu verändern. Man brauchte die Macht, ihn von Grund auf neu zu gestalten (91 a). Deshalb konnte sich die nationalsozialistische Propaganda zunächst mit dem bloßen Berennen und Unterminieren der gegnerischen Stellung begnügen und ohne konkretes Zukunftsbild auskommen. Außerdem legte Hitler selbst weiteren nichtoffiziellen Überlegungen kein Hindernis in den Weg, und in der täglichen Kleinarbeit war jede Interpretation des »nationalsozialistischen Wollens« gestattet, solange sie der Partei nicht schadete (55, 113).

Als ausdrückliche Bekundung dieses Einheitswillens stand am Abschluß der ersten Periode der neuen NSDAP die einstimmige Annahme der Satzung durch die Generalmitgliederversammlung am 22. Mai 1926. Seit 1920 fünfmal geändert (8), war sie nunmehr zugleich Ausdruck und Führungsinstrument der Führerpartei, in die sich die NSDAP in den folgenden Jahren wandelte (56).

[39] *Die NSDAP wird zur Reichspartei*

Nationalsozialistische Deutsche Arbeiterpartei
Gau *Hannover*
Hannover, Braunschweigerstraße 2 III den 23. Februar 1925

An die Redaktion
Wir bitten um gefällige Aufnahme nachstehender Entschließung im redaktionellen Teil Ihrer geschätzten Zeitung am *heutigen* Tage. »Die am 22. Februar 1925 in *Hamm* i./Westf. unter dem Vorsitz des bevollmächtigten Vertreters *Hitlers* versammelten persönlich anwesenden Gauleiter der früheren »Nationalsozialistischen Freiheitsbewegung Großdeutschlands« von:

Westfalen
Rheinland-Nord
Rheinland-Süd
Hannover
Pommern

sowie über 100 frühere Bezirksführer der »Nationalsozialistischen Freiheitsbewegung Großdeutschlands« und bevollmächtigte Vertreter der alten »Nationalsozialistischen Deutschen Arbeiterpartei« der Wahlkreise Koblenz-Trier, Köln-Aachen, Düsseldorf-Ost und -West, Westfalen-Nord und -Süd, Hannover-Ost, Hannover-Süd, Braunschweig, Weser-Ems und Schleswig-Holstein, geloben erneut unerschütterliche Treue und Gefolgschaft ihrem Führer Adolf *Hitler*. Wir sehen im nationalen Sozialismus nach wie vor den einzigen Weg zur Befreiung des deutschen Arbeiters und damit zu Deutschlands Erneuerung und sind entschlossen und gewillt, auch künftig für diesen Gedanken unter unserem Führer Adolf Hitler in alter Gefolgstreue zu kämpfen.«

Mit deutschem Gruß!

[St. A. Hannover, 310 I A 8. Abgedruckt bei Schildt: Die Arbeitsgemeinschaft Nord-West, S. IV]

[40] *Hitlers Bedingungen*

Grundsätzliche Richtlinien für die Neuaufstellung der Nationalsozialistischen Deutschen Arbeiter-Partei

a) Die neue Partei erkennt in Leitsätzen und Programm die Richtlinien der alten, am 9. November 1923 aufgelösten Nat.-Soz. D. A.-P. an.

Der Kampf wird nach den gleichen taktischen Richtlinien geführt.

Die Organisation wird entsprechend den Bedingungen und Vorschriften des Vereinsgesetzes auf Grund der alten Statuten durchgeführt. Änderungen der Statuten und des Programms können nur durch eine Generalmitgliederversammlung erfolgen.

b) Die Mitgliedschaft der neuen Partei kann nur durch Neuaufnahme erfolgen.

Aufnahmescheine werden von der Parteileitung hinausgegeben, Mitgliedsbücher ebenfalls von dieser zugestellt.

Eine Übernahme bestehender Verbände in geschlossener Form findet nur dann statt, wenn sich in dem Wirkungsbereich des aufzunehmenden Verbandes keine Zersplitterung in verschiedene Gruppen vorfindet.

Die geschlossene Übernahme solcher Verbände kann nur auf Grund einer ausdrücklichen Genehmigung des 1. Vorsitzenden der Partei erfolgen. Die Verhandlungen darüber sind mit ihm persönlich zu führen. Auch in diesem Falle sind sämtliche Mitglieder neu aufzunehmen, doch kann die Anmeldung derselben durch ihre vorhandenen Ortsgruppenleitungen usw. erfolgen.

In allen sonstigen Fällen findet ein Übertritt einer geschlossenen Organisation nicht statt, sondern nur Mitgliederaufnahme im einzelnen.

»Bedingungen« beim Eintritt in die neue Bewegung werden in keiner Form angenommen, weder von Führern noch von Mitgliedern.

Im Übrigen wird bei Neuaufnahmen zunächst nach den Richtlinien der alten Statuten verfahren.

Die Leitung der neuen Bewegung wird weniger Wert darauf legen, sofort einen großen Haufen zusammenzubringen, als vielmehr versuchen, die innere Einheit der Bewegung und ihrer Organisation vom Grunde auf zu sichern.

Wer nicht bereit ist, sich der ordentlich gewählten Leitung unterzuordnen, paßt nicht in den Rahmen der N.S.D.A.P. und mag diese deshalb meiden.

c) Die Mitgliedsbücher werden für die gesamte Bewegung einheitlich ausgegeben. Jedes Mitglied ist erst der Parteileitung unterstellt, die dann zur Bildung der einzelnen Ortsgruppen aufrufen wird, soferne nicht durch die Übernahme geschlossener Verbände bereits feste organisatorische Formen vorhanden sind.

Der Zusammenschluß zu Landes- oder weiteren Unterverbänden erfolgt organisch. Maßgeblich hierfür ist nicht die Wahlkreiseinteilung des Reichstages, sondern Fragen der Zweckmäßigkeit der Propaganda sowie das vorhandene Führermaterial.

Voraussetzung bei der Bildung größerer Unterverbände ist immer: Erst der Führer, dann die Organisation, und nicht umgekehrt. Es ist grundsätzlich folgendes zu beachten: Die Organisation ist nicht Selbstzweck, sondern ein Mittel zu einem solchen. Sie soll nur den politisch agitatorischen Kampf der Bewegung ermöglichen, der Aufklärungstätigkeit diejenigen organisatorischen Voraussetzungen schaffen, die unbedingt nötig sind.

Die beste Organisation ist nicht die, die zwischen der Leitung und den einzelnen Mitgliedern den größten Mittler-Apparat einschaltet, sondern diejenige, die diese Verbindung in kürzester Weise herstellt. Die Organisation hat sich endlich organisch zu entwickeln und soll nicht künstlich aufgeblasen werden.

So sehr die Zeit bei der Rettung des Vaterlandes eine Rolle spielt, so wenig bedeuten Jahre beim Ausbau einer Bewegung, deren Kraft dereinst den größten Ereignissen genügen soll.

d) Die Neubildung der S.A. erfolgt nach den Grundlagen, die bis zum Februar 1923 maßgebend waren.

Ihre Organisation hat dem Vereinsgesetz zu entsprechen. Bewaffnete Gruppen oder Verbände sind von der Aufnahme in die S.A. ausgeschlossen. Wer entgegen den Anordnungen der Leitung Waffen trägt oder in Depots aufzubewahren versucht, wird sofort aus der S.A. und Partei ausgeschlossen.

Die Abteilung, die entgegen der Anordnung der Leitung öffentliche Umzüge veranstaltet oder sich an solchen beteiligt, wird sofort aufgelöst. Die Führer derselben werden aus der S.A. sowie der Partei ausgeschlossen.

Die Leitung der Partei muß in jedem solchen Beginnen oder Versuche die Absicht sehen, durch provokatorisches Vorgehen den Behörden die Unterlagen zu einer weiteren Verfolgung der Bewegung in die Hand zu drücken. Sie betrachtet daher jeden derartigen Anstifter als bewußten, vielleicht sogar dafür bezahlten Provokateur und Spitzel, den sie deshalb auch rücksichtslos zur Anzeige bringen wird.

Der Zweck der neuen S.A. ist wie einst vor dem Februar 1923:

Stählung des Körpers unserer Jugend, Erziehung zur Disziplin und Hingabe an das gemeinsame große Ideal, Ausbildung im Ordner- und Aufklärungsdienst der Bewegung.

e) Der politische und agitatorische Kampf der neuen Bewegung wird entsprechend den Grundsätzen der alten Bewegung auch in Zukunft einheitlich geführt. Bestimmend hierfür sind das Programm der Bewegung sowie die von der Leitung herausgegebenen näheren Richtlinien.

Jede Zersplitterung im Kampfe ist zu vermeiden.

Die gesamte Kraft der Bewegung ist auf den furchtbarsten Feind des deutschen Volkes anzusetzen:

Judentum und Marxismus

sowie die damit verbundenen oder diese unterstützenden Parteien, Zentrum und Demokratie.

Religiöse sowie Stammesstreitigkeiten werden in der Bewegung nicht geduldet.

München, den 26. Februar 1925.

Adolf Hitler.

[Völkischer Beobachter Nr. 1 v. 26. 2. 1925, S. 2]

[41] *Die Redebeschränkungen für Hitler*[12]

Für den angegebenen Zeitraum war Hitler durch die Behörden der genannten Länder ein Auftreten in öffentlichen Versammlungen untersagt. Reden in geschlossenen Mitgliederversammlungen oder vor geladenen Gästen – so z. B. vor dem Hamburger Nationalklub von 1919 am 28. 2. 1926 und bei den fünf Vorträgen vor Ruhr-Industriekreisen in Essen (18. 6. und 3. 12. 1926, 27. 4. und 5. 12. 1927) und Königswinter (1. 12. 1926) – blieben gestattet. In Bayern dehnte sich die Beschränkung zeitweilig auch auf Parteiveranstaltungen aus.

Dauer der Redebeschränkung:

Bayern	9. 3. 1925	–	5. 3. 1927
Baden	4. 1925	–	22. 4. 1927

12 Die Daten sind vom Verfasser nach Angaben im Völkischen Beobachter zusammengestellt.

Preußen	25. 9. 1925	–	29. 9. 1928
Hamburg	8. 10. 1925	–	23. 3. 1927
Anhalt	30. 10. 1925	–	11. 1928
Sachsen	2. 1926	–	1. 1927
Oldenburg	2. 1926	–	22. 5. 1926
Lippe	3. 1926	–	?
Lübeck	3. 1926	–	19. 5. 1927

Öffentliche Versammlungen mit Hitler gab es während dieser Zeit in Braunschweig, Mecklenburg-Schwerin, Thüringen und Württemberg. In den übrigen Staaten war die NSDAP zahlenmäßig zu schwach.

[42] *Die Bewegung – das ist mein Werk!*

Meine Herren!
Ich danke Ihnen, daß Sie mir die Möglichkeit gegeben haben, hier zu sprechen. Ich bitte, immer die ganz großen Gesichtspunkte sich vor Augen zu halten. Man verfällt leicht durch die Heftigkeit auf einen Boden, der uns dann nicht mehr gestattet, das Größere zu sehen. Vergessen Sie in solchen Fällen Ihre Person, Ihren Bezirk und Gau und bedenken Sie nur das eine: das ist eine Bewegung, die über ganz Deutschland verbreitet werden muß: sie hat eine Leitung, die über der ganzen Bewegung stehen muß. Erwarten Sie nicht, daß ich mich in kleine Detailstreitigkeiten mische. Zu mir [darf?] jeder das Vertrauen hegen, daß ich mich in meinen Entschlüssen nur leiten lasse von dem Gesichtspunkte: »Wie kann die Bewegung Nutzen daraus ziehen?« ... In München waren Todfeinde (in der Bewegung). Nur im Gerichtssaal wollten sie einander gegenüberstehen. Noch vor 5 Monaten standen sie sich mit der Pistole in der Hand gegenüber. Nun arbeitet jeder wieder an seinem Platz. Nur auf Grund seines Wertes für die Bewegung wird jeder geschätzt. Nicht Sympathie für diesen oder jenen Mann ist bei mir ausschlaggebend. – Nur so kann ich überhaupt Stellung nehmen. Ich kann nicht jedem ins Herz hineinsehen. In Zweifelsfällen stets fragen: »Was scheint mir am meisten der Bewegung nützlich zu sein?« Versetzen Sie sich in meine Lage. Auch ich kann mich einmal irren. Das alles liegt in der Natur des Menschen, der aus Fleisch und Blut zusammengesetzt ist. Er ist nicht unirrbar. So wie Sie dies in Rechnung ziehen und die Größe der Bewegung auf der anderen Seite betrachten, werden Sie Ihre Entscheidungen richtig treffen. Dann wird vor allem der eine den anderen mehr schätzen lernen; scheinbar heterogene Naturen ergänzen sich. Es gibt wenig Universalnaturen. Die Menschen sind einmal einseitig. Die Kunst des Führers besteht darin, daß er die einzelnen

Mosaiksteine zusammensetzt, daß er die Menschen als das gegebene Material nimmt, wie sie sind und hinsetzt, wo sie hinzusetzen sind. – Würde ich den Vollendeten suchen, der keine harte Kante besitzt, so würde ich wie Diogenes mit der Laterne herumlaufen und kaum 10 Anhänger finden. Die Menschen sind eben differenziert in Wissen und Können. Der Führerstandpunkt muß sein: Man kann nicht das Vollendete bekommen, sondern muß auch über Unzulänglichkeiten hinwegsehen und den Menschen – wie einen Baustein – so lange drehen und wenden, bis er hineinpaßt in den Bau. Dies ist der einzige Gesichtspunkt, den ein Führer sich immer vor Augen halten muß.

Glauben Sie vor allem eins: Was immer ich tue, so geschieht es doch nach meinem besten Wissen und Gewissen. *Ich liebe die Bewegung; sie ist mein Lebenswerk!* Ich gehöre nicht zu jenen Politikern, die heute hier, morgen da arbeiten. Die Bewegung – *das* ist mein Werk. *Mit dem lebe und sterbe und falle ich!! Ich will nichts anderes mehr sein!!* Bitte unterstützen Sie mich dabei.

[Schlußwort Hitlers bei der Landesvertretertagung der NSDAP am 12. Juni 1925 in Plauen. Text der gesamten Rede in: BAK, NS 26–59]

[43 a] *Die Partei ist in der Person Adolf Hitlers verankert*[13]

... Der nationalsozialistische Stadtrat Fiehler gab folgende Erklärung ab: Ich habe in der geheimen Sitzung dafür gestimmt, daß dem Gesuch stattgegeben wird. Herr Kollege Dr. Meyer hat freiwillig eine Erklärung abgegeben, der zufolge er auf Wunsch von Adolf Hitler sein Mandat niederlegen wird. (St.R. Schramke, Soz., »als Jurist hätte er das vorher wissen sollen«.) Es ist sonst bei keiner anderen Partei als bei der N.S.D.A.P. der Fall, daß die Partei mit dem Führer unmittelbar verknüpft und in der Person des Führers verankert ist. (St.R. Deininger, Soz., »Die Wähler scheiden aus.«) Die Wähler haben in dem Bewußtsein, daß die N.S.D.A.P. mit ihrem Führer Adolf Hitler unlöslich verknüpft ist, ihre Entscheidung getroffen, denn sie hatten davon durch die Presse Kenntnis, in der diese Erklärung seinerzeit veröffentlicht worden ist. Ich glaube deshalb, daß

---

13 Ein Teil der Mitglieder der ehemaligen »NS-Freiheitsbewegung – Völkischer Block in Bayern«, darunter mehrere Münchener Stadtverordnete und Landtagsmitglieder, verweigerte 1925 den Wiedereintritt in die NSDAP. Sie schlossen sich im Mai 1925 zum Nationalsozialen Volksbund zusammen und suchten Rückhalt bei der DVFP. Das Fernbleiben begründete Anton Drexler bei einem Sprechabend am 24. März in München: »Uns trennt ja nichts von Hitler, uns trennt ja nur seine Umgebung.«

durch die Bewilligung des Gesuches auch dem Wunsch und Willen der Wähler Rechnung getragen worden ist. Sie (zu den Stadträten) haben jedoch das Gesuch abgelehnt und eine andere Entscheidung ist deshalb nicht mehr möglich. ...

[Völkischer Beobachter Nr. 91 v. 16. 7. 1925, S. 2 (gekürzt)]

[43 b] *Mit mir steht und fällt die Partei*

Hitler war 14 Tage in Bayreuth. Während seiner Abwesenheit von München konnte der Streit im völkischen Lager nicht beigelegt werden. Sofort nach Rückkehr Hitlers fand unter seinem Vorsitze am 4. 8. 25 eine Sektionsführerversammlung der N.S.D.A.P. statt. Der Antrag Pöschls auf sofortige Einberufung einer Generalversammlung, Neuwahl der Geschäftsleitung und Eintragung der Partei ins Vereinsregister wurde abgelehnt. Hitler behält sich vor, nach Ablauf des Geschäftsjahres im Januar 1926 eine allgemeine Mitgliederversammlung einzuberufen und die Neuwahl der Geschäftsleitung vornehmen zu lassen. Einen Vertreter für sich zu bestellen, lehnte Hitler ab unter der Begründung, daß mit ihm die N.S.D.A.P. stehe und falle.

Die bisherigen Mitglieder der nationalsoz. Fraktion im Stadtrat München, Dr. Buckeley, Fuchs und Dr. Meyer haben sich mit einem Stadtrat der Mittelstandspartei zu einer »Freien Arbeitsgemeinschaft« zusammengeschlossen. ...

[Aus dem Münchener Polizeibericht N/Nr. 35 v. 6. 8. 1925. B. H. St. A. II, MA 101 248]

[43 c] *Der Verräter-Konzern endgültig erledigt!*

München, 2. Oktober.

Der sogenannte nat.-soz. Volksbund hatte wieder einmal das dringende Bedürfnis gefühlt, der Bevölkerung Münchens ad oculos zu demonstrieren, daß sein ganzer Anhang nur aus etlichen Dutzend Männlein und Weiblein besteht, die in ihrem Unverstand – selig sind die Armen im Geiste – der mißtönigen Rattenlockruferei der Doerfler, Drexler, Stelzner, Frühauf und Genossen gefolgt waren. Lauter sogenannte Volksvertreter, die sich ihr Mandat auf den Namen Adolf Hitler erschlichen hatten, ohne den sie nicht einmal die Bekanntschaft jener Mißachtungsbezeugung genossen hätten, die der Hund damit zeigt, daß er von solchen Herrschaften nicht einmal ein Stück Wurst annimmt. ...

Knüppeldick voll war der Saal, das stimmt, aber nicht von den Volksbündlern, sondern von uns Nationalsozialisten. Du lieber Himmel, wir sind nun mal neugierige Leute und hätten gerne von der politischen Weisheit der Oberbonzen des Volksbundes profitiert. ... [sic]

Also der Saal war schon bombenvoll, als der Vorsitzende Abg. Anton Drexler erschien; nicht etwa von begeisterten Heilrufen, sondern mit schallendem Gelächter begrüßt. Dem guten Drexler, der schon einmal in der nationalsozialistischen Bewegung eine eigentümliche Rolle spielte, ist offenbar sein Landtagsmandat, das er einzig und allein dem Namen Adolf Hitler verdankt, zu Kopf gestiegen, und wie sich der Frosch aufbläht, wenn er quakt, so auch er. Offenbar träumte er davon, als unser Hitler in Landsberg war, sein Erbe antreten zu können. ... [sic]

So saßen oben auf dem Podium die Abg. Drexler und Frühauf und harrten bang und bänger des Erscheinens des körpergewaltigen, aber geistig um so mehr eingeschrumpften Abg. Stelzner, den noch der Dampfwagen heranrollte.

Schwül und schwüler wurde die Stimmung im Saale, Drexler und Frühauf erbleichten von Minute zu Minute mehr. Wenn doch der Stelzner schon da wäre. ... [sic]

Da erscheint plötzlich nicht der sehnsüchtig erwartete Stelzner, sondern

Adolf Hitler und Esser,

und nun braust ein Begrüßungsjubel im Saale los, der sich nicht beschreiben läßt, ein Toben, Händeklatschen, Zurufen wie ein Trommelfeuer. Dann erhebt sich die Masse der Anwesenden – nur 30–40 Volksbündler, davon die Hälfte Kriminalbeamte, bleiben verlegen sitzen – und stimmt die erste Strophe des Hitlerliedes an, die mit größter Begeisterung gesungen wurde.

Nieder mit dem Verräter-Konzern! So schallt jetzt Hermann Essers mächtige Stimme durch den Saal, stürmisch begeistertes Echo weckend!

Da taucht auch Plümer auf, dessen Erscheinen selbstverständlich ungeheure Entrüstung hervorruft. Nur der ausgezeichneten Disziplin unserer Parteigenossen hatte er es zu verdanken, daß man ihm die Schande seiner Verräterei nicht mit blauen Runenzeichen auf den feisten Rücken schrieb. ... [sic]

Auf dem Dache sitzt ein Greis, der sich nicht zu helfen weiß, heißt es in dem alten Studentenliede ... [sic]

Als solch ein Tattergreis stand Anton Drexler auf dem Podium, das Bimmelbammelglöckchen schwingend – fast entfiel es seiner Hand –, womit er vergeblich den Sturm zu beschwören versuchte, der zu ihm hinaufklang in dem Unisonorufe: Zur Geschäftsordnung!

Endlich bequemte er sich, dieser Aufforderung zu folgen, und so kann unser Hermann Esser folgende Frage an ihn richten: Ist es wahr, daß der Vorsitzende des nat.-soz. Volksbundes, Abg. Doerffler, ein Logenbruder der Schlaraffia ist?

Ist es richtig, daß am Nachmittag der Plümer-Versammlung die Abgeordneten des national-sozialistischen Volksbundes mit Plümer die Frage der Deckung seiner Versammlung besprachen und vereinbarten, daß diese von dritter Seite getragen werden müßte?

Daß ferner darüber abgestimmt werde, ob für den Referenten die Redezeit eingeschränkt werden soll.

Unter ungeheurer Spannung der ganzen Versammlung muß Drexler nach langem Zögern offen folgendes zugeben:

Ich gestehe ein, daß es richtig ist, daß Herr Doerffler Bruder der Loge Schlaraffia ist. (Ungeheure Bewegung im ganzen Saal, die sich plötzlich zu orkanartigem Lärm steigert.)

Drexler versucht nun, die »Gefahrlosigkeit« dieser jüdischen Loge dadurch zu erweisen, daß er sie als unpolitisch bezeichnet. ... [sic]

Die weiteren Worte Drexlers gehen in dem riesigen Lärm verloren, der sich jetzt erhebt. (Die Schlaraffia wimmelt nämlich von jüdischen Mitgliedern, so daß ein wirklich völkisch gesinnter Deutscher unmöglich Mitglied einer solchen Gesellschaft sein kann.)

Entrüstungsstürme, die nicht enden wollen, durchbrausen den Saal, da erhebt sich Adolf Hitler und winkt mit der Hand.

Adolf Hitler:

Nachdem der Vorsitzende nunmehr persönlich zugegeben hat, daß der Führer dieses Bundes, Herr Doerfler, führender Bruder einer jüdischen Loge ist, hat diese Organisation nicht mehr das Recht, sich als völkisch zu bezeichnen. Wir werden sie jetzt genauso wie fremde Parteien bekämpfen.

Hier haben wir heute nichts mehr verloren. Ich fordere alle anwesenden Nationalsozialisten auf, den Saal sofort zu verlassen!

Dieser Aufforderung unseres Führers selbstverständlich entsprechend, verlassen wir Nationalsozialisten den Saal in Ruhe und Ordnung. Zurück bleiben etwa 40 Männchen und Weibchen, einschl. der Kriminalbeamten, die die Eselsgeduld haben, sich das Referat Stelzners, der, die Zigarre im Munde, auf dem Podium stand, noch anzuhören. ...

Der Verräter-Konzern an der national-sozialistischen Idee ist nunmehr zur Strecke gebracht. Er stirbt an dem häßlichsten Charakterflecken des deutschen Volkes, an seinem Undank gegen seine Treuesten. ...

[Völkischer Beobachter Nr. 159 v. 4./5. 10. 1925, S. 1 (gekürzt). Verfasser: VB-Redakteur Josef Stolzing-Cerny]

[44] *Um die Reinigung der Bewegung*

Göttingen, den 11. 9. 1925.

Sehr geehrter Herr Rosenberg!
Bei meinem letzten Aufenthalt in München vor etwa 8 Tagen erfuhr ich von meinem ehemaligen Landsberger Mitgefangenen Gerum, daß Sie vor kurzer Zeit Herrn Hitler angeblich ein »Ultimatum« dahingehend gestellt haben, daß er entweder auf *Ihre* Mitarbeit oder auf die Herren Esser, Streicher und Amann verzichten müsse. Ich bitte mir mitzuteilen, ob diese Nachricht überhaupt oder in dieser Form richtig ist. Für eine schnelle Antwort wäre ich Ihnen deshalb besonders dankbar, da wir hier in Göttingen gemeinschaftlich mit anderen Parteigenossen des Nordens ebenfalls für die Reinigung der Bewegung, wozu in erster Linie die Ausschaltung Herrn Essers gehört, kämpfen. Wir bitten Sie daher, in dieser Gelegenheit nichts zu tun, ohne daß Sie sich mit uns, bezw. mit Pg. Straßer in Verbindung setzen, um evtl. ein gemeinsames Vorgehen zu ermöglichen.

Ich bitte Sie, dieses Schreiben nach Kenntnisnahme dem Feuertode zu überantworten, es natürlich auch auf jeden Fall vertraulich zu behandeln.

Mit deutschem Heilgruß
Ihr ergebener [gez.] Fobke

[BAK, NS 26–899]

[45] *Die Arbeitsgemeinschaft organisiert sich*

Statuten der Arbeitsgemeinschaft der Nord- und Westdeutschen Gaue der N.S.D.A.P.

§ 1 Die Arbeitsgemeinschaft der Nord- und Westdeutschen Gaue der N.S.D.A.P. umfaßt die Gaue: Rheinland-Nord, Rheinland-Süd, Westfalen, Hannover, Hannover-Süd, Hessen-Nassau, Lüneburg-Stade, Schleswig-Holstein, Groß-Hamburg, Groß-Berlin und Pommern.

§ 2 Ziel und Zweck der A.G. ist: Möglichst umfassende Vereinheitlichung der angeschlossenen Gaue in Organisation, Propaganda, Schaffung einheitlicher Propagandamittel, Austausch von Rednern, freundnachbarliche Pflege der persönlichen Beziehungen der Gauleiter untereinander, Gedankenaustausch über politische und organisatorische Fragen schriftlich und in sich regelmäßig wiederholenden

Zusammenkünften, im Bedarfsfalle gemeinsame Stellungnahme zu politischen Tagesfragen.

§ 3 Das Organ der A.G. sind die zweimal im Monat erscheinenden N.S. Briefe, die vom Pg. Gregor Straßer herausgegeben und von Pg. Dr. Goebbels redigiert werden.

§ 4 A.G. und N.S. Briefe bestehen mit ausdrücklicher Genehmigung Adolf Hitlers.

§ 5 Der Leiter der Arbeitsgemeinschaft ist Pg. Gregor Straßer, Landshut.

§ 6 Der Geschäftsführer der Arbeitsgemeinschaft ist Pg. Dr. Goebbels, Elberfeld.

§ 7 Die Geschäftsstelle der A.G. befindet sich bis auf weiteres Elberfeld, Holzerstr. 4, Tel. 6 526.

§ 8 Die der A.G. angeschlossenen Gauleiter versammeln sich nach Bedarf abwechselnd in einer größeren Stadt eines der eben genannten Gaue zu gemeinsamer Beratung.

§ 9 Um die Übersicht über den Stand der Bewegung den einzelnen Gauleitern zu erleichtern, und die gemeinsame Arbeit zu vereinfachen, verpflichten sich die einzelnen Gauleiter, jede wichtige Verlautbarung ihres Gaues, politische Stellungnahme, Organisationsrundschreiben, Flugblätter, Presseerklärungen pp. in mindestens 15facher Ausfertigung bei der Geschäftsstelle der A.G. einzureichen, damit sie von dort aus in der geeigneten Form an die einzelnen Gaue weitergeleitet werden können.

§ 10 Jeder angeschlossene Gauleiter ist nicht nur berechtigt, sondern verpflichtet, ihm notwendig erscheinende Anträge und Anregungen der Leitung der A.G. weiterzugeben, damit sie für die ganze A.G. fruchtbringend angewandt werden können.

§ 11 Solange die Organisationsarbeit der A.G. nicht übermäßig große Mittel beansprucht, übernimmt der Gau Rheinland-Nord vorläufig die Kosten der Verwaltung der A.G.

§ 12 Die angeschlossenen Gauleiter verpflichten sich auf Ehre und Gewissen, im Rahmen der gemeinsamen Arbeit alle eigensüchtigen Zwecke hintanzusetzen, und in kameradschaftlichem Geiste der Idee des Nationalsozialismus unter ihrem Führer Adolf Hitler zu dienen.

Landshut / Elberfeld, den 9. Oktober 1925.

gez. Gregor Straßer. gez. Dr. Goebbels.

[BAK, NS 1 – 340 – 319. Abgedruckt bei Jochmann: Nationalsozialismus und Revolution, S. 212 f.]

[46] *Gregor Straßer über die Aufgaben der Arbeitsgemeinschaft*

Apotheker Gregor Straßer — Landshut (Bayern), den 11. Nov. 1925.
Mitglied des Reichstags

Lieber Herr Dr. Goebbels!

Zur Beantwortung liegen vor mir 2 Briefe vom 5. 11., einer vom 6. u. zwei vom 7. 11. Der Klarheit halber werde ich die Antwort wie immer nummernweise durchführen.

1. Braunschweig freut mich u. ist ein Lichtblick in dem Dunkel meines Sehkreises. Ich selbst war aufgefordert, hinzukommen, neben Mangel an Zeit eigne ich mich auch nicht zu dem berühmten Trabanten, der immer um die Sonne kreist, um von ihr Licht zu erhalten[14].

2. Über Ihre Unterredung mit Esser mehr zu hören, bin ich gespannt.

3. Ebenso über die Unterredung mit Hitler, mit dem ich gerade in letzter Zeit glaube, in ein viel besseres Verhältnis gekommen zu sein. Darüber können wir uns ja am 22. unterhalten.

4. Den Plan mit den Flugblättern halte ich für sehr wichtig u. bitte um Ihre nachdrücklichste Aufmerksamkeit dafür.

5. Der Aufsatz von Feder eilt in keiner Weise.

6. Reserve gegen Herrn Volck zu haben, liegt mir eigentlich von jeher rein gefühlsgemäß.

7. Der 22. 11. in Hannover bleibt; ich werde selbstverständlich bestimmt erscheinen u. bitte Sie, die nötigen Vorarbeiten durchzuführen, wie ein Arbeitsprogramm u. Tagesordnung aufzustellen. . . .

13. Die Erwähnung Rosenbergs erinnert mich an den »Völkischen Beobachter« u. an dessen grauenhaft tiefes Niveau, das er zur Zeit hat. Ich weiß nicht, was da vorgeht, mir u. meinem Bruder haben sie je 2 Artikel zurückgeschickt, außerdem haben sie die pompösen Mitarbeiterhonorare um 50 % heruntergesetzt, recht unerfreuliche Anzeichen. Wir werden uns umsomehr unseren Briefen widmen, nur müssen diese noch etwas reicher ausgestaltet werden, sei es durch Verkleinerung des Druckes, so es, sobald es die finanzielle Lage gestattet, durch Vermehrung der Seitenzahl. Ebenso muß der Sprechsaal u. der Platz für die Organisationsfragen erweitert werden.

14. In der Einlage übersende ich Ihnen den Artikel von Haase u. meine grundsätzlichen Ausführungen dazu. Durch meine Versammlungstätigkeit hat es etwas länger gedauert, dafür glaube ich, daß die Erledigung umso

14 Am 5. 11. 1925 fand in Braunschweig eine Versammlung mit Hitler, den Hermann Esser begleitete, statt.

gründlicher ist. Angesichts der außerordentlichen Wichtigkeit, die die Frage der außenpolitischen Orientierung u. Zielsetzung für unsere Bewegung hat, halte ich es für unbedingt nötig, daß wir darüber, eventuell durch Spenden der Arbeitsgemeinschaft, eine Sondernummer der Briefe herausgeben u. würde hiezu vorschlagen, den Artikel Haase u. meinen ergänzenden u. zusammenfassenden Antwortartikel aufzunehmen. Zweckmäßig werden Sie ein Vorwort schreiben über die Bedeutung u. die Notwendigkeit klarer außenpolitischer Orientierung u. die Linie dieses Sonderbriefes nach Behandlung am 22. 11. als *die* außenpolitische Richtung der Arbeitsgemeinschaft darstellen. Wenn wir diese Sondernummer dann vertraulich unter geschlossenem Kuvert an Unterführer u. bestimmte einwandfreie Persönlichkeiten der Partei [und] des Frontbanns schicken – über die Namen müßten wir uns erst verständigen – dann wären für unsere Freunde die Argumente gegeben, mit denen sie sowohl den vaterländischen Verbänden, als auch den Kommunisten wirksam entgegentreten können. Ebenso wäre die Aufgabe der Arbeitsgemeinschaft, in einer bestimmten Frage richtunggebend zu wirken, erfüllt. Bitte, überlegen Sie sich diese Sache u. teilen Sie mir die Stellungnahme von Ihnen u. Ihrem Freundeskreis darüber mit. Wenn Sie damit einverstanden sind, würde ich die technischen Vorarbeiten schon langsam einleiten. ...

17. Die Linie, die ich durch Aufnahme der offiziellen Beziehungen mit Esser in Chemnitz, zum Teil unter Zwang, beschritten habe, setze ich fort, indem ich diesen Monat noch auf dringliches Ansuchen sowohl in Weimar wie in Nürnberg sprechen werde. Es wird mir immer mehr u. mehr klar, daß, wenn wir nicht unter Ausschaltung und Zurückstellung aller persönlichen Momente einen Kristallisationspunkt in unserem Freundeskreis u. der Arbeitsgemeinschaft bilden, wir die Pleite erleben. Meine Ansicht über die sachliche Wirkung der Esser u. Streicher, wie ich sie von ersterem wieder in Sachsen konstatieren mußte, ist nach wie vor die gleiche: Egozentrisches, aber gewandtes Maulheldentum. Sonst nichts neues für heute. Viele Grüße an Sie, Kaufmann u. Elbrechter von Ihrem immer noch nicht ganz mürben

[gez.] G. Straßer.

[BAK, NS 1 – 340 – 208 f. (gekürzt)]

[47] *Hitler begrüßt die Tätigkeit der Arbeitsgemeinschaft*

Kanzlei von Adolf Hitler München, den 11. Dezember 1925
An die Landes- und Ortsgruppenleitungen der Nationalsozialistischen Deutschen Arbeiterpartei.

1. *Hitlerversammlungen . . .*

2. *»Das kleine abc des Nationalsozialisten«.* Im Auftrag der Arbeitsgemeinschaft der West- und Norddeutschen Gaue der N.S.D.A.P. herausgegeben von Dr. Goebbels. Das ausgezeichnete Heft sollte jeder Nationalsozialist in seiner Tasche haben. Der in Form von Frage und Antwort gefaßte Inhalt eignet sich zum gemeinsamen Auswendiglernen an Sprechabenden usw. So kann der bedauerlichen Tatsache gesteuert werden, daß unsere Parteigenossen oft auf grundlegende Fragen der Bewegung keine klare Antwort zu geben vermögen. Massenvertrieb erwünscht.

50 Stück	M	4.50
100 „	„	8.50
250 „	„	20.—
1000 „	„	65.—
Einzelpreis	„	—.10

Lieferung gegen Voreinsendung (Postscheck Stettin 486) durch Vorpommersche Buch- und Kunstdruckerei in Greifswald.

3. *»Nationalsozialistische Briefe«.* Unter diesem Titel kommt ein kleines Informationsblatt mit Beiträgen namhafter Führer der Bewegung heraus. Es wird darin zu grundsätzlichen Problemen, Organisationsfragen und Tagesfragen Stellung genommen. Herausgegeben von Gregor Straßer im Auftrage der Arbeitsgemeinschaft der nordwestdeutschen Gaue der NSDAP. Vierzehntägiges Erscheinen. M. 1.50 für Kalenderjahr. Einzahlung auf Postscheckkonto Köln Nr. 81 1 27 (Karl Schmitz, Elberfeld, Oststr. 69) Schriftleitung: Elberfeld, Holzstr. 4. – Das Halten der Briefe wird den Gau- und Ortsgruppenleitern sehr empfohlen.

4. *Agitation unter den Eisenbahnern. . . .*

5. *Weihnachtsgeschenk für Herrn Hitler. . . .*

Herr Hitler läßt den Mitgliedern der Untergruppen Weihnachtsgrüße und beste Wünsche zum neuen Jahr übermitteln.

Mit deutschem Gruß!
gez. R. Heß.
Für die Richtigkeit: [gez.] Schaub

[St. A. Hannover 310 I A 8 (gekürzt)]

[48] *Rußland und wir. Von Gregor Straßer*

. . . Ich glaube nicht, erst besonders betonen zu müssen, daß jene Momente, die die deutschen Kommunisten zu so kritiklosen Vorkämpfern einer deutsch-russischen Gemeinschaft machen, für uns ausschalten! Gerade was dort das treibende Moment ist: die innerpolitische gleiche Zielrichtung auf Herbeiführung des bolschewistischen Wirtschafts- und Staatssystems, das ist gerade bei uns die schwerste Belastung! Denn hier sind und bleiben wir Todfeinde: Wir lehnen den internationalen russischen Kommunismus genauso ab, wie den internationalen marxistischen Sozialismus, weil beide nach unserer tiefen Überzeugung weder die außenpolitische Freiheit Deutschlands noch die wirtschaftliche Befreiung der deutschen Arbeitnehmerschaft bringen und sichern können!

Dies vorausgeschickt, ergibt sich für uns als Leitstern unverrückbar: Wiedergewinnung der außenpolitischen Freiheit Deutschlands! Dies und nur dies bestimmt unsere Einstellung zu allen außenpolitischen Problemen, zu allen Kräften und Konstellationen der politischen Bühne! Und hier stoßen wir auf Versailles! Alles, was den Frieden von Versailles gefährdet, alles was die Sieger von Versailles bedroht, hat unsere Unterstützung; alles, was diesen Frieden festigt, was den Siegern von Versailles angenehm ist, wird von uns mit allen Mitteln bekämpft!!

So klar herausgearbeitet zeigt es sich, daß wir nun und nimmer Anlehnung an den Westen suchen dürfen, nun und nimmer den Völkerbund durch unseren Beitritt stärken, nun und nimmer dem amerikanischen Kapitalismus und dem englischen Imperialismus im Kampf gegen Rußland beistehen dürfen! Es zeigt sich ebenso klar, daß überall dort, wo gegen Versailles gekämpft, wo gegen die Sieger von Versailles gearbeitet wird, unsere Freunde sitzen, natürliche Verbündete, die mit uns das nächste Ziel gemein haben: Abschüttelung der Weltherrschaft der Staaten von Versailles! – Unser Platz ist an der Seite (des kommenden) Rußlands, an der Seite der Türkei, deshalb sind unsere Sympathien bei China und Indien, in den Reihen der Rifkabylen und der Drusen, bei den Ägyptern und den Arabern!! ... Es gibt für uns keine »Völker Europas«, sondern es gibt für uns nur Verteidiger von Versailles und Zerstörer von Versailles, es gibt für uns nur unterdrückende Völker und unterdrückte Völker, es gibt für uns nur Feinde der deutschen Zukunft und Freunde der deutschen Zukunft!! – ...

Wir kennen nur ein Ziel: Die deutsche Freiheit! Wir kennen nur einen Weg: Nieder mit Versailles!! – Und jeder, der diesen Weg – ganz gleich aus welchen Ursachen und Beweggründen – ebenfalls geht, ist unser Bundesgenosse, unser Freund! Und weil Rußland diesen Weg ebenfalls geht, gehen muß – nicht aus Liebe zu uns, sondern aus gleich zwingenden eigenen nationalpolitischen Gründen – deshalb ist Rußland unser Bundesgenosse, und es ist ein Verbrechen an der deutschen Zukunft, dies zu verkennen! Rußland kann sich innerlich regieren, wie es will, – das geht die Russen an und niemand anders! Genauso, wie wir verlangen, daß Rußland sich fernhält von jeder Einmischung in die deutschen inneren Verhältnisse! ...

[Völkischer Beobachter Nr. 174 v. 22. 10. 1925, S. 1 (gekürzt)]

[49 a] *Aus Gregor Straßers Programmentwurf*

Der nationale Sozialismus
Dispositionsentwurf eines umfassenden Programms
des nationalen Sozialismus.

...

VII. Schluß.

(Zusammenfassung und nochmalige Herauskristallisierung der Probleme.)

1. des Außenpolitischen Problems. Der organischen Gliederung und der machtvollen rassenmäßigen Zusammenfassung der Deutschen Nation in einem Großdeutschen Reich; dieses Großdeutsche Reich als Anziehungspunkt für den Mitteleuropäischen Zollverein und als Schwergewicht für die Vereinigten Staaten von Europa.

2. Des Innenpolitischen Problems: Der Gewaltenverteilung zwischen Unitarismus und Föderalismus unter Einführung eines organisch aufgebauten Ständesystems anstelle des konstruierten Parlamentarismus.

3. Des Wirtschaftspolitischen Problems: Der Vermählung des Rechts der Allgemeinheit mit dem in der menschlichen Natur wurzelnden persönlichen Egoismus.

a) In der Landwirtschaft mittels Durchführung der Idee des Erblehens.
b) In der Industrie durch weitgehende Überführung der Produktionsmittel in den Besitz der Allgemeinheit; in beiden Fällen unter Beibehaltung des privatwirtschaftlichen Betriebssystems und unter Schonung des Besitzergefühls.

Diese gewaltige Synthese der chaotischen, auseinanderfallenden politischen und wirtschaftlichen Kräfte, ihre Nutzbarmachung für die Nation und die Menschheit ist die Aufgabe Deutschlands vor der Weltgeschichte.

[BAK, NS 26–896. Vollständig abgedruckt bei Kühnl, Das Straßer-Programm von 1925/26, S. 317–333]

[49 b] *Gau Hannover an Justizrentmeister Hanns Kerrl, Peine*

14. Dezember 1925

... Beiliegend übersenden wir Ihnen den Entwurf eines Programms: »Der nationale Sozialismus« von Straßer und bitten Sie, diesen Entwurf streng vertraulich zu behandeln. Bis spätestens 15. Januar sehen wir der Übersendung Ihrer schriftlichen – 15fach ausgefertigten – Stellungnahme zu diesem Programm bzw. einem neuen Programmentwurf – auch in 15facher Ausfertigung – entgegen. Pg. Straßer hat ausdrücklich betont, daß beiliegendes Programm auf Unfehlbarkeit keinen Anspruch erhebt, sondern nur einen Anstoß bilden will. ...

[St. A. Hannover 310 I A 6 (gekürzt)]

[49 c] *Dr. Goebbels an Gregor Straßer, Landshut*

11. Januar 1926.

... Es ist ja unerhört, wie seitens mancher Gauleiter mit Ihrem Programmentwurf umgegangen worden ist. Wir müssen die Arbeitsgemeinschaft trennen, worüber wir uns bei Ihrem Hiersein ausführlich unterhalten werden. ...

[BAK, NS 1 – 341 II – 184 (gekürzt)]

[49 d] *Hermann Fobke an Ernst Brändel, Bevensen b. Uelzen*

19. Januar 1926

... In der Anlage erhalten Sie ferner einen Dispositionsentwurf von Gregor Straßer, der am Sonntag in der Arbeitsgemeinschaft beraten werden soll, und die Antwort Haases darauf. Auf Haases Wunsch bitte ich, diese Sendung vertraulich zu behandeln. Es wird wohl harte Kämpfe geben, ehe wir Straßer von der Tatsache überzeugen können, daß er vollendeten Bockmist fabriziert hat. ...

[St. A. Hannover 310 I G 5 (gekürzt)]

[50 a] *Noch ein Rückblick und Ausblick. Von Gregor Straßer*

... Der tote Punkt der Bewegung, der gerade als Folge plötzlicher äußerer Erfolge sich einstellte, einstellen mußte durch die Kuppelung nicht organisch verbundener Teile, ist überwunden! Das, was gemeinhin als *völkische* Bewegung bezeichnet wird, war von Anfang an aus den verschiedensten Elementen zusammengesetzt, und es ist ebenso ein Gebot der Wahrhaftigkeit wie ein Gebot der politischen Überlegung (und zwar seitens aller Teile), daß diese verschiedenartige Zusammensetzung in einer reinlichen Scheidung sichtbar wird! Die völkische Einstellung ist in unseren Augen nur ein Teil, gewiß ein wichtiger Teil, des nationalen Sozialismus, ist sein weltanschaulicher und kulturpolitischer Teil! Die völkische Bewegung ist heimisch in einem großen Flügel der Deutschnationalen Volkspartei und insbesondere in der Deutschvölkischen Freiheitspartei und den verwandten Gruppen. Wir Nationalsozialisten bekennen uns auch zur völkischen Bewegung, und zwar leidenschaftlichen Herzens –, wir sind darüber hinaus aber auch fanatische Sozialisten, im Wissen, daß es nicht genügt, sich zur *Schicksalsgemeinschaft*, zur Notgemeinschaft zu bekennen, sondern daß es darauf ankommt, diese Schicksalsgemeinschaft, diese *Notgemeinschaft* auch zur *Brotgemeinschaft* zu erweitern!! Deshalb kämpfen wir Nationalsozialisten nicht nur leidenschaftlich für die nationale Freiheit unseres Volkes, sondern auch fanatisch für die soziale Gerechtigkeit, für die Nationalisierung der deutschen Wirtschaft. Hierin folgen uns die anderen Teile der völkischen Bewegung *nicht*, und es ist richtig darum, daß dic Scheidung klar und deutlich gezogen ist, ohne daß beide Teile darum jene völkischen Gemeinsamkeiten vergessen dürften! Wir begrüßen daher den Zusammenschluß, der sich in den letzten Wochen des vergangenen Jahres im rein völkischen Lager durchgesetzt hat[15] – wir entnehmen daraus für uns, daß dic aktivsten und folgerichtigsten Kämpfer aber die Verpflichtung haben, mit doppelter und dreifacher Kraftanstrengung voranzugehen!! ...

Die klare *Herausarbeitung unseres Programms*, die Vertiefung und Verankerung der Idee und der Durchführung unseres nationalsozialistischen Staates wird unsere Hauptaufgabe sein für das neue Jahr; Hand in Hand damit die *Erziehungsarbeit* an den Parteimitgliedern, denn jeder Parteigenosse von heute muß ein Unteroffizier von morgen sein, muß durch eigene innerliche Erziehung fähig werden, selbst zu erziehen, Unterführer zu werden!!

Wir Nationalsozialisten sind Kämpfer, Kämpfer mit leidenschaftlichem

---

15 Am 6. 9. 1925 hatten sich in Regensburg/Kelheim Wehrverbände und völkische Gruppen zum Tannenbergbund zusammengeschlossen, dessen Schirmherrschaft Ludendorff übernahm. Gr. Straßer, der bei der Gründung anwesend war, blieb auch nach Hitlers Trennung von Ludendorff und der Distanzierung von diesen Organisationen in Verbindung mit diesen verwandten Gruppierungen (vgl. Dokument 46).

Herzen und kühlem Kopf! Wir wollen keine Ruhe mit Feiglingen und Verbrechern, keinen Frieden mit Lumpen und Vaterlandsverrätern! Wir fürchten den notwendigen Kampf nicht und haben auch keine kleinbürgerliche Angst vor den »entfesselten Geistern« – denn wir wissen vor Gott und unserem Gewissen, daß unser Wollen rein ist und einzig das Wohl unseres heißgeliebten Volkes erstrebt! Und wir wissen mit aus dem Blut und aus dem Hirn kommender Sicherheit, daß unser Weg richtig ist, den wir in unerschütterlicher Treue zu unseren Führern gehen:

Nationale Freiheit und soziale Gerechtigkeit!
An die Arbeit. – Jeder auf seinem Posten!!

[Völkischer Beobachter Nr. 3 v. 5. 1. 1926, S. 1–2 (gekürzt)]

[50 b] *Kritik an der nationalsozialistischen Propaganda*

... Der ungeheure Umfang, den unsere Polemik zum Antisemitismus einnimmt, hat es bisher verhindert, die Fülle der grundlegend wichtigen Fragen, mit denen sich jede politische Bewegung auseinandersetzen muß, gebührend in Angriff zu nehmen. Zweifellos ist es richtig, daß der Nationalsozialismus als die große Freiheitsbewegung nicht die Aufgabe hat, sich in Einzelfragen des Wirtschaftslebens u. s. w. festzulegen. Die große Linie muß gewahrt bleiben und dementsprechend auch eine gewisse Handlungsfreiheit, um vor der Erreichung des großen Zieles nicht unnützen Meinungsstreit zu entfesseln. Trotzdem ist es dringend notwendig, mehr wie bisher die Einzelgebiete der Gesamtpolitik zu behandeln, damit die Angehörigen der einzelnen Berufsstände wissen, was sie von uns zu halten haben. Sicherlich ist unsere bisherige Propagandatechnik nicht ohne Schuld daran, daß in breiten Massen der Bevölkerung, die ohne Zweifel für uns gewonnen werden könnten, die Anschauung vorherrscht, daß wir nur Antisemiten seien, aber in der positiven Aufbauarbeit zu wenig leisten. Selbstverständlich ist dieses Vorurteil ein Unrecht gegenüber unserer bisher geleisteten Arbeit. Umso mehr wird es unsere Aufgabe sein, in Zukunft auch propagandistisch die positive Behandlung der großen Fragen auf wirtschafts- und sozialistischem [sic] Gebiet mehr in den Vordergrund zu rücken. ...

[Zum Landvolkprogramm. Von Dr. Rosikat. Nationalsozialistische Briefe Nr. 14 v. 15. 4. 1926, S. 2 (gekürzt)]

[51] *Straßers verspätete Beschwichtigungsmaßnahmen*

Berlin NW 7, den 8. 1. 1926

Lieber Dr. Goebbels!

Rust teilte mir heute vertraulich mit, daß Feder den Programmentwurf erhalten hat u. über die Verbreitung ohne Hitlers u. sein Wissen wütend ist u. Hitler scharf machen will. Die Verbreitung durch die AG hat sich also als Fehler erwiesen, es hätte durch die »Freunde« geschehen müssen. Als Gegenmaßregel halte ich Folgendes für notwendig:

1. Ich schicke heute an Hitler den Entwurf mit dem Bemerken, daß ich durch Sammlung von Ansichten verschiedener Pg. eine Unterlage für spätere definitive Programm-Festsetzung schaffen wollte u. zwar durch mich, als einer inoffiz. Person, daß Feder etwas weiß, erwähne ich gar nicht.
2. Die Antworten lassen wir vorderhand nicht hinausgehen.
3. Ich bitte um einen Tip, an wen Entwürfe gegangen sind u. wieviel. Ein Reg. Rat Freyberg, Quedlinburg, ist der Mann, der anscheinend indiskret war.
4. Zu überlegen wäre, ob nicht die ein Stück überschreitenden Exemplare eines Gaues eingezogen werden. Auf jeden Fall muß in einem Rundschreiben darauf hingewiesen werden, daß es sich um *unverbindl.* Sammlung von Punkten durch geistig dazu geeignete Pg. handelt, nicht um offiz. feststehende Änderungen oder Neuheiten, daher Diskretion. Die Gauleiter hätten sich doch klar zu sein, wem sie die Sachen geben.

Ich spreche am 10. in Malchin, Meckl., bin am 11./12. in Berlin, da ich am 16./17. in Würt. sprechen muß, will ich evtl. vorher nach Elberfeld kommen.

Heil!
Ihr G. Straßer.

[Handschreiben. BAK, NS 1 – 340 – 256. Abgedruckt bei Jochmann, Nationalsozialismus und Revolution, S. 220]

[52] *Der »Programmatiker der Bewegung« und der neue »Verräterkonzern«*

Murnau 2. 5. 1926[16].

An die Parteileitung der nat. soc. deutschen Arbeiterpartei
Herrn Adolf *Hitler*
bezw. an den Schlichtungsausschuß der N.S.D.A.P.
z. Hd. Herrn Gnlt. Exc. Heinemann
München

Ich übergebe anbei einen Briefwechsel mit der Gauleitung Rhein-Ruhr der N.S.D.A.P. und zwar

1. Brief der Gauleitung vom 12. 4. Einlauf 19. 4.
2. Antwort meiner Frau vom 21. 4. (nicht abgesandt).
3. Brief der Gauleitung vom 24. 4.
4. Antwort meiner Frau vom 27. 4.
5. meine Antwort vom 28. 4. aus Karlsruhe.
6. Brief von Herrn Bauschen Duisburg vom 18. 4.

Zur Beurteilung der Sachlage gebe ich folgende Erklärungen ab:

Meine persönliche Bemerkung zu Herrn Bauschen dürfte nach meiner Erinnerung gelautet haben: Herr Bauschen, da müssen Sie ein wachsames Auge haben, damit nicht, wie man das in München bezeichnet, ein neuer Verräterkoncern entsteht. Noch wahrscheinlicher erscheint mir die negative Form: ich möchte nicht gleich von »Verräterkonzern« sprechen, aber jedenfalls ist größte Aufmerksamkeit am Platze.

Eine persönliche Beleidigung war weder beabsichtigt, noch sollte diese Bemerkung so wirken. Es fehlte ja auch eine Personenbezeichnung. Ganz bestimmt war aber Herr von Pfeffer nicht gemeint, auch nicht Herr Kaufmann.

Um die Lage am Morgen des 7. März zu verstehen, erinnere ich an die verschiedenen vorangegangenen Geschehnisse.

Gregor Straßer hatte anläßlich seiner Kandidatur zum Reichstag im Ruhrgebiet engere Beziehungen zu den dortigen Führern insb. zu Herrn Dr. Goebbels aufgenommen. Diese Beziehungen verdichteten sich bis zur Gründung der nordwestdeutschen Arbeitsgemeinschaft und der Schaffung eines eigenen Mitteilungsblattes: der »Nationalsocialistischen Briefe«. Der Inhalt der Nationalsocialistischen Briefe erregte meine steigende Verwunderung wegen der ausgesprochen Rußland-, bezw. sowjetfreundlichen Haltung. Geradezu unerhört und der bislang von unserem Centralorgan vertretenen Politik mitten ins Gesicht schlagend war der Artikel in den

16 Die 2. Seite des Briefes ist handschriftlich datiert: Murnau 3. Mai 1926.

nat. soc. Briefen vom 15. Jan. »West- oder Ostorientierung« von Dr. Goebbels, der folgende besonders gravierende Stellen enthielt: »... müssen wir versuchen, mit den augenblicklichen (!!) Machthabern in Rußland irgendwie ins Benehmen zu kommen« ... »Mit dem Zusammenbruch Rußlands (!) müssen wir (!) auf ewig (!) unsere Träume (!) von einem nationalsocialistischen Deutschland begraben« ... »Rußlands Not wird unsere Not sein« ... »Rußlands Freiheit wird unsere Freiheit sein und umgekehrt.« u. s. w. – Anders kann auch ein kommunistischer Agitator nicht sprechen.

Freilich ist es da leichter vor einer stark mit Kommunisten besetzten Versammlung zu sprechen, aber dann ist man eben nicht mehr Nationalsocialist.

Noch erschütternder aber wirkte auf mich der sogenannte »Dispositionsentwurf eines umfassenden Programms des nationalen Socialismus« von Gregor Straßer. Dieser Programmentwurf wurde von Straßer Anfang bis Mitte Dezember an verschiedene Gauleiter und Ortsgruppenführer der sogenannten nordwestdeutschen Arbeitsgemeinschaft als »richtunggebend« für die Diskussion hinausgegeben. Ich erhielt erst durch ein Schreiben unseres Quedlinburger Ortsgruppenführers Herrn Regierungsrat Freyberg Kenntnis von diesem Entwurf und zwar an Weihnachten. Auf meine Bitte an Herrn Straßer bekam ich von diesem kein Exemplar zugestellt. In München lief der Entwurf erst am 13. Januar ein.

Die weitere Geschichte dieses Programmentwurfes darf ich als bekannt voraussetzen. Die Bamberger Tagung hatte ja den Zweck, mit aller schärfster Entschiedenheit derartige den inneren Bestand der Bewegung auf [das] gefährlichste untergrabende Vorstöße zu unterbinden.

Gr. Straßer schrieb mir 8 Tage nach der Tagung, daß er wegen meiner Ausführungen in Bamberg zu seinem Programm, die besonders in zwei Sätzen die Linie des Sachlichen sehr weit verlassen habe – das bisherige Vertrauensverhältnis zu mir kündigen müsse [hd: Anlage 7].

Daraufhin gab ich mir trotzdem mit Rücksicht auf die Gesamtbewegung die Mühe, in einem langen und eingehenden Schreiben an Herrn Straßer die ganze Entwicklung der letzten Zeit zu schildern. Ich füge dieses Schreiben in Copie bei und bitte [es] als wesentlichen Teil meiner Erklärungen aufzufassen [hd: Anlage 8].

Ungefähr zur gleichen Zeit ließ mir noch die Gauleitung aus Elberfeld mitteilen, daß man auf meinen (von den Herren erbetenen) grundsätzlichen Vortrag über die programmatischen Grundlagen der nat. soc. Bewegung – verzichten müsse, wenn ich nicht mit einer halben Stunde Redezeit (!) am Ende der Tagung zufrieden sei. Ich empfand diese Mitteilung als glatte Brüskierung nicht nur meiner Person, sondern im Hinblick auf die Ergebnisse der Bamberger Tagung auch Hitlers und wandte mich deshalb an Hitler mit der Bitte um telegrafische Weisung, ob ich unter diesen Umständen nach Essen zu der Gautagung am 7. März gehen solle. Herr Hitler ließ mir telegrafisch die Bitte übermitteln auf alle Fälle nach Essen zu gehen.

Ich hatte auch an die Gauleitung geschrieben und mir die Brüskierung verbeten und mindestens eine Stunde Redezeit verlangt.

In Essen angekommen, fand es weder Herr Straßer noch Herr Goebbels für nötig, mir Antwort auf meine Briefe zu geben. Ich blieb daher völlig im Unklaren, ob man in Essen mein Verlangen nach angemessener Redezeit berücksichtigen wolle. Erst [am] Nachmittag, kurz vor dem ich sprechen sollte, teilte mir Herr v. Pfeffer mit, daß ich selbstverständlich eine Stunde sprechen könne.

In der durch obige Vorgänge und Geschehnisse gekennzeichneten [hd: *Stimmung u.]* Situation traf ich vor Tisch Mittags bei dem Vorbeimarsch der S. A. mit unserem alten treuen Parteifreund Bauschen zusammen, den ich seit Jahren kenne und schätze als einen der treuesten und opferwilligsten Parteigenossen, der mich bereits im Jahre 1920 oder 21 nach Duisburg, Wanne und Hattingen zu Vorträgen eingeladen hatte, also zu einer Zeit, als weder Herr Goebbels noch auch Herr Straßer in unserer Bewegung standen, und klagte mir sein Leid und teilte mir seine Befürchtungen wegen der Tendenz mit, die die Bewegung unter Straßer und Goebbels eingeschlagen habe. Der Brief Bauschens gibt ja den wesentlichen Inhalt seiner Mitteilungen wieder.

Zum Schluß unserer Unterredung, die etwa 20 Minuten gedauert haben mag – wir warteten auf den Vorbeimarsch – habe ich dann die obige Bemerkung gemacht. Ich glaube, daß die Vorgeschichte dieser Bemerkung eine mehr wie ausreichende Unterlage bietet für die Berechtigung tiefster Besorgnis um die Einheitlichkeit unserer Bewegung.

Weitere Kommentare möchte ich mir vorerst ersparen. Herr Goebbels hat sich am Schlusse meines mit riesigem Beifall aufgenommenen Vortrages sehr wegen des Briefes die Redezeit betreffend entschuldigt und mich gebeten, dies auch Herrn Hitler mitzuteilen, was ich auch gelegentlich einer Unterredung mit Herrn Hitler tat.

Mit Herrn Pfeffer war ich am Abend der Essener Tagung noch allein einige Stunden zusammen und wir sprachen noch einmal über die unglückseligen Straßerschen Programmentwürfe. Herr v. Pfeffer hatte sich ja selbst als ein strikter Gegner der Straßerschen Entwürfe bekannt.

Umso mehr mußte mich der unverschämte und gehässige Ton der beiden Schreiben der Gauleitung, die Herr v. Pfeffer gezeichnet hat, überraschen und verletzen.

Dies zur Sache, die den Ehrenausschuß beschäftigen muß. Der ganze Fall gibt mir aber Veranlassung noch zu einigen Anregungen, die mehr auf das Grundsätzliche dieses Falles eingehen.

Es scheint geboten, einen wirksamen *Ehrenschutz für die Führer* der Bewegung einzuführen gegen direkte Beleidigungen und gegen das Weitertragen von nachteiligen Gerüchten aller Art.

Nichts macht die Arbeit für die Bewegung bitterer, als daß irgend ein übles Gerücht über einen Parteigenossen sofort geglaubt und mit Behagen weiterverbreitet wird. Ich erinnere nur an die Flut von Gerüchten über Streicher, Esser, Amann u. a., nicht minder aber auch über Hitler, Rosenberg, Dinter, auch an die hämischen Bemerkungen Straßers über meine rednerische Tätigkeit, daß ich nur überall meinen Aufwertungskaktus hinsetzen würde, u. s. w.

Eine gewisse Auszeichnung der führenden Persönlichkeiten, z. B. nur im Hinblick auf die Berichterstattung im Beobachter. Dies müßte m. E. ganz generell geregelt sein. Es erscheint nicht angängig, daß z. B. sich Dr. Goebbels als *den Vorkämpfer der nationalsocialistischen Idee im Rheinland* zu seinem Bamberger Vortrag ankündigen läßt (Beo. vom 4. 5.), während Dr. Ley, Bauschen, Kaufmann auf diesen Titel ebensogut Anspruch machen könnten. Etwas anderes ist die Festlegung der Stellung der einzelnen Persönlichkeiten im Rahmen der Gesamtbewegung. Um den obersten Führer (Hitler) haben sich herumzuscharen die übrigen Führer der Gesamtbewegung, die auch propagandistische Vorkämpfer waren u. sind (Streicher, Dinter etc.), der Programmatiker (Feder), die Landesleiter (Mutschmann, Wagner etc.), die Abgeordneten (Dr. Frick, Dr. Buttmann etc.), der Hauptschriftleiter des Centralorgans (Rosenberg) u. s. w. u. s. f.

Auch eine Abgrenzung der Kompetenzen der einzelnen Stellen ist dringend erforderlich.

Außerordentlich nützlich erscheint zur Erreichung einer reibungsloseren Zusammenarbeit die häufigere *Veranstaltung von Zusammenkünften und Aussprachen* der führenden Persönlichkeiten untereinander. Erfahrungsgemäß lassen sich mündlich sehr viel Unstimmigkeiten aus der Welt schaffen, die sonst weiterfressen und zur Entstehung der zahlreichen bösartigen Gerüchte Anlaß geben. Die Bamberger Tagung hat z. B. ausgezeichnet gewirkt, aber als Einzelerscheinung kann sie ihren Zweck nicht erfüllen, da noch viel zu viel ungelöste Fragen offen blieben. Nicht umsonst hat sowohl Moussolini [sic] wie auch Gandhi großen Wert auf diese Dinge gelegt.

Ich möchte mich auf diese kurzen Anregungen für heute beschränken, es sind aber noch eine Reihe dringender anderer Fragen zu behandeln, die unsere Parteigenossen draußen im Lande beunruhigen, so bes. das Verhältnis zu General Ludendorff, zu den Wehrverbänden, u. s. w.

Mit herzlichem Heilgruß!

[gez.] G. Feder.

[hd Feder] [hd Heinemann]

Anlagen erbitte ich zurück. empf. 5. V. 26 Hei

[BDC, OPG Feder – Gau Ruhr. USchlA-Akte Nr. 34]

[53] *Goebbels' Damaskus*[17]

... 9. Ew. Exz. werden sich der damals unter Gregor Straßer gegründeten Arbeitsgemeinschaft der norddeutschen Gaue erinnern.

Diese Arbeitsgemeinschaft kam damals lediglich in der Absicht zustande, die weitere Entwicklung der N.S.D.A.P., vor allem auch auf geistigem Gebiete durch Gedankenaustausch der einzelnen Gauleiter zu fördern. Gregor Straßer hat keine Gelegenheit unbenutzt gelassen, immer wieder die absoluteste Loyalität der Arbeitsgemeinschaft gegenüber München und unserem Führer Adolf Hitler festzustellen. Auch in dieser Arbeitsgemeinschaft ist es gerade Herr Dr. Goebbels gewesen, der in schärfster Weise gegen die sogenannte Münchner Richtung Stellung nahm und in Wort und Schrift für die Ost-Orientierung eintrat. Dann nach der bekannten Bamberger Tagung tat Herr Dr. Goebbels den bezeichnenden Ausspruch: »Adolf Hitler hat 1923 den Sozialismus verraten!« [hd: Als Zeuge hiefür benenne ich den Pg. Homann, Hannover!]

Ich gebe zu, daß ich persönlich in manchen Fragen sowohl der Idee wie auch der Taktik nicht immer mit den Direktiven der Reichsleitung einverstanden gewesen bin. Ich habe aus dieser meiner Einstellung auch niemals ein Hehl gemacht, mich aber trotzdem in selbstverständlicher Unterordnung der zweifellos notwendigen einheitlichen Linie und somit den Anordnungen der Reichsparteileitung stets gefügt. Ich werde dies auch in Zukunft nach wie vor tun, solange mich eben mein Gewissen und meine

---

17 Am 8. April 1926 sprach Goebbels auf Einladung Hitlers in dessen Anwesenheit im Münchener Bürgerbräukeller. Der hier abgedruckte Auszug aus dem Brief des Gauleiters Ruhr, Karl Kaufmann, an den Vorsitzenden des USchlA RL, Generalleutnant Heinemann, vom 24. Juni 1927 bietet eine interessante Ergänzung zu Goebbels eigener Schilderung seiner Unterwerfung unter Hitler. Diese gipfelt in den Worten: »Ich beuge mich dem Größeren, dem politischen Genie!« (H. Heiber [Hrsg.], Das Tagebuch von Joseph Goebbels. S. 72, Eintragung vom 13. April 1926.) Der von Kaufmann als Zeuge genannte Otto Homann war 1925/26 Geschäftsführer des Gaues Hannover.

Überzeugung die eingeschlagenen und vorgeschriebenen Wege mitgehen heißt.

Herr Dr. Goebbels, der seinerzeit nicht oft und scharf genug zur Opposition gegen München auffordern konnte, derselbe Herr Dr. Goebbels ist es dann gewesen, der, als Herr v. Pfeffer, Dr. Goebbels und ich zu Herrn Hitler zitiert wurden, in der öffentlichen Versammlung in München vor der Unterredung mit unserem Führer Adolf Hitler seine bisher so eifrig verfochtene Linie (die Linie der Opposition) dann urplötzlich so rückhaltlos aufgab, daß sich Herr Hauptmann v. Pfeffer am Abend nach der Versammlung veranlaßt fühlte, mir folgendes wörtlich zu erklären: »Ich, Hauptmann v. Pfeffer, war nie mit Ihrer und Dr. Goebbels' Auffassung vom Sozialismus einverstanden, sie ging mir zu weit, doch heute abend hätte ich mich fast veranlaßt gefühlt, auf Grund der Goebbels'schen Rede für den Sozialismus einzutreten. Die Goebbels'sche Rede war doch auch nach Ihrer Auffassung Mist!« – Herr Dr. Goebbels hat mich dann am Abend nach der Versammlung gefragt, wie mir sein Vortrag gefallen habe. Ich habe Herrn Dr. Goebbels über meine Meinung nicht im Unklaren gelassen, worauf dieser dann in seiner Eitelkeit gekränkt restlos einschnappte. ...

[BDC, OPG – Akte Karl Kaufmann. Bll. 8–10 des dreizehnseitigen Briefes]

[54] *Rudolf Heß: Der »Faschisten«-Gruß*[18]

Die Einführung des Grußes durch Aufheben des gestreckten Armes bei der N.S.D.A.P. vor etwa zwei Jahren erregt heute noch hie und da die Gemüter. ...

Im übrigen vergessen die Kritiker alle, einen anderen geeigneten Gruß in Vorschlag zu bringen, es sei denn, daß sie an dem alten militärischen Gruß festhalten wollen. Dieser kommt aber – wenn man den französischen Ursprung schon übersehen will – aus dem Grunde für die S.A. nicht in Betracht, weil dieser Gruß nur dann gut aussieht, wenn er eingedrillt wurde, wie einst dem Rekruten in den Wochen, bis er zum erstenmal Aus-

18 Der früheste Hinweis auf den Hitler-Gruß findet sich in einem Münchener Polizeibericht vom 28. April 1926: »Hitler bedient sich seinen Mitgliedern gegenüber vielfach des faschistischen Grußes (Seitwärtsstrecken des rechten Armes mit geballter Faust).« [B. H. St. A. I, Sonderabgabe 1739] Die Bezeichnung »geballte Faust« ist wohl ein optisches Mißverständnis (s. auch Dokument 62 a).

gang in Uniform erhielt. Dieser Drill ist aber bei der S.A. nicht möglich. Und die altgedienten S.A.-Männer unter uns werden sich der fürchterlichen Bilder noch entsinnen, die junge S.A.-Leute seinerzeit vor Einführung des neuen Grußes bei dem Versuch boten, »militärisch« zu grüßen. Bei viel gutem Willen war das Ergebnis eine verrenkte, bucklige Gestalt mit schiefem, schielendem Kopf, bei etwas »legererer« [sic] Auffassung wurde ein kollegialer »Servus«-Gruß mit einem Finger am Mützenrande daraus.

Längst bevor wir vom Faschismus und seiner Grußart etwas wußten, im Jahre 1921 etwa, wurden in unseren Reihen die Führer durch Heben des rechten Armes gegrüßt – aus der schon erwähnten natürlichen Grußbewegung heraus. Selbst aber wenn man den vor zwei Jahren erlassenen Grußbefehl als eine Übernahme des faschistischen Grußes ansehen will – wäre dies wirklich so schlimm? Der Bolschewismus hat seine Symbole über den gesamten Erdball verbreitet; Symbole und geheime Erkennungszeichen der Freimaurerei haben ihre Geltung in allen Erdteilen und bei Angehörigen aller Rassen. Nun denn: die nationenweise zusammengeschlossenen Kämpfer des Nationalismus dokumentieren die bis zu einem gewissen Grade vorhandene Gemeinsamkeit und innere Verbundenheit des Kampfes gegen die gemeinsamen internationalen Feinde durch die Gemeinsamkeit des Grußes.

R. Heß

[Der S.A.-Mann Nr. 4, Juni 1928. Beilage zum Völkischen Beobachter Nr. 138 v. 16. 6. 1928]

[55] *Hitlers Rechenschaftsbericht vor der Generalmitgliederversammlung*

München, 23. Mai 1926

Zum Pfingstsamstag hatte die Parteileitung, gesetzlicher Vorschrift entsprechend, die alljährliche Generalmitgliederversammlung der Nationalsozialistischen deutschen Arbeiterpartei bzw. des Nationalsozialistischen deutschen Arbeitervereins in den Bürgerbräukeller nach München berufen. Neben fast sämtlichen namhaften Führerpersönlichkeiten, darunter Gottfried Feder, Julius Streicher, Gregor Straßer, Artur Dinter, Dr. Frick u. a., die lebhaft begrüßt wurden, nahmen zahlreiche Landes-, Gau- und Ortsgruppenführer aus allen Landesteilen sowie viele Einzelmitglieder an der Tagung teil. Das Erscheinen Adolf Hitlers löste wie stets die laute Begeisterung der Massen aus. Im Auftrag der Leitung eröffnete Pg. Stadtrat Amann-München die Verhandlungen und erteilte dem ersten Vorsitzenden, Adolf Hitler, das Wort. Es wurde sofort an die Behandlung der einzelnen Punkte der Tagesordnung herangetreten. Punkt 1 (Behandlung von Beschwerden gegen Ausschluß aus der Partei) wurde zur Erledigung einem durch Zuruf gewählten Ausschuß übertragen. Dann folgte der Kassenbericht, erstattet vom 1. Kassier, Pg. F. X. Schwarz, der ein überaus erfreuliches Bild sowohl des verflossenen Jahres als auch hoffnungsvolle Aussichten für die Zukunft zeigte. Unter tosendem Beifall wurde Pg. Schwarz Entlastung und von Führer und Anhängern Dank für seine ehrenamtliche Arbeit ausgesprochen sowie das vollste Vertrauen durch einstimmige Neuwahl zuteil. Anschließend nahm

Adolf Hitler

unter gespanntester Aufmerksamkeit aller, nur ab und zu vom Beifall unterbrochen, das Wort zu seinen grundlegenden Ausführungen über den Stand unserer Bewegung und die politische Lage Deutschlands schlechthin; Worte von so hervorstechender Bedeutung und politischer Tragweite, daß sie es verdienen, von jedem denkenden Deutschen gehört, gedacht und befolgt zu werden. ...

Am 27. Februar vergangenen Jahres konnten wir sagen, wir gingen über den Jordan und hatten nichts bei uns als einen Stecken. (Heiterkeit.) Heute nach einem Jahre ist die Bewegung wieder organisatorisch absolut durchgebildet; sie ist heute besser als früher. Wir haben jetzt viel schärfere Anforderungen bei der Auswahl unserer Mitglieder gestellt. Wir nehmen nicht mehr wahllos jeden, wie das früher der Fall war. Wir haben aus dem Jahre 1923 gelernt und dürfen sagen, wir sind heute die einzige völkische Bewegung, die wirklich das Recht hat, sich völkisch zu nennen, schon weil tatsächlich ein Volk hinter uns steht, zum Unterschied von den anderen. Wir sind das auch deshalb, weil unsere Organisation ununterbrochen gewachsen ist. Sie bewegt sich und zwar nicht nach rückwärts, sondern nach vorwärts. Unsere Organisation erfüllt diese Voraussetzungen auch insofern, als sie nicht nur auf dem Papier eine völkische Organisation ist, sondern in Wirklichkeit einen lebenden Organismus bildet. Wir haben eine tadellose Zentral-Kartothek geschaffen. Wir besitzen in unserer Hauptgeschäftsstelle die Möglichkeit, den Apparat auszubauen, der unsere Mitglieder im ganzen Deutschen Reich in einer einzigen einheitlichen Form erfassen kann und wird.

Wir haben mit nichts begonnen und mußten nun versuchen, vor allem drei Dinge wieder ins Leben zu rufen.

Das erste war die Schaffung eines Zentralorgans. ...

Eine zweite Notwendigkeit war die Ausgestaltung der Propaganda. Wir haben hier insbesondere durch Ausgabe von Flugblättern zu leisten versucht, was zu leisten war. Wir haben diesmal die Einnahmen und Ausgaben für unsere Sondernummern nicht im Verein gebucht, sondern dies alles vom Verlag besorgen lassen. Wir konnten den Verein nicht mit allerhand überflüssigem Personal belasten, das schließlich nur hin und wieder Verwendung finden würde, um dann wochenlang nichts zu tun. Deshalb hat der Verlag diese Arbeit auf sich genommen, da er ja ohnehin den ganzen Apparat, und vor allem auch das erforderliche Personal, besitzt. ...

Weiter mußte die Rednerfrage geprüft werden. Gerade sie ist bei uns ein schwieriges Kapitel, weil uns im letzten Jahre noch nicht jene Mittel zur Verfügung standen, über die wir früher, etwa im Jahre 1923, auf Grund unserer damals viel größer ausgebauten Organisation, die ja schon drei Jahre bestand, verfügten. Sie dürfen nicht vergessen, daß bei uns alle Mittel zunächst zur Schaffung einer Geschäftsstelle verwendet werden mußten. Das erste Jahr war das Jahr des ununterbrochenen Bauens. Auch das kommende Jahr soll immer noch ein Jahr des Ausbaues sein, und erst das folgende wird die Ernte bringen. Was wir im vergangenen Jahre und jetzt in die Geschäftsstelle, in den Ausbau der Zeitungen und in die Propaganda-Arbeit hineinstecken, wird dann Früchte tragen, und zwar, wie ich überzeugt bin, sehr schöne und große Früchte. So konnten wir für unsere Redner nicht das verwenden, was zweckmäßig gewesen wäre. Allein wir haben trotzdem eine große Anzahl erstklassiger Redner hinausgeschickt. Es haben sich in erster Linie unsere Herren Abgeordneten zur Verfügung gestellt. Sie wissen, daß ich immer den Standpunkt vertreten habe, daß wir uns an den Wahlen nicht beteiligen wollen. Wir gingen von dem Grundsatz ab und sind nun in den Parlamenten vertreten. Wir sind aber nicht darin, um mit den anderen mitzumachen. Wo wir den Ausschlag geben, machen wir mit, (wenn es zweckmäßig erscheint). Das ist aber nicht unsere Hauptaufgabe. Für uns ist die Fahrkarte der Abgeordneten die Hauptsache. Sie bietet die Möglichkeit, Agitatoren herumzuschicken, dient also ebenso wie die Diäten ausschließlich der Partei. Die Herren, die uns in den Parlamenten vertreten, fahren z. B. nicht nach Berlin, um dort ihre Stimmzettel abzugeben, sondern reisen mit ihren Fahrkarten ununterbrochen herum, im Dienste unserer Bewegung. Dadurch zum großen Teil ist es möglich geworden, daß wir im vergangenen Jahre allein über 2370 Massenversammlungen in Deutschland abhalten konnten. (Beifall.) ...

Die Versammlungstätigkeit ist, wie ich schon erwähnte, außerordentlich groß gewesen. Zu den offenen Versammlungen kamen über 3500 Sprechabende in den ersten 12 Monaten. Ich bin überzeugt, daß schon das kommende Jahr weitere Erfolge bringen wird. Ich bin glücklich, daß in diesem Jahre wieder ein paar erstklassige Redner herausgewachsen sind, an der Spitze unser Freund aus Elberfeld, Goebbels. (Beifall.) Ich weiß, was es heißt, wirklich hinreißend und mitreißend zu reden, weiß, daß das nicht angelernt werden kann, sondern eine angeborene Gnade ist. Jeder erstklassige, wirklich gute Volksredner wird für unsere Bewegung immer unbezahlbar sein. Wir müssen glücklich sein, wenn sich aus der Masse unserer Parteigenossen solche Köpfe mehr und mehr herausschälen. Wir können nicht zu den bestehenden großen Parteien gehen, an ihre Türen klopfen und uns aus ihren Restbeständen etwas heraussuchen. Es bleibt uns nur übrig zuzusehen, wie aus der Masse selbst diese Köpfe herausdrängen und hervorsprießen.

Nun zum dritten, zur Organisation selbst!

Auch die Organisation ist in diesem Jahre gewachsen. Vom Jahre 1923 unterscheidet uns vor allem etwas vollständig. Damals war unsere Bewegung nur auf Bayern beschränkt und hatte erst in den letzten Monaten etwas nach Württemberg übergegriffen, während im übrigen Reiche infolge der Verbote sporadisch nur Keimzellen vorhanden waren. Heute ist unsere Bewegung über das ganze Deutsche Reich verbreitet und hat überall festen Fuß gefaßt. Unsere Organisation hat sich entwickelt, an manchen Orten günstiger, an anderen weniger günstig, je nachdem Köpfe vorhanden sind, die sich zur Verfügung stellen. Es ist für uns, die wir die ersten Anfänge der Bewegung noch vor uns sehen, etwas Wundervolles, wenn wir heute hören oder sehen, daß im entferntesten Westen, Osten und Norden überall nationalsozialistische Ortsgruppen bestehen, überall nationalsozialistische Bezirks- oder Gauverbände vorhanden sind, daß das ganze deutsche Reich keinen weißen Flecken mehr aufweist, von dem man sagen könnte, er ist ein von uns noch nicht betretenes Gebiet. Mögen auch an manchen Orten die gewünschten Erfolge nicht gekommen sein, das macht nichts; denn wir sind ja erst ein Jahr alt. Ein kleines Bäumchen, das ein Jahr alt ist, beschattet auch nicht gleich die ganze Wiese. Das wesentliche ist aber, daß es wächst. Und das tut unser Bäumchen, und zwar ausgezeichnet.

... Ich habe hier zwei Extreme herausgegriffen, die lebendigen Franken und die wesentlich kühleren Niederdeutschen des Ruhrgebiets usw. Wenn wir das Deutsche Reich heute von diesem bevölkerungspsychologischen Gesichtspunkte aus betrachten, müssen wir sagen, nichts beweist die Richtigkeit der Ideenwelt der nationalsozialistischen Bewegung besser als die Tatsache, daß sich ihre Ideen durchsetzen, in so ganz extremen Gebieten. Vielleicht wird sie überall eine etwas lokale Färbung bekommen; das macht nichts. Im Prinzip marschieren alle auf das gleiche Ziel los. Es mag sein, daß in dem einen oder anderen Gebiet auf Grund der jeweiligen Notwendigkeiten das eine oder andere schärfer betont wird. Das Ziel ist aber überall die Durchsetzung des nationalsozialistischen politischen Glaubensbekenntnisses, sei es in Hamburg, München, Nürnberg oder in Elberfeld, sei es in Baden oder Ostpreußen.

Schwer war der Kampf, den wir im vergangenen Jahre, besonders im Hochsommer, auszufechten hatten. Es gab Gebiete, in denen wir uns von vornherein durchzusetzen vermochten, vor allem in Sachsen. Dort hat der Führer Mutschmann augenblicklich ganz Sachsen fest in die Hand genommen, geschlossen in die N.S.D.A.P. hinübergeführt und mustergültig in der Hand behalten, sodaß eine Gegenströmung nicht entstehen konnte. (Heilrufe, Beifall.) Viel schwieriger waren die Dinge aber z. B. in Württemberg, wo die gegnerische Gruppe an sich stark war und sofort zur Gründung eines eigenen Ladens überging. Nun, nach über einem Jahre, hat diese Gruppe unter Prof. Mergenthaler eine Jahresversammlung abgehalten, mit der sie sich selbst ihr Urteil gesprochen hat. Sie ist, möchte ich fast sagen, in nichts zusammengesackt. ...

In dieser ganzen Entwicklung haben auch die nationalsozialistischen Fraktionen maßgebend mitgewirkt. Im Reichstag war es nicht möglich, eine eigene nationalsozialistische Fraktion zu bilden. Wir haben 4 Reichstagsabgeordnete: Feder, Straßer, Frick und Dietrich. Sie ergriffen damals die Fahne unserer Partei und kämpfen seit der Zeit für unsere Bewegung. Ich hege nur den einzigen Wunsch, daß möglichst bald eine Auflösung des Reichstages kommt und daß wir dann, auf uns gestützt, in den Kampf gehen können. Wir werden ja sehen, weniger als vier bekommen wir niemals, wahrscheinlich mehr. Das genügt aber vollständig, denn wir gehen ja nicht hinein, um große Worte zu reden. Wir wollen dafür sorgen, daß wir noch 3 oder 4 Agitatoren für unsere Bewegung dazu bekommen, weiter wünschen wir uns nichts. Die Bude da oben interessiert uns nicht im geringsten. (Heiterkeit, Beifall.)

... Seit dieser Zeit des Kampfes im Parlament ist es auch viel leichter, eine Beteiligung an den kommenden Wahlen zu verlangen. Ich muß gestehen, ich hätte mir nicht vorstellen können, wie ich vor einem Jahr eine Beteiligung an einer Neuwahl überhaupt hätte motivieren können. Ein normaler Parteigenosse hätte mir sagen müssen, »Sie zogen doch hinein, damit Sie ein reinigendes Gewitter hineinbringen, und jetzt machen Sie überall mit, gebärden sich im Gegenteil parlamentarischer als die ältesten Parlamentarier!« Da hätte ich eine Beteiligung an den Wahlen nicht mehr empfehlen können. Die neue Tätigkeit hat es ermöglicht, daß sich die Bewegung heute mit Fug und Recht bei den Wahlen in Mecklenburg [6. 6.] sagen kann, wir wollen sorgen, daß wir auch dort einige Leute hineinbringen. Sind wir dann das Zünglein an der Waage, wie z. B. in Thüringen, unter Dinter (lebhafter Beifall), dann werden wir dieses Zünglein machen, dann mögen die anderen tausendmal den Kopf schütteln und sagen: wie kann man nur solche Anträge einbringen! Jawohl, die bringen wir ein; denn die anderen hätten sie nicht eingebracht! – Es wird dann heißen: Ihr demoralisiert die ganzen Grundlagen des Staates! Ja, des heutigen Staates, dieser Schieberorganisation! Mit dem haben wir allerdings nichts gemein! Wir wollen die Grundlagen für einen wirklichen Staat schaffen! ...

Wie komisch dieses Deutschland ist, nur ein Beispiel: Oldenburg besteht aus zwei Teilen, dem eigentlichen Oldenburg und Eutin in Holstein. In dem einen Teil ist meine Tätigkeit staatsgefährlich, im andern Teil, in Eutin, nicht. Dort darf ich reden. (Heiterkeit.) Ich muß mich da fragen, faßt man das alles als Spott oder Spaß auf?

Glauben Sie mir, den Herren wird der Spaß noch vergehen – dafür wird die rote Meute sorgen! Wenn sie meinen, daß wir uns beeilen werden, ihnen nachzulaufen, so sage ich, wahrhaftiger Gott, wir haben wirklich keine Veranlassung, der Bayer. Volkspartei nachzulaufen.

Wir haben uns jahrelang für das deutsche Volk eingesetzt bis zum Äußersten. (Heil-Rufe. Lebhafter Beifall.) Es kommt aber die Zeit, da werden diese Herren sich nach Bundesgenossen umsehen, da werden sie erkennen, daß sie dem [sic] Bolschewismus nicht Herr geworden, weder mit dem Polizeiknüppel noch mit frommen Gebeten. (Beifall.)

Damit komme ich zu unserer Aufgabe in der Jetztzeit.

Unsere Aufgabe ist es, heute eine feste Waffe zu schmieden, den Willen und die Energie, daß, wenn die Stunde kommt und der rote Drache sich erhebt, wenigstens ein Teil unseres Volkes nicht verzagt und verzweifelt, sondern entschlossen ist, Widerstand zu leisten. ...

Geben wir uns keiner Täuschung hin, was jetzt in Deutschland sich abspielt, ist die Vorbereitung zur Vollendung der deutschen Revolution; denn wenn die Leute meinen, daß eine Revolution auf halbem Wege stehen bleibe, halb kapitalistische Republik, halb bolschewistischer Sowjetstaat, so ist das Wahnsinn. Die Entwicklung geht nach der einen oder der anderen Seite. Entweder versinkt man im Blutsumpf der Linken, oder es kommt das Gegenteil. Zum Gegenteil gehört dann aber Macht und Energie; denn ein solcher Kampf wird nicht ausgefochten durch »geistige« Waffen, sondern durch den Fanatismus, mit dem die Weltanschauungen verteidigt werden.

Das ist die große Mission der nationalsozialistischen Bewegung, daß sie der Zeit einen neuen Glauben aufbaut und bemüht ist, zu erreichen, daß auf diesen Glauben Millionen schwören, so daß, wenn eines Tages die Stunde der letzten Entscheidung naht, das deutsche Volk den jüdischen internationalen Blutwürgern gegenüber nicht vollkommen wehrlos dasteht. ...

Dann wurde die von Pg. Amann geleitete Neuwahl der Vorstandschaft zu einem machtvollen Treuegelöbnis für Adolf Hitler, zu dem sich die Schwurfinger emporhoben, während sich in den Mienen aller der Ernst des Augenblicks ausdrückte, der Gedanke an die Treue bis in den Tod – ein weihevoller Augenblick als Symbol deutscher Zukunft! Der Führer schlug von sich aus wieder als Schatzmeister Pg. Schwarz, als Schriftführer Pg. Hermann Schneider vor, die einstimmig gewählt wurden. Zum Schlusse wurde der heurige Reichsparteitag in Weimar für den 3. u. 4. Juli festgesetzt. Mit einem brausend aufgenommenen Hoch auf die N.S.D.A.P. und auf Adolf Hitler schloß die eindrucksvolle Tagung, die rückblickend die gewaltige Leistung des letzten Jahres und vorwärtsschauend den hoffnungsvollen Aufstieg zu Macht und Freiheit für all die geoffenbart hat, deren Denken und Tun nur eines beherrscht: Deutschland!

[Völkischer Beobachter Nr. 118 v. 26. 5. 1926, S. 1–3 (gekürzt)]

[56] *Die Satzung der NSDAP in der endgültigen Fassung*[19]

Satzung des Nationalsozialistischen Deutschen Arbeiter-Vereins e. V., Sitz München

§ 1

Der Verein führt den Namen »Nationalsozialistischer Deutscher Arbeiter-Verein« e. V. und hat seinen Sitz in München.

§ 2

Der Verein hat den Zweck, alle ehrlich schaffenden Kreise unseres Volkes, gleich ob körperliche oder geistige Arbeiter, zusammenzuschließen, um in gemeinsamer Arbeit unserem Volke die Vorbedingungen zur Erringung seiner politischen Freiheit und seiner wirtschaftlichen Selbständigkeit zu schaffen. Laut Vereinsprogramm hat dies zu geschehen durch Pflege der sittlichen Kräfte und körperliche Ertüchtigung des Einzelnen sowie der Gesamtheit.

Vereinsprogramm ist das am 24. Februar 1920 zu München heraus-

---

19 Die in der Generalmitgliederversammlung vom 22. Mai 1926 anwesenden 657 von rund 30 000 Parteigenossen nahmen die von Reichsschatzmeister Schwarz verlesene Neufassung der Satzung einstimmig an. Gemäß § 1 der Verordnung des Führers und Reichskanzlers Adolf Hitler zur Durchführung des Gesetzes zur Sicherung der Einheit von Partei und Staat vom 29. 3. 1935 wurde der »Nationalsozialistische Deutsche Arbeiterverein e. V.« am 18. 4. 1935 im Vereinsregister beim Amtsgericht München gelöscht, wodurch auch die Satzung ihre Gültigkeit verlor.

gegebene grundsätzliche Programm der Nationalsozialistischen Deutschen Arbeiter-Partei.

Dieses Programm ist unabänderlich. Es findet seine Erledigung nur durch seine Erfüllung.

§ 3

Mitgliedschaft

Jeder unbescholtene Angehörige des deutschen Volkes, der das 18. Lebensjahr vollendet hat und rein arischer Abkunft ist, kann die Mitgliedschaft des Vereins erwerben durch Ausfüllung des Aufnahmescheines der Nationalsozialistischen Deutschen Arbeiter-Partei und Zahlung einer Aufnahmegebühr von Mk. 1.–

Eine Ablehnung von Neuangemeldeten erfolgt ohne Angabe von Gründen durch den jeweiligen 1. Vorsitzenden der betreffenden Ortsgruppe in Übereinstimmung mit seinem Untersuchungs- und Schlichtungsausschuß.

Die Aufnahme ist erfolgt mit Aushändigung einer Mitgliedskarte oder eines Mitgliedsbuches als Ausweis.

§ 4

Austritt und Ausschluß

Der Austritt des einzelnen Mitgliedes aus dem Verein hat durch schriftliche Erklärung und unter Rückgabe der Mitgliedskarte bezw. des Mitgliedsbuches zu erfolgen. Der Mitgliedsbeitrag ist in diesem Falle für den Austrittsmonat noch voll zu bezahlen.

Mitglieder *werden* ausgeschlossen:

a) die ehrenrührige Handlungen begehen oder von denen nach erfolgter Aufnahme solche bekanntwerden,
b) die den Bestrebungen des Vereins zuwiderhandeln und
c) die durch ihr sittliches Verhalten im Verein oder in der Allgemeinheit Anstoß erregen oder dadurch den Verein schädigen.

Mitglieder *können* ausgeschlossen werden:

a) die innerhalb der Ortsgruppe oder des Gauverbandes *wiederholt* Anlaß zu Streit und Zwist gegeben haben,
b) die trotz Aufforderung mit ihrer Beitragsleistung ohne Entschuldigung 3 Monate im Verzug geblieben sind und
c) wegen Interesselosigkeit am Verein.

Zur Verfügung des Ausschlusses sind berechtigt auf Antrag des betreffenden Untersuchungs- und Schlichtungsausschusses:

a) der 1. Vorsitzende der betreffenden Ortsgruppe,
b) die Mitgliederversammlung der betreffenden Ortsgruppe,
c) der Gauleiter und
d) der Vorsitzende des Vereins,

dieser in dringenden Fällen im Einvernehmen mit dem Untersuchungs- und Schlichtungsausschuß des Vereins.

Jeder Auszuschließende muß durch Schreiben mit persönlicher Unterschrift des den Ausschluß Verfügenden von seinem Ausschluß unter Angabe der Gründe unterrichtet werden.

Der Ausschluß tritt zunächst sofort in Kraft.

Es steht dem Ausgeschlossenen frei, innerhalb 8 Tagen nach Empfang des Beschlusses bei der nächst höheren Instanz um Widerruf schriftlich nachzusuchen.

Die Entscheidung des Vorsitzenden des Vereins als letzte Instanz ist endgültig.

Im Falle von Verfehlungen ganzer Ortsgruppen ist der Vorsitzende des Vereins berechtigt, im Einvernehmen mit seinem Untersuchungs- und Schlichtungsausschuß den Ausschluß solcher Ortsgruppen aus dem Verein zu verfügen.

Das Vermögen der Ortsgruppe fällt in diesem Falle der Nationalsozialistischen Deutschen Arbeiter-Partei zu.

§ 5

Generalversammlungen

Alljährlich – in der Zeit zwischen Ostern und Pfingsten – hat in München die Generalversammlung zu tagen. Sie wird durch den Vorsitzenden des Vereins einberufen. Die Mitglieder sind von dieser Tagung zu verständigen bezw. einzuladen durch Bekanntmachung im Partei- bezw. Vereinsorgan, »Völkischer Beobachter«, und durch Rundschreiben an die einzelnen Gaue und selbständigen Ortsgruppen.

Über alle Generalversammlungen ist ein Sitzungsbericht zu führen, der vom Schriftführer und vom Vorsitzenden zu unterzeichnen ist.

Der Mitgliedsbeitrag wird durch die Generalversammlung von Zeit zu Zeit festgesetzt. Grundsätzlich wird bestimmt, daß Gauleitungen außer den Aufnahmegebühren und Werbebeiträgen pro Kopf und Monat 20 %, selbständige Ortsgruppen außer den Aufnahmegebühren und Werbebeiträgen pro Kopf und Monat 50 % der jeweiligen monatlichen Mindestbeiträge an die Parteileitung abzuführen haben.

Ausgenommen von dieser Bestimmung bleibt die Ortsgruppe München, die die *gesamten* Beiträge an die Kasse der Reichsleitung abzuliefern hat.

§ 6

Organisation des Vereins

Die Vereinsleitung ist zugleich Parteileitung der Nationalsozialistischen Deutschen Arbeiter-Partei.

Die Führung der Ortsgruppe München liegt in den Händen der Reichsleitung.

Gliederung des Vereins

Der Verein besteht zunächst aus Ortsgruppen, die der Parteileitung unterstellt sind. Je nach Bedarf werden diese Ortsgruppen in Gauverbänden zusammengefaßt. Die Gauleiter werden von der Reichsleitung bestimmt. Weitere Untergliederungen erfolgen nach Bedarf durch die Ortsgruppenleitungen oder durch die Gauleitungen selbst. Diesen kommt jedoch eine satzungsgemäße Bedeutung nicht zu. Die Reichsleitung arbeitet nur mit Ortsgruppen und Gauen. Um eine entschlossene Leitung der Bewegung zu ermöglichen, ist für die Führung des Vereins in erster Linie verantwortlich der Vorsitzende des Vereins bezw. der Partei.

Für die Leitung der einzelnen Ortsgruppen bezw. Gauverbände gilt als verantwortlich der jeweilige 1. Ortsgruppen-Vorsitzende bezw. der Gauleiter. Der Vorsitzende des Vereins ist gesetzlicher Vertreter derselben. In Abwesenheit kann der Vorsitzende einen Vertreter bestimmen.

Der Verein übernimmt keine Haftpflicht für Schäden, die aus der Tätigkeit der einzelnen Ortsgruppen oder Gauverbände erwachsen. Er ist ausschließlich verantwortlich für Schäden, die aus Anordnungen des gesetzlichen Vertreters des Vereins entstehen.

Die Hauptleitung des Vereins bezw. der Partei – Reichsleitung – besteht aus:

1. dem gesetzlich durch die Generalversammlung zu wählenden Vorstand, bestehend aus dem Vorsitzenden, dem
Schriftführer und dem
Schatzmeister,
2. den Vorsitzenden der Ausschüsse,
3. dem Geschäftsführer der Hauptgeschäftstelle.

Da die verantwortliche Leitung in den Händen des Vorsitzenden liegt, ist dessen Stellung als über dem Vorstand stehend zu betrachten. Er ist verantwortlich nur der Generalversammlung.

§ 7

Ausschüsse

Um einen großzügigen Ausbau der Organisation zu ermöglichen, werden zu dem von der Generalversammlung gewählten Vorstand noch folgende Ausschüsse gebildet, die besondere Aufgaben haben:

a) Der *Propagandaausschuß*, bestehend aus einem Vorsitzenden und 8 Beisitzern. Aufgabe: Erledigung aller die Propaganda betreffenden Fragen.
b) *Finanzausschuß*, bestehend aus dem von der Generalversammlung gewählten Schatzmeister als Vorsitzenden und 3 Beisitzern. Aufgabe: Oberste Aufsicht über das gesamte Kassenwesen des Vereins, Sicherung der finanziellen Grundlagen der Bewegung, finanzielle Werbetätigkeit im allgemeinen.

c) *Ausschuß für Jugendorganisation*, bestehend aus einem Vorsitzenden und 6 Beisitzern. Aufgabe: Gründung und Ausbau der Jugendabteilung.
d) *Sport- und Turnausschuß*, bestehend aus einem Vorsitzenden und 8 Beisitzern. Aufgabe: Zusammenfassung und körperliche Ertüchtigung der sich in der Bewegung befindlichen männlichen Jugend als S.A. Zweck derselben ist die Abstellung des Schutz-, Ordner- und Sicherungsdienstes für die Bewegung.
e) *Untersuchungs- und Schlichtungsausschuß*, bestehend aus einem Vorsitzenden und zwei Beisitzern. Aufgabe: Anträge zu Ausschlüssen und friedliche Schlichtung von Streitigkeiten innerhalb der Partei bezw. des Vereins. Eventuelle Prüfung von Aufnahme-Erklärungen.
f) *Organisationsausschuß*, bestehend aus einem Vorsitzenden und 2 Beisitzern. Aufgabe: Vorbereitung und Durchführung der Organisation nach den Weisungen des Vorsitzenden des Vereins.

Zu den Ausschüssen a, c, d, e und f werden die Vorsitzenden, in den Ausschüssen e u. f auch die Beisitzer vom Vorsitzenden des Vereins bestimmt.

Die Beisitzer der Ausschüsse a, b, c und d bestimmt der jeweilige Vorsitzende des Ausschusses im Einvernehmen mit der Parteileitung.

§ 8

Um dem Vorsitzenden der Partei in deren Leitung den freiesten Spielraum zu gewähren, ihn unabhängig von Mehrheitsbeschlüssen eines Ausschusses zu machen, aber das Verlassen des durch Parteiprogramm und Satzung vorgezeichneten Weges bezw. Rahmens zu verhindern, steht das Recht zur Einberufung einer außerordentlichen Generalversammlung, um ihn vor dieser zur Verantwortung zu ziehen, bezw. eine Neuwahl vorzunehmen, zu: dem zehnten Teil der Mitglieder, wenn dieser die Berufung schriftlich unter Angabe des Zweckes und der Gründe verlangt.

Die Einberufung hat in der gleichen Weise wie bei Generalversammlungen – § 5 – zu erfolgen.

§ 9

Die Organisation der Leitung der einzelnen Ortsgruppen und Gauverbände ist nach ähnlichen Grundsätzen durchzuführen.

§ 10

Um in Zeiten dringender Not eine straffe und energische Führung der Gesamtbewegung sicherzustellen, steht dem Vorsitzenden das Recht zu, einen Aktionsausschuß, bestehend aus ihm und 2 weiteren Mitgliedern, einzusetzen.

§ 11

Zur Ermöglichung einer innigen Verbindung und dauernden Fühlungnahme der einzelnen Ortsgruppen mit der Parteileitung, finden nach Bedarf Besprechungen – Parteitage – statt.

Ihren Zeitpunkt bestimmt der Vorsitzende durch Rundschreiben. Die Ortsgruppen sind verpflichtet, für möglichst starken Besuch zu sorgen.

§ 12

Im Falle sich geschlossene Gruppen anderer Verbände, Vereinigungen oder Parteien an den Nationalsozialistischen Deutschen Arbeiter-Verein e. V. bezw. die Partei anzuschließen wünschen, kann dies nur unter Verzicht auf jede Gegenleistung von seiten des Vereins erfolgen.

Zur Änderung des Zweckes des Vereins ist die Zustimmung aller Mitglieder erforderlich. Die Zustimmung der nicht erschienenen Mitglieder muß schriftlich erfolgen.

Zu einem Beschlusse, der eine Änderung der Satzung enthält, ist eine Mehrheit von drei Vierteilen der erschienenen Mitglieder erforderlich.

§ 13

Hauptgeschäftsstelle

Die Geschäfte des Vereins werden geführt in der Hauptgeschäftsstelle der Nationalsozialistischen Deutschen Arbeiter-Partei in München durch den Geschäftsführer. Dieser wird vom Vorsitzenden des Vereins bestimmt.

Geschäftsstelle sowie deren gesamte Einrichtung sind Eigentum der Nationalsozialistischen Deutschen Arbeiterpartei und stehen dem Vereine nur zur Mitbenutzung zur Verfügung. Ausschließlich im Eigentum des Vereins stehen alle durch seine Eigenschaft als gesetzliche Korporation in seiner Verwaltung stehenden Unternehmungen und Beteiligungen an solchen.

Die Auflösung kann nur erfolgen, wenn ein Rest von nicht mehr als 5 Mitgliedern sich mit Mehrheit für die Auflösung entschließt.

München, den 22. Mai 1926.

gez. Adolf Hitler,
gez. Hermann Schneider,
gez. Franz X. Schwarz.

[Gedrucktes Exemplar. BAK, Slg. Schumacher 374. Vgl. die Reproduktion des am 30. Juni 1926 beim Registergericht München eingetragenen Originals. Ebd., NS 26 – 91]

IV. Der Führer und seine Partei. 1926–1928

Die Jahre 1926 bis 1928 stellen äußerlich keine besonders glanzvolle Periode der NSDAP dar. Und doch erweist die rückschauende Wertung, daß ihr Ergebnis die Struktur des Nationalsozialismus als »Weltanschauung« und politische Form bis in seine Endphase hinein bestimmt hat. Hier sammelte sich um den charismatischen Führer die aktivistische Kerngruppe des Typus »Alter Kämpfer«. In diesen Jahren formte sich ihr stupides Denkschema »Recht ist, was der Partei nützt« (102), das die Machtverhältnisse des Dritten Reiches auf allen Ebenen prägte. Vor allem aber erhielt die Parteistruktur ihre charakteristische Gestalt. Das langsame Vordringen des Führerprinzips, das Hitler 1928 befriedigt konstatierte (80), gab der Organisation den integrierenden Halt, der die Dürftigkeit des völkischen Gedankengutes unwesentlich werden ließ. Dieser Prozeß und seine Voraussetzungen sowie Inhalt und Funktionsweise des Führerprinzips werden in den folgenden Kapiteln unter verschiedenen Gesichtspunkten dargestellt.

Der Weg, den die NSDAP seit Bamberg nahm, zeigte, welch außerordentlichen Vorteil es für Hitler bedeutete, daß er 1925 noch einmal hatte neu beginnen können (65, 66, 76). Die Scheidung im völkischen Lager hatte vor allem die Aktivisten zu ihm geführt, die den Nationalsozialismus als »Bewegung« und verschworene Kampfgemeinschaft wollten und denen an Stelle eines fundierten Programms »schlagwortartig verwertbare« Propagandathesen (Hitler) genügten. Die Tendenz der Arbeitsgemeinschaft wurde deshalb nicht weiter verfolgt, sondern Parteiführung und Gefolgschaft sahen ihr nächstes Ziel darin, »die Bewegung zu einem handlichen, tadellos arbeitenden Werkzeug in der Hand des Führers zu gestalten« (57 b). Mit Zustimmung aller Mitglieder stellte sich die NSDAP von nun an selbstbewußt und optimistisch als Führerpartei dar (57, 60, 61, 62, 65, 66). Goebbels resümierte die Ereignisse der Vergangenheit auf seine Weise, indem er die unschätzbare Bedeutung der »Persönlichkeit Adolf Hitlers für die Geschlossenheit der Bewegung« noch auf das Jahr der Einigung zurückprojizierte (57 b).

In diesen Äußerungen wird das Bestreben sichtbar, mit dem gerade die führenden Parteigenossen die Partei zusammenzuschweißen suchten. Da die NSDAP keinerlei werbewirksame politische Funktion erfüllte, bedurfte sie sowohl den Gegnern und Rivalen als auch den eigenen Parteigenossen gegenüber attraktiver Charakterzüge, die sich propagandistisch auswerten ließen. Als gezielten Appell an das Autoritätsbedürfnis der Umworbenen stellten deshalb die Mitglieder der Reichsleitung und die Gauleiter, die Parteipresse und die Redner die neuartige Struktur der NSDAP heraus und bemühten sich, den Besitz eines »Führers«, wie ihn keine andere Organisation aufzuweisen hatte, zur Stärkung der eigenen Reihen zu benutzen (62 a, 66, 80, 119). Vor allem die nationalsozialistische Selbstdarstellung auf den Parteitagen folgte bewußt dieser Tendenz (57 a, 60, 67 c). Die Wechselwirkung, die sich daraus ergab, daß die Zuversicht des Führers gerade auf dem sichtbar werdenden Erfolg des Führergedankens basierte (66), drückte der Völkische Beobachter am 21. April 1928 in einem Artikel zu Hitlers Geburtstag so aus: »Der Glaube an seine Mission wächst in dem Maße, in dem sein Kampf getragen ist von dem zuversichtlichen Vertrauen seiner stets wachsenden Anhängerschar. Der Führergedanke hat die nationalsozialistische Bewegung aus dem Nichts geschaffen, er ist der sichere Garant der nationalsozialistischen Zukunft.«

Dahinter stand eine doppelte Absicht. Was nach außen die Anziehungskraft der Propaganda erhöhen sollte, zielte gleichzeitig auf die innere Geschlossenheit der Partei. Man pries Hitler nicht nur als politischen Führer, sondern auch als persönliches Vorbild, ja als den Inbegriff aller Qualitäten eines Nationalsozialisten (62, 69 b, 73, 106). Daß die Parteigenossen ihn nur selten zu Gesicht bekamen, erhöhte noch den charismatischen Charakter der Führergestalt.

Die schon seit 1925 auffällig starke Bereitschaft, diese bisweilen zum grotesken Kult gesteigerte Mythisierung Hitlers (Bildtafel 5) nicht nur zu taktischen Zwecken einzusetzen, sondern sie ernstlich überzeugt anzunehmen und aktiv zu betreiben, kennzeichnet die Mentalität weiter Kreise der Parteigenossenschaft bis hinauf in Hitlers nächste Umgebung (61, 62, 65, 119). Deutlich spiegelt sich darin das Bedürfnis, gegen den äußeren Druck, dem man täglich ausgesetzt war, eine Zuflucht zu besitzen (65, 66, 106). Zudem verstand es der Redner Hitler virtuos, sich der verbreiteten Sehnsucht nach dem säkularen Erlöser anzubieten. Die Beschwörung der mystischen Einheit der politischen Armee und ihres obersten Befehlshabers entstammt keineswegs erst dem Arsenal der Parteitage seit 1933. Hitlers Schilderung seines nächtlichen Besuches bei der SA in Nürnberg (67 c) drückt plastisch aus, wie stark irrationale, geradezu religiösem Verlangen entsprechende Elemente den innersten Gehalt des Nationalsozialismus ausmachten und welche zentrale Rolle darin der Führergestalt zukam. Offen wurde der manipulatorische Charakter des Begriffs »nationalsozialistische Weltanschauung« eingestanden. Der apodiktische Glaube an die Richtigkeit des eingeschlagenen Weges, den Hitler unablässig forderte und forcierte (66), brauchte als Rückhalt unbedingt »dies vielleicht nicht bestimmbare Gefühl, das uns beherrscht« (67c, 111). Erst damit war es möglich, die Masse der Anhänger dorthin zu führen, wohin sie geführt werden sollte, wie Heß seinem Chef beipflichtete (65, 119).

Hier wurden die Weichen für den Prozeß der Identifikation des Führers mit dem Inhalt und dem Wollen der von ihm geführten Bewegung gestellt. Nun mußte sich Hitler an dem von ihm proklamierten und von den Parteigenossen allgemein akzeptierten Kriterium des Erfolges bewähren. Mancher, der durchaus willens war, Parteidisziplin zu wahren, unterschied noch zwischen Hitler als dem Führer zum nationalen Sozialismus und der nationalsozialistischen Idee (64a, c). Wie der stellvertretende Gauleiter von Hannover, Major Dincklage, fühlten sich nicht wenige primär der Bewegung verpflichtet und erst durch sie dem Führer (64b). Diese theoretischen Unterscheidungen verloren in der Realität freilich dadurch allmählich an Gewicht, daß Hitler der Klärung „ungegorener und unsicherer Ideen“ konstant und mit Erfolg jedes offizielle Forum in der Partei verweigerte und stattdessen auf die formende Kraft der praktischen Wirklichkeit verwies (57a). Das bedeutete aber nichts anderes, als daß die programmatischen Aussagen nationalsozialistischer Redner und des dürftigen Schrifttums unverbindlich und im Zweifelsfall von Hitlers Zustimmung abhängig blieben. Beispielhaft für die Art, in der auch führende Funktionäre, statt rational begreifbare Argumente vorzubringen, Emotionen schürten und als Patentrezept auf den „Führer“ verwiesen, ist Gregor Straßers Neujahrsgruß „Heil Hitler!“ (62a).

Während für Straßer, der seit September 1926 in der Reichsleitung um die Koordinierung der Propagandaarbeit bemüht war, die Geschlossenheit der Partei eindeutigen Vorrang hatte, verließ der seinem Bruder nahestehende Dr. Erich Rosikat die NSDAP (64). Nicht nur die persönlichen Querelen mit seinem Gauleiter Brückner, dessen Stellvertreter der elitär denkende Rosikat als Leiter der stärksten schlesischen Ortsgruppe, Breslau, gleichzeitig war, gaben den Ausschlag; auch nicht allein die Weigerung, Hitlers Parteibefehl vom 5. Februar 1927 zu befolgen, der den endgültigen Bruch aller Parteigenossen mit den Verbänden forderte, die ihrerseits eine straffe Unterordnung ihrer Mitglieder verlangten (63). Rosikat war vielmehr das erste prominente Opfer, das die neue Parteistruktur forderte. Bereits 1926 hatte er im Gespräch mit Hitler enttäuscht feststellen müssen, daß der den Sieg der NSDAP nicht allein von der Gewinnung der Arbeiterschaft abhängig wissen wollte. Weil Rosikat sich nicht in der Lage sah, seine starre Konzeption des »völkischen Sozialismus« dem anzupassen, mußte er ausscheiden. Weiterhin in engem Kontakt mit Otto Straßer, blieb er auch außerhalb der NSDAP einer der schärfsten Kritiker von Hitlers taktischem Opportunismus.

Zur selben Zeit zeigten sich indes auch positive Auswirkungen. Seit Februar 1927 traten nacheinander die Reichstagsabgeordneten Graf Reventlow, Kube und Stöhr zur NSDAP über, weil in der DVFP ihr – wie sie ihn nannten – sozialrevolutionärer Standpunkt zu ständigen Reibereien mit dem deutschnationalen Flügel um von Graefe und Wulle Anlaß gegeben hatte. Zur Begründung dieses Schrittes strich Reventlow in seinem »Reichswart«, in dem er auch weiterhin völlig ungestört seine politischen Ideen verkünden durfte, die Qualitäten heraus, die die NSDAP jetzt von allen Konkurrenten unterschieden:

> »Zur Nationalsozialistischen Deutschen Arbeiterpartei bin ich übergetreten ohne sogenannte Führeransprüche und ohne Vorbehalte. Ich ordne mich ohne weiteres Herrn Adolf Hitler unter. Warum? Er hat bewiesen, daß er führen kann; aus sich, seinen Anschauungen und seinem Willen, aus dem einheitlichen nationalsozialistischen Gedanken heraus hat er seine Partei geschaffen und führt sie. Er und sie sind eins und bieten in sich die Einheit, welche die unbedingte Voraussetzung zum Erfolge ist. Die vergangenen zwei Jahre haben gezeigt, daß die Nationalsozialistische Deutsche Arbeiterpartei auf dem rechten Wege ist, daß sie marschiert, daß ihr die ungebrochene und unbrechbare sozialrevolutionäre Energie innewohnt.«

Das Funktionieren des nationalsozialistischen Führerprinzips, das hier implizit gepriesen wird, rühmte zur selben Zeit auch Rudolf Heß (65). So, wie es zuerst das Verhältnis zum obersten Führer prägte, lebte es aus zwei einander bedingenden und sich ergänzenden Komponenten. Hitlers Anspruch und Auftreten als vom Schicksal prädestinierter Gründer und Führer der deutschen Freiheitsbewegung, der keinen Zweifel an seiner Mission duldete (59, 66, 67 c, 78 d), bekam seine Wirksamkeit erst durch die in den Parteigenossen lebendige Bereitschaft, sich diesem Führer anzuvertrauen. Sie stieg in dem Maße, in dem sich der generelle Erfolg des vom Führer bestimmten Weges abzeichnete – abzulesen am Wachsen der Partei, am Überrunden der DVFP und der Wehrverbände und an den Fortschritten, die der Nürnberger Parteitag und das Ergebnis der Reichstagswahlen bestätigten.

Bis zum Ende dieses für die Formierung der Führerpartei wichtigsten Zeitabschnitts festigte sich Hitlers Stellung an der Spitze, ja über der gesamten Partei so sehr, daß der Kerngedanke des Führerprinzips – Autorität nach unten, Verantwortlichkeit nach oben (65) – für ihn nur noch in seinem ersten Teil Geltung hatte. Nur selten brauchte er diese Autorität überhaupt nachdrücklich einzusetzen (75, 78). Die Rechenschaftsablage auf den Generalmitgliederversammlungen wurde von allen Anwesenden als nur formal notwendige Farce belächelt (80). Die Beratungen mit den Mitarbeitern, von denen Heß sprach, beschränkten sich mehr und mehr auf grundsätzliche Referate Hitlers zur politischen Lage bei den unregelmäßig abgehaltenen Führertagungen (70, 79) und darauf, unlustig die Berichte der Abteilungsleiter der Reichsleitung anzuhören, denen er am liebsten aus dem Wege ging, wenn sie mit unangenehmen dienstlichen Angelegenheiten kamen (68 a, b; 74, 82). Diesen merkwürdigen Führungsstil, der ganz seinen persönlichen Eigenarten entsprang – Verachtung regelmäßiger Arbeit, Redemanie, Unfähigkeit zum Zuhören – konnte Hitler nur deshalb ungehindert und ohne Schaden für sein Prestige ausprägen, weil die in der Reichsleitung tätigen Personen alles taten, um seine Führerposition abzusichern. Die Straßer, Heinemann, von Pfeffer, Bouhler, Schwarz, Buch, Heß und Himmler wußten, daß die Autorität der gesamten Reichsleitung vom Namen Hitlers getragen wurde und arbeiteten mit diesem Kapital entsprechend (73, 77). Diese Entwicklung, die 1926 nach der vorerst endgültigen Ausgestaltung des Leitungsapparats einsetzte, machte Hitler vollends unentbehrlich: die von ihm selbst angestrebte Funktion als Programmersatz erweiterte sich, der Führer wurde auch zum konstitutiven Element des Parteigefüges. Bei diesen Voraussetzungen war die allgemeine Identifikation Hitlers mit der NSDAP nur eine Frage der Zeit und weiterer Erfolge (69 b, 119). Die für die Machtverhältnisse im Dritten Reich typische Stellung Hitlers hat hier ihren Ursprung.

Um die NSDAP in die blockartige Kaderpartei umzuformen, die Hitler seit Landsberg vorschwebte (65), mußte das Führerprinzip über das Verhältnis zwischen oberstem Führer und Parteigenossen hinaus auf alle Gliederungen der Partei übertragen werden. Von Anfang an hatte die Reichsleitung nur Gaue und Ortsgruppen als offizielle Organisationseinheiten zugelassen, um die Befehlsstruktur so eindeutig und straff wie möglich zu gestalten. Nun brauchte man auf diesen Ebenen zuverlässige und fähige Führer. Die Voraussetzung dafür, »daß alle, denen befohlen wird, die Überzeugung haben, der Befehlende wird unbedingt richtig befehlen und richtig führen« (65), war freilich mit der Anerkennung Hitlers noch nicht ohne weiteres auch für die von ihm Bevollmächtigten gegeben. Hitler selbst hatte zwar einkalkuliert, daß die Auswahl an Menschen, die sich rücksichtslos für das einmal als richtig Erkannte einsetzen würden, nicht groß sein würde. Deshalb nahm er Schwächen und Fehler von Parteigenossen, die seine grundsätzliche Bedingung erfüllten, bis zu einem sehr erheblichen Ausmaß in Kauf, wenn ihre Tätigkeit nur irgendwie von Nutzen war (57 a, 68 c, 77, 82). Seine allein auf die Zusammenballung aller kampfwilligen Kräfte berechnete Zurückhaltung, die erst da endete, wo seine eigene Position auf dem Spiel stand (78 d), hatte jedoch ihre Schattenseite.

Das Bekenntnis zum Führer, der fanatische Glaube an den Sieg des Nationalsozialismus, brutaler Kampfwille und der Verzicht auf starre programmatische Doktrinen bestimmten zwar immer stärker das Selbstverständnis der Parteigenossen, reichten aber noch nicht aus, um die Partei von vornherein vor den negativen Auswirkungen der Vielfalt ihrer Charaktere zu bewahren. Ihre Erfolge an der sich weitgehend selbst überlassenen Propagandafront waren nicht so überwältigend, daß sie die an zahllosen Mängeln sich entzündenden Gegensätze überspielt hätten. Hitlers 1927 geäußerter Optimismus erwies sich als verfrüht (66). In diesen Jahren mußten beinahe alle Gauleiter, ja fast jeder Ortsgruppenführer, um ihre Position kämpfen, obwohl sie ursprünglich ihr Amt nicht ohne die Zustimmung ihrer Untergebenen erhalten hatten. Die unablässigen Geldsorgen (67); das zermürbende Nebeneinander von Beruf und Parteiarbeit; der Spott der Gegner über die »Hakenkreuzler«, die keinerlei positive politische Leistungen vorzeigen konnten; das Fehlen geeigneter Unterführer, das auch Hitler beklagte (68 c, 77); die unterschiedliche soziale und altersmäßige Zusammensetzung und die aus all dem entstehenden Reibungen führten allenthalben zu Mißmut und persönlichem Zwist (73, 74, 75, 79). Selbst die Spitzenfunktionäre bildeten dabei keine Ausnahme (68, 69, 75 b). Die Schlichtungsausschüsse, die satzungsgemäß bei den Ortsgruppen – seit 1929 auch bei den Gauen – zur Beratung ihres Leiters in Sachen Parteidisziplin bestanden, hatten alle Hände voll zu tun. Oberste Beschwerdeinstanz und insbesondere für die Gauleiter und sonstigen höheren Führer zuständig war der USchlA der Reichsleitung, der allein zwischen Januar 1926 und November 1927 bis zum verärgerten Rücktritt seines Vorsitzenden Heinemann (68 d) zweihundert Fälle bearbeiten mußte. Er besaß keine Entscheidungsbefugnis, sondern legte die Sachen, die sich nicht gütlich regeln ließen, Hitler vor. Die Vielzahl der Fälle veranlaßte Hitler im April 1928 sogar, ihm einen Teil seiner Entscheidungsgewalt zu übertragen, wobei er sich alle relevanten Beschlüsse natürlich vorbehielt (75 b). Öffentlich ging er in der Stärkung der Autorität des USchlA RL sogar noch einen Schritt weiter mit der irreführenden Erklärung, daß sich auch der Parteiführer dessen Anordnungen zu fügen habe (75 a).

Daß diese mit Vehemenz ausgetragenen Konflikte die Gesamtpartei in ihrer Entwicklung zwar hemmten, aber letztlich ernsthaft nicht zu erschüttern vermochten, hat zwei Gründe. Niemand hatte Interesse daran, sie über den Rahmen der Partei hinauszutragen. Der Öffentlichkeit gegenüber verteidigte man schon aus Selbsterhaltungstrieb das Bild der Geschlossenheit mit allen Mitteln; notfalls inszenierte man dazu sogar ein Schaustück (68 e, 69 b). Das war möglich, weil diese Differenzen fast nie ideologischer Natur waren, sondern entweder auf rein persönliche oder auf taktische Meinungsverschiedenheiten zurückgingen, für die nur lokales Interesse bestand und die nicht zur Bildung von parteispaltenden Fraktionen angetan waren. Unter diesen Umständen reichte die einseitig vertikale Gliederung der Partei und die umstrittenen Führern von oben gewährte Rückendeckung fast immer aus, um den Unruheherd zu isolieren und das Feuer schließlich zu ersticken (73, 77). Wenn es keinen Weg zur Schlichtung gab, nahm man notfalls auch Ausschlüsse und Auflösung von Ortsgruppen in Kauf. Es erwies sich als entscheidender Vorteil, daß es in diesen Formationsjahren keine ernsthaften Auseinandersetzungen über ideologisch-programmatische Fragen mehr und noch keine politischen Bindungen für die NSDAP gab; in beiden Fällen hätten die Gegensätze sonst erheblich mehr Sprengkraft entwickelt. Beruhigend auf die parteiinternen Konflikte wirkte sich ferner aus, daß seit 1928/29 die Verschlechterung der politischen Lage des Reiches in noch stärkerem Maße als bisher alle Energien für den äußeren Kampf beanspruchte.

Hitler selbst verlor angesichts der Spannungen seine Zuversicht nicht. Er begrüßte die Rivalitäten sogar insofern, als sie seiner Meinung nach einen Ausleseprozeß darstellten, der schließlich die Fähigsten an die Spitze bringen mußte. Außerdem schätzte er die darin sich ausdrückende fanatische Aggressivität höher als den Schein bürgerlicher Wohlanständigkeit. Sein Zynismus gegenüber den Schwächen seiner Mitkämpfer ging soweit, daß schließlich selbst der ihm unterwürfig ergebene Major Buch vor den Gefahren solcher Menschenverachtung warnen zu müssen glaubte (82).

Hier liegt der andere Grund für das Überleben der NSDAP. Wie von Pfeffers verletzter Stolz Hitlers Führerposition unbestritten ließ (68 b), spielten sich auch fast alle anderen Auseinandersetzungen unterhalb des Führers ab, ja die Streitenden rekurrierten zu ihm und riefen seine Autorität förmlich als Schiedsrichter an (68, 69). Daß Hitler diese Rolle im allgemeinen eher besänftigend als entscheidend wahrnahm, befriedigte zwar die Antragsteller nicht immer, trug aber wesentlich zur Entspannung bei.

So paradox es zunächst klingt, aufs Ganze gesehen, wirkten sich die geschilderten Konflikte letztlich sogar stärkend auf die Struktur der Führerpartei aus, indem sie Differenzen ausräumten, »Querulanten« und für das sich abzeichnende Befehl-Gehorsam-Verhältnis ungeeignete Personen eliminierten, Gefolgschaftstreue als wichtigstes Unterführermerkmal durchsetzten und Hitlers integrierende Wirkung unterstrichen. So konnte sich die NSDAP am Ende dieser Phase der inneren Klärung trotz allem selbstbewußt in München zur Generalmitgliederversammlung und Führertagung einfinden.

Zweimal allerdings durchschlugen Angriffe auf den Führer die sonst gut funktionierenden Sicherungen. Der Fall des nicht wiedergewählten bayrischen Landtagsabgeordneten Wilhelm Holzwarth, Pg. Nr. 20, der beruflich gescheitert war und verzweifelt Hitler dafür verantwortlich machte, ist dabei eher wegen der Reaktion der von ihm Angesprochenen interessant (74). Aufmerksamkeit verdient dagegen der Prozeß, den der alte völkische Kämpe Dr. Artur Dinter in Gang setzte, weil er erneut das Prinzip der programmatischen Unverbindlichkeit der Partei gefährdete. Der Autor der berüchtigten Trilogie »Die Sünden wider die Zeit«, die seit 1917 in Auflagen von mehreren hunderttausend Bänden erschien, war 1924 in die politische Bewegung geraten. Er wurde in den Thüringer Landtag und an die Spitze von über 30 Ortsgruppen des Landes gewählt, die er 1925 sofort Hitler zuführte. Der zeichnete ihn mit der Mitgliedsnummer 5 aus und bestätigte ihn als Gauleiter. Als Führer des nationalsozialistischen Züngleins an der Waage im Landtag (55) hatte er eine gewisse Bedeutung in der Partei, der er sogar die Benutzung des sonst für politische Veranstaltungen gesperrten Weimarer Nationaltheaters beim Parteitag 1926 erwirkte (60). Mehr und mehr vernachlässigte er jedoch die Gauleiterpflichten und widmete sich statt dessen seiner religionsreformerischen Idee einer »reinen Heilandslehre«. Ende September 1927 wurde er deshalb auf Drängen aus dem Gau zum Rücktritt genötigt (78 a, b). Über Dinters Wirken einlaufende Klagen ließen Hitler diesmal frühzeitig reagieren. Das Ergebnis seiner Umfrage bei den Leitern der betroffenen Gaue ergab die einhellige Ablehnung der Verquickung des Nationalsozialismus mit Dinters Wahnideen (78 c). Höflich, aber unnachgiebig forderte ihn Hitler daraufhin in einem für seine Selbsteinschätzung äußerst aufschlußreichen Brief zur Einstellung der parteischädigenden Tätigkeit auf (78 d). Im nächsten Augenblick überschritt Dinter, der an Selbstbezogenheit Hitler nicht nachstand, die Toleranzgrenze. Unter Berufung auf seine Leistungen im völkischen Kampf forderte er, Hitler müsse ein Senat beigegeben werden, der ihn in wichtigen Fragen berate. Diesen Antrag auf Änderung der Satzung wollte er in der Generalmitgliederversammlung selbst begründen, was Hitler »aus grundsätzlichen Erwägungen heraus« abschlug. Wie der Verlauf der drei Tage in München zeigte, war Dinter sich über die innere Wandlung der Partei in den letzten Jahren völlig im unklaren (79, 80). Seinen kurz darauf vollzogenen Schritt an die Öffentlichkeit, bei dem er den Briefwechsel mit Hitler und Interna aus der Partei in seiner Zeitschrift »Geistchristentum« publizierte, brauchte die Führerpartei nicht mehr zu fürchten, sie bestand die Probe glänzend. Von dem inzwischen zum Reichsorganisationsleiter avancierten Gregor Straßer initiiert, bestätigten die Abgeordneten und Gauleiter gegenüber der den »Zerfall der NSDAP« bejubelnden gegnerischen Presse einmal mehr, daß gerade in dieser prinzipiellen Frage »sowohl in persönlicher wie in sachlicher Betrachtung eine restlose Übereinstimmung zwischen Adolf Hitler und uns vorhanden ist« (81). Immerhin veranlaßte Dinters Attacke auf den Kern der inneren Einheit der Partei Hitler, in seiner Rede als Gegengewicht sich gewissermaßen doch zu einer programmatischen Forderung zu bekennen: scharf stellte er den Antisemitismus als das tragende Gerüst des nationalsozialistischen Ideenkonglomerats heraus (80).

Neben der inneren Festigung der Führerpartei vollzog sich eine zunächst weniger auffällige, doch für die Zukunft genauso wichtige Wandlung im Zielbereich der nationalsozialistischen Propaganda. Sie unterstreicht augenfällig, wie souverän Hitler über den programmatischen Gehalt des Nationalsozialismus verfügte. Wenige Monate vor den Reichstagswahlen zog er im Winter 1927 die Konsequenz aus den bisher erfolglosen Versuchen, Kräfte aus der proletarischen Front herauszubrechen (70). Die nationalsozialistische Propaganda, deren Ohr für das Raunen im Volk besonders geschärft war, orientierte sich erkennbar auf vier neue Zielgruppen, die mehr Ansprechbarkeit verraten hatten.

Einmal waren das die sozial völlig verunsicherten mittelständischen und kleinbürgerlichen Schichten, die man vor allem durch die strikt judenfeindliche Einstellung zu beeindrucken hoffte (70b).

Soweit die Kräfte dazu ausreichten, widmete man sich verstärkt dem platten Land, wo früher als in anderen Bereichen die nahende Wirtschaftskrise den Boden lockerte. Hitler selbst sprach am 10. Dezember 1927 – wegen des preußischen Redeverbots in Hamburg – erstmals vor mehreren tausend Bauern aus Niedersachsen und Schleswig-Holstein. Um gegnerischen »Interpretationen« die Spitze abzubrechen, korrigierte er auch den bauernfeindlichen Punkt 17 des Parteiprogramms durch einen entsprechenden Zusatz (72b). Die Wahlergebnisse der ländlichen Kreise lagen denn auch am 20. Mai 1928 fast um das Doppelte über dem Reichsdurchschnitt von 2,6 %.

Die dritte Gruppe, zu der die Kontakte seit 1926 nicht abgerissen waren, bildeten Wirtschaftskreise des Ruhrgebiets, für die Hitler auf Wunsch des achtzigjährigen Geheimrats Kirdorf schon im Sommer 1927 seine Gedanken über den »Weg zum Wiederaufstieg« in einer gedruckten Denkschrift niedergelegt hatte. Der Bericht des Völkischen Beobachters über die fünfte Industriellenversammlung innerhalb von achtzehn Monaten (41) ist ein weiteres Indiz für die Akzentverlagerung. Hatte die bisherige Berichterstattung über solche Vorträge Hitlers nur stolz die

Fakten und das Echo vermerkt, so hielt man nun erstmals eine verschämte Rechtfertigung gegenüber den »Handarbeitern« in der Partei für notwendig (71 a). Ebenso wie der innerparteiliche Erfolg stärkten die Resultate derartiger Veranstaltungen Hitlers Zuversicht, weil sie halfen, in politisch einflußreichen Kreisen Vorurteile gegenüber seiner Person abzubauen (65). Der Kommentar der bürgerlichen Presse zu seinen außenpolitischen Entwürfen zeigt freilich auch, wie verwirrt man Hitler gegenüberstand, der in diesem Rahmen gar nicht dem herkömmlichen Bild eines hetzenden Demagogen entsprach.

Während diese drei Gruppen neue Anhänger und finanzielle Mittel bringen sollten, ergab sich das Werben um die Wehrverbände aus der Not, daß die Parteiorganisation und vor allem der wachsende SA-Apparat viel zu wenig geeignetes Führerpersonal besaßen. Diejenigen, die sich in der »Führerkonkurrenz« bisher durchgesetzt hatten, entsprachen keineswegs Hitlers Erwartungen und den praktischen Erfordernissen (88). Der Gedanke lag nahe, die geistesverwandten Kräfte aus den Wehrverbänden herauszuziehen, die über einschlägig erfahrene Offiziere verfügten. Es stellte sich jedoch heraus, daß diese Neuzugänge nicht unproblematisch waren. Ohne durch die harte Einheitsschule der politischen Organisation gegangen zu sein, rückten Männer in die Führerstellungen der SA ein, die die NSDAP nach anderen Maßstäben beurteilten als der bisher tonangebende Funktionärstyp (s. Kap. V).

Eine Bilanz am Ende der fast vier Jahre nach der Neugründung der NSDAP zeigt trotz aller noch ungeklärten Fragen ein positives Resultat. Die Partei als Ganzes hatte sich eindeutig auf zwei Grundgedanken ausgerichtet: aggressiver und zugleich undifferenzierter Machtwille und Führerprinzip bestimmten nunmehr endgültig Form und Inhalt des Nationalsozialismus.

[57 a] *Hitler über den Sinn nationalsozialistischer Parteitage*[20]

Grundsätzliche Richtlinien für die Arbeit der Vorsitzenden und Schriftführer der Sondertagungen am Reichsparteitag.

Bestimmt für a) die Vorstandschaft des Delegierten-Kongresses
b) die Vorsitzenden und Berichterstatter sämtlicher Sondertagungen.

---

20 Die folgenden Richtlinien zum Reichsparteitag 1926 in Weimar ließ Hitler mit demselben Wortlaut auch zu den beiden Nürnberger Parteitagen von 1927 und 1929, dem letzten vor dem »Parteitag des Sieges« 1933, ausgeben. Die einleitenden Überlegungen bis zum Punkt 5) finden sich auch im Völkischen Beobachter Nr. 150 v. 3. 7. 1926, S. 1.

Bis zum Jahre 1923 fand der Parteitag der Nationalsozialistischen Deutschen Arbeiter-Partei verbunden mit der gesetzlich vorgeschriebenen Generalmitgliederversammlung jährlich in den Januar-Tagen in München statt.

Abgesehen von der durch das Gesetz vorgeschriebenen Erledigung der Aufgaben der Partei als eingeschriebener Verein wiesen die Nationalsozialistischen Parteitage bis dorthin immer ein Bild der einmütigen Stärke der Bewegung auf. Sie unterschieden sich sehr zu ihren Gunsten von den üblen, mit Streitigkeiten erfüllten Veranstaltungen ähnlicher Art anderer Parteien. Sie wurden dadurch nicht, wie in solchen Fällen häufig, zu einer Quelle des Mißmutes und der Verärgerung, sondern zu einem Born unendlicher Kraft und Zuversicht. Es war besonders meine Sorge, immer dahin zu wirken, daß Parteitage grundsätzlich nicht zur Austragung persönlicher Stänkereien da sind. So sicher solche Zwischenfälle irgendwie gelöst werden müssen, ebenso sicher aber ist der Parteitag, der einmal im Jahre die gesamte Bewegung einigen soll, nicht der Tag dafür. Er ist aber auch nicht der Platz, an dem ungegorene und unsichere Ideen etwa einer Klärung zugeführt werden können. Weder die Zeit noch das Wesen einer solchen Veranstaltung ertragen einen konzilartigen Charakter. Es bleibt dabei zu bedenken, daß in allen solchen und ähnlichen Fällen die großen Entscheidungen nicht auf solchen Konzilien gefallen sind, sondern im Gegenteil die Weltgeschichte zumeist über sie hinwegzurollen pflegte. Sie ist, wie alle geschichtlichen Ereignisse, das Ergebnis des Wirkens einzelner Personen und nicht die Frucht majoritativer Abstimmung.

Die Verhältnisse des letzten Jahres (Redeverbot und sonstige Unterdrückung der Bewegung in Bayern) zwangen diesesmal die Leitung der Bewegung, ein Kompromiß zu schließen. Sie war gesetzlich angehalten, die Generalmitgliederversammlung in München durchzuführen. Es sollte dem aber auch kein anderer Wert beigemessen werden, als der durch das Gesetz bedingte rein formale. Der Parteitag mußte getrennt zur Abhaltung gelangen und es wurde hierfür für dieses Jahr ein außerbayerischer Ort in Aussicht genommen.

Zweck dieses Parteitages.

Gleich den früheren Generalmitgliederversammlungen und Parteitagen der Bewegung soll auch diese Veranstaltung den Charakter einer großen Kundgebung der jugendlichen Kraft unserer Bewegung erhalten. Gleich früher soll auch diesesmal vermieden werden, den Parteitag mit Fragen zu belasten, deren Entscheidung oder Klärung in einem solchen Rahmen weder möglich noch von Dauer sein würde. Das Jahr 1924 muß als Warnung in diesem Sinne und als Lehre für die Zukunft im Gedächtnis behalten werden. Damals glaubte man, eine Frage, die eben nur die Wirklichkeit beantworten kann, rein doktrinär von den Sitzplätzen eines Vereinstages aus lösen zu können. Der alte Versuch von einst, statt durch die Realitäten von Blut und Eisen das Reich durch Delegierten-Kongresse erreden zu können! Denn wie schon einst und bisher noch immer, wenn auch in größerem Umfange, hat auch in diesem kleineren Verhältnis die praktische Wirklichkeit ganz anders entschieden.

Aus dieser Erkenntnis und dieser Einsicht heraus entstand der Entwurf für die Durchführung des heutigen Parteitages.

Bestimmend für das Programm und die Art der Durchführung waren dabei folgende Umstände:

1. Der Parteitag kann infolge der gesamten Verhältnisse nur einen Tag dauern.

2. Es steht für die Veranstaltung nur ein wirklich großer Raum zur Verfügung.

3. Die Zahl der eingereichten Anträge ist eine so große, daß deren Behandlung vor einer einzigen großen Tagung vollkommen unmöglich ist. Ganz abgesehen davon, daß ein solcher Vorgang im Grunde genommen vollkommen dem Wesen des heutigen Parlamentarismus entsprechen würde, d. h. nämlich: Man stellt vor einem allgemeinen Forum Fragen einer bestimmten sachlichen Art zur Diskussion, die nur bei einem Bruchteil der Anwesenden immer Verständnis finden können, ja auch nur das nötige Interesse zu erregen vermögen.

Daraus ergab sich logischerweise folgende Möglichkeit:

Entweder die Anträge werden vor einem allgemeinen großen Forum behandelt, dann fällt jede Möglichkeit, diese große Tagung zu einer mächtigen Kundgebung werden zu lassen, weg. Und anstelle eines Ausdruckes jugendlicher vorwärtsstürmender Kraft bleibt nur eine mehr oder minder »geistreiche« Diskussion übrig.

Oder der Parteitag soll durch eine große Delegierten-Versammlung seinem wahren Zweck, der Bewegung neuen Antrieb zu geben, genügen, dann mußten die zahllosen Anträge aus dem großen Delegierten-Kongress herausgenommen werden und waren Sonderkommissionen zu überweisen, die schon der inneren Zusammensetzung nach geeignet erscheinen, auf den in Frage stehenden sachlichen Gebieten wirklich praktische Arbeit zu leisten.

Dieser letztere Weg wurde gewählt. Er war, wenn auch in bescheidenerem Umfange, bereits den früheren Parteitagen der Nationalsozialistischen Bewegung zugrunde gelegt worden.

4. Für die einzelnen Unterkommissionen bezw. Sondertagungen wurde eine Anzahl von Herren zu einer Art von Präsidium bestimmt, die sich auf den in Frage stehenden Gebieten bereits betätigen oder zum Teil da-

für eine bestimmte Verantwortung besitzen. Nur so war es möglich, die große Anzahl der Anträge zu ordnen und jenen Sondertagungen zuzuweisen, die sich nun mit ihnen zu beschäftigen haben werden.

5. Die zur Verfügung stehende äußerst kurze Zeit zwang zu einer restlosen Ausnützung derselben, wobei zu berücksichtigen ist, daß die einzelnen Herren, die an einer Sondertagung an leitender Stelle teilnehmen, sich aus der Erkenntnis der Notwendigkeit heraus von anderen Veranstaltungen eben fernzuhalten haben. Nur dadurch wird eine Bearbeitung des großen Stoffes möglich.

Aufgaben der Vorsitzenden und Berichterstatter der Sondertagungen.

Der Zweck der Sondertagungen ist, wie schon betont, die Beratung von Anträgen, die aus Kreisen der Mitglieder dem Parteitag zugeleitet werden, d. h. also die Prüfung einer großen Anzahl von Fragen, die die Bewegung betreffen, sowie die Niederlegung eines Weges zu deren möglicher Lösung.

Dies legt den Vorsitzenden und Berichterstattern der Sondertagungen eine hohe Verantwortung auf.

Der Vorsitzende und die Berichterstatter dieser Tagungen haben sich als Wahrer und Träger der Interessen der Bewegung zu fühlen, als eifersüchtige Schützer der Einheit, immer ausgehend von der Prüfung der möglichen Auswirkung nicht nur im Augenblick, sondern für die Zukunft.

Sie haben aus dieser Einsicht und Verpflichtung heraus sich zu bemühen, daß aus eingebrachten Anträgen wirklich Gutes für die Bewegung erstehe, nichts Zweifelhaftes für den Augenblick, sondern Dauerndes für die Zukunft. Nicht um die Befriedigung der Antragsteller handelt es sich, als vielmehr um die Konsolidierung und den Ausbau der Bewegung. Jeder Stein, der hierfür taugt, muß herbeigerollt und wenn notwendig so lange behauen werden, bis er zu dem Gebäude paßt. Was schlecht ist, darf keine Verwendung finden.

Verantwortlich für alle Anträge und deren Erledigung sind nicht die Antragsteller, als vielmehr die Vorsitzenden und Berichterstatter der heutigen Tagung. Sie haben vor allem immer auf das Äußerste abzuwägen die Möglichkeit der Durchführung eines Antrags und sich nicht blenden zu lassen von der Schönheit eines solchen. Gesichtspunkte der Zeit, finanzielle Erwägungen, Einsicht in das vorhandene Menschenmaterial, die Qualitäten der zur Verfügung stehenden Führer usw. usw. müssen ununterbrochen immer wieder als Maßstab für die Beurteilung aller Fragen angelegt werden.

Niemals darf vor allem die Bewegung einen Schritt vorwärts machen, ohne die felsenfeste Überzeugung besitzen zu können, daß er nicht mehr zurück gemacht zu werden braucht. Denn die andere Welt wird von unserem Vorwärtsgehen wenig oder gar keine Notiz nehmen, jedoch den kleinsten Schritt nach rückwärts als Zeichen der Auflösung, des Zusammenbruchs, kurz der Erledigung der Bewegung in die Welt hinausposaunen.

Erst wenn sich die Durchführung eines Antrages als möglich erweist und dieser selber als segensreich für die Bewegung und der praktische Weg zur Lösung als gefunden erscheint, kann ein solcher Antrag von der Sondertagung beschlossen und der Parteileitung zur Durchführung empfohlen werden. Die Verantwortung tragen in diesem Falle die Vorsitzenden der Tagungen, sowie im Falle der endgültigen Durchführung der dafür verantwortliche Vorsitzende der Partei.

Es finden auch in den Sondertagungen keine Abstimmungen statt, sondern die letzte Entscheidung treffen die Vorsitzenden. Es ist ihre Aufgabe, auf Grund des durch die Diskussion sich ergebenden Bildes plus ihrer eigenen Einsicht die endgültige Entscheidung zu treffen.

Im übrigen haben sich sämtliche Vorsitzende dieser Tagungen als Führer zu fühlen und nicht als Vollzugsorgan von Abstimmungsresultaten.

Der diesjährige Parteitag muß ein mächtiger Schritt vorwärts werden zu einer nationalsozialistischen Staatsauffassung, die sich schon in diesem kleinen Rahmen heranzubilden hat, um dereinst als Grundlage für eine wahrhaft germanische Reform unserer heutigen Verfassung zu dienen.

Anordnung für die Durchführung der Tagungen.

Die Sondertagungen werden von den bereits bestimmten Vorsitzenden eröffnet.

Diese wählen sich zur Unterstützung aus ihren Mitberichterstattern einen oder zwei Stellvertreter.

Es wird kurz der Zweck der betreffenden Sondertagung festgestellt, die Tagesordnung, die sich aus den eingelaufenen Anträgen ergibt, bekanntgeben.

Anträge gleicher Art werden zur Besprechung sofort zusammengefaßt. Die Anträge werden von den Berichterstattern oder den Vorsitzenden vorgetragen, der Antragsteller gebeten, den Antrag noch kurz mündlich zu begründen. Hierauf erfolgt eine kurze allgemeine Diskussion. Die Berichterstatter nehmen darauf noch ihrerseits zu dem Ergebnis des Antrags und der Diskussion Stellung. Der Vorsitzende kann sich noch zu einer besonderen Besprechung mit den Berichterstattern wenn notwendig zurückziehen, um dann endgültig eine Entscheidung zu treffen und den Antrag als beschlossen entweder der Parteileitung zur Durchführung vorzulegen oder ihn an sich zu verwerfen. Der Vorsitzende hat im ersten Falle die Aufgabe, dem Antrag eine praktische Form zu geben, die dessen

Durchführung ermöglicht und sich mit dem Vorsitzenden der Partei in Verbindung zu setzen, um dessen Zustimmung einzuholen. Anträge, die die Unterschrift des Vorsitzenden der Partei erhalten, werden damit durchgeführt. Anträge, denen die Unterschrift verweigert wird, werden entweder auf Befehl des Vorsitzenden dem großen Delegierten-Kongreß zugeführt und dort noch einmal besprochen oder dem 1. Vorsitzenden und dem Schriftführer der betreffenden Sondertagung zur weiteren Bearbeitung zurückgegeben. ...

gez. Adolf Hitler
Vorsitzender
der Nationalsozialistischen Deutschen
Arbeiter-Partei.

[BAK, NS 26 – 389 (gekürzt)]

[57 b] *Rückblick und Ausblick. Von Dr. Goebbels*

... Die Organisation wird zusehends runder und geschlossener. Immer mehr macht sich das Bestreben geltend, die Form der Bewegung zu einem handlichen, tadellos arbeitenden Werkzeug in der Hand des Führers zu gestalten. An allen Ecken und Enden des Reiches wird an dieser Form mit Fleiß und Hingabe gearbeitet. Schwere Kämpfe werden darum ausgefochten. Aber am Ende alles dessen steht die Organisation als eine zwar kleine, aber in ihrer festgefügten Solidität und Geschlossenheit um so stärkere Stellung der Bewegung vor unserem staunenden Auge. Die Blicke des politischen Deutschlands richten sich merklich mehr auf uns. Aus mitleidigem Lächeln wird Spott, aus Spott Verleumdung, aus Verleumdung Terror, und als all das nichts mehr hilft, Kampf auf Leben und Tod. Heute beginnt man wieder uns zu fürchten.

Eines gibt der Bewegung klarstes Gepräge, das sie in der Zeit der Einigung naturgemäß immer entbehren mußte: Eindeutigkeit des Führer-Prinzips. Nur die Eingeweihten wissen zu ermessen, was die Persönlichkeit Adolf Hitlers für die Geschlossenheit der Bewegung im vergangenen Kampfjahre bedeutete. Ihm allein verdanken wir es, daß sie nicht demokratischen Gepflogenheiten der Gegenwart entsprechend in tausend Winde zerstob. Das ist der größte Aktivposten des ersten Jahres. ...

[Völkischer Beobachter Nr. 150 v. 3. 7. 1926, S. 1–2 (gekürzt)]

[58 a] *Wahlbeteiligung oder Wahlenthaltung?*[21]

München, 29. 6. 26

Lieber Fobke! [hd Fobke] zugesagt. 30./6. F.

Haase hat erklärt aus gesundheitlichen Gründen das Referat *gegen* die Wahlbeteiligung nicht übernehmen zu können. So haben wir bis jetzt in Weimar keinen von der Seite der Wahlgegner, der zu Wort käme. Können und wollen Sie das verantworten?! – »Er« läßt Sie daher bitten, ob Sie nicht das Referat halten würden? Samstag 6–8 im kleinen Stadthaussaal (siehe Programm). Bitte geben Sie kurz Antwort. Wir würden uns alle freuen Sie wiederzusehen und Ihre melodische Stimme zu hören.

Seien Sie herzlich gegrüßt
Ihr
[gez.] Rudolf Heß.

[BAK, NS 26 – 900]

[58 b] *Gewisse Herren sollten lieber das Braunhemd ausziehen*

München, den 25. VIII. 1927

Herrn *Gross*
Göttingen

Sehr geehrter Herr Gross,

Ihre an die Parteileitung gerichtete Beschwerde vom 22. ds. Mts. über die Rede des Abgeordneten STREICHER als Antwort auf Ihre Ausführungen über die Frage der Beteiligung an den Wahlen ging ein.

Herr Hitler läßt Ihnen hierzu mitteilen:

Wenn Herrn Streichers Rede tatsächlich Beleidigungen direkter oder indirekter Art gegen Sie enthielt, vor allem Wendungen wie »gewisse Herren sollten das braune Hemd ausziehen und nach Hause gehen« und in diesem Zusammenhange sei vor bezahlten jüdischen Agenten in unseren eigenen Reihen zu warnen, die Unruhe stiften sollten, so bedauert Herr Hitler dies aufrichtig. Er bedauert dies umsomehr, als Ihre Rede auf seinen ausdrücklichen Wunsch hin gehalten wurde und es seiner Absicht entsprach, daß in der Sondertagung über Wahlfragen ein Vertreter der Richtung in

---

21 Um die noch nicht zur Ruhe gekommene Kontroverse um die »Parlamentarisierung der Bewegung« zu entschärfen, ließ Hitler sowohl 1926 wie 1927 auf dem Parteitag darüber diskutieren. Wie wenig Geneigtheit zu sachlicher Behandlung solcher Probleme in der NSDAP bestand, zeigt Dok. 58 b. Faktisch änderte sich an dem bestehenden Zustand ohnehin nichts (55).

unseren Reihen, welche für unbedingte Wahlenthaltung eintritt, seinen Standpunkt ausführlich darlegte.

Wenn Sie durch den Vorsitzenden der betreffenden Sondertagung gegen Angriffe, welche das sachliche Gebiet verließen und auf das Persönliche hinüberspielten, nicht gebührend in Schutz genommen wurden, so bedauert auch dies Herr Hitler.

Sie können versichert sein, daß auf dem kommenden Parteitag sich ein ähnlicher Vorgang nicht zum dritten Male wiederholt.

Im übrigen läßt Ihnen Herr Hitler sagen, Sie möchten gegebenenfalls gefallene beleidigende Redewendungen nicht zu ernst nehmen, sondern sie Herrn Streichers Temperament zugute halten.

Ich habe Ihnen und Herrn Fobke Herrn Hitlers beste Grüße zu übermitteln.

Durchschläge:
Herrn Streicher
Herrn Straßer

Heil!
Ihr Ihnen ergebener
gez: Rudolf Heß.

[Abschrift. St. A. Hannover 310 I A 19]

[59 a] *Der Führer diskutiert nicht*

... Plötzlich kommt Hitler über den Markt. Sofort werde ich mitgeschleift. Er ist sehr erfreut, daß die Sache so groß angeht. Draußen bei all den Herren. Man wird an allen Ecken geknipst. Zum Propaganda- und Organisationsausschuß. Hitler hat einen schweren Zusammenstoß mit Kerrl-Peine um den Eigentumsbegriff. Hitler hat in der Sache recht, in der Form unrecht. ...

[Tagebuchnotiz von Goebbels zum Weimarer Parteitag vom 6. Juli 1926. Nach: Das Tagebuch von Joseph Goebbels 1925/26, Hrsg. von H. Heiber. S. 87.]

[59 b] *Rudolf Heß an Gauleiter Hinrich Lohse*

6. Dezember 1934

... Sie werden sich vielleicht entsinnen, daß der Führer vor vielen Jahren, als Pg. Kerrl in einer Tagung, an welcher *nur* Parteigenossen teilnahmen, an wirtschaftlichen programmatischen Grundsätzen der Partei Kritik übte – ich bin heute ebenso wie der Führer selbstverständlich überzeugt, nicht in böswilliger Absicht –, nahe daran war, die Tagung zu verlassen und den Pg. Kerrl zu maßregeln.

Noch viel weniger ist es angängig, daß ein in so führender Stellung wie Sie befindlicher Pg. in einer Tagung, an welcher Nichtparteigenossen teilnehmen, auch wenn diese Staatsämter innehaben, an programmatischen Grundsätzen der Bewegung Kritik übt. Hierdurch wird an den Grundpfeilern der Bewegung gerüttelt....

[BDC, OPG-Akte Hinrich Lohse (gekürzt)]

[60 a] *Die Standartenübergabe beim Weimarer Reichsparteitag*

... Zum erstenmal seit 1923 steht unser Heiligtum der S. A., die Blutfahne, wieder vor der Öffentlichkeit, sie ist nach dem Novemberverrat 1923 bis zur Wiedererstehung der Organisation treu bewahrt worden. Die mit dem Blut eines als Märtyrer der Idee am 9. November 1923 gefallenen Parteigenossen geweihte Sturmfahne des 9. November 1923 erhält die treueste Gruppe der S. A. Hitler mahnt zur unbedingten Disziplin im Dienst der Idee, zur traditionellen S. A.-Kameradschaft und zum Nacheifern der Vorkämpfer des 9. November 1923, immer der Fahne wert.

Wie ein Schwurfinger hebt sich die Hand der tausende deutscher Freiheitskämpfer, ein historischer Augenblick! Das Deutschlandlied durchbraust den 1919 entdeutschten Riesensaal und gibt ihm wieder die Reinheit durch Beseitigung des Makels der »National«versammlung der Judengenossen. Ein inbrünstiges Gebet von jung und alt, von Frontsoldaten und Jungsturm liegt im Lied, dem dann die Übergabe der Fahnen folgt. Die Blutfahne des 9. November empfängt der Schutzstaffel-Reichsführer Berchtold mit dem Gelöbnis der Treue bis in den Tod. Sachsen, Baden, S. A. Nürnberg, Berlin, Augsburg, München II, Thüringen und Franken empfangen mit Treuverspruch aus Adolf Hitlers Hand Standarten. Ein ernstes Gedenken der Helden des 9. November 1923 und die Mitteilung Adolf Hitlers, daß im Herbst dieses Jahres in Mitteldeutschland eine wuchtige Kundgebung der S. A. und S. S. mit Standartenweihe neuerdings die Schlagkraft und den Fortschritt der Bewegung kundtun soll. Unter den Klängen des Hitlerliedes leert sich langsam der Raum.

[Völkischer Beobachter Nr. 153 v. 7. 7. 1926, S. 1 (gekürzt)]

[60 b] *Der Eid*

Die Standarten- und Fahnenträger hatten bei der Übergabe der Fahnen in Weimar mit erhobenem Schwurfinger nachfolgenden Eid zu leisten:

»Ich schwöre Dir, unserem Führer Adolf Hitler, bis zum letzten Tropfen Blut bei meiner Fahne auszuharren.«

[Aus dem Bericht des Reichskommissars für die Öffentliche Ordnung. Abschrift vom 11. 10. 1926. B. H. St. A. I, Sonderabgabe 1545]

[61] *Die NSDAP fordert die Zusammenfassung des deutschen Volkes in einem europäischen Staat*[22]

München, den 20. Juli 1926.

Als 1. Vorsitzenden der National-Sozialistischen Deutschen Arbeiter-Partei Deutschlands obliegt mir die Pflicht, Euer Deutschgeboren als von nachstehendem Beschluß des Reichsparteitages der National-Sozialistischen Deutschen Arbeiter-Partei vom 3. und 4. Juli 1926 in Kenntnis zu setzen.

Beschluß des Reichsparteitages der N.S.D.A.P. vom 3. und 4. Juli zu Weimar:

»Der Reichsparteitag der N.S.D.A.P. vom 3./4. Juli in Weimar stellt grundsätzlich fest, daß er es ablehnt, Stellung zu nehmen zu allen Spaltungen innerhalb der gesamtvölkischen Bewegung und zu allen Zwisten innerhalb der einzelnen völkischen Gruppen im ganzen deutschen Sprachgebiet. Die N.S.D.A.P. geht diesen Weg unbeirrt wie im letzten Jahr weiter.

Der Reichsparteitag stellt grundsätzlich fest, daß die N.S.D.A.P. alle deutschen Volksgenossen in allen Staaten unter deutscher Staatsoberhoheit dann willkommen heißt, wenn sie das Statut und das Programm der N.S.D.A.P. anerkennen und damit ihren Entschluß bekunden, unter der Führung Adolf Hitlers für das Endziel der N.S.D.A.P., den deutschen, nationalsozialistischen Staat, zu kämpfen.

Der Reichsparteitag stellt das Recht und die Pflicht der Führer der N.S.D.A.P. fest, alle diese zum gemeinsamen Kampf bereiten Deutschen in allen Staaten unter deutscher Staatsoberhoheit in der ihr zweckdienlich

22 Dieser auf Antrag des sonst nicht hervorgetretenen Berliner Pg. Martin Machule gefaßte Parteitagsbeschluß sollte den Knoten der verworrenen Verhältnisse bei den Nationalsozialisten Österreichs durchhauen. Er wurde der Bundesparteileitung und den elf Landes- und Kreisleitern zugestellt. Auf der daraufhin am 12. August 1926 in Passau abgehaltenen Tagung spaltete sich die österreichische Bewegung über Hitlers in einer langen Rede nochmals untermauerten Unterwerfungsforderung in zwei Teile. Sowohl die Hitlertreuen als auch die Selbständigen blieben weiterhin ohne Bedeutung (s. auch Dokument 66).

erscheinenden Art organisatorisch zu erfassen und in die Gesamtorganisation einzufügen.

Der Reichsparteitag stellt weiterhin fest, daß nur jene Organisationen und Einzelpersonen das Recht haben, sich auf Adolf Hitler als ihren Führer zu berufen und den Namen »N.S.D.A.P.« zu führen, die die unerläßlichen, selbstverständlichen Voraussetzungen zur organisatorischen Einfügung und programmatischen Geisteseinheit erfüllen.

Der Reichsparteitag erwartet aus allen diesen Gründen, daß die Organisation und die Volksgenossen in unserem Bruderlande Deutschösterreich, in der Hauptstadt Wien und in den Bundesländern, die gemäß ihrer Einstellung und ihrem Programm die obengenannten Voraussetzungen erfüllen, den Anschluß an die für das ganze deutsche Sprachgebiet geltende Organisation der N.S.D.A.P. unter Führung Adolf Hitlers aussprechen und so die einheitliche – einheitlich in der Führung und einheitlich im Programm – großdeutsche, nationalsozialistische Bewegung schaffen zu helfen.«

In meiner Eigenschaft als Vorsitzender der National-Sozialistischen Deutschen Arbeiter-Partei Deutschlands darf ich dem noch Folgendes hinzufügen:

Das Ziel der National-Sozialistischen Deutschen Arbeiter-Partei ist die Befreiung des deutschen Volkes aus den Fesseln seiner heutigen internationalen Bedrücker. Dieses Ringen um die Freiheit unseres Volkes setzt jedoch gebieterisch die Lösung der innerdeutschen Frage voraus. Die Zertrümmerung unseres Volkskörpers in zwei sich todfeindlich gegenüberstehende Klassen, die ursächlich entweder dem Juden selbst zuzuschreiben ist oder in der Folge von ihm in teuflisch geschickter Weise ausgenützt wurde, verhindert jeden Versuch einer Wiedererhebung der deutschen Nation und garantiert die Ausplünderung der deutschen Arbeitskraft durch überstaatlich organisierte Finanzkräfte.

Um diese Frage zu lösen, führt der nationale Sozialismus eine begriffliche Neubestimmung der Worte: national und sozial durch. Er fühlt die Aufgabe, aus der inneren Gemeinsamkeit und dem Verbundensein dieser beiden Worte eine neue Weltanschauung zu formulieren, organisatorisch zu erfassen und als Kampfinstrument zur Vernichtung des internationalen marxistischen Giftes einzusetzen.

Der nationale Sozialismus steht damit nicht auf dem Boden der heutigen verworrenen Sachlage, sondern kämpft bewußt für eine Neugestaltung des deutschen Lebens auf allen Gebieten. Er lehnt insbesonders jene Friedensverträge ab, die die äußere Niederlegung des deutschen Leides bedeuten.

Dementsprechend ist die National-Sozialistische Deutsche Arbeiter-Partei schon heute als Bewegung entschlossen, die zur Zeit bestehenden politischen Grenzen nicht zu respektieren, sondern ihre eigene Organisation nach reinen Zweckmäßigkeits-Gesichtspunkten durchzuführen. Sie kann nicht anerkennen, daß für eine Bewegung, die den heutigen Zustand ablehnt, gerade aus diesem Zustand Verpflichtungen erwachsen könnten. Sie wünscht die Zusammenfassung des deutschen Volkes in einen europäischen Staat und ist gewillt, diese Zusammenfassung zunächst im eigenen Parteiorganismus klar und deutlich zum Ausdruck zu bringen. Sie sieht darin das beste Mittel, der Zerreißung sogenannter nationalsozialistischer Gruppen ein Ende zu bereiten und ihre Bedeutungslosigkeit aufzuheben.

Sie ist deshalb entschlossen, ihre Organisationsarbeit ab jetzt über die derzeitigen Reichsgrenzen hinauszutragen und so bereits im Rahmen der Bewegung zu erfüllen, was die Hoffnung und Sehnsucht für das ganze deutsche Volk einst will.

Diesem Wunsche trägt die unter einmütigem Zustimmungsjubel vorgetragene Entschließung des Parteitages Rechnung.

Ich darf Euer Deutschgeboren bitten, mir als 1. Vorsitzenden der National-Sozialistischen Deutschen Arbeiter-Partei Deutschlands in klarer und bestimmter Weise mitzuteilen, ob Sie gewillt sind, sich auf den Boden dieser Kundgebung zur Einheit unserer Bewegung zu stellen und die organisatorische und geistige Verschmelzung mit der National-Sozialistischen Deutschen Arbeiter-Partei Deutschlands herbeizuführen.

Ich darf Sie weiter bitten mir mitzuteilen, ob Sie aus besonderen Gründen Wert auf eine Besprechung legen, die diese Frage zur genaueren Erörterung bringen sollte. Ich würde mir erlauben, für diesen Fall in Übereinstimmung mit den anderen Herren einen Termin auf kürzeste Zeit festzusetzen.

Sollten aber Euer Deutschgeboren im Namen Ihres Verbandes in der Lage und bereit sein, ohne weiteres Ihre Zustimmung zur Herbeiführung einer solchen Einheit der Bewegung zu geben, so würde ich Sie bitten, selbst hierher mitzuteilen, ob und an welchem Termin Sie in München zur formalen Erledigung und tatsächlichen Ausführung Ihres Entschlusses sein könnten.

Mit deutschem Gruß!

Für die Richtigkeit:

gez. Adolf Hitler
Vorsitzender
der National-Sozialistischen
Deutschen Arbeiter-Partei Deutschlands.

Geschäftsführer.

[BAK, Slg. Schumacher 373]

[62a] *Heil Hitler!*[23]

Wie könnte ein Nationalsozialist dies neue Jahr anders einleiten, als mit einem Heilgruß an den verehrten Führer, mit einem Heilgruß, der neben der persönlichen Anhänglichkeit, die jeden Versuch einer Trübung ausschließt, auch das treue Gelöbnis in sich birgt: wie im vergangenen Jahr so auch im neuen Jahr Herz und Hand für den Kampf des nationalen Sozialismus einzusetzen. Denn dies ist das große Geheimnis unserer Bewegung: Die innerliche Hingabe an die Idee des Nationalsozialismus, der glühende Glaube an die sieghafte Kraft dieser Befreiungs-, dieser Erlösungslehre, verbindet sich mit einer tiefen Liebe zu der Person unseres Führers, der der leuchtende Herzog ist der neuen Freiheitskämpfer. Dies auch ist die ungeheure Überlegenheit, die die N.S.D.A.P. als Kampfinstrument gegenüber allen anderen Formationen hat, die triebmäßig das gleiche Ziel der Freiheit Deutschlands und der Wiedergeburt des deutschen Volkes verfolgen, daß wir den überragenden Führer haben, der nicht nur die oberste Befehlsgewalt inne hat, sondern als viel stärkere Bindemacht die Liebe seiner Gefolgsmannen.

Herzog – und Gefolgsmann! In diesem urdeutschen, nur dem deutschen Wesen und dem deutschen Geist ganz verständlichen, ebenso aristokratischen wie demokratischen Verhältnis von Führer zu Gefährten liegt die Wesenheit des Aufbaues der N.S.D.A.P. beschlossen, liegt die Durchschlagskraft dieser Kampfmacht begründet und das Wissen um den Sieg!

Heil Hitler! So ist unser erster Gruß im neuen Jahr, wie es der letzte im alten war: Heil Hitler! In diesem Gruß liegt der Stolz über die Erfolge des vergangenen Jahres, das in allen Gauen unseres heißgeliebten Vaterlandes ein mächtiges unaufhaltsames Voranschreiten der nationalsozialistischen Gedankenwelt sah! In tausenden von öffentlichen Sprechabenden, in vielen hunderten von großen Versammlungen wurde die Idee des nationalen Sozialismus, wurde der Name Adolf Hitler unter die Massen des deutschen Volkes geworfen und ein Aufhorchen ging durch die Reihen dieses versklavten, ausgebeuteten, unterernährten Volkes. Ein Aufhorchen auf diesen glühenden Willen zum Kampf, zum Kampf für die Erhaltung des deutschen Volkes, zum Kampf für die Freiheit dieses Volkes, die innere und äußere Freiheit – denn die eine ist wertlos und unmöglich ohne die andere –, ein Aufhorchen auf diesen metallenen Ton, der mit brutaler

---

23 Bereits Ende 1923 läßt sich dieser Heilgruß vereinzelt nachweisen. Einige Gaue verwandten ihn in ihrer Korrespondenz schon seit 1925. Zwei Jahre später war er so weit verbreitet, daß Gregor Straßer ihn in dieser Weise benutzen konnte. Seit 1930 bedienten sich seiner auch die Angehörigen der Reichsleitung in ihren Briefen immer häufiger. (Vgl. Dokument 106.)

Härte die Dinge beim Namen nennt und diesen Dingen Kampf ansagt, schonungslosen Kampf bis zur Vernichtung! ...

Freunde, ein neues Jahr liegt vor uns. Reichen wir uns die Hände im stillen Gelöbnis, in diesem neuen Jahr mit verdoppelter und verdreifachter Wucht – jeder an seiner Stelle – für den Sieg des nationalen Sozialismus, das ist für die innere und äußere Befreiung des deutschen Volkes, zu kämpfen ohne Ermattung, ohne Wanken, in selbstloser Hingabe und treuer Kameradschaft – und dann, Freunde, erhebt den rechten Arm und ruft mit mir stolz, kampffroh und treu bis in den Tod »Heil Hitler«.

Gregor Straßer

[Der Nationale Sozialist für Sachsen Nr. 1/2 v. 9. 1. 1927, S. 2 (gekürzt)]

[62 b] *Was uns Nationalsozialisten zusammenhält*

An alle Bezirks- und Ortsgruppenführer und Mitglieder des Gaues Thüringen der N.S.D.A.P.!

Ab 1. Februar ist mir die selbständige technische und organisatorische Leitung des Gaues Thüringen übertragen worden.

Parteigenossen und Parteigenossinnen!

Selbst die beste und genialst ausgedachte Organisation hätte keinen Sinn, wenn die einzelnen Glieder derselben nicht organisch miteinander verbunden und verwachsen sein würden, und wenn eine solche Organisation nicht durch einen ganz bestimmten Geist lebendig gehalten und beherrscht würde. Was uns Nationalsozialisten verbindet und zusammenhält, das ist das grenzenlose Vertrauen zu unserem obersten Führer und der Berge versetzende Glaube, daß die nationalsozialistische Idee und Bewegung berufen ist, das Schicksal unseres gesamten Volkes zum Guten zu wenden. Was uns beseelt und zu den höchsten Opfern befähigt, das ist der alte deutsche Geist, der seit Jahrtausenden unser Volk und Volkstum vor allen anderen Völkern ausgezeichnet hat und der durch den Nationalen Sozialismus das kommende dritte deutsche Reich zur neuen ungeahnten Kraft und Würde führen wird.

Nationalsozialisten Thüringens!
Schaut nicht mehr rückwärts!
Kämpft einer für alle, alle für einen!
Wir tragen mit das Schicksal und die Zukunft unseres Volkes.

F. Sauckel, stellv. Gauleitung.

[Völkischer Beobachter Nr. 35 v. 12. 2. 1927, S. 3]

[62c] *Pg. Paul Bergmann (Neu-Rössen), an Paul Hinkler (Gauleiter Halle-Merseburg)*

24. August 1927

... Ich schreibe Ihnen diese Zeilen frei von der Leber weg, selbst auf die Gefahr hin, mich, nach Ihrer Ansicht, schwer gegen den Gauführer u. seine Autorität vergangen zu haben und mir damit eine Disziplinlosigkeit sonder gleichen haben zu Schulden kommen lassen. Macht nichts, Pg. Hinkler, ich bin Ihnen gegenüber Gottseidank ein freier Mann. Wahres Führertum besteht nicht aus »Ich ordne an und ich befehle...« sondern durch:

Freiwilliges Unterordnen der geistig Freien unter den geistig Größeren, so wie wir uns alle gern und freudig mit der größten Selbstverständlichkeit Adolf Hitler unterordnen....

[Eigenhändige Abschrift (gekürzt). BDC, OPG-Akte Karl Simon – Paul Hinkler (USchlA-Akte Nr. 170)]

[63] *Für Nationalsozialisten gibt es nur die NSDAP*[24]

München, den 5. Februar 1927.

Rundschreiben

an die Gauleitungen und selbständigen Ortsgruppen der N.S.D.A.P.

Aus Gründen, die ich schon in meiner Rede bei der Standartenweihe am 11. 9. 26 in München dargelegt habe, kann es für unsere Mitglieder *nur* die N.S.D.A.P. geben.

Die Zugehörigkeit zu anderen *politischen* Vereinen und Wehrverbänden einschl. der V.V.V. ist nicht zu dulden.

Was in dieser Hinsicht bisher nur in Einzelfällen bekanntgegeben wurde, soll nun allgemein – auch in unserer Presse – beachtet und durchgeführt werden.

»Exz. *Ludendorff* ist nicht Mitglied der N.S.D.A.P. und hat deshalb auf diese keinerlei Einfluß.

Dasselbe gilt von den Exz. Ludendorff nahestehenden, im Tannenberg-Bund zusammengeschlossenen Wehrverbänden.

Ein Zusammenarbeiten mit Wehrverbänden, gemeinsames Auftreten

---

24 In seiner Rede vom 11. 9. 1926 hatte Hitler u. a. gesagt: »Wer Nationalsozialist ist und Mitglied der Partei sein will, hat seine körperliche Kraft nicht einem Verbande zur Verfügung zu stellen, der *über* den Parteien steht, sondern auch diese restlos seiner Bewegung zu geben.«

mit diesen und eine Mitgliedschaft in diesen Verbänden ist ausgeschlossen.

Damit darf jedoch ein Kampf gegen Exz. Ludendorff, der nach wie vor als Feldherr zu verehren ist, sowie gegen seine Verbände nicht eröffnet werden.«

Veteranen- und Kriegervereine, Regimentsvereine (Offiz. und Mannsch.) sowie der Deutsche Offiziersbund (D.O.B.), dieser als reiner Wirtschaftsverband, gehören *nicht* zu den oben gemeinten Wehrverbänden.

Eine Veröffentlichung dieser Bestimmung in unserer Presse wird untersagt.

Für die Richtigkeit gez. Adolf Hitler

[gez.] Bouhler [St. RL]

[BAK, Slg. Schumacher 373]

[64 a] *Hitler verletzt unsere geistige Freiheit*

An die Gauleitung der NSDAP *Hannover* Peine, den 18. April 1927

Die geforderte Anschrift lautet: Rittergutsbesitzer Spiekerhoff auf Plüggentin, Post Samtens (Rügen). Daß Sp. Parteimitglied ist, glaube ich nicht. Er gehört zur unmittelbaren Gefolgschaft Ludendorffs, die man bei uns ja scheinbar in Bann zu erklären beliebt. Mit Erschütterung habe ich gestern in der Wochenschau gelesen, Dr. Rosikat solle aus der NSDAP ausgeschlossen sein, weil er seine Zugehörigkeit zum Deutschvölkischen Offiziersbund nicht aufgeben wolle. Ich kann mir nicht vorstellen, daß das Wahrheit ist. Wäre es so, dann beabsichtige ich, mich mit Rosikat solidarisch zu erklären. Ein solches Verlangen wäre eine unerhörte Verletzung unserer geistigen Freiheit. Nichts kann und soll mich daran hindern, obwohl ich Hitler treu Gefolgschaft leiste, unentwegt in Ludendorff den größeren Menschen zu sehen. – Wäre Hitler selbst in sich ein freier Mann, könnte er von freien Männern nicht solche Taten verlangen. Ich hoffe aber noch immer, daß es nicht wahr ist und bitte, mir umgehend Nachricht darüber zugehen zu lassen, ob sich die Sache mit Rosikat bewahrheitet. – Ich habe Rosikats Denkschrift an Hitler gelesen und befürchte, daß ein Ausschluß, wenn er überhaupt geschehen ist, hier seine wirkliche Begründung findet. Sei dem, wie ihm sei: einen Mann wie Rosikat schließt man nicht aus. –

Mit deutschem Gruß
Kerrl

[Handschreiben. St. A. Hannover 310 I A 14]

[64 b] *Wir halten Hitler treue Gefolgschaft*

Herrn Hans Kerrl, Hannover, den 19. 4. 27

Peine

Lieber Pg. Kerrl!

... Zu Ihrem Brief v. 18. 4. danke ich Ihnen für die Adresse von Herrn Spiekerhoff. Die Sache mit Rosikat verhält sich so, wie Sie sagen. Nur wird nicht die Denkschrift Rosikats an Hitler der Grund sein, sondern der Grund liegt in einer mir unverständlichen Auffassung des Mitarbeiters Rosikats in Schlesien, des Pg. Brückner. Rosikat hat uns zuvor schon über seine Auseinandersetzung mit Brückner unterrichtet. Wir waren im Bilde und hofften allerdings, daß es nicht zum Ausschluß kommen würde.

Wir im Gau Hannover halten Hitler treue Gefolgschaft. Dabei ist es gänzlich gleichgültig, ob wir Ludendorff oder Hitler für den größeren halten. Das sei jedem überlassen. Fehler werden überall gemacht. In Celle sind z. B. meine treuesten Mitarbeiter von dem jetzigen Gauführer Telschow zum Ausschluß an Hitler vorgeschlagen und Hitler hat sie tatsächlich ausgeschlossen. Das wird alles wieder in Ordnung kommen und darf uns und wird mich aber nie davon abhalten, unentwegt weiter meine Pflicht zu tun im Sinne unserer Bewegung. Der völkische Offiziersbund als solcher gefällt mir schon lange nicht und hat zur Zeit wieder mal in Braunschweig gänzlich versagt.

Also unentwegt weiter! ...

Mit deutschem Gruß

[gez.] Dincklage

[St. A. Hannover 310 I A 15 (gekürzt)]

[64 c] *Wir stehen noch zu 9/10 im Irrtum*

Peine, den 21. April 1927

Lieber Pg. Dincklage!

Seien Sie herzlichst bedankt für Ihren mich sehr erfreuenden Brief. Sie kennen mich ja und wissen, daß mein lebhaftes Temperament leicht mit mir durchgeht. Eins steht aber fest: Selbst wenn ich aus der Partei ausgeschlossen würde, bliebe ich nationaler Sozialist, bliebe es nicht nur in meiner Gesinnung, sondern auch in meinem Wirken. – Bin nicht im DVO, werde auch nie hineingehen. Trotzdem aber ist es meiner Ansicht nach verkehrt, wenn wir die Bedingung stellen. Ein freiheitlicher Geist fühlt sich in seiner Freiheit beschränkt, wenn man ihm solche Bedingungen stellt. Ich kann Dr. Rosikat durchaus verstehen, wenn er den Austritt ablehnte. – Ich habe die Überzeugung gewonnen, daß wir noch zu 9/10 im Irrtum stehen, aber daraus leite ich nicht die Berechtigung her, als Nörgler und Querulant beiseite zu stehen, sondern schöpfe aus dieser Überzeugung nun die umso stärkere Verpflichtung, kräftiger zu wirken. Nörgeln und kritisieren hilft ja nie, nur besser machen. . . .

Seien Sie vielmals und herzlichst gegrüßt von Ihrem

H. Kerrl

[Handschreiben. St. A. Hannover 310 I A 14 (gekürzt)]

[65] *Kein Zweifel, wer führt und wer befiehlt*[25]

Herrn Walter *Hewel* München, den 30. März 1927

London - 112

Lieber Herr Hewel,

endlich sollen Sie auch mal etwas von uns hören, nachdem solange hindurch zwei interessante Briefe von Ihnen unbeantwortet blieben.

Vor allem will ich Ihnen sagen, daß sich Hitler über Ihre Briefe sehr gefreut hat; es stand ja auch vieles darin, das uns hier absolut neu ist. Er läßt Ihnen vielmals danken. Gleichzeitig möchte ich Ihnen aber empfehlen, Briefe an den Chef (unter dieser Bezeichnung geht Hitler im engeren Kreis) über mich zu senden; ich streiche dann dem Chef, dessen Zeit oft sehr knapp ist, die interessantesten Stellen an und lege sie ihm vor. Außerdem [er]halten Sie dann etwas schnellere Antwort als bisher.

Sie möchten von der Bewegung neues hören. Nun gut: man kann mehr als zufrieden sein. Wenn man bedenkt, was für Kräfte gegen uns angesetzt werden, Kräfte, denen die Organisation des ganzen Staates zur Verfügung steht, sei es in Form der Regierungsgewalt und der realen Machtmittel dahinter, sei es in Form der Presse, sei es in Form des Schwergewichts der Massen, die durch sie beeinflußt werden, oder alles dies zusammengenommen, dann kann der Chef mit Genugtuung auf das seit Entlassung aus der Festung Erreichte blicken. Alle Redeverbote und sonstige Schikanen haben das langsame, aber umso gesündere Anwachsen der Bewegung nicht aufzuhalten vermocht. Die Entwicklung im Jahre 1923 war zweifellos

25 Der nachfolgend abgedruckte Brief Rudolf Heß' an den ehemaligen Landsberger Mitgefangenen Walter Hewel, im Dritten Reich Gesandter im Auswärtigen Dienst, ist eins der spärlichen Zeugnisse aus der unmittelbaren Umgebung Hitlers in diesen Jahren. Er ist bisher lediglich in einer englischen Übersetzung veröffentlicht von G. L. Weinberg: National Socialist Organization and Foreign Policy Aims in 1927.

auch für die Bewegung inflationsartig; es waren nicht die Zuverlässigsten, die plötzlich in Anbetracht der Ereignisse, die in der Luft lagen, gelaufen kamen, teilweise getrieben durch die Angst, in die sie durch die geldliche Inflation versetzt wurden. Was dagegen in den letzten Jahren, in den Jahren der Verfolgung, in denen die Bewegung nichts weniger als aussichtsvoll zu sein schien, zu uns hielt, das ist ein Grundstock, auf den man bauen kann und in dem der Idealismus weitaus überwiegt. Und durch die Auseinandersetzungen mit anderen Organisationen, mit Freiheitspartei, Wehrverbänden usw. hat sich ergeben, daß nunmehr ein homogener Block unter Hitler steht, in dem nicht die geringsten Zweifel darüber herrschen, wer führt und wer befiehlt. Hier, innerhalb der eigenen Reihen, ist die Möglichkeit der Diktatur, die auf dem gesündesten Prinzip aufgebaut ist, nämlich auf dem Prinzip, daß alle, denen befohlen wird, die Überzeugung haben, der Befehlende wird unbedingt *richtig* befehlen und *richtig* führen. Diesen, von dieser Überzeugung durchdrungenen Block, kann der Führer mit der ganzen Wucht der Einheitlichkeit, die ihm innewohnt, einsetzen, wenden und nötigenfalls auch zurückziehen. Die Bayerische Volkspartei schrieb kürzlich in einem geheimen Rundschreiben anläßlich der Aufhebung des Redeverbots gegen Hitler in Bayern, daß die NSDAP zweifellos die best-disziplinierteste Partei sei, sie sei dementsprechend ernst zu nehmen und schärfstens im Auge zu behalten.

Die Disziplin, Geschlossenheit und Kraft der Partei verfehlt selbstverständlich nicht ihre Wirkung auf Außenstehende. Es ist eine alte Erfahrung, daß solch einem Gebilde sehr erhebliche Anziehungskraft eigen [ist]. Dies hat sich bereits in den Gebieten gezeigt, in denen wir die größten Erfolge hatten. Ich denke da vor allem an das Ruhrgebiet. Dort hatten wir in Dr. Goebbels einen hervorragenden Führer, der gute Vorarbeit leistete; dort ist die Bewegung nach dem ersten Durchsetzen, das oft mit blutigen Kämpfen verbunden war, dort jetzt bereits so stark, daß vielerorts unsere Leute die Lage beherrschen. In einem kleinen Fabriknest, in Hattingen z. B., ist die Lage so, daß gegen den Willen der Nationalsozialisten dort keine andere Partei eine Versammlung mehr abhalten kann. Selbst die radikale Linke, die Kommunisten, sind zu verhältnismäßiger Bedeutungslosigkeit herabgesunken; ein Großteil derselben ist nach geschickter und intensiver Aufklärungstätigkeit unsererseits zu uns übergegangen. Hier wie in anderen Städten stellen diese aktiven Elemente der Linken vielfach den besten kampfkräftigsten Teil unserer SA dar. – Hitler, der in Preußen nur in geschlossenen Mitgliederversammlungen sprechen darf, hielt vor einiger Zeit in Essen im größten Saale, in der Stadthalle, eine Mitgliederversammlung ab, zu der an die 5000 Personen erschienen waren, wobei der Saal polizeilich gesperrt werden mußte.

Gleichgültig, in welche Stadt Deutschlands er heute kommt, es gibt keinen Raum in dieser, der die Massen fassen könnte, die ihn hören wollen. Erfreulicherweise kommen gerade auch Handarbeiter, Angehörige der radikalen Linken in großer Zahl; am Schluß des Vortrages niemals auch nur die geringste Opposition im Saale, Kommunisten usw. klatschen begeistert. – Rednerisch hat Hitler seit dem Jahr 1920 auch wieder erheblich gewonnen; gerade Sie wird es wahrscheinlich freuen, daß er in breiten Teilen seines Vortrages sachlicher und zwingender als früher ist, ohne daß aber die Durchschlagskraft und Begeisterungsfähigkeit seiner Rede verloren hätte. – Interessieren wird Sie wohl vor allem, daß er im letzten Jahre drei Mal vor geladenen rheinisch-westfälisch[en] Industriellen usw. gesprochen hat, zwei Mal in Essen, ein Mal in Königswinter. Jedes Mal mit einem Erfolg wie seinerzeit im Atlantik-Hotel in Hamburg. Da er sich in seiner Rede auf ein ziemlich einheitliches Publikum einstellen konnte, vermochte er eine durchgehende Linie zu halten. Wie in Hamburg, so war auch hier die Stimmung erst ziemlich kühl, ablehnend, teils saß man mit spöttischem Lächeln dem Volkstribunen gegenüber. Ich hatte große Freude daran beobachten zu können, wie sich die Herren allmählich umstellten, wobei man ihnen ihr innerliches Sträuben anmerkte. Zum Schluß wurde geklatscht, wie *diese* Herren wohl selten klatschen.

Das Ergebnis war, daß bei der zweiten Essener Industriellen-Versammlung schon etwa 500 Herren der Einladung gefolgt waren. Am 27. April wird Hitler voraussichtlich ein drittes Mal vor Industriellen sprechen; es ist vorgesehen, dabei auch die Damen zu bitten, die, einmal gewonnen, oft wichtiger sind als die Männer und die einen nicht zu unterschätzenden Einfluß auf ihre Männer ausüben. Sollten Sie Wert darauf legen, daß aus Ihrem Bekanntenkreis der oder die eine oder andere geladen wird, bitte ich Sie, mir die Adresse hierher zu senden.

Mit sehr großem Interesse hörte der Chef und ich von Ihren Verbindungen zu den englischen Faschisten. Pflegen Sie diese Verbindungen nur ja, soviel Sie können; vorausgesetzt, daß Sie noch Gelegenheit dazu haben und nicht bereits auf Java Kaffee ziehen. Jedenfalls sind dem Chef Berichte aus England oder Java, oder von der Reise für den Beobachter sehr erwünscht; wenn Sie keine Zeit haben, brauchen die Berichte garnicht lang zu sein. Kurze Stimmungsbilder, eine Charakterisierung der Denkungsart der Menschen, unter denen Sie leben usw., ebenso ist er Ihnen aber auch dankbar für landeskundlich, erdkundlich, überhaupt rein wissenschaftlich interessante Ausführungen, die in seinem Blatte gebracht werden können. Schreiben Sie bitte auch dazu, ob Ihr Name als Verfasser genannt werden kann, wahrscheinlich wird es Ihnen lieber sein nicht.

Daß der englische Faschismus den Diktaturgedanken ablehnt und mehr demokratisch aufbaut, ist sehr bezeichnend. In England ist das wohl auch nicht anders möglich, auf Grund der politischen Tradition des Landes, die im Laufe der Jahrhunderte den Engländern in Fleisch und Blut übergegangen ist.

Nichtsdestoweniger glaube ich, daß in der Praxis eine entsprechend starke Führerpersönlichkeit eine Diktaturstellung einnehmen wird, ohne daß es eigentlich dem Engländer direkt zum Bewußtsein kommt, und ohne vor allem, daß er es ausspricht und wahrhaben will.

Ich glaube, Hitler hat Ihnen in der Festung über das von ihm vertretene Führerprinzip gesprochen, kurz gesagt, unbedingte Autorität nach unten und Verantwortlichkeit nach oben. Innerhalb seiner Bewegung ist der Aufbau dermaßen, daß der Führer wohl mit den von ihm Befohlenen beratet, wenn er einen Entschluß gefaßt hat, diesen aber diktatorisch zur Ausführung bringt und ihn nur nach oben zu verantworten hat. Er selbst gibt seine Befehle an die Gauführer, die Gauführer Befehle an die Ortsgruppenführer, die Ortsgruppenführer an die direkt unter ihnen stehende breite Masse der Anhänger. Die Verantwortlichkeit geht, wie gesagt, immer in der umgekehrten Reihenfolge. Der oberste Führer verantwortet sich einmal im Jahre vor der Generalmitgliederversammlung, womit der Ring zur Masse des Volkes geschlossen ist. Das ganze System ist mit »germanischer Demokratie« zu bezeichnen.

Bei der heutigen Demokratie, der vielleicht westisch-jüdisch zu nennenden, ist das Verhältnis gerade umgekehrt: Autorität nach oben und Verantwortlichkeit nach unten. Der heutige Führer schielt immer nach dem lieben Volk und berücksichtigt geflissentlich die Stimmung in diesem. Die auserwählten Führer des Reichstages haben mehr als einmal schon gegen die eigene Meinung nach dem Willen der demonstrierenden Masse und nach dem Willen der zeitungsschreibenden Macher der öffentlichen Meinung entschieden.

Was die Zahl 250 000 als Mitgliedsbestand der englischen Faschisten betrifft, so muß man dieser wohl sehr skeptisch gegenüberstehen. Die Rolle des englischen Faschismus entspricht jedenfalls in keiner Weise dieser hohen Zahl. Sie dürfte wahrscheinlich auf oberflächlicher Schätzung und auf optimistischen Berichten der Unterführer beruhen; eine Zentralkartothek, in der jedes einzelne Mitglied registriert ist und die schwindelhafte Berichte der Unterführer ausschließt, wird wohl kaum vorhanden sein. Unsere Zentralkartothek ist mustergültig. Man kann täglich mit einem Griff den jeweiligen Mitgliedsstand der Gesamtorganisation und jeder Unter-Organisation feststellen. Neben einer Namenskartothek, in der sämtliche Mitglieder ohne Rücksicht auf den Wohnort namentlich eingeordnet sind und aus der man sofort feststellen kann, ob irgendeine Person

Mitglied ist oder nicht, läuft eine zweite Kartothek, in welcher die Mitglieder nach Ortsgruppen und Gauen geordnet sind. Als dritte Kartothek ist eine Berufskartothek in Aussicht genommen, die einmal bei Neuaufbau des Staates von großer Bedeutung sein wird. Die Arbeit, die in der Kartothek steckt, vor allem, da ständig Zu- und Abgänge stattfinden, ist natürlich eine gewaltige. Aber sie lohnt. – Da die Ortsgruppenführer für jedes ihrer Mitglieder einen bestimmten Betrag an die Zentrale abzuliefern haben, ist es begreiflicherweise ausgeschlossen, daß zuviel Mitglieder gemeldet werden. Die Mitgliedsbücher werden durch die Zentrale ausgestellt, sodaß andererseits ausgeschlossen ist, daß eine Person eine Mitgliedskarte besitzt ohne bei der Zentrale gemeldet zu sein. Die Kartothek ist in 4 großen, diebes- und feuersicheren Doppelpanzerschränken untergebracht.

Daß es Ihnen unnatürlich und lächerlich vorkommen würde, wenn sich eines Tages Engländer und Deutsche wieder über den Haufen schössen, kann niemand besser verstehen als wie Hitler. In seinem ersten Band schreibt er ja an einer Stelle, wie er geradezu darunter litt, im Jahre 1914 zu sehen, wie blonde junge Engländer uns gegenüberstanden und wie bestes arisches und germanisches Blut einander vernichtete. Sie können sicher sein, daß das Judentum mit triumphierendem Lächeln diesem Kampf seiner natürlichen Feinde, dieser Ausrottung der höheren Rasse zusah. Hoffentlich war es im Weltkrieg das letzte Mal, daß diese beiden Völker einander bekämpften. Mit der Lösung der Judenfrage werden wir auf dem Wege der Verständigung der Völker untereinander und vor allem verwandter Völker, einen großen Schritt voran kommen. Ein Weltfriede ist sicher ein erstrebenswertes Ideal; nach Hitlers Meinung wird er erst dann einmal zu verwirklichen sein, wenn eine Macht auf der Welt, und zwar die rassisch beste, die unbedingte und unbestrittene Vormacht errungen hat. Diese mag dann eine Art Weltpolizei stellen, gleichzeitig dafür Sorge tragen, daß der wertvollsten Rasse der notwendige Lebensraum garantiert wird. Und wenn nicht anders möglich, niederere Rassen sich entsprechend einschränken. Die heutige »Liga der Nationen« ist ja nur eine Farce, die in erster Linie wieder ein Fundament für das Judentum darstellt, zur Erreichung der eigenen Ziele. Verfolgen Sie nur, wieviele Juden im Völkerbund sitzen, oder aber wenn sie nicht direkt in Erscheinung treten, als Privatsekretäre führender Staatsmänner dort ihren Einfluß ausüben. Abgesehen davon entscheidet wie überall in der Welt auch bei der Liga der Nationen letzten Endes die Macht; bei den heutigen Machtverhältnissen ist das diplomatische Ziel nach wie vor ausschlaggebend, d. h., es handelt sich letzten Endes doch nur darum, welche Partei die stärkere Macht vereinen kann; diese wird sich durchsetzen und über den Willen des Völkerbundes hinweggehen; anstelle des Rechts tritt eben die Macht. Da das

Judentum aber noch die stärkste Macht darstellt, wird eben der Wille des Judentums durch den Völkerbund verwirklicht, bezw. der internationalen Freimaurerei, was ja großenteils identische Begriffe sind. Bezeichnend ist ja, daß, wie Sie selbst schreiben, die Liga der Nationen auf dem Versailler Vertrag aufgebaut ist, wem aber kommt der Versailler Vertrag in allen seinen finanziellen Auswirkungen zugute?

Noch ein Wort in Beantwortung Ihrer Bemerkung über »die Einseitigkeit und lächerliche Kleinheit« Mussolinis in Bezug auf fremden Einfluß und fremde Kultur. Sie dürfen nicht glauben, daß Mussolini als denkender Kopf ebenso »klein und engherzig denkt«, wie es nach seinen Reden scheint. Mussolini ist aber ein großer Psychologe und weiß, wie sein Volk beschaffen ist und nicht nur für das italienische Volk trifft das zu, sondern letzten Endes für jedes, daß der Führer in seiner propagandistischen Rede unbedingt sein muß. Er darf nicht wie ein Wissenschaftler die Für und Wider abwägen, er darf seinen Hörern nie die Freiheit lassen, auch anderes für richtig zu halten und übertragen auf ein Volk und seine Mission etwa zu erklären, außer dem eigenen Volk gibt es noch soundsoviel andere Völker, die ebenso gut, ebenso tüchtig, ebenso zur Größe bestimmt sind wie das eigene. Hier trifft sich der große Volksführer mit dem großen Religionsstifter: Den Hörenden muß ein apodiktischer Glaube vermittelt werden, nur dann vermag die Masse der Anhänger dorthin geführt zu werden, wohin sie geführt werden soll. Sie wird auch dann dem Führer folgen, wenn Rückschläge eintreten, aber nur dann, wenn sie den unbedingten Glauben an die unbedingte Richtigkeit des eigenen Wollens, an die Mission des Führers und in unserem Falle an die Mission des eigenen Volkes vermittelt erhielt. Mussolini will z. B. sein Volk groß und stark machen, will ihm die Geltung in der Welt verschaffen, die es verdient, ihm samt der zunehmenden Zahl der Bevölkerung Lebensmöglichkeit gibt. Dieses Zieles willen ist er verpflichtet, die Mittel anzuwenden, die am ehesten vielleicht auch nur zum Erfolg führen, und ein deutscher Führer kann unter Berücksichtigung der abweichenden psychologischen Eigenarten des deutschen Volkes in der großen Linie nicht anders handeln. Herr Hitler läßt Sie vielmals grüßen und dankt Ihnen für Ihre Briefe sehr, er hofft, daß es nicht die letzten waren und daß Sie ihm noch oft so interessant berichten können, wie in diesem; ich selbst grüße Sie herzlichst,

Ihr

[gez.] ||

[Unveröffentlichtes Nürnberger Dokument 3753–PS. Foto im Institut für Zeitgeschichte, München]

[66] *Recht hat, wer sich der Führung unterordnet*[26]

... Die gesamte Organisation ist aufgebaut, entgegen dem demokratisch-jüdischen Geiste, der unsere gesamten öffentlichen Organisationen beherrscht, auf dem Standpunkt der *Autorität der Persönlichkeit* des ersten Führers, sowie der von ihm eingesetzten Unterführer, so daß innerhalb unserer Partei sich eine, ich möchte sagen, Hierarchie befindet, wie sie keine andere Bewegung besitzt. Das ist mit die wesentlichste Aufgabe unserer Bewegung überhaupt. Die allgemeinen Schäden unserer Zeit liegen in drei Richtungen.

1. totale Verkennung der Bedeutung der rassischen Werte,
2. Ableugnung des Wertes der Persönlichkeit,
3. Allgemeine pazifistische Einstellung, Verleugnung des Kampfgedankens.

Diese drei Gesichtspunkte müssen überwunden werden, wenn Deutschland wieder auferstehen will. Diese Wiederauferstehung wird nicht erreicht durch parlamentarische Abstimmungen oder bessere Wahlen, sondern das Material, das unser Volk darstellt, muß an sich gebessert werden. Wir können nicht hoffen, daß diese Besserung stattfindet, wenn nicht die Bewegung in sich selbst das Vorbild einer solchen Besserung gibt. Damit müssen wir in uns selbst diese drei Grundsätze durchführen und nach ihnen leben und arbeiten. Der erste Grundsatz, die Bedeutung des Menschen an sich, seine rassischen Werte, ist auch im Jahre 1924 in der völkischen Bewegung dagewesen, allein, die beiden anderen Punkte sind außer acht gelassen worden: Die völkische Bewegung hat sich selbst desorganisiert, weil sie dazu übergegangen ist, Majoritätsbeschlüsse über Probleme herbeizuführen, die nur durch eine Führer-Erscheinung gelöst werden können (sehr gut), und damit hat sie das Fundament zerstört, auf dem allein sie bestehen kann. Sie hat ferner den Kampfgedanken geleugnet und vergessen, daß man auch die eigene Bewegung nicht durch Arbeitsgemeinschaften, künstlich zusammengekleisterte Gebilde emporzubringen vermag. Da setzte die Aufgabe der Bewegung im Jahre 1925 ein. Als sie gegründet wurde, mußte aus diesem ganzen Wust sich gegenseitig befehdender Gruppen die Schar von Menschen herausgezogen werden, die an sich innerlich bereit waren, *dem alten Programm zu folgen* und die aus Mißverständnis sich gegenseitig entfremdet hatten. Man mußte sie auch in eine feste Organisationsform bringen, disziplinieren, ihnen Führer vorsetzen, die zu befehlen hatten und die nicht bei jeder Anordnung gebunden waren durch Beschlüsse irgendwelcher Majoritäten. Diese Tätigkeit war unendlich

26 Aus der Rede Hitlers auf der Generalmitgliederversammlung am 30. Juli 1927 im Münchener Bürgerbräukeller.

schwer. Nur langsam wurde verstanden, daß diese Organisation die Voraussetzung aller Größe ist. Das Zweite, was wir in der jungen Bewegung durchsetzen mußten, war die Erkenntnis, daß wir nicht auf Tagungen, Kongressen, Parteitagen, mögen sie noch so schön aufgezogen sein, Fragen der Entwicklung durch Beschlüsse lösen können. Hier entscheidet die natürliche Kraftordnung. Bei diesem Ringen kommt mancher zu Fall und die Geschichte geht über ihn hinweg. Aus diesem Ringen heraus wurden jene Waffen geboren, die allein befähigen, große Entscheidungen herbeizuführen. Wenn in Deutschland eine Bewegung den Erfolg an ihre Fahnen heften will, muß sie selbst aus dem Kampf herauswachsen. Diese Bewegung wird ihr Ziel nur dann erreichen, wenn sie sich selbst die Hegemonie erkämpft und die anderen zwingt, mitzumachen. Wer nicht in unsere Reihen will, über den werden die Räder der Weltgeschichte hinwegrollen.

Sie wissen, wie schwer es war, den Hochsommer 1925 zu überdauern. Die ganze Presse brachte nichts anderes, als daß die Bewegung in *Auflösung* begriffen sei. Wenn dieser »tote Leichnam« von irgendjemandem einen Stich erhielt, dann kamen die »M.N.N.« und meldeten dies der breiten Öffentlichkeit: »Der Leichnam ist soeben wieder gestochen worden, der neueste Beweis, daß er tot ist!« Hitler skizziert nun die Schwierigkeit der Führerauslese, nachdem es einem Teil der Presse gelungen war, die Überzeugung zu wecken, daß diese Partei in ihren letzten Zügen liegt. Nach der Höchstanspannung der Jahre 1922/23 kam, wie immer in der Natur, eine *Periode der Erschlaffung*. Dazu kam das sogenannte *Redeverbot*, das in den ersten 6 oder 7 Monaten geschadet hat, weil dadurch der allerkleinste Geist den größten Mut bekam: Die Partei ist verloren, er kann nicht reden! Dann kam der Wendepunkt durch die von unseren Gegnern provozierte Versammlung im Kreuzbräu. Im Winter 1925/26 hatte das *Redeverbot seine Gefahr verloren* und war zum Propagandamittel geworden, indem es mithalf, manchen Streit zu beseitigen. Ferner hat es mir erst die Arbeit, die notwendig war in der Zentrale, ermöglicht. Das Jahr 1925/26 war ein Jahr der Liquidation von zahlreichen Streitigkeiten. Der Weimarer Parteitag hat zum ersten Male gezeigt, daß die Bewegung da ist und steht. Das Jahr 1926/27 bezeichnet Hitler als das Jahr der Festigung unserer inneren Organisation. Besonders ein paar Gaue haben große Fortschritte gemacht, an der Spitze das *Ruhrgebiet* und *Bayern*. Groß war der Erfolg auch in *Berlin*. Die Bewegung ist heute innerlich vollkommen in Ordnung, nirgends herrscht mehr ein Streit oder Konflikt von Bedeutung.

Parallel damit geht die

Verfolgung der Bewegung.

Wenn wir an der Verfolgung einen Maßstab des Wachstums der Bewegung besitzen wollen, dann zeigt uns diese fanatische und verbissene Verfolgung, daß der Gegner in uns die Macht sieht, die er fürchtet. Diese Verfolgung hat Formen angenommen, die ebenso *gesetzwidrig* sind wie *brutal*. Das kurze Jahr hat uns *6 Tote und zahllose Verwundete* gebracht. Kaum ein Gau, der nicht soundsoviele Überfälle zu melden hat. Ungeheuer schwoll der Terror gegen uns an, und die behördliche Unterdrückung, ohne jede gesetzliche Unterlage, überschreitet jedes bisherige Maß. Zu keiner Zeit im alten, sog. reaktionären Deutschland war die Verfolgung Andersdenkender so brutal und gesetzwidrig wie heute. (Große Bewegung und Beifall.) Zu keiner Zeit wurde mehr Mißbrauch mit der Amtsgewalt getrieben als heute – allerdings, es gab zu keiner Zeit so kleine Vertreter von Beamten wie heute. (Heiterkeit.)

Das *Ergebnis* dieser Unterdrückung ist ein unendlich *stetiges Wachstum*, das ich in seinem inneren Wert höher einschätzen möchte als den Gewinn im Jahre 1923, das uns gleichsam nur einen Inflationsgewinn gebracht hat. (Heiterkeit.) Was nachher zu uns gekommen ist, ist geprüft auf Herz und Nieren, ist nicht zu vergleichen mit dem, was wir damals gehabt haben. Hitler betont die Stabilisierung der Mitgliedschaft aus der rücksichtslosen Ausmerzung dessen, was nicht hereingehört, so daß die innere Disziplin der Bewegung um jeden Preis aufrechterhalten bleibt. (Beifall.) Lieber hat die Bewegung 70 000 Mitglieder, die absolut reagieren, als 3–500 000, die ihre eigenen Wege gehen. Wir wollen die Menschen nicht, die unserer Bewegung nicht mit ganzer Seele angehören. (Beifall.) Wir wollen sie nicht, in deren Herzen noch ein zweiter Verband Platz hat. Wir sind eifersüchtige Wahrer der Bewegung und verlangen von jedem, kommt er von links oder rechts, daß er sich *restlos für diese einsetzt....*

Zwei erfreuliche Ereignisse sind festzustellen: Der Entschluß einer Anzahl von Mitgliedern der Deutschvölkischen Freiheitspartei, der nationalsozialistischen Bewegung endgültig beizutreten. Ferner der Entschluß des Führers der Nationalsozialisten [sic], die Freiheitsbewegung in Württemberg aufzulösen und in unsere Partei einzutreten. Die Assimilationskraft unserer Bewegung ist eine ungeheure. Was in diese gekommen ist, ist so verarbeitet worden, daß man nach 6 Monaten keine Nahtstelle mehr erkennen konnte.

Von prinzipieller Bedeutung ist unser *Verhältnis zu den Parteigenossen in Deutschösterreich*. Auch dort herrschte Streit und Hader. Sie wandten sich an uns mit dem Ersuchen, hier in München ein Machtwort zu sprechen. Recht hat nur der Parteigenosse, der sich selbst der Bewegung einordnet, sich diszipliniert der Führung unterordnet und den Streit gegen den andern aufgibt. Der letzte österreichische Parteitag in *Freilassing* hat endgültig auch diese Gruppen zusammengebracht und unseren Grundgedanken zur Annahme verholfen.

...

Glauben Sie, daß das Reichsbanner zum Schutz der Republik da ist? Die Republik wird von niemandem bedroht als von ihren eigenen Parasiten. Wenn das Reichsbanner die deutsche Republik schützen wollte, dann müßte es denen den Kampf ansagen, die die Republik als Melkkuh für sich selbst benützen. Das Reichsbanner müßte Front gegen diese Degradierung der deutschen Republik in den Augen des Auslandes durch unfähige Vertreter machen. In Wahrheit ist es eine *rote Truppe*, die langsam herangebildet wird, um eines Tages mitzumarschieren, wenn »Rotfront« losschlägt, wie der Schutzbund in Österreich. Damit steht uns ein Kampf bevor, dem wir gar nicht entgehen können. Es bleibt kein anderer Weg als Vorbereitung innen- und außenpolitisch. Das ist die Aufgabe unserer Bewegung. Deshalb erziehen wir unser Volk zur Erkenntnis seines eigenen Wertes, zur Erkenntnis der

Notwendigkeit des Kampfes,

damit unser Schlußkampf uns nicht zum Verhängnis wird. Glauben Sie nicht, daß Sie dem deutschen Arbeiter die Freiheit geben können, wenn die ganze deutsche Nation in Ketten liegt. Hitler warnt vor Kompromissen jeder Art, denn jedes Kompromiß bedeutet die Fesselung und Lähmung des besseren Teiles. Wir müssen *beharrlich* sein. Die Entwicklung der letzten Jahre ist ein Werk der Beharrlichkeit gewesen. Es ist Stärke, wenn keine Verfolgung der Gegner einem etwas antun kann. Sie können uns verfolgen und auflösen, es kommt die Stunde, in der wir *wieder dastehen* und den gleichen Weg nach vorne gehen. Eure Unterdrückungsmittel sind lächerliche Zwirnsfäden! Was bleibt, ist unser Wille und unsere Beharrlichkeit, die könnt Ihr niemals brechen! (Stürmischer Beifall.) Weiter ist dann notwendig der *Glaube*. Wir hätten kein Recht an diesen Glauben, wenn unser Volk ein Volk von Lumpen wäre. Mancher, der meint, es sieht so aus, soll den Blick in die *Vergangenheit* wenden, und er wird erkennen, daß *dieses Volk das beste ist, das sich auf der Welt befindet*. Dieses Volk, das aus 370 Kleinstaaten zu einem Volke wird, das 1870/71 auf den Schlachtfeldern sich eine Kaiserkrone holt, es wird *kein größeres Wunder tun, wenn es sich eines Tages die Freiheit holt*. Auch diese Stunde wird kommen und sie muß möglich sein. Es können noch Jahre vergehen, wir haben stets den Glauben in unserem Herzen zu tragen, daß das möglich ist, *wenn wir nur wollen*. Und wenn ein Volk die letzte Kraft einsetzt, wird auch die letzte Kraft herausquellen. Wenn es uns gelingt, 10 Millionen Menschen diesen Glauben beizubringen, dann wird auch dieser Glaube in Erfüllung gehen. Wir müssen unserem Volk den Glauben schenken:

es geht, es kann der größte Feind der Menschheit, der Jude, besiegt, der Marxismus zerschmettert werden, und es wird auferstehen ein neues deutsches Reich.

[Völkischer Beobachter Nr. 175 v. 1./2. 8. 1927, S. 1–2 (gekürzt)]

[67 a] *Der Opfermut der Mitglieder hat bedeutend nachgelassen*

Der in der Partei als geschäftstüchtig bekannte 1. Schatzmeister Schwarz drohte mit seinem Rücktritt, wenn ihm nicht von Hitler zur Durchführung einer größeren Finanzierungsaktion weitgehendste Vollmachten eingeräumt werden. Hitler war in den letzten Tagen mit dem Privatsekretär Heß in Norddeutschland, um neue Geldquellen zu eröffnen. Der Erfolg soll nur gering gewesen sein. Die ständige finanzielle Bedrängnis löst häufig Zwistigkeiten unter den leitenden Persönlichkeiten bei der Parteileitung aus. Der Opfermut der Mitglieder, an den immer wieder appelliert wird, hat in letzter Zeit bedeutend nachgelassen. ...

[Aus dem Münchener Polizeibericht N/Nr. 58 v. 23. 7. 1927. B. H. St. A. I, Sonderabgabe 1509]

[67 b] *Reichsopferring der Partei*

In der Sondertagung über Finanzfragen unter dem Vorsitz des Reichsschatzmeisters Schwarz wurde die Festsetzung eines einmaligen außerordentlichen Beitrags in Höhe von 2 M. pro Mitglied beschlossen. Durch diese Sonderumlage soll die Finanzlage der Organisation gestärkt werden mit Rücksicht auf die im nächsten Jahre stattfindenden Reichs- und Landtagswahlen.

Beschlossen wurde außerdem die Bildung eines *Reichsopferringes der Partei.* Dazu nahm Adolf Hitler selbst nach Verlesung der Ergebnisse der Sondertagungen in besonderen Ausführungen Stellung. Wir berichten darüber an anderer Stelle.

[67 c] *Schlußappell an alle Nationalsozialisten*

Im Anschluß an die Verlesung der Parteitagsergebnisse durch Pg. Wagner und die Mitteilung des Beschlusses und [sic] Erhebung eines freiwilligen Beitrages von allen Mitgliedern ergriff Adolf Hitler noch einmal das Wort zur Begründung dieses letzteren Antrages:

Ich würde mich nicht als Führer fühlen, sagte er, wenn ich nicht heute, in derselben Minute, als der letzte Mann an uns vorbeigekommen war, sofort mich wieder eingestellt hätte auf den Gedanken: nun heißt es weiter arbeiten, damit es im nächsten Jahr 3-, 4- und 5mal soviel sein werden, die an uns vorbeimarschieren. *Weimar* hat gezeigt, daß wir wieder marschieren können. – Damals habe ich auch erklärt, das bedeute nicht, daß wir jetzt ausruhen dürfen, sondern daß dies der Augenblick ist, in dem wir uns erst recht verpflichten müssen, in diesem Jahre zu arbeiten wie niemals zuvor. Der nächste Parteitag ist nicht gelungen, wenn er nur das gleiche Bild zeigt: es muß ein größeres sein. Wer in Weimar war und heuer in Nürnberg, der wird zugeben: *die Bewegung hat ein anderes Gesicht erhalten* (Zustimmung)! Und das nächste Jahr muß [sie] besonders wieder gewachsen sein. Ich mache mich nicht anheischig, zu Ihnen zu sagen: die *Kinder* mögen es machen! Nein – *ich will so [lange] leben, bis daß Deutschland frei ist!* (Stürmische Heilrufe). Vom Tage an, an dem die Glocken dieses Lied in Deutschland ertönen lassen, mag mich der Herr abrufen zu jeder Stunde. Das ist der einzige Wunsch von vielen hunderttausenden unseres Volkes. Und das haben Sie gesehen, daß jede Organisation nur dauern und bestehen kann auf Grund von *Opfern.*

Ich habe heute nacht einen kleinen Weg gemacht durch unsere Massenquartiere. Als ich um 2 Uhr durch die Hallen ging, in denen auf Stroh unsere lieben Jungen lagen von der Ruhr, von Berlin, Oberschlesien und Wien, von überall her, wo die deutsche Zunge klingt, da fühlte ich mich selbst wieder als Soldat, und mir ging das Herz weit auf. Ich sagte mir: da liegt die Zukunft der deutschen Nation! *Und mein Glaube wurde wieder riesengroß.* Als ich einzelne wach werden sah und sie mich ansahen, nicht empört über die Störung, sondern beglückt und strahlend, nach 14 bis 16 Stunden Bahnfahrt und sonstigen Opfern, die sich erst in den nächsten Wochen zeigen: *Was hat das zu bedeuten?* [Jeder von den Erwachenden sagte sich wohl im Augenblick:] Ich bin auch ein kleines Glied in der großen Armee, bin auch von denen, die unserem Volk den Frieden schenken werden, die vereinen die zerrissenen Brüder. Das ist dieses vielleicht nicht bestimmbare Gefühl, das uns beherrscht. Kein Mann im *Fackelzug* hat sich verzogen, als es zu regnen anfing. Sie marschierten weiter, als wenn nichts wäre, denn untertreten – nein! Diese neue Armee tritt nicht unter vor dem Regen, wie die alte nicht untergetreten ist vor den Kugeln.

Meine lieben Freunde! *Wie groß sind die Opfer dieser Jungen!* Sie zahlten Fahrpreise bis zu 26 Mark, Leute, die manche Woche keine 20 M. verdienen und selten mehr als 30! Sie zahlten 26 M. für Verpflegung. Die anderen Parteien können leicht Massen-Aufmärsche veranstalten. *Die Fackeln, die gestern brannten, sind alle bezahlt worden von den Groschen unserer Leute.* Sie sollten zugleich die Zeichen ihres Opfers sein. Wir haben endlose Scharen gesehen. Schließlich gab es keine Fackeln mehr zu kaufen. Zahllose Leute konnten deshalb nicht mitgehen und waren unglücklich darüber. Sie kehren heute zurück und haben keinen Groschen mehr in der Tasche. Das Letzte haben sie eingesetzt, um den Parteitag mitmachen zu können. Da ist es Pflicht eines jeden, daß auch er Opfer bringt. Die Auslagen, die dieser Parteitag gekostet hat, möchte ich nicht gerne auf die Schultern der kleinen Leute bürden. Das ist Aufgabe der anderen, daß sie einspringen. Seit zwei Tagen schmeckt mir das Essen nicht beim Gedanken, daß viele von uns nur ein erbärmliches Stück Brot zu essen haben, deshalb, weil sie nach Nürnberg gingen. Auch von uns muß jeder dieses Opfer bringen. Die Freiheit des Blutes will verdient sein. Ich fordere den *Parteigenossen* auf, der in besserer finanzieller Lage – ich bitte Sie nicht, ich fordere Sie auf, daß Sie Ihr Scherflein bringen gemäß Ihrem Können. Den *Mann von links* aber *bitte* ich: Kehre zu Deinem Volk zurück, finde den Weg zu ihm! Wer eine höhere Stellung innehat, hat die Pflicht, den anderen voranzugehen. Verlasse niemand den Saal! Gestern verunglückte ein Lastwagen mit unseren Leuten. Mit Knochenbrüchen liegt einer im Spital. Das sind arme Menschen, die sich nicht die Fahrt nach Nürnberg zahlen konnten. [Tut es ihnen gleich!]

Mit einem letzten warmen Appell an die Opferbereitschaft der Anwesenden schloß Hitler seine in ihrer Schlichtheit ergreifenden Worte, mit denen der denkwürdige Kongreß sein Ende fand.

Unsere bewährtesten Führer, wie Dr. *Buttmann* und Dr. *Dinter*, ließen es sich nicht nehmen, persönlich im Saale mit Mappe und Hut Beiträge einzusammeln, so daß bald eine nicht ganz geringe Summe der Parteileitung übergeben werden konnte. ...

[Völkischer Beobachter Nr. 193 v. 24. 8. 1927, Beilage. Die eckig eingeklammerten Zusätze sind dem sonst textgleichen gedruckten Parteitagsbericht entnommen: Der Reichsparteitag der NSDAP. Nürnberg, 19./21. August 1927. München 1927. S. 45 f.]

[67 d] *Frau Bechstein und Frau Bruckmann treiben Geld auf*[27]

München, den 31. Juli 1928.

... Adolf Hitler ist gestern von einer längeren Reise durch Norddeutschland zurückgekehrt. Die Stimmung in der Parteileitung der NSDAP ist wieder eine gehobenere, da es den intensiven Bemühungen verschiedener Persönlichkeiten gelungen ist, Geld aufzutreiben. Gegenwärtig finden Beratungen über die Sicherheiten statt, welche den Geldgebern geboten werden sollen. Die Familie Bechstein weilt in diesem Zusammenhange in München im Hotel »Vier Jahreszeiten«. Frau Bruckmann ist zur Zeit mit dieser Angelegenheit voll beschäftigt. ...

[Polizei-Aktennotiz (gekürzt). B. H. St. A. I, Sonderabgabe 1758]

[68 a] *Heinemann beantragt den Ausschluß des Obersten SA-Führers*[27a]

[St] Untersuchungs- u. Schlichtungsausschuß

München, 6. Juli 1927.

An Chef

Betreff: 1. Pg. Kaufmann contra v. Pfeffer.
2. Die Mitglieder der R.L. sowie der U.u.Schl.A. contra v. Pfeffer.
3. Pg. Bouhler contra v. Pfeffer.
Mit den Untersuchungsakten No. 125 und 146.

I. zum Akt No. 125.

1. Trotz der Aussage des Pg. Dr. Goebbels zugunsten Herrn von Pfeffer's – s. Akt lfd. No. 13 – wird der Beschluß nebst Antrag des U.u.Schl.A. der

---

27 Helene Bechstein, Gattin des Berliner Pianofabrikanten B., und Elsa Bruckmann, Gattin des Münchener Verlegers Hugo Br., hatten bereits seit 1921 ihrem Interesse für Hitler durch finanzielle Unterstützung und Vermittlung von Kontakten Ausdruck verliehen. Obwohl nicht Parteimitglied, erhielt Frau Bechstein am 20. Dezember 1934 das Goldene Parteiabzeichen verliehen. Hugo Bruckmann, MdR seit Juli 1932 bis zu seinem Tode 1941, und Elsa Bruckmann wurden 1934 nachträglich unter Mitgliedsnummer 91 bzw. 92 in die NSDAP aufgenommen.

27a Der in den Dokumenten 68 a–e erwähnte Konflikt zwischen Kaufmann und von Pfeffer rührte daher, daß von Pfeffer bei der Zusammenlegung der Gaue Rheinland-Nord und Westfalen zum Großgau Ruhr am 7. 3. 1926 (s. Dok. 52 und 152) angeblich bestehende Schulden des Gaues Westfalen in Höhe von 16 000 Mark verschwiegen hatte, für die Kaufmann haftbar gemacht werden sollte. Soweit aus den USchlA-Akten ersichtlich, blieb der Fall ungeklärt. Gegenüber Bouhler hatte von Pfeffer, der eigentlich Pfeffer von Salomon hieß (vgl. Dok. 68 b), die »Unterschlagung« eines angeblich an die SA-Führung gerichteten, unklar addressierten und belanglosen Briefes mit der Drohung beantwortet, er werde demnächst über ihn (B.) »auspacken«.

Parteileitung vom 19. 4. 27 – s. Akt lfd. No. 9 – auf Ausschluß des Herrn Hptm. a. D. v. Pfeffer aus der N.S.D.A.P. aufrechterhalten.

Nach den verschiedenen Berichten des Gauleiters, Pg. Kaufmann, sowie nach den Berichten der Pg. Hartmann/Münster (lfd. No. 23) und Josef Wagner/Bochum (lfd. No. 19) muß als wahr angenommen werden, daß die Versicherung Hptm. a. D. von Pfeffer's, der Gau Westfalen sei schuldenfrei, erfolgt ist. Denn dies war Voraussetzung zum Zusammenlegen der Gaue.

Das übrige Bild des Herrn v. Pfeffer bleibt unverändert.

Der schon früher und zum letzten Male am 7. 6. 27 – s. lfd. No. 21 – von Herrn v. Pfeffer gestellte Antrag auf Ehrenschutz findet durch Vorstehendes seine Erledigung.

2. Nach Mitteilung des Pg. Kaufmann v. 24. 6. 27 – s. lfd. No. 27 – hat Herr v. Pfeffer als Angehöriger der R.L. diesen bei seiner letzten Anwesenheit in München gegen die übrigen Mitglieder der R.L. und den U.u.Schl.A. stundenlang aufgehetzt.

Auf eine Aufforderung des U.u.Schl.A. v. 28. 6. 27 – s. No. 29 – an Herrn von Pfeffer, für seine Behauptungen den Wahrheitsbeweis anzutreten, hat dieser überhaupt nicht geantwortet.

II. Zum Akt No. 146.

1. Bezüglich des Schriftwechsels mit dem Pg. Wystrach – s. No. 5 – hat Herr von Pfeffer auf Anfrage vom 1. bezw. 15. 6. 27 seitens des U.u.Schl.A. keine Antwort gegeben.

2. Bei einer Auseinandersetzung mit Herrn Bouhler hat Herr v. Pfeffer am 7. 6. 27 gegen diesen eine dunkle Drohung ausgestoßen, die einer verleumderischen Beleidigung gleich zu achten ist.

Auf Anfrage des U.u.Schl.A. vom 15. und Mahnung v. 25. 6. 27 hat Herr von Pfeffer überhaupt nicht geantwortet.

Auch auf grund seines Verhaltens nach Zff. I,2 und II,2 hat sich Herr v. Pfeffer als unwürdig gezeigt, noch länger der R.L. und auch der N.S.D.A.P. anzugehören.

Ich bitte dringend, unter allen Umständen die hetzerische Tätigkeit des Mitgliedes der R.L. Herrn v. Pfeffer gegen die R.L. zu beachten und für Herrn Bouhler eine ausreichende Ehrenerklärung durch Herrn v. Pfeffer zu veranlassen.

Zum Schluß gibt der U.u.Schl.A. die 2 Akten ab, da er wegen seiner Mißachtung seitens des Herrn v. Pfeffer nicht mehr in der Lage ist, sie zu bearbeiten.

Heinemann.

[Handschriftlicher Entwurf. BDC, OPG-Akte Bouhler-v. Pfeffer (USchlA-Akte Nr. 146)]

[68 b] *Hitler geht Beschwerden aus dem Weg*

v. Pf. M. 5. 10. 27
Osaf

An den 1. Parteivorsitzenden

1. *Nicht ich habe den Verkehr mit dem UuSchAussch abgebrochen, sondern dieser mit mir.* (Original-Anlage I). Dazu noch bei einem diesseits sehr korrekt und höflich gehaltenen Schriftwechsel. Ich habe die Konsequenz daraus gezogen. Ich bin kein Fant, dem man derartiges schreiben kann, und nach Gutdünken auf die Dauer einer kleinen Anfrage stillschweigend suspendieren kann, weil man eine solche Anfrage für mich peinlich hält.

Ich nehme an, daß Ihnen dieser Tatbestand verschwiegen oder entstellt ist.

2. Ich muß mich über Exz Heinemann in mehreren schwerwiegenden Punkten beschweren: Parteilichkeit, verletzende Behandlung, vorschriftswidrige Behandlung. Die Entgegennahme der Ihnen sehr oft angekündigten Beschwerde haben Sie jedesmal mit Hinweis auf Ihren Stimmungszustand auf später verwiesen. Heute bemängelten Sie außerdem, daß sie nicht schriftlich fixiert sei.

Ich werde die Beschwerden schriftlich fixiert vorlegen.

3. Als im Frühjahr Exz Heinemann mir sein Revolutionsverhalten (passive Duldung, Marsch m roter Fahne) rechtfertigte, glaubte ich das als einen *Einlenkungsschritt zur grundlegenden Wiederanbahnung* des von ihm abgebrochenen Verkehrs ansehen zu sollen. Ich meinerseits habe ebenfalls mit einem solchen Schritte geantwortet, und gerade in der steckengebliebenen Kaufmann-Affäre noch selbigen Tags einen offiziellen Antrag an Exz H gestellt, und zwar »Antrag auf Ehrenschutz« auch meinerseits gegen Kaufmann. Darauf erfolgte aber nichts.

Ich wiederholte den Antrag schriftlich (Anlage II). Er fand weder Beachtung noch Antwort.

So mußte ich den Versuch, – unbeschadet der bisherigen konkreten Beschwerdepunkte – den von H m. E. mutwillig und verletzend abgebrochenen Verkehr in U u Sch Aussch-Sachen wieder in Gang zu bringen, aufgeben.

4. Ich muß als Ihr Oberster-SA-Führer eine Stellung verlangen, daß *Sie meine Beschwerden gg Exz H* entgegennehmen, und *nach gemeinsamem Vortrag (v. P. + H.) entscheiden.*

Entscheidung auf alleinigen Vortrag von Exz H, – oder Verweisung meiner Beschwerden gegen »Exz H als Organisationsleiter« an Exz H als U u Sch Aussch, – oder Leitung meiner Beschwerden gegen Exz H an oder über H selbst (insbesondere bei offenkundiger Befangenheit oder hängender persönl Beleidigungen, zuletzt »Salomons Sprüche«) – wären mit meiner Person und mit meiner Stellung als Osaf nicht zu vereinbaren.

Ich bitte um klare Antwort, damit ich gegebenenfalls die Konsequenzen ziehe. Insbesondere handelt es sich auch um meine Beschwerde von heute morgen über H's Thüringerbrief, und zwar unabhängig von den anderen Beschwerden.

5. Im Fall Kaufmann habe ich keinerlei Kenntnis der Zeugenaussagen und des sog Beweismaterials bekommen und bin nie in die Lage versetzt, mich dazu zu äußern. (Außer einem aus dem Zusammenhang gerissenen, im übrigen belanglosen Satz Wagners – Bochum). Daß der U u Schl Aussch zu einem Spruch gekommen und daß *Sie die Sache niedergeschlagen haben, ist mir nie etwas mitgeteilt.*

Vielmehr mußte ich annehmen, man ließe die Sache im Sande verlaufen, und Kaufmann glaube damit einen Freibrief zu haben, seine Verläumdungen fortzusetzen. Von letzteren glaube ich neue Proben bekommen zu haben. *Nach Nicht-Aufnahme meines Antrages auf Ehrenschutz durch den U u Schl Aussch (Ziff 3) sehe ich nur noch den Weg der Selbsthilfe.*

Heil!
v. Pfeffer

[Handschreiben. BAK, NS 26 – 86]

[68 c] *Gauleiter Karl Kaufmann an Rudolf Heß*

3. November 1927.

... Sie wissen selbst, wie Herr v. Pfeffer bei der Reichsparteileitung beurteilt wird und sind seinerzeit in Essen zugegen gewesen, als der Chef mir sagte: »Kaufmann, ich bereue heute, daß ich damals Ihrem Rat, v. Pfeffer nicht zum S.A.-Führer zu bestimmen, nicht nachgekommen bin. Beruhigen Sie sich, wenn Sie wüßten, wie Heinemann, der auf Grund des vorliegenden Materials den Ausschluß von v. Pfeffer aus der Partei beantragt hat, über diesen denkt! Ich hätte v. Pfeffer schon längst herausgeworfen, wenn für mich die Frage der Nachfolgerschaft geklärt wäre. Oder wissen Sie hier einen geeigneten zu nennen?« Usw. ...

[BDC, OPG-Akte Karl Kaufmann (gekürzt)]

[68 d] *Heinemanns Rücktritt*

... Der Vorsitzende des Untersuchungs- und Schlichtungsausschusses Generalleutnant a. D. Heinemann ist infolge von Meinungsverschiedenheiten mit Hitler von seinem Posten zurückgetreten. Nach einer Notiz im »Völkischen Beobachter« gilt Heinemann vorerst auf die Dauer von 6 Monaten beurlaubt. Die Tatsache, daß Heinemann, der in der Parteileitung eine nicht unbedeutende Rolle spielte, nicht mehr zurückkehrt, hat Hitler der Öffentlichkeit verschwiegen. Der Untersuchungsausschuß ist infolge der fortgesetzten Reibereien und Unstimmigkeiten unter den Mitgliedern und Angestellten bei der Parteileitung zu einer unentbehrlichen Einrichtung geworden ...

[Aus dem Münchener Polizeibericht N/Nr. 62 v. 8. 12. 1927. B. H. St. A. I, Sonderabgabe 1509]

[68 e] *Heinemanns Nachfolger schlichtet den Streit*

München, den 30. 11. 27

In einer Besprechung der Herren Karl *Kaufmann* und Hptm. *v. Pfeffer* in Gegenwart des Parteivorsitzenden stellte sich heraus, daß der Zwist der beiden Herren auf gegenseitigen Mißverständnissen beruhe und nach deren Aufklärung gegenstandslos geworden sei. Insbesondere wurde hervorgehoben, daß ein Wortbruch des Herrn Hptm. *v. Pfeffer* keineswegs in Frage kommen könne.

[St] Untersuchungs- u. Schlichtungsausschuß

1. 12. 27 [gez.] Adolf Hitler

[hd] Den in der Leitung tätigen Parteigenossen und Parteigenossinnen zur Kenntnis gegen Namensunterschrift.

Walter Buch.

[BDC, OPG-Akte Karl Kaufmann]

[69 a] *Gregor Straßer contra Dr. Goebbels*[28]

Berlin NW 7, den 15. Juni 1927.

Sehr geehrter Herr Heß!

Zunächst bitte ich Sie Herrn Hitler meinen besten Dank für die liebenswürdige Überlassung des Autos zu übermitteln. Durch den schönen Tag war die Fahrt neben dem praktischen Transport mit außerordentlichem Genuß.

In Verfolg unserer Unterredung in der Osteria, in der Herr Hitler den neutralen Charakter der neuen Zeitung zur Voraussetzung machte, übersende ich Ihnen zwei Drucksachen [hd: die an alle Gruppen im Reich verschickt werden], die die Neutralität der Erscheinung von vornherein zerstören. Herr Dr. Goebbels gilt in Berlin als Vertreter Adolf Hitlers, er kann wohl kaum der Herausgeber einer »neutralen« Zeitung sein, will es wohl auch nicht sein, wenn er sich selbst als solchen bezeichnet.

Damit nie die Sorgen ausgehen habe ich heute von einer am Freitag, den 10. ds. Mts. stattgefundenen Funktionärssitzung der Berliner einen Bericht erhalten, der fast unglaublich klingt, durch zwei Zeugen aber erhärtet ist. Herr Dr. Goebbels hat durch unerhörte Behauptungen dort gegen mich gekämpft. »Abstammung von Juden«, »abhängig vom Großkapital« usw. sind solche dort geäußerten Vorwürfe. Ich werde gezwungen sein die Entscheidung Herrn Hitlers anzurufen, sei es durch eine Unterredung im Beisein der Berliner Zeugen, sei es durch Übergabe an den U. und S.-Ausschuß. Einstweilen habe ich, wie der eingelegte Durchschlag zeigt, Herrn Dr. Goebbels gebeten, dem von mehreren Anwesenden geäußerten Willen Rechnung zu tragen und mir Gelegenheit zu geben, vor den gleichen Leuten die Vorwürfe richtig zu stellen. Über den Verlauf

---

28 Nach einer Serie von den Nationalsozialisten provozierter Prügeleien und Zwischenfälle wurde am 6. Mai 1927 die NSDAP in Berlin durch den Polizeipräsidenten verboten. Der erst seit sechs Monaten amtierende Gauleiter Goebbels, der die Partei durch diesen Stil um jeden Preis bekannt machen wollte, erhielt Redeverbot. Um die Parteigenossen zusammenzuhalten, entschloß sich Goebbels, eine Wochenzeitung, den »Angriff« herauszugeben, die seit dem 4. Juli erschien. Bei der recht niedrigen Zahl der Parteimitglieder und der Bezieher der Zeitung des Kampfverlags, »Berliner Arbeiter-Zeitung«, mußte deren Herausgeber Gregor Straßer um ihren Absatz fürchten. Zu den weiteren Hintergründen des Streites s. die Dokumente im Anhang zu: H. Heiber (Hrsg.), Das Tagebuch von Joseph Goebbels 1925/26.
Das Parteiverbot fiel erst Ende März 1928 vor den Reichstagswahlen. Beide Zeitungen blieben nebeneinander bestehen.

werde ich fortgesetzt berichten. Daß die Bewegung keinen Schaden nehmen darf, ist allererste Voraussetzung und für mich suprema lex.

[hd] Mit Gruß und Handschlag
Ihr ergebener
Gregor Straßer

[BDC, OPG-Akte Dr. Goebbels – Gebr. Straßer – Erich Koch (USchlA-Akte Nr. 147). Abgedruckt bei Heiber, Das Tagebuch . . ., S. 127 f.]

[69 b] *Die »gespaltene« NSDAP*

München, den 19. Dezember.

Im Hofbräuhaus drängten sich Kopf an Kopf die Massen. Sie waren gekommen, sich von der »Spaltung« der nationalsozialistischen Bewegung zu überzeugen, von der die Großstadtpresse und ihre Abschreiber in der Provinz zu berichten wußten. Mit jener Meldung, die offenbar dazu bestimmt war, neue Beunruhigung in die allerdings »unberuhigend« anwachsende Menge der nationalsozialistischen Gefolgschaft zu tragen. . . .

Auch die Massen im dichtbesetzten Hofbräuhaussaal zeigten ihr Interesse an der Spaltungsnachricht, indem sie den drei »uneinigen« Führern, als sie gemeinsam den Saal betraten, eine begeisterte, herzliche Ovation bereiteten. Sie kamen, um nach der Behauptung unserer Berliner Asphaltfreunde nicht nur eine einfach, sondern eine dreifach gespaltene Partei zu sehen, und sie fanden eine Einheitsfront der unter sich uneinigen »Richtungen«, auf die jede andere Partei stolz sein dürfte. Sie fanden eine Einheitsfront Hitler–Straßer–Goebbels, die mehr bedeutet wie einen rein kameradschaftlichen, zufälligen Zusammenschluß, sondern die untermauert ist von dem gemeinsamen Glauben an eine hohe heilige Mission und von dem Gefühl der Treue, das sie der gemeinsamen Idee gegenüber verpflichtet, aber auch gegenüber dem gemeinsamen Führer in der Person Adolf Hitlers.

Daher waren die lapidaren Worte Gregor Straßers in ihrer präzisen Formulierung so überzeugend, als er ein Bekenntnis zur nationalsozialistischen Bewegung und zu ihrem Führer ganz im Geiste des alten Frontsoldaten ablegte, für den auch der politische Kampf zum verantwortungsvollen Dienst geworden ist. . . .

Daher erinnerte Dr. Goebbels mit Recht an den Geist jener Toten der Bewegung, deren Blutopfer uns Lebenden eine solche Verantwortung auferlegt, daß sie auch kein Führer ungestraft mißachten dürfte.

Adolf Hitler aber, der begeistert gefeierte Parteiführer, konnte heute mit Stolz auf diese Einheitsfront im Geiste und in der Tat hinweisen, die sich in den schweren Jahren des Kampfes überall da gezeigt hat, wo nationalsozialistische Männer das Hakenkreuzbanner entfalteten.

Und daher wurde dieser Abend zu einem neuen Erlebnis für jeden Parteigenossen, der mit der Überzeugung nach Hause ging, Mitkämpfer einer Bewegung zu sein, in der sich die zwei Hauptvoraussetzungen des kommenden Sieges in idealer Einheit gefunden haben: in der die Autorität der Idee und die Autorität des Führers eins geworden sind in der Person Adolf Hitlers.

[Völkischer Beobachter Nr. 297 v. 21. 12. 1927, S. 1 (gekürzt)]

[70 a] *Hitler wechselt den Kurs*

An die Herren Gauführer und Abgeordneten der N.S.D.A.P.

Sonntag, den 27. November, 10 Uhr vormittags, findet im Saale des Hotels »Elefant« in Weimar eine Zusammenkunft der Gauführer und Abgeordneten mit Herrn Hitler statt. Sie werden hiermit zu dieser eingeladen und gebeten, an die Reichsgeschäftsstelle Mitteilung gehen zu lassen, ob Sie an dieser Tagung teilnehmen können.

München, den 10. November 1927.

Die Reichsleitung der Nat.-Soz. Deutschen Arbeiterpartei

[gez.] i. A. Bouhler.

[BAK, Slg. Schumacher 373]

[70 b] *Die Sorgen des kleinen Kaufmanns als Wahlkampfmunition*

... In voller Übereinstimmung mit den Ausführungen unseres Führers in Weimar glauben auch wir, daß es uns für die künftigen Wahlen noch nicht gelingen wird, den Marxisten merklich Boden abzugewinnen. Am meisten Verständnis werden wir finden bei dem kleinen Kaufmann als schärfstem Gegner von Warenhaus und Konsumverein. Ferner beim Handlungsgehilfen, der im DHV von vornherein Antisemit ist. ...

[Karl Dincklage (Hannover) an Franz Stöhr, MdR. 14. Dezember 1927. St. A. Hannover 310 I A 17 (gekürzt)]

[71 a] *Stürmische Ovationen für Hitler*

Essen, den 7. Dezember

Nachdem Adolf Hitler am 2. Dezember in großer Massen-Mitgliederversammlung vor mehr als 5000 Parteigenossen gesprochen hatte, hielt er am 5. Dezember im Kruppsaal des Essener Saalbaus seinen vierten Vortrag vor einem geladenen Kreis rheinisch-westfälischer Wirtschaftler. Es waren so viele der Einladung gefolgt, – darunter in der weiteren Öffentlichkeit bekannte führende Köpfe – daß der 800 Zuhörer fassende Saal sich als zu klein erwies. Das Thema lautete diesmal: »Deutschlands Außenpolitik. Unser endgültiger Verfall – oder unsere Zukunft!«

Bei Veranstaltung dieser Vorträge wird von dem Gedanken ausgegangen, daß die nationalsozialistischen Ideen in alle Kreise des deutschen Volkes zu tragen sind. Geistesarbeiter wie Handarbeiter, Bergmänner wie Industrieführer, Großkaufleute wie Angestellte sollen wissen, was der National-Sozialismus bedeutet, was seine Ziele sind, welcher Art sein Kampf ist, und sollen gewonnen werden für die nationalsozialistische Weltanschauung. Denn der kommende nationalsozialistische Staat muß sich auf alle Glieder der Volksgemeinschaft stützen können.

Durch Adolf Hitlers Vorträge vor den rheinisch-westfälischen Wirtschaftlern werden auch in diesem für die Zukunft des deutschen Volkes besonders wichtigen Kreis Vorurteile, die vielfach künstlich durch die entstellende Berichterstattung jüdischer Telegraphenbüros geschaffen wurden, zerstört. Nebenher soll erreicht werden, daß vielen unserer Parteigenossen im Arbeitnehmerstand, die oft unter der Abneigung ihrer Arbeitgeber gegen den Nationalsozialismus zu leiden haben, die Stellung im Betrieb erleichtert wird.

Das Bemerkenswerteste an diesen Vorträgen Adolf Hitlers ist, daß Hitler auch hier keine Konzessionen an seine Zuhörer macht, kein Jota von seiner Überzeugung preisgibt, und dem Inhalt nach das gleiche sagt, wie in seinen Massenversammlungen. In letzteren sind hier übrigens auch Wirtschaftsführer zu sehen, wie umgekehrt stets eine Anzahl Parteigenossen aus allen Berufsschichten auf ausdrücklichen Wunsch Hitlers an den Vorträgen vor den Wirtschaftlern teilnehmen.

Wie stark die Rede wirkte, die wie immer unangreifbar in der Beweisführung, klar und straff im Aufbau gehalten war und hinreißende Höhepunkte besaß, bewies der alle Anwesende erfassende, sich gegen Ende oft zum Sturm steigernde Beifall; das können unsere Leser aus der nachfolgenden Stellungnahme der Essener Presse ersehen, die durchaus nicht immer bereit war, den Nationalsozialismus überhaupt nur zu erwähnen.

Ihr Urteil ist daher um so wertvoller und läßt sich nicht als »gefärbt« übergehen.

Die »Rheinisch-Westfälische Zeitung«:

Essen, den 6. Dezember.

... Wenn man Hitler mehrfach zu hören Gelegenheit gehabt hat, so scheint das Entscheidende an seiner Gedankenwelt zu sein, daß er sich nie von den Grundbestimmungen seines Denkens entfernt hat. Immer noch steht der Gedanke an die Neuerringung der staatlichen Macht des deutschen Volkes auf Grund der Thesen von der Ablehnung des Internationalismus und der Rückkehr zum gesunden, heiligen, nationalen Egoismus, von der Ablehnung der Massenherrschaft mit Hilfe der demokratischen Führerwahl und Rückkehr zur wahren Führerschaft auf Grund des reinen Persönlichkeitswertes im Vordergrund seiner Betrachtungen. Aber von Jahr zu Jahr werden diese Thesen gedanklich vertieft, von Jahr zu Jahr in neuartiger Form und Begründung vorgetragen. Wir haben den nationalsozialistischen Führer sich nie in seinen Ausführungen wiederholen hören.

Am gestrigen Montag sprach Hitler jedoch zum ersten Male vor seinem geladenen Publikum darüber, wie er sich die Führung der deutschen Außenpolitik denkt. Es soll nicht abgestritten werden, daß man wie in allen politischen Fragen über den Weg und über die Auswirkungen Hitlerscher Bündnispolitik anderer Auffassung sein kann. Das eine aber läßt sich nicht abstreiten, daß dieser Führer seiner Bewegung es innerlich ablehnt, eine Politik von Fall zu Fall zu machen, daß er es ablehnt, ohne zwar weitgehende, aber doch ganz klar gesteckte und umrissene Ziele Außenpolitik zu betreiben. Hitler ist, das erweist sich immer wieder, kein Demagoge in des Wortes gewöhnlicher Bedeutung, obgleich er alle Register des politischen Redners beherrscht und sie auch bewußt anwendet, sondern er glaubt an das, was er vorträgt und was er sich reiflich überdacht hat. Wenn er nicht an seine Meinung glaubte, wäre es ihm unmöglich, in zweieinhalbstündiger Rede eine Zuhörerschaft von Gebildeten vom ersten bis zum letzten Wort zu fesseln, ja zweifellos zu faszinieren. ...

[Völkischer Beobachter Nr. 285 v. 10. 12. 1927, S. 1–2 (gekürzt)]

[71 b] *Adolf Hitler zeigt uns den Weg*

Am 13. Juli [1928 im Berliner Friedrichshain] sprach Adolf Hitler vor über 4000 Parteigenossen über außenpolitische Fragen. Zahlreichen Wünschen aus unserem Leserkreise nachkommend, veröffentlichen wir nachstehend die wesentlichsten Stellen der Rede im Wortlaut.

... Das deutsche Bürgertum hat keine eigene politische Meinung mehr, und der Marxismus wünscht nichts anderes als *wehrlose Haltung* Deutschlands, Dezimierung unseres Volkes, Abbau unserer inneren Kraftquellen und endlich Anpassung an den Zwang der äußeren Verhältnisse. Da treten wir Nationalsozialisten ein.

Wenn wir Nationalsozialisten uns heute mit Außenpolitik beschäftigen, dann tun wir das mit der ausgesprochenen Absicht, *diese Entwicklung zu verhindern,* dieser Entwicklung in den Arm zu fallen und unser Volk aus diesem Zustande wieder zu erlösen, es herauszuheben und in eine Zukunft hinüberzuführen, die eines Volkes, dessen Geschichte seit 2000 Jahren Weltgeschichte war, würdig ist.

Die heutigen Machthaber haben nur eine *einzige* Angst, nämlich die, daß das Volk die Ketten abschütteln könnte. Das ist ihre einzige Angst, und ihr ganzes politisches Leben wird von der Sorge diktiert, diejenigen Maßnahmen treffen zu können, die Gewähr bieten, daß dieses Volk schön geduldig sein Joch weiter auf sich nimmt.

Gewiß hat man recht, wenn man uns sagt, wir können heute doch keinen Krieg beginnen. Nein, nach außen nicht, aber der erste Krieg bei jedem Menschen ist der mit seinem eigenen Innern. Es sage mir keiner, er werde eine große Zukunft noch erleben, wenn er nicht in der Lage ist, sich selbst zu bezwingen, selbst seinen schlechten Eigenschaften den Krieg anzusagen. Wer sich nicht selbst bekämpfen kann, der wird nicht dem Schicksal den Kampf ansagen können. Und das Volk, das sich nicht selbst zu reinigen vermag, das nicht selbst seiner Giftstoffe Herr wird, das wird auch niemals die Ketten nach außen sprengen können. Es ist ein Wahnwitz, wenn heute jemand meint, durch militärische Machtmittel könne man Deutschlands Lage ändern. Nein, den *deutschen* Sklaven muß man erst beseitigen; den Sklaven in seiner Gesinnung, in seiner erbärmlichen kriecherischen Unterwürfigkeit muß man beseitigen. Ist er beseitigt, dann werden die Kämpfer eines Tages die Ketten sprengen; denn für den, der die Freiheit aus heißem Herzen will, der jedes Opfer dafür zu bringen bereit ist, öffnet sich auch eines Tages der Weg zur Freiheit.

Wenn man mich heute fragt, was ist Ihr außenpolitisches Ziel, dann möchte ich

zwei Ziele

feststellen. Das erste ist, die Freiheit zu bekommen, und das zweite ist, Grund und Boden zu bekommen, auf daß wir niemals mehr in eine Situation geraten, wie sie der Weltkrieg und bereits die Zeit vor dem Kriege mit sich gebracht haben. ...

[Der Angriff Nr. 24 v. 17. 6. 1929 (gekürzt)]

[72 a] *Gegen »Politische Täuschungsmanöver« der DVFP*

Wenn ein Hetzer die Nerven verliert, wird er oft so dumm, daß er seinen ganzen »Charakter« selbst entlarvt. So ist es soeben der sog. »Deutschvölkischen Freiheitspartei« ergangen, die nach allen Abbröckelungen ihres mühsam geleimten »Blocks« auch die letzte Haltung verloren hat. Es haben nämlich die feinen Herrschaften – nach 8 Jahren! – unsere »Bauernfeindlichkeit« (bitte nicht lachen) entdeckt und erklären uns in ihrem »Deutschen Tageblatt« (Nr. 72, 1928) als »National-Bolschewisten«. Wir setzen zwecks Selbstentlarvung der Graefe–Wulle–Henning den ganzen »Angriff« her:

»In dem ›Nationalsozialistischen Jahrbuch‹ für 1927 ist auf Seite 76 ff. ein Auszug aus dem Programm der ›Nationalsozialistischen Deutschen Arbeiterpartei‹ vom 24. Februar 1920 abgedruckt. Unter Ziffer 17 heißt es darin wörtlich:

›Wir fordern eine unseren nationalen Bedürfnissen angepaßte Bodenreform, Schaffung eines Gesetzes zur unentgeltlichen Enteignung von Boden für gemeinnützige Zwecke . . .‹

Ein etwaiger Kommentar darüber, daß diese Forderung der ›unentgeltlichen Enteignung‹, die doch letzten Endes in kommunistischer oder bolschewistischer Linie liegt, inzwischen abgeändert worden sei, ist in dem Jahrbuch für 1927 nicht vermerkt, vielmehr steht fest, daß alle Versuche namhafter Mitglieder der N.S.D.A.P. bzw. ihr nahestehender Politiker, Hitler zu einer Änderung dieses Programmpunktes oder auch nur zu einer Erklärung dazu zu bewegen, ohne jeden Erfolg geblieben sind. Hiernach muß also festgestellt werden, daß die Forderung der unentgeltlichen Enteignung von Grund und Boden auch heute noch zu den Hitlerschen Programmpunkten der nationalsozialistischen Arbeiterpartei gehört.

Wie angesichts dieser Tatsache die Nationalsozialisten den Bauern bei ihrem Existenzkampfe gegen das heutige Enteignungssystem der Erfüllungspolitiker vorzureden wagen können, die Nationalsozialisten seien ihre berufenen Vorkämpfer, das könnte man nur verstehen, wenn man annehmen wollte, daß große Teile der norddeutschen Anhänger der N.S.D.A.P. über besagte Einstellung ihres Führers in München überhaupt nicht orientiert sind: denn sonst müßte dieser Bauernfang ja als ein grober Schwindel bezeichnet werden.

Wie dem aber auch sei, es ist dringende Pflicht der Aufrichtigkeit, etwa irre geleitete Bauern hierüber aufzuklären, damit sie nicht in harmloser Verkennung der Dinge vom Regen in die Traufe taumeln.«

. . .

[Völkischer Beobachter Nr. 75 v. 30. 3. 1928, S. 2 (gekürzt)]

[72b] *Erklärung zu Punkt 17 des Partei-Programms*

Gegenüber den verlogenen Auslegungen des Punktes 17 des Programms der N.S.D.A.P. von seiten unserer Gegner ist folgende Feststellung notwendig: Da die N.S.D.A.P. auf dem Boden des Privateigentums steht, ergibt sich von selbst, daß der Passus »unentgeltliche Enteignung« nur auf die Schaffung gesetzlicher Möglichkeiten Bezug hat, Boden, der auf unrechtmäßige Weise erworben wurde oder nicht nach den Gesichtspunkten des Volkswohles verwaltet wird, wenn nötig, zu enteignen. Dies richtet sich demgemäß in erster Linie gegen die jüdischen Grundspekulations-Gesellschaften.

München, den 13. April 1928.

gez. Adolf Hitler.

[Völkischer Beobachter Nr. 91 v. 19. 4. 1928, S. 3]

[73a] *Als ich meine schöne S.A. vereidigte ...*

Walter Buch, Major a. D. Solln, den 8. 2. 28

Herrn Ludwig *Käfer, Nürnberg*

Sehr geehrter Herr Käfer,

Mein Telegramm und mein Brief von gestern sind inzwischen in Ihre Hände gelangt. Sie erwarten mich darnach am Freitag in Nürnberg, bis Sie jetzt hierdurch erfahren, daß wieder alles anders geworden ist und ich garnicht nach Nürnberg komme.

Deshalb lassen Sie mich Ihnen heute wenigstens schriftlich meine persönliche Ansicht über die ganze Sache darlegen. Daß ich persönlich Sie nach wie vor für einen zuverlässigen Nationalsozialisten halte, werden Sie unterdeß schon zwischen den Zeilen meiner Amtsbriefe gelesen haben. Ich schreibe Ihnen aber heute den Brief nicht als Vorsitzender des Untersuchungs- und Schlichtungs-Ausschusses, sondern als ein Ihnen seit Jahren aus Nürnberg bekannter Pg., der zu unserem Führer auch menschlich in einem nahen Verhältnis steht und sein Vertrauen besitzt.

Als solcher muß ich zu meinem Bedauern von vorneherein feststellen: Sie machen es durch Ihr Verhalten der Reichsleitung namenlos schwer, irgendwie einzugreifen. Sie können nicht leugnen, daß die Ortsgruppenleitung Nürnberg formell gegen Sie unbedingt richtig gehandelt hat. Im Februar 27 erließ Hitler die Verfügung, wonach wir Nationalsozialisten nicht mehreren politischen Verbänden angehören können. Nach dieser Verfügung wurden Sie aufgefordert aus dem »LUITPOLDHAIN« oder

»LANDSTURM« auszutreten. Das haben Sie nicht getan. Ihre Wahl zwischen der Partei und dem politischen Verein fiel demnach auf diesen. Ich habe im Frühjahr den Bund Oberland und den D.V.O. verlassen und bin bei der Partei geblieben. Wir müssen die Kraft zur Entscheidung haben. Sie haben sie nicht aufgebracht, Sie sind bei dem Nürnberger Verein geblieben und haben sich damit nach der Verfügung Hitlers vom Februar 27 selber aus der Partei ausgeschlossen. Die Reichsleitung könnte also ebenso wie die O.G. Leitung Nürnberg sagen: Mit Leuten von der Opposition haben wir nichts zu schaffen, wenn die für uns wären, hätten sie seinerzeit nur den Zettel einzuschicken brauchen. Jetzt sind Sie unsere Gegner, die uns angreifen und deren wir uns zu erwehren haben. Das tut die Reichsleitung aber nicht. Sie weiß zu genau, daß Sie in heiligem Eifer für die Bewegung so gehandelt haben, wie Sie es taten. Sie kann nur bedauern, daß Sie es so falsch anfingen. Es ist schon viel, wenn Hitler nicht nach Nürnberg kommt und sich in einer Versammlung neben Streicher stellt. Es ist schon viel, wenn er Streicher sagt: Bring Du Dein Nürnberg allein in Ordnung. Mehr kann Hitler nicht tun. Er kann nicht gegen die eigene Ortsgruppe sich zu den Leuten schlagen, die sich wenige Wochen zuvor in Kenntnis seiner Februarverfügung selber aus der Partei ausgeschlossen haben. Herr Gott! Wie oft habe ich in den letzten Wochen diesen Schritt verwünscht. Wie schön wäre das, wenn Sie den fraglichen Zettel unterschrieben hätten, Sie dann von der O.G. Nürnberg auf Grund der Satzungen ausgeschlossen worden wären und dann Beschwerde eingelegt hätten. Dann wäre mein Vorgehen einfach. Für uns alle ist doch oberstes Gebot: *Das Wohl der Bewegung.* Und da sehen wir an der Spitze der Reichsleitung von Hamburg bis Graz, von Königsberg bis New York, während Ihr Nürnberger vielleicht von Schwabach bis Fürth seht. Ihr meint, der Zustand in Nürnberg ist das Ende der NSDAP. Und wir sagen uns: der Kampf in Nürnberg selbst ist nicht mehr zu verbergen und wird seine unvermeidlichen Folgen so und so auf die Wahlen ausüben. Ihn jetzt aber von der Reichsleitung aufnehmen, hieße das Feuer künstlich steigern und die Feuersbrunst weit über den Kreis hinaus anfachen, den sie aus eigener Kraft erreichen könnte. Darum bleibt der Reichsleitung wie der Feuerwehr vorläufig nichts anderes übrig, als den Brand zu lokalisieren. Was geschehen soll, nachdem das Schiff den Hafen erreicht, d. h. die Partei die Wahl hinter sich gebracht hat, wird der Führer, dem ich seit 1922 immer das gleiche ruhige Vertrauen entgegenbringe, zu rechter Zeit anordnen.

Erinnern Sie sich, Herr Käfer, an den Abend im Oktober 23, als ich meine schöne S.A., deren stolzester Teil der Landsturm war, im Beisein vieler Pg. feierlich vereidigte. Erinnern Sie sich, daß der erste Satz hieß: »Ich schwöre bei meinem Gott dieser Fahne Treue bis in den Tod. Sie verkörpert für mich mein Volk und dessen Drang nach Ehre und Freiheit.« Nichts, aber auch garnichts hat sich seit jenem Augenblick für mich geändert, was mich veranlassen könnte, den Mann, der uns diese Fahne voranträgt, zu verlassen. Und noch in keinem Augenblick bin ich mir klüger vorgekommen als er.

Heil!
[gez.] WB.

[BDC, OPG-Akte Julius Streicher – Käfer/Kiener (USchlA-Akte Nr. 191)]

[73 b] *Wenn die Reichsleitung eine klare Antwort geben könnte ...*

München, den 30. März 1928

An die Ortsgruppe der NSDAP Oberkotzau
z. Hd. ds. Herrn Herpig
Oberkotzau

Betr.: Schrb. v. 27. III. 28.

Wenn auf Ihre Frage »was mit Streicher ist« die Reichsleitung eine klare Antwort geben könnte, hätte sie dies schon getan. Von der Reichsleitung ist über die Beschwerde gegen Herrn Streicher noch niemals, auch nicht den S.A.-Führern, etwas mitgeteilt worden, weil die Klärung dieser Frage nicht den Wahlkampf beeinflussen soll. Was der Gausaf Franken, Gattinger, seinen Unterführern mitgeteilt hat, entzieht sich der Kenntnis der Reichsleitung.

Die Listen mit den Land- bezw. Reichstagskandidaten sind noch nicht abgeschlossen. Sie haben keinen Grund, sich von den inneren Nürnbergischen Angelegenheiten beeinflussen zu lassen. Hauptsache ist, daß Sie, wie Sie mitteilen, hinter Hitler stehen und sonst »niemand«. Von ihm werden Sie zu rechter Zeit das nötige erfahren.

Heil

[Verfasser: W. Buch. BDC, OPG-Akte Julius Streicher – Käfer/Kiener (USchlA-Akte Nr. 191)]

[74] *Die »chinesische Mauer« um Hitler*

[St] Untersuchungs- u. Schlichtungsausschuß

München, den 29. März 1928

Herrn Abgeordneten Holzwarth, M. d. L.
Scheinfeld/Mfr.

... Alle an Herrn Hitler durch die Post gerichteten Briefe – ganz gleich, ob diese in die Wohnung oder in die Schellingstraße kommen – werden nur in der Kanzlei von den dazu Beauftragten geöffnet. Dazu gehört Herr Schaub nicht.

Was endlich die vielbesungene [hd. Holzwarth: Also haben auch andere dieses Gefühl!] Mauer um Herrn Hitler anbelangt, so möchte ich jedem Parteigenossen wünschen, er möge einmal kurze Zeit Einblick in den Betrieb der Geschäftsstelle erhalten. Er könnte dann feststellen, daß sämtliche Ressort-Chefs oft tagelang warten müssen, bis sie Herrn Hitler erreichen können. Das läßt sich auf ganz natürliche Weise damit erklären, daß in der Zeit der Abwesenheit Herrn Hitlers soviel Stoff sich anhäuft, der ihm vorgetragen werden muß, daß der Einzelne stundenlang zu seiner Regelung braucht. Außerdem hat Herr Hitler noch seine überaus umfangreiche Privat-Korrespondenz zu erledigen. Also auch wir Abteilungs-Vorsitzenden könnten, wüßten wir es nicht besser, von einer chinesischen Mauer reden, weil es uns unbedingt ebenso schwerfällt den Chef zu der von uns gewünschten Zeit zu erreichen, wie jedem Außenstehenden. Das wird sich aber so lange nicht ändern lassen, als Herr Hitler auf Vortragsreisen unterwegs sein muß.

Heil!

[St RL] [gez.] Walter Buch.

[BDC, OPG-Akte Wilhelm Holzwarth (gekürzt)]

[75 a] *Rückenstärkung für den USchlA*

Bekanntmachung

Den Anordnungen des Untersuchungs- und Schlichtungsausschusses der Reichsleitung, zu dessen Vorsitzenden ich am 2. Januar 1928 den Pg. Major a. D. Walter Buch ernannt habe und dessen Beisitzer die Pgn. Rechtsanwalt Dr. Frank II und Stadtrat Graf sind, ist von sämtlichen Parteigenossen und Parteidienststellen einschließlich des ersten Parteivorsitzenden jederzeit nachzukommen. Eine Nichtbefolgung dieser Anordnung gilt als Ablehnung der Parteidisziplin und als Austritt aus der Bewegung.

München, den 25. April 1928. gez. Adolf Hitler.

[Völkischer Beobachter Nr. 99 v. 28. 4. 1928, S. 3]

[75 b] *Rechtsprechung über Parteigenossen in Hitlers Namen*

Besondere Anweisungen
zu der Verfg. betr. U.S.A. v. 25. 4. 28 Ziff. 2.

1. Die Ermächtigung in meinem Namen Recht zu sprechen über Pg. setzt die Einstimmigkeit des Beschlusses d. U.S.A. voraus. Sobald der Beschluß nicht einstimmig gefaßt ist, muß d. Vorsitzende mir Vortrag halten.
2. Der U.S.A. kann von sich Beschluß dahingehend fassen, daß er ohne mich zu hören, nicht entscheiden will.
3. Sobald eine Entscheidung die Möglichkeit der Absetzung oder des Ausschlusses eines Mitglieds der R.L., eines Gauleiters, eines Gauobm. oder eines Abg. des Reichstages oder eines bundesstaatl. Landtages ins Gesichtsfeld rückt, hat der Vorsitzende d. U.S.A. mir Vortrag zu erstatten.
4. Die von mir erteilte Ermächtigung erstreckt sich nicht auf die Maßregelung der in Ziff. 3 genannten Pgg.
5. Der U.S.A. der R.L. soll mindestens 2 Mal monatl. zu gemeinsamer Beratung zusammentreten.
6. Der Vorsitzende ist nicht ermächtigt, ohne Zustimmung d. beiden Beisitzer die Maßregelung irgendeines Pgs. vorzunehmen.

[Hd. Walter Buch. BDC, OPG-Akte Sigmund Jung – Georg Hallermann]

[76] *Herr Hitler wünscht keine Polemiken gegen die Wehrverbände*

Abschrift
Nationalsozialistische Deutsche Arbeiterpartei

An alle Gaue und selbständigen Ortsgruppen der N.S.D.A.P.

Herr Hitler wünscht nicht Polemiken gegen die Wehrverbände wie Stahlhelm usw., sei es durch Vorträge, Flugblätter oder durch unsere Presse, und zwar auch dann nicht, wenn diese rein sachlich gehalten sind. Er glaubt nicht, daß auf diesem Wege wertvolle Führerkräfte – und auf diese kommt es der NSDAP nur an – aus den Wehrverbänden uns zugeführt werden. Was wertvoll ist in den Verbänden wird über kurz oder lang so oder so zur NSDAP stoßen, je mehr diese ihren bisherigen Weg einhält. Die Aktivisten sehen früher oder später den inneren Unterschied zwischen den Verbänden und der NSDAP. Ebenso wie sie sehen, wo auf die Dauer der Erfolg liegt. Sie sind desto eher geneigt, eines Tages den Kampf im Rahmen der NSDAP aufzunehmen, je weniger Verstimmung zwischen den beiden Organisationen besteht. Vorträge, Presse-Artikel usw. gegen die Verbände hingegen werden nur zu gerne von den leitenden Stellen in den Verbänden benutzt, um künstliche Verbitterung gegen die NSDAP auf dem Wege der eigenen Presse zu schaffen.

Daß bereits die richtige Erkenntnis z. B. wenigstens in einzelnen Teilen des Stahlhelms Platz greift, beweist u. a. die Ausgabe Nr. 11 der Stahlhelm-Zeitung des Landesverbandes Braunschweig in der unter »Stahlhelm und Nationalsozialismus« – wenn man sich auch darin sonst um die Folgen herumwindet – zu lesen steht:

»Die Nationalsozialistische Partei hat dem Stahlhelm manches Erfolgversprechende voraus. Sie verfügt in der Gefolgschaft über eine innere Geschlossenheit und einen Glauben an den Sieg der Sache, – beide Eigenschaften fehlen zahlreichen Stahlhelm-Kameraden, die andere Bindungen vor denen des Bundes anerkennen. Die Nationalsozialistische Partei hat eine klare Stellung zu den Rassefragen; auch sie fehlt großen Teilen des Stahlhelms. Und schließlich verfügt die Nationalsozialistische Partei über einen Kampfgeist, über einen Willen zum Siege, der schlechthin vorbildlich ist. Hier kann der Stahlhelm am meisten lernen. Und wenn es nur das Eine ist, daß Ausweichen vor jeder Entscheidung wohl die träge Masse erhält, die kampfesfreudige Minderheit aber, auf die es ankommt, aus den eigenen Reihen vertreibt.

Die Vorzüge der Nationalsozialistischen Partei ergeben sich aus der Geschichte der Bewegung. Hitler hatte die Möglichkeit, 1925 eine völlig neue Bewegung aufzubauen, die er auch nach seinem Sinne formen konnte. Der Stahlhelm mußte das vorhandene Material erst langsam zu den neuen Gedanken erziehen. Diese Arbeit ist noch nicht abgeschlossen . . .«

Im Hinblick auf die Wahl ist die zum Teil durch Vorträge aus unserem Lager erzeugte Verbitterung gegen die NSDAP besonders unerwünscht. Durch die Vorträge werden bestimmt nicht mehr Angehörige der Verbände veranlaßt, nationalsozialistisch zu wählen, durch die aus den Vorträgen usw. sich ergebenden Kontroversen hingegen davon viele abgehalten.

Andererseits verbietet Adolf Hitler, daß S.A. ohne ausdrückliche Erlaubnis zum Saalschutz usw. für außerhalb der NSDAP stehende Persönlichkeiten verwandt wird. Insbesondere dann nicht, wenn diese Persönlichkeiten selbst Führer, Schirmherren und ähnliches von Wehrverbänden sind. Wenn schon durch die Wehrverbände der NSDAP wertvolle Unterführer entzogen werden, so sollen diese Wehrverbände wenigstens den Schutz ihrer eigenen Führer übernehmen. Eine Beteiligung der SA an Veranstaltungen dieser Führer ist geeignet, eine größere Stärke des betr. Wehrverbandes vorzutäuschen, da viele der Außenstehenden nicht zwischen SA und Wehrverbandsangehörigen zu unterscheiden vermögen. Der Anschein größerer Stärke kann dazu führen, daß sich neue Kräfte dem Wehrverband anschließen, welche damit der NSDAP verloren gehen, wo sie bessere Dienste für die Erreichung des großen Endzieles leisten könnten.

Adolf Hitler bittet, bei aller einschlägigen Propaganda, bei allen Reden und Veröffentlichungen stets zu erwägen, ob der Schaden nicht etwa größer ist, als der augenblickliche Nutzen. Insbesondere ist zu vermeiden, daß unnötig Persönlichkeiten angegriffen werden, welche für die eine oder andere Seite einen gewissen Nimbus besitzen, wie überhaupt der Kampf mehr gegen Systeme, als gegen Einzelpersonen zu führen ist, sofern nicht bestimmte Einzelpersonen die typische Personifizierung eines Systems sind. So ist es zum Beispiel falsch, in Versammlungen und Veröffentlichungen etwa die Flucht des ehemaligen Kaisers zu kritisieren; es werden dadurch lediglich viele noch den Rechtskreisen angehören[de], die noch an ihrem Kaisertum hängen, abgehalten zu uns zu kommen, obwohl sie sonst zu uns gehören. Das gleiche trifft zu, wenn etwa – um ein Extrem der anderen Seite zu nehmen – der Kommunistenführer Hölz als gemeiner Mordbrenner usw. bezeichnet wird. Über einzelne Persönlichkeiten und ihre Taten wird einst die Geschichte urteilen.

Adolf Hitler macht neuerdings darauf aufmerksam, daß die durch den Völkischen Beobachter vorgeschriebene Politik in Vorträgen und in der Presse der Bewegung unbedingt einzuhalten ist, insbesondere die Außenpolitik, und hier wiederum die Haltung Italien gegenüber. Verstöße der Presse hiegegen haben zur Folge, daß dem betr. Blatt die Berechtigung, sich als offizielles Organ der NSDAP zu bezeichnen, genommen wird.

München, den 7. Mai 1928 I. A. gez. Bouhler.

[BAK, Slg. Schumacher 374]

[77 a] *Rudolf Heß über menschliche Probleme in der nationalsozialistischen Organisation*

H/F. Herrn Hauptmann a. D. Loeper 17. August 28
Dessau/Anhalt

Sehr geehrter Herr Hauptmann,
hiermit bestätige ich den Eingang Ihrer beiden Schreiben vom 8. und 15. ds. Mts.

Allem voran möchte ich versichern, daß es sich bei der kommenden Reise der zuständigen Herren nicht darum handelt, daß Sie etwa – wie sie meinen – vor den Kadi gestellt werden sollen, sondern es handelt sich lediglich darum, einen Streitfall zu klären. Die betr. Herren sollen sich auf Grund eigener Anschauung ein Bild machen, sodaß sie dann wirklich verantwortlich eine Entscheidung zu treffen in der Lage sind. Hierbei handelt es sich nicht um irgendein Mißtrauen Ihnen gegenüber, sondern um Grundsätzliches: in unserer Organisation soll nach Möglichkeit nicht auf Berichte hin vom grünen Tisch aus entschieden werden, sondern an Ort und Stelle, im lebendigen Kontakt mit den Beteiligten selbst. Denn Berichte können nur selten oder nie ein völlig zutreffendes Bild vermitteln, da die Berichte von Menschen abgefaßt werden, die nun einmal Stimmungen, Leidenschaften, Sympathien und Antipathien unterworfen sind. Wäre es anders, wäre das Leben wohl leichter, aber auch langweiliger. Frei hiervon ist niemand unter uns, weder Sie, noch der Unterzeichnete, noch der oberste Führer selbst, Herr Hitler. Sie mögen in dem vorliegenden Fall bis zum Letzten recht haben, aber wie gesagt, aus grundsätzlichen Erwägungen heraus kann nicht von hier aus ohne weiteres nach Ihrem Antrag verfahren werden. Wie mir übrigens mitgeteilt wurde, fand die Ernennung Fiedlers auf Ihren ausdrücklichen Vorschlag hin statt. Würde er nun auf die von Ihnen erhobene Forderung hin abgesetzt, ohne daß die maßgebende Stelle auch nur den Versuch unternommen hätte, sich selbst ein Bild zu machen, könnte der Eindruck entstehen, Kommen und Gehen von S.A.-Führern sei lediglich abhängig von Gnade und Ungnade des betr. Gauführers und der Glaube würde erschüttert werden, daß bei der Zentrale nach eigenem Recht und Gewissen gehandelt wird. Wenn Sie, sehr geehrter Herr Hauptmann, heute Ihre Forderung ohne weiteres erfüllt erhielten, könnte morgen irgendein anderer Gauführer mit Recht die gleiche Forderung stellen und die Erfüllung erwarten. So groß das Vertrauen zu Ihnen ist, so sind leider auch nicht alle Gauführer unfehlbar oder entsprechen nur teilweise dem Ideal eines Gauführers.

Glauben Sie mir, Herr Hauptmann, es gibt genügend Menschen innerhalb einer großen Bewegung wie der unseren, mit denen Herr Hitler rein menschlich lieber nichts zu tun hätte, die aber im Interesse der Bewegung – solange kein vollwertiger Ersatz für diese vorhanden ist – doch hingenommen werden müssen. Herr Hitler hat oft sicher Unangenehmeres schlucken müssen als Sie in dem vorliegenden Fall und doch hat er alles Persönliche zurückgestellt. Keinesfalls hat er rigorose und plötzliche Entscheidungen getroffen, weil Menschen nicht im Entferntesten so waren, wie sie hätten sein sollen. Damit will ich aber durchaus nicht andeuten, Ihrem Wunsche würde nicht nachgekommen. Ich bin überzeugt, daß, wenn ein so schwerwiegendes Vergehen wie ein Ehrenwortbruch seitens Fiedlers vorliegt, die entsprechenden Folgerungen gezogen werden, umsomehr, wenn ein Ersatz für diesen – wie Sie schreiben – vorhanden ist.

Was das Grundsätzliche in diesem Falle betrifft, so ist die demnächstige Führertagung ja am geeignetsten zur Klärung desselben.

Im Hinblick auf die Dringlichkeit der Klärung hat sich Osaf entschlossen, seine Reise 8 Tage früher anzutreten, so schwer ihm dies auch gefallen ist. Sie werden von ihm direkt diesbezügliche Mitteilung erhalten.

Mit kameradschaftlichem Gruß
Ihr sehr ergebener

[BAK, Slg. Schumacher 204]

[77 b] *Ohne Fehler ist keiner*

München, den 29. August 28.

H/F. Herrn Emil Danneberg,
Halle/Saale

Sehr geehrter Herr Danneberg,

Ihr Schreiben vom 22. August Herrn Hinkler betreffend ging ein.

Ein Wechsel in der Leitung von Gauen und sonstigen Unter-Organisationen der N.S.D.A.P. kommt nur dann in Betracht, wenn an Stelle des Ausscheidenden ein neuer Führer gesetzt werden kann, der die Lage im Gau besser zu meistern vermag als sein Vorgänger und der im ganzen weniger menschliche Schwächen hat. Denn ohne Schwächen und Fehler ist keiner, das wissen Sie selbst.

Daß amtliche Stellen behaupten, Hinkler wäre wegen mangelhafter dienstlicher Leistungen, neurasthenischer Veranlagung usw. aus dem Dienst entlassen worden, nicht aber wegen seiner politischen Tätigkeit, besagt gar nichts. Bekanntlich sind heute amtliche Stellen sehr schnell bei der Hand mit derartigen Behauptungen [hd: u. Ausreden] politischen Gegnern gegenüber, auch ein *amtsärztliches Zeugnis* ist kein einwandfreier Beweis.

Mit deutschem Gruß
[gez.] R. Heß.
[St] Privatsekretär (R. Heß.)

[BAK, NS 26 – 138]

[77 c] *Angriffe gegen Parteigenossen haben zu unterbleiben*

Adolf Hitler München, den 17. September 28
Kanzlei
An die Schriftleitungen der Nationalsozialistischen Blätter.
Die nationalsozialistischen Blätter haben lediglich dem Kampf nach außen, nicht aber der Ausfechtung irgendwelcher Meinungsverschiedenheiten innerhalb der Bewegung zu dienen. Angriffe gegen Parteigenossen jeder Form [sic], sei es direkt oder indirekt, sei es in wirklichen oder fingierten Briefkasten-Notizen, haben daher unbedingt zu unterbleiben.

[Ungezeichnet. BAK, Slg. Schumacher 260]

[78 a] *Der Fall Dinter*[29]

24. Juni 1927.

... Da Dr. Dinter immer und immer wieder die Absicht geäußert hat, seinen religiösen Kampf nunmehr aufzunehmen, auch gegen den Willen Hitlers, da er sich dazu berufen fühlte, dann wäre wohl die beste Lösung, wenn er so rasch als möglich sein Amt als Gauleiter freiwillig niederlegen würde. Wir sind uns alle darüber einig, ja wir haben ganz bestimmte Zusicherungen, daß dann der Gau Thüringen einen starken Auftrieb erfahren würde. Augenblicklich herrscht eine bis in die kleinste Ortsgruppe hinein fühlbare, von dem Wesen Dr. Dinters ausgehende Lähmung. Ich halte es wie schon wiederholt betont als verantwortliche Instanz nunmehr für meine unbedingte Pflicht, ein klares und wahrhaftiges Bild zu geben....

[BDC, OPG-Akte Dr. Artur Dinter – Fritz Sauckel/Hans Severus Ziegler (USchlA-Akte Nr. 159), (gekürzt)]

[78 b] *Dinters Entlassung als Gauleiter*

Bekanntmachung

Nachdem Pg. Hr. Dr. Dinter wegen beruflicher Überlastung nicht mehr in der Lage ist, sein Amt als Leiter des Gaues Thüringen zu versehen, so enthebe ich ihn, seinem Wunsche entsprechend und unter Anerkennung seiner Gründe, hiermit dieses Amtes. Es ist mir Bedürfnis, Herrn Dr. Dinter bei

29 Fritz Sauckel, Gaugeschäftsführer und stellvertretender Gauleiter Thüringen, an die Reichsleitung der NSDAP, Abt. Organisation.

seinem Ausscheiden als Gauleiter für die der Bewegung in jahrelanger Kampfarbeit geleisteten Dienste meine Anerkennung und meinen Dank auszusprechen. Als Leiter des Gaues Thüringen bestimme ich Pg. Herrn Fritz Sauckel, Weimar, Teichplatz 14.

München, den 30. September 1927
gez. Hitler

[Völkischer Beobachter Nr. 227 v. 2./3. 10. 1927, S. 3]

[78 c] *Hitler bittet die Gauleiter um Gutachten*

U. & Schl. A. München, den 5. VI. 28.

An die Gauleiter von Baden, Berlin, Hannover,
Nordmark, Pommern, Ruhr und Schlesien.

Pg. Dr. *Dinter* hat vor einiger Zeit die »geistchristliche Religionsgemeinschaft« gegründet mit dem Ziele »der Vollendung der Reformation«. Er wendet sich hierin gegen die »jüdisch-römische« sowie die »jüdisch-evangelische« Kirche und ruft zum Kulturkampf auf, um der »reinen Heilandslehre« zum Sieg zu verhelfen.

Es ist fraglich, ob dieser Schritt eines Pg. für die NSDAP. förderlich ist oder nicht. Herr *Hitler* will die Frage nicht ohne das Gutachten einzelner Gauleiter entscheiden. Ich bitte Sie deshalb um Ihre diesbezügliche Äußerung.

Heil!
[St] Untersuchungs- u. Schlichtungsausschuß
[gez.] Walter Buch.
[St RL]

[BDC, PKC-Akte Dr. Artur Dinter]

[78 d] *Ich habe nur noch zwanzig Jahre Zeit*

Berlin, den 25. Juli 1928.

Verehrter Herr Dr. Dinter!

Ich muß mich heute einer Aufgabe unterziehen, die mir sehr peinlich ist. Sie kennen meine Einstellung zu Ihren religions-reformatorischen Arbeiten. Ich maße mir weder das Recht noch die genügende Fähigkeit zu, eine Kritik an Ihren religions-philosophischen Ideen zu üben oder Ihre wissenschaftlichen Forschungen in Zweifel zu ziehen. Meine eigene Einstellung wird ausschließlich bestimmt von den Besorgnissen, die ich als

Politiker hege. Auf diesem Gebiete habe ich allerdings die Kühnheit, für mich dieselbe Unfehlbarkeit in Anspruch zu nehmen, die Sie, lieber Herr Doktor, auf Ihrem reformatorischen Gebiete sich vorbehalten. Als Führer der nationalsozialistischen Bewegung und als Mensch, der den blinden Glauben besitzt, einst zu denen zu gehören, die Geschichte machen, sehe ich in Ihrer Tätigkeit solange eine Schädigung der nationalsozialistischen Bewegung, als diese mit Ihren reformatorischen Absichten in Verbindung gebracht werden kann. Diese Überzeugung wurzelt, wie schon betont, ausschließlich in politischen Erwägungen und nicht in religiösen. Ebenso entspringt sie keiner persönlichen Abneigung gegen Ihre Person. Ich bin weiter überzeugt, daß selbstverständlich die Beweggründe, die Sie, Herr Doktor, zu Ihrer Tätigkeit bestimmen, ausschließlich Gründe einer inneren Überzeugung sowie der Notwendigkeit Ihres Handelns sind. Nur wende ich mich gegen die Auffassung, daß religiöse Missionen ihre gestaltende Kraft aus politischen Erkenntnissen gewinnen könnten. Im Gegenteil, sie stehen diesen nicht selten fremd gegenüber. Unter gar keinen Umständen aber werden politische Notwendigkeiten von heute auf morgen eine Kirche zu stürzen vermögen. Dafür aber sind nicht selten politische Bewegungen mit bestimmten konkreten Zielen gescheitert, weil sie glaubten, religionsreformatorische Missionen erfüllen zu müssen. Mit Sorge sehe ich ja auch in dem vorliegenden Falle meine Befürchtungen sich verwirklichen. In einer Zeit, in der vielleicht wenige Jahre entscheidend sind für das Leben und die Zukunft unseres Volkes überhaupt, wird die nationalsozialistische Bewegung, in der ich die einzige wirkliche Kraft gegen die drohende Vernichtung unseres Volkes sehe, durch die Verquickung mit religiösen Problemen innerlich geschwächt. Denn während ich früher sorgfältigst darüber wachte, die Bewegung von Streitfragen fern zu halten, die ihrem ganzen Wesen nach verschiedentlich beurteilt werden können und für deren endgültige Entscheidung zumindest keine unbedingt anerkannte Autorität vorhanden ist, schlittert die Bewegung nun in religiöse Diskussionen hinein, die die Mitgliederschaft zumindest beunruhigen, wenn auf die Dauer nicht gar zerreißen müssen. Als Politiker – und ich muß schärfstens betonen, daß ich weiter nichts bin und auch nichts sein will –, als fanatischer Kämpfer für ein anderes Deutschland, sehe ich diese Gefahr in ihrem ganzen Umfange und wende mich, meinem inneren Gewissen gehorchend und von der mir zur Verfügung stehenden Einsicht geleitet, pflichtgemäß gegen eine solche Entwicklung. Das Schicksal unseres Volkes, zumindest als Rassenproblem, wird sich schneller entscheiden als die Durchführung einer religiösen Reformation dauern würde. Entweder unser Volk wird auf dem schnellsten Wege von dem Verfall, der ihm besonders blutsmäßig droht, zurückgerissen, oder es wird darin verkommen. Ich zähle, lieber Herr Doktor, heute 39 Jahre, so daß mir, wenn das Schicksal an sich nicht anders entscheidet, selbst im günstigsten Falle noch knapp 20 Jahre zur Verfügung stehen, innerhalb deren mir noch jene Energie und Tatkraft beschieden sein kann, die allein der Lösung einer solchen ungeheuren Aufgabe zu genügen vermag. In diesen 20 Jahren kann sehr wohl eine neue politische Bewegung den Kampf um die politische Macht siegreich bestehen. Für eine religiöse Reformation jedoch sind 20 Jahre in der Zeit ihres Beginnens erst den neun Monaten zu vergleichen, ehe der Mensch das Licht der Welt erblickt. Zum Kampf der Gegenwart kommt heute eine religiöse Reformation zu spät, für den Kampf um die Zukunft aber zu früh. Ich weiß, daß sie unbeabsichtigt aber im Effekt dennoch mithilft die Bewegung zu schwächen, die allein den Lebenskampf unserer Generation durchzufechten in der Lage wäre und die damit erst die Voraussetzung schaffen könnte für die zukünftige Entwicklung unseres Volkes. Indem ich selbst mich aber dem Kampf der Gegenwart widme, glaube ich gerade dadurch die Bausteine für ein Fundament zu sammeln, das dereinst ein universales Gebäude zu tragen befähigt sein wird.

So sehr durch diese Befürchtungen meine Einstellung an sich gegeben ist, so sehr habe ich mich bisher zurückgehalten, von mir aus gegen Vorgänge und Zeitschriftenartikel Stellung zu nehmen, die ich als Führer der nationalsozialistischen Bewegung als für diese abträglich ansehe. Obwohl mir das Recht zu einer solchen Stellungnahme zukäme, da ich jedermann entschiedenst bestreite, die Interessen und Notwendigkeiten der nationalsozialistischen Bewegung besser zu verstehen als ich, ihr Gründer. Ich habe das nur unterlassen in der stillen Hoffnung, daß Sie selbst, lieber Herr Doktor, im Laufe der Zeit die Richtigkeit meiner Auffassung doch noch anerkennen würden, während es mir persönlich mehr als schmerzlich gewesen wäre, gegen einen Mann Stellung nehmen zu müssen, den ich persönlich verehre und dessen allgemeine Lebensarbeit unserer großen völkischen Idee so unschätzbare Beiträge geleistet hat....

Sollten Sie das Bedürfnis hegen, lieber Herr Doktor, mit mir persönlich zu sprechen, so würde ich das sehr begrüßen und stünde Ihnen jederzeit zur Verfügung. Der Termin der Aussprache könnte mit Herrn Heß vereinbart werden.

Mit vorzüglicher Hochachtung und deutschem Gruß
Ihr ergebener
gez. Adolf Hitler

[Nach dem Abdruck in Dinters Zeitschrift »Das Geistchristentum«, Jg. 1, Heft 9/10, S. 353–356 (gekürzt)]

[79] *Neugestaltung und Kampfbekenntnis der NSDAP*

Am 31. August, morgens, begann die Führertagung der N.S.D.A.P., die in diesem Jahre an Stelle des Parteitages abgehalten wurde. Vertreter aller Gaue, der S.A., des N.S. Studentenbundes und des Deutschen Frauenordens waren im Saale der Hauptgeschäftsstelle versammelt, um im Verlauf von drei Tagen über alle wichtigen Fragen zu beraten.

Zu der ersten Besprechung, Freitag, den 31. August, vormittags, sind sämtliche Gauleiter und deren Stellvertreter im Ehrensaal der Reichsleitung versammelt. Adolf Hitler eröffnet die Tagung kurz nach 9 Uhr und skizziert kurz die Aufgaben der dreitägigen Besprechungen. Die Wahlen haben der Bewegung große Pflichten aufgeladen. Sie muß sich jetzt über die Wege der nächsten Zukunft klar werden und alle Arten von organisatorischen Schwierigkeiten beseitigen. Jeder einzelne Unterführer kann das, wenn er selbst allen kleinen lokalen Konflikten gegenüber durch größte Geduld, durch Beharrlichkeit und persönlichen Takt Herr zu werden versucht. Dadurch kann er den übergeordneten Führern sehr wesentliche Hindernisse aus dem Wege räumen. Die Führer brauchen vor allem Versöhnungswillen, höchste Gerechtigkeit und die Fähigkeit, sich in den Mitarbeiter einzufühlen, zu ihrem schweren Amte. Es ist stets besser, Entscheidungen nach ruhiger Sichtung und mit höchster Vorsicht als sofort zu fällen. Es gehört nicht viel dazu, jemanden von seinem Posten abzusetzen, aber viel Umsicht dazu, auch einen wirklich Besseren als Nachfolger zu finden. Ordnung und Disziplin sind die Fundamente der Organisation. Nicht aber ist eine solche Führertagung dazu da, breite Erörterungen *prinzipieller* Natur anzustellen und wohl gar über die Grundprobleme zu diskutieren. Diskussion über sie ist im Rahmen einer politischen Partei ebenso unmöglich wie etwa über Weltanschauung und Religion. Sowenig der Nationalsozialist die Fragestellung Monarchie oder Republik, bürgerlich oder proletarisch, Preuße oder Bayer kennt, so wenig gibt es für ihn die Frage katholisch oder protestantisch. Das Hauptproblem, um das er sich zu kümmern hat, heißt *Staat und Volk*. Am wenigsten ist Religion eine nationalistische [sic] Angelegenheit. Religionsstifter haben jedenfalls unter gar keinen Umständen Platz in unserer Bewegung. Der oberste Führer mahnt die Gauleiter als die verantwortlichen Repräsentanten der Bewegung ausdrücklich, sich [nicht] in derartige Diskussionen einzulassen. Scharf geißelt Adolf Hitler auch ein gewisses Ratgeber- und Schwätzersystem, das die Gauleiter oder Ortsgruppenleiter am besten dadurch beseitigen, daß sie den sich aufdrängenden Schwätzern einmal eine tüchtige Portion Arbeit aufbürden. Die Herrschaften verschwinden dann gewöhnlich schnell.

Ortsgruppen-, Bezirks- und Gauleiter dürfen unter keinen Umständen alles und jedes, was ihnen als Konflikt erscheint, an einen einzelnen Menschen, etwa den obersten Führer selbst, herantragen und ihn damit überlasten. Dem obersten Führer können so beste Kräfte gespart werden. Adolf Hitler betont, daß die verschiedenen Stellen der Reichsleitung ihre ganz bestimmten *Kompetenzen* haben, die unbedingt respektiert werden müssen. Ihren Entscheidungen muß sich der Gauleiter fügen, so gut der Gauleiter verlangen muß, daß seine Unterführer seine, des Gauleiters, Kompetenzen achten.

Am Ende seiner Eröffnungsworte stellt Adolf Hitler den im nächsten Jahre stattfindenden Reichsparteitag als ein ganz besonders bedeutungsvolles Ereignis hin, da er der zehnjährige Gründungstag der N.S.D.A.P. sein wird. Tag und Ort werden noch möglichst im Verlauf der kommenden Verhandlungstage besprochen, auf jeden Fall alle Dispositionen diesmal frühzeitig genug getroffen, um den Tag in den gebührenden Ausmaßen auszugestalten.

Adolf Hitler übergibt sodann dem Leiter der Organisation, Reichstagsabgeordneten Gregor *Straßer,* die Leitung der weiteren Verhandlungen. Es folgen nunmehr das Finanzreferat des Reichsschatzmeisters *Schwarz,* sodann ein Referat über Organisationsfragen, in dessen Verlauf Gregor *Straßer* Vorschläge zu einer Neueinteilung der Gaue macht. Vor der Mittagspause sprechen noch Major *Buch* über Wesen und Aufgaben des Schlichtungsausschusses, stellvertretender Propagandaleiter *Himmler* über Propagandaerfahrungen und Hauptgeschäftsführer *Bouhler* über dringende Fragen des geschäftlichen Verkehrs zwischen Gauen und Reichsleitung. Nach der Mittagspause findet eine sehr angeregte und fruchtbare Aussprache über die Referate statt. Von einer großen Anzahl von Gauleitern werden positive Anregungen gegeben, über die am zweiten Verhandlungstage im einzelnen weiter verhandelt werden wird.

Den Schluß der Freitag-Verhandlungen bildete ein sehr lehrreiches Referat des Rechtsanwalts Dr. *Frank II* über die Rechtsverhältnisse der Partei und ihrer Unterorganisationen. Juristische Person und als solche zum Abschluß von Rechtsgeschäften ermächtigt ist lediglich die Partei als eingetragener Verein, nicht jedoch die Gauleitungen, Ortsgruppen usw. als solche und für sich. Von besonderer Bedeutung ist es, daß die Gesamtpartei den fortgesetzten politischen Prozessen, denen heute die Bekenner des nationalsozialistischen Gedankens ausgesetzt sind, erhöhte Aufmerksamkeit zuwendet. Das Schicksal unserer verurteilten Parteigenossen, die als Märtyrer der Idee in den Kerkern der Republik schmachten, muß eine unserer Hauptsorgen sein. Dr. Frank sprach in diesem Zusammenhang von der notwendigen Sammlung der nationalsozialistischen Juristen, von denen sich vor allem unter den jüngeren Richtern und Rechtsanwälten schon eine stattliche Anzahl zu uns bekennt. Mit der Erörterung einiger Fragen aus dem Vereins- und Versammlungsrecht schloß Dr. Frank seine allgemein interessierenden Ausführungen.

[Völkischer Beobachter Nr. 204 v. 2./3. 9. 1928, S. 1]

[80] *Die Generalmitgliederversammlung der NSDAP – eine Rede Adolf Hitlers*

... Hitler stellt für das letzte Jahr vor allem die langsame Durchsetzung der gesamten Bewegung mit dem grundsätzlichen Gedanken unserer Ideen fest. Er betont hauptsächlich das langsame Vordringen des Führerprinzips. Die Bewegung dürfe stolz sein darauf, daß sie die einzige ist, die auf logischer Grundlage aufgebaut ist. Das sei notwendig, um die Minderheit der Zahl zu ersetzen durch ein Höchstmaß an innerer Disziplin, Festigkeit, Kampfkraft, kurz an Energie.

Eines ist vor allem wichtig: Die Notwendigkeit, daß die Bewegung für alle Zukunft freigehalten wird von allen religiösen Diskussionen und Kämpfen. (Zurufe: sehr wahr! lebhafter Beifall.) Ich persönlich werde, solange ich Führer bin, niemals dulden, daß in die Bewegung religiöse Diskussionen hineingetragen werden. Ich werde jeden entfernen, der versucht, die Bewegung zur Tenne religionsphilosophischer Auseinandersetzungen zu machen. Ich lege allen Wert darauf, daß unsere Partei gerade die Kluft schließt, die unser Volk zerreißt, hier muß Protestant und Katholik sich restlos zusammenfügen können: Wir kämpfen nur für eines – (die folgenden Worte gehen in Beifallsstürmen unter) – Ich habe nur den einzigen Wunsch, daß in der Partei niemals der Zustand einreißt, daß es einem Katholiken oder Protestanten Gewissenskonflikte unmöglich machen würden, der Partei anzugehören. Die Partei muß stets so geleitet werden, daß jeder fromme Katholik, ohne in Konflikt mit seinem Gewissen zu kommen, ihrer Politik zustimmen kann. Wenn jemand sagt: dann werden Sie Diener einer Konfession, so sagen wir im Gegenteil: nicht Diener einer Konfession, sondern

Diener des deutschen Volkes

(lebhafter Beifall) im Kampf um die Zukunft unseres deutschen Volkes gegen die Todfeinde unseres Volkes, gegen die jüdische Blut- und Rassenvergiftung, gegen die Kulturvergiftung unseres Volkes. Hier kennen wir nur Deutsche, die bereit sind, für unser Volk sich aufzuopfern, ganz gleich ob Katholik oder Protestant.

... Die Zersetzung greift langsam, aber unheimlich sicher um sich, und irgendein ernster Widerstand findet kaum statt. Als Idee wächst aber der Antisemitismus. Was vor 10 Jahren kaum da war, ist heute da: Die Judenfrage ist auf das Tapet gebracht, sie wird nicht mehr verschwinden, und wir werden dafür sorgen, daß sie zur internationalen Weltfrage wird, wir werden sie nie zur Ruhe kommen lassen, bis einmal die Frage gelöst wird. Den Tag glauben wir noch erleben zu können (stürmischer Beifall). ...

Der Versammlungsleiter Gregor Straßer gibt der Stimmung der Versammlung trefflich Ausdruck, wenn er bemerkt, daß eine andere Partei jetzt sagen würde, daß sie den Rechenschaftsbericht des Vorsitzenden gehört habe, während wir Nationalsozialisten die Rede des Führers gehört haben. Und zwischen dem Vorsitzenden der alten Parteien und dem Führer der Bewegung bestehe der gleiche Unterschied wie zwischen dem Rechenschaftsbericht eines Parteivorsitzenden und der Rede, die wir eben gehört haben.

Rasch werden nun die vorschriftsmäßigen Parteigeschäfte abgewickelt. Zunächst die »Neuwahl der gesetzlichen Vorstandschaft«. Unter der Heiterkeit der Versammlung schlägt Straßer als ersten Vorsitzenden der N.S.D.A.P. Pg. Adolf Hitler vor. Er stellt die einstimmige Wahl durch Handaufheben fest (Heiterkeit). An Stelle des beruflich nach auswärts versetzten Pg. Schneider wird Pg. Stadtrat Fiehler auf die gleiche Weise zum 1. Schriftführer gewählt. Ebenso der »zurückgetretene« Reichsschatzmeister Pg. Schwarz zum 1. Kassier, worauf Straßer die Annahme der Wahl durch die Genannten erklärt. ...

Zum Reichsparteitag 1929 bemerkt Straßer, daß er wahrscheinlich im Juni stattfinden werde, daß aber Ort und Zeit erst bekanntgegeben werden, wenn die benötigten Säle bereits fest gemietet sind, damit die Judenschaft nicht die Säle für diesen Tag abtreiben könne. Die Wahl des Ortes richtet sich auch nach der politischen Konstellation. Es müsse eine Stadt gewählt werden, wo weder eine rote Regierung noch die große Koalition im letzten Augenblick mit einem Verbot uns ungeheure Prügel zwischen die Beine werfen könne.

Straßer gibt ein Glückwunschtelegramm der Sudetendeutschen Partei, gezeichnet Jung, zur Führertagung bekannt. (Heilrufe.) Ferner teilt er einen Antrag des Abgeordneten Pg. Dinter mit, der dem § 7 der Satzung einen Nachtrag anfügen möchte, wonach dem Vorsitzenden der Partei ein beratender Senat zur Seite stehen soll, der aus den fähigsten Köpfen bestehen und vom Vorsitzenden persönlich ernannt werden soll.

Straßer hält diesen Senat für durchaus überflüssig, da er ja in Persönlichkeiten der Reichsleitung bereits vorhanden ist.

Adolf Hitler ergreift ebenfalls zu diesem Antrag das Wort und erklärt sich als Todfeind aller Räte, sogar der Justizräte, und zwar deshalb, weil es ungezählte Menschen gibt, die bereit sind, einen Rat zu erteilen, aber nicht zu arbeiten. Er werde niemals den Rat von Menschen einholen, die nicht mit voller Verantwortung ein Amt verwalten und mit der ganzen Person dafür einstehen. Außerdem sei jede Organisation, so wie sie als reine Ratsorganisation aufgezogen sei, bereits Parlamentarismus. Die Bewegung habe mit solchen Organisationen schon früher schlechte Erfahrung gemacht. Wenn er Aufklärung benötige in einer Angelegenheit des Reichstags, so wende er sich an Frick, über den Landtag an Buttmann, über die S. A. an Hauptmann Pfeffer und seine Mitarbeiter.

Wenn er den Senat in einer religiösen Frage einberufe, so wähle er Männer, die klug und weise sind. Klug und weise seien aber diejenigen, die alle religiösen Fragen ausschalten.

Der Antrag Dinter wird hierauf einstimmig abgelehnt. ...

[Völkischer Beobachter Nr. 204 v. 2./3. 9. 1928, S. 1–2 (gekürzt)]

[81] *In restloser Übereinstimmung mit Adolf Hitler*

München, den 8. Oktober 1928

Werter Parteigenosse,
auf der Führer-Tagung hat Adolf *Hitler* die Einstellung der Partei zu religiösen Fragen überhaupt, insbesondere aber zu den Reformationsbestrebungen des Pg. und Abgeordneten Dr. Arthur *Dinter* dargelegt. Mit den prinzipiellen Richtlinien, die er hierbei für die politische Kampfbewegung aufstellte, waren die erschienenen Unterführer ohne Ausnahme einverstanden. Herr Dr. Dinter, dem ausreichende Sprechzeit zugesichert war, erschien nicht, auch nicht auf telegrafischen Befehl Adolf Hitlers an den Parteigenossen und Abgeordneten der Bewegung. Im neuen Heft seiner Zeitschrift »DAS GEISTCHRISTENTUM« nimmt Dr. Dinter nun zu der auf der Führertagung gehaltenen Rede Adolf Hitlers in der ihm eigenen und uns allen bekannten Weise Stellung. Darüber hinaus greift er auch das Programm der Partei an. Vor allem aber richtet er seine Angriffe ausschließlich gegen die Person Adolf Hitlers und erweckt so den Anschein, als ob nur Herr Hitler diese ablehnende Stellung zu einer Verquickung von religiösen Problemen mit den Aufgaben der politischen Kampfbewegung einnähme. Die nach diesem Artikel notwendige Maßregelung des Parteigenossen Dr. Dinter wird zweifellos Staub aufwirbeln und damit eine – verschieden einzuschätzende – Belastungsprobe

der Partei darstellen. In dieser Lage muß vor allem der Öffentlichkeit, den Gegnern, insbesondere aber den eigenen Parteigenossen gegenüber klar zum Ausdruck kommen, daß jeder Versuch, in dieser prinzipiellen Frage eine, wenn auch nur die kleinste Meinungsverschiedenheit zwischen Adolf Hitler und seinen Mitarbeitern festzustellen, eine Unmöglichkeit ist; daß vielmehr gerade in dieser Frage, sowohl in persönlicher, wie in sachlicher Betrachtung, eine restlose Übereinstimmung zwischen Adolf Hitler und uns vorhanden ist.

Um dies dem Chef klar zu zeigen, ihm die beliebige Verwendung in der Zukunft überlassend, bitte ich Sie, beifolgende Erklärung baldmöglichst unterschrieben an mich zurückzusenden.[30]

Gez.: Gregor Straßer.

F. d. Richtigkeit:
[St RL]

[BAK, NS 26 – 487]

[82] *Hitlers Menschenverachtung*[31]

Sehr verehrter Hitler!
Es will mir (im mündlichen Verfahren) trotz vieler Bemühungen (nicht) meinerseits nicht gelingen, im mündlichen Verfahren Ihnen in einer ruhigen Stunde das zu sagen, was mir schon seit vielen Wochen schwer auf der Seele liegt. Jedesmal, wenn ich Ihnen kurzen Vortrag halten darf, sind es unangenehme Dinge dienstlicher Natur, die ich Ihnen pflichtmäßig sagen muß. Diese (vertreiben jedes) sind nicht geeignet, die Atmosphäre zu

---

30 Die Erklärung wurde nachweislich von wenigstens 18 Gauleitern und Abgeordneten unterschrieben zurückgesandt.

31 Bei dem folgenden, für Hitlers und der NSDAP innere Verfassung äußerst aufschlußreichen Dokument handelt es sich um einen handschriftlichen, mit Bleistift geschriebenen Entwurf Walter Buchs aus dessen persönlichen Unterlagen. Ob Hitler jemals davon Kenntnis bekam, ist ungewiß. Bei dem erwähnten schweren Erlebnis Hitlers und seiner Nichte handelt es sich offenbar um die in den Memoiren von Hitlers Hausphotographen Heinrich Hoffmann (s. Lit. verz.) erwähnte Episode: Hitler überraschte im Frühsommer 1928 seinen Chauffeur Emil Maurice im Zimmer Geli Raubals und bedrohte ihn mit seiner Peitsche, so daß dieser sich nur durch einen Sprung aus dem Fenster retten konnte.
Die in Klammern gesetzten Passagen sind von Buch im Original gestrichen. Durch Pfeile hat Buch die beiden letzten Absätze, die auf einem besonderen dritten Blatt stehen, in umgekehrter Reihenfolge – den letzten vor dem vorletzten – in den viertletzten Abschnitt eingefügt hinter ». . . Sie belogen haben.«

schaffen, die mich das rein Persönliche vorbringen ließen, das doch auch wieder mit der Bewegung, mit der Sache, der Sie + auch ich im beschränkten Maße dienen, in engem Zusammenhange steht. Anfang Juli baten Sie mich zu sich in die Wohnung, um mir in persönlicher Angelegenheit einen Auftrag zu geben, über dessen Inhalt zu schweigen Sie mich ehrenwörtlich verpflichteten. Mit großer innerer Freude durfte ich daraus Ihr Vertrauen in mich erblicken. (Selbstverständlich habe ich [gegen] geschwiegen) + nur meine Frau habe ich mit Ihrem Einverständnis von d. Vorfall verständigt. Wir beide, meine Frau + ich, waren der Meinung, daß wir alles tun wollten, Ihnen (über) + Ihrer Nichte über das schwere Erlebnis hinwegzuhelfen. Denn es ist ja nicht allein um unserer Kinder + um der Zukunft unseres Volkes willen, daß wir (Ihnen), meine Frau + ich, Ihnen mit ganzem Herzen + von ganzer Seele anhangen, sondern auch darum, weil mein Vater (vor seinem) noch in seinen gesunden Tagen mich auf Sie gewiesen hat + weil wir einfach auch den Menschen in unseren Herzen aufgenommen haben. Wir hatten gehofft, (Sie) Ihnen + Ihrer Nichte durch die Luft in unserem Hause helfen zu können. Es ist mir nicht gelungen, Sie wieder bei mir im Holzhaus begrüßen zu dürfen. Ihre Nichte ist (auch) nicht mehr herausgekommen. Wir beide, meine Frau + ich, sind uns dankbaren Herzens bewußt, daß wir des größten Glücks teilhaftig geworden sind, das Menschen blühen kann, indem sie ganz eins geworden sich an einer Zahl gesunder Kinder (er)freuen dürfen. (Ganz bestimmt ist es dies Bewußtsein, das uns in den Stand setzt, [es] Menschen, die bei uns weilen, von der Luft in unserem Hause mitzuteilen.) Daß uns dies Glück unverdient geworden ist, tut nichts zur Sache. Ich habe es + darf es halten. Die Luft hier in meinem Hause ist es auch allein, die mir meine (Arbeit die) von Ihnen übertragene Arbeit möglich macht. Wenn Sie damals in Weimar sagten, daß das Amt d. Vorsitzenden des USA der R. L. auch einen gesunden Menschen in wenigen Monaten aufreiben könnte, so gilt das gewiß in soweit, als die Tätigkeit den Menschen aufreiben muß, der nicht außerhalb ihres Bereichs eine Möglichkeit hat, (sich) seinem inneren Menschen immer wieder eine Luft zuzuführen, wie ich sie durch meine Frau erhalte. Dies allein gibt mir jedenfalls jedes Mal von neuem die Kraft für die Arbeit, die oft genug dazu angetan ist, einen an der Möglichkeit ans Ziel zu kommen verzweifeln zu lassen.

Nun habe ich aufgrund der sich in letzter Zeit häufenden Dinge, die ich Ihnen vorzutragen die schwere Pflicht hatte, den Eindruck gewonnen, daß Sie, Herr Hitler, allmählich zu einer *Menschenverachtung* kommen, die mich mit banger Sorge erfüllt. Ich glaube nicht, Herr Hitler, daß ein Mensch auf die Dauer eine Aufgabe erfüllen kann, die das Schicksal in Jahrhunderten einmal einem Menschen auflädt, der schon in jungen Jahren von einer Menschenverachtung erfüllt ist, wie ich sie glaube, in letzter Zeit aus Ihrem Wesen gespürt zu haben. Dabei ist es mir ganz klar, daß die bitteren Enttäuschungen (der) an Menschen, (die) auf die Sie lange Zeit glaubten bauen zu können, Sie während d. letzten Monate in eine derartige Stimmung gebracht haben. (Und) Aber ich hoffe (inbrünstig) bestimmt, daß diese Stimmung (?) vorübergehend sein möge.

Sie sollen dem deutschen Volk den deutschen Staat bauen. Dazu bedürfen Sie der Mitarbeit (von) unbedingt zuverlässiger, (charakter) (treuer) erprobter Menschen. Sie dürfen sich nicht mit Leuten belasten, die Ihr Vertrauen gebrochen, Sie belogen haben (mag das auch nach Zeiten der anscheinend treuen Ergebenheit geschehen sein). Ich möchte beinahe mit dem mittelalterlichen Schmied den Hammer schwingen + mit ihm rufen: »Landgraf, werde hart!«

Es ist zum ersten Mal, daß ich mich schriftlich in einer Art »Denkschrift« an Sie wende. Und ich hoffe, daß ich das nicht mehr nötig habe. Aber ich hoffe damit den Weg gebahnt zu haben, für eine Stunde der Ruhe, in der ich mich mit Ihnen über diese Dinge rückhaltlos aussprechen darf, an einem Ort, der nicht die Schellingstraße oder München sein soll. Ich denke da am liebsten an einen Spaziergang, den ich im August 23 nach dem Salzburger Parteitag mit Ihnen am Obersalzberg machen durfte. – Wenn ich mich in diesem Schreiben ungeschickt + Sie peinlich berührend ausgedrückt haben sollte, so bitte ich Sie dies zu verzeihen + von mir die heilige Versicherung entgegenzunehmen, daß es diktiert ist von schwerer Sorge, die mir die Kehle schnürt, + aus rückhaltloser Ergebenheit für einen Mann, den ich mit meiner Frau aufs tiefste verehre + dem ich hoffe als Mensch mehr sein zu dürfen als der Sachwalter eines schweren Amts.

Dagegen wird es die (Bew.) Sache schwer erschüttern, wenn in Mitgliederkreisen bekannt wird, daß der Führer aus unverständlichen Gründen (Menschen) Leute in den Reihen duldet, mit denen der Reinliche nichts zu tun haben will. Zu leicht wird bei den Anhängern der Vergleich mit marxistischer Korruption hervorgerufen, an deren (Be) rücksichtsloser Bekämpfung durch den Führer dann Zweifel entstehen, die weder für die Bewegung noch für das deutsche Volk erträglich sein werden.

Die Bewegung ist heute stark genug, das Herausschneiden solcher Schädlinge ohne zu große Erschütterung(en) tragen zu können. Es wird sogar das Vertrauen in den Führer stärken, wenn die Öffentlichkeit (erfährt) sieht, daß er stark genug ist, charakterlose Schwächlinge auch trotz jahrelanger Verdienste abzustoßen.

1. 10. 28. WB.

[BAK, NS 26 – 1375]

V. Parteiorganisation und Kampfmethoden. 1926–1929

Die organisatorische Gestalt der NSDAP wurde von der selbstgestellten Aufgabe und den zur Verfügung stehenden Mitteln und Personen geprägt. Den Teil der politischen Macht, den herkömmliche parteipolitische Betätigung bringen konnte, verachtete man ebenso, wie man den scheinbar engen Rahmen demokratischer Regeln nicht verstand. Aus dem Willen zur ungeteilten Macht formte sich innerhalb von vier Jahren eine Partei gegen alle Parteien (91 a, 105, 111), deren erste Aufgabe die »Dienstvorschrift für die Politische Organisation« vom 15. Juli 1932 dahin zusammenfaßte, sie habe – als Mittel zum Zweck – die umfassendere »Bekenntnisgemeinschaft« der Bewegung »vorwärts zu treiben mit dem doppelten Ziel, zunächst ideenmäßig möglichst das ganze Volk zu erfassen und dann aus dieser Masse die aktiven Kräfte heranzuholen und der Partei einzugliedern.« In ihr sollte sich dann der »Typ des neuen Menschen« entwickeln, der berufen war zur »vernünftigen Erziehung« und »inneren Neubildung« des ganzen Volkes (126). Sowohl Gregor Straßer als auch Hitler selbst bestätigten ausdrücklich, daß ihre Organisationsformen nicht planvoll entwickelt und von oben befohlen, sondern »organisch aus den Notwendigkeiten des Tageskampfes und des Zieles der Bewegung von unten her herausgewachsen« waren (126, 144).

Um diesem Ziel näher zu kommen, boten sich in den Jahren seit der Neugründung nur zwei Wege an. Die offene Erhebung ließ sich jedoch allenfalls auf dem verzwickten Umweg ständiger Legalitätsbeteuerungen vorbereiten. Es blieb also zunächst nur der Weg, die Gleichgesinnten darauf aufmerksam zu machen, daß hier »jugendliche, sieghafte Kraft« sich anschickte, die Wende in Deutschlands Geschick zu erzwingen. Wie das geschehen sollte, stand einstweilen dahin. Doch gaben die Nationalsozialisten den Hoffenden Anlaß zu glauben, daß die Revolutionäre von 1923 jede sich bietende Chance nutzen würden (91 a, 114, 115). Aus dem Bestreben, alle sich zur Verfügung stellenden Kämpfer zweckmäßig einzusetzen, entwickelte sich die typische Zweigliederung der NSDAP in Politische Organisation – PO – und Sturmabteilung – SA (85).

Die Kampfmethode der eigentlichen Parteiorganisation hieß nicht Teilnahme am politischen Leben, sondern Propaganda im weitesten Sinne:

»Ausbreitung der Idee« durch Gewinnung von neuen Kämpfern, von stillen Freunden, die wenigstens zu finanziellen Opfern bereit waren, und später immer mehr auch von Wählern (87, 91, 105). In dem weiten Rahmen des erklärten Hauptziels »Macht« durfte dabei der programmatische Inhalt dieser Propaganda jede erfolgversprechende Färbung annehmen (55, 113). Entscheidend war, daß die neuen Kräfte sich in die immer stärker hierarchisierte Organisation einfügten und in neue propagandistische Energie umgesetzt werden konnten. Das gewährleistete der seit 1925 mit einfachsten Mitteln aufgebaute Parteiapparat allmählich immer besser, der formal mit den drei Organisationsebenen Reichsleitung – Gau – Ortsgruppe auskam (56, 83, 93).

Treffend nennen die Richtlinien für Gaue und Ortsgruppen die letztere Propagandazelle der Bewegung und Keimzelle für das Wachsen der Partei (83 a). Von ihrer Aktivität hing bis 1933 die Ausbreitung der NSDAP maßgeblich ab, in ihr personifizierte sich gewissermaßen der kämpferische Geist der nationalsozialistischen Weltanschauung. Sie klebte Plakate, verteilte Flugblätter, veranstaltete Versammlungen und Propagandamärsche und bearbeitete die noch brachliegende Umgebung, wobei besondere Bedeutung der Zusammenarbeit mit den untersten SA-Einheiten zukam. Der in der ganzen Partei spürbare Mangel an Rednern und Geld ließ dabei kaum Hilfe von oben erwarten, sondern verwies die Parteigenossen auf die eigene Energie und Opferbereitschaft (86, 87, 105). Dem Einfallsreichtum war keine Schranke gesetzt. Besonders der rührige Berliner Organisationsleiter Reinhold Muchow zeigte die Möglichkeiten planmäßiger Organisationsarbeit auf, wenngleich sein am kommunistischen Vorbild orientiertes Straßenzellensystem noch 1931 mehr beispielhaften Charakter als praktischen Erfolg hatte (105).

Form und Inhalt der lokalen Propaganda wurden nahezu ausschließlich durch ihren am Wachsen der Ortsgruppe meßbaren Erfolg bestimmt. Über den Tenor der Agitation, die den Haß gegen das »System« nicht zuletzt durch das Aufgreifen echter oder vermeintlicher Korruptionsaffären und Skandale der Lokalpolitik zu schüren suchte (113), kam es freilich ebenso wie über unkorrekte Geschäftsführung und persönliche Abneigung häufig zu Differenzen, die in einigen Orten der Partei sogar mehr schadeten als die gegnerische Arbeit oder das vielbeklagte »Totgeschwiegenwerden« (87, 88, 89).

Die formale Struktur der Ortsgruppe bot hier bis 1929 keine feste Sicherung. Der Ortsgruppenführer, dem nach der Konzeption der Führerpartei weitgehende Autorität zukommen sollte, wurde ursprünglich ganz selbstverständlich allein von der Mitgliederversammlung gewählt. Seit

November 1926 brauchte er zusätzlich die Bestätigung des Gauleiters (83 b). Die Mitgliederversammlung der Ortsgruppe behielt aber ihren Einfluß, satzungsgemäß konnte sie sogar Ausschlüsse vornehmen. Nicht wenige Parteigenossen beklagten die daraus erwachsenden Übelstände und waren der Meinung, die Misere lasse sich nur durch Stärkung der Rechte des Gauleiters und durch Gängelung der Ortsgruppen beheben (88, 89). Hitler erwies sich demgegenüber wiederum als weitsichtiger. Er bedauerte zwar die Vergeudung von Kraft durch die internen Konflikte, warnte jedoch vor zu starker Reglementierung (88, 89). Zu Recht, denn die Verzögerung der auch von ihm gewünschten Zentralisierung der Partei bis in ihre Wurzeln wirkte sich positiv aus, weil sie elastisch den bestehenden Spannungen Zeit gab, sich selbst zu regeln.

Erst 1929 war die NSDAP zur formellen Ausdehnung des Führerprinzips auf die Ortsgruppen reif. Bezeichnenderweise geschah das nunmehr nicht einfach durch Verfügung Hitlers, wie fälschlich oft gesagt wird, sondern durch Beschluß der Betroffenen selbst auf der Sondertagung für Organisationsfragen beim Nürnberger Parteitag, zu der alle Gau- und Ortsgruppenleiter Zutritt hatten (103). Hitler unterstrich diesen Wandel durch die einzige Änderung von Belang in seinem Buch. Statt »Der erste Vorsitzende einer Ortsgruppe wird gewählt, allein er ist dann auch der verantwortliche Leiter derselben«, hieß es in *Mein Kampf* seit der 3. Auflage von 1930: »Der erste Vorsitzende einer Ortsgruppe wird durch den nächsthöheren Führer eingesetzt, er ist der verantwortliche Leiter der Ortsgruppe. ... Der gleiche Grundsatz gilt für die nächsthöhere Organisation, den Bezirk, den Kreis oder den Gau. Immer wird der Führer von oben eingesetzt und gleichzeitig mit unbeschränkter Vollmacht und Autorität bekleidet.« (104)

Zwischen dem Führer und seinem Leitungsapparat und dem Einsatzwillen der Parteigenossen standen als Mittler die Gauleiter. Die Zahl der Gaue stieg in der Kampfzeit infolge verschiedentlicher Umorganisation von 25 auf rund 35, bis 1933 gab es insgesamt 73 Gauleiter (152). Sie waren die eigentlichen Koordinations- und immer mehr auch Planungsstellen für den propagandistischen Großeinsatz. Ihr Wert für den Aufstieg des Nationalsozialismus kann nicht hoch genug veranschlagt werden (87, 99).

Daß Hitler sich die Einsetzung der Gauleiter vorbehalten hatte (56, 83), bedeutete 1925 zunächst nur die Sanktionierung bestehender Verhältnisse, da die ersten Gauleiter sich als die – meist sogar gewählten – Vertreter einer Anzahl von Ortsgruppen durchaus aus eigenem Recht der Zentrale unterstellten. Bereits im folgenden Jahr gab es jedoch mehrfach

Anlaß für die Reichsleitung, diese Kompetenz in Anspruch zu nehmen, weil die Gärungen in den Gauen Halle-Merseburg, Hessen, Berlin und Hamburg die Position der bisherigen Gauleiter unhaltbar gemacht hatten. Das unzureichende Angebot an »Führermaterial« (40, 88) verwies sie dabei auf die sich im Gau selbst durchsetzenden Personen. Die Herkunft eines neuen Gauleiters aus demselben Gau war auch deshalb die Regel, weil die Armut der Partei hauptamtliche Tätigkeit erst allmählich gestattete. Noch 1928 nahm die Mehrzahl der Gauleiter ihr Amt neben dem Beruf vom Wohnsitz aus wahr, der nicht immer mit dem strategisch günstigsten Ort im Gau identisch war (92, 93). Goebbels' Berufung nach Berlin 1926 war eine ebenso außergewöhnliche Maßnahme wie zwei Jahre später die Versetzung der einstigen Freunde Karl Kaufmann und Erich Koch aus Elberfeld nach Hamburg bzw. Ostpreußen, da ihr Streit den großen Gau Ruhr lähmte. In allen drei Fällen waren die Verhältnisse in ihren neuen Gauen völlig zerrüttet, und es gab niemanden, der stark genug gewesen wäre, sich selbst an die Spitze zu schieben.

Bis zu Gregor Straßers Organisationsreform 1928, die aus Gründen propagandistischer Zweckmäßigkeit die Gaugrenze den Reichstags-Wahlkreisen anglich (40, 93, 152), blieben die Ortsgruppen Bayerns der Reichsleitung direkt unterstellt. Grund dafür war nicht nur Hitlers Absicht, sich eine eigene Hausmacht zur Verfügung zu halten, sondern auch der dringende Bedarf der Parteileitung an Geld (67). Weil die außerbayrischen Gaue ihren diesbezüglichen Pflichten fast nie nachkommen konnten (86, 95), sparte man zunächst den auf die Gauleitungen entfallenden Teil der Mitgliedsbeiträge in Bayern ein und beauftragte die Führer größerer Ortsgruppen zusätzlich mit der Durchdringung der umliegenden Gebiete. Das galt auch für Julius Streicher, der bis 1928 offiziell nur Führer der reichen Ortsgruppe Nürnberg war (73).

Die Gauleiter hatten drei Aufgaben: 1. die allmählich zu einem Dienstweg gestraffte verwaltungstechnische Mittlerfunktion zwischen den Ortsgruppen und der Reichsleitung; 2. die »Eroberung« des Gaugebietes durch Propaganda und Gründung immer neuer Ortsgruppen sowie seine organisatorische Festigung; 3. die Überwachung der gesamten Arbeit im Gau auf die Übereinstimmung mit dem Programm und den Zielen der NSDAP und den Weisungen der Reichsleitung (93). Die letztgenannte, recht unpräzise Bestimmung der Richtlinien vom 15. September 1928 unterstreicht einmal mehr die schon verschiedentlich deutlich gewordene manipulatorische Offenheit der nationalsozialistischen »Idee« und den umfassenden Auftrag der Gauleiter. Weil die NSDAP diese Ziele über die Gier nach Macht hinaus – abgesehen von dem eher verschämten Verweis auf das 25-Punkte-Programm – nie näher definierte, gab es hier für die Gauleiter kein anderes Kriterium als das Vertrauen des Führers und umgekehrt die Gefolgschaftstreue zu ihm. Am Beispiel dieses Verhältnisses läßt sich im einzelnen nachweisen, daß man das nationalsozialistische Führerprinzip zunächst nicht mit starrer hierarchischer Abhängigkeit gleichsetzen darf. Hitlers gegenteilige Behauptung auf der Generalmitgliederversammlung 1927 war ebenso propagandistisch gefärbt wie die, daß nirgends mehr in der Partei »ein Streit oder Konflikt von Bedeutung« herrsche (66). Es blieb vielmehr lange ein dynamischer Prozeß, der auf ständig zu erneuernden persönlichen Beziehungen zwischen Führer bzw. Unterführer und Gefolgschaft beruhte (62). Erst mit dem Übergang zur Massenpartei seit 1930 – und da zuerst auf den unteren Ebenen – wich das Gefühl persönlicher Bindung allmählich der Anonymität blinder Disziplin (104).

Wichtig war allein, daß die Gaue erfolgreich arbeiteten. Getreu dem Organisationsprinzip der Partei, das sich auf dieser Ebene zuerst zu bewähren hatte, waren die Gauleiter die autorisierten Stellvertreter des obersten Führers in ihrem Gebiet und ihm allein verantwortlich. Diese ausschließliche Abhängigkeit von oben unterstrich die im September 1927 getroffene Maßnahme der Reichsleitung, alle höheren Führer aus dem satzungsgemäßen Tätigkeitsbereich ihrer jeweiligen Ortsgruppe, zu dem auch die Ausschlußbefugnis gehörte, herauszunehmen und in einer Sektion Reichsleitung der Parteispitze direkt zu unterstellen (129). Die Parteileitung respektierte den Zuständigkeitsbereich der Gauleiter und stützte ihre Autorität in jeder Weise, wo dies nötig wurde (77 b, 101, 104). Selbst in kritischen Fällen, wie dem des seit 1925 in Mecklenburg auf fast verlorenem Posten kämpfenden Landarbeiters Friedrich Hildebrandt, handelte sie nach der Devise: ein schlechter, aber unbeirrbar treuer Gauleiter ist besser als gar keiner (102). Abgesehen von einer halbjährigen Suspension 1930/31 blieb Hildebrandt übrigens bis 1945 Gauleiter. In drei Fällen – Hinkler (Halle-Merseburg), Ringshausen (Hessen) und von Corswant (Pommern) – wurde dadurch die überfällige Klärung bis zu einer gewaltsamen Eruption in diesen Gauen im Winter 1930/31 verschleppt.

Man kann sagen, daß die Souveränität der Gauleiter in ihrem Gebiet so weit reichte, wie sie selbst sich durchzusetzen vermochten. Während die Reichsleitung direkt von Hitlers Autorität zehrte, waren die Gaue viel mehr von der Person ihres jeweiligen Gauleiters geprägt (138).

In der Auswahl ihres Mitarbeiterstabes waren die Gauleiter frei. In den ersten Jahres bestand er freilich meist nur aus zwei bis vier Personen, die in Personalunion die verschiedenen Aufgaben als Stellvertreter des Gauleiters, Gaugeschäftsführer, Gaukassenwart, Gaupropagandaleiter, Gaupressewart usw. erfüllten. Durch geschickte Personalpolitik baute mancher aber allmählich seinen ganzen Gau zu einer festen persönlichen Machtbasis aus, die nach 1933 auch die Parteispitze nicht ohne weiteres ignorieren konnte. Typische Beispiele dafür boten u. a. Mutschmann (Sachsen), Koch (Ostpreußen) und Goebbels in Berlin. Dazu kam, daß fast alle Gauleiter die fleißigsten und manchmal auch die beliebtesten Redner im Gau waren. Die selbsterkämpften Erfolge erhöhten – wie der bis 1929/30 aufrechterhaltene Anspruch auf die Bezeichnung »Gauführer« bekundete – ihr Selbstgefühl, so daß sie Kritik auch von seiten der Reichsleitung unwillig aufnahmen (90). Allergisch aber reagierten sie auf jede Einmischung ihrer Kollegen. Die in der Konzeption der Führerpartei liegende vertikale Ausrichtung der NSDAP wurde dadurch noch verstärkt.

Auch die Methoden, nach denen sie ihren Gau bearbeiteten, blieben ihnen überlassen. Zur intensiveren propagandistischen Durchdringung konnten sie ihr Gebiet in jederzeit variable Bezirke einteilen (83, 87, 105). Nicht wenige Gauleiter führten selbst eine Kurzausbildung der Bezirks- und Ortsgruppenleiter und der dringend benötigten Redner durch. Wie im Fall der Berliner Straßenzellen- und Betriebszellen-Organisation (105) und der Rednerschule des Gaues Oberbayern-Schwaben (100) profitierte dabei die Gesamtpartei von den Einrichtungen, die sich in einzelnen Gauen bewährt hatten. Eine wesentliche Aufgabe der Gauleiter war schließlich die Beschaffung von Geldmitteln für ihre Arbeit. Dazu wurden nicht nur sogenannte Opferringe aus Mitgliedern und Förderern der Bewegung gebildet (67 b, 87), sondern private Beziehungen knüpften sich, die nach 1933 für manchen bisherigen Geldgeber von Nutzen waren.

Regelmäßige Kontakte zwischen den Gauen gab es nicht, zur Zentrale bestanden solche nur auf verwaltungstechnischem Gebiet im Mitglieder- und Rechnungswesen. Die Reichsleitung gab viele ihrer Anweisungen aus Geldmangel öffentlich im Völkischen Beobachter, den zu halten alle Ortsgruppen immer wieder aufgefordert werden mußten, oder durch Rundschreiben. Ihnen wichtig erscheinende Fragen klärten die Gauleiter schriftlich, seltener auch mündlich in Einzelverhandlungen mit den Münchener Stellvertretern Hitlers, oder sie suchten über Heß Kontakt zu Hitler, der gelegentlich auch auf seinen Reisen in erreichbare Nähe kam. Daß die politische Kompetenz bei ihm monopolisiert war, führte interessanterweise nicht selten dazu, daß von den Bezirken und Ortsgruppen Abgeordnete und Redner, von denen man – nicht immer zu Recht – annahm, daß sie öfter mit Hitler zusammenträfen, um Rat gefragt wurden. Ihre Auskünfte konnte die Reichsleitung notfalls als unverbindlich abtun, kritisch wurde es nur, wenn sich »bekannte Namen der Bewegung« in organisatorische Kompetenzbereiche einmischten. Hier stand der Reichsorganisationsleiter vollkommen auf seiten der Gauleiter. Besonders häufig gab auf diesem Feld der in der Parteiorganisation nirgendwo abgesicherte

Gottfried Feder zu Klagen Anlaß (101), der selbst für sein Leben gern wenigstens Gauleiter geworden wäre; das gleiche galt seit 1930 auch für Hitlers Sonderbeauftragten in Berlin, Hermann Göring.

Die Finanzmisere gestattete es nur selten, alle höheren Führer zusammenkommen zu lassen. In erster Linie boten sich dazu die Parteitage an. Der Notwendigkeit, die Propagandaarbeit wenigstens gelegentlich besser aufeinander abzustimmen und die führenden Männer der Partei einander bekannt zu machen (42), trug man außerdem dadurch Rechnung, daß die Parteileitung in bestimmten Situationen Führertagungen einberief, wie die schon erwähnten vom Sommer 1925 und die Bamberger im Februar 1926. Im Gegensatz zu der Forderung nach einem geistigen Generalstab (52) stellten sie keine Institutionalisierung parteiinterner Beratung dar. Dem Prinzip der Führerpartei entsprechend verblieb die Initiative ausschließlich bei der Parteileitung. Im Juli 1926 in Weimar und im August 1927 in Nürnberg fanden Parteitage statt. Rechtzeitig vor den Reichstagswahlen empfahl Hitler am 27. November 1927 in Weimar den Unterführern die Neuorientierung auf ansprechbarere Zielgruppen (70). Da die Schuldenlast des Nürnberger Treffens von 20 000 RM noch schwer drückte, verzichtete man 1928 auf einen Parteitag; Prestigegründe spielten bei diesem Entschluß ebenfalls mit. Statt dessen empfahl Gregor Straßer dem Parteiführer eine weitere Führertagung (92), die in großem Rahmen am 1./2. September 1928 in München abgehalten wurde und als wichtigstes Ergebnis neben der auch von den Gauleitern gewünschten Umstellung der Gaue auf die Größe der Reichstags-Wahlkreise den Beweis der Geschlossenheit der Partei gegenüber ideologisch fixierten Außenseitern wie Dinter erbrachte (79, 80, 81). Vier Monate später traf man sich erneut. In Weimar stand am 20. Januar 1929 die Klärung des gespannten Verhältnisses zwischen dem Institut der »Obersten SA-Führer-Stellvertreter“ und den Gauleitern auf dem Plan (95). Nach dem Nürnberger Parteitag im August 1929 sah man sich dann erst unter stark veränderten politischen Bedingungen am 27. April 1930 in München wieder (135).

Die Reichs- oder Parteileitung, wie sie in der NSDAP zunächst nicht einheitlich hieß, bildete das Instrument, mit dem der Parteiführer die ihm als selbstverständlich zugestandene alleinige Verantwortung für die Bewegung handhabte. Satzung und Richtlinien kennzeichnen ihren Zuständigkeitsbereich und ihre Gliederung, wobei die Satzung einem groß angelegten Modell folgte (9, 56), das aus finanziellen und Personalgründen erst seit 1930 – in anderer Form – verwirklicht werden konnte. Lediglich der Untersuchungs- und Schlichtungsausschuß der Reichsleitung bestand, wie die Satzung es verlangte, aus einem Vorsitzenden und zwei Beisitzern.

Darin spiegelt sich Hitlers formales Legalitätsbestreben, denn nirgends im internen Leben der Partei war die Gefahr so groß, sich peinlichen öffentlichen oder gar gerichtlichen Auseinandersetzungen auszusetzen, wie in der heiklen Frage von Parteiausschlüssen. Alle anderen Abteilungen hatten bis 1930 nur einen hauptamtlichen Leiter, dem allenfalls ein Stellvertreter oderAdjutant zur Seite stand, und einige Bürokräfte (150 a).

Grundsätzlich war jeder Abteilungsleiter nur dem Parteiführer verantwortlich. Damit stellte Hitler bewußt und von der Neugründung an seine Unabhängigkeit von mehrheitlich entscheidenden Führungsgremien sicher (9, 43 b, 56, 80). Der Kompetenzwirrwarr, der die Parteiführung und das NS-Regime überhaupt seit 1933 prägte, gründete jedoch nicht allein in diesem Strukturmerkmal der Führerpartei. Die einseitige Ausrichtung der Partei auf den Propagandaeinsatz ließ bis 1930 Zuständigkeitsabgrenzungen als unwichtig erscheinen. Sie blieben ausdrücklich der Praxis überlassen (83 a). Solange die Mitglieder der Reichsleitung in enger räumlicher Nähe und mit einem kleinen Angestelltenapparat arbeiteten, genügte die gegenseitige Fühlungnahme und Information. Erst der Ausbau der einzelnen Ressorts seit 1930 und der Ehrgeiz ihrer Leiter, der manchen Kompetenzstreit zur Folge hatte, gab Hitler Anlaß, seine Position zum Ausbalancieren von Machtverhältnissen in der Parteiführung zu benutzen. Vorher war das nur im Konflikt zwischen der Obersten SA-Führung und den Gauen nötig gewesen (94).

In der Praxis wirkte sich Hitlers geringes Interesse an organisatorischen Details und seine häufige Abwesenheit von München so aus, daß den Angehörigen der Parteileitung ein nicht unbedeutender Ermessensspielraum verblieb (74). Loyal gegen Hitler handelten alle, doch unterschied sich ihr Verhalten durchaus nach Temperament und persönlichem Profil. Bouhler, Heinemann, Buch und natürlich Himmler als Stellvertreter des Propagandaleiters setzten sich selbst enge Grenzen. Straßer und insbesondere von Pfeffer traten dagegen recht selbstbewußt auf; sie versuchten nicht nur, Hitler vom Nutzen ihrer eigenen Ideen zu überzeugen, sondern trafen gelegentlich auch Entscheidungen auf eigene Rechnung.

Als Beispiel dafür, welch große Rolle das Durchsetzungsvermögen der einzelnen Abteilungsleiter unter diesen Bedingungen spielte, sei hier nur die Aushöhlung des Amtes des Reichsgeschäftsführers genannt. 1925/26 hatte Bouhler noch die wichtige Koordinationsstelle München inne, wenngleich ihm die Parteifinanzen von Anfang an nicht unterstanden. Die im Juli 1926 eingerichtete Organisationsabteilung übernahm dann schnell, ohne daß jemals feste Grenzen gezogen wurden, immer weitere seiner Funktionen in der Überwachung und Anleitung der Gaue im Namen des Führers, so daß der weder begabte noch ehrgeizige Bouhler schließlich nur noch über die Angestellten der Parteileitung und den technischen Betrieb, wie Ausfertigung von Rundschreiben und Posteingang und -ausgang, zu wachen hatte. 1934 wurde die Reichsgeschäftsstelle aufgelöst.

Daß die leitenden Männer dieser reinen Agitationspartei zu einer exakten Formulierung politischer Pläne und zu einer entsprechend klaren Gliederung ihres Führungsapparates nicht fähig waren, bewies auch der regellose personelle Ausbau der Reichsleitung, der mit der Errichtung der Organisationsabteilung II im Juni 1929 begann (103, 132). Viel eher als die von Hitler und anderen verheißene Vorbereitung des »Staates im Staate« (112, 126) stellte er die Folge des nun einsetzenden Zustroms ehrgeiziger, oft genug auch stellungsloser Parteigenossen dar, die unbedingt auf ihrem Fachgebiet »nationalsozialistischem Wollen« Ausdruck geben wollten. In den drei Jahren bis 1932/33 brachte die Reichsleitung es nicht fertig, die neuen Kräfte sinnvoll zu koordinieren, wovon die ständige Umorganisation ein Zeugnis ablegt (150).

Besonders weiten Spielraum ließ Hitler auf dem lange Zeit fast wichtigsten und ihm fremden Gebiet der Finanzen zweien seiner zuverlässigsten Funktionäre, deren Ehrgeiz nur bis zu ihren Ressortgrenzen reichte. Reichsschatzmeister Schwarz dehnte bis 1928 seinen auch satzungsmäßig recht umfassenden Einflußbereich soweit aus, daß er nicht nur die Kassen und Bücher sämtlicher Gaue und Ortsgruppen, sondern auch der Nebengliederungen und der SA-Zeugmeisterei unangemeldet kontrollieren konnte. Die SA bekam ihr Geld aus den Gauen schon seit 1927 über den Reichsschatzmeister (95). Am 16. September 1931 erhielt er von Hitler die Vollmacht, den NSDAV in allen Vermögensangelegenheiten vollgültig vertreten zu können, und vom selben Jahr an beanspruchte er ein Mitspracherecht bei der Ernennung der Gauschatzmeister. Lediglich der Parteiverlag unterstand nicht seiner Aufsicht.

Ebenso selbständig war das andere »Finanzgenie« der NSDAP. Als Direktor des Eher-Verlages und persönlicher Geldverwalter Hitlers war der am geschäftlichen Erfolg orientierte Max Amann unersetzlich. Trotz ähnlichen Geschicks und ungleich brutalerer Methoden vermochte er jedoch das komplizierte Pressewesen der Partei bis 1933 nicht so zu zentralisieren, wie er es sich von Anfang an zum Ziel gesetzt hatte. Das Bedürfnis der Gaue nach regional orientierten »Kampfblättern« (113) rief seit 1926 trotz aller Risiken immer wieder neue Gründungen hervor. Die Reichsleitung sah zwar einerseits diese Konkurrenz für das ebenfalls nicht gut situierte Zentralorgan äußerst ungern, vermochte sich aber andererseits den Argumenten der Gaue nicht zu verschließen und hatte im übrigen kaum Möglichkeiten, hindernd einzugreifen. Das auf dem Parteitag 1926 eingeführte »Hoheitszeichen«, den Adler mit Hakenkreuz und Kranz, vergab sie nur in diesem Jahr. Ende 1929 führten es neben den drei parteieigenen Zeitungen – VB, IB und dem 1927 von Dinter gekauften Weimarer Wochenblatt »Der Nationalsozialist« – nur noch Rosenbergs Monatsschrift »Der Weltkampf«, Straßers »Berliner Arbeiter-Zeitung« mit ursprünglich sechs, 1929 nur noch drei Kopfblättern und fünf weitere Wochenzeitungen. Daneben existierten 1929 noch 22 andere NS-Blätter im Reich, von denen vier täglich erschienen. Die verschiedentlich auch in der Partei erhobene Forderung nach Zusammenlegung der NS-Presse scheiterte bis 1933 an den verwickelten Eigentumsverhältnissen.

Ähnlich verwirrend war die Vielfalt ihrer »Redakteure«, die oft genug ohne journalistische Erfahrungen allein nach agitatorischen Gesichtspunkten ihre Organe gestalteten (113). Der auf allen drei Parteitagen vor 1933 laut werdende Ruf nach Vereinheitlichung und Überwachung des Inhalts fand angesichts der genannten Schwierigkeiten bei Hitler kein Echo. Mit Mühe gelang es der Reichstagsfraktion schließlich im August 1929, wenigstens eine parteieigene Pressekorrespondenz ins Leben zu rufen.

Bis zu diesem Zeitpunkt hatte die dürftige NS-Publizistik, in der Skandalartikel mit Titeln wie »Polizeiorgien im Bordell« oder »Blutschande und Abtreibung« (so 1928 Dr. Leys Westdeutscher Beobachter) nicht eben selten waren, über die eigenen Reihen hinaus kaum Wirkung erzielen können. Der VB als größte Zeitung kam 1929 bei rund 150 000 Parteigenossen nur auf eine tägliche Auflage von 18 400. Deshalb war die Partei brennend an der Erwähnung in der sonstigen Presse interessiert (71 a, 87, 99).

Die übrige Propaganda ließ sich formal leichter zentralisieren. Infolge seiner relativen Stärke besaß der Parteiverlag auf dem Gebiet der größeren Propagandamaterialien fast ein Monopol. Einige Zahlen sollen das illustrieren. Bis März 1929 erschienen 15 Sondernummern des VB in Auflagen von jeweils mehreren hunderttausend Stück. Im Dezember 1928 gab der VB bekannt, daß der Eher-Verlag bisher »61 Verlagswerke mit einer Gesamtauflage von 414 490 Exemplaren« herausgebracht habe. Hauptsächlich handelte es sich um Broschüren, doch gehörten auch 33 000 Exemplare der beiden Hitler-Bände und 20 000 von Feders »Deutscher Staat« dazu. Mit 50 000 lag die von Feder herausgegebene Heftreihe »Nationalsozialistische Bibliothek« an der Spitze, in der bis dahin sieben Hefte erschienen waren. Auch bei ihnen durchdrang das propagandistische Element den ursprünglichen Gedanken einer Grundlegung des nationalsozialistischen Gedankengutes. Lediglich der Kampfverlag konnte auf diesem Gebiet zwei größere Erfolge nennen: Goebbels' bewußt primitives »Kleines abc des Nationalsozialisten« erreichte im März 1929 hunderttausend und Otto Straßers »Wußten Sie das auch schon?« kam auf 30 000 Exemplare.

Schon seit April 1926 bestand die nie voll durchgesetzte (115) Anweisung der Reichsleitung, alle Flugblätter zur Prüfung nach München einzusenden. Im Herbst 1926 begann die Reichs-Propaganda-Abteilung unter Gregor Straßer mit der Herausgabe einheitlicher Flugblätter und Plakate. Als Straßer 1928 den allzu kleinlichen und vergrämten Reichsorganisationsleiter Heinemann ablösen mußte (68 d, 86), übernahm Hitler selbst für mehr als zwei Jahre den Posten des Propagandaleiters. Im Gegensatz zu seinen sonstigen Arbeitsgewohnheiten kümmerte er sich um den Inhalt der zentralen Propaganda stärker: Die Texte entwarf er nach Möglichkeit selbst (Bildtafel 4; 98). Sein Stellvertreter Himmler erledigte die Routinearbeiten (99, 100 b).

Flugblättern und Presse kam freilich nur eine Hilfsfunktion neben den lebendigen Propagandaträgern der Partei zu: die Versammlungsredner und immer mehr auch die SA stellten die werbewirksamste Waffe dar (85, 99). Bei ersteren bestanden die gleichen Probleme wie bei der Presse. Wer sich für befähigt hielt, durfte öffentlich auftreten; allein die Parteizugehörigkeit und der Erfolg zählten. Schon der chronische Rednermangel in dieser einzig auf Propagandatätigkeit ausgerichteten Partei (91 a, 112) ließ keine anderen Maßstäbe zu. Den Ortsgruppen und Gauen blieb es überlassen, genügend Kräfte zu finden und zu finanzieren (106). Seit Ende 1926 bemühte sich die Propaganda-Abteilung um einen Überblick über die zur Verfügung stehenden Redner, um sie bei Wahlkämpfen zentral einsetzen zu können. Eine Aufstellung des VB nach der Reichstagswahl 1928 verzeichnet 118 Redner mit insgesamt über 4000 Versammlungen. Im ganzen Jahr 1928 wurden angeblich über 20 000 Versammlungen von nur 300 Rednern abgehalten. 115 Propagandisten mit insgesamt rund 8000 Einsätzen nannte der VB namentlich. Die Studenten von Gronow und Studentkowski mit 301 bzw. 197 Versammlungen, der Lehrer Schemm (219) und die Berufsnationalsozialisten Erich Koch (216), Robert Wagner (199) und Goebbels (188) standen dabei an der Spitze.

1927 etwa hatten die meisten Gaue sich soweit gefestigt, daß sie an eine planmäßige »Eroberung« bisher unbearbeiteter Gebiete denken konnten (87). Vor allem die Ergebnisse der Reichstagswahlen vom 20. Mai 1928 mit 8,1 % im Wahlkreis Franken, 6,2 % in Oberbayern/Schwaben, 5,6 % in der Pfalz und 5,2 % in Weser-Ems bei einem Reichsdurchschnitt von 2,6 % zeigten, daß Erfolge nicht so sehr in Großstädten, als vielmehr in kleineren Orten und auf dem Lande zu erringen waren, wo gut aufgezogene Versammlungen seltener stattfanden und länger nachwirkten. Himmler entwickelte deshalb Ende 1928 ein System der Propaganda-Konzentration, das innerhalb weniger Tage einen Gau mit einer Flut von Versammlungen belegte, was außerhalb der Wahlzeit besonderes Aufsehen erregen mußte (99). Das war der Anfang des vierjährigen propagandistischen Dauerfeuers, unter dem die politisch glücklose Republik schließlich zerfiel. Noch wußte die Parteileitung jedoch kein Mittel gegen das Hauptproblem solcher Agitation, den Mangel an Rednern.

Gerade zur rechten Zeit kreuzte sich Himmlers Idee mit der des erst Ende 1926 der Partei beigetretenen Leiters einer Fern-Handelsschule, des im Juni 1928 zum Gauleiter von Oberbayern-Schwaben ernannten Fritz Reinhardt. Um in seinem ländlichen Gau den Bedarf an »kleinen« Rednern zu decken, übertrug er seine Berufserfahrung auf die Parteiarbeit und richtete schriftliche Rednerkurse ein, in denen die Parteigenossen das ihnen zugesandte Material aus dem VB und aus Reinhardts eigener, an Wirtschaftsproblemen orientierter Produktion einpauken mußten (100 a). Von diesem ganz auf Schlagwortagitation abgestellten Verfahren erwartete Himmler, der sich sofort bei Hitler für die offizielle Übernahme von Reinhardts Erfindung verwandte, daß der jeweilige Rednerschüler »ganz von selbst aus der Sicherheit seines Wissens heraus zum Redner wird, der von vornherein kein Lampenfieber hat, da er weiß, daß sein Material selbst für den schärfsten Gegner unwiderleglich ist« (100 b). Nach einem Jahr praktischer Erprobung konnte Reinhardt im Juni 1929 seine Berufstätigkeit aufgeben und sich ganz der »Reichs Rednerschule« und der Herausgabe von Rednermaterial widmen. Als Goebbels auf der Münchener Führertagung am 27. April 1930 die Propagandaleitung übernahm, wurde Reinhardt als Reichs-Propagandaleiter II in die Reichsleitung berufen. Bis 1933 bildete er nach eigenen Angaben 6000 Redner aus.

Der kurze Überblick über die Propagandaträger der NSDAP rundet sich erst ab mit einigen Angaben über den aktiven Einsatz ihres wichtigsten Faktors. Hitler war viel zu Kontaktpflege und Geldsuche auf Reisen, ging jedoch mit seinen rednerischen Kräften sparsam um. Durch das Rednerverbot gehandikapt, sprach er 1925 nur in 31, 1926 in 32 Veranstaltungen, zumeist in geschlossenem Kreis vor Parteigenossen. Fünfzehn bzw. sieben dieser Veranstaltungen fanden in München und dem übrigen Bayern statt. 1927 trat er 56mal öffentlich auf, davon 15mal in München und 17mal im übrigen Bayern. Den Wahlkampf 1928 bestritt er mit vollem Einsatz, mehr als drei Viertel seiner 66 Versammlungen in diesem Jahr (25 in München, 22 im übrigen Bayern) fielen in die ersten fünf Monate. Daß er danach so wenige und auch 1929 nur 29 Versammlungen abhielt (13 in München, 8 im übrigen Bayern), lag weniger an den sich häufenden politischen Verpflichtungen, als an seiner schlechten gesundheitlichen Verfassung. Es gibt Anzeichen dafür, daß diese Schwäche mit ein Grund für die in dieser Zeit spürbar wachsende Ungeduld auf seinem persönlichen Weg zur Macht war. Neben den in früheren Kapiteln aufgezeigten Aspekten unterstreichen diese Zahlen, daß der Agitator Hitler zum Aufstieg der Partei eher indirekt beitrug. Der Mythos der Führergestalt und des Redners, den die Parteipresse und die Fama aufbauten (55, 65), sowie die Bereitschaft der Parteigenossen, daran zu glauben und ihn zu verbreiten (106, 119), waren zweifellos noch wertvoller. Gerade weil Hitler in diesen Jahren, in denen selbst er die Säle oft nur zu zwei Dritteln zu füllen vermochte, relativ selten sprach und sich wenig zeigte, nutzte sich sein Name unter den Belastungen der Jahre des Wartens nicht ab.

Als Hitler der SA bei der Neugründung der NSDAP ihren ursprünglichen Charakter als Parteischutz wiedergeben wollte (40), hatte er noch keine konkreten Vorstellungen über ihr künftiges Aussehen. Die Sturmabteilungen blieben den Ortsgruppenleitern unterstellt und wurden ganz selbstverständlich von diesen als Saalschutz und Propagandatruppe eingesetzt. Einige Gaue, z. B. Rheinland-Nord unter Viktor Lutze, faßten die Ortsgruppen-SA schon 1925 zu größeren Einheiten zusammen. Geldmangel und das Fehlen eines geeigneten Führers und einer eigenen Konzeption ließen Hitler die zentrale Lösung des SA-Problems bis zum Sommer 1926 hinauszögern. Erst in dem Hauptmann a. D. und ehemaligen Freikorpsführer Franz v. Pfeffer, dessen Tätigkeit als Gauleiter Westfalen der NSFB bzw. NSDAP nur eine Episode zwischen berufsnäheren Einsätzen blieb, fand er bei seinem Besuch im Gau Ruhr im Juni 1926 eine Persönlichkeit, die die geeigneten Voraussetzungen mitbrachte. Franz v. Pfeffer bereitete seine Tätigkeit gründlich vor. In einer Serie von über 20 SA-Befehlen und grundsätzlichen Anordnungen, die er seit November 1926 herausgab, entfaltete er seinen Plan, der darauf hinauslief, daß man den Parteistellen »ihre« SA wegnahm und sie zu einer zentral gelenkten Organisation mit eigener Befehlsstruktur zusammenfügte. Die »zivilen« Dienststellen sollten die jeweils benötigte SA-Einheit jederzeit anfordern können, doch keine Befugnis zum Eingreifen in deren inneren Dienst haben (77 a, 84, 85). Kein Parteigenosse sollte mehr ein Amt in PO und SA gleichzeitig ausüben können. Hitler war nach v. Pfeffers späterer Aussage zunächst schockiert über diesen Gedanken und argwöhnte eine Bedrohung seiner Führerposition, zumal v. Pfeffer als Oberster SA-Führer eine besonders herausgehobene Stellung verlangte (97). Aus vier Gründen stimmte er dann jedoch zu: der »Osaf« vermochte ihm glaubhaft zu machen, daß dieses erst aufzubauende Instrument Hitlers Einfluß nicht entzogen werden würde und daß darüber hinaus eine »Entmachtung« der Gauleiter in dieser Form gerade seine Position stärken müsse. Daß die Finanzierung der SA weiter durch die Gaue über den Reichsschatzmeister erfolgte, schob allzu weitgehender Verselbständigung einen zusätzlichen Riegel vor (95). Schließlich war der Hinweis auf den Werbecharakter einheitlich gelenkter SA-Truppen bei Großveranstaltungen, Parteitagen usw. (85, 96) und auf ihre spätere Verwendbarkeit im Kampf um die Macht nicht minder überzeugungskräftig.

Seine Freikorps-Erfahrungen ließen v. Pfeffer die allzu starre Anlehnung an militärische Vorbilder vermeiden; vor allem galt ihm als Disziplin nur der unbedingte Gehorsam, während er den oft brutalen »Kampfwillen« der unteren SA-Einheiten als den rechten »Geist« begrüßte (84). Goebbels' Berliner SA-Rabauken bildeten für diesen ein beredtes Beispiel (114, 116, 122).

Obwohl sich die Trennung von SA und PO in den Ortsgruppen bis 1929 noch nicht so stark bemerkbar machte (99, 105), waren die Gauleiter wenig erfreut darüber. Die Spannungen erhöhten sich, als v. Pfeffer nach der inneren Festigung seines Apparates im Sommer 1928 sein System vervollkommnete und jeweils mehrere Gaustürme unter sechs Oberführern, seit Februar 1929 Osaf-Stellvertreter genannt (96), zusammenfaßte. Diese Idee hatte er mit dem ehemaligen Oberleutnant und Polizeihauptmann a. D. Walther Stennes ausgeheckt, den er seit 1919 kannte und ein Jahr zuvor als Oberführer Ost für die SA gewonnen hatte. Auch die anderen Oberführer waren frühere, z. T. höhere Berufsoffiziere; einige waren nur wegen der SA zur NSDAP gekommen. Sie beurteilten die eigentliche Partei nach ganz anderen Maßstäben als die Gauleiter, auch wenn diese selbst Offizier gewesen waren (95). Ihnen ging es darum, die Waffe für einen kommenden Kampf zu schmieden. Die Partei mit ihrer völlig ungenügenden personellen Besetzung hielten sie für denkbar ungeeignet dazu, deshalb wollten sie mit der SA die PO allmählich an Stärke und an innerer Geschlossenheit überholen und dann bestimmenden Einfluß in der Partei und auf Hitler ausüben. Auf lange Sicht bahnte sich damit wie im Fall der Arbeitsgemeinschaft Nordwest ein Konflikt zwischen verschiedenen Konzeptionen an.

Vorerst trat Hitler jedoch nachdrücklich für v. Pfeffers Gedanken ein. Auf der Münchener Führertagung am 2. September 1928 unterstrich er vor den versammelten Gauleitern und SA-Führern, daß gerade die zentralistische Organisation der SA die unzerstörbare Einheit der Partei garantiere, weil sie mehr sei als die Vielzahl einzelner Gaue und weil in ihr »der Führergedanke bis zur letzten Konsequenz« verwirklicht werden könne (94).

Die Gauleiter gaben jedoch nicht nach. Vor allem diejenigen Mittel- und Ostdeutschlands fuhren schwere Geschütze gegen den »SAF Oberost«, Stennes, auf, der zu wenig Verständnis für die Nöte der PO zeigte (95).

Reichsorganisationsleiter Straßer stand zwischen den Fronten. Er mußte die Interessen der Gauleiter vertreten, konnte sich aber zugleich Hitlers und v. Pfeffers Überlegungen nicht verschließen. Mit der Einberufung einer Gauführertagung nach Weimar am 20. Januar 1929 unternahm er den Versuch, v. Pfeffer als den einzigen anwesenden SA-Vertreter (Bild 10) durch den geballten Unmut der Gauleiter zu beeindrucken, der vor allem dem angesichts des Unterführermangels harten Verbot doppelter Betätigung galt. v. Pfeffer reagierte jedoch anders als erwartet. Sozusagen als Warnung an die Gauleiter ließ er im VB die Meldung über eine bevorstehende Zentralisierung der SA-Führung erscheinen, die eine noch weitere Entfernung und damit Entfremdung der höchsten SA-Dienststellen von den Gauen bedeutet hätte (96, 97). Hitler griff trotz der beschwörenden Klage Major Buchs, der bis 1927 selbst Gau-SA-Führer in Bayern gewesen war, nicht ein. Er hatte dem Osaf freie Hand zugesichert, um die braune Heerschau des Parteitages 1929, von der er großes Aufsehen erhoffte, zu einem vollen Erfolg werden zu lassen. In der Praxis änderte sich also nichts. Das Verhältnis zwischen den Gauen, die auch kleine SA-Trupps zu Propagandazwecken brauchten, und den Osaf-Stellvertretern, die darin eine Zersplitterung der Kräfte sahen, blieb vielfach gespannt (138). Im März 1930 erklärte Straßer dem Gauleiter Kube resigniert: »Sie wissen ja selbst, wie mein Standpunkt in dieser Frage ist und wie oft ich, bis jetzt allerdings mit keineswegs großem Erfolge, mich in dieser Sache schon bemüht habe.«

Kaum politische Bedeutung kam den wenigen NS-Abgeordneten zu, deren Koordination den Fraktionsführern Frick, Kube und Buttmann, bzw. den Gauleitern oblag, in deren Gebiet der betreffende Landtag lag. Für alle Eventualitäten mußten sie sich verpflichten, keinerlei Beziehungen zu Juden zu unterhalten, Aufsichtsratsposten abzulehnen, die 25 Punkte des Parteiprogramms zu beachten und die ordnungsgemäße Parteileitung anzuerkennen, andernfalls sie ihr Mandat niederzulegen hätten. Doch das hatte nur prophylaktische Bedeutung. Wichtig war allein ihr propagandistischer Nutzen. Daher stellte Hitler, der sich die Zusammenstellung der Listen vorbehielt, neben den bisherigen Reichstagsmitgliedern vorwiegend Redner an die Spitze. Goebbels höhnte nach der Wahl 1928 im Angriff: »Ich bin kein Mitglied des Reichstags. Ich bin ein IdI. Ein IdF. Ein Inhaber der Immunität, ein Inhaber der Freifahrkarte. ... (Ein IdI) beschimpft das ›System‹ und empfängt dafür den Dank der Republik in Gestalt von siebenhundertfünfzig Mark Monatsgehalt« – freilich mußte er einen wesentlichen Teil davon an die Parteikasse abliefern. Im Parlament selbst ging es entsprechend zu. Fröhlich berichtete Fraktionsführer

Kube aus dem Preußischen Landtag im Oktober 1928 an Straßer: »Der Sprudelkopf Dr. Ley tobt vorläufig noch wie ein wütender Derwisch auf der Landtagstribüne herum, aber er ist erziehungsfähig!«

Ein Wort wenigstens muß zu den Nebengliederungen der NSDAP gesagt werden. Sie führten bis 1930 weitgehend ein Eigendasein neben der PO und wählten z. B. ihre Führer selbst. Die Partei hatte für die Hitlerjugend und den Nationalsozialistischen Studentenbund kaum Mittel übrig und achtete lediglich auf die äußere Geschlossenheit der Bünde. Immerhin bewog Hitlers Interesse an ihrem Einfluß auf die Jugend ihn, dem NSDStB 1927/28 aus eigenen Mitteln finanziell über die Runden zu helfen. Zu den Erfolgen, die vor allem die Studenten bis 1930 erkämpften, trug die Gesamtpartei aber indirekt durch ihre eigenen Fortschritte bei (154).

Die Umbenennung der auf dem Parteitag 1927 beschlossenen, von Hitler als äußerst bedeutsam begrüßten Nationalsozialistischen Wissenschaftlichen Gesellschaft zum äußerlich neutralen Kampfbund für Deutsche Kultur kennzeichnet den Mißerfolg dieser Gründung Rosenbergs. Noch unbedeutender blieben bis 1930 der NS-Lehrerbund, der Bund Nationalsozialistischer Deutscher Juristen und der NS-Ärztebund, die als Zusammenfassung weniger Parteigenossen in den Jahren 1928/29 auf Privatinitiative von Hans Schemm, Bayreuth, Dr. Hans Frank (79) und Dr. Ludwig Liebl, Ingolstadt, entstanden. Vom Reichsorganisationsleiter wurden sie eher geduldet als begrüßt, weil er darin die Gefahr einer Zersplitterung der Partei in Standes- und Interessengruppen argwöhnte. Der 1923 von Elsbeth Zander gegründete »Deutsche Frauenorden«, der im Januar 1928 auch offiziell als »Deutscher Frauenorden Rotes Hakenkreuz« Gliederung der NSDAP wurde, brachte es in Berlin und Mitteldeutschland zu einigen wenig erfreulichen »SA-Lazaretten«. Im übrigen hatte die Kampfpartei für Frauen nur in den Ortsgruppen Verwendung (11).

Der Blick auf die innere Entwicklung der NSDAP bis 1929 hat ein differenzierteres Bild gezeigt, als die Zeitgenossen von ihr sahen. Lärmende Aggressivität und populäre Parolen ließen besonders seit dem von den Nationalsozialisten prophezeiten, ja herbeigewünschten offenen Ausbruch der Wirtschaftskrise die Propaganda auf den oberflächlichen Betrachter einheitlicher wirken, als sie war (120). Die nach außen zur Schau gestellte Geschlossenheit des Auftretens im buchstäblichen (85) und übertragenen Sinne (112) und der bewußt betonte entschlossene Einsatzwille gegen den verhaßten Parlamentarismus und seine Sünden verhüllten vor ihm die meisten Schwächen und Unzulänglichkeiten im Innern der Partei. Die Nationalsozialisten selbst blickten ebenfalls nur selten nach innen. Aus der Kampfpraxis der extrovertierten Agitationspartei bildete sich eine

Vielzahl interner Machtpositionen, auf deren Koordination man nur dann bedacht war, wenn sie die gegenwärtige Arbeit hinderten. Weil die Nationalsozialisten unfähig waren, die darin für die Zukunft liegenden Gefahren zu erkennen, verfestigten sich diese derart, daß man nach dem Wegfall des einigenden Faktors Propaganda im »Dritten Reich« ihr Neben- und Gegeneinander nicht mehr aufzulösen vermochte. Freilich lag das im Jahr 1929 noch in unabsehbarer Zukunft. Zu diesem Zeitpunkt ließ sich erst einmal nicht leugnen, daß die eingangs genannte Aufgabe mit zunehmendem Erfolg gelöst wurde. Die NSDAP begann, eine beachtenswerte politische Kraft zu werden, deren über ganz Deutschland gespanntes organisatorische Netz stark genug war, erheblich größere Massen als die schon beträchtliche Mitgliederzahl der Partei aufzufangen.

[83 a] *Aufgaben und Gliederung der NSDAP im Juli 1926*

Richtlinien für Gaue und Ortsgruppen der Nationalsozialistischen Deutschen Arbeiter-Partei
Reichsleitung (R.L.), Sitz: München

Gegliedert in:	Hauptgeschäftsstelle.	(G.)	siehe Satzung.
	Propaganda und Presse.	(P.)	
	Organisation.	(O.)	
	Kassenverwaltung.	(K.)	
	S.A. Leitung.	(S.A.)	

Die innere *Gliederung* dieser Abteilungen ergibt sich aus der Größe des Arbeitsgebietes; sie kann nicht starr sein, sondern muß sich beweglich den Verhältnissen jeweils anpassen. Die Urzelle bildet die Ortsgruppe (O.Gr.), d. i. die Gemeinschaft der Pg. an einem Orte. Sie können zusammengefaßt werden zu Gauen, die dann unmittelbar unter der Reichsleitung stehen. Selbständige O.Gr. stehen ebenfalls unmittelbar unter der R.L. Taktische Unterteilung großer O.Gr. wie Berlin, München usw. in Sektionen, desgl. die Unterteilung von Gauen in Bezirke ist den betreffenden O.Gr. bezw. Gauen freigestellt, muß jedoch der R.L. mitgeteilt werden. Jedoch arbeitet die R.L. nur mit den Gauen bezw. selbständigen Ortsgruppen. Mindestens 6 Mitglieder bilden eine Ortsgruppe. Weniger Mitglieder werden als Einzelmitglieder bei dem zuständigen Gau bezw. bei der Reichsleitung geführt. Landesleitungen werden nicht geschaffen. Bestehen in einem Bundesstaate mehrere Gaue, so kann in besonderen Fällen, z. B. bei Landtags- oder Reichstagswahlen, einer der Gauleiter mit der Oberleitung im Bereiche des betr. Bundesstaates von der R.L. beauftragt werden.

Da die N.S.D.A.P. eine große *Arbeitsgemeinschaft* darstellt, so haben kleinere Arbeitsgemeinschaften als Zusammenschluß einzelner Gaue keine Berechtigung.

Die *Ortsgruppe* (O.Gr.). Sie ist die Propagandazelle der Bewegung und die Keimzelle für das Wachsen der Partei. Sie wird verantwortlich geleitet vom

1. Vorsitzenden – 2. Vorsitzenden dem beigegeben sind 1. Schriftführer – 2. Schriftführer 1. Kassenwart – 2. Kassenwart.	Der Vorstand – ehrenamtlich.

Der 1. Vorsitzende wird gewählt durch eine ordentliche Mitgliederversammlung der O.Gr. durch Zuruf. Eine Ausnahme macht die Ortsgruppe München, deren Führung mit der Reichsleitung verbunden ist. Der 1. Vorsitzende bestimmt dann die übrigen Mitglieder des Vorstandes als seine Mitarbeiter. Entsprechend der Größe der O.Gr. werden vom 1. Vorsitzenden Obmänner und unter diese wieder Vertrauensleute aufgestellt, mit engbegrenztem Wirkungsbereich (ehrenamtlich). Sie bilden mit dem Vorstand den erweiterten Vorstand.

Weiter wird vom 1. Vorsitzenden ein Untersuchungs- und Schlichtungsausschuß aus 3 älteren Pgg. (ehrenamtlich) bestellt, der die Streitfälle und Ausschlußanträge innerhalb der O.Gr. behandelt. Er ist Beirat des 1. Vorsitzenden. Der Vorsitzende des U.- und Schl.-A. gehört zum erweiterten Vorstand.

Der *Gauleiter*. Er ist ehrenamtlich, in Ausnahmefällen durch den Gau besoldet, aber immer bestimmt von der R.L. (s. Satzung.) Er bestimmt seinen Stellvertreter, der von der R.L. bestätigt werden muß. Beigegeben sind ihm

1 Schriftführer und ein Stellvertreter

1 Kassenwart und ein Stellvertreter.

1 Geschäftsführer – besoldet – kann an Stelle des Schriftführers treten, soferne die Größe des Gaues eine volle Arbeitskraft erfordert und bezahlen kann. Gauleiter kann gleichzeitig nicht 1. Vorsitzender einer O.Gr. sein. Er ist in erster Linie für den regelmäßigen Geschäftsbetrieb und die einheitliche Durchführung der Ziele der Bewegung sowie für deren Verbreitung durch Bildung neuer Ortsgruppen verantwortlich. Diese Aufgabe darf durch eine ausgedehnte Tätigkeit als Versammlungsredner nicht beeinträchtigt werden. Der Gauleiter vermittelt den Schriftverkehr zwischen den O.Gr. und der R.L., ferner die Beitragszahlungen, Anmeldungen und Austritte aus der Partei nach den von der R.L. festgesetzten Terminen. Sämtliche Schreiben sind zu richten an die Hauptgeschäftsstelle der Natio-

nalsozialistischen Deutschen Arbeiter-Partei, München, Schellingstraße 50, Telefon 29031. Die die einzelnen Abteilungen betreffenden Angelegenheiten sind gesondert auf getrennten Briefbögen zu behandeln. Persönliche Briefe an Herrn Hitler sind möglichst einzuschränken. Höflichkeitsformeln fallen bei parteidienstlichen Schreiben am Eingang und am Ende weg.

Als Untersuchungs- und Schlichtungsausschuß des Gaues wirkt der U.- und Schl.-A. der O.Gr. am Gausitz.

Der Gauleiter kann zusammen mit dem Gaukassenwart jederzeit die Kassen der Ortsgruppe prüfen.

Kassenwesen

Der Gauleiter bezw. 1. Vorsitzende der O.Gr. ist für Kassenführung zunächst dem Gau bezw. der O.Gr., sodann dem Vorsitzenden der Partei verantwortlich. Der Kassenwart führt nach seinen Anweisungen die Geschäfte und bleibt ihm verantwortlich. Jede Einnahme und jede Ausgabe muß gebucht werden, sämtliche mit Beleg. Im Februar jeden Jahres ist für das abgelaufene Kalenderjahr die Kasse und Buchführung durch 2 Prüfer, die von der Mitgliederversammlung der Ortsgruppe bezw. der Gautagung zu wählen sind, zu prüfen. Das Ergebnis ist [in] einer kurzen Verhandlung schriftlich niederzulegen. Auf Grund dieser erteilt die Mitgliederversammlung Entlastung oder nicht. Der R.L. sind beglaubigte Abschriften von Rechenschafts- und Prüfungsberichten vorzulegen. Der Schatzmeister der R.L. ist berechtigt, jederzeit ohne Ansage alle Kassen und Bücher der O.Gr. und Gaue zu prüfen. Als Kassenwarte von Gauen und Ortsgruppen sollen nur Pgg. mit gesichertem Einkommen bestimmt werden.

Zeiteingaben

1. *Zugänge.* ...

Presse

1. Alle für den Völk. Beobachter bestimmten Berichte sind durch die zuständigen Gauleitungen bezw. bei selbständigen O.Gr. durch diese an die Hauptgeschäftsstelle der Reichsleitung zu richten, die den Druck veranlaßt (möglichst kurz, einseitig beschrieben, Datum und Unterschrift des verantwortlichen Verfassers). *Sofort.* Den Parteigenossen wird eine Veröffentlichung derartiger Berichte untersagt.

2. Zur Herausgabe von Gaublättern ist die Genehmigung der Parteileitung zu erholen.

3. Von jedem Gaublatt sind 5 Freiexemplare an die Reichsleitung und 1 an die Schriftleitung des »Völkischen Beobachter« zu senden.

München, 1. Juli 1926 gez. *Adolf Hitler.*

[St. A. Hannover 310 I A 8 (gekürzt)]

[83 b] *Bekanntgabe*

Die Richtlinien für Gaue und Ortsgruppen der N.S.D.A.P. vom 1. 7. 1926 sind zu ergänzen: S. 1, vorletzter Absatz, 2. Zeile von oben ist hinter »Zuruf« einzuschalten: »Die Wahl muß vom Gauleiter anerkannt und der Gewählte von diesem schriftlich bestätigt sein.

Die Vorsitzenden oder Leiter aller sonstigen Untergliederungen (§ 6 der Satzung vom 22. 5. 1926): Sektionen, Bezirke, Untergaue usw. werden vom 1. Vorsitzenden der O.-Gr. bzw. vom Gauleiter bestimmt.«

München, 20. November 1926. Adolf Hitler.

[Völkischer Beobachter Nr. 272 v. 24. 11. 1926, S. 3]

[84] *Der Oberste SA-Führer nimmt seine Tätigkeit auf*[32]

v. Pfeffer
Oberster SA-Führer.

München, den 1. Okt. 1926,
Schellingstr. 50.

[hd v. Pfeffer]		Exz.	Bouh.	Heß	Schw.	AHi.
[hd Heß(?)]	P	O	G		K	
[gez.]	H. H.	Hei.	B.	He 3. XI. 26	Schw.	

An die Herren *Gauleiter!*
Nachdem ich seit einiger Zeit zum obersten SA-Führer Großdeutschlands ernannt bin, nehme ich mit dem heutigen Tage meine neue Tätigkeit auf.

Als erstes wende ich mich an die Herren Gauleiter, aus deren Mitte ich hervorgegangen bin.

Nur eine Bewegung von ungeheurer innerer Kraft kann ein solches Gebilde wie unsere SA hervorbringen. Die SA ist unser untrügliches Unterscheidungsmerkmal von den landläufigen Parlaments-Parteien. Die SA ist das Unterpfand unseres Sieges, wenn der Parlamentarismus und seine »Mittel« zusammenbrechen. Ich sehe die SA als die *Krönung unserer Organisation* und unserer politischen Arbeit an.

Ich weiß, daß eine Krönung ohne Fundament nicht bestehen kann. Das Wichtigste, Grundlegende bleibt immer die politische Bewegung. Mit ihr

32 Die an vier Stellen im Text vorkommende Datumsangabe »Oktober« hat v. Pfeffer jeweils mit Blaustift in »Nov.« verändert. Offiziell trat er sein Amt am 1. 11. 1926 an.

blüht und zerfällt die SA. Die SA-Führer werden stets mit sorglichen Blicken den Boden prüfen, in dem ihre Wurzeln ruhen – bereit jede Hilfsarbeit dorthinein zu stecken, – wissend, daß von seiner Stärkung ihr eigenes Wachstum abhängt.

Andererseits wäre ein Fundament verächtlich, das nicht wagt, sich seine Krönung aufzusetzen. Es muß die Kraft aufbringen, dieselbe dauernd zu tragen, sie zu stützen, sie hochzuhalten.

So betrachte ich es als eine wesentliche Aufgabe der Führung, das enge Hand-in-Hand-Arbeiten an allen Stellen durchzusetzen.

So bitte ich die Gauleiter, ihr Augenmerk mit höchster Empfindlichkeit auf diesen Punkt gerichtet zu halten und die leisesten Anzeichen von Entfremdung recht frühzeitig mit mir zu besprechen und zu beraten.

Man wolle sich der Erkenntnis nicht verschließen, daß just der jetzige Augenblick, wo den Gauen und Ortsgruppen »ihre Privat«-SA genommen und in eine eigene »selbständige« Organisation mit eigenem Dienstweg und eigenen Vorgesetzten überführt wird, ein kleines Gefahrmoment bilden kann. Ferner sei man darauf gefaßt, daß ich auch in der SA – wer meine Arbeitsgrundsätze kennt, wird sich nicht wundern – gerade die kraftvoll-selbständigen (u. schwierigen!) Männer in den Führerstellen emporziehen werde.

Mein Programm ist in seinen Grundsätzen fertig. Vorschläge und Anregungen sind nur dann erwünscht, wenn sie die bekanntgemachten Programmteile zu Grunde legen; also frühestens Ende Oktober.

Mein Programm besteht aus drei Teilen: – 1. Ordnung. 2. Geist. 3. Fachbildung. Letzteres – samt Ausrüstung und Gerät – ist natürlich die Hauptsache und wird von durchaus neuartigen Gesichtspunkten ausgehen. Ordnung und Geist sind aber zunächst die Vorbedingungen. Ich bin nun in der glücklichen Lage, mich vorab mit dem allgemeinen NS-Geiste der politischen Organisation begnügen zu können. So muß denn die Arbeit mit dem Rufe »Ordnung« – eigentlich dem äußerlichsten – beginnen. – Daß dabei ein paar eilige Vorboten auch aus den beiden anderen Programmteilen dazwischenlaufen, liegt in der Natur der Sache.

Einen ersten Programmteil stelle ich bis Ende Oktober den Gauleitern in Gestalt einer längeren Reihe fertiger Anordnungen zu. Ich bitte diese – wiewohl sie sich natürlich nur an SA-Führer wenden und meist technische Einzelheiten enthalten – mindestens mit Interesse durchzulesen, um einen Einblick in unsere künftige Arbeitsweise zu gewinnen. Auch bitte ich, sie von demjenigen lesen zu lassen, den Sie für geeignet erachten, in Ihrem Bereiche die nächsten Vorbereitungen zu leiten. Haben Sie im Augenblick niemanden, so dürfte sich Ihnen bereits am Ende dieses ersten Programmteiles die brennende Notwendigkeit aufdrängen, nichts unversucht zu lassen, einen solchen Mann hervorzuziehen, schon im Interesse Ihres Bereiches, der gegen seine Nachbarn elend in Rückstand geraten würde. Gegen Ende Oktober wende ich mich nochmals an die Gauleiter, um mir von jedem dann den Mann namhaft machen zu lassen, mit dem ich von da ab eine vorläufige Zusammenarbeit versuchen soll. Es braucht nicht *einer* zu sein, es kommen auch mehrere kleinere Unterführer nebeneinander in Frage. Er braucht auch nicht am Sitze der Gauleitung zu sein, wie sehr erwünscht das auch wäre.

Es kommen auch reifere Persönlichkeiten in Betracht, die augenblicklich nicht im Vordergrund stehen, weil sie den bisherigen SA-Betrieb mancherorts für ziellos und kleinlich halten konnten. Die sehr hohen Anforderungen, die nunmehr von München aus an die SA gestellt werden, dürfen nur Schwächliche oder Schaumschläger schrecken, den Selbstbewußten und Positiv-Leistenden müssen sie anziehen.

Heil!
[gez.] v. Pfeffer

[BAK, Slg. Schumacher 403]

[85] *SA und Öffentlichkeit*[33]

1. Die einzige Form, in der sich die SA an die Öffentlichkeit wendet, ist das geschlossene Auftreten.

   Dieses ist zugleich eine der stärksten Propagandaformen. Der Anblick einer starken Zahl innerlich und äußerlich gleichmäßiger, disziplinierter Männer, deren restloser Kampfwille unzweideutig zu sehen oder zu ahnen ist, – macht auf jeden Deutschen den tiefsten Eindruck und spricht zu seinem Herzen eine überzeugendere und mitreißendere Sprache, als Schrift und Rede und Logik je vermag.

   Ruhiges Gefaßtsein und Selbstverständlichkeit unterstreicht den Eindruck der Kraft, – der Kraft der marschierenden Kolonnen und der Kraft der Sache, für die sie marschieren.

   Die innere Kraft der Sache läßt den Deutschen gefühlsmäßig auf deren Richtigkeit schließen; »denn nur Richtiges, Ehrliches, Gutes kann ja wahre Kraft auslösen.« Wo ganze Scharen planmäßig (nicht in der Aufwallung plötzlicher Massensuggestion) Leib, Leben, Existenz für eine Sache einsetzen, da muß die Sache groß und wahr sein!

---

33 SA-Befehl 3 vom 3. November 1926 »SA und Öffentlichkeit (Propaganda)«.

Hier liegt die Aufgabe der SA vom Standpunkt der Propaganda und Werbung. Die SA Führer haben die Einzelheiten und Formen des Auftretens auf die große Linie einzustellen.

2. Der gefühlsmäßige »Wahrheitsbeweis« wird durch gleichzeitige Beigabe von logischen Beweisen und Werbemitteln nicht unterstrichen, sondern gestört und abgelenkt. Es hat zu unterbleiben: Hoch- und Niederrufe, Plakate über Tagesstreit, Schmähungen, begleitende Reden, Flugzettel, Feste, Volksbelustigung.

3. Es ist unangebracht, wenn die SA heute so, ein andermal aber so arbeitet; und dieses von den jeweiligen Umständen abhängig machen will. Vielmehr hat die SA stets und grundsätzlich von der gesamten eigentlichen, politischen Propaganda und Aufklärungstätigkeit abzusehen. Das bleibe nämlich die Aufgabe allein der politischen Leitung. Nun ist jedoch jeder einzelne SA-Mann gleichzeitig Pg und als Pg hat er natürlich in der Propaganda der politischen Leitung nach Kräften mitzuwirken. Aber nicht die SA als solche. Nicht der SA-Mann im Dienst und Dienstanzug.

   Der SA-Mann ist der heilige Freiheitskämpfer. Der Pg ist der kluge Aufklärer und gerissene Agitator. Die politische Propaganda sucht den Gegner aufzuklären, mit ihm zu disputieren, seinen Standpunkt zu begreifen, auf seine Gedanken einzugehen, ihm bis zu gewissem Grade Recht zu geben. – Wenn aber die SA auf dem Plane erscheint, hört das auf. Sie kennt keine Konzession. Sie geht aufs ganze. Sie kennt nur das Motto (bildlich): Slah dot! du oder ich!

4. Es ist verboten, daß sich eine SA mündlich oder schriftlich an die Öffentlichkeit (oder gar an den Gegner!) wendet, sei es durch Aufrufe, Bekanntmachungen, Flugblätter, Presse-»Berichtigungen«, Eingesandtes, Inserate, Einladungen zu Festen oder Versammlungen oder sonst irgendwie.

   Öffentliche Fahnenweihen, Sportkämpfe pp haben im Rahmen einer Veranstaltung der OG stattzufinden, die allein dazu einlädt oder aufruft. (Siehe auch SABE 2).

5. Dienstlicher Schriftverkehr ist nur innerhalb der SA erlaubt. Ausnahmen und Näheres SABE 9, Ziff. 10.

gez.: v. Pfeffer.

[BAK, Slg. Schumacher 403]

[86] *Man soll keine Versammlung abhalten, wenn kein Geld vorhanden ist*[34]

22. November 1926

... So selbstverständlich die Forderungen Münchens an die peinlich saubere Ablieferung der Gelder sind, so notwendig ist es andererseits, sich klar zu machen, daß aus der Arbeit der wenigen, die hier verantwortlich stehen, die stattliche Mitgliederzahl und die Organisation überhaupt entstanden ist. In einem persönlichen Gespräch mit Ihnen, Excellenz, stellten Sie sich auf den Standpunkt, man solle keine Versammlung abhalten, wenn kein Geld vorhanden sei. Das ist, allgemein gedacht, ökonomisch richtig und wäre für uns sehr viel weniger Nerven raubend. Aber für Hannover-Braunschweig wäre das im Augenblick falsch. Die schwer zerrissene K.P.D. bietet einen Augenblick, wo der Boden gelockert ist. Wollte ich heute aus ökonomischen Gründen die Arbeit einschränken, würde ich unverantwortlich handeln. In Braunschweig haben wir jetzt 5 Massenversammlungen gemacht in ununterbrochener Steigerung; dasselbe geschieht in Hannover. Wir haben hier in acht Wochen 80 000 Flugblätter in sechs verschiedenen Folgen, nicht wahllos, sondern in aufopfernder und zielbewußter Arbeit in Betriebe und Straßenzüge geworfen, die dafür in Frage kommen. Aber das muß sein. Ein Jahr später würde die Wirkung vielleicht gänzlich ausfallen. ...

[St. A. Hannover 310 I A 8 (gekürzt)]

[87] *Instruktionen für die Bezirksführer*

NSDAP. Gau Thüringen. Weimar, den 9. Juni 1927
Rundschreiben Nr. 3.
An alle Bezirksführer des Gaues Thüringen!

Bezirkseinteilung. Es wird auf die in Folge 20 des »Nationalsozialist« bekanntgegebene Bezirkseinteilung des Gaues Thüringen verwiesen.
Aufgaben der Bezirksführer. Die Bezirksführer sind wertvollste Hilfs- und Unterstützungsorgane unserer Gauorganisation, wenn sie die in den vorausgegangenen Rundschreiben festgelegten Richtlinien gewissenhaft innehalten. Sie sind zusammengefaßt nochmals wie folgt festgelegt:

34 Gauleiter Bernhard Rust, Hannover, an Reichsorganisationsleiter Heinemann.

1. Gewissenhafteste Ausführung der Anordnungen der Gau- und Reichsleitung.
2. Regel- und planmäßige Bearbeitung der Ortsgruppen.
3. Planmäßige Werbung von Vertrauensmännern und Mitgliedern in bisher noch unbearbeiteten Ortschaften.
4. Entsprechende Verteilung von Propagandamaterial.
5. Unermüdliches Bemühen für die Einführung und Ausbreitung unserer Presse.
6. Beeinflussung und Kontrolle der örtlichen Presse,
   a) durch regelmäßige Berichte über unsere eigenen Veranstaltungen und Versammlungen,
   b) durch sofortige Berichtigungen bei falschen und entstellten Nachrichten.
7. Veranstaltung von gemeinsamen Ausflügen, Wanderungen der Ortsgruppen des Bezirkes, verbunden mit Verteilung von Werbematerial, Ansprachen usw.
8. Ein jeder Bezirksführer muß alle Ortsgruppenführer und möglichst auch die Mitglieder der Ortsgruppen persönlich kennenlernen und mit ihnen in ständiger Fühlung bleiben.
9. Die Werbung und die Förderung der SA muß auf das angelegentlichste betrieben werden.
10. Alle Streitigkeiten und Meinungsverschiedenheiten zwischen Parteigenossen sollen möglichst im Guten durch persönliche Aussprachen geschlichtet werden.

Finanzen. Neben diesen unerläßlichen organisatorischen Aufgaben muß die augenblickliche Hauptanstrengung eines jeden Parteigenossen der finanziellen Sicherstellung des Gaues gelten. Die Bezirksführer haben daher immer und immer wieder auf die pünktliche und restlose Abführung der festgesetzten Beitragsanteile hinzuwirken.

Aufruf im »Nationalsozialist«, Folge 22. Da immer noch ein Teil der Ortsgruppen mit den Beiträgen vollständig im Rückstand sich befindet, ist die regelmäßige Abdeckung der Wahlschulden in Frage gestellt. Das Ansehen der Bewegung duldet einfach einen derartigen Zustand nicht. Wir verweisen deshalb auf den in Folge 22 erschienenen, vom stellvertretenden Gauleiter und vom Gauschatzmeister unterzeichneten Aufruf betreffend einer Mindestumlage von 50 Pfennig pro Mitglied. Die Bezirksführer wollen sich alle restlos für die Durchführung dieses Aufrufes einsetzen.

N.S.K.T. Wir erinnern an unsere neugeschaffene »Nationalsozialistische Kampfhilfe Thüringen«. Einige Ortsgruppen haben durch dieselbe sehr gute Erfolge erzielt und bewiesen, daß durch diese Maßnahme hauptsächlich auch durch Nichtparteigenossen Mittel aufgebracht werden können, *die die finanziellen Sorgen des Gauschatzmeisters vollkommen beheben könnten.* Wir legen diesem Rundschreiben für einen jeden Bezirksführer nochmals je zehn N.S.K.T.-Werbeschreiben und Verpflichtungsscheine bei mit dem dringenden Ersuchen, diese zehn Verpflichtungsscheine unter allen Umständen in seinem Bezirk unterzubringen. Berichte alle zehn Tage einsenden! Der Mindestsatz für Nichtparteigenossen ist mit drei Mark festgesetzt. Sollten sich Nichtparteigenossen nur zu einer Mark pro Monat verpflichten wollen, so ist auch dies zulässig.

Werbeblocks. Um den Bezirksführern auch finanziell eine Möglichkeit zur Durchführung ihrer Werbetätigkeit zu geben, übersenden wir in der Anlage einem jeden Bezirksführer fünf Werbeblocks zur Selbstfinanzierung. Dieselben sind wie folgt zu verwenden. 50 % der gewonnenen Spenden sind für Propagandamaterial und Porti in dem betreffenden Bezirk durch den Bezirksführer zu benutzen. 50 % sind an die Gauleitung abzuführen. Sie sind wie folgt zu handhaben. Einen Spendenblock benutzt der Bezirksführer selbst, die anderen vier werden zum gleichen Zweck an vier geeignete, absolut zuverlässige Parteigenossen des Bezirkes gegeben. Die Abrechnung der Blocks mit der Gauleitung hat pünktlich am Ende eines jeden Monats zu erfolgen. Für diese Abrechnung ist der Bezirksführer der Gauleitung verantwortlich.

Gaubefehl vom 27. Mai in Folge 22 des »Nationalsozialist«, Punkt I. Ein jeder Bezirks- und Ortsgruppenführer bestellt sofort bei der Gauleitung direkt: Theodor Fritsch »Die Sünden der Hochfinanz«, Preis geb. Mk. 2,20, geh. Mk. 1,60. Versand nur gegen Voreinsendung oder Nachnahme.

Bezirksführer des Gaues Thüringen! Seid Euch Eurer Aufgabe bewußt! Geht den Ortsgruppen als Führer mit gutem Beispiel überall voran. Nur durch ein gegebenes Vorbild in der Erfüllung unserer Pflichten, jeder nach seinem Können und Vermögen, sind wir imstande, die Organisation vorwärtszubringen.

Mit Heilgruß
gez. Sauckel
stellvertr. Gauleiter.

[BDC, OPG-Akte Dr. Artur Dinter – Fritz Sauckel/Dr. Hans Severus Ziegler (USchlA-Akte Nr. 159)]

[88] *Es fehlt der Bewegung noch an Köpfen*

Antrag: Prof. Dr. Vahlen, Eldena vom 27. Juli 1927. — [hd] Organisation Antrag 15

Der Parteitag wolle beschließen:

Die Stellung des Gauleiters ist zu stärken.

Wählt eine Ortsgruppe einen Gruppenführer, der vom Gauleiter nicht bestätigt wird, so kann der Gauleiter einen kommissarischen Gruppenführer ernennen.

Der Ausschluß eines Mitgliedes erfolgt durch den Gauleiter, der sich vom U. u. Schl. A. der Gruppe und des Gaues das Material unterbreiten läßt. Berufungsinstanz ist der Vorsitzende des Vereins. Dessen Entscheidung ist endgültig.

Mitglieder, denen der Vorsitzende eine solche Macht nicht glaubt anvertrauen zu können, sind nicht zum Gauleiter zu ernennen. Zu dem Zweck muß sich der Vorsitzende eine eingehende Personalkenntnis verschaffen.

Begründung: Zur Begründung verweise ich auf die schweren Schädigungen, die in Greifswald durch den Fall Oesterreicher, in Stettin durch den Fall Behnke entstanden sind. Die schlechten Elemente, die bei uns eindringen, um die Bewegung – aus eigenem Antrieb oder beauftragt – zu sabotieren, kennen diese Lücken unserer Satzung und machen sie sich zunutze. Wenn diese Leute wissen, daß ihnen das Handwerk schnell gelegt wird, werden sie weniger bei uns eindringen.

Wir können dem scharfen Kampf, den die marxistische Polizei gegen uns führt, nur durch straffere Organisation begegnen.

[hd] Antrag ist als Material der Parteileitung zu überweisen.

Nürnberg, 20. 8. 27.
Heinemann

[Stellungnahme Hitlers zu Antrag 15]

Antrag wäre an sich zu begrüßen. Seine Durchführung liegt innerhalb der Tendenz, die die Reichsleitung verfolgt. Praktisch erscheint er schwer durchführbar. Im übrigen könnte der Parteitag hier nur eine Vorarbeit leisten, da Eintritt, Austritt und Ausschluß der Mitglieder statutenmäßig niedergelegt sein müssen und vor der Generalmitgliederversammlung zu beschließen sind. Zu bemerken wäre, daß die Frage der Wahl der Gauführer nicht nur eine solche von Personal-Kenntnis des Führers ist, sondern noch vielmehr eine solche des Vorhandenseins der geeigneten Köpfe. Daran fehlt es der Bewegung noch sehr stark.

[BAK, NS 26 – 390]

[89] *Das wichtigste ist die langsame Zentralisation*

Antrag: Pg. Knabe, Dresden vom 19. Juli 1927. [hd] Organisation Antrag 18

Der Parteitag wolle beschließen:

Für sämtliche Ortsgruppen der NSDAP straffere und mehr ins einzelne gehende Richtlinien und Satzungen herauszugeben unter Außerkraftsetzung oder aber weitgehender Ergänzung der bisher geltenden Richtlinien vom 1. Juli 1926, da sich herausgestellt hat, daß die Ortsgruppen mit diesen zu allgemein gehaltenen Richtlinien wenig anfangen können, dieselben in keiner Weise den Anforderungen genügen, die man in organisatorischer Beziehung an sie stellen muß, soll die Organisation in unserer Gesamtbewegung mustergültig sein. ...

Nur *absolute Einheitlichkeit* des inneren Aufbaues der einzelnen Ortsgruppe als der Grundzelle der Gesamtbewegung auf der Grundlage straffer Ortsgruppen-Satzungen, die jedes Mitglied bei seinem Eintritt erhalten und auf die er [sic] verpflichtet werden muß, macht unsere Bewegung zu einer geschlossenen Organisation in der Hand unseres obersten Führers. ... An der Tatsache, daß der Durchschnittsmensch klar formulierten wegweisenden Gesetzen unterworfen sein muß, wenn er sich in unserem Sinne weiterentwickeln soll, können wir nicht vorbeigehen, und Durchschnittsmenschen bilden auch bei uns die große Mehrheit. ...

[hd] Antrag wurde am 19. 8. 27 zurückgezogen. Nürnberg, 20. 8. 27.
Heinemann

[Stellungnahme Hitlers zu Antrag 18]

Nicht zuviel reglementieren und Ausführungsbestimmungen. Die Einheit einer Geschäftsführung kann man nicht durch starre Formen erzwingen, sondern durch eine langsame Heranschulung. Man soll nie vergessen, daß die Bewegung viele Hunderte von Ortsgruppen besitzt, deren Führer einfache Handarbeiter oder Bauern sind und die man nicht mit dem Wust von Paragraphen beladen darf. Die Parteileitung würde glücklich sein, wenn die wenigen bisherigen Anordnungen alle restlos erfüllt würden. Soweit die Begründung des Antrages praktische Anregungen besitzt, sind diese allerdings nicht zu verwerfen. Das wichtigste aber ist die langsame Zentralisation unserer Geschäftsführung innerhalb der Partei, ausgehend von der Zentrale über die Gaue zu den Ortsgruppen und Bezirken, wobei immer die höhere Dienststelle das Vorbild der unteren sein muß.

Warnen muß man vor zu viel Mitgliederversammlungen in den Ortsgruppen. Sie sind stets nur die Quelle von Streitigkeiten, Eifersüchteleien und Stänkereien und bedeuten eine vergeudete Kraft, da neue Mitglieder dadurch nicht gewonnen werden, wohl aber infolge der dabei stattfindenden Stänkereien zahlreiche Menschen sich zurückgestoßen fühlen.

Die Ortsgruppe München hat sich einst ihre Stellung erkämpft und dabei jährlich nur eine einzige Mitgliederversammlung abgehalten.

Auch die einzelnen Mitglieder darf man nicht zu sehr reglementieren. Überspannte Anforderungen führen häufig zum gegenteilig Gewollten.

[BAK, NS 26 – 390 (gekürzt)]

[90] *Sie untergraben die Autorität der Gauführung!*[35]

18. November 1927.

... In Ihrem Schreiben v. 11. November ds. J. haben Sie Entscheidungen und Anordnungen getroffen unter Umgehung der Gauleitung. Sie haben sich dabei auf Material gestützt, das Ihnen von irgendeinem Pg. zuging. Sie haben mich hierbei als der von Ihnen selbst eingesetzte Gauleiter ausgeschaltet und beauftragen mich lediglich nur mit der Ausführung der Beschlüsse, die sich aus den Privatbriefen ergeben haben. Damit degradieren Sie mich einmal zum mechanischen Geschäftsführer, und was mich hierbei am schwersten trifft, Sie stellen mir damit ein Mißtrauensvotum aus. Zum andern untergraben Sie mit solchem Verfahren die Autorität der Gauführung, nicht nur meiner Person. Damit wird der langsame Aufbau aus dem vergangenen Wirrwarr zerschlagen und die Erziehung zur Disziplin unmöglich gemacht. Mit den von Ihnen anerkannten Privatbriefen ist der alte Oppositionsgeist am Werk, der gerade in Rheinhessen, und nur dort, schon so vielen Schaden für unsere Bewegung gestiftet hat. ...

[BDC, OPG-Akte Claus Selzner (gekürzt)]

[91 a] *Wir und die Wahlen. Von Gregor Straßer*

... Daraus ergibt sich, daß wir Nationalsozialisten am Ergebnis der Wahl kein besonderes Interesse haben und auch unsere eigene Beteiligung nur unter dem Gesichtspunkt betrachten: wie weit ist der nationalsozialistische Freiheitsgedanke bereits ins deutsche Volk gedrungen?

---

35 Gauleiter Friedrich Ringshausen, Hessen, an den Untersuchungs- und Schlichtungsausschuß der Reichsleitung.

Denn einzig davon hängt die Entscheidung ab: daß es uns gelingt, eine genügend große Zahl (aber immer nur eine Minorität!) von *Kämpfern* zu gewinnen, die gewillt sind, Gut und Blut für den Sieg des Nationalsozialismus einzusetzen –

und gleichzeitig eine möglichst breite Masse des deutschen Volkes für den Nationalsozialismus *so weit* zu interessieren, daß sie ihm innerlich freundlich oder wenigstens neutral gegenübersteht, um den Kämpfern zunächst den nötigen Spielraum zur Entwicklung und dann den nötigen »Etappen«-Rückhalt zur Durchführung der Revolution zu geben.

Denn was wir Nationalsozialisten wollen, ist Revolution, besser gesagt: ist die Gewinnung einer deutschen Zukunft durch rücksichtslose Durchführung aller Maßnahmen, die zur Erringung und Erhaltung nationaler Freiheit, sozialer Gerechtigkeit und volklicher Gesundung nötig sind. –

Daß diese Maßnahmen revolutionär sind, revolutionär sein müssen, auf gesellschaftlichem, wirtschaftlichem und kulturellem Gebiet, ergibt sich zwangsläufig aus der hundertprozentig falschen Richtung, in der die heutige Entwicklung sich vollzieht. . . .

[Berliner Arbeiter-Zeitung Nr. 10 v. 11. 3. 1928, S. 1 (gekürzt)]

[91 b] *Betrachtungen zum Wahlergebnis vom 20. Mai. Von Gregor Straßer*

. . . Darüber herrscht bei jedem Nationalsozialisten volle Klarheit: Die Arbeit geht mit unvermindertem Eifer und doppelter Kraft weiter. – Gerade die beglückende Erkenntnis, daß das deutsche Volk auf die Erlösungsbotschaft des Nationalsozialismus aufhorcht, verpflichtet uns, diese Botschaft immer mehr zu verbreiten und bei den gewonnenen Kämpfern immer mehr zu vertiefen, damit sie auch ihrerseits wieder Vorkämpfer und Führer werden können. –

So wird namentlich der Sommer im Zeichen eines inneren Ausbaus, einer Stärkung der Organisation, einer Überprüfung und Verbesserung der Methoden und insbesondere einer geistigen Schulung stehen, damit der Herbstkampf die Erfolge erweitert, die uns der Mai beschieden hat. –

In diesem Sinne: An die Arbeit!!

[Berliner Arbeiter-Zeitung Nr. 21 v. 27. 5. 1928, S. 1–2 (gekürzt)]

[92] *Entwurf eines Programms zur Führertagung*

I. *Begründung*

An Stelle eines kostspieligen, Nürnberg 1927 *nicht* übertreffenden und darum nicht wünschenswerten Parteitags findet vor der Herbstarbeit eine Führertagung statt, die

1. dem Führer die Gelegenheit gibt, die notwendige Parole für die Herbstpropaganda bekanntzugeben. Notwendig ist diese Parole, weil die Wahlen gewissermaßen ein Abschluß der Arbeit seit 1925 waren und weil die neue Arbeit vor neuen Aufgaben und Situationen steht. (Ausschaltung der Graefe-Leute, Reiferwerden der V. V., Konflikt Stahlhelm – Parlament, Freiwerden der jungsoz. Leute um Niekisch – Winnig, Stellung zum Tannenbergbund und seinen Gliederungen);
2. die Anwesenheit aller Gauleiter, d. h. der verantwortlichen Unterführer ermöglicht;
   a) dem *Reichsschatzmeister* die Klärung einer Reihe schriftlich schwer zu behandelnder Fragen, sei es in Anwesenheit aller, sei es in persönlicher Aussprache;
   b) dem *Vorsitzenden des U.u.S.A.* das Kennenlernen aller Unterführer, sowie ebenfalls Aussprachen über eine Reihe schwebender Fragen, sowie das direkte Einholen von notwendigen Auskünften, Beurteilungen und Kritiken;
   c) der *Propaganda-Abteilung* die Gewinnung eines Überblickes über die geleistete Arbeit, Einholung und Beantwortung von Beschwerden usw. in *gegenseitiger Wechselrede;*
   d) dem *Organisationsleiter* die Bekanntgabe der neuen Organisationseinteilung, sofortige Erledigung einer Reihe von wichtigen Punkten usw.

Umgekehrt werden die Gauleiter aus der Tatsache ihres Mitraten-Dürfens eine Belohnung ihrer in der letzten Zeit besonders anstrengenden Tätigkeit folgern und die Entgegennahme neuer Arbeitsrichtlinien als Befreiung aus eigener Ungewißheit und eigenen Fehlerquellen empfinden. Außerdem kennen sie sich alle zum Teil noch lange nicht gut genug, um immer mehr homogene Glieder *eines* Arbeitsapparates zu werden.

II. *Die Tagung muß in München sein*

1. Weil München der Sitz der Hauptleitung ist (Prestige!).
2. Weil hier das Material der Referenten vorhanden ist und weil nur hier die genügende Anzahl von Räumen das Auflösen in Einzelbesprechungen ermöglicht.
3. Weil mit der Teilnahme an der Tagung die Anwesenheit in der Generalmitgliederversammlung verbunden werden kann. Die Teilnahme aller

Gauleiter an dieser wird einen ausgezeichneten Eindruck auf die gesamte Bewegung machen.

Wenn, wie ich weiter vorschlage, auch die im Rang entsprechenden Unterführer der S.A. und die Abgeordneten anwesend sind, wird dieser Eindruck vervielfacht.

Die fällige Generalmitgliederversammlung muß am Abend des zweiten Verhandlungstages stattfinden.

Von Wert ist die Tagung nur dann, wenn sie nicht nur eine Manifestation nach außen oder eine mangels Zeit auf die bloße Entgegennahme von Befehlen aufgebaute Zusammenkunft wird, sondern eine Arbeitstagung im vollen Sinne des Wortes. Dazu ist notwendig:

1. Ein Zeitraum von 3 Tagen – muß gewährleistet werden. Durch frühzeitige Hinausgabe des Befehles, Einholen von Urlaub usw.
2. Anwesenheit aller Referenten und Unterführer – evtl. in dringenden Fällen Reise-Kosten-Zuschuß, der nur einen geringen Bruchteil des Defizites eines Reichsparteitages ausmachen wird.
3. Klares Vorbereiten der Tagung als Ganzes, wie Fixierung aller Besprechungspunkte durch die Referenten, wie der Gauleiter.
   Erstens gesichert durch einen verantwortlichen Leiter der Tagung. Die Referenten geben mit der Einladung bekannt, welche Unterlagen von den Gauführern mitzubringen sind.

...

Als Datum schlage ich vor den 31. August, 1. und 2. September.

München, den 22. Juni 1928 Gez.: Gregor *Straßer*

[BAK, NS 22 – 348 (gekürzt)]

[93] *Richtlinien für die Untergliederungen der Nationalsozialistischen Deutschen Arbeiter-Partei*

I. Gliederung

1. Die von dem Vorsitzenden der Partei bestimmte und ihm zur Seite stehende Reichsleitung (R.L.) Sitz München ist gegliedert in:

Hauptgeschäftsführung	(G)	siehe Satzung
Propaganda und Presse	(P)	
Organisation	(O)	
Kassenverwaltung	(K)	
Untersuchungs- und Schlichtungs-Ausschuß	(USA)	
Oberste SA-Führung	(OSAF)	

2. Die Vorsitzenden dieser Abteilungen sind innerhalb ihres Geschäftsbereiches Stellvertreter des Vorsitzenden der Partei und – ausgenommen OSAF – bei Entscheidungen innerhalb ihres Referats den Gauleitern gegenüber übergeordnete Stellen. OSAF ist vorgesetzte Stelle sämtlicher SA-Gliederungen.

3. Die Gesamtmitgliedschaft ist von unten nach oben organisatorisch erfaßt. Die Ortsgruppe (O.Gr.), d. i. die Gemeinschaft von Parteigenossen (Pg.) an einem Ort, bildet die Urzelle.

4. Die Ortsgruppen sind zusammengefaßt zu Gauen, und zwar so, daß die innerhalb des Gebietes eines Reichswahlkreises liegenden Ortsgruppen einen Gau der NSDAP bilden, der den Namen des Reichstagswahlkreises trägt; in einigen besonderen Fällen erfolgt die Zusammenfassung innerhalb des Wahlkreisverbandes. Selbständige O.Gr. sind nur außerhalb des Reichsgebietes vorhanden, sie stehen ebenso unmittelbar unter der Reichsleitung wie die Gaue. Taktische Unterteilung großer O.Gr. in Sektionen, desgl. die Unterteilung von Gauen in Bezirke und Kreise ist den betreffenden O.Gr. bezw. Gauen freigestellt, muß jedoch der R.L. mitgeteilt werden. Jedoch arbeitet die R.L. nur mit den Gauen, bezw. selbständigen O.Gr. Mindestens 15 Mitglieder bilden eine O.Gr. Sind an einem Orte weniger Mitglieder vorhanden, so werden diese als Einzelmitglieder bei den zuständigen Gauen geführt. Organisatorisch und propagandistisch können Einzelmitglieder am selben Ort als Zellen oder Stützpunkte zur späteren Gründung einer O.Gr. vom Gau zusammengefaßt werden.

5. Das Gebiet der Republik Österreich, eingeteilt in 6 Gaue der NSDAP, ist zu einem Landesverband zusammengesetzt. Sonst gibt es keine Landesleitungen. Bestehen in einem Bundesstaat mehrere Gaue, so kann in besonderen Fällen bei Landtags- oder Reichstagswahlen einer der Gauleiter oder ein anderer Pg. mit der Oberleitung im Bereiche des betreffenden Bundesstaates von der R.L. beauftragt werden.

6. In einzelnen besonders gelagerten Fällen behält sich die R.L. eine Sonderregelung vor.

7. Da die NSDAP eine große Arbeitsgemeinschaft darstellt, so haben kleinere Arbeitsgemeinschaften als Zusammenschluß einzelner Gaue keine Berechtigung.

8. *Die Ortsgruppe. (O.Gr.)*

a) Sie wird verantwortlich geleitet vom Ortsgruppenführer. Er bestimmt

seinen Stellvertreter sowie einen Kassenwart und einen Schriftführer	Ortsgruppenleitung oder Vorstand (ehrenamtlich)

b) Der Ortsgruppenführer wird gewählt von einer ordentlichen Mitglieder-Versammlung der O.Gr. durch Zuruf. Eine Ausnahme macht München, dessen Führung mit der Reichsleitung verbunden ist. Der gewählte Ortsgruppenführer muß vom zuständigen Gauleiter bestätigt werden.

c) Weiter wird vom O.Gr.-Führer ein Untersuchungs- und Schlichtungs-Ausschuß aus 3 älteren Pg. (ehrenamtlich) bestellt, der die Streitfälle und Ausschlußanträge innerhalb der Ortsgruppe behandelt. Er ist Beirat des O.Gr.-Führers. Der Vorsitzende des USA gehört zum erweiterten Vorstand. Für seine Arbeit sind die »Richtlinien des USA« maßgebend. Ortsgruppen, die noch nicht im Besitz dieser Richtlinien sind, können diese bei der Hauptgeschäftsstelle anfordern.

9. *Der Gau.*

a) Er wird verantwortlich geleitet von dem vom Vorsitzenden der Partei ernannten Gauleiter.
Er bestimmt seinen Stellvertreter,
ferner einen Kassenwart und einen Schriftführer.

b) Der Gauleiter ist ehrenamtlich, in Ausnahmefällen durch den Gau besoldet. An Stelle des Schriftführers kann ein besoldeter Geschäftsführer treten, soferne der Gau infolge seiner Größe eine volle Arbeitskraft erfordert und bezahlen kann.

c) Der Gauleiter ist verantwortlich für die Tätigkeit des Gaues in allen seinen Gliedern. (Wahrung der Übereinstimmung des Wirkens mit Programm und Zielen der NSDAP und mit den Weisungen der Reichsleitung. Überwachung des Geschäftsbetriebes innerhalb des Gaues einschließlich Kassenangelegenheiten.)

d) Für das Wirken der SA ist er nur soweit verantwortlich, als durch diese das politische Gebiet direkt berührt wird. Tätigkeit als Versammlungsredner entbindet ihn nicht von seinen Pflichten und seiner Verantwortung als Gauleiter.

e) Als USA des Gaues wirkt der USA der O.Gr. am Gausitz.

f) Der Stellvertreter des Gauleiters muß von der R.L. bestätigt werden.

g) Der Gauleiter kann zusammen mit dem Gaukassenwart jederzeit die Kassen der Ortsgruppen prüfen.

h) Die Richtlinien für Gaue finden analoge Anwendung auf die der Reichsleitung *unmittelbar* unterstellten Bezirke bezw. Untergaue.

...

München, den 15. September 1928. gez. *Adolf Hitler.*

[BAK, Slg. Schumacher 374 (gekürzt)]

[94] *Der Nationalsozialismus als »politische Armee«*[36]

... Der Führer der S.A., *Hauptmann v. Pfeffer,* gab nun ein gedankenreiches Referat über das Thema *politische Bewegung und S.A.,* bei dem er auf die Entstehung der S.A. aus dem soldatischen Instinkt und blutsmäßigen Gefühl heraus näher einging. Dann ging er auf die Stellung der S.A. als Produkt der politischen Bewegung näher ein und umschrieb die Aufgaben, die dem Gauführer auf der einen, dem S.A.-Führer auf der anderen Seite innerhalb der ureigensten Bezirke obliegen.

Adolf Hitler

nahm zu diesem Gedanken sofort Stellung, indem er betonte, daß *die Partei nur Mittel zum Zweck* ist und unsere gesamte Arbeit dem Volke gehört.

Die Partei ist nur ein Instrument für den Kampf um die Auferstehung, Erneuerung und künftige Gestaltung des Lebens des deutschen Volkes. Nur deshalb kann auch der höchste Einsatz bedenkenlos gefordert werden.

Wenn ich gefragt werde: Wie können Sie es verantworten, Menschen auf Lastkraftwagen in die Nacht hinauszuschicken, um sich totschlagen zu lassen, so erwidere ich, daß ich dies niemals verantworten könnte, Menschen unter Umständen sterben zu lassen für die nationalsozialistische Bewegung.

Wer in unseren Reihen stirbt, stirbt als Nationalsozialist für unser Volk. Nur diese Opfergemeinschaft selbst wird bestimmt und umrahmt durch die Organisation, durch unsere Partei.

Sie stellt eine Gemeinschaft von Menschen dar, die für ihre Aufgabe nach bestimmten Grundsätzen kämpfen und selbstverständlich deshalb zusammengefaßt kämpfen. Schlimm ist es, wenn gewisse Fragen an einzelne Führer herantreten. Die Gefahr besteht darin, daß er nicht nur das Ganze sieht, sondern seine persönliche Verantwortung und seinen Aufgabenkreis, daß ein bestimmter Kampf beginnt, eine Konkurrenz einsetzt, *weil der einzelne Führer erfüllt ist von der Bedeutung seiner besonderen Aufgabe,* und er dadurch in Konflikt gerät mit der gesamten noch größeren Aufgabe.

Hitler zeigt dies mit einem Beispiel aus dem Felde, wo durch die Gegenüberstellung des Bedarfes der Heimat mit dem Bedarf des Frontkampfes jene Konflikte entstanden und Zustände, aus denen schließlich die Revolution herauswuchs. Bei einer jungen Organisation ist es erst recht not-

36 Aus dem Bericht über den Schlußtag der Münchener Führertagung am 2. September 1928.

wendig, daß in jeder Stunde der einzelne Unterführer gewissermaßen auf seine eigene Seele, auf seine Wünsche Verzicht leistet und *sich hineindenkt in die große gemeinsame Arbeit. Der Höchstzweck der S.A.*, der viel wichtiger ist als nur der Schutz einer Versammlung, ist, die innere Organisation selbst zu erhalten und durchzuführen durch die Gefahren unseres demokratischen Vereinsgesetzes, *das den Anlaß zur Zerstörung jeglicher Organisation bietet.* Notwendig ist es, dem Vereinsgesetz, das zersetzend wirken muß, einen Gegenstand gegenüberzustellen, nämlich innerhalb der Organisation des Vereinsgesetzes eine weitere Organisation, *die den Führergedanken bis zur letzten Konsequenz durchsetzt,* das Instrument der Einheit der Bewegung gegenüber allen Versuchen, sie zu zertrümmern, aufrechtzuerhalten.

Wenn der Gauführer begreift, daß die deutsche Zukunft abhängig ist von der Schärfung einer Organisation, die von keiner Macht der Welt zertrümmert werden kann, muß er sich hinter diese Organisation stellen. Opfern Sie sich auf für den Gau oder in einem Gau für das deutsche Volk? (Lebhafte Zustimmung.)

Hitler nennt sich den Führer des Kampfes für unser Volk, nicht einer Bewegung. Jeder einzelne Gauführer begreift, daß unser ganzer Kampf nur dann einen Sinn hat, wenn die Bewegung so organisiert ist, daß sie niemals zerfällt. Niemals darf der Glaube verlorengehen, daß diese Bewegung der ruhende Pol in der Erscheinungen Flucht ist. *Daraus ergibt sich diese Doppelstellung zwischen S.A. und politischer Bewegung.*

Genau wie im Frieden das Verhältnis zwischen der militärischen und der politischen Leitung das Ergebnis jahrhundertelangen unbewußten Studiums gewesen ist und das sich langsam im Staatsleben verankert hat. Die politische Leitung war von der militärischen vollständig getrennt und vereinigte sich nur in den obersten Spitzen, wenn bestimmte Anforderungen dies verlangten.

Die S.A. ist ein politisches Instrument zur Durchführung des Lebenskampfes dieser Bewegung, die in Wirklichkeit für deutsches Leben kämpft.

Es handelt sich nicht um den Gau, sondern dem deutschen Volk die Organisation zu geben, mit der man siegen kann. Alle Parteien sind zugrunde gegangen, weil sie die Erfahrungen einer tausendjährigen Geschichte nicht berücksichtigt haben.

Hitler betont, daß ihn nichts bewegen werde, abzugehen von den Lehren der Geschichte und von den Erfahrungen, die unser deutsches Volk ganz besonders zeigt, denn kein Staat und keine Organisation kann bestehen, die den demokratischen Einflüssen gegenüber nicht ein Instrument zentralistischer Art besitzen.

Hitler verbreitet sich nun noch kurz gegenüber der Psychologie des deutschen Volkes über die Taktik, die anzuwenden ist, um das wertvolle Menschenmaterial der uns gegenüberstehenden Verbände, die nicht jene Zweiteilung besitzen, in den Dienst unserer Idee zu stellen. Man dürfe nicht glauben, beim Stahlhelm oder Wehrwolf etwas erreichen zu können, wenn [man] sie Tag für Tag rücksichtslos angreift. Es ist ein logischer Trugschluß, zu sagen, daß man auch dann die Kommunisten nicht bekämpfen dürfe. Hier trennt uns eine sichtbare Weltanschauung.

Es gibt mit den Kommunisten kein Zusammengehen – entweder werden wir oder die andern vernichtet.

Wenn es uns gelingt, im Kampfe gegen den Marxismus immer mehr in den Vordergrund zu treten und wenn man sieht, daß die Nationalsozialisten die einzigen sind, die gegen die Judenpest ankämpfen, werden wir langsam und sicher das beste Menschenmaterial aus den anderen Verbänden herausholen.

[Völkischer Beobachter Nr. 205 v. 4. 9. 1928, S. 1 (gekürzt)]

[95] *Mit der SA geht es so nicht weiter*

[St] Nationalsozialistische Deutsche Arbeiterpartei
Gau Magdeburg-Anhalt — Dessau, 10/1. 29.

Sehr verehrter Herr Schwarz!

Dankend bestätige ich Ihre beiden Briefe. Ich ersehe aus dem einen, daß wir unseren Verpflichtungen vollständig im verflossenen Jahre nachgekommen sind; & freue mich, daß dies möglich war. Leicht war es nicht immer, aber ich stehe da auf dem alten soldatischen Standpunkte: was befohlen ist, wird gemacht. Wenn wir diesen Standpunkt nicht in jeder Beziehung in unserer Partei durchdrücken, können wir uns begraben lassen, denn dann können wir unser Ziel nie erreichen.

Des weiteren danke ich Ihnen herzlich, daß Sie sich der S.A.Angelegenheit angenommen haben. Die Sache muß zum Schwur kommen, denn so geht das nicht weiter. Ich habe mich schon mit Pg. Straßer bei seinem Hiersein ausgesprochen. Organisatorisch & auch in anderer Hinsicht gehen wir da Wege, die nicht zu unserem Heile sind & dem, was der Führer will, stracks entgegenstehen. Da ich 26 Jahre lang Soldat war, jahrelang Kompaniechef & Bataillonskommandeur, so werden Sie mir schon zutrauen können, daß ich das nötige Gefühl & Verständnis auch für militärische Notwendigkeiten habe & auch in Fragen der Organisation, Behandlung der Truppe p. p. nicht ganz auf den Kopf gefallen bin. Ich will das alles heute nicht erörtern, vielleicht findet sich in Weimar Gelegenheit. Was aber die Geldsache betrifft, so bedarf sie dringender Abhilfe. Bis heute hat die S.A. immer noch nicht ihr Geld. Bitte lesen Sie den anliegenden Schriftwechsel durch & Sie werden daraus ersehen, mit welch lächerlichen Spitzfindigkeiten man der Truppe das ihr zustehende Geld vorenthält. Ja, was bilden sich diese Herren denn eigentlich ein? Wir sind froh, wenn wir eine S.A. geschaffen haben & wenn wir vernünftige Führer an ihrer Spitze sehen. Dann kommt irgendsoein »Stab« daher, der nie in einer Versammlung geredet, Leute geworben, nie eine S.A. aufgebaut hat, stellt sich an die Spitze des von uns geschaffenen Verbandes, behängt sich mit Affenjacken & goldenen Streifen, macht sich damit in den Augen der Arbeiter lächerlich, erläßt einen Papierregen, vor lauter Sabes kennt sich kein Mensch mehr aus & schikaniert ernsthafte Männer wie dumme Jungen? Ja, haben wir denn rein garnichts aus dem Kriege & der Revolution gelernt? Ich spreche so ganz offen zu Ihnen, lieber Herr Schwarz, aus Sorge um die Bewegung, der ich meinen Beruf geopfert habe & für die ich seit Jahren in tausend Versammlungen & sonst auf jede Weise gerungen, einzig darum, weil ich in ihr unseres unglücklichen Vaterlandes letzte Rettung sehe. Daraus nehme ich mir aber auch das Recht, im Interesse der Bewegung & der mir anvertrauten Leute ganz ungeschminkt zu reden, wo es nötig ist, damit nicht bei uns Zustände einreißen, die eines Tages alle unsere Mühe vergeblich gewesen sein lassen.

Bitte wollen Sie freundlichst veranlassen, daß mein tüchtiger S.A.Führer, der kein dummer Junge ist, sondern ein verheirateter Mann, welcher als sogenannter Fememörder 3½ Jahre hinter Zuchthausmauern vertrauern mußte & der also weiß, was Sache ist, nun endlich & zwar bis 15. d. M. in den Besitz des Geldes kommt & daß das hinfort so pünktlich geschieht, daß das Geld am 1. da ist. Ich wäre Ihnen dafür sehr dankbar.

Bei dem Ansteigen des Gaues kann auch die Summe nicht immer dieselbe bleiben. Ich meine, es ist ein richtiges Verhältnis, wenn von der überwiesenen Summe für S.A.Gelder die Truppe ¾ & die Stäbe p. p. ¼ erhalten. Liefern wir also 80 M ab, so müßte die S.A. 60 M erhalten, der Rest bliebe zur Verfügung. Am besten wäre es, weiß Gott, wenn jeder Gau seine S.A. bekäme & ein Referent beim Führer die Einheitlichkeit wahrte. Dann hätten wir das, was Hitler eigentlich will. Allerdings wären dann stellungslose »Nationalisten«, die heute kommen & morgen, wenn sie kein Geld erhalten, als überzeugungstreue Mannen wieder aus der Partei austreten, beschäftigungslos. Das würde aber nur zum Segen sein, die Herren könnten sich dann vielleicht propagandistisch betätigen. Ich fürchte sehr, daß, wenn die Soldatenspielerei so weitergeht, Herr Severing uns sehr bald einen Strich durch die Rechnung macht, dann brauchen wir uns allerdings nicht mehr den Kopf zu zerbrechen.

Also nochmals schönen Dank & auf Wiedersehen in Weimar. Ich bin schon ab 19. mittags dort.

Mit Handschlag Ihr

sehr ergebener [gez.] Loeper.

[hd] Nachschrift: Von Selbsthilfe sehe ich vorläufig wunschgemäß ab. D.O.

[BAK, Slg. Schumacher 204]

[96] *Verstärkung der SA-Leitung*

München, 8. Februar 1929. Am heutigen Nachmittag zeitigten die Besprechungen Adolf Hitlers mit den höheren S.A.-Führern ein sehr bemerkenswertes Ergebnis. Der lang gehegte Wunsch der Reichsparteileitung, sich durch Herbeiziehung namhafter Persönlichkeiten wesentlich zu verstärken, konnte in Erfüllung gehen. Eine Reihe besonders erfolgreicher S.A.-Führer erklärte sich bereit, den Ruf nach München anzunehmen und sofort in die S.A.-Leitung einzutreten. Es sind dies die bekannten S.A.-Führer Pg. v. Ulrich (Kassel), Dincklage (Hannover), Schneidhuber (Lüneburg), v. Killinger (Dresden), Stennes (Berlin), v. Fichte (Kassel), Lutze (Elberfeld). Ein Teil der Herren wird sofort nach München übersiedeln, während bei einem anderen Teile noch Umzugsschwierigkeiten behoben werden müssen. Man hofft durch diese Maßnahme nicht nur die S.A.-Arbeit dieser Herren zu größerer und reibungsloserer Auswirkung zu bringen, sondern gerade auch für den kommenden Nürnberger Parteitag eine mustergültige Vorarbeit und Organisation durchzuführen.

Dieser Stab von geschulten, besonders bewährten Männern bietet die Gewähr, daß auch die außergewöhnlich hohen Anforderungen, welche der [zu] erwartende unerhörte Massenandrang zum großen Parteitag im Spätsommer mit sich bringt, glatt bewältigt werden.

[Völkischer Beobachter Nr. 35 v. 10./11. 2. 1929, S. 1]

[97] *Buch beklagt v. Pfeffers SA-Kurs*[37]

Berlin NW 7, den 20. 2. 1929.

Lieber Herr Heß!

Saudumm, diese Aneinandervorbeifahrerei! Ich schicke Ihnen da u. a. einen Schrieb an den V.B. Es ist besser, Sie erledigen den Zimmet selbst mit dem Beobachter. Ich wollte den kleinen Schrieb an ihn loslassen, unterließ [es] aber & lege ihn Ihnen bei. In der von mir gewählten Fassung sollte die Sache schon veröffentlicht werden. Wir bekommen sonst keine Ordnung in Halle. Ich bitte deshalb dem zuzustimmen. – Es wäre im übrigen mir sehr wertvoll, wenn ich Sie mal bald in einiger Ruhe sprechen könnte. Die Osafveröffentlichung wird hier erheblich breit getreten. Es muß da irgendetwas geschehen. Auch der General hat da scharf Stellung genommen. Ist denn mit Hierl nichts zu machen? Z. Z. ist jedenfalls eine scharfe Trennungslinie zwischen politischem Teil der Partei & S.A. Und das kann sich sehr unheilvoll auswirken. Unter keinen Umständen darf unter den osafschen Seitensprüngen der richtige Gedanke der Wehrhaftigkeit der Bewegung leiden. Augenblicklich leidet er aber. Wir alle müssen dahin arbeiten, daß Wiederholungen der Art unmöglich sind. Dazu gehört m. E., daß Osaf vor den übrigen Abteilungsvorständen der R.L. nichts voraus hat. Er sagte mir jedenfalls mal, er sei nicht so wie die anderen Referenten, sondern sei *neben* dem Chef. Wieviel davon richtig, wieviel eingebildet ist, lasse ich dahingestellt. Auf alle Fälle stimmt etwas nicht, sonst könnten solche Veröffentlichungen nicht geschehen. Ich habe bisher außer Osaf & Adjutant noch keinen Menschen gesprochen, dem es nicht beim Lesen der Bekanntmachung auf der ersten Seite sauer aufgestoßen wäre. Vielleicht ist eine Anweisung an den Beobachter möglich des Inhalts, Veröffentlichungen der SA kommen nur rein, wenn sie von der Organisationsabteilung gegengezeichnet sind. Damit hätte der Chef den Kommissar angeordnet, von dem er mir gegenüber einmal sprach. Es sind noch allerhand Sorgen bei mir auf Lager, aber das Niedergelegte ist das Drückendste. Ich weiß, daß das auch einen Teil Ihrer Sorgen ausmacht, glaube aber, daß gemeinsames Überlegen & Besprechen weiterhilft, als

---

37 Der von Buch erwähnte General ist vermutlich Franz Ritter von Epp, Generalleutnant a. D., Pg. Nr. 85 475 seit 1. 4. 1928 und MdR seit 1928. Constantin Hierl trat im Mai 1929 vom Deutschvölkischen Offiziersbund zur NSDAP über und wurde Leiter der Organisationsabteilung II (103, 150). Friedrich Hasselbacher und Wilhelm Hillebrand (1928 Reichsmusikleiter der SA) waren aus der Partei ausgeschlossen worden und hatten sich der DVFP als Agitatoren gegen die NSDAP zur Verfügung gestellt. Buch schrieb diesen Brief im Reichstag.

wenn's jeder klamheimlich & hohlwangig umeinanderträgt. Die wollen hier am Sonnabend & Montag nichts arbeiten. So werde ich am Sonnabend früh in München sein. Vielleicht darf ich dann auch den Chef haben oder am Montag. – Zu meinem Bedauern muß ich feststellen, daß mein lieber Patient augenblicklich erhöhte Temperatur hat. Und wenn mich nicht alles täuscht, dann hängt das Übel mit Verstopfung zusammen.

Mit der Hallesache machen Sie, was Sie für richtig halten. Ich für mein Teil glaube, der Gauleiter ist zu stützen & der Verfasser des Rundschreibens mit Anhang endgültig fallenzulassen! Haben Sie im deutschen Tageblatt die gewundene Erklärung Hennings gelesen, mit der er die Tatsache feststellt, daß *Hasselbacher & Hillebrand* nicht mehr zu den völkischen Freiheitskämpfern zählten. Hasselbacher sei zum Tannenbergbund.

Schöne Grüße daheim!

Heil!

[BDC, OPG-Akte Karl Simon – Paul Hinkler]

[98] *Hitlers zwei Gesichter*[38]

März 1929: In einem oberbayrischen Ort fand eine größere Kundgebung der NSDAP statt. Hitler hatte angeordnet, daß zu dieser Veranstaltung die Münchener SA auf Lastwägen in den Versammlungsort zu schaffen sei. Auf der Fahrt sollten Flugblätter und Propagandamaterial verteilt werden. Der damalige SA-Führer Pfeffer hat von sich aus diese Anordnung abgeändert. Er hatte schon vorher einen Propagandamarsch der SA durch München angesetzt und ließ, auch aus Billigkeitsgründen, hernach die SA mit der Eisenbahn in den Versammlungsort fahren. Hitler hat das erfahren und hat dafür am nächsten Tage Pfeffer eine gewaltige Abreibung zuteil werden lassen, der ich ganz zufällig beiwohnen konnte.

Ich war in diesen Tagen in München zu Besprechungen mit Himmler wegen der Übernahme des Gaues Niederbayern, der ja bis dahin verwaltungsmäßig von München aus durch Himmler als Mitarbeiter Straßers geführt wurde.

Ich wartete am frühen Vormittag auf der Hauptgeschäftsstelle, damals noch in der Schellingstraße, auf Himmler und unterhielt mich mit der Büro-

38 Aus einer Aufzeichnung des ehemaligen Gauleiters von Niederbayern (1929 bis 1932), Otto Erbersdobler, vom April 1969. Zu v. Pfeffers Verhalten s. auch Dokument 137.

führerin. Da flog plötzlich die Tür auf – herein stürmte Hitler, die typische Reitpeitsche in der Hand, hinter ihm folgten Hauptmann Pfeffer, ein österreichischer SA-Führer (Reschny) und zum Schluß Himmler. Dieser bedeutete durch Handbewegung der Bürodame, den Raum zu verlassen, und machte auch mir hinter Hitlers Rücken ein Zeichen, mich vorerst zurückzuziehen. Ich begrüßte zunächst Hitler und sagte ihm, daß ich eine Besprechung mit Himmler hätte. Darauf sagte er: »Sie können ruhig dableiben und Platz nehmen, ich bin gleich fertig.«

Dann pflanzte er sich vor Pfeffer auf, der militärische Haltung angenommen hatte und schrie ihn buchstäblich gute 10 Minuten zusammen, seine ohnehin sehr deutlichen Ausführungen mit Peitschenschlägen auf den Tisch bekräftigend.

Er verbitte sich, seine persönlichen Anordnungen eigenmächtig irgendwie abzuändern. Das wisse er selber, daß eine Eisenbahnfahrt billiger komme. Aber hier habe in erster Linie das propagandistische Moment im Vordergrund gestanden – und die SA-Männer hätten bestimmt auf ihrer Lastwagenfahrt für die Bevölkerung der durchfahrenen Orte eine ganz andere Wirkung ausgeübt als ein verlorenes Häuflein von 300 Mann in der Steinwüste Münchens – und so hat das Hitler noch weiter begründet und ganz energisch betont, daß er sich für alle Zukunft die geringste Abänderung seiner ureigenen Anordnungen verbitte. Pfeffer hat sich, ohne eine Miene zu verziehen (er wurde nur abwechselnd rot und blaß), alles angehört. Am Schluß: »Haben wir uns verstanden, Parteigenosse von Pfeffer?« Dieser nahm Haltung an und Hitler reichte ihm die Hand. Dann wandte er sich lächelnd und ganz ruhig zu uns. Er würde uns abends gerne – besonders den österreichischen SA-Führer, der als Gast bei der Parteileitung weilte – ins Theater einladen. Er beauftragte Himmler, bei den Kammerspielen Plätze zu bestellen (es wurde Charley's Tante gegeben). Aufgefallen ist mir damals schon, daß zunächst keine freien Plätze gemeldet wurden, als aber Himmler dann sagte, das sei sehr schade, Herr Hitler hätte mit Gästen gern die Vorstellung besucht, da gab es plötzlich Logen.

[Im Besitz des Verfassers]

[99] *Himmler führt die Propaganda-Konzentration ein*

Propaganda-Abteilung. München, den 24. Dezember 1928.

Propaganda-Aktion.

Zum Vorwärtstreiben unserer politischen und S.A.-Organisation sowie zur planmäßigen Verbreitung unserer Presse ist von Zeit zu Zeit für jedes

Gebiet Deutschlands eine wohlvorbereitete, das Maß der sonstigen Propaganda-Anstrengungen überschreitende Tätigkeit notwendig.

Unter Propaganda-Aktion versteht die Propaganda-Abteilung:

1. Konzentration von 70 bis 200 Versammlungen in einem Gau im Zeitraum von 7–10 Tagen.
2. Diese zeitliche Anhäufung für ein Gebiet ist notwendig, wenn die beabsichtigte Wirkung erzielt werden soll.
3. Die Wirkung sehe ich:
   a) in der Stellungnahme der gegnerischen Presse, die, im Gegensatz zu ihrer sonstigen Taktik, von unseren vielen Versammlungen schreiben muß und wird und damit von uns spricht und Propaganda macht,
   b) in der Tatsache, daß in 70–150 Orten eines Gaues innerhalb einer Woche unsere Plakate zu sehen sind und damit die Bevölkerung einer Provinz gleichmäßig auf uns aufmerksam gemacht wird,
   c) in einer nicht unerheblichen moralischen Stärkung der Parteigenossen von oft mühsam und unter schwierigen Verhältnissen kämpfenden Gebieten,
   d) in der durch die Versammlungen gegebenen Möglichkeit für unsere Presse ungeheuer günstig zu wirken,
   e) in der massenhaften Verteilung von Flugblättern und Handzetteln, die zur Vorbereitung der Versammlungen notwendig ist.
4. Im Anschluß an die Versammlungen in einem Orte erfolgt eine Propaganda-Woche mit
   einem Werbe-Abend für die S.A., einem Werbe-Abend für die Hitler-Jugend, einem Werbe-Tag (Samstag od. Sonntag) für die Presse.
5. Der Werbe-Abend für die S.A. dürfte folgendermaßen verlaufen: Die S.A. kommt in einem nicht allzugroßen Saal, der bestimmt gefüllt wird, zusammen. Der Spielmannszug des Ortes oder einer benachbarten S.A. spielt. Wenn möglich, spielt die Musik des Gaues. Die S.A. zeigt an diesem Abend, was sie aus eigenen Kräften zu leisten vermag, als da sind: sportliche Vorführungen, lebende Bilder, Theaterstücke, Singen von Liedern, Vorträge von S.A.-Leuten, Vorführung des Parteitagfilms.
6. Den Werbe-Abend der Hitler-Jugend denke ich mir in einer ähnlichen, jedoch für Jugendliche abgeänderten Weise.
7. Der Werbe-Tag für die Presse ist wie folgt zu veranstalten:
   a) Der Parteiverlag stellt für den »Völkischen Beobachter«, »Ill. Beobachter« und »Akadem. Beobachter«, der jeweils in Frage kommende Verlag für die Gauzeitung für diese, Werbematerial in entsprechender Menge kostenlos zur Verfügung.

b) Das Material des »Völkischen Beobachters« dürfte hier vorbildlich sein und es ist dasselbe lediglich beim Verlag des »V. B.«, so, wie es der Werbeaufruf vorsieht, anzufordern.

c) Werbeplakate sind im reichsten Maße zu verwenden.

d) Am Werbetag selbst fahren 2 oder 3 Personen-Auto oder kleinere Lastauto mit Propaganda-Attrappen für unsere Presse sowie für unser Schrifttum geschmückt in der Stadt herum, begleitet von der S.A., die Zeitungen, Broschüren, Flugblätter verteilt und verkauft. Eines dieser Autos wird zweckmäßig als fahrender Bücherstand ausgestaltet werden.

e) Die Erlaubnis für diese Propaganda-Aktion ist für alle diese einzelnen Teile von der Polizei zu erholen, um Verbot, Beschlagnahme von Schriften und Polizeistrafen zu vermeiden.

8. Für die Durchführung der Propaganda-Aktion ist notwendig, daß die Gauleitung *sorgfältige Vorbereitungen trifft*, um sowohl Versammlungen sowie die darauffolgende Propaganda-Woche *richtig auszuwerten.*

9. Die Anforderung der Redner des Reichsgebietes für eine Propaganda-Aktion geschieht durch die Propaganda-Abteilung. *Es ist klar, daß Versammlungen einer Propaganda-Aktion sonstigen Versammlungen, selbst wenn sie schon abgemacht sind, vorgehen.* Diese Bestimmung ist in *gleicher Weise für die Herren Redner und für die Gaue und Ortsgruppen,* die dadurch Absagen erhalten, *bindend.*

10. Es ist selbstverständlich, daß sämtliche Redner des betreffenden Gaues während einer Propaganda-Aktion bis zur äußersten Grenze an jedem Abend sprechen.

11. Die Gauleitungen, die eine Propaganda-Aktion für nötig erachten, bitte ich dieselbe bis zum 15. Januar 1929 anzufordern.

12. Fest steht:
Propaganda-Aktion von Gau Ostmark vom 15. I. bis 25. I. 29,
" " " " Halle-Merseburg vom 15. II. bis 25. II. 29,
" " " " Sachsen vom 1. III. bis 10. III. 29.

Mit deutschem Gruß
[St RL] I. A. Heinrich Himmler.

[BAK, Slg. Schumacher 373]

[100 a] *Lehrgang zum Nationalsozialistischen Sprecher*

(1) Das Anwachsen der Nationalsozialistischen Bewegung und damit der Nationalsozialistischen Deutschen Arbeiterpartei wird im wesentlichen

bestimmt durch Aufklärungsarbeit. Solche wird geleistet durch die Nationalsozialistische Presse, durch Nationalsozialistische Schriftsteller und Verleger, durch unsere Abgeordneten im Reichstag und in den Landtagen, durch unsere Redner und von Mund zu Mund durch die Parteigenossen.

(2) Die Zahl solcher Parteigenossen, die geeignet sind, in öffentlichen Versammlungen und Sprechabenden als Nationalsozialistische Redner oder Sprecher zu wirken, ist viel zu klein. Die gegenwärtig vorhandenen Redner sind fast alle geeignet, in großen Versammlungen, in Großstädten und mittleren Städten, zu wirken. Es fehlt an Rednern für Versammlungen in Kleinstädten und in Dörfern. Diesem Mangel abzuhelfen, ist ein dringendes Bedürfnis und von entscheidender Bedeutung für das Anwachsen unserer Bewegung und für die Verkürzung der Zeitspanne bis zum Sieg. Es ist erforderlich, daß geeignete Parteigenossen zu Nationalsozialistischen Sprechern und Rednern herangebildet werden, die dann bestimmt werden können, je nach ihrer berufsfreien Zeit und ihren persönlichen Verhältnissen, in Sprechabenden und Versammlungen in Dörfern und kleinen Städten zu wirken.

(3) Ich habe im Gau Oberbayern-Schwaben im Juli d. J. einen Lehrgang zum Nationalsozialistischen Sprecher eingerichtet. Daran nehmen einhundert Parteigenossen teil. Die Heranbildung erfolgt nicht mündlich, sondern durch Fernunterricht. Ein neuer Lehrgang, in den Parteigenossen aus dem ganzen Reich aufgenommen werden können, wird Anfang Oktober 1928 beginnen.

(4) *Art der Heranbildung.* Ich sende in etwa fünfzehntägigen Zeitabständen jedem Teilnehmer einen Aufgabenbogen. Auf diesem ist vorgeschrieben, was der Teilnehmer innerhalb der nächsten fünfzehn Tage zu tun hat. Als seine Arbeiten im Rahmen des Lehrgangs kommen in Betracht:

1. Gründliche Einübung eines Vortrages oder eines Teils davon nach den im Aufgabenbogen enthaltenen Richtlinien. Die Vorträge werden durch mich in Druck oder in Roto-Vervielfältigungen geliefert, dem VB oder einer im Verlag Franz Eher erschienen[en] Schrift oder dem nach Ziffer 2 eingerichteten Ausschnitte-Archiv des Teilnehmers entnommen;
2. Gründliche Durcharbeitung von Aufsätzen und Mitteilungen, die im VB enthalten sind. Rote Unterstreichung von Wörtern, Sätzen und Absätzen nach meiner Anleitung. Ausschneiden der Aufsätze und Mitteilungen und geordnete Aufbewahrung nach meiner Anleitung. Bei der geordneten Aufbewahrung kommen Abteilungen vor, die etwa wie folgt überschrieben sind: »Sozialdemokratie und Kapitalismus«, »Pazifismus«, »Marxismus«, »Judentum«, »Dawesbank«, »Dawesbahn«, »Locarno«, »Kelloggpakt«, »Sozialversicherungen«, »Steuern«, »Zinsknechtschaft«, »Stresemann«, »Marx« usw. usw. ...

3. Schriftliche Beantwortung aller auf einem Fragebogen gestellten Fragen. Die Fragen sind darauf abgestellt, den Teilnehmer zu zwingen, sich in deutlicher Sprache *auszudrücken*. ...

Einige Beispiele von Fragen, die durch den Teilnehmer zu beantworten sind:

A. Ein Fabrikarbeiter klagt über *zu niedrigen Lohn*. Was wollen Sie ihm erwidern?

B. Ein Landwirt lebt von seiner *Substanz*. Was verstehen Sie darunter?

C. Ein Landwirt sagt Ihnen: »Wie kann ich denn Euerer Partei beitreten; Ihr seid doch eine *Arbeiter*partei!« Was werden Sie dem Mann *antworten?*

D. Können wir solche Verdienste als *»Prämie für wirtschaftliche Enthaltsamkeit«* bezeichnen, als die nach der heutigen Wissenschaft eine Zinsforderung gilt?

E. Ein Fabrikarbeiter sagt: »Was gehen mich die Zinsen- und Provisionsforderungen der Banken an die Industrieunternehmer an? Daß die Banken die Industrieunternehmer tüchtig rupfen, schadet den Leuten gar nichts. Die Industrieunternehmer verdienen genug.« Was werden Sie dem Volksgenossen *antworten?*

F. Worin besteht der Unterschied zwischen *Produktions*kapital und *Finanz*kapital?

G. Und welche der beiden Kapitalarten wird durch die *Sozialdemokratie bekämpft?*

H. Welche der beiden Kapitalarten ist *arbeiterfeindlich?*

J. Sie fragen heute einen Sozialdemokraten »Warum kämpft Ihr denn nicht gegen das Kapital der *Banken?«* Darauf erwidert der Sozialdemokrat »Die *Banken* haben uns ja nichts *getan*. Im Gegenteil, deren Inhaber sind, wenn es gilt, da und dort etwas zu *spenden*, am *freigebigsten*. Aber die *Schlotbarone*, die saugen uns aus.« Was werden Sie dem irregeleiteten Volksgenossen *erwidern?*

K. Sie weisen in einer Versammlung, in der Sie Hauptredner sind, in ihrem Vortrag auf die Tatsache hin, daß der Jude Goldschmidt dem Zentralorgan der sozialdemokratischen Partei 800000 RM gegeben hat. Unter den anwesenden Sozialdemokraten macht sich *Unruhe* bemerkbar. Einer ruft Ihnen zu *»Lüge! Verleumdung!«* Was alles werden Sie dem Mann *unverzüglich* und *schlagfertig erwidern?*

L. Ein Volksgenosse sagt Ihnen »Ich würde gern Mitglied der NSDAP werden, wenn Ihr Euere Stellungnahme zur Südtiroler Frage zugunsten der armen Südtiroler ändern würdet. Was Ihr in dieser

Frage bisher getan habt, grenzt beinahe an Verrat.« Was wollen Sie dem Mann *erwidern?*

M. Bei der Werbung eines anderen Volksgenossen führt dieser aus »Ja, was hat denn Ihre Partei bisher *geleistet?* Es kommt doch nicht darauf an, was Ihr *wollt,* sondern darauf, was Ihr *geleistet* habt. Und von Leistungen der Nationalsozialisten im Reichstag oder im Landtag habe ich noch *nichts* gehört.« Was werden Sie antworten?

N. Zum Schluß einer Versammlung meldet sich ein Volksgenosse zu Wort. Dieser führt aus »Ich bin mit den Ausführungen des Redners durchaus einverstanden. Und ich wäre auch mit der Partei einverstanden, wenn diese nicht zum Führer ausgerechnet einen *Ausländer* haben würde.« Das ist mir tatsächlich einmal passiert. Was werden Sie dem Mann antworten?

4. Beantwortung von Ausführungen, die ein gegnerischer Ausspracheredner in der Aussprache bringen wird. Gegnerische Ausführungen werden durch mich in Druck oder Vervielfältigungen geliefert.

...

9. Gründliche Durcharbeitung von solchen Ausführungen, die geistige Waffen darstellen, durch die wir in gegnerischen Versammlungen den Hauptredner in Verlegenheit bringen und den Glauben der Zuhörer an die Ausführungen des Hauptredners erschüttern und die Aufmerksamkeit der Zuhörer auf den Nationalsozialismus lenken können. Die Lieferung solcher Ausführungen erfolgt in Vervielfältigungen.

10. Besuch gegnerischer Versammlungen, um dort die unter Ziffer 9 bezeichnete Aufgabe *praktisch* zu erfüllen.

(5) *Wie lange* der Lehrgang *dauern* wird, ist nicht sicher. Die Anmeldung verpflichtet zur Teilnahme zunächst auf die Dauer von neun Monaten.

(6) *Preis* des Lehrgangs 1.50 RM monatlich, zahlbar monatlich im Voraus. Postscheckkonto München 41453.

(7) Jeder Teilnehmer des Lehrgangs muß alle Nummern des *VB* ab *1. Oktober 1928* geordnet besitzen.

(8) Die Anmeldungen und die Vorauszahlung für den Monat Oktober müssen spätestens am 1. Oktober 1928 erfolgen. Später als am 1. Oktober 1928 einen neuen Lehrgang einzurichten, wird *nicht* möglich sein.

Fritz Reinhardt, Handelsschuldirektor
Gauleiter von Oberbayern-Schwaben
Herrsching am Ammersee.

[BAK, NS 26 – 274 (gekürzt)]

[100 b] *Die Rednerschule der NSDAP*

Propaganda-Abteilung München, den 6. Mai 1929.

An 1. *Sämtliche Gauleitungen der NSDAP,* zur sofortigen Bekanntgabe durch Gaubefehl an alle unterstellten Bezirksleitungen, Ortsgruppen und Zellen.

2. *Alle Abgeordneten und Redner der NSDAP,* zur Kenntnisnahme und Weiterverbreitung in allen Ortsgruppen, mit denen sie in Berührung kommen.

I. Rednerschule

1. Bei dem ungeheuren Wachstum der Bewegung ist die Gefahr, daß eine notwendige Einrichtung nicht gleichmäßig mitwächst, nämlich die der Redner.
Dadurch ergibt sich oft die äußerst unangenehme Tatsache, daß wir die im reichsten Maße vorhandenen Gelegenheiten, Menschen zu gewinnen und günstige Stimmungen in der Bevölkerung auszuwerten, nicht in der Lage sind [sic], weil wir keine oder nicht genügend Redner haben. Dieser Mangel macht sich in besonderer Weise bei Wahlen fühlbar.
2. Um diesem Mangel abzuhelfen wurde von Pg. Fritz Reinhardt, Herrsching am Ammersee, aus eigener Initiative eine
Redner-Fernschule
vor längerer Zeit eröffnet. Die Erfolge dieser Schule sind derartig gute, daß die Rednerschule des Pg. Reinhardt mit ihrem neuen Lehrgang vom 10. Juni als offizielle
Rednerschule der NSDAP
anerkannt wird.
3. Das Prinzip dieser Rednerschulung beruht darauf, den einzelnen Sprecher oder Rednerschüler derartig mit stichhaltigem, einwandfreiem Material zu erfüllen, daß er ganz von selbst aus der Sicherheit seines Wissens heraus zum Redner wird, der von vornherein kein Lampenfieber hat, da er weiß, daß sein Material selbst für den schärfsten Gegner unwiderleglich ist.
4. Ich ersuche deshalb alle Gauleitungen, durch *sofortiges* Rundschreiben an die ihnen unterstellten Gliederungen der Partei zur Meldung von Parteigenossen für die Rednerschule aufzufordern und die Meldungen der einzelnen Parteigenossen zu überwachen und darauf zu sehen, daß jeder Bezirk mindestens 2 Rednerschüler stellt.

...

6. Der Rednerkurs dauert 12 Monate. Nach vier Monaten erhalten die Gauleitungen Mitteilung, daß der Rednerschüler in einem ersten Vortrag angesetzt werden kann. Dieser erste Vortrag ist von der Gauleitung

unverzüglich anzusetzen und zu diesem Vortrag hat der Gauleiter selbst oder ein von ihm beauftragter Parteigenosse zu kommen. Über den Vortrag des Rednerschülers ist dann sofort an die Rednerschule Bericht zu erstatten und mitzuteilen, ob der Rednerschüler weiter in öffentlichen Versammlungen und Sprechabenden für die in der Rednerschule vorbereiteten Themen verwendet werden kann. Nach Vollendung des Lehrgangs erhält der Teilnehmer von der Rednerschule eine Bescheinigung darüber, daß er den Lehrgang mit Erfolg zurückgelegt hat. Außerdem wird dem Rednerschüler vom Gauleiter, der ihm nach Abschluß des Lehrgangs noch einmal in einer Versammlung oder einem Sprechabend zuhört, ein Ausweis als »Gau-Redner« des betreffenden Gaues ausgestellt. Der Redner wird nun der Reichsleitung als Gau-Redner gemeldet. Für Verwendung als Redner für das gesamte Reichsgebiet ist Ausweis der Reichspropaganda-Abteilung notwendig, der durch die zuständige Gauleitung unter gleichzeitiger Einsendung des Lebenslaufes und des Gau-Redner-Ausweises beantragt wird.

II. Redner-Material

1. Es hat sich als notwendig erwiesen, sämtliche Redner und politischen Führer aller Gliederungen (Zelle, Ortsgruppe, Bezirk, Gau) laufend mit stichhaltigem, sofort verwendungsfertigem Material für Versammlungen und Diskussionen zu versorgen.
2. Ab 1. Juli gibt Pg. Fritz Reinhardt, Herrsching/Ammersee, im Auftrag der Reichs-Propaganda-Abteilung 14-tägig Rednermaterial heraus, das mit beigelegter Bestellkarte bezogen wird.
3. Das »Rednermaterial« wird in einer ähnlichen Weise wie der Informationsdienst der Kommunisten und Sozialdemokraten in gedruckten einzelnen Blättern herausgegeben, die in dazu gelieferten Mappen in Taschenformat eingereiht werden können.
4. Das »Rednermaterial« wird alle politisch einschlägigen Gebiete laufend bearbeiten und jeweils zu Tagesfragen im Rahmen des Ganzen Stellung nehmen.
5. Die Herausgabe des Rednermaterials ist sofort an sämtliche Gliederungen im Gau bekanntzugeben. Der Bezug des Rednermaterials ist Pflicht für alle Zellen, Ortsgruppen, Bezirksleitungen, Gauleitungen und sämtliche Redner.

. . .

III. Der Gaubefehl über Punkte I und II ist sofort nach Eintreffen dieses Schreibens abzufassen und hinauszuschicken. Belegexemplare der Gaubefehle erbitte ich anher bis spätestens *20. Mai.*

Ab 10. Juni muß die Rednerschule und ab 1. Juli der Bezug von

Rednermaterial in Gang sein, so daß sich beide Einrichtungen bis zum Propagandakampf im Herbst bereits auswirken.

[St RL] i. A. Heinrich Himmler.

[BAK, NS 22 – 1 (gekürzt)]

[101] *Parteidisziplin*

Organisations-Abtlg. I. München, den 9. I. 1929.

An die Gauleitung Hamburg der NSDAP.

Hamburg 36

Zum Schreiben vom 4. Januar diene Folgendes zur Kenntnis. Von der sogenannten Unterführerbesprechung im Beisein des Pg. Abgeordneten *Feder* ist mir nichts bekannt. Ich werde Herrn Feder ausdrücklich darauf aufmerksam machen, daß derartige Dinge aus organisatorischen Gründen undenkbar sind und unterbleiben müssen. Wenn die aus dieser Besprechung hervorgegangene Kommission jene ist, die aus Herrn *Dietze* und einem ausgeschlossenen Pg., dessen Name mir momentan nicht zur Verfügung steht*) – einem angeblichen Studenten – bestand, so ist diese hier von Herrn Hitler in außerordentlich schroffer Weise hinausgeschmissen worden, was ich, wie ich glaube, Ihnen bei meiner letzten Anwesenheit in Hamburg sogar erzählte. Es wird also in der ganzen Angelegenheit von der Reichsleitung absolut Ihr Standpunkt geteilt, wonach derartige Besprechungen unter Anwesenheit eines bekannten Namens der Bewegung als unerträglich bezeichnet werden müssen. Für die Erfolglosigkeit derartiger Versuche, unterirdisch gegen die Gauleitung vorzugehen, bürge ich, solange ich Organisationsleiter der Partei bin.

Mit deutschem Gruß

*) [hd] Lucius

[Verfasser: Gregor Straßer. BAK, NS 22 – 366]

[102] *Recht ist, was der Partei nützt*

USA d. R.L. 20. 2. 1929.

Herrn Otto Bangert

Parchim Mcklbg.

Sehr geehrter Herr Bangert!

Ich habe heute Herrn Ahlgrimm um Rückgabe des ihm übersandten Akts gebeten, damit der USA der R.L. endlich zu der unseligen Sache Stellung nehmen kann. Ich hatte gehofft, Herrn Ahlgrimm gelänge es, eine gütliche Lösung zu finden, das ist allem Anschein nach eine trügerische Hoffnung. So muß es eben anders versucht werden. Sie führen meinen Satz an: Recht ist, was der Partei nützt. Ich bekenne mich nach wie vor dazu. Drum heißt für mich hier die Frage: Was ist das kleinere Übel: Ein Gauleiter Hildebrandt oder gar kein Gauleiter? Es ist doch allgemein so im Leben, daß man erst einen Ersatz sucht, ehe man den Anderen entläßt. An vielen Stellen der Partei wären Leute durch bessere zu ersetzen. Ich nehme auch mich nicht aus. Unsere Aufgabe ist so erschütternd groß, daß sie nur von überragenden Menschen allererster Qualität so gelöst werden kann, wie sie eigentlich von Rechts wegen gelöst werden sollte. Aber wo sind die Menschen? Auch Sie sind nach meiner Überzeugung auf dem falschen Platz? Ihre Begabung gehörte wohl auch nach Ihrer eigenen Ansicht wo ganz anders eingesetzt. Ich wüßte schon wo, aber die Mittel fehlen. Ahlgrimm hat es abgelehnt, den Gau zu übernehmen. Einen andern weiß ich nicht. Und so abgrundschlecht, wie Sie z. Z. Hildebrandt sehen, erscheint er sonst nicht. Daß er bewußt andere Pgg. schlecht macht, ist nicht erwiesen. Ich gebe zu: er flunkert. Aber er ist kein übles Subjekt. Sie schrauben Ihre Anforderungen zu hoch. Sie können versichert sein, daß mir die Lösung des Mecklenburger Rätsels schwere Kopfschmerzen macht. Zu einer idealen Lösung werden wir vorerst nicht kommen. Drum müssen wir uns mit einer weniger guten zufriedengeben.

Heil!

[Verfasser: Walter Buch. BDC, OPG-Akte Otto Bangert – Ludwig Oldach – Friedrich Hildebrandt]

[103] *»Der autoritative Aufbau der Bewegung« wird vollendet*[39]

Die außerordentlich stark besuchte Sondertagung für Organisationsfragen faßte neben der Erledigung einer Reihe laufender organisatorischer Fragen zwei besonders, unter der einmütigen Zustimmung aller Delegierten, wichtige Entschlüsse:

1. Mit sofortiger Wirkung werden gemäß dem autoritativen Aufbau der Bewegung die Ortsgruppenführer nicht mehr gewählt, sondern vom Gauleiter eingesetzt. Der § 9 der Satzungen bezieht sich lediglich auf den § 6.

2. Auf Vorschlag des Organisationsleiters Pg. Gregor Straßer wird eine

39 Ergebnisse der Sondertagung für Organisationsfragen beim Reichsparteitag 1929 in Nürnberg.

Organisations-Abteilung II aufgestellt unter der Leitung des Pg. Oberst a. D. Hierl, die den Zweck hat, alle Aufbaufragen der Bewegung und der nationalsozialistischen Staatsauffassung zusammenzufassen, zu studieren und einzuordnen.

[Völkischer Beobachter Nr. 211 v. 12. 9. 1929]

[104] *Hitler ändert »Mein Kampf«*[40]

USchlA R.L.
Der Vorsitzende München, den 5. August 1931.
Herrn Kurt Rink,
Adorf i. Vogtld.

Betrifft: Ihr Schreiben vom 23. 7. 31 an den Führer.

Von der Kanzlei wird mir Ihr Schreiben zuständigkeitshalber zur Beantwortung übermittelt. Sie erheben darin den Vorwurf, Sie seien ungerechtfertigter Weise Ihres Postens als O.Gr.Leiter enthoben und ein 26jähriger Parteigenosse sei an Ihrer Stelle zum O.Gr.Leiter ernannt worden. Sie beziehn sich in Ihrer Klage mehrfach auf Veröffentlichungen im I.B. Es ist richtig, daß der I.B. mehrfach aus der 1. Auflage des Hitlerschen Buches »Mein Kampf« Auszüge gebracht hat, dem auch die von Ihnen bezeichneten Stellen entstammen. Es ist aber auch richtig, daß diese Stellen in der durchgearbeiteten Volksausgabe, die heute vom Parteiverlag vertrieben werden, vollkommen umgearbeitet wurden. Als der Führer in der Festung in Landsberg und im Jahre 1925 sein Buch schrieb, glaubte er auf Grund des Vereinsgesetzes und des B.G.B. so schreiben zu müssen. Erst später hat er sich auf Grund besserer Unterrichtung davon überzeugt, daß das unnötig sei, und darum bei Herausgabe der Volksausgabe die betr. Stellen geändert. Daß die Schriftleitung des I.B. Hitler aus der I. und nicht aus der Volksausgabe zitierte, ist ein Versehen, das inzwischen abgestellt ist.

Es ist also nicht richtig, daß Hitler die Bestimmung eines Führers von der Wahl abhängig machen und daß er die Ortsgruppe über die Bestimmung gefragt haben will. Er steht vielmehr auf dem Standpunkt, daß die Zerrissenheit des deutschen Volkes die Einsetzung von Führern von oben

---

40 Unter dem Titel »Führer und Masse« brachte der Illustrierte Beobachter am 18. Juli 1931 einen als solchen nicht gekennzeichneten Auszug aus Hitlers »Mein Kampf« nach der ersten Auflage, der die Wahl der Ortsgruppenführer durch die Mitgliederversammlung als Grundsatz »germanischer Demokratie« bezeichnete. Inzwischen hatten sich die Auffassungen in der Partei jedoch gewandelt, so daß die Veröffentlichung einige Verwirrung hervorrief. Beides zeigt anschaulich der folgende Brief Walter Buchs.

her notwendig macht. Schon auf dem Parteitag 29 in Nürnberg wurde diese Frage eindeutig geklärt und von Gregor Straßer im V.B. veröffentlicht.

Die Wahl des Führers im germanischen Deutschland war gut, weil sie getragen war von Trägern einheitlichen Blutes. Heute liegen die Verhältnisse ganz anders. Das germanische Blut in unserem Volk ist so zersetzt, daß bei einer Wahl durch Mehrheit immer der schlechtere Blutsträger gewinnen muß. Darum lehnt die N.S.D.A.P. die Wahl insgesamt ab und genügt nur in der Generalmitgliederversammlung der gesetzlichen Bestimmung, die die Wahl des 1. Vorsitzenden des Vereins, nicht aber die seiner Untergliederungen bestimmt.

Die Reichsleitung vertritt den Standpunkt, daß sie einem Gauleiter nicht zumuten kann, mit einem O.Gr.Leiter zusammenzuarbeiten, der eine von ihr als unangebracht angesehene Beschwerde gegen den Gauleiter mit unterschrieben hat. Sie muß im Gegenteil dem Gauleiter zubilligen, daß er einen solchen O.Gr.Leiter seines Amtes enthebt und ihn durch einen Parteigenossen seines Vertrauens ersetzt.

Heil!
[gez] W. B.

[BDC, OPG-Akte Martin Mutschmann]

[105] *Die Straßenzellen-Organisation des Gaues Berlin*[41]

Die riesige, ungebrochene und noch nicht im entferntesten ausgeschöpfte Kraft unseres Berliner Gaues, die in der gewaltigen und überfüllten *Sportpalast-Kundgebung* am 7. Februar der gesamten Öffentlichkeit sichtbar wurde, hat eine neue *Stählung* durch die nunmehr beendete Mitgliedersperre erhalten. Zwei Monate Reinigung und innerer Ausbau haben die Partei aktionsfähiger und geschmeidiger denn je gemacht....

Die Hauptarbeit wurde in der *Straßenzellen-Organisation* geleistet. Die beabsichtigte *Umformung des Z.O.-Körpers,* d. h. die Entsetzung der

41 Der Verfasser der folgenden »Bilanz der Berliner Mitgliedersperre«, Reinhold Muchow, war seit 1928 Gau-Organisationsleiter des Gau Groß-Berlin und einer der erfindungsreichsten Parteigenossen auf diesem Gebiet. Das von ihm in Anlehnung an das Vorbild der KPD entwickelte Zellensystem wurde 1930 u. a. vom Gau Groß-München übernommen und 1932 von der Reichsleitung für die Gesamtpartei verbindlich eingeführt (148 b). Laut Schreiben des Stellv. Reichsorganisationsleiters I, Paul Schulz, an Gauleiter Kube vom 7. Juli 1931 (BAK, NS 22 – 376) hatte der Gau Groß-Berlin zu dieser Zeit 16 667 Mitglieder, der an Einwohnern etwa gleichstarke Gau Sachsen dagegen bereits über 40 000 Mitglieder und 16 000 Mann SA.

S.A.-Leute durch neue zivile Parteigenossen, ist in allen Sektionen fast restlos durchgeführt worden. Drei große Erfolge sind innerhalb der beiden Monate erzielt worden, die nur dem innerparteilich geschulten Auge in ihrer ganzen Bedeutung erkenntlich sind und sich zum Teil erst in den nächsten Monaten auswirken. *Erstens* wurde ein großer Teil der S.A.-Leute (fast 400 bis 500 Mann) vom Z.O.-Dienst freigemacht. Das bedeutet nicht nur ein Freiwerden von großen Arbeitsenergien für den ausschließlichen S.A.-Dienst, sondern in allererster Linie ein großes Plus in der *politischen Bildung* und im *Vertrautsein mit der inneren Parteiarbeit.* Diese freigemachten 400 bis 500 Mann aus dem Z.O.-Dienst sind keine reinen Aufmarschkolonnen mehr, sondern *politische Soldaten*, wie sie der Gauleiter einmal nannte. Der Z.O.-Dienst war ihre lehrreiche Schule, wo sie nicht nur das innere feinnervige Getriebe der Organisation kennenlernten und begriffen, sondern auch die politischen Fragen der Gegenwart zur Klärung aufbekamen. *Zweitens* gewann die Partei durch die Umformung des Z.O.-Körpers annähernd

300 neue Zellen-Obleute,

die an bevorzugter aktiver Stelle der Parteifront stehen und sehr günstig die Gesamtarbeit beeinflussen werden. *Drittens* sind die Zellen – man kann nach den bisherigen Meldungen sagen restlos – auf die vorgeschriebene Kopfzahl beschränkt worden. *Damit ist die hohe Aktionskraft der Partei für die Zukunft gewährleistet.*

Der Gau Groß-Berlin marschiert heute

mit 900 Zellen-Obleuten

an der Spitze aller anderen Gaue der Partei; es ist die *höchste* Funktionärzahl, die bisher ein Gau erreicht hat. Wenn wir noch etwa 250 bis 280 höhere Funktionäre hinzurechnen, die sich aus Sektionsleitungs-Mitgliedern von über 40 Sektionen und 13 Stützpunkten zusammensetzen, dann besitzt der

Gau Groß-Berlin rund 1200 erlesene Funktionäre,

eine wirkende Zahl, die zu erkennen gibt, wieweit heute schon die Persönlichkeitswertung und Arbeitsteilung durchgeführt ist. An dieser Mauer bestgeschulter, verbissener Gegner des Systems, die die ganze Berliner Organisation beschützen und mit ihrem Wissen durchtränken, können sich fürwahr alle Neider und Todfeinde des Nationalsozialismus die morschen Schädel einrennen!

Das *äußere* Fortschreiten der Berliner Partei während der Mitgliedersperre dokumentiert sich in der vollzogenen Gründung von

8 neuen starken Sektionen und 4 Sektions-Stützpunkten.

Immer feinmaschiger wird das Netz unserer Organisationseinheiten in Berlin, immer zahlreicher die Verbindungsfäden zu noch »unerforschten

Gebieten«. Die Sektionen sind zum großen Teil in *Straßenzellen-Bezirke* untergeteilt, bis der eigentliche Kampf um die *Häuserblocks* in vollem Gange ist. »Einfressen!« heißt die unentwegte Parole.

Die *zweite* große Arbeit war der *Ausbau* unseres *kommunalpolitischen Apparates.* Hier fehlten uns in den ersten Wochen noch die Erfahrungen, um die Arbeit zu aktivieren. Das ist nun auch anders geworden. Unsere *Stadtverordnetenfraktion* ist eine einzige *Spezialtruppe* geworden, die sich die »Verseuchung« Berlins mit nationalsozialistischer kommunalpolitischer Propaganda zum Ziel gesetzt hat. Die Fraktion gibt zur Unterrichtung der Berliner Funktionäre ein

»Berliner Kommunal-Mitteilungsblatt«

heraus und schult sie für den kommenden unvermeidlichen Wahlkampf.

Außerdem wird das gesamte arbeitende Berlin eine neue propagandistische Waffe zu spüren bekommen: unsere *»Häuserblock-Zeitungen«*. Sie sind während der Mitgliedersperre geschaffen worden. Jede Sektion stellt sie selbständig her und verteilt sie in allen Häusern, um die Wahrheit über Sklarek-Berlin zu verkünden.

Die *dritte* und letzte Arbeit galt der

Neuschöpfung der Betriebszellen-Organisation.

Die fortwährende Konzentration der Partei auf ihre großen Aktionen ließ eine Spezialisierung auf die Betriebsarbeit nicht zu. Der Mangel wurde bald offenbar. Die wachsenden Sympathien der Arbeiterschaft in den Betrieben für den Nationalsozialismus verlangten die *vollste Aufmerksamkeit* und rasche Entschlüsse. Die bisherige »Abteilung 12« des Gaues wurde in eine aktionsfähige *Betriebszellen-Abteilung* umgewandelt und die verantwortlichen Stellen neu besetzt. ...

Noch kann die Betriebszellen-Abteilung, als *jüngste* aktive Abteilung unseres Gaues, keine großen Erfolge aufweisen – die bisherigen Betriebszellen-Gründungen und Betriebsrätewahlen sind nur Vorpostengefechte –, nichtsdestoweniger gab ihr die Zeit der Mitgliedersperre ein neues festes Fundament....

Was sind hiergegen knapp 6 Prozent ausgeschlossener Mitglieder, die ihr Los verdient haben? ... *Mehr als 20 Prozent neuer Volksgenossen strömen nun mit der Aufhebung der Sperre in die gefestigte, immer stärker disziplinierte N.S.D.A.P. Berlins hinein und wollen bewußte Mitkämpfer für die Befreiung ihres Volkes werden.*

Unsere 1200 Funktionäre werden sie einreihen und jeder von ihnen wird einen Arbeitsplatz zugewiesen bekommen, bis sie marschieren können auf dem Weg zur Freiheit!

Muchow.

[Völkischer Beobachter Nr. 58 v. 11. 3. 1930, S. 3 (gekürzt)]

VI. Programmatik und Selbstverständnis. 1926–1932

Die Führerpartei wurde erst dadurch funktionsfähig, daß Hitlers Führeranspruch Gefolgschaft fand. Weder im italienischen Faschismus noch in anderen vergleichbaren politischen Kampfbewegungen war der charismatische Grundzug so stark ausgeprägt wie hier. Für die NSDAP ist es charakteristisch, daß sich diese Struktur mit allen Merkmalen, die aus den persönlichen Eigenarten Hitlers erwuchsen (68 b, 74), bereits in den Jahren seit 1925 auf der Grundlage der Entwicklung bis 1924 formte. Die sozialpsychologischen Voraussetzungen dafür brachten diejenigen Parteimitglieder mit, die 1934 als »Alte Kämpfer« für die Mitgliedsnummern bis 100 000 mit dem goldenen Parteiabzeichen geehrt wurden.

Typisch ist die Zusammensetzung der Gruppe der Gauleiter (152). Kaum einer von ihnen besaß Erfahrung aus eigener politischer Tätigkeit. Dagegen hatten sich wenigstens zwei Drittel agitatorisch in den vielen rechtsradikalen und antisemitischen Organisationen betätigt, die nach Kriegsende aus dem Boden geschossen waren, oder sie hatten einem der paramilitärischen Kampfbünde angehört. Die meisten waren relativ jung, bis auf einige ältere »völkische Vorkämpfer« wie Dinter, Kube und Holtz gehörten sie überwiegend zu den Jahrgängen des letzten Jahrzehnts vor der Jahrhundertwende. Der Weltkrieg hatte nicht nur ihren beruflichen Werdegang oft erheblich beeinträchtigt, sondern auch ihr Weltbild entscheidend geformt. Die meisten Nationalsozialisten wurden erst im Weltkrieg »geistig geboren«. Neben Hitlers Buch ist Gregor Straßers Bekenntnis ein plastisches Beispiel dafür, wie die Menschen von dem Fronterlebnis (110) geprägt wurden, das sich in den Biographien der meisten frühen Parteigenossen widerspiegelt. Selbst auf die damals Allerjüngsten verfehlte es seine Nachwirkung nicht. Wie Himmler, Kaufmann oder der spätere Kölner Gauleiter Grohé (113) fanden sie dann im »Nachkrieg« Gelegenheit genug zu kriegerischer Betätigung.

Die Weltkriegserfahrungen ihrer Mitglieder waren sowohl für die organisatorische als auch für die geistige Struktur des Nationalsozialismus bedeutsam. Mancher Gauleiter hatte es als Freiwilliger des Jahres 1914 wenigstens bis zum Leutnant gebracht, die Mehrzahl der anderen war als Unteroffizier oder Soldat an selbstverständliche Unterordnung gewöhnt. Das

Heer des Weltkrieges war für sie durchweg der Inbegriff vorbildlicher Organisation. Der militärische Grundzug, der nicht nur die SA, sondern – zumindest als von Anfang an erhobene und allmählich verwirklichte Forderung (127) – auch die Parteiorganisation bestimmte, kam aus dieser Quelle. Außerdem sind die Auswirkungen eines autoritären Erziehungssystems nicht zu übersehen. 20 der 73 Gauleiter der NSDAP vor 1933 waren Lehrer, Studienräte und so weiter oder hatten sich erst in der Nachkriegszeit vom Lehrberuf abgewandt. Die geschilderten Schwierigkeiten, die sich bei der Durchsetzung des Führerprinzips zunächst ergaben, rührten nicht aus dessen grundsätzlicher Ablehnung her, sondern aus den Gegensätzen der vielen undisziplinierten, einander unbekannten und zusammengewürfelten Charaktere. Im Gegenteil, bei den frühen Mitgliedern der NSDAP kann man durchaus von einer Prädisposition für das Führerprinzip sprechen. Die Ausrichtung auf ein Ziel, das mit den emotional geladenen Begriffen »Nation« und »wahrer Sozialismus« klar genug umrissen schien (108, 110), und auf einen Führer in einer straff gegliederten Kampfpartei entsprach gerade dem Verlangen derer, die »Parteigezänk« um politische Richtungen und Interessen verabscheuten. Den fanatischen Haß, den verzweifelten Glauben und die rücksichtslose Brutalität, die aus ihren Zeugnissen sprechen, konnten nur bis ins Innerste erschütterte Menschen ohne festen politischen Grund entwickeln. Gemessen an diesen irrationalen Willenskräften blieben sogar die Kommunisten stets eine berechenbare Größe.

Das Weltkriegserlebnis stellte auch die Weichen für die geistige Orientierung des Nationalsozialismus. Es politisierte die »vaterländisch« erzogenen, unpolitischen Menschen der Vorkriegszeit (110) und versetzte sie ohne jeden Übergang gleich in weltpolitische Dimensionen. Daraus resultierte sowohl das tiefe Mißtrauen, das überall Verrat und Verschwörungen gegen Deutschland witterte, als auch die »Erkenntnis«, daß in der Politik nicht das Recht, sondern nur die Macht des Siegers gelte und auch brachiale Auseinandersetzungen legitim seien (65). Von hier aus bekam der Nationalsozialismus weiteren Antrieb für die ihm von Anfang an innewohnende imperialistische Richtung auf ein »deutsches Mitteleuropa als Herz und Kopf, als Vormacht und Rückgrat Europas«, wie es Gregor Straßer 1926 forderte.

Hitlers Erfolg seit 1919 beruhte unter anderem auf der Fähigkeit, diese Gedanken einleuchtender und mitreißender als andere zu artikulieren. Die gesamte nationalsozialistische Agitation lebte davon, daß Deutschland den Weltkrieg wider Erwarten, »unverdient«, verloren hatte und die Folgen der Niederlage für jedermann spürbar waren. Sie schufen die sozialpsychologischen Voraussetzungen für die wirkungsvolle Entfaltung der antiparlamentarischen, antidemokratischen, antikapitalistischen, antimarxistischen und antisemitischen Parolen der NSDAP. Diesem »Anti-Programm« stellte die Partei als einzigen positiven Punkt nur ihren offen demonstrierten Willen entgegen, dieses System mit Stumpf und Stiel auszurotten, einen »starken Staat« zu errichten und den Kriegsausgang zumindest zu revidieren. Selbst in den scheinbar glücklichen Jahren der Republik war die latente Krisenstimmung wirksam genug, um eine solche Partei Jahr um Jahr stetig anwachsen zu lassen (147).

Diesen Menschen, die emotionaler Impuls in die Politik getrieben hatte, mußte es schwerfallen, ein rational begründetes Sachprogramm zu formulieren. Hitler lehnte das nicht nur ab – er war dazu gar nicht in der Lage. Seine Wirkung beruhte darauf, daß er in weltpolitischen und »weltgeschichtlichen« Bahnen dachte, nur die »ganz großen Erfordernisse« zum Wiederaufstieg aufzeigen wollte und ein Publikum fand, das sich von seinen Machtvisionen mitreißen ließ (65, 71 a). Er weigerte sich, zu Einzelfragen Stellung zu nehmen oder wich auf die »Ergebnisse der Wissenschaft« aus (120, 126), von denen er selbst sonst nichts wissen wollte. Die Macht, die er verlangte, der Fanatismus, den er aufstachelte, der Glaube, den er »predigte«, war nichts anderes als der Mantel für seine Unfähigkeit zu sachlicher Argumentation. Die Konsequenz daraus war, daß er die politischen Verhältnisse nicht mit dem herkömmlichen politischen Instrumentarium, sondern durch eine schon ausdrücklich rassistisch motivierte »Neubildung« des deutschen Volkes nach seinem »wirklichen inneren Willen« verändern wollte (65, 126). Menschen vermochte er nur als manipulierbare »Masse« oder als den marionettenhaften »Typ«, den »politischen Soldaten« (127), zu begreifen. Sein unbeholfener Versuch, dem einzelnen Parteigenossen ein nationalsozialistisches Selbstverständnis aufzuweisen, hatte ein geradezu klägliches Resultat (107) – doch das störte in der Partei niemanden. Der inhumane, totalitäre Anspruch des Nationalsozialismus war nämlich nicht erst eine Erscheinung seines Regimes, sondern folgte aus der Mentalität seiner führenden Vertreter und der Mehrheit der einfachen Parteigenossen.

Auch die fortgesetzten Bemühungen einiger Spitzenfunktionäre um eine Spezifizierung der programmatischen Ziele erbrachten nur höchst ungenügende Ergebnisse und letztlich nur den Anspruch auf die absolute Macht. Hier mündeten alle Überlegungen, ob sie nun von Rosenbergs rassistischem (108) oder von Feders finanzpolitischem Ansatz ausgingen, von vagen ständestaatlichen Ideen, die auch Goebbels gelegentlich vertrat, oder von dem durchaus ehrlich empfundenen, aber nie von seiner emotionalen Basis gelösten »Sozialismus« Gregor Straßers (49 a, 91, 109, 110). Aus der beruflichen und seit 1924 auch politischen Praxis verfügten Feder, Straßer und mancher andere natürlich über gewisse Erfahrungen. Doch überwogen Dilettantismus und Hilflosigkeit bei weitem (117, 120, 125). Wenn die Propagandisten von der »kristallenen Reinheit und Tiefe der Idee« sprachen (112), war das nur eine grandiose Mystifikation, denn der Nationalsozialismus erfuhr niemals eine konkrete Auslegung. Eine authentische Information über seine Zukunftspläne war unmöglich. Das nationalsozialistische Schrifttum und seine Redner blieben äußerst dürftig und nur an propagandistischen Notwendigkeiten orientiert (120, 125). Nach unergiebigen publizistischen Kontroversen mit Straßer (108, 109) und Feder sprach Rosenberg am achten Jahrestag der Verkündung des 25-Punkte-Programms in Hitlers Beisein offen aus, daß niemand wissen könne, welche wirtschaftlichen Programme und Möglichkeiten die Zukunft bringen würde. Feder verwies als Antwort auf wichtige Fragen, wie zum Beispiel die der Gewinnbeteiligung (120), auf die spätere Praxis eines nationalsozialistischen Staates. Ebenso verfuhr Straßer in der Gewerkschaftsfrage (143). Auch bei ihm brach durch die Oberfläche politischer Aussagen immer wieder der irrationale Kern des Nationalsozialismus, der alle Fragen nach dem Sinn seiner Arbeit mit dem Hinweis auf den leidenschaftlichen »Rhythmus des Blutes« und das »ewige Gesetz der Pflicht« verstummen ließ (111). Mit frappierender Naivität glaubten sie, daß sich die nötigen Hilfen zur Lösung der politischen Probleme nach einer Machtübernahme schon finden würden, und so beschränkten sie sich darauf, den »Fieberzustand« des deutschen Volkes zu schüren. »Der Nationalsozialismus hat jede Anregung, die von anderer Seite gekommen ist und dem Allgemeinwohl diente, mit Freuden aufgenommen und wird das auch weiter so halten. Er wird sich nicht als engherzige Sekte gebärden«, schrieb Rosenberg, auf das Jahr 1929 vorausschauend, und fuhr fort: »Die deutsche Volksbefreiung kann nur auf dem Wege vor sich gehen, daß aus dem Abgrund der Not sich eine Riesenwelle erhebt. ... Die Aufpeitschung dieser Volkswelle ist die nationalsozialistische Sendung im Dienste der kommenden deutschen Freiheit.«

Durch programmatische Grundsätze nicht beengt, keiner politischen Raison unterworfen, aber durch den ständigen emotionalen Appell aufgestachelt, kosteten die Nationalsozialisten ihre Freiheit drei Jahre lang voll aus. Ihre Agitatoren nahmen kein Blatt vor den Mund. Hitlers Legalitätsversprechen verhinderte nicht, daß sie die Frage nach den künftigen Methoden des Nationalsozialismus mit »Revolution« beantworteten (36, 91 a). Goebbels wischte 1927 in der immerhin vorübergehend beschlagnahmten 1. Auflage seines Heftchens »Der Nazi-Sozi« den Legalitätsschleier beiseite. Auf die Frage, was zu tun sei, wenn sich im Volke keine Mehrheit für den Nationalsozialismus finden würde, versprach er: »Was dann?! Dann beißen wir die Zähne aufeinander und machen uns bereit. Dann marschieren wir gegen diesen Staat, dann wagen wir den letzten großen Streich um Deutschland, aus Revolutionären des Wortes werden dann Revolutionäre der Tat. Dann machen wir Revolution! Dann jagen wir das Parlament zum Teufel und begründen den Staat auf die Kraft deutscher Fäuste und deutscher Stirnen.« So aufreizend wie Goebbels sprach, handelte nicht nur seine Berliner SA. Blutige Schlägereien auf der Straße und in Sälen (122), provozierende Gesänge und Aufmärsche (114), grundlose Pöbeleien gegen »jüdisch aussehende« Passanten (116) oder politische Gegner häuften sich entsprechend der zunehmenden Mitgliederzahl. Sie waren ein in manchen Gegenden bewußt eingesetztes Mittel der nationalsozialistischen Agitation, die alles darauf anlegte, sich bekanntzumachen und »die Straße zu erobern« (65). Der politische Stil der Republik war bereits in den ersten Nachkriegsjahren derart verwildert und die Nation so zerrissen, daß diese für sich sprechenden Äußerungen und Verhaltensweisen nationalsozialistischen Kampfwillens nicht die notwendige kritische Aufmerksamkeit fanden, sondern als Ausdruck »jugendlicher Kraft« auf ein verängstigt nach links starrendes Bürgertum durchaus attraktiv wirkten. Gelegentlich verhängte Strafen bestärkten ebenso wie die jeweils fünf Toten der Jahre 1927 und 1928–1929 waren es bereits elf, 1930 siebzehn – nur das trotzige Gefühl, Märtyrer einer großen Sache zu sein (106, 113, 124).

Seit 1928 steigerte sich der revolutionäre Enthusiasmus in der bald auf 100 000 Mitglieder angewachsenen Partei derart, daß Hitler Verbotsmaßnahmen fürchten mußte. Darum suchte die Reichsleitung von nun an mäßigenden Einfluß auf ihre Heißsporne zu nehmen (115). Das ständig wiederholte Verbot, Waffen zu besitzen, und die Entschärfung des Horst-Wessel-Liedes (121) waren dafür symptomatisch. Bereits am 28. März 1928 hatte Dr. Frick dem Reichsinnenminister eine schriftliche Erklärung abgegeben, daß die NSDAP »die Änderung der heutigen Staatsform auf legalem Wege« anstrebe. Diese doppelsinnige Formel blieb fortan die Ausflucht, auf die sich die Parteileitung gegenüber den Parteigenossen einerseits und den Behörden andererseits zurückziehen konnte. Hitler durfte sie am 25. September 1930, zwei Wochen nach dem sensationellen Wahlsieg (155 a), sogar vor dem Reichsgericht beeiden (123). Nationalsozialistische Versammlungsredner, wie zum Beispiel der Münchener Gauleiter Adolf Wagner, M. d. b. L., im März 1931, verkündeten aber weiterhin: »In unseren Herzen heißt Legalität Kämpfer schaffen, die auf *unserem* legalen Weg, wenn die Stunde der Abrechnung gekommen ist, die Zerstörer Deutschlands dann da aufhängen, wo der Galgen am höchsten ist.«

Nicht alle Nationalsozialisten waren zu solchem Einsatz geeignet. Nur wenige lehnten ihn jedoch ab (118). Ansonsten durchdrang bei den meisten Parteigenossen, auch bei ausgesprochenen Literatengestalten wie Rosenberg und Bangert (108, 112) und anderen völkischen Weltverbesserern die Bewunderung der Kraft des freigesetzten Aktivismus untrennbar die Bindung an die kruden Theorien ihrer Weltanschauung. Die inhumane Verherrlichung der Gewalt zeigte sich in den erstaunlichsten Formen, so daß der Eindruck gerechtfertigt ist, das äußere Auftreten des Nationalsozialismus sei vielen wichtiger gewesen als sein Inhalt (119, 122).

Die Unbedingtheit des Einsatzes und ihre geringen beruflichen Zukunftsaussichten zogen gerade jüngere Menschen an. Eine Auswertung der bei einer Razzia im Februar 1931 beschlagnahmten Berliner SA-Kartei ergab, daß von 1824 SA-Männern 20,4 % bis 20, 50 % bis 25, 19 % bis 30 und nur 10,6 % über 30 Jahre alt waren. Beruflich setzten sie sich zusammen aus 14 % ungelernten und 40 % gelernten Arbeitern, 27 % kaufmännischen Angestellten, 7,7 % Freiberuflichen, 7,3 % Schülern und Studenten, den Rest bildeten Beamte und selbständige Gewerbetreibende. Freilich erreichte der Prozentsatz der Arbeiter außerhalb Berlins längst nicht diesen Anteil, vielmehr überwogen stark die kleinbürgerlichen und mittelständischen Berufe (105, 153).

Sicherlich wäre in ruhigeren Zeiten von den seit 1929/30 durch die Wirtschaftskrise erschreckten einströmenden Massen die Mehrzahl unpolitisch oder als Wähler bei den demokratischen Parteien geblieben. Gerade unter den starken sozialen und psychologischen Belastungen zeigte sich aber, wie tief verwurzelt die Ängste und Ressentiments waren, die die NSDAP rücksichtslos gegen das »daran schuldige System« ausschlachtete. In der Partei bewährten sich jetzt die »alten Kämpfer«, die die Zügel fest in die Hand nahmen und dafür sorgten, daß die Neuzugänge den »Geist der Bewegung« nicht verfälschten (124). Angesichts der eigentümlichen ideologischen Diffusität kam der formalen Ausrichtung besondere Bedeutung zu. Bekleidung (129) und Gruß (54), Versammlungsritual (121 b) und Befehlsstruktur waren in den Jahren zuvor so ausgeprägt worden, daß die Zunahme von 150 000 auf 1,5 Millionen innerhalb von drei Jahren (147) die Partei trotz der jetzt unvermeidlichen politischen Beteiligung am »System« nicht aus der Bahn zu werfen vermochte. Das war nur möglich, weil die ganze Partei inzwischen eindeutig auf Hitler ausgerichtet war.

Im Verständnis der frühen Parteimitglieder hatte sich die Gestalt des Führers schon bald als integrierendes Moment über das vage Gedankenkonglomerat geschoben. Hitler-Hemd und Hitler-Gruß, Hitler-Bilder und Hitler-Lieder (Bildtafel 5) waren seit 1925 untrennbarer, von Parteimitgliedern, nicht von Hitler selbst (Text zu Bildtafel 5) eingeführter

Bestandteil nationalsozialistischer Selbstdarstellung. Die äußerliche Uniformierung wirkte auch nach innen fort. Aus der von Wilhelm Dreher 1929 beobachteten blinden Marschbereitschaft – »Führ' du uns und wir werden dir folgen, wohin es auch immer sei, wir fragen nicht, ob richtig oder nicht« – wurde folgerichtig bis 1932 die parteioffizielle Identifizierung des obersten Führers mit der »Idee« (127). In der Dienstvorschrift für die PO von 1932 verlor der einzelne Parteigenosse sein individuelles Gesicht völlig. Sie vermochte ihn nur formal zu definieren. Kritiklose Unterordnung sollte den »Soldaten« auszeichnen, dessen Aufgabe und Ehre darin bestanden, der »herrlichen Bewegung anzugehören und ihrem einzigen Führer dienen zu dürfen« (127).

[106] *Nationalsozialist zu sein, ist ein Martyrium!*

Ortsgruppe Bühlau-Dresden. Am 4. d. Mts. fand eine Mitgliederversammlung statt. ...

Gerügt wurde vom Ortsgruppenführer, daß manche Parteimitglieder der Ansicht seien, daß eine Ortsgruppe ihre Versammlungen im Sinne eines Schützenvereins abhält, zu dessen Versammlung man gelegentlich, wenn die Langeweile plagt, hingeht; mit dieser Lodderwirtschaft müsse gründlich aufgeräumt werden. Pg. Richter legte den Mitgliedern folgendes ans Herz: Die politische Schulung der Mitglieder kann nur erfolgen durch den Besuch der Sprechabende. Unsere Bewegung erfordert schärfste Anspannung aller Kräfte zu dem politischen Kampf, den wir für die Freiheit des deutschen Volkes und der deutschen Arbeit führen. Unsere Bewegung verzichtet auf Mitglieder, die sich trotz Zugehörigkeit zur Partei gelegentlich in spießbürgerlicher Anschauung als Nationalsozialisten bekennen. Nationalsozialist zu sein, ist ein Martyrium! Erinnert Euch der leuchtenden Vorbilder! Erinnert Euch unserer Gefallenen vor der Feldherrnhalle, die mit ihrem Tode das Bekenntnis zum Nationalsozialismus besiegelten! Erinnert Euch derer, die unter den Messern gedungener Mörder das Leben gelassen! Erinnert Euch derer, die durch Überfälle zu Krüppeln geschlagen wurden! Erinnert Euch derer, die um ihrer Ehrlichkeit willen aus Brot und Lohn gejagt wurden! Wir führen den Kampf nach deutscher Art. Wir fürchten Gott, sonst nichts auf der Welt. Furchtlos und treu stehen wir hinter unserem Arbeiterführer Adolf Hitler! Nicht bänglich und feige sein und wenn Hieb auf Hieb fällt! Vorwärts unter dem Sturmzeichen, dem Hakenkreuz. Her zu uns, der nicht als Sklave leben will und seinen

Kindern und Kindeskindern die Freiheit erringen will. Kommende Geschlechter werden Euch Dank wissen, daß Ihr, Märtyrer deutscher Freiheit, der deutschen Arbeit, in Treue zusammengestanden, durch Not und Tod die Freiheit des deutschen Volkes und deutscher Arbeit errungen habt. Auf in den Kampf! Vorwärts zur nationalen Revolution, zur sozialen Revolution!

»Unsere Stellung zum Eintritt in den Völkerbund«, politische Tagesfragen, so lautete das Thema zu dem Sprechabend am 10. November [sic]. Pg. Richter hatte das Referat übernommen, die Parteigenossen waren vollzählig mit Gästen erschienen. Eingeleitet wurde der Sprechabend mit dem Absingen des Kampfliedes: »Wir sind das Heer vom Hakenkreuz.« In seinem Vortrag zeigte Pg. Richter, daß im Völkerbund eine Machtpolitik getrieben wird, wie sich das internationale jüdische Kapital in frecher, zynischer Weise der Welt kundgibt. Nichts ist zu lesen von Völkerfreiheit, Völkerverbrüderung, mißhandelt werden die Völker in ihrer nationalen Eigenart und ihren wirtschaftlichen Bedürfnissen. Heute schon stehen sich zwei Mächtegruppen gegenüber, auf der einen Seite England und Frankreich, auf der anderen Seite Italien und Spanien. Um das Mittelmeer streiten sich die Herrschaften, um den Besitz von Afrika. Neue Kriege sind im Anzuge, das internationale Kapital sucht neue Anlagemöglichkeiten! In einem See von Blut und Tränen watet der Völkerbund, im Osten donnern die Kanonen, afrikanische Völker werden mittels Maschinengewehren, Fliegerbomben, in ihrer Wehrlosigkeit niedergemetzelt. Alles unter den Augen und im Schutze des Völkerbundes! Kein Mensch spricht im Völkerbund von Deutschlands Not und der ihm wissentlich angetanen Schmach! Niemand hat ein Wort für die um Arbeit und Brot hungernden Millionen Volksgenossen! Deutschland hat sich laut Artikel 16 verpflichtet, sein eigen Fleisch und Blut zur Ausübung der Machtpolitik des Völkerbundes zur Verfügung zu stellen. Unser schon aus tausend Wunden blutendes Vaterland müssen wir zum Durchzug fremder Kriegshorden offen halten, müssen es dulden, daß deutsche Arbeit vernichtet wird, daß Deutschland der Tummelplatz für Abenteurer wird, die unter dem Schutze des Völkerbundes arbeiten. Deutsches Blut soll wieder vernichtet werden. Man wird dir, deutscher Michel, schon klar machen, wo du deine nationale Ehre zu verfechten hast. In fremde Lande wird man deine Kinder als Soldateska führen, hier wird der Jude das ihm mit Haß entgegenstehende deutsche Blut in grauenvoller Weise vernichten. Deutsches Volk, erwache!

Anschließend an den mit Beifall aufgenommenen Vortrag wurden von einem als Gast anwesenden Künstler des Staatstheaters zwei deutsche Gedichte in packender Weise zu Gehör gebracht. Zum Schlusse sangen alle

Anwesenden »Die Freiberger Garde« und schieden voneinander mit einem kräftigen »Heil Hitler!« . . .

W. Richter, 1. Vorsitzender.

[Der Nationale Sozialist für Sachsen (Kampf-Verlag Straßer) v. 19. 9. 1926]

[107] *Hitlers Vorwort zum Mitgliedsbuch der NSDAP*

Parteigenosse, vergiß niemals und an keiner Stelle, daß Du Vertreter und Repräsentant der nationalsozialistischen Bewegung, ja unserer Weltanschauung bist!

Der Fremde beurteilt die Bewegung nach dem Bilde, das er von Dir erhält.

Sei also in Deinem ganzen Handeln, Tun und Lassen ein Nationalsozialist!

Gib den andern ein Vorbild von Kühnheit, Opferwilligkeit und Disziplin!

Sei als Mensch fleißig, arbeits- und genügsam. Behandle Deine Untergebenen als Volksgenossen und nicht als Lasttiere, erblicke in ihnen keine Ausbeutungsobjekte, sondern Mitstreiter und Mitarbeiter im Erhaltungs- und Lebenskampfe unseres gesamten Volkes! Gib ihnen keine Behandlung, die Du selbst als Deutscher und Nationalsozialist nicht gerne erdulden würdest und fühle Dich deshalb nie als ihr Sklavenherr, sondern immer nur als ihr Führer. Vergiß nie, daß nicht nur die andern Dir etwas schulden, sondern daß auch Du den andern das gleiche schuldig bist! Handle dabei in allem, als ob das Schicksal Deines ganzen Volkes nur auf Deinen Schultern allein läge und erwarte nichts von anderen, was Du nicht selbst zu geben und zu tun bereit bist, bleibe stets das Vorbild für Deine Mitgenossen! Als Führer sei hart in Deiner eigenen Pflichterfüllung, entschlossen in der Vertretung des Notwendigen, hilfreich und gut zu Deinen Untergebenen, nie kleinlich in der Beurteilung menschlicher Schwächen, groß im Erkennen der Bedürfnisse anderer und bescheiden in Deinen eigenen! Betrinke Dich nie!

Erfülle alle Deine Verpflichtungen der Bewegung gegenüber und bedenke, daß das größte Werk nur dann von Menschen vollendet werden kann, wenn diese bereit sind, ihr eigenes Ich der größeren gemeinsamen Notwendigkeit und dem gemeinsamen Nutzen unterzuordnen. Gib dabei Deinen Volks- und Parteigenossen in allem jenes Beispiel, das Du selber gerne an ihnen sehen möchtest. Sieh' im Letzten Deiner Volksgenossen immer noch den Träger Deines Blutes, mit dem Dich das Schicksal auf dieser Erde unzertrennlich verbunden hat, und schätze deshalb in Deinem Volke den letzten Straßenfeger höher als den König eines fremden Landes!

Vergiß nie, daß die Freiheit eines Volkes das höchste Gut auf dieser Erde ist, daß es ohne diese kein Leben gibt und daß ihr Verlust nicht durch Reden und aber auch nicht allein durch Arbeit, sondern nur durch opfervollsten Kampf wieder gut gemacht werden kann. Bedenke aber, daß einen Kampf für die Freiheit niemals Klassen zu führen vermögen, sondern nur ein Volk! Die Klassen zu überwinden und ein zum Höchsten fähiges und bereites Volk zu schaffen, ist aber die Aufgabe Deiner Bewegung.

Wenn Du für die Nationalsozialistische Deutsche Arbeiterpartei kämpfst, so kämpfst Du damit für Dein Volk.

München, den 9. Januar 1927. Adolf Hitler.

[Exemplare der verschiedenen Ausgaben des Mitgliedsbuches der NSDAP – 1927, 1933 – in: BDC, PKC-Akten Constantin Hierl, Franz Stöhr u. a.]

[108] *Nationaler Sozialismus? Von Alfred Rosenberg*

Worte sind zwar nur Symbole, und doch liegt in ihrer Anwendung und der Art ihrer Betonung eine magisch bezwingende Macht. Die Namen Potsdam, Weimar, Bayreuth, früher unscheinbare Bezeichnungen, tragen heute, wenn man sie ausspricht, die Fülle des Gesamtdeutschtums in sich. Für den einen mehr, für den andern weniger – je nach Stärke von Vernunft und Seele – in jedem Fall aber treten sie als geistige Macht auf, sobald sie ertönen. Für Millionen bedeuten die Worte Rom, Wartburg, Mekka etwas Ähnliches. Millionen fühlten ihr ganzes Sein ergriffen, wenn man vom »deutschen Kaisertum« sprach, andere, wenn die »Internationale« gefeiert wurde.

Ein ähnliches Symbol bedeutet heute bereits für viele Tausende das Wort »Nationalsozialismus«. In ihm, in diesem *einen* Wort, liegt jene Zusammenschau der großen Probleme unserer Zeit beschlossen, die das Wesen unserer Bewegung ausmacht: des Nationalismus und des Sozialismus. Der Nationalismus gereinigt von formalen und wirtschaftlichen Zufälligkeiten; der Sozialismus, befreit vom Wahn des Internationalismus in jeder Form. Wir glauben alle fest, daß, wenn in einer kommenden Zeit dieses Wort ausgesprochen werden wird, Millionen dadurch im Geist der ganze Freiheitskampf unseres Volkes aufsteigen wird. Wir sollten diesen Namen als *ein* Wort, als ein *Hauptwort,* deshalb möglichst unzerteilt, als Ganzes gebrauchen.

Es wird nun aber in unseren Kreisen oft vom »Nationalen Sozialismus«

gesprochen. Dies geschieht natürlich im uneigentlichen Sinne, denn alle Parteigenossen, die es tun, denken natürlich so, wie ich es anfangs dargestellt habe. Und doch liegt in dem Gebrauch dieser zwei Worte eine Gefahr. Die Gefahr nämlich, daß bei den noch zu werbenden Deutschen ein anderer Eindruck entstehen kann, als er beabsichtigt worden ist.

Denn im Gebrauch der Fassung »nationaler Sozialismus« an Stelle von »Nationalsozialismus« könnte leicht die Anschauung Ausdruck gewinnen, als sei der Sozialismus Hauptsache, das Nationale nur Beiwort, sozusagen Erläuterung des Hauptwortes. Wobei es sich doch in Wirklichkeit genau umgekehrt verhält: Das Ewige, welches wir durch alle wandelbaren Formen erhalten möchten, ist das Volk. Alles, aber auch alles hat der Stärkung jener rassischen Grundlagen zu dienen, welche die Blüte der Nation gewährleisten. Unter diesem Gesichtspunkt erscheint der Sozialismus – gereinigt vom Marxismus – als ein staatliches Mittel, im Dienste des einzelnen und des ganzen die Volksheit vor privaten, hemmungslosen Gelüsten zu schützen. Dies nicht, um eine abstrakte Idee, die sich »Sozialismus« nennt, zu verwirklichen, sondern um dem Konkretesten, der Nation, zu dienen. Deshalb muß das Wort »Nation« auch als *Haupt*wort, und zwar mit dem »Sozialismus« verbunden, dastehen, nicht als kleingeschriebene Beigabe.

Wir sind deshalb, genau gesprochen, *nicht* »nationale Sozialisten«, sondern Nationalsozialisten.

Es ist hohe Zeit, dieses klar zu betonen, denn aus dem früher nur uneigentlichen Gebrauch der ersten Fassung haben sich viele unserer Redner und Schriftsteller daran gewöhnt, sie allein zu verwenden. Hier liegt also die Gefahr auch der Verschiebung unserer Gesamtidee offenkundig vor. Sie muß dadurch beseitigt werden, daß ab jetzt nur vom Nationalsozialismus als Einheit und Hauptwort gesprochen und geschrieben wird.

[Völkischer Beobachter Nr. 25 v. 1. 2. 1927, S. 1]

[109] *Nationaler Sozialismus! Von Gregor Straßer*

Unter dieser Überschrift – nur mit anderer Interpunktion – veröffentlicht Pg. Alfred Rosenberg in Nr. 25 des »Völkischen Beobachters« einen Artikel, der gerade wegen der führenden Stellung des Verfassers nicht unwidersprochen bleiben darf. Ich wähle hierzu absichtlich die Nationalsozialistischen Briefe, die mir für derartige Auseinandersetzungen geeigneter erscheinen als das öffentliche Organ der Partei, das auch von Nichtparteiangehörigen gelesen wird. ...

Noch einmal wiederholt Rosenberg die gleiche Einschätzung, wenn er schreibt: »Der Sozialismus erscheint ... als ein staatliches Mittel ... die Volkheit vor privaten hemmungslosen Gelüsten zu schützen.«

Nein, Pg. Rosenberg, das ist ein Irrtum in der Sache!! Es gilt nicht nur, die Volkheit vor den »hemmungslosen« Gelüsten zu schützen, sondern es gilt überhaupt einer ganz anderen Form des wirtschaftlichen Lebens Durchbruch zu schaffen! Wenn ich den Kapitalismus oben kurz definiert habe als organisierte Mangel- und Hungerwirtschaft und dargelegt habe, daß dieser Kapitalismus so ist – unabhängig von seinen Vertretern, – weil sein eigenes Gesetz das verlangt, dann resultiert daraus, daß der Sozialismus die organisierte Bedarfdeckungs- und Gemeinwirtschaft ist, die davon ausgeht, daß es keine »Nation« gibt, wenn diese Nation nicht Schicksals-, Not-, aber auch Brotgemeinschaft ist und sein will!! – Den Geist dieses sozialistischen Wirtschaftssystems habe ich an dieser Stelle (im 18. Brief) mit den Worten gekennzeichnet: »Arbeit ist mehr als Besitz; Leistung mehr als Gewinn; Verantwortung mehr als Genuß!« Die Form dieses sozialistischen Wirtschaftssystems, ganz unabhängig wie sie im einzelnen aussehen mag, schließt in sich die Anteilnahme des schaffenden deutschen Menschen am Besitz, am Gewinn und an der Leitung, worüber Pg. Dr. Rosikat im 30. Briefe besonders wertvolle Ausführungen machte.

Und noch eins möchte ich richtigstellen, damit nicht »bei den noch zu werbenden Deutschen ein anderer Eindruck entstehen kann, als er beabsichtigt ist«: Wir sind keineswegs deshalb Sozialisten, »um eine abstrakte Idee, die sich Sozialismus nennt, zu verwirklichen«, sondern wir sind »Sozialisten« aus Gerechtigkeitsliebe und aus Liebe zur Nation! Und hier kommen wir zum tiefsten Unterschied zwischen »Sozialismus« und »Marxismus«, die leider auch in unseren Reihen nicht immer genügend auseinandergehalten werden, so daß oft etwas als »marxistisch« gilt, was in Wirklichkeit »sozialistisch« ist! (und umgekehrt!) Unser Sozialismus, der wahre Sozialismus, stellt gerade die Nation, die Not- und Brotgemeinschaft in den Mittelpunkt; er lehnt die liberale Doktrin von der individuellen Freiheit, auf der Kapitalismus und als sein Pendant Marxismus ruhen, restlos ab und setzt an deren Stelle die Gebundenheit des Blutes und den Zusammenhang des Volkes. Gerade daraus aber resultiert, daß Sozialist sein muß, glühender, leidenschaftlicher, vor keinem liberalen »Rechtsanspruch« zurückschreckender Sozialist, wer sein Volk wahrhaft liebt!! Dieser Sozialismus erkennt gar wohl das Wort an, daß »Eigentum die Grundlage aller Kultur ist«, aber gerade deshalb will er den von einem unsittlichen System, das zwangsläufig die Rücksichtslosesten und Gemeinsten nach oben bringt, enterbten und beraubten Massen Eigentum geben, und es ist selbstverständlich, daß dies nicht ohne Rückgabe des vom kapitalistischen System geraubten Volksgutes möglich ist.

Neben dem Eigentum der Nation aber, an dem jeder schaffende Volksgenosse teilhaben soll – und noch viel wichtiger als dies ist die lebendige Anteilnahme an der Leitung und am Gewinn, wodurch allein auch jene »Eingliederung in den Produktionsprozeß«, jene »Beseelung der Arbeit« ermöglicht werden wird, von der alle volksliebenden Deutschen heute reden und schreiben, ohne daß sie allerdings immer gewillt wären, diese letzte Konsequenz zu ziehen. Das alles ist Sozialismus. Unser Sozialismus, der ein integrierender Bestandteil des Nationalsozialismus ist, wobei ich es absichtlich vermeide, das eine als Hauptsache, das andere als Nebensache hinzustellen, weil sie beide ohne einander nichts sind, ja in ihrer wahren Wesenheit das eine ohne das andere gar nicht denkbar und möglich ist.

Ich halte es darum nicht nur für nicht gefährlich, sondern im Gegenteil erklärend und damit »richtig«, vom »nationalen Sozialismus« zu sprechen, wie dies ja auch der Titel eines der grundlegendsten Werke unserer Literatur zum Ausdruck bringt. Dabei ist allerdings zuzugeben, daß sich beide Begriffe nicht restlos decken, daß aber der »nationale Sozialismus« so völlig im »Nationalsozialismus« enthalten ist wie der gesamte antisemitische bezw. völkische Komplex. Und gerade weil in unserer Literatur, in unseren Reden und unseren Veröffentlichungen diese antisemitischen und völkischen Komplexe so stark hervortreten, darum erscheint es mir gerade günstig für die Gesamtbewegung, wenn an anderer Stelle die sozialistischen Komplexe mehr betont werden! Beide, ich halte das für notwendig nochmals zu betonen, sind unter sich weder gegensätzlich, noch decken sie einzeln den Begriff »Nationalsozialismus«, den ich im Gegenteil als den alle diese Komplexe umfassenden und einschließenden empfinde.

»Wir sind deshalb, genau gesprochen, nicht nur ›nationale Sozialisten‹, sondern auch ›Antisemiten‹ – mit einem Wort:

›Nationalsozialisten‹!«

[Nationalsozialistische Briefe Nr. 34 v. 15. 2. 1927 (gekürzt). Abgedruckt bei Kühnl, Die Nationalsoz. Linke, S. 370 f.]

[110] *Wie wird man Nationalsozialist?*[42]

... Wie sind es die Zehntausende in allen Teilen Deutschlands geworden? Vielleicht darf ich erzählen, wie ich es geworden bin, weil ich hier der

42 Aus Gregor Straßers Rede im Münchener Hofbräuhaus am 19. Dezember 1927 anläßlich der Gerüchte über eine bevorstehende Spaltung der NSDAP (s. Dokument 69 b).

Spaltpilz oder das Karnickel bin! Vor dem Krieg haben wir uns um Politik nicht gekümmert. Aufgewachsen als der Sohn einer kleinen Beamtenfamilie, kannte ich kein anderes Bestreben, als durch Fleiß vorwärts zu kommen. *Im Krieg sind wir Nationalisten geworden*, d. h. aus jenem dumpfen Gefühl, daß das Vaterland gestützt werden muß, daß es etwas Hohes, Heiliges ist, der Schutz der Einzelexistenz, aus diesem dumpfen, vielen nicht klar gewordenen Begriff wurde man im Feld Nationalist. Als ich sah, daß alle Völker der Erde gegen den deutschen Schützengraben mit Vernichtung und Mordgier lossprellten, als die Weltbörse ein Land der Erde nach dem andern unter Waffen setzte und gegen das eine deutsche Volk im Schützengraben lossprengte, Amerikaner, Portugiesen, Schwarze, Gelbe gegen das Häuflein der deutschen, um ihre Existenz kämpfenden Menschen, ist mir klar geworden: wenn Deutschland am Leben bleiben will, muß jeder Deutsche wissen, *was deutsch sein heißt und muß diesen Begriff verteidigen bis zur Selbstaufopferung*. Kompagnien und Batterien, von 250 Mann auf 60 Mann zusammengeschossen, brauchte man nichts von *Notgemeinschaft* erklären, die wußten: wenn wir nicht einig sind, kommen die Schwarzen über uns. Wir wußten, daß Primärste jeden Mannstum ist, sich zu verteidigen, und das zweite: alles muß zusammenhalten, das gleicher Muttersprache ist, muß sich organisieren, um vereint stark zu sein!

Und warum sind wir Sozialisten geworden?

Dieser Begriff lag vielen, die heute in unseren Reihen stehen, noch ferne wie der Begriff Nationalismus in seiner letzten scharfen Konsequenz. Alles mögliche haben wir in der Schule gelernt. Aber kein Mensch hat uns erzählt, daß die Hälfte des deutschen Volkes der Nation feindlich gegenübersteht, *weil sie in ihren primitivsten Lebensforderungen von der anderen Hälfte* im Stich gelassen worden war. Man hat uns kein Wort erzählt von jener tragischsten Stunde des deutschen Volkes, *als die entstehende deutsche Arbeiterbewegung nichts anderes war als der Aufschrei von Millionen deutscher Volksgenossen, in die Nation als gleichberechtigt aufgenommen zu werden*. (Starker Beifall.) So hat man diese Millionen dem Juden Marx überlassen, der aus der deutschen Arbeiterbewegung den Marxismus machte, um mit der Kraft dieser Millionen nichts anderes zu tun, *als die deutsche Nation zu zerstören und zur Kolonie des Weltkapitals zu machen.*

Einen Grundsatz müssen wir immer als feststehend anerkennen: bereit sein, die Fehler zu erkennen, sich klar sein darüber, daß, wenn ein Volk zugrunde geht, es in erster Linie die *Schuld der Regierenden* dieses Volkes ist. Sie sind im Besitze der Macht, mit der sie alles verhindern konnten, was auf die Dauer volks- und staatsfeindlich werden muß.

Dieser Mensch, den der Jude Marx zu einem »Sozialdemokraten« umfälschte, zu einem Marxisten, stand auf einmal in der Gruppe, in der Batterie, in der Geschützbedienung neben einem. In den vielen Stunden der Wache kam Rede und Gegenrede: Was bist Du, Schlosser! Politisch? Ein Roter, Marxist! Da erstaunten wir, die wir aus dem Bürgertum gekommen waren, denen man nichts gesagt hatte.

Warum ich Marxist bin?

Weil ihr euch nie um uns gekümmert habt! Dann dachte man nach, dann kam die große Erkenntnis: Wie der Kerl tapfer ist und seine Pflicht tut! Ich habe die Erfahrung gemacht: *Die besten Soldaten waren häufig diejenigen, die in der Heimat am wenigsten zu verteidigen hatten.* (Beifall.) Er tat mit, erfüllte seine Pflicht restlos, und aus den Reden mit ihm erkannten wir *die Fehler unserer Urgroßväter. Weil wir Nationalisten geworden im Schützengraben, darum mußten wir im Schützengraben Sozialisten werden,* heimkommen mit dem brutalen Willen, alle im Volke um uns zu scharen und ihnen zu lehren, daß die Größe einer Nation abhängt von dem Willen des einzelnen, für diese Nation einzutreten und ihnen zu sagen: Dein Schicksal hängt unlöslich zusammen mit dem Schicksal deines Volkes, mit dem Schicksal und der Größe deiner Nation. Wir mußten aus diesem Krieg heimkommen mit dem Willen: *Derjenige, der mit uns gekämpft hat und der Nation gegenüber feindlich eingestellt ist, weil sie sich nicht um ihn gekümmert hat, soll gleichberechtigt werden, damit Deutschland in Zukunft stark sei und Herr werde über seine Feinde!* (Starker Beifall.) . . .

[Völkischer Beobachter Nr. 294 v. 21. 12. 1927, S. 1]

[111] *Aufmarsch der Kämpfer*

»Aufmarsch der Kämpfer« – ein Wort des Stolzes und der Verpflichtung! – Ein Parteitag der N.S.D.A.P. ist keine »Parade«, kein »Deutscher Tag«! – Wir »demonstrieren« nicht *gegen* etwas oder *für* etwas –

sondern wir *sind* etwas: *Kämpfer!* –

Das ist es, was den wesenhaften Unterschied ausmacht zwischen uns und den andern: *nicht die Gesinnung* – denn es wäre unwahr, nicht zuzugeben – mit Freude und Hoffnung zuzugeben –, daß Hunderttausende, Millionen Volk und Vaterland so heiß lieben, wie wir, nach besserer Zukunft langen, nach Freiheit verlangen, nach Gerechtigkeit sich sehnen, wie wir; – *aber der Wille* unterscheidet uns: bei ihnen allen ist's ein bangendes, klagendes, sehnsüchtiges *»ich möchte«* – bei uns ein gebieterisches, eisenhartes, fanatisches

»ich will«! –

Ja, Freunde, dieser Wille, der mit hartem Rhythmus unser Blut treibt und mit unermüdlicher Leidenschaft unser Hirn lenkt, dieser Wille: unser Volk frei zu machen von den Ketten der Sklaverei, die deutsche Arbeit frei zu machen von der Ausbeutung des Geldes, die deutsche Seele frei zu machen von der Knechtung fremdrassigen Geistes – dieser Wille lebt in uns zu jeder Stunde des Tages und der Nacht, an jedem Ort und bei jedem Tun und heißt uns kämpfen, kämpfen, kämpfen!

Es gibt für uns nicht die Frage: »Wozu – und ob es auch Zweck hat – und ob es sich lohnt« – so wie es die Frage nicht gibt: »Wieviel werden mittun – und werden wir siegen – und wann?« –

Die Fragen sind töricht, Antworten wären unnötig und gegenstandslos! – Es handelt sich nicht darum, Erwägungen anzustellen über Ursache, Erfolgmöglichkeit, Siegespreis – sondern es geht nur darum, jenes ewige

Gesetz der Pflicht

in uns zu erfüllen und zu kämpfen, mit aller Hingabe der Seele, aller Leidenschaftlichkeit des Herzens und aller Anspannung unserer Kräfte! –

Sieg oder Niederlage ist dabei eine Frage auf anderer Ebene, die Gott entscheiden möge – und entscheiden wird! –

Dies Denken, dies Fühlen, dies Tun hebt uns heraus aus unserer Umwelt und macht uns zu

Bahnbrechern unseres Volkes.

Daran denkt immer, Freunde – voll Stolz, aber auch voller Verpflichtung!

Denn nicht um Feste zu feiern, treffen wir uns in diesen Tagen – sondern um uns auszusprechen über die Methode und das Ergebnis unseres Kampfes, um uns im Anblick des gemeinsamen Tatwillens Kraft zu holen für die Augenblicke der Abspannung und der Schwäche und vor allem um uns gegenseitig das *Gelöbnis* zu geben: wir kämpfen diesen Kampf im neuen Kriegsjahr weiter, mit verdoppelter Hingabe, mit verdreifachter Aufopferung und verzehnfachter Unerbittlichkeit!

Denn dieser dreifache Kampf, Freunde: um die deutsche *Freiheit*, um die deutsche *Arbeit*, um die deutsche *Seele* ist der Kampf um *»Leben oder Tod«* für unser Volk. –

In diesem Wissen marschieren wir auf, wir Kämpfer des 3. Reiches, schließen die Reihen und heben die Hand zum Schwur:

»Freiheit und Brot!«

Gregor Straßer.

[Der Nationale Sozialist für Sachsen Nr. 34 v. 21. 8. 1927, S. 1]

[112] *Der geschichtliche Sinn des 9. November 1923. Von Otto Bangert*

... Der innere Sinn der Tragödie von 1923 erschließt sich erst, wenn man einmal versucht, sich vorzustellen, welchen Gang die Deutsche Freiheitsbewegung bei einem *glücklichen* Ausgang des 8. November genommen hätte. Es ist gar nicht daran zu zweifeln, daß der »Marsch auf Berlin« unter Hitlers Fahnen zu einem *lawinenartig anschwellenden Triumphzug des erwachenden Deutschlands* geworden wäre. ... Die Aktion wäre nach aller menschlichen Voraussicht geglückt; in wenigen Tagen hätte der Marxismus gebändigt am Boden gelegen. Damit aber wäre an den Nationalsozialismus die gewaltige weltgeschichtliche Aufgabe herangetreten, einen völkischen Staat, eine völkische Volkswirtschaft, Rechtsordnung und Schule, mit einem Wort, ein neues völkisches Deutschland aufzubauen. Dieser gigantischen Aufgabe wäre die N.S.D.A.P. bei der verschwindend kleinen Anzahl organisierter, überzeugter Anhänger aus *eigenen* Kräften kaum gewachsen gewesen. ... Die Hunderttausende aber, die sich damals zu Adolf Hitler bekannten, hatten vom eigentlichen Wesen des Nationalsozialismus nur ganz *oberflächliche und vage Vorstellungen.* Es waren vorwiegend *bürgerliche* Elemente, die im Nationalsozialismus nur einen gesteigerten *Nationalismus* erlebten, nicht aber seinen ganzen *sozialen, revolutionären Ernst.* ... Ob es bei dieser Lage der Dinge gelungen wäre, die politischen, wirtschaftlichen und kulturellen Ziele des Nationalsozialismus in ihrem ganzen revolutionären Sinne durchzusetzen, das ist gewiß eine ernste Frage. ...

Versuchen wir einmal, die *positive Summe jenes Zusammenbruches* zu ziehen! So wahr ein leichter Sieg die N.S.D.A.P. mit einem erdrückenden toten Gewicht untauglicher Anhänger belastet hätte, so gewiß hat das schwere Schicksal, durch das sie schreiten mußte und muß, die Bewegung *von allen Mitläufern und unlauteren Elementen radikal gereinigt* und eine hervorragende *Auslese überzeugter, fanatischer Kämpfer herangezüchtet.* Sodann ist *die Idee* in diesen Jahren *in ihrer ganzen schöpferisch-revolutionären Tiefe und Reinheit entwickelt* und zur klaren Weltanschauung geweitet worden. Damit aber hat sich der Nationalsozialismus als absolut eigenartige und selbständige Erscheinung sowohl geistig wie organisatorisch von allen bürgerlich-nationalen Verbänden gelöst und marschiert nun bewußt allein, auf nichts vertrauend als auf die eigene Kraft und die überzeugende, hinreißende Gewalt seiner Idee. Unsere Bewegung ist heute eine *feste in sich geschlossene Sturmkolonne,* die gläubig und fanatisch entschlossen ihrem großen Ziel entgegen marschiert. Eine solche Sturmkolonne von überzeugten, kampfbereiten Männern aber bürgt uns besser für den einstigen Sieg der Idee als eine große, gedankenlose Masse, die beim ersten Wetter wie Spreu verweht. ... Da – wie die Verhältnisse heute liegen – eine gewaltsame Aktion unmöglich ist, sieht der Nationalsozialismus sich nun gezwungen, das dritte Reich *von innen her* zu bauen. Damit aber hat die nationalsozialistische Bewegung Zeit gewonnen, *alle politischen, wirtschaftlichen und kulturellen Fragen bis auf den Grund ihres Wesens durchzudenken.* Sie hat Zeit gewonnen, auf allen Gebieten des deutschen Lebens die *führenden Köpfe auszulesen und heranzubilden,* die dereinst, wann die Stunde gekommen ist, berufen sein werden, das völkische Deutschland aufzurichten. Schon jetzt ist die Bewegung dazu übergegangen, auf ihren Parteitagen zahlreiche Ausschüsse zu bilden, die wesentliche Fragen besonders behandeln und klären. Naturgemäß sind es, solange die Bewegung zahlenmäßig noch klein ist, vor allem Fragen der Propaganda und Organisation. Je größer und stärker die Bewegung werden wird und je mehr sie sich damit dem Siege nähert, umso umfassendere Fragestellungen werden sich ergeben. Es ist sehr wahrscheinlich, daß sich dann innerhalb der Partei *besondere Organisationen bilden* werden, um besondere wichtige Probleme in Angriff zu nehmen. So werden sich etwa die nationalsozialistischen Ärzte, die Volkswirtschaftler, die Juristen, die Lehrer verbinden, um alle rassenhygienischen, ökonomischen, juristischen und pädagogischen Probleme bis zur praktischen Lösung durchzuarbeiten. Vielleicht werden sich auch die verschiedenen Berufsstände zu nationalsozialistischen Gewerkschaften zusammenschließen. Auf diese Weise wird sich die N.S.D.A.P. immer deutlicher zu einem *werdenden Staate* entwickeln, der nach organischen Gesetzen seine Formen aus einer zentralen Idee entfaltet. Dieser werdende Staat wird in wachsendem Maße unser ganzes zerrüttetes öffentliches Leben durchdringen. Wenn dann einst der Nationalsozialismus die Macht ergreift, so ist das dritte Reich bereits in seinen Grundlagen da. Damit aber verliert der Aufbau dieses Reiches von vornherein den Charakter eines fragwürdigen Experiments, und der völkische Staat, die neue deutsche Rechts- und Wirtschaftsordnung, die völkische Schule, wachsen mit der gleichen ruhigen Sicherheit empor, mit der ein Gebäude nach sorgfältig erwogenem und ausgearbeitetem Plan entsteht. Das deutsche Volk aber wird an diesem gewaltigen Aufbau mit ganzer Hingabe teilnehmen und helfen, wenn es überall nicht nur reine Charaktere, sondern auch wirkliche Meister am Werk sieht! – ...

[Völkischer Beobachter Nr. 258 v. 9. 11. 1927, Beilage (gekürzt)]

[113] *Generationsproblem und jugendliche Kampfmethoden*

Köln, den 21. Januar 1928.

An den Untersuchungs- und Schlichtungsausschuß der N.S.D.A.P.

München

Sehr geehrter Herr Major!

... Ich hätte es für außerordentlich wünschenswert und angebracht gehalten, wenn Sie sich bei Ihrem Aufenthalt im Rheinland, bei welcher Gelegenheit man Ihnen ja die Klagen unterbreitet hat, mit uns in Verbindung gesetzt hätten, was mit einem telefonischen Anruf hätte herbeigeführt werden können. Da ich selbst erst im 26. Lebensjahre stehe, empfinde ich Ihre Stellungnahme gegen den Pg. Fey, soweit sie sich gegen dessen Jugend richtet, recht schmerzlich. Wir Jugendlichen haben uns ganz gewiß ein Anrecht darauf erkämpft, mit den Parteigenossen älteren Jahrgangs innerhalb unserer gemeinsamen Partei gleichgestellt zu werden. Interessant wäre auch die statistische Feststellung, wer den größten Anteil an der propagandistischen Ausbreitung der nationalsozialistischen Idee und am aktiven Kampfe gegen den marxistischen Terror hat, die älteren Herren oder die Jugend. Ich glaube, daß Sie, Herr Major, von dem Ergebnis einer solchen Feststellung enttäuscht sein dürften, sofern ich aus Ihrer Beurteilung des Pg. Fey auch auf Ihre sonstige Stellungnahme zur Jugend schließen darf. Wenn wir eine Frontkämpferbewegung in dem Sinne wären, wie Sie es in Ihrem Schreiben darstellen, glaube ich, daß unsere Bewegung genauso wenig wie die Wehrverbände eine Zukunft hätte. Selbstverständlich weiß auch ich das Frontsoldatentum zu achten und zu schätzen, zumal auch vier meiner Brüder den ganzen Krieg mitgemacht haben. Ich unterschätze auch nicht den Wert, den ein zahlreiches Frontsoldatentum gerade innerhalb unserer Bewegung hat, nur halte ich das Frontsoldatentum *allein* nicht ausschlaggebend für die Beurteilung eines Menschen und für den Fortschritt unserer Bewegung. Hinzu kommt noch, daß gerade wir Jugendliche des Rheinlands während der Separatistenaufstände und während des passiven Widerstandes Gelegenheit hatten zu beweisen, daß wir auch mit der Waffe umzugehen wissen, so gut, wie mancher Frontsoldat.

... Für den Fall Lehnhoff trage ich allein die Verantwortung, und werde mich auch in der demnächst stattfindenden Gerichtsverhandlung zu verantworten wissen. Die Veröffentlichungen haben zu einem Beleidigungsprozeß geführt, ganz so, wie ich es gewünscht habe. Das sittliche Verhalten Lehnhoffs ist so, daß ich als Nationalsozialist nicht stillschweigend darüber hinweggehen konnte. Lehnhoff ist keine x-beliebige Privatperson, sondern der Chef der Koblenzer Sittenpolizei. Um so schwerwiegender liegen die Fälle unsittlichen Verhaltens, die ich Lehnhoff nachgewiesen habe.

Ein besonderer Grund, weshalb ich den Fall Lehnhoff aufgegriffen habe, liegt darin, daß die Polizeibehörde in Koblenz unsere Bewegung mit Mitteln bekämpft, wie wir sie in anderen Städten noch nicht erlebt haben. Lehnhoff ist ein persönlicher Freund des Polizeichefs Dr. Biesten, und wenn es uns gelingt, Lehnhoff zu Fall zu bringen, stehen wir in der Öffentlichkeit nicht nur als die Vorkämpfer für Reinlichkeit im öffentlichen Leben da, sondern haben auch dem Polizeichef Dr. Biesten einen Schlag versetzt, der zu weiteren Folgen zu unseren Gunsten führen kann, weil Dr. Biesten von allen unsittlichen Taten des Lehnhoff wußte, ohne ihn zu entlassen.

Wir haben in unserem Kampf nicht danach zu fragen, ob dieser oder jener alte Herr damit einverstanden ist, ob es ihm angenehm ist, wenn wir einen alten Bekannten zur Zielscheibe unseres Kampfes machen, sondern nur danach, was wahr ist und was dem Fortschritt unserer Bewegung dient. Derjenige, der darüber die Verantwortung übernimmt, muß auch darüber zu entscheiden haben. Und da der Erfolg unserer Bewegung in reichem Maße eingetreten ist, so ist damit die Richtigkeit unserer Kampfesweise bestätigt.

Ich darf als an Jahren junger Nationalsozialist die Bitte aussprechen, daß Sie, Herr Major, sich bemühen möchten, mich und die junge Welt zu verstehen.

Heil!
[gez.] Grohé

[BDC, OPG-Akte Josef Grohé (gekürzt)]

[114] *Die Sturmkolonnen*[43]

Wir sind die Sturmkolonnen,
Wir gehen drauf und dran,
Wir sind die ersten Reihen,
Wir greifen mutig an.
Im Arbeitsschweiß der Stirne,
Den Magen hungerleer:
Die Hand voll Ruß und Schwielen
Umspannet das Gewehr.

So stehn die Sturmkolonnen
Zum Rassenkampf bereit.
Erst wenn die Juden bluten,
Erst dann sind wir befreit.
Kein Wort mehr von Verhandeln,
Das doch nicht helfen kann:
Mit unserm Adolf Hitler
Wir greifen mutig an.

43 Diese Verse sind als »Berliner S.A.-Lied« auch im parteiamtlich anerkannten Bamberger NS-Blatt »Die Flamme« (Nr. 39 v. 7. 10. 1927) abgedruckt worden. Die Schlußzeilen heißen dort: »Sturm auf die Barrikaden! Auf, auf, durch Kampf zum Sieg! Wir sind die Sturmkolonnen der Hitlerrepublik.«

Es lebe Adolf Hitler! Und wir marschieren schon.
Wir stürmen in dem Zeichen der deutschen Revolution.
Sprung auf die Barrikaden! Der Tod besiegt uns nur:
Wir sind die Sturmkolonnen der Hitlerdiktatur.

[Der Angriff Nr. 26 v. 25. 6. 1928, S. 4]

[115] *Mahnung zur Legalität*

Adolf Hitler München, den 27. Juni 1928
Kanzlei:
München 13, Schellingstr. 50

An die Schriftleitungen der nationalsozialistischen Presse!

In letzter Zeit erscheinen in der nationalsozialistischen Presse hie und da Aufsätze, Gedichte usw., deren Inhalt mit dem Weg der NSDAP, den Adolf Hitler festlegte, in Widerspruch steht. Adolf Hitler hat bei Neugründung der NSDAP im Jahre 1925 ausdrücklich erklärt, daß er mit der Partei den legalen Weg zu gehen beabsichtige und daher jedem Angehörigen derselben auf's strikteste verboten ist, unerlaubte Waffen irgendwelcher Art zu besitzen. Adolf Hitlers Erklärungen haben nach wie vor Geltung.

Es ist somit ebenso widersinnig wie unklug, durch Presse-Veröffentlichungen bei den Mitgliedern der Partei den Eindruck zu erwecken, als werde die NSDAP eines Tages ihre Ziele auf illegalem Wege, d. h. durch Gewalt, Barrikadenkämpfe und Blut zu erreichen suchen.

Es ist im Gegenteil von Zeit zu Zeit zu betonen, daß die Lage, die im Jahre 1923 zum Staatsstreichsversuch führte und die vor allem eine Folge des französischen Ruhr-Einbruchs war, endgültig vorüber ist. Adolf Hitler ist überzeugt, daß die Verhältnisse in Deutschland zwangsläufig seine Bewegung zum endgültigen Erfolg führen werden, und zwar gerade dann, wenn er den legalen Weg nicht verläßt.

Der nationalsozialistischen Presse aber obliegt die Aufgabe, nicht etwa die Mitglieder der Bewegung zu illegalen Handlungen aufzuhetzen und auf solche vorzubereiten, sondern möglichst weite Kreise des deutschen Volkes zu erfassen und aufzuklären über den ungeheuren an ihm verübten Betrug. Damit leistet sie den besten Dienst an der Bewegung und trägt sie am besten bei, dem Nationalsozialismus den Weg zur Macht zu bereiten.

Mit deutschem Gruß

[Ungezeichnet. BAK, Slg. Schumacher 260]

[116] *Aufruf zur geistigen Revolution der Disziplin*

In *Bremen* haben einige undisziplinierte Leute sich bemüßigt gefühlt, ohne äußeren Anlaß jüdisch aussehende Leute auf der Straße zu verprügeln. Wohlverstanden, sie waren nicht etwa, wie seinerzeit die Berliner, durch eine Schlacht, wie Lichterfelde-Ost, oder ein an den Haaren herbeigezogenes Parteiverbot bis aufs Blut gereizt. Dabei erwischten sie auch noch einen *brasilianischen* Konsul, und die Folge war schwerste Schädigung der nationalsozialistischen Bewegung. Der zuständige Gauleiter, Pg. *Röver*, hat sofort die einzig mögliche Konsequenz gezogen und die *Ortsgruppe Bremen* einschließlich der S.A. aufgelöst. Bei der späteren Neugründung wird Sorge getragen werden, daß für undisziplinierte Elemente kein Raum mehr in der Ortsgruppe ist.

Wir benutzen diesen Anlaß, um zu dem Fall grundsätzlich Stellung zu nehmen, da es wohl auch anderwärts unüberlegte junge Leute gibt, die glauben, durch *wilde Prügeleien* der Bewegung dienen zu können.

Davor können wir nicht eindringlich genug warnen. Die Befreiung des deutschen Volkes kommt dadurch nicht um einen Schritt vorwärts, wohl aber erleidet die Freiheitsbewegung des Nationalsozialismus durch die zwangsläufig einsetzenden neuen Verfolgungen und Verbote sowie durch das Mitleid der Spießer mit den »armen« Juden schwerste Hemmungen. Dasselbe gilt auch von politischen Morden.

Der Kampf, den wir zu kämpfen haben, ist ein viel schwererer und ist nur zu gewinnen durch *zielbewußten* Einsatz. Von keinem Nationalsozialisten wird verlangt, daß er sich irgendetwas *gefallen läßt. Darüber hinaus* aber soll er nur da kämpfen, wo er von seinen Führern eingesetzt wird. Die Führer wiederum sind dafür verantwortlich, daß solcher Einsatz nur da erfolgt, wo es Sinn und Zweck hat.

Ein Nationalsozialist muß stets das Ganze im Auge haben. Dieses Ganze aber heißt die Freiheit des deutschen Volkes. Der ungeistigen Revolution des Chaos gilt es entgegenzusetzen die geistige Revolution der Disziplin!

[Der Angriff Nr. 40 v. 1. 10. 1928, S. 4]

[117] *Rundschreiben des Ortsgruppenleiters Gemeinder, Frankfurt/M.*

Frankfurt a. M., den 1. November 1928

... Die Führung der Ortsgruppe unterschätzt keineswegs die persönliche Werbetätigkeit der einzelnen Mitglieder. Wissen wir doch, daß es gerade der persönlichen Arbeit jedes einzelnen Parteigenossen zu verdanken ist, wenn die Bewegung hier am Platze diese beachtliche Stellung errungen hat. Alle diese Erfolge müssen jedoch durch die Art der Werbung einzelner Parteigenossen in ihrer Wirkung gerade entgegengesetzt sein, wenn solche Parteigenossen durch Diskussionen die Bewegung vertreten, die selbst von den elementaren Sinnen des Programms nichts verstehen und trotzdem davon zu sprechen wagen. Gerade in der letzten Zeit wurde wiederholt beobachtet, daß einzelne Parteigenossen die unglaublichsten Dinge zu erzählen wissen. Zum Beispiel: Ein Parteigenosse erklärt *sachgemäß* dem Gegner, daß der »Nationalsozialismus« dem Kommunismus gegenüber weltanschaulich gerade entgegengesetzter Auffassung sei. Ein anderer kommt dazu und stellt den erstgenannten Parteigenossen zur Rede und faselt etwas, von dem er nichts versteht.

Man höre nur:

»Nationalsozialismus ist ganz genau dasselbe wie der Kommunismus, nur daß wir unsere Idee auf nationaler Grundlage durchführen wollen!«

Dieses Beispiel ist charakteristisch. Es ist eines von den vielen. Angesichts solcher Propaganda haben wir die ernstesten Bedenken. Darum gelte für die Folge die folgende Auffassung der Führung:

a) Debatten vor der Buchhandlung Böhle, die ohnehin meist durch Provokateure dazu benutzt werden, den Inhaber zu schädigen, haben in Zukunft zu unterbleiben.

b) Die Ansammlung debattierender Erwerbsloser usw. wird sich nicht verhindern lassen. Die einzelnen Parteigenossen mögen aber ein wachsames Ohr für diejenigen Debattierenden haben, die, anstatt sich der Bewegung zur Verfügung zu stellen, lieber herumstehen und dummes Zeug reden, das sie selbst meist nicht glauben. ...

[Nach: Adalbert Gimbel, So kämpften wir. Frankfurt/M. 1941, S. 67 f. (gekürzt)]

[118] *Ein Enttäuschter tritt aus*[44]

Einschreiben. Pescherhof, Post Fischeln b. Krefeld a/Rh.,
den 13. Mai 1929

An die Reichsleitung der N.S.D.A.P.
München

Ich erkläre hiermit meinen Austritt aus der N.S.D.A.P. und zwar aus folgenden Gründen:

1. Die Bewegung kämpft seit Jahren in einer Art und Weise, wie sie der sittlichen Höhe der Idee der N.S.D.A.P. unwürdig ist.

2. Weil nach meinen Beobachtungen Adolf Hitler bezw. die Reichsleitung der N.S.D.A.P. ihre Führer nicht mehr vollständig in der Gewalt hat. – Es wird zuviel eigene Politik getrieben. Führer, die hierdurch dem Ansehen der N.S.D.A.P. schaden, werden fast nie von ihrem Posten entfernt und durch bessere ersetzt, um auf diese Weise die Partei vor der Öffentlichkeit sowohl als auch vor ihren eigenen Mitgliedern zu rehabilitieren. – Die Auswahl der Führer erfolgt *nicht* nach nationalsozial.-völkischen Grundsätzen, wie sie in dem Buch von Adolf Hitler: »Mein Kampf« Bd. I u. II angestrebt werden soll.

3. Weil ich in dem umseitig Gesagten sowie in der sich immer weiter ausdehnenden Kampfesweise der N.S.D.A.P. nach kommunistischem Vorbild, als auch in dem Herabsinken der Bewegung in den proletarischen Rassensumpf Zerfallserscheinungen erblicke, deren Abstellung ich seit langer Zeit bisher jedoch vergeblich erwartet habe.

Mein Mitgliedsbuch Nr. 31 910 liegt bei. ...

Mit deutschem Gruß
Franz Gutsmiedl.

[Handschreiben. BDC, PKC-Akte Gutsmiedl (gekürzt)]

---

44 Der Verfasser dieses Briefes, Franz Gutsmiedl, geb. 1901, von Beruf Landwirtschaftseleve, wurde 1920 Mitglied des Deutschvölkischen Schutz- und Trutzbundes und 1924 einer Berliner Tarnorganisation der NSDAP. Zum Freundeskreis Reinhold Muchows gehörend (s. Dokument 105), war er 1926/27 Geschäftsführer des Gau Berlin-Brandenburg. Später trat er der Partei wieder bei, im November 1933 kam er in den Reichstag.

[119] *Was sie uns nicht nachmachen können*[45]

Wer das Glück hat, in alle Gaue unseres Vaterlandes zu kommen, um dort den Nationalsozialismus zu predigen, der lernt erst das Große, *die ungeheure Kraft unserer Bewegung* kennen. Sie liegt nicht in der Zahl, in der Masse, sondern in dem Glauben und der unerschütterlichen Opferbereitschaft, die den einzelnen zum Nationalsozialismus sich bekennen läßt.

Wer die Grundidee unserer Weltanschauung im Herzen trägt, stößt sich nicht an Kleinheiten, sondern er wird über diese Dinge hinwegkommen, weil als leuchtendes Fanal über unserer Bewegung der fanatische, stahlharte Kampf um die Freiheit des deutschen Volkes steht. Wem es um die Befreiung seines Volkes ernst ist, wird sich nicht in konfessionellen Hader verstricken, der wird den Mann im braunen Hemd nie fragen: bist du Katholik oder bist du Protestant, sondern bist du bereit, unter Einsatz von Gut und Blut deine Pflicht gegenüber deinem Volke zu erfüllen? Dieses freudige Auf-sich-nehmen dieser Pflicht vernichtet alle »Wenn und Aber«.

Und merkwürdigerweise sind es zum großen Teil in unserer Bewegung *gerade die einfachsten Menschen,* die mit unerschütterlicher Treue und inbrünstigem Vertrauen zu ihrem Führer stehen, die nur das eine wollen: »Führ' du uns, und wir werden dir folgen, wohin es auch immer sei, wir fragen nicht, ob richtig oder nicht, sondern so wie du deinem Volke die Treue gehalten, so wollen auch wir sie dir halten.«

Das können uns die andern nicht nachmachen, selbst ein sogenannter Geisteszubringer hat das bis jetzt nicht gekonnt. Es gibt so viele hochgebildete Nörgler, Kleinigkeitskrämer, die auf Grund ihrer sogenannten Bildung an allem ein Wenn und Aber haben, die wohl den andern von Führertum predigen, sich aber selbst niemals unter den Führer stellen wollen, weil sie innerlich weit unter dem einfachsten S.A.-Mann stehen, aus lauter Eigendünkel, aus Vernunftsgründen, die sie mit ihrer Wissenschaft beweisen wollen, und damit nur den Beweis erbringen, daß sie eigentlich nicht mal das Einfachste wissen, daß nämlich Führung und Befreiung eines Volkes nicht auf der Universität gelernt wird, sondern aus dem Volke herauswächst. Der wahre Volksführer kümmert sich nicht um verkalkte Wissenschaft, sondern geht, dem Drange und der Kraft des Blutes folgend, seinen Weg, der sich vielleicht nicht wissenschaftlich beweisen läßt, aber dem Volke die Freiheit bringt und somit das Leben.

---

45 Der Verfasser, Lokomotivführer und Schlosser Wilhelm Dreher (geb. 1892), Pg. Nr. 12 905, war seit 1925 der wichtigste Agitator der NSDAP in Württemberg. Seit 1928 gehörte er dem Reichstag an.

Weit über den hochgebildeten Nörglern *steht der S.A.-Mann*, denn in ihm ist es nicht Vernunft, sondern die *unverbrauchte* Kraft eines noch nicht angekränkelten deutschen Blutes, das ihn das braune Hemd tragen läßt und ihn mit Stolz erfüllt, Pionier des Dritten Reiches sein zu dürfen....

Den S.A.-Mann machen sie uns nicht nach, er ist die Faust, die einmal das wegräumt, was faul, und aufbaut, was der Führer in schöpferischem Geiste als das Richtige für das Leben des deutschen Volkes geschaffen hat.

Wilhelm Dreher, M.d.R.

[Der S.A.-Mann Nr. 13 v. 18. 5. 1929. Beilage zum Völkischen Beobachter Nr. 114 v. 18. 5. 1929 (gekürzt)]

[120] *Antrag des Gau Schleswig-Holstein zum Parteitag 1929*

Organisation

Antrag: Gau Schleswig-Holstein 3

»Der Gau Schleswig-Holstein der NSDAP stellt hiermit den Antrag, auf dem Reichsparteitag in Nürnberg einen Ausschuß zur Behandlung der sozialen Frage und zur wissenschaftlichen Widerlegung des Marxismus einzusetzen.«

Begründung:

1. Im Kampf um Schleswig-Holstein wurde die noch ungeklärte Stellung der NSDAP zu wichtigen Fragen des sozialen Problems als ein großer Mangel empfunden. Die Redner begnügten sich größtenteils mit der Kritik des heutigen Systems und des Marxismus. Durch Negation wird dieser aber nicht zur Strecke gebracht. Positive Wege zeigen, die besser und gangbarer sind als die der Sozialdemokratie und des Kommunismus, kann uns hier nur weiterbringen.

Eine der wichtigsten sozialen Fragen ist die der Gewinnbeteiligung. Eine ganze Reihe von Persönlichkeiten wie Reventlow, Straßer, Klagges, Stöhr, Kube, Dr. Goebbels und andere mehr stehen grundsätzlich auf dem Boden der Gewinnbeteiligung, während Feder, Reinhardt, Herdieckerhoff und andere sie wiederum grundsätzlich ablehnen, trotzdem in unserem Programm (Punkt 14) die Gewinnbeteiligung ausdrücklich anerkannt und damit zu einem nat.soz. Problem erhoben wird. Feder hat hier in der Provinz erklärt, dieser Passus sei gegen seinen Willen in das Programm aufgenommen worden. In seinem Buche »Der deutsche Staat auf nationaler und sozialer Grundlage« schreibt er auf Seite 182:

»Die Gewinnbeteiligung aller an produktiven Unternehmungen Beschäftigten je nach Alter und Leistung ist eine Forderung sozialer Gerechtigkeit im Rahmen der verschiedenen Unternehmungen selbst, – sie ist aber keine Staatsangelegenheit, sie ist aber auch keine Angelegenheit des Nationalsozialismus im besonderen.«

Feder anerkennt also nur die »kapitalistische« Gewinnbeteiligung. Letztere wird aber erst zu einer sozialen Frage, wenn sie Sache des Staates ist. Wenn Feder einmal betont, »Die Gewinnbeteiligung je nach Alter und Leistung sei eine Forderung sozialer Gerechtigkeit«, dann ist es ein Verbrechen am schaffenden Volk, wenn er diese »Forderung der sozialen Gerechtigkeit« dem Egoismus bezw. dem Wohltätigkeitssinn der Unternehmer überläßt.

2. Hitler sagt in seinem Buche »Mein Kampf« 1. Band:

»Schaffen wir eine Lehre von größerer Wahrhaftigkeit als die der Sozialdemokratie und führen wir sie mit derselben Brutalität durch, dann wird diese siegen, wenn auch nach schweren Kämpfen.«

Damit stellt sich Hitler auf den Boden der wissenschaftlichen Widerlegung des Marxismus. Leider ist hierin noch wenig geschehen. Der Mangel dieser Tatsache macht sich insofern stark bemerkbar, als die Zahl der Kleinredner im Laufe des vergangenen Jahres in der Provinz von ca. 7 auf rund 40 gestiegen ist, von denen höchstens 10 % eine kleine Ahnung vom Marxismus besitzen. Materialkenntnis ist aber auf allen Gebieten des menschlichen Lebens Voraussetzung – so auch hier. Der marxistische Agitator wagt heute nicht mehr über soziale Fragen zu reden, während der Nationalsozialist vor seinen Zuhörern auch die schwierigsten Fragen behandeln kann, ohne in den Verdacht zu kommen, verkappter Marxist zu sein.

Dem Gau Schleswig-Holstein erscheint es aus obigen Gründen als ein dringendes Erfordernis, daß im Nationalsozialismus eine Stelle geschaffen wird, welche sich mit der wissenschaftlichen Widerlegung des Marxismus als auch mit der wissenschaftlichen Begründung des Sozialismus eingehend befaßt und das Ergebnis dieser Arbeit in leicht faßlicher konzentrierter Form der Bewegung zugänglich macht.

[Stellungnahme Hitlers zu Antrag 3]

Über die wissenschaftliche Erledigung des Marxismus gibt es heute bereits eine ungeheure Literatur. Die großen Grundgedanken der Bewegung fußen auf wissenschaftlichen Erkenntnissen, die ernstlich heute von gar niemandem mehr bestritten werden können. Die praktische Wirklichkeit hat sowohl im russischen Experiment wie im deutschen noch ein Übriges getan. Notwendig ist nur, daß die führenden Parteigenossen Kenntnis von der die Grundlagen des Marxismus erschütternden Forschungsarbeit besonders auf dem Gebiet der Rasseerkenntnis usw. Notiz nehmen und sich in sie vertiefen. Die Frage der Gewinnbeteiligung wurde mit der Aufnahme in das Programm entschieden. Ihre Durchführung wird wie jede wirtschaftliche Angelegenheit von tausend praktischen Belangen bestimmt werden. Parteiprogramme sind ähnlich der Zielsetzung bei Kriegen. Die Durchführung der Schlachten und damit der Enderfolg kann nie in einem sogen. Kriegsplan festgelegt werden. Das Problem der Schulung der Klein-Redner ist zum Teil ein finanzielles. Es kann so aufgefaßt werden, soferne die Gaue und Reichsleitung gemeinsame Mittel aufbringen, vielleicht alljährlich einen Rednerkurs mit grundsätzlicher Schulung einzuberufen. Sinn hat das aber nur, wenn er mindestens 3 oder 4 Wochen angestrengteste Arbeit umfaßt. So wünschenswert es ist, so hängt es doch von finanziellen Möglichkeiten ab.

[Handschriftlicher Zusatz Constantin Hierls]

Mit Abfassung eines gemeinverständlichen »Katechismus« der nat.soz. Wirtschaftslehren im Gegensatz zu den liberal-kapitalistischen u. marxistischen Wirtschaftslehren hat Hr. Hitler sein grundsätzliches Einverständnis (22. 8.) erklärt. Als Verfasser [ist] Hr. Dr. Buchner in Aussicht genommen. Grundlg. soll ein von Hr. H. in diesem Monat [?] zu verfassendes Standardwerk (3. Bd. Mein Kpf.) oder mündliche Besprechungen bei Hr. Hi. bilden.

[BAK, NS 22 – 383. Ohne Hierls Zusatz auch in: NS 26 – 391]

[121 a] *Die Fahne hoch!*[46]

... Endlich gab Zöberlein nachfolgendes Lied bekannt, welches beim S.A.-Treffen am 1. Dezember durch die Stadt gesungen werden sollte:

»Die Fahne hoch! Die Reihen fest geschlossen!
S.A. marschiert mit mutig-festem Schritt,
Kameraden, die Rotfront und Reaktion erschossen,
Marschier'n im Geist in unseren Reihen mit.

46 Am 23. 9. 1929 druckte der Berliner »Angriff« das Lied »Die Fahne hoch!« von »S.A.-Mann Horst Wessel« in seiner Beilage »Der unbekannte S.A.-Mann« erstmals ab. Wie der folgende Polizeibericht über den Appell der Münchener SA-Standarte I am 27. 11. 1929 zeigt, wurde es schon vor Wessels Tod (23. 2. 1930) offiziell in der Partei verbreitet. Als »Horst Wessels Gruß an das kommende Deutschland« brachte es der Völkische Beobachter am 1. März 1930 groß auf der ersten Seite; die dritte Zeile der dritten Strophe hieß jedoch von jetzt an: »Bald flattern Hitlerfahnen über alle Straßen«. Damit wurde es zum Lied der Bewegung.

Die Straße frei den braunen Bataillonen,
Die Straße frei dem Sturmabteilungsmann!
Es schaun aufs Hakenkreuz voll Hoffnung schon Millionen.
Der Tag für Freiheit und für Brot bricht an!

Zum letzten Mal wird nun Appell geblasen!
Zum Kampfe stehn wir alle schon bereit!
Bald flattern Hitlerfahnen über Barrikaden,
Die Knechtschaft dauert nur noch kurze Zeit!

Die Fahne hoch! Die Reihen fest geschlossen!
S.A. marschiert mit mutig-festem Schritt,
Kameraden, die Rotfront und Reaktion erschossen,
Marschier'n im Geist in unseren Reihen mit.«

Mit Rücksicht auf das polizeiliche Verbot unterblieb das Singen dieses Liedes. Das vorstehende Lied ist neu und wurde erst vor kurzem bei den einzelnen S.A.-Abteilungen gelernt. ...

[Polizeibericht PND Nr. 682. B.H.St.A. I, Sonderabgabe 1552 (gekürzt)]

[121 b] *Das Versammlungsritual vervollkommnet sich*

... Mit einem brausend aufgenommenen dreifachen Heil auf die nationalsozialistische Bewegung und das zukünftige Deutschland schließt Wagner die Generalmitgliederversammlung, die nach Wessels Kampflied der S.A., »Die Fahnen hoch, die Reihen fest geschlossen«, das stehend mit dem Gruß der Bewegung gesungen wird, voll tiefer Eindrücke auseinandergeht.

[Aus dem Bericht über die Generalmitgliederversammlung der NSDAP am 23. 5. 1930. Völkischer Beobachter Nr. 123 v. 25./26. 5. 1930, S. 1]

[122 a] *Willi Veller an Gregor Straßer*[47]

16. August 1930

... Ich habe in meiner Arbeit für die N.S.D.A.P. mehr als dreißigmal vor Gericht gestanden und bin achtmal wegen Körperverletzung, Widerstandsleistung und ähnlicher für einen Nazi selbstverständlicher Delikte

---

47 Veller, geb. 1896, Pg. Nr. 26 422, war Bezirksleiter Wuppertal und Standartenführer der SA. Seit dem 14. 9. 1930 gehörte er dem Reichstag an.

vorbestraft. An der Abbezahlung der Geldstrafen trage ich heute noch und habe zudem noch weitere Verfahren laufen. Ich bin ferner mindestens zwanzigmal mehr oder weniger schwer verletzt worden. Ich trage Messerstichnarben am Hinterkopf, an der linken Schulter, an der Unterlippe, an der rechten Backenseite, an der linken Oberlippe und am rechten Oberarm. Ich habe ferner noch nie einen Pfennig Parteigeld beansprucht oder bekommen, habe aber selbst ungezähltes Geld für meine Ortsgruppe und meine S.-A. geopfert. Ich habe auf Kosten meines mir von meinem Vater hinterlassenen guten Geschäftes meine Zeit unserer Bewegung geopfert. Ich stehe heute vor dem wirtschaftlichen Ruin auf Grund meiner Arbeit für die N.S.D.A.P. ...

[BAK, NS 22 – 363 (gekürzt)]

[122 b] *Der Prototyp eines guten Nationalsozialisten*[48]

2. November 1931

... Der Gau Brandenburg hat einen Gauredner namens Prochnow. Er ist Student der Theologie und ein Mann, wie mir von ehrenwerten und führenden Parteigenossen, die ihr ganzes Leben in diese Bewegung hineingebaut haben, versichert wird, der weiter nichts kennt als die nationalsozialistische Bewegung und sich für seinen Führer jederzeit totschlagen läßt, also der Prototyp eines guten Nationalsozialisten. ...

[BDC, OPG-Akte Dr. Ernst Schlange (gekürzt)]

[123] *Hitlers Legalitätseid vor dem Reichsgericht*[49]

... Der Vorsitzende liest einen Artikel vor. Darin heißt es u. a. »Über die Schwere des Kampfes läßt uns Hitler nicht im Unklaren, wenn er sagt:

Köpfe werden in diesem Kampfe in den Sand rollen,

entweder die anderen oder die unseren, also hoffen wir, *daß es die anderen sind.*« Das kann man, so fährt der Vorsitzende fort, auffassen als Hinweis auf eine gewünschte *Revolution.* Was für eine Bewandtnis hat es mit

---

48 Aus einem Brief von Paul Schulz, Oberleutnant a. D., 1927 wegen »Fememordes« (Schwarze Reichswehr) zum Tode verurteilt, seit Oktober 1930 Stellvertreter des Reichsorganisationsleiters, an Major Walter Buch.

49 Aus der Zeugenaussage Hitlers vor dem Leipziger Reichsgericht am 25. September 1930 im Hochverratsprozeß gegen drei Ulmer Reichswehroffiziere, die wegen nationalsozialistischer Umtriebe im Heer angeklagt waren. Hitler wurde auf diese Aussage vereidigt.

diesem Zitat? Hitler: Ich glaube, der Verfasser Muchow hat hier die große *geistige Revolution* im Auge gehabt, in der wir uns heute befinden. Wenn diese Bewegung in ihrem legalen Kampfe siegt, wird ein solcher *Staatsgerichtshof* kommen, der November 1918 wird seine Sühne finden und es werden auch *Köpfe rollen.* Der Begriff »Nationale Revolution« wird immer als innenpolitischer Vorgang aufgefaßt, für die Nationalsozialisten ist es aber eine allgemeine geistige und völkische Erhebung des deutschen Volkes, eine *Erhebung des geknechteten Deutschtums.* Eine solche Bewegung wird aber *nicht mit illegalen Mitteln* vorbereitet. Wenn in Deutschland *noch zwei bis drei Wahlen* stattfinden, wird die NSDAP in der *Mehrheit* sitzen. Diese Bewegung wird kommen, es sei denn, man gibt dem deutschen Volke seine *Lebensmöglichkeit.* Deutschland ist durch die Friedensverträge *geknebelt.* Die gesamte deutsche Gesetzgebung ist nichts anderes als eine Verankerung der Friedensverträge. Wir aber sehen diese Verträge nicht als ein Gesetz an, sondern als *etwas Aufgezwungenes.* Wir erkennen unsere *Schuld am Kriege nicht an,* vor allem nicht für die kommenden Geschlechter. Wir werden gegen diese Verträge vorgehen, sowohl auf *diplomatischem* Wege, wie wir auch Stellung gegen sie nehmen werden durch ihre restlose *Umgehung.* Das kann vom Angesicht der Welt als illegales Mittel angesehen werden, es geschieht aber erst, wenn die Partei mit *legalen Mitteln* gesiegt hat.

Vorsitzender: Hoffen Sie, weite Kreise dazu zu bringen, daß gekämpft wird?

Hitler: Das ist unmöglich, weil die Bewegung *kein Instrument zur Gewalt* ist. Die Propaganda, die wir betreiben, ist mindestens so gigantisch wie die Umstellung zum marxistischen Gedanken oder die Umstellung aus dem Feudalstaat zum demokratisch-parlamentarischen Staat. Es kann mir auch nicht eine Sekunde einfallen, daß ein Staat mit einem *konsolidierten Heer* und einer Polizeitruppe *bekämpft* werden könnte. Es wird aber die Zeit kommen, in der man unseren Gedankengang der Nation nicht mehr wird verschweigen können. Es werden 35 Millionen von den 40 Millionen wahlberechtigten Deutschen hinter uns stehen, und sie werden genau wissen, was wir wollen. Ob wir in die *Regierung* gehen oder ob wir *Oppositionspartei* bleiben, ist vollkommen *gleichgültig.* Aus den 107 Mandaten werden 250 gemacht werden, und wir werden die absolute *Mehrheit* haben. Meine Gegner haben nur ein Interesse: Die Bewegung als *staatsfeindlich* hinzustellen, weil sie sehen, daß sie sich auf vollständig *legalem Wege den Staat erobert haben.* Allerdings, sie haben recht, daß unser legaler Sieg eine *vollständige Umwälzung* bedeutet. Wir werden einen Staat von Eisenstärke wieder herstellen, das wird die Umwälzung sein.

Vorsitzender: Welche Bewandtnis hat es mit dem *dritten Reich*?

Hitler: Die nationalsozialistische Bewegung wird in diesem Staate mit den *verfassungsmäßigen Mitteln* das Ziel zu erreichen suchen. Die Verfassung schreibt uns nur die *Methoden* vor, nicht aber das *Ziel*. Wir werden auf diesem verfassungsmäßigen Wege die ausschlaggebenden *Mehrheiten* in den gesetzgebenden Körperschaften zu erlangen versuchen, um in dem Augenblick, wo uns das gelingt, den *Staat in die Form* zu bringen, die unseren *Ideen* entspricht.

Der Vorsitzende faßte die Aussage dahin zusammen, daß die Errichtung des Dritten Reiches auf *verfassungsmäßigem Wege erstrebt* werde. ...

[Nordbayerische Zeitung (Nürnberg), Nr. 226 v. 26. 9. 1930 (gekürzt). Vgl. den Versuch einer Rekonstruktion des Wortlautes von Hitlers Aussage nach Presseberichten in: P. Bucher, Der Reichswehrprozeß, S. 237 ff., bes. S. 259–270]

[124] *Die Stellung der alten Parteigenossen in der Organisation*

»Ich bin alter Parteigenosse!« – Von Zeit zu Zeit hört man dies einen Pg. sagen, der glaubt, ein Recht zu haben, einmal etwas raten oder kritisieren zu dürfen. Doch auch sonst spielt diese alte oder neue Parteigenossenschaft eine nicht unwichtige Rolle.

Gerade für die Mitführenden und Leitenden unserer Bewegung dürfte es daher von Bedeutung sein, einmal zu prüfen, ob hier ein berechtigter oder unberechtigter Unterschied besteht.

Als ich im Jahre 1925 als Bezirksleiter der Mitteldeutschen Führertagung in Weimar beiwohnte, ging unser Führer Adolf Hitler schon damals in weiser Voraussicht auf dieses Problem ein. Er wies damals darauf hin, daß die alte Parteigenossenschaft den Kern bilden müsse, um den sich die Parteigenossen zu scharen hätten. Denn diese alten Parteigenossen wären das Unterpfand dafür, daß die Idee stets unverwässert und rein bliebe. Er sagte ferner, daß wohl nicht jeder Führer werden könne, aber jedem alten Parteigenossen Vorrechte eingeräumt werden müssen in Rat, Kritik und bei der Suche nach Führern.

Hier sehen wir also deutlich und klar den Willen unseres Führers, der allein für uns maßgeblich ist und sein wird! Auch später hat Adolf Hitler immer wieder diesen Unterschied hervorgehoben, zuletzt in seinem Aufruf wegen der Stennes-Angelegenheit.

Wie recht unser Führer auch in diesem seinem Wollen wieder hat, liegt klar zutage. Wir, die wir 1922, 1923, 1925, ja sogar bis 1927 der Partei dienten, wir gingen nur einzig und allein hin, um unter Führung unseres verehrten Führers dem deutschen Volk zu dienen. Wir sahen keine Erfolge und dennoch vertrauten wir unserem Führer blindlings und treu. Wir wurden verlacht, verhöhnt, von unseren besten persönlichen Freunden für Idioten erklärt und boykottiert und dennoch gingen wir lachenden Herzens und voll ungebrochener Freude Tag für Tag neu heran an unsere Arbeit für den Nationalsozialismus. Ohne Saalschutz, meist ganz allein, hielten wir unsere Versammlungen ab, sprachen in gegnerischen Versammlungen und glaubten dennoch nicht, etwas besonderes zu tun. Jeden Pfennig, den wir verdienten, gebrauchten wir, um neues Werbematerial zu schaffen und wußten doch nicht, daß wir Opfer brachten. Wir wurden niedergeschlagen, verfolgt, gehaßt und dachten doch nur immer das Eine: *Hitler – Nationalsozialismus!*

Wir waren politische Arbeiter, SA und Klebekolonne, wir waren Führer, Versammlungsleiter und Redner und wußten doch, daß wir nichts weiter taten als unsere Pflicht an unserem deutschen Volke. So wurden und waren wir alten Parteigenossen der Kern der Bewegung.

Daher muß bei der Wahl eines Leiters stets der ältere (an Mitgliedschaft) Parteigenosse dem jüngeren vorgezogen werden. Daher soll der alte Parteigenosse, auch wenn er nicht eine leitende Stellung bekleidet, stets angehört werden. Denn er kam nicht, als alle Welt sah, ja die Partei wird größer und mächtiger, sondern er war es, der mithalf, daß die Partei zum Machtfaktor wurde. Daher soll man die alten Parteigenossen nie in die Ecke stellen!

Dazu kommt aber noch, daß die alten Parteigenossen mit ihren guten Seiten und ihren Fehlern, die jeder Mensch hat, bekannt sind. Die neuen Parteigenossen aber müssen erst in dieser Hinsicht bekannt werden. Welche Mißgriffe können daher erspart werden. Denn ein Mann kann durchaus auf den ersten Blick einen guten Eindruck machen, kennt man ihn erst ein paar Jahre, dann sind alle Illusionen vorbei. ...

gez. Tießler[50]

[Die Führung. Blatt der Ortsgruppenleiter des Gaues Halle-Merseburg. Hrsgg. von der Organisationsabteilung des Gaues. August 1931, S. 4. BAK, NS 22 – 367 (gekürzt)]

50 Walter Tießler, geb. 1903, Angestellter, Pg. Nr. 15 761, war von 1926 bis 1930 und seit 1932 Gaupropagandaleiter des Gaues Halle-Merseburg, in der Zwischenzeit Gaugeschäftsführer.

[125 a] *Der Abgeordnete blieb die Antwort schuldig*

Sehr geehrter Herr Straßer! Berlin NW 7, den 16. April 1931

Vor ungefähr 4 Wochen sandte ich einen Brief des gleichen Inhaltes wie dieser, mit der Bitte, denselben an die Reichsleitung weiterzugeben, an Herrn Pg. Stöhr. Er antwortete mir in dem Sinne, daß es besser wäre, wenn ich es selber machen würde. Das tue ich hiermit.

Unser Führer sagte uns Abgeordneten bei unserem letzten Zusammensein in Berlin, wir kämpfen keine Umklammerungsschlacht, sondern eine Durchbruchsschlacht. Und zwar gegen alle die Parteien, wo zwischen Mensch und Idee keine Einheit mehr besteht. Sie, sehr geehrter Pg. Straßer, sagten uns, wir dürfen uns den Luxus nicht mehr erlauben, viele Fragen unbeantwortet zu lassen. Nun kommen aber gerade diejenigen Menschen, welche in der durchzubrechenden Front stehen, mit wirtschaftlichen Fragen aller Art. Sie gehen meistens unbeantwortet, unbefriedigt von dannen. Fragen, wie ist das mit dem Geld, wie mit der Mitbeteiligung, mit dem Zins u.s.w. Sie könnten antworten, sehr geehrter Pg. Straßer, das steht ja alles in den Büchern. Jawohl, aber in den wenigsten Hirnen der Redner. Es ist hier im Westen vorgekommen, daß Herren von der Industrie einen Abg. fragten: Sie wollen doch den Zins abschaffen? Jawohl! Wie? Der Abg. blieb die Antwort schuldig. Das war kurz nach dem 14. Sept.

Ich trete nun mit folgendem Vorschlag an Sie heran und bitte Sie, denselben zu erwägen.

Könnten nicht alle Abg. für eine Woche nach München befohlen werden, um dann in einem 6tägigen Kursus wenigstens das Wesentliche aller Wirtschaftsfragen eingepaukt zu bekommen. Es besteht dann auch die Geradlinigkeit in der Auffassung. Heute sind die meisten zu bange, überhaupt davon zu reden. Sie könnten es alle wissen, aber die meisten wissen es eben nicht. Immer nur bolzen, das geht nicht mehr. Mal so, mal so. Denn daß das, was heute ist, verschwinden muß, wird langsam allen klar. Werden wir so geschult, um dann im Winter mit 1000 anderen Rednern, denen wir Abg. das dann übermittelt haben, den Kampf für die Wahlen schon vorzubereiten, glaube ich, daß die Front, die fallen muß, schneller fällt. Nur um dem Ganzen zu dienen, schrieb ich diesen Brief.

Mit den besten Wünschen für eine baldige Genesung
verbleibt in Treuen mit Hitler-Heil
Wilhelm Börger[50a]
Neuß a Rh. Josten-Allee 1.

[Handschreiben. BAK, Slg. Schumacher 319]

50a Wilhelm Börger, geb. 1896, Techniker, Pg. Nr. 150 841, war seit Anfang 1930 Kreisleiter und seit September 1930 MdR.

[125 b] *Die Abgeordneten sollen ihre Lücken selbst ausfüllen*

Reichsorganisationsleiter I München, den 6. V. 1931
Str./Tü.

Herrn Reichstagsabgeordneten Wilhelm Börger,
Neuß a. Rhein.

Werter Pg!

Ich bestätige den Inhalt Ihres Briefes vom 16. IV. So sehr ich mit Ihnen der Meinung bin, daß mancher Abgeordnete das notwendige Rüstzeug für alle Gebiete unserer Bewegung noch nicht beisammen hat, so stehe ich doch auf dem Standpunkt, daß die Ausfüllung derartiger Lücken jedem Einzelnen aus Verantwortungsgefühl selbst überlassen bleiben muß.

Was nun die Stellung zu den Wirtschaftsfragen betrifft, so erscheint in einigen Wochen ein Manifest der Partei zu dieser Frage, das in Verbindung mit der schon erschienenen Literatur über dieses Gebiet vollauf genügen müßte, um die Einheitlichkeit herzustellen.

Mit deutschem Gruß

[ebda]

[126] *Nationalsozialisten, Parteigenossen und Parteigenossinnen!*

... Es ist das Verdienst der nationalsozialistischen Bewegung, in schlichter Bescheidenheit die kundgewordenen Ergebnisse einer strengen logischen wissenschaftlichen Erforschung menschlicher Lebensgesetze, der Gesetze der Bildung menschlicher Kulturen usw. als fundamentale Grundlagen für die Regeneration unseres Volkskörpers aufgestellt und verwendet zu haben. Blut und Rasse, Persönlichkeit und Persönlichkeitswert, der Kampf als ewig-auslesende Erscheinung, die Erde und der Lebensraum als bestimmende zwingende und treibende Kraft sind in ihrer fundamentalen Bedeutung durch diese Bewegung nicht nur erkannt, sondern auch wohl zum ersten Male bewußt gewürdigt worden. Der Größe dieser Lebensgesetze einerseits und Lebensaufgaben andererseits gegenüber sinken die Vorstellungen, Begriffe und auch Einrichtungen unserer bürgerlich-liberal-marxistischen Welt zur vollständigen Bedeutungslosigkeit zusammen. Dem ewigen Sein eines Volkes bedeutet eine heute nur mehr gesellschaftlich ausgeprägte Organisation, mag sie Bürgertum oder Proletariat heißen, nur einen Hauch, der vorübergehend wohl das Leben trüben kann, aber seine Bedingungen niemals zu ändern vermag.

Indem die nationalsozialistische Bewegung zu den großen Lebensgrundlagen und Lebensgesetzen zurückkehrt, entfernt sie sich weit vom Niveau und dem Wesen einer parlamentarischen Partei. Sie ist eine Weltauffassung, die, ihren Zweck erfüllend, dem deutschen Volke eine vernunftgemäß organisierte Form mit einer derselben Vernunft entsprechenden Leitung geben will. Da aber der Staat dank ihrer Erkenntnisse nur ein Mittel zum Zweck sein kann, ist das Werk der deutschen Wiederauferstehung kein Werk einer formalen Änderung des Deutschen Reiches oder seiner Verfassung, sondern eine Frage der vernünftigen Erziehung und Neubildung unseres Volkes. Die nationalsozialistische Bewegung löst dieses Problem nicht in theoretischer Arbeit und am Schreibtisch, sondern wirklich. Das heißt: Sie schafft in ihrer Idee und ihrer Organisation den Gehalt und das Wesen des ihr vorschwebenden späteren völkischen Staates. So unveränderlich dabei die Gesetze des Lebens selbst sind und damit die unserer Bewegung zugrunde liegende Idee, so ewig fließend ist das Ringen um die Erfüllung. Die Organisation der Bewegung auch als ein Mittel zum Zweck soll aber durch diese neue Dienstanweisung nur Richtlinien bekommen zur Erfüllung ihrer größeren, in der Verwirklichung unserer Idee liegenden Aufgabe.

Adolf Hitler.

[Vorwort Hitlers zur »Dienstvorschrift für die PO. der NSDAP« vom 15. Juli 1932. BAK, ZSG. 3/1079 (gekürzt)]

[127] *Der Parteigenosse*

Wer Nationalsozialist wird, tritt nicht irgendeiner Partei bei, sondern er wird damit Soldat der Freiheitsbewegung Deutschlands. Das bedeutet mehr, weit mehr, als seinen Beitrag zahlen und Mitgliederversammlungen besuchen. Er übernimmt damit die heilige Verpflichtung, alles, was er hat, sich selbst und sein Gut, wenn es sein muß, Deutschland zu widmen. Nur wer das kann, soll Nationalsozialist werden.

Darnach muß auch die Auswahl getroffen werden. Wer ist ein Kämpfer! Wer hat Charakter! Wer bringt die größten Opfer! Über kleine Schönheitsfehler – ob jemand in der Jugend einen Fehltritt tat – soll man dann hinwegsehen. Ebenso soll die PO. kein Schnüffelverein werden. Das Gesunde schwitzt das Schlechte aus. Das soll nun nicht bedeuten, daß man bei der Aufnahme von Mitgliedern nicht vorsichtig sein soll. Im Gegenteil, heute mehr denn je. Haltet vor allem die geborenen Spießer und Postenreiter fern. . . .

Pflichten des Parteigenossen

Es muß eine Ehre für jeden Parteigenossen sein, unserer herrlichen Bewegung anzugehören und ihrem einzigen Führer dienen zu dürfen.

Deshalb gelten folgende

10 Gebote für den Nationalsozialisten:

Hitlers Entscheid ist endgültig!

Verletzt nie die Disziplin, über alles andere können wir sachlich diskutieren!

Vergeude nie Deine Zeit in Schwätzereien und selbstgefälliger Kritik, sondern fasse an und schaffe!

Sei stolz aber nicht dünkelhaft!

Das Programm sei Dir ein unantastbares Dogma!

Du bist das Aushängeschild der Partei, darnach richte Dein Betragen und Auftreten!

Übe treue Kameradschaft, dann bist Du ein wahrer Sozialist!

Im Kampfe sei zäh und verschwiegen!

Mut ist nicht Rüpelhaftigkeit!

Recht ist, was der Bewegung und damit Deutschland und Deinem Volke nützt!

Erkennst Du diese Pflichten an, dann bist Du wahrer Soldat Deiner Idee und Deines Führers.

...

Anleitung für den Blockwart

... Wenn die Stellung eines Blockwarts auch die erste Stufe eines Amtswalters ist, so ruht auf ihm eine große und weitreichende Verantwortung, wenn er seinen Posten in dem von der Reichsleitung gewollten Sinne ausübt. Mit seinem Eintritt in die NSDAP. bekundet der Volksgenosse, daß er Nationalsozialist werden möchte, mit Übernahme dieses Postens bekundet er, daß er sich zu einem Kämpfer formen lassen will, das heißt, daß er seinen Willen vorbehaltlos voll und ganz dem Durchsetzen der Idee unterordnen will und daß er alle Amtshandlungen der über ihm stehenden Amtswalter kritiklos hinnimmt in der unerschütterlichen Zuversicht, daß Gutes sich zum Besten auswirkt, und daß Fehlerhaftes sich von selbst sichtbar macht und dadurch ausscheidet. Der Blockwart muß im kleinsten Kreise selbst Führer sein und sich stets noch mehr als jeder Pg. in seinem Auftreten und Handeln bewußt bleiben, daß er ein Repräsentant der NSDAP. ist und als solcher von Freund und Feind bewertet wird. Nur auf dieser Basis ist es dem Blockwart möglich, wirklich das erste Bollwerk zu bilden, an dem sich die Wogen brechen, die in Gestalt von Zaghaftigkeit, Mißmut und besonders auch Lüge von außen auf die Partei eindringen. Innerhalb der Partei soll er alles hören, was ihm wichtig erscheint, soll er an den Ortsgruppenleiter, aber *nur* an diesen, zur Beseitigung oder Schlichtung weiterleiten. Was klein und nichtig ist, soll er selbst mit rücksichtsloser Schärfe zurückweisen, immer daraufhin deutend, *daß es sich in der NSDAP. nie um Personen, stets aber um das Durchfechten der durch unseren obersten Führer verkörperten Idee handelt!*

[Dienstvorschrift für die PO. der NSDAP vom 15. 7. 1932. Punkte 88, 89, 103, 104, 251. BAK, ZSG. 3/1079]

VII. Durchbruch der Führerpartei – Krisen und Triumph. 1929–1933

Die Souveränität, mit der Hitler sich der Erwartungen bedienen konnte, die in der NSDAP auf ihn gesetzt wurden, macht deutlich, daß sich in einer solchen Partei eigene Gesetze bilden. Auch die höchsten Funktionäre vermochten das Prinzip nicht mehr zu unterlaufen, das sie selbst jahrelang als *die* Grundlage der Partei durchgesetzt hatten.

Seit 1928 hatte sich die Ablehnung der selbstbewußter gewordenen NSDAP-Führung gegenüber der »nationalen Rechten« abgeschwächt (76). Der Gedanke, einander künftig brauchen zu können, ließ das Interesse auf beiden Seiten wachsen. Die meisten Mitglieder bemerkten nicht, daß sich in der zweiten Jahreshälfte Hitlers Kontakte zum politisierenden »Stahlhelm – Bund der Frontsoldaten« und zu wichtigen Personen aus der Umgebung Hugenbergs intensivierten, der im Dezember die Führung der sich stärker nach rechts bewegenden DNVP übernahm. Mehrere Besprechungen, die der 2. Bundesführer des Stahlhelm, Duesterberg, im November und Dezember mit Hitler in München hatte, ermutigten den Bund, die NSDAP zur Beteiligung an der Kampagne für das von ihm geplante Volksbegehren zur Stärkung der verfassungsmäßigen Rechte des Reichspräsidenten aufzufordern. In einem 25seitigen Brief verweigerte sich Hitler aus grundsätzlichen Bedenken (128), doch trübte das die Beziehungen nicht. Gleich darauf aktualisierten sie sich nämlich durch die am 31. Mai 1929 in Paris erfolgte Unterzeichnung des Young-Abkommens, das objektiv eine Verbesserung der 1924 im Dawes-Plan vorgesehenen Regelung des Reparationsproblems darstellte und auf Stresemanns Drängen mit der vorzeitigen Räumung der besetzten Rheinlande verknüpft worden war. Das Pariser »Tribut-Diktat« bewirkte gleichwohl einen bewußt angefachten Sturm der Entrüstung auf der Rechten, und so sahen die überraschten Nationalsozialisten plötzlich ihren Parteiführer zwischen ehemaligen deutschnationalen Ministern, Generälen, Stahlhelmführern und Industrievertretern in einem »Reichsausschuß für das deutsche Volksbegehren gegen den Young-Plan«, der sich am 9. Juli 1929 in Berlin konstituierte (129, 130). Mit dem finanziellen und publizistischen Rückhalt dieser Kreise – der freilich den Ortsgruppen nur indirekt zugute kam – demonstrierte die NSDAP nun die Energien, die sie in den Jahren des

Wartens gespeichert hatte. Der Young-Plan lieferte mit dem magischen Datum 1988, bis zu dem die Reparationszahlungen gestreckt werden sollten, bessere Propagandamunition, als die Nationalsozialisten je hätten erfinden können. In ihrer Befehlsstruktur erwies sich die programmatisch nicht festgelegte Partei als bereits so gefestigt, daß die Parteigenossen das intern ausdrücklich als taktisch gerechtfertigte Zusammengehen ungerührt akzeptierten (119, 130). Die bisher für die bürgerlichen »Auch-Nationalen« gezeigte Verachtung trug zum Selbständigbleiben der NSDAP natürlich ebenso bei. Der am 22. Dezember 1929 von nur 13,8 Prozent der Bevölkerung bejahte Volksentscheid über das »Gesetz gegen die Versklavung des deutschen Volkes« bedeutete keineswegs das Ende der nationalsozialistischen Aktivität. Die inzwischen hereingebrochene Wirtschaftskrise lockerte den Boden derart, daß sich die Propagandawelle der Partei seit Oktober 1929 auf täglich hundert Versammlungen steigerte.

Wie Straßer vorausgesagt hatte (130), blieb der Reichsausschuß bestehen. Auch die Nationalsozialisten traten nicht aus, weil Hitler sich noch nicht darüber schlüssig war, wie der Weg zur Macht aussehen sollte. Beide Möglichkeiten, Stimmzettel und Gewalt, lagen noch in weiter Ferne. Partei und SA waren noch längst nicht stark genug und es fehlte der nötige »Etappen-Rückhalt« (91 a) rundum. Allerdings versprach die rapide Verschlechterung der sozialen Lage breiter Massen einiges für die Zukunft, weshalb die NSDAP die Katastrophe mit der grimmigen Genugtuung des langjährig unbeachteten Propheten begrüßte. Offenbar baute Hitler in dieser Phase stärker, als man bisher annahm, auf die »nationale Opposition«. Dabei erwies sich, daß seinem unartikulierten Machtwillen nicht das Augenmaß des Politikers, der er nie war und nie wurde, entsprach. Wenn er auch dem Stahlhelm gegenüber, auf die Vorsehung verweisend, den Diktator gefordert hatte (128), so war er in diesen Monaten doch nicht frei von Zweifeln in bezug auf seine eigene künftige Rolle (133).

Zwei Ereignisse gaben seiner Unsicherheit jedoch bald einen für die Zukunft entscheidenden Halt. Das Versagen der DNVP, die am 12. und 14. April 1930 im Reichstag gegen Hugenbergs Willen und Voraussage mehrheitlich für die Steuergesetze der Regierung Brüning stimmte, warnte ihn nach den früheren schlechten Erfahrungen nochmals davor, sich in die Hand unzuverlässiger Parteipolitiker und Interessenvertreter zu begeben (134). Diese neuerliche Erfahrung ließ ihn fortan noch mißtrauischer auf alle Angebote der »halben« Macht reagieren und für sich selbst unbedingt einen Posten fordern, der ihn von den Unwägbarkeiten des Willens anderer unabhängig machte.

Zwei Monate später gaben die sächsischen Landtagswahlen einen Fingerzeig in dieser Richtung. Innerhalb eines Jahres war der Stimmenanteil der NSDAP von 5 auf 14,4 Prozent gestiegen. Am Abend des 22. Juni deutete Hitler in Plauen nach v. Pfeffers Erinnerung an, daß man das System vielleicht sogar »totwählen« könne. Der Ausbruch aus dem Pferch der Splitterpartei war gelungen. Die überraschende Auflösung des Reichstages gab dem Gedanken weiteren Auftrieb. Unter der Parole »Für oder gegen Young« verstärkte die NSDAP noch ihren permanenten Wahlkampf. Hitler, den Wählern als der Mann vorgestellt, der seit zehn Jahren mit seinen Katastrophen-Voraussagen immer recht gehabt habe, sprach seit dem 3. August an jedem dritten Tag auf insgesamt 18 Massenversammlungen zwischen Kiel, Königsberg und München. Am 14. September wählten 18,8 Prozent der Bevölkerung 107 Nationalsozialisten in den Reichstag.

Kleinere Wahlerfolge hatten die taktische Offenheit der NSDAP schon 1929 gezeigt. Die Maiwahlen in Sachsen machten die fünf NS-Abgeordneten zum Zünglein an der Waage. Die Sorge, die das am 6. Mai erfolgte Verbot des kommunistischen Rotfrontkämpfer-Bundes in Preußen und den meisten anderen Ländern bei Hitler hervorrief, ließ zeitweilig sogar die Tolerierung einer Links-Regierung in den Bereich des Möglichen rücken, wenn diese zusicherte, auf behördliche Maßnahmen gegen die Partei zu verzichten. Erst das Echo auf das Bekanntwerden diesbezüglicher Sondierungen, die der Abgeordnete von Mücke mit Hitlers Einverständnis unternahm, ließ den Parteiführer zurückschrecken. Einen aus dem Otto-Straßer-Kreis kommenden Antrag, zum längst aufgegebenen antiparlamentarischen Kurs des 25-Punkte-Programms zurückzukehren, überließ die wichtigste Sondertagung des Parteitags Hitler zur eindeutig negativen Entscheidung (131). Das Ergebnis der Landtagswahl in Thüringen im Dezember erbrachte die gleiche Situation wie in Sachsen (155 c), bei 24 bürgerlichen Mandaten und 23 der Linksparteien gaben die 6 Nationalsozialisten den Ausschlag. Diesmal fiel die Entscheidung leichter. Die Bildung der »Anti-Young-Front« hatte schon im Herbst zur Annäherung der beiden bisherigen NS-Abgeordneten an die bürgerliche Regierung geführt. Jetzt leitete Hitler die entscheidenden Verhandlungen selbst. Sie endeten mit der Ernennung des Reichstagsmitglieds Dr. Frick zum ersten nationalsozialistischen Minister in Deutschland am 23. Januar 1930. Ausschlaggebend für die Wahl seines Ressorts waren keine sachlichen Gründe, sondern Hitler beharrte auf dem Innen- und Volksbildungsministerium, weil diese seiner Meinung nach die wichtigsten Machtpositionen innerhalb der Länder darstellten. Die erwähnte Juniwahl in Sachsen wollte er auf die gleiche Weise nutzen: Gregor Straßer sollte das Innenministerium übernehmen, doch kam es hier zu keiner Einigung.

Mit der »intensiven Durcharbeitung der sich aus ihrer Weltanschauung ergebenden praktischen Folgerungen« hatte die Parteiführung erst in diesen Monaten begonnen, wie Rosenberg aus Anlaß der Veröffentlichung eines auf die wirtschaftlich besonders bedrohten Bauern berechneten Agrarprogramms am 7. März 1930 im VB bekanntgab. Die schon im August 1929 in Aussicht genommenen Besprechungen (120) zur Schaffung eines »Handbuchs der nationalsozialistischen Volkwirtschaftslehre«, die seit Ende 1929 in unregelmäßigen Abständen bei Hitler stattfanden, erbrachten bis Ende 1931 kein weiteres Resultat. Die Wirtschaftstheoretiker der Partei – Feder, Klagges, Dr. Albrecht, Dr. Buchner, Dr. h. c. Wagener, Stöhr, Straßer sowie die im Laufe der Zeit hinzukommenden Fachleute wie von Renteln, Darré, Funk u. a. m. – konnten sich auf keine gemeinsame Grundlage einigen.

Diese Beratungen waren Teil der Aufgabe der im Juni 1929 gegründeten Organisationsabteilung II unter dem neuen Pg. Oberst Hierl (103). Seine naiven Vorschläge für die »geistige Vorbereitung des zukünftigen nationalsozialistischen Staates« (132), die treffend die langen Fristen kennzeichnen, mit denen man in der Parteileitung bis zum Erreichen des Zieles rechnete, waren der Ausgangspunkt für die Entwicklung eines wenig homogenen Gebildes, das zu Unrecht als Staatsapparat im kleinen bezeichnet worden ist. Erst unter dem Eindruck des aus dem Masseneinstrom neuer Mitglieder an sie herangetragenen Drängens gaben Straßer und der ihm formell gleichgestellte Hierl im Laufe des Frühsommers 1930 ihre Bedenken gegen eine Aufsplitterung der »einheitlichen Kampflinie« der Partei durch die Berücksichtigung von ständischen Sonderinteressen auf. Selbst der einzige dann erfolgreiche Angehörige der »O II«, R. W. Darré, der schon vor seinem Beitritt zur Partei (1. 6. 1930) über Mittelsmänner bei der Organisationsabteilung vorstellig geworden war, mußte bis zum 1. August warten, ehe er als Leiter der neuen Agrarpolitischen Abteilung eingestellt wurde. Während er mit einer brauchbaren Konzeption, welche die systematische Durchdringung der dafür allerdings auch sehr günstig strukturierten agrarischen Interessenverbände vorsah, schnell Erfolge erzielte (139), blieb der sonstige Ausbau der Organisationsabteilung II von den Bewerbern abhängig, die sich selbst anboten, und wurde infolge der ständigen Intensivierung des propagandistischen Großkampfes nie systematisch betrieben. Gregor Straßer beklagte sich noch 1932 mehrfach über das Fehlen geeigneter Mitarbeiter in vielen Bereichen. Die Desorganisation wurde außerdem noch dadurch verstärkt, daß die Ansprüche alter und neuer Mitglieder aufeinanderstießen. Die ständig zwischen Feder, Wagener und einer Reihe anderer Wirtschaftspolitiker der Partei umstrittenen Zuständigkeiten in der im Januar 1931 gegründeten Wirtschaftspolitischen Abteilung sind dafür ein typisches Beispiel (150 b). Wenigstens drei Abteilungen beschäftigten sich mit rechtspolitischen Fragen. Auf außenpolitischem Gebiet waren innerhalb der Reichsleitung im Dezember 1932 vier verschiedene Abteilungen tätig. Der aufgeblähte Reichsleitungsapparat war auch nach verschiedentlicher Umorganisation am 30. Januar 1933 in keiner Weise für eine »Machtergreifung« in dem Sinne gerüstet, daß man fertige Pläne für diesen Fall gehabt hätte. Sie gelang nur durch die entschlossene Besetzung der politischen Machtpositionen bei williger Weiterarbeit des Staatsapparates auf allen Ebenen.

Vielmehr bereitete sich hier die chaotische Führungsstruktur des Dritten Reiches vor. Hitler griff von sich aus nicht in diese Entwicklung ein. Allerdings benutzte er das Machtteilungsprinzip »divide et impera« in diesen Jahren offenbar doch noch nicht so zielbewußt, wie aus der Rückschau oft behauptet worden ist. Da Hitler es ablehnte, sich um »ärgerlichen Kleinkram« zu kümmern, blieben Kompetenzstreitigkeiten, die in der Führerpartei nur er hätte entscheiden können, ungelöst.

Eine nähere Untersuchung seines Verhaltens in diesem Zeitabschnitt ließe drei Gründe für seine Passivität (145) in diesem Punkt erkennen. Sein Widersprüche ignorierendes Denken in »großen Linien« und die innere Unsicherheit, der sein Verlangen nach Unabhängigkeit und unbegrenzter Macht wesentlich entsprang, hatten diese persönliche Scheu vor festen Verpflichtungen und dauerhaften Bindungen zur Folge. Außerdem verfolgte er die Taktik, seine Führerstellung nicht durch Parteinahme für den einen und gegen den anderen in persönlichen Streitigkeiten der Abnutzung auszusetzen. Er wollte den charismatischen Charakter seines Führertums ungebrochen bewahrt wissen. Das schloß nicht aus, daß Hitler schon lange vor 1933 im Monolog die absolute Befehlskompetenz sozusagen abstrakt für sich beanspruchte. Innerlich glaubte Hitler in diesen Jahren jedoch nicht so stark an sich selbst, wie er es anderen gegenüber zeigte. Die manische Wiederholung der Forderung nach Macht und das dauernde Beharren, einmal gefallene Entscheidungen nie zurückzunehmen, dienten offensichtlich der Betäubung seiner Skrupel. Erst die in seinem Sinne innen- und außenpolitisch erfolgreichen Anfangsjahre des Dritten Reiches, die seine Position zementierten und ihm das ersehnte Gefühl der Sicherheit gaben, grundsätzlich jeden Widerstand gegen seinen Willen brechen zu können, ließen ihn allmählich an die Traumwelt seiner eigenen Unfehlbarkeit glauben.

Der voraufgegangene Exkurs über einen wichtigen persönlichen Aspekt des »Führers« Hitler rechtfertigt sich nicht nur aus dessen zuvor skizzierter Bedeutung für den Apparat der Reichsleitung. Auch die drei großen Krisen, die die NSDAP vor dem 30. Januar 1933 durchstehen mußte, wurden wesentlich durch sein zauderndes Verhalten bestimmt. Sie sind durch die Namen Otto Straßer, Stennes und Gregor Straßer markiert.

Es gab in der NSDAP eine Gruppe, die sich dem beschriebenen Prozeß der Ausrichtung zur Führerpartei und der Identifikation von Führer und Idee widersetzte. Von ihr war bisher nicht die Rede, weil sie entgegen allen Behauptungen bei weitem nicht die Bedeutung hatte, die ihr Exponent Dr. Otto Straßer nachträglich beanspruchte. Die seitdem unangefochtene These von einem »Flügel der Gebrüder Straßer« als Vertreter eines besonders artikulierten Sozialismus in der NSDAP ist unscharf und müßte unter Berücksichtigung aller vorhandenen Unterlagen notwendig neu überdacht werden. Besser sollte man von einem Otto-Straßer-Kreis um den Kampfverlag sprechen. Um dessen Bedeutung abschätzen zu können, ist ein kurzer Rückblick auf die Entwicklung des Verlages und das persönliche Verhältnis der Brüder erforderlich.

Gregors vielseitige Verpflichtungen als Reichsorganisationsleiter, MdR, Gauleiter (bis März 1929) und einer der wichtigsten Redner der Partei hatten dazu geführt, daß der Verlag immer stärker von Otto allein geleitet wurde. Dieser war nicht, wie sein Bruder, ein Nationalsozialist im Sinne der sich entwickelnden Partei, sondern ein zunehmend auf seine eigene Theorie vom nationalen Sozialismus fixierter Doktrinär (136). Seine Position gab ihm die Möglichkeit, im Verlag einen Kreis von Autoren zu sammeln, die ebenfalls nicht aus der »Schule der Partei« kamen, sondern diese als Vehikel für ihre vorher in anderen Blättern der radikalen Rechten vertretenen nationalrevolutionären Ideen betrachteten. In diesem intellektuellen Zirkel entstand eine strikt antikapitalistische, revolutionäre sozialreformerische Konzeption, die sich »in den nationalen Fragen auf der Seite der Deutschnationalen«, aber in »wirtschaftlichen und sozialen Fragen an der Seite der Sozialdemokraten und Kommunisten« sah, wie es im »Nationalen Sozialisten« am 10. April 1930 hieß.

Ihr Einfluß auf die Parteigenossen Nord- und Mitteldeutschlands ist jedoch weit überschätzt worden. Ein »Presse-Imperium« war der Kampfverlag auch nach den bescheidenen Maßstäben der frühen NSDAP nie. Die entstehenden Gauorgane ließen seit 1928 viele Leser abwandern. Dabei machte sich bemerkbar, daß diese Gruppe außer in dem unbedeutenden Gau Brandenburg (131) praktisch über keinen wichtigen Parteifunktionär verfügte. Ferner besaß sie keinen Redner von Bedeutung. Die von ihr erhoffte »geistige Schulung« der Parteigenossen war in dieser Partei gar nicht möglich. Die NS-Presse war als Propagandamittel wirksam, das die vorhandenen Emotionen nach innen und außen verfestigte, nicht aber als intellektuelles Rüstzeug. Die etwas differenziertere Behandlung wirtschaftlicher Probleme, die in den dünnen Wochenzeitungen des Kampfverlags zudem auch nicht übermäßig häufig waren, vermochte nicht mehr, als die ohnehin verbreitete »antikapitalistische Sehnsucht« zu unterstreichen. Bei dem Fehlen von festen Gegenpositionen in der Partei hoben sich die eigenwilligen Gedanken dieser Autoren nicht genug ab. Die aus ihrer starren antiparlamentarischen Haltung resultierende Verherrlichung des Revolutionsgedankens und des Frontgeistes stimulierte zudem gerade die irrationalen Kräfte, die sie auf anderem Gebiet geistig disziplinieren wollten. In geringerem Maße als die übrige Presse trug auch der Kampfverlag seinen Teil zum Mythos Hitler bei (62 a). Ein wenig überspitzt könnte man sagen, daß die breitere Partei-Öffentlichkeit die Kontroverse um den »wahren Sozialismus« gar nicht bemerkte. Insofern blieben die an den Berliner Redaktionsstuhl gebundenen Doktrinäre Gefangene ihrer eigenen Illusionen.

Nun teilten zwar eine Anzahl von Gauleitern und Reichstagsabgeordneten und manch anderer Parteigenosse den »sozialistischen« Impetus. Doch war das der vage, vor Konkretisierung zurückscheuende »Gefühls-Sozialismus« Gregor Straßers (109, 110), der nicht mit den fixen Ideen seines Bruders identifiziert werden wollte (136). Der Agitator Gregor, nicht der kaum bekannte Otto Straßer galt in der NSDAP als Exponent des nationalen Sozialismus. Bereits in den Jahren vor 1930 setzte die persönliche Entfremdung der Brüder ein, worüber Otto Straßers spätere Kampfschriften gegen die NSDAP begreiflicherweise schwiegen. Die tiefe innere Erbitterung, die aus Gregor Straßers Briefen an persönliche Freunde spricht (136), war nicht aus augenblicklichem Unmut geboren oder zur Tarnung simuliert. Noch bevor die Krise um Otto Straßer in ihr entscheidendes Stadium trat, gab Gregor seiner Bindung an Hitler, aber auch seinen Reserven gegen ihn, deutlich Ausdruck (133, vgl. 145).

Hitler blieb den Ideologen gegenüber gleichmütig, solange sie der Partei nützten und seine eigene Position aus dem Spiel ließen. Spätestens seit September 1928, als sich der gerade beurlaubte Gauleiter Ruhr, Kaufmann, beim USchlA RL beschwerte, Otto Straßer habe ihn »wiederholt sogar unter Nennung des Termins aufgefordert, an einer Besprechung zur Gründung einer neuen Partei mich zu beteiligen«, kannte er die Absichten der Oppositionsgruppe. Doch erst im Frühjahr 1930, als sie gegen die Regierungsbeteiligung und die Anlehnung an die bürgerliche Rechte ihren revolutionären Sozialismus stärker propagierte, wurde die Situation kritisch. Das lebhafte Echo der Presse, welche über die programmatischen Differenzen leicht die eigentlichen Antriebskräfte der Partei übersah, ließ deren Kurs als nicht mehr eindeutig erscheinen und stellte damit Hitlers Position in Zweifel. Im April 1930 setzte Hitler auf der Münchener Führertagung (135) dem im Klassenkampfdenken verharrenden Konzept des

Otto-Straßer-Kreises sein nationalsozialistisches Verständnis der Geschichte als einer Folge von »völkischen und rassischen Machtkämpfen« schroff gegenüber. Immerhin unternahm Hitler von sich aus den Versuch, den eigenwilligen Ideologen zum Einlenken zu bewegen. Was Hitler 1926 beim flexiblen Goebbels gelungen war, mißlang in der Unterredung mit Otto Straßer am 20./21. Mai in Berlin, an der zeitweilig auch Heß, Gregor Straßer, Amann und der Kampfverlags-Teilhaber Hinkel teilnahmen. Unter dem programmatischen Titel »Ministersessel oder Revolution?« veröffentlichte Otto Straßer kurz darauf seine Version des Gesprächs (136). Hitler reagierte auf den Fehlschlag nicht, sondern überließ es den Oppositionellen, sich vor der Partei ins Unrecht zu setzen. Nun bewährte sich die Struktur der Führerpartei. Eine kurze, aber intensive Pressefehde zwischen dem Kampfverlag, Rosenberg und Goebbels endete Ende Juni mit dem Parteiausschluß (beziehungsweise dem vorherigen Austritt) verschiedener Kampfverlags-Redakteure durch Goebbels' Berliner Gau-USchlA. Die am 4. Juli von Otto Straßers Zeitungen ausgegebene Parole »Die Sozialisten verlassen die NSDAP« fand in der Partei nicht nur ein sehr geringes Echo, sondern nicht einmal Verständnis. Den Parteigenossen und den vor sozialer Deklassierung bangenden neuen Wählern der Partei genügte völlig Goebbels' demagogische Interpretation im Angriff vom 20. Juli: »Schafft mehr Eigentümer! Das ist die lapidare Parole eines deutschen Sozialismus.« Daß gerade Goebbels diesen Fall bereinigte, hatte freilich noch unheilvolle Auswirkungen, weil er als persönlicher Gegner Gregor Straßers diesen von der Schuld an der Entwicklung im Kampfverlag nicht freisprach.

Die Führertagung vom April 1930 hatte in dem schlechten Verhältnis zwischen den »Osaf«-Stellvertretern und einer Reihe von Gauen keine Entspannung gebracht. Der Stab v. Pfeffers war inzwischen sehr erweitert worden (151). Auf dem Parteitag 1929 hatte er den Hauptmann a. D. Wagener, einen versierten Wirtschaftler und Bekannten aus Freikorps-Tagen, als Stabschef gewonnen. Dessen Idee war es, bestimmten Zigaretten- und Rasierklingen-Firmen die SA als Kunden zuzuführen und ihnen das eigens entworfene SA-Abzeichen für die Marke »Sturm« zur Verfügung zu stellen. Aus diesen Verträgen und den Einnahmen der Reichszeugmeisterei flossen der SA-Führung erhebliche Beiträge zu, die der Reichsschatzmeister erst nach v. Pfeffers Rücktritt unter Kontrolle bekam. Das auslösende Moment für diesen Schritt war die Reichstagswahl. Auf jede Weise hatte der »Osaf« versucht, die SA unabhängig von der PO zu einem starken Instrument zu formen und dabei weder Ärger noch Risiken gescheut, weil er sich Hitlers sicher zu sein glaubte. So hatte er zum Beispiel 30 000 Mark, die der Deutschnationale Handlungsgehilfenverband der

Parteileitung für die Nominierung seines Mitglieds Albert Forster zur Verfügung stellte, von den in München erscheinenden DHV-Vertretern kassiert und für die SA verwendet (137). Auf dieser Linie lag auch seine ursprüngliche Forderung, die künftig in den Reichstag gewählten SA-Führer unter seinem Befehl zu behalten, was Hitler ablehnte. Durch ungeschicktes Taktieren verspielte er die Chance, wenigstens einen finanziellen Ausgleich dafür herauszuschlagen. Weil er für diesen Fehlschlag der SA gegenüber die Verantwortung trug und seit der Wahl in Sachsen erkennen mußte, daß er nicht mehr unbedingt auf Hitlers revolutionären Willen rechnen konnte, erbat er am 12. August seinen Abschied. Erst drei Wochen später willigte Hitler telegrafisch von Berlin aus ein, wohin er geeilt war, um der Erregung in der Umgebung des mit v. Pfeffer solidarischen Stennes zu begegnen. Die Parole von den »Bonzen« in der PO, die das Geld für Propaganda verpulverten und mit Autos herumführen, während für die SA, die ihre Knochen hinhielte, kein Geld da sei, hatte auch bei den einfachen Berliner SA-Männern Gehör gefunden und zu einigen Verwicklungen geführt.

Nach v. Pfeffers Ausscheiden mußte die Entscheidung über die künftige Struktur der SA fallen. Die Denkschrift des »Osaf«-Stellvertreters Süd, Major Schneidhuber, zeigte, daß v. Pfeffers Saat noch blühte (138). Deshalb stellte sich für Hitler, der am 2. September 1930 selbst die SA-Führung übernahm und dabei auf eine stärkere Bindung der SA-Führer an seine Person bedacht war (140), das Problem, einen vertrauenswürdigen Nachfolger zu finden, der nicht aus dieser SA kam. Es gelang ihm, seinen Duzfreund Röhm – inzwischen Oberst der bolivianischen Armee – zurückzugewinnen und gegenüber den »Osaf«-Stellvertretern durchzusetzen. Seit dem 5. 1. 1931 als Stabschef im Amt, entschied sich Röhm für eine Zwischenlösung. Er hob die Bereiche der »Osaf«-Stellvertreter auf und teilte sie zum 1. Mai in neun Gruppen ein. Die Neueinteilung bootete das Unsicherheitsmoment Stennes, der mehrfach zu erkennen gegeben hatte, daß er den von Hitler beschworenen legalen Weg nicht mitgehen würde, einfach aus. Das Bekanntwerden dieser Regelung führte in der Nacht zum 1. April zum offenen Abfall der auf Stennes eingeschworenen höheren SA-Führer des »Osaf«-Ost-Bereiches, deren Appell sich Stennes nicht verschloß (141). Dieser ziellose Schritt zur Verteidigung des revolutionären Putschismus forderte in den betroffenen Gauen zunächst eine planlose »Abrechnung« mit allen mißliebigen Parteigenossen heraus. Die Gauleiter und Hitlers Sonderbevollmächtigter Göring machten rücksichtslos von ihrer Ausschlußbefugnis Gebrauch. Die Bewegung kam nach wenigen Wochen jedoch von selbst zum Stillstand, nur wenige Hundert verließen freiwillig die immer erfolgreichere Hitler-Bewegung zugunsten der ungewissen Zukunft von Stennes' »Nationalsozialistischer Kampfbewegung«. Das rasche Anwachsen der SA, die am 1. 1. 1931 77 000, im Januar 1932 290 000 und im August 1932 445 000 Angehörige hatte, machte Röhm als den Stabschef dieses »braunen Heeres« mit seinen Kontakten zur interessierten Reichswehr 1932 zu einer der wichtigsten Personen in Hitlers Umgebung. Von dort konnten ihn auch alle Angriffe aus der Öffentlichkeit und aus den eigenen Reihen wegen seiner gerichtsnotorischen Homosexualität nicht verdrängen (146).

Der Weg Hitlers bis zum 30. Januar 1933 kann hier nicht im einzelnen verfolgt werden. Dagegen bleibt den Gründen nachzuspüren, die 53 Tage vor diesem Datum Gregor Straßer bewogen, von seinen Ämtern zurückzutreten. Zwei Gedanken durchziehen seine politische Korrespondenz bis zum August 1932. Sein Wille, mit Hitler zusammenzugehen (133), schwächte sich nicht ab; er war bereit, notfalls auch den Weg der Gewalt einzuschlagen (142). Der zweite Gedanke erwuchs aus seinen täglichen politischen Erfahrungen, die ihn viel stärker als den in Machtkategorien denkenden Hitler um die Lösung der drängenden politischen Probleme besorgt sein ließen. Mit der steigenden Not des Landes wuchs Straßers Ungeduld. Auch er hatte keine konkreten Lösungen anzubieten, sondern baute auf »die Schwungkraft der Bewegung und das Vertrauen der Masse, die sich vom heutigen System abhebt und eine kräftige Leitung sehen will«, wie er am 11. Juni 1931 an den Grafen Reventlow schrieb. Ihm gegenüber machte er am 23. März 1932 auch kein Hehl daraus, daß er und Frick der Meinung seien, »daß wir von jetzt ab im Reichstag mitarbeiten müssen und auch unter billigeren Bedingungen zu Koalitionen bereit sein müssen, wenngleich man letzteres zweckmäßig doch nicht allzu offen ausdrücken soll.«

Straßers Drängen hatte seinen Grund nicht nur in seinem gegenüber Hitlers Ideen sozusagen kürzer angesetzten politischen Denken. Stärker als in anderen politischen Organisationen bestimmten in der NSDAP persönliche Implikationen das Verhalten ihrer führenden Funktionäre. Vor dem geschilderten Hintergrund sah sich Straßer in folgender Situation. Die Partei war nicht nur Hitlers »Lebenswerk« (42), sondern auch sein eigenes. Der Partei hatte er seinen Beruf und sein Geschäft geopfert. Stolz und nicht zuletzt auch Ehrgeiz waren mit im Spiel (145). Das Wachsen der Partei bestätigte ihm daher nicht nur die Richtigkeit seiner politischen Überzeugungen, sondern bedeutete auch persönliche Genugtuung. Das persönliche Verhältnis des ungeschlachten, schwerblütigen Mannes zu Hitler blieb dabei eigenartig distanziert. Wohl lag ihm viel an Hitlers Anerkennung (143 a), doch vermochte er nicht darum zu buhlen wie Hitlers ständige Berliner Begleiter Göring und Goebbels. Das ungeheure Anschwellen der Partei führte dazu, daß Straßer die Kontakte zu Hitler immer mehr entglitten. Während ihn in München die Organisationsarbeit festhielt, war Hitler zunehmend den Einflüsterungen der ehrgeizigen Männer Göring und Goebbels ausgesetzt, die Gregor Straßer als Rivalen fürchteten (145). Nicht nur die Kampfverlags-Affäre, sondern auch Gregor Straßers Koalitionsbereitschaft legten sie Hitler gegenüber als persönliche Ambition aus. Ausschlaggebend war schließlich, daß Hitlers starrsinniges Beharren auf der Reichskanzlerschaft, mit dem er am 13. August 1932 bei Hindenburg auf brüske Ablehnung stieß, Straßers nie ganz verstummten Zweifeln an Hitlers politischen Fähigkeiten neue Nahrung gab. Auf jeden Weg sei er bereit Hitler zu folgen, hatte er zuvor einmal gesagt, wenn dabei die Partei nicht zugrunde ginge. Nun stand er vor der Frage, wie er sein Lebenswerk retten könne. Die tastenden und unsicheren Schritte, die er im Herbst auf der verzweifelten Suche nach einem Ausweg unternahm, zeigen, daß er zu lange ein »Hitlermann« gewesen war. Gegen den Führer aufzutreten, konnte er sich nicht entschließen. So resignierte er. Am 8. Dezember 1932 legte er alle Ämter nieder. Die Führerpartei holte ihn nicht zurück, wie er wohl gehofft hatte. Sie konnte ihn entbehren, weil ihre Mitglieder nunmehr gewohnt waren, »dem Führer blindlings zu folgen« (146).

v. Pfeffer und Gregor Straßer, später auch Röhm, erlagen den Konsequenzen ihrer jahrelangen Arbeit. Sie hatten das Führerprinzip als Grundlage der Partei verteidigt und durchgesetzt (144), dabei aber die Hoffnung nicht aufgegeben, auf den Führer im Sinne ihrer eigenen Vorstellung Einfluß nehmen zu können. Sie mußten erleben, daß gerade die Struktur der von ihnen mitgestalteten Partei es Hitler gestattete, sich auf diejenigen zu stützen, die diesen letzten Vorbehalt nicht machten und für persönliche Vorteile und Machtpositionen dem Führer bedingungslos zu Diensten waren.

[128] *Hitlers Brief an die Bundesleitung des »Stahlhelm«*[51]

Herr General von Epp überbrachte mir die Aufforderung der Bundesleitung des »Stahlhelms«, ich möchte namens der Nationalsozialistischen Deutschen Arbeiterpartei die Beteiligung am Volksbegehren zusagen. Ich beehre mich nun, Ihnen mitzuteilen, daß ich leider nicht in der Lage bin, Ihren Wunsch zu erfüllen, da der Nationalsozialistischen Deutschen Ar-

51 Die undatierte Denkschrift, die 25 hektographierte Seiten umfaßt, wurde von Bouhler am 11. Mai 1929 vertraulich an die wichtigsten Funktionäre versandt (BAK, Slg. Schumacher 373).

beiterpartei das in Aussicht genommene Volksbegehren sowohl grundsätzlich wie taktisch als nicht zweckmäßig erscheint.

Ich darf die wesentlichsten Gründe, die für diese meine Stellungnahme entscheidend sind, Ihnen wie folgt darlegen:

Grundsätzliche Bedenken

Die nationalsozialistische Bewegung kämpft für die Beseitigung jener Zustände von heute, die unser Volk zwangsläufig dem Ruin entgegenführen müssen. Sie kämpft für die Genesung des deutschen Volkskörpers auf allen Gebieten. Der inneren Wiedergesundung der Nation soll die Aufrichtung eines machtvollen Staates nach außen, von nationaler Ehre und Freiheit entsprechen. Ich halte nun die von der Leitung des »Stahlhelm« beantragten Verfassungsänderungen für die Vorbereitung und Durchführung einer solchen deutschen Wiederauferstehung als belanglos.

Der Zusammenbruch unseres Volkes hat sich in so tiefgehender und ungeheuerer historischer Katastrophe vollzogen, daß mir jeder Versuch einer Überwindung dieses Verfalles durch Korrekturen am heutigen Zustande als zwecklos erscheint. Neben vielem anderen hat das deutsche Volk seit dem November 1918 jede wirkliche Staats-Autorität verloren. Ich glaube nun nicht, daß das, was sich heute als Staats-Autorität ausgibt, durch einen Vorgang verbessert oder gestärkt werden könnte, der seinem Wesen nach selbst in der Linie der Zerstörung der Staats-Autorität liegt. Durch die demokratische Methode eines sog. Volksbegehrens können kaum Übelstände beseitigt werden, die selbst nur ein zwangsläufiges Ergebnis der Demokratie sind. Ein Volksbegehren zur Wiederherstellung einer tatsächlichen deutschen Staats-Autorität hat meines Erachtens nur dann einen Sinn, wenn die neue Staats-Autorität durch eine Kraft repräsentiert wird, die der ganzen Nation bereits sichtbar vor Augen steht und die sich durch eigenes Vermögen schon die allgemeine Anerkennung verschafft hat. Es kann sich dann bei einem Plebiszit nur um einen formalen Akt handeln, einer an sich bereits vorhandenen und tatsächlich durchgesetzten Autorität im Staate zu allem Überfluß auch noch die demokratische Sanktion zu geben. Ein Königtum, dessen Kraft und Machtfülle über allen Zweifeln erhaben ist, kann sich zur Erledigung auch der letzten ohnehin nur mehr rein formalen Einwände durch eine allgemeine Vertrauenskundgebung des Volkes eine Bestätigung der gesamten Nation erholen, – der aber selbst am Ende nur formaler Charakter zukommt. Der Faschismus, der kraft eigenen Willens, durch eigene Arbeit und durch eigenen Kampf einen neuen Staatsgedanken und eine neue Autorität geschaffen hat, kann heute durch Befragen der italienischen Nation deren unbedingtes Einverständnis mit seinem tatgewordenen Werk feststellen lassen. Würde in beiden angeführten Fällen die Nation einer anderen Überzeugung sein, würde man sie vermutlich überhaupt nicht befragen. Auf alle Fälle aber käme einem eventuellen Nichteinverständnis keinerlei praktische Bedeutung zu. Niemals aber könnte über den Weg majoritativer Volksentscheidungen eine wahrhaft königliche Gewalt begründet oder gar eine neue Staatsidee und eine neue Staats-Autorität geschaffen werden.

Der Zusammenbruch des Jahres 1918, der den folgenotwendigen Abschluß unserer allgemeinen langsam fortschreitenden Demokratisierung bildete, kann nicht durch einen Kampf der Demokratie gegen die Demokratie mit demokratischen Mitteln beseitigt werden. Auch in Deutschland wird sich, verkörpert von einer prägnant umrissenen politischen Gewalt, ein neuer Staatswille und aus ihm heraus eine neue Staats-Autorität bilden müssen. Es ist möglich, daß diese neue Staats-Autorität zur endgültigen Feststellung ihrer tatsächlichen Übereinstimmung mit dem inneren Willen der Nation, diese dereinst um ja oder nein befragt. Es ist aber unmöglich, daß die Nation durch Abstimmung an sich den Prozeß der Bildung einer solchen Staats-Autorität in die Wege leitet, beschleunigt oder auch nur fördert.

Das Unglück Deutschlands liegt – das ist die Auffassung von uns Nationalsozialisten – nicht in Mängeln seiner heutigen Verfassung. Die Weimarer Verfassung ist der Ausdruck der Verfassung unserer ganzen Zeit. Der Zustand unserer Zeit ist aber selbst wieder die notwendige Folge des Fehlens einer ihren besonderen Kräften und deren Auswirkungen entgegengesetzten gesunden Staatsauffassung und Staatsidee.

Ob die Weimarer Verfassung im einzelnen die Macht den Ministern gibt oder dem Reichskanzler, dem Reichspräsidenten oder dem Parlament, kommt am Ende immer wieder auf dasselbe heraus. Denn alle diese Faktoren sind miteinander verwandte Erscheinungen unserer »westlichen« Demokratie. Sie wurzeln in einem vermeintlichen »Volkswillen«, dessen Charakteristikum aber in der Tatsache liegt, daß er den inneren wirklichen Willen des Volkes nicht im geringsten repräsentiert. Die parlamentarischen Majoritäten des Reichstags sowohl als der Reichspräsident, die Reichsminister und der Reichskanzler sind eben nicht Erwählte des »Volkswillens«, als vielmehr Gewählte der öffentlichen Meinung. Diese öffentliche Meinung kann aber niemals mit dem Volkswillen an sich identifiziert werden. Sie ist nur der Ausdruck der mangelhaften politischen Einsicht sowie des beschränkten politischen und ökonomischen Verständnisses der Masse. Diese mangelnde Einsicht der Masse wird in der Demokratie von den Fabrikanten der öffentlichen Meinung in geschicktester Art und Weise berücksichtigt und verwendet, um mit Hilfe der Presse und des Einwirkens ähnlicher Faktoren eine Meinung zu verbreiten, die, je öffentlicher sie auftritt, um so weniger dem wirklichen inneren Volkswillen entspricht. Solange aber dieser künstlich erzeugten und durch die Presse geleiteten öffentlichen Meinung und dem treibenden Kapital dahinter nicht eine politische Kraft gegenübersteht, die von diesen Faktoren unabhängig ist und nur den natürlichen inneren Willen des Volkes repräsentiert, werden Versuche, auf dem Wege von Majoritätsentscheidungen Änderungen in einer Verfassung durchzuführen, immer belanglos bleiben. Sie können aber unter Umständen sogar schädlich werden, wenn dadurch die Auffassung befestigt wird, daß man durch solche rein äußerliche Mittelchen überhaupt eine Verbesserung der bestehenden Zustände zu erreichen vermag, während in Wirklichkeit nur wieder ein Teil jener Kraft vergeudet wird, die für einen grundsätzlichen Kampf in Frage käme, so daß damit am Ende der bestehende Zustand, wenn auch auf indirektem Wege, sogar noch eine Stärkung erfährt. ...

Welche Gründe sprechen noch – wenigstens in den Augen der breiten Masse – für die Notwendigkeit des Sieges einer nationalen Opposition, wenn die schlagendsten Unterschiede erst einmal beseitigt sind? Die breite Masse eines Volkes wird nie bis zum Wesentlichen eines Problems vordringen vermögen, sondern stets an äußeren typischen Erscheinungen hängenbleiben. Je mehr sich aber die typischen äußeren Unterschiede abschleifen, um so schwerer wird ein grundsätzlicher Kampf, der aber nur allein eine endgültige, für Deutschland segensreiche Entscheidung bringen könnte. ...

In Deutschland zeigt sich das Bild der Demokratie in einer so erbärmlichen Weise, daß es unverständlich ist, von ihr zu erwarten, daß sie selbst auf eine Stelle mit größtem Wirkungsvermögen Männer starker Energie setzen wird, außer sie ist sich der Tätigkeitsrichtung derselben von vorneherein vollständig sicher, das heißt: die Repräsentanten werden im Sinne und im Wesen der Demokratie die Volkszersetzung weiter fortführen.

Ein Mann aber, der von der Vorsehung – und an diese ist auch hier zu glauben – zum Führer bestimmt ist, wird sich ohnehin sein Handeln niemals durch die lächerlichen Kompetenz-Grenzen einer Verfassung vorschreiben oder beengen lassen, wenn das Handeln nach der Verfassung zum Ruin seines Volkes führen muß. Sollte aber ein im öffentlichen Leben stehender politischer Führer von anderer, also dritter Seite aus zur »Diktatur« ausersehen sein und nun die Erfüllung dieses Wunsches von der Erweiterung der verfassungsmäßig festgesetzten Rechte abhängig machen, dann soll man den nur gleich zum Teufel jagen und sich nicht von solch einem Schwächling blenden lassen; denn der beweist damit klar und eindeutig, daß ihm die höhere, ihn selbst zwingende Befähigung für diese Mission vollkommen fehlt. Niemals wird ein nicht zum höchsten berufener

Mann, nur durch eine von anderer Seite vorgenommene Erleichterung seines Weges, zu höchsten Entschlüssen und Taten kommen. Denn die letzte Kraft wächst ja gerade im Kampf mit den Widerständen, und die größten, entscheidenden Handlungen, die geniale Köpfe dieser Erde ausführten, waren nicht wenig bedingt durch die meist notwendige Vernichtung gegnerischer Kräfte und deren Einrichtungen. So wird auch in Deutschland niemand das Reich von seinen heutigen Verwesungserscheinungen säubern, der sich nicht selbst, von ihnen auf das Schwerste bedroht, ihrer erwehren mußte und der damit lediglich in deren restloser Vernichtung die Möglichkeit der Verwirklichung der eigenen Ideen sehen kann. Nur die Kampfesentschlossenheit des um das eigene Leben Ringenden führt zur souveränen Handlungsfreiheit gegenüber dem Leben anderer. So lange es große Umwälzungen auf der Erde gegeben hat, war es so, und so lange es Menschen geben wird, wird es so bleiben, auch wenn die kleinen Vertreter der politischen Alltagsgeschäfte in den Parlamenten dies tausendmal und zu allen Zeiten nicht wahrhaben wollten und auch heute nicht wahrhaben wollen. Durch das Vertreten der Meinung, daß man auf dem Wege einer durch demokratische Entscheidungen erfolgten Zubilligung verfassungsmäßig größerer Rechte Menschen befähigen kann, Völkerschicksale neu zu gestalten, beweist man nur, wie sehr man schon selbst – wenn auch gänzlich unbewußt – vom Gift der Demokratie angefressen ist und auch aus Angst vor der Kraft der Persönlichkeit lieber die Bedeutung des Amtes fördert. Man glaubt heute in Deutschland Weltgeschichte machen zu können, indem man Kräfte vortäuscht, die keine Kräfte sind. ...

[BAK, NS 26 – 863 und – ohne die Schlußseite – NS-Mischbestand 1621 (gekürzt)]

[129] *Ein Landtagsabgeordneter klagt über mangelnde Information*

Braunschweig, den 24. Juli 1929

An die Nationalsozialistische Deutsche Arbeiterpartei
Reichsleitung, Abt. Propaganda
München

1. Ich bitte vor wichtigen politischen Maßnahmen der Partei wenigstens diejenigen Parteigenossen, die ununterbrochen werbend tätig sind, zu unterrichten. Das liegt in dringendem Belange sowohl der Bewegung als der Führer.

Es ist mir – ein Beispiel unter vielen! – passiert, daß ich ein paar Tage vor der Bekanntmachung des Zusammenschlusses für das Volksbegehren mich auf eine Anfrage hin vor Tausenden in einem von den Tatsachen abweichenden Sinne geäußert habe. Dabei bin ich als Abgeordneter Angehöriger der Sektion Reichsleitung! Es ist in letzter Zeit häufig vorgekommen, daß Mitglieder anderer Organisationen Ziele und Zwecke der NSDAP wirklich besser kannten als man selbst. Das ist ein unhaltbarer Zustand. – Dann und wann müßten m. E. Führerbesprechungen stattfinden. Wenn man wichtigste Funktionen für die Partei ausübt, glaubt man immerhin, das Vertrauen der Reichsleitung zu genießen. Durch »Überraschungen« wird man aber häufig in diesem Glauben gestört. Es ist m. E. nicht richtig, daß zu den Vertrauten der R.L. in der Hauptsache nur am Ort der Leitung wohnende Parteigenossen gehören; denn alle Handlungen der N.S.D.A.P. müssen propagandistisch *im ganzen Reiche* vorbereitet und begründet werden. Andere Teile des Reiches sind dabei ebenso wichtig wie München und Umgebung.

2. *Betr. Bekanntmachung im V.B. 168/29*
Ich halte es für unmöglich, daß Adolf Hitler angeordnet haben soll, daß die politischen »Führer«, zu denen jeder Kreistags- und Gemeinde-Abgeordnete zählt, eine Amtsuniform mit Tressen, Rosetten u.s.w. zu tragen haben. Ich vermag die Notwendigkeit einer solchen Vorschrift nicht einzusehen. Jede Aufmachung aber, die über das Notwendige und Zweckmäßige hinausgeht, ist dem Charakter einer ernsten Bewegung zuwider. Ich kann es mit meinem Innern nicht in Einklang bringen, die genannte Verfügung zu befolgen, da ich nicht dazu beitragen möchte, die Bewegung lächerlich zu machen; ganz abgesehen davon, daß mir das Geld zur Anschaffung einer Parlamentarier-Ehrengarnitur fehlt.

Heil!

Abschrift für den Herrn Gauleiter Hannover-Süd-Braunschweig

Heil! gez. *Groh*[52]

[BDC, OPG-Akte Friedrich Wilhelm Heinz]

52 Franz Groh, geb. 1898, war von 1927 bis 1930 der einzige NS-Abgeordnete im Landtag von Braunschweig.

[130] *Rundschreiben Straßers zur Teilnahme am Volksbegehren*

Org. Abt. München, den 12. August 1929
Herrn Abgeordneten, Gauleiter Fritz Reinhardt
Herrsching
Streng vertraulich!
Brief-Ausgangs-Nr. 147
Sehr geehrter Herr Pg.!
Verschiedene Umstände und Erfahrungen der letzten Zeit machen es notwendig, noch einmal kurz unsere Einstellung zum Volksbegehren zu umreißen, damit Sie dieselbe an die Ihnen unterstellten Unterführer in der Ihnen geeignet erscheinenden Weise, aber möglichst *nicht schriftlich* weitergeben können.

I. Die Beweggründe, die zu unserer Beteiligung am Volksbegehren geführt haben, darf ich als allgemein bekannt voraussetzen. Wir konnten uns auf der einen Seite nicht entziehen, auf der anderen Seite erhoffen wir von unserer gesteigerten Aktivität und Arbeit in der in gewissem Maße aufgeweckten öffentlichen Meinung Erfolge für unsere Idee. Wie richtig diese Überlegung war, ersehe ich aus einer mir nachträglich zur Kenntnis gekommenen Stellungnahme verschiedener dem Reichsausschuß angehörenden Verbände, die gegen eine Aufnahme der Nationalsozialisten in den Reichsausschuß arbeiteten, mit der Begründung, die Nationalsozialisten müßten ja in der Linie des Volksbegehrens mittun auf Grund ihrer politischen Einstellung. »Man habe es dann doch nicht nötig, ihnen auch noch Rechte zu geben.«

II. Als Adolf Hitler am 9. Juli in der Sitzung des Herrenhauses seinen Beitritt zum Reichsausschuß für das deutsche Volksbegehren erklärte, unterstrich er in seiner Rede außerordentlich scharf und prägnant, daß wir nur für den Kampf gegen den Young-Plan zu haben seien und irgendwelche Bindung an das Volksbegehren des Stahlhelms ablehnen. Als General v. Below die Entschließungen der Herrenhaus-Sitzung verlas, verlas er nur die Entschließung gegen den Young-Plan und ließ die mit dem Stahlhelm-Volksbegehren sich befassende Entschließung weg. Als Gegenschlag erschienen aber im Gegensatz zu der Vorlesung des General v. Below beide Entschließungen, und es wurde so der Eindruck erweckt, als habe Adolf Hitler auch für die erstere sich erklärt. Diese illoyale, zweifelsohne von Stahlhelm-Seite ausgehende Handlung wurde durch die bekannte, in der Parteipresse erschienene Erklärung Adolf Hitlers pariert. Ich habe aber Veranlassung, alle Herren zu bitten, bei allen Gelegenheiten immer wieder und

heute schon darauf hinzuweisen, daß die Nationalsozialistische Deutsche Arbeiterpartei *einzig und allein den Kampf gegen den Young-Plan für wichtig hält, ihn mitmacht und unter Zurückstellung schwerster Bedenken bereit ist, mit anderen Verbänden und Parteien in dieser Frage zusammen zuarbeiten, daß sie aber die ganze Aktion für sich nur als ein taktisches Teilziel ansieht, auf das mit ihr auf parallelen Straßen andere Verbände mitmarschieren.* Nach Erreichung des taktischen Teilziels oder nach negativer Lösung der darin aufgeworfenen Fragen *ist der Nationalsozialistischen Deutschen Arbeiterpartei ihre volle Handlungsfreiheit wiedergegeben und wird von ihr auch wieder genommen. Den Zeitpunkt, wann wir die Freiheit unseres Handelns für gegeben erachten, bestimmen wir selbst nach Lage der Dinge.*
Diese unsere Einstellung, die allein den Interessen der Partei dient und damit in Wirklichkeit der Freiheitsidee des deutschen Volkes, bitte ich, wo Sie es für nötig erachten, nicht als Drohung, aber als *ganz klar heute schon erkannte,* in Zukunft richtunggebende sachliche Haltung für uns zu verbreiten. Wir müssen, gerade weil wir zum ersten Mal mit anderen Verbänden auf breiter Front zusammengehen, jederzeit unsere Stellung so umreißen, in den Handlungen sowohl wie in Reden, *daß uns das Gesetz des Handelns nie von anderen aufgezwungen werden kann.*

III. Über die Ausschußbildung erhalte ich von dem Reichsausschuß nach wie vor eine Reihe von Klagen, daß unsere Leute nicht mit dem entsprechenden Eifer und Begeisterung der Bildung von solchen Ausschüssen sich widmen. Alle diese Beschwerden nehme ich keineswegs tragisch, sondern ich habe in jeder Sitzung des Arbeitsausschusses darauf hingewiesen, daß wir die Arbeit für das Volksbegehren gegen den Young-Plan ausschließlich mit dem Organisations- und Propaganda-Apparat unserer Partei zu führen gewillt sind, daß wir es ablehnen, in Hunderten von Ausschüssen einen Teil der Energie im Abschleifen der bisher feindlichen Leute zu verbrauchen, daß wir mit einem Wort die Versammlungstätigkeit des nächsten Vierteljahres um des großen Zieles willen in ein von dem Reichsausschuß gegebenes taktisches Teilziel einspannen.
Ich bitte bei Aufforderungen, die immer wieder kommen werden, an Ausschüssen teilzunehmen, gemäß den früher ergangenen Rundschreiben so zu verfahren, daß der Gauleiter strikte Befehle gibt, daß unter ihm stehende Unterführer überhaupt kein Recht haben, an einer Ausschußbildung sich zu beteiligen, sondern immer und immer wieder bei solchen Einladungen auf den Gauleiter als die einzig verantwortliche Person hinweisen. Der Gauleiter selbst kann bei einer

Bildung von sog. Provinzial- oder Landesausschüssen erscheinen und erklärt dort, er nehme die Bildung des Ausschusses zur Kenntnis, die NSDAP freue sich, wenn die Herren fleißig und tüchtig arbeiten, die NSDAP würde das ihrerseits ohne Ausschuß sofort und in ihrer bekannten aktiven Weise tun. Er stelle anheim, ihn von den Arbeiten des Ausschusses zu verständigen, bei ganz wichtigen Dingen sei er auch bereit, zu einer losen Besprechung zu erscheinen, aber die Partei lege ihr Hauptaugenmerk auf die praktische positive Arbeit in der Masse des Volkes und wird dafür ihre eigene Propagandatätigkeit sofort rücksichtslos einsetzen.
Ich bitte also, bei der Frage dieser Ausschüsse mit Takt zu verfahren, d. h. unnötige Reibungen zu vermeiden, auf der anderen Seite aber unter allen Umständen dagegen anzukämpfen, daß derartige Ausschüsse bei dem berühmten Beharrungsvermögen der Deutschen eine *ständige* Einrichtung werden, die die Vertretung der nationalen Front als für sich gepachtet erklären und die unter Umständen dadurch die Partei und ihre Arbeit in der Zukunft in irgendeiner Form an sich binden oder gefährden.

Wenn ich von dieser in der Zukunft unter Umständen von diesen Ausschüssen drohenden Gefahr spreche, so ist das keine *Hypothese*, sondern es liegen *reale, uns bekannt gewordene Tatsachen* zugrunde.

Ich fasse zum Schluß nochmals zusammen:

Die NSDAP beteiligt sich, als in der Linie ihrer politischen Zielrichtung stehend, am Volksbegehren gegen den Young-Plan als einem ganz klar umrissenen, taktischen und zeitlichen Teilziel. Sie bekundet dies äußerlich durch Teilnahme am Reichsausschuß, während sie in der Arbeit in voller Selbstständigkeit ihren Organisations- und Propagandaapparat einsetzt. Über dieses taktische Teilziel hinaus bestehen keine Bindungen. Sobald das taktische Teilziel in positiver oder negativer Weise geklärt ist, ist die volle Handlungsfreiheit wiedergegeben und wird beansprucht. *Das Stahlhelm-Volksbegehren hat für uns weder ideell noch sonst wie irgend etwas mit dem Volksbegehren gegen den Young-Plan zu tun.* Für das Volkbegehren gegen den Young-Plan ist das Zusammenarbeiten loyal und reibungslos durchzuführen, aber in *voller Selbständigkeit unseres Standpunktes jetzt und später.* Wenn die Herren das heute schon entsprechend zur Kenntnis der Parteigenossen und der national denkenden Öffentlichkeit bringen, kann sich später für uns nie eine *Situation* ergeben, *in der man uns das Odium aufwälzen kann »die mühsam erreichte nationale Front wieder zerschlagen zu haben«.*

Ich bitte diese Information als streng vertraulich nicht nur anzusehen, sondern auch zu *behandeln.*

Heil!
[St RL] [gez.] Gregor Straßer

[BAK, Slg. Schumacher 206]

[131] *Hitler lehnt ein Koalitionsverbot ab*[53]

Organisation

Antrag: Rudolf *Rehm.* 5

Es wird festgesetzt, daß eine Koalition unserer Fraktion mit irgendwelchen anderen Parteien des Reichstags, der Landtage oder der Stadtparlamente für jetzt und immer verboten wird.

Begründung: liegt in den 25 Punkten des Parteiprogramms nieder und versteht sich obiger Antrag von selbst.

gez. Rudolf Rehm

[Stellungnahme Hitlers zu Antrag 5]
Koalitionsverbot als *Grundsatz* ist nicht angängig, da es sich hier um taktische Erwägungen handelt. Der Antrag wäre analog dem, einem Staate verbieten zu wollen, jemals Bündnispolitik zu betreiben. Bündnispolitik ist in dem Augenblick verheerend, in dem sie zur Aufgabe der eigenen Ziele oder zur Vernachlässigung der eigenen Kraft führt. Es ist unsere Aufgabe, die Kraft der Bewegung mit allen Mitteln zu stärken und alle Wege wahrzunehmen, die sie in den Besitz der politischen Macht führen können.
[hd] Die Sondertagung erachtet sich zur Entscheidung als nicht kompetent.

[BAK, NS 22 – 383 und – ohne den Zusatz von unbekannter Hand – NS 26 – 391]

---

53 Der Antragsteller war Gaugeschäftsführer und Stellvertretender Gauleiter des 1928 gegründeten Gaues Brandenburg. Im Zusammenhang mit der Otto-Straßer-Affäre trat er aus der Partei aus.

[132] *Die Anfänge nationalsozialistischer Zukunftsplanung*[54]

Reichsleitung der Nationalsozialistischen Deutschen Arbeiterpartei
Organisations-Abteilung II

München, 22. Oktober 1929.

Betreff: Geistige Vorbereitung des zukünftigen nationalsozialistischen Staatsaufbaues.

Die N.S.D.A.P. hat bisher den Nachdruck ihrer politischen Tätigkeit darauf gerichtet, die den heutigen Staat und die heutige Gesellschaft beherrschenden volksfeindlichen Kräfte in ihrem verderblichen Wirken bloßzustellen und zu bekämpfen.

Dieser Kampf muß auch in Zukunft mit gesteigerter Wucht und unter Ausnützung aller gesetzlichen Mittel bis zur Erringung der politischen Macht im Staate fortgesetzt werden.

Daneben muß aber, entsprechend dem Anwachsen der Bewegung, allmählich immer mehr die geistige Vorbereitung für den Aufbau des zukünftigen nationalsozialistischen Staates treten.

Wenn einmal die morsche Hülle des heutigen Staates zusammenbricht, dann müssen die Fundamente des nationalsozialistischen Staates fertig sein. Das geistige Material für den Neubau und die geschulten Baumeister und Werkleute müssen bereit sein. Wir müssen uns also auf allen Gebieten des staatlichen und gesellschaftlichen Lebens darüber klar werden, welche *Neuordnung* wir an die Stelle der heutigen Zustände setzen wollen.

Die *Mittel und Wege*, die zu der erstrebten Neuordnung führen, lassen sich auf weit hinaus im *einzelnen* nicht festlegen; denn sie hängen von der nicht vorauszusehenden Art der Entwicklung der innen- und außenpolitischen Lage ab, aber das als *Fernziel* dienende *Wunschbild* der *Neuordnung* läßt sich klar und scharf herausarbeiten und die verschiedenen Möglichkeiten und etwaigen Zwischenstufen für den Weg zum Ziel lassen sich studieren.

Es handelt sich also jetzt darum, die Auswirkung unserer völkischen Weltanschauung und nationalsozialistischen Staatsauffassung auf die Grundanschauungen in den einzelnen *Fachgebieten* geistig durchzuarbeiten und auf diese Weise *feste Grundlagen* und bestimmte *praktisch verwertbare Vorschläge* für die zukünftige Neugestaltung des Staates zu gewinnen.

---

54 Diese gedruckte Denkschrift Oberst Hierls geht auf ein Memorandum für Hitler vom 28. Juni 1929 zurück, über das Hierl auf Hitlers Wunsch in der Sondertagung für Organisationsfragen beim Parteitag referierte (BAK, NS 22 – 383).

Zu diesen Zwecken müssen die in der Bewegung vorhandenen geistigen Kräfte mehr als bisher *planmäßig* ausgenützt werden.

Für die Bearbeitung der einschlägigen Probleme sind außer gefestigten nationalsozialistischen Grundanschauungen auch gründliche Kenntnisse und Erfahrungen auf den einzelnen Fachgebieten notwendig.

Die zu leistende Arbeit wird zunächst in der Einreichung von *Denkschriften* an die Parteileitung (Org.-Abtlg. II) und in der Abhaltung von *Vorträgen mit anschließender Besprechung* vor kleineren Kreisen von Parteigenossen und allenfalls der Bewegung nahestehenden Fachleuten bestehen. In größeren Ortsgruppen wird sich hiefür die Bildung besonderer *Arbeitsgemeinschaften* unter zielbewußter Leitung empfehlen.

Die Org.-Abtlg. II wird von Zeit zu Zeit bestimmte Aufgaben und Fragen bekannt geben, deren Bearbeitung besonders empfohlen wird. Daneben können natürlich auch andere Stoffe, für die geeignete Fachbearbeiter vorhanden sind, behandelt werden.

Für den Winter 1929/30 werden zunächst folgende Aufgaben zur Bearbeitung empfohlen:

1. Besprechung des Buches »Das Erbe der Enterbten« von Rudolf Böhmer (Verlag Lehmann, München SW 4, Preis RM. 6,50). Wie ist der von Böhmer gezeigte Weg zur sozialen Befreiung grundsätzlich zu beurteilen? Wie sind seine praktischen Vorschläge im einzelnen zu bewerten? Können bessere Vorschläge gemacht werden?
2. Besprechung der Schrift »Wirtschaftsauffassung und Gewerkschaftspolitik des Faschismus« mit der Carta del lavoro vom 21. April 1927. Von R. Hönigschmid-Großich u. A. Dresler (Südostverlag A. Dresler, München, Barerstr. 32/II, Preis 70 Pfg.).
   Wie ist die faschistische Wirtschaftsauffassung und Wirtschaftspolitik zu beurteilen? Ist die faschistische Gewerkschaftspolitik auch auf deutsche Verhältnisse anwendbar? Entwurf eines deutschen »Arbeitsgesetzes«.

Besonders betont werden muß, daß es sich bei den erwähnten Vorträgen, Besprechungen und Denkschriften zunächst nur um *vorbereitende Arbeiten innerhalb der Partei* handelt. Ob, wann und wie das Ergebnis solcher Arbeiten als *»nationalsozialistische Auffassung«* öffentlich bekanntgegeben und für die Werbetätigkeit verwertet werden kann, muß sich die *Parteileitung vorbehalten.* gez.: *C. Hierl*

Ich ersuche die Herren Gauleiter und Ortsgruppenführer von nun ab auch der vorbereitenden Arbeit im Sinne vorstehender Verfügung ein besonderes Augenmerk zu schenken. Stattfindende Vorträge sind der Parteileitung (Org.-Abtlg. II) durch die Ortsgruppenführer vorher zeitgerecht zu melden. gez.: *Adolf Hitler*

[BAK, Slg. Schumacher 373]

[133] *Gregor Straßer über sein Verhältnis zu Hitler*

Im Anschluß an die öffentliche Versammlung vom 11. 4. 30 (vergl. N. 7 vom 24. 4. 30) fand eine Zusammenkunft führender Leute der hiesigen Partei mit Straßer statt. ... Gesprächsweise äußerte sich Straßer über eine Anzahl führender Männer der Partei etwa in folgendem Sinne: Dr. Frick sei ein Staatsmann großen Formats, der in Deutschland noch viel zu sagen haben werde. ... Auch Hitler wurde im Verlauf der Unterredung charakterisiert. Hitler sei wirklich der Mann, dem man trauen dürfe. Er selbst (Straßer) habe von Tag zu Tag mehr Achtung vor diesem Manne, der mit seinen steigenden Aufgaben auch selbst wachse. Er habe früher Sorge gehabt, ob Hitler diesem Arbeitsgebiet vorstehen könne, aber heute sei seine Meinung, daß Hitler in der Tat der Mann sei, der einmal die Geschicke Deutschlands zu regeln hätte, wenn auch nicht in nach außen sichtbarer Weise, so doch durch seine vorgeschobenen Männer.

[Auszug aus dem Württembergischen Polizeibericht Nr. 8 vom 7. 5. 1930. Eine Ortsangabe fehlt, vermutlich handelt es sich um Stuttgart. B. H. St. A. I, Sonderabgabe 1740 (gekürzt)]

[134] *Hitlers starker Eindruck von der Persönlichkeit Hugenbergs*[55]

Herrn Dr. Johannes Bierbach 21. 4. 30
Heidelberg
Sehr verehrter Herr Doktor!
Ihre Osterzukunft zwingt mich an die Maschine, Ihnen zu schreiben. Ich bitte mein Schreiben lediglich zu Ihrer persönlichen Unterrichtung gedacht zu betrachten. Es entbehrt jeden amtlichen Charakters & wird lediglich von mir an einen Mann im Nachbarregiment, mit dem ich mich in vielen Dingen einer Meinung weiß & den ich seiner Tapferkeit wegen hoch verehre, geschrieben. Ich glaube auch keinen Vertrauensbruch zu begehen, wenn ich Ihnen schreibe, wie stark die Vorgänge innerhalb Ihrer Reichstagsfraktion Herrn Hitler in Mitleidenschaft gezogen haben, welch starken Eindruck er von der Persönlichkeit Hugenbergs gewonnen hat & wie er aufschäumte vor Wut, als ich ihm das Abstimmungsergebnis mitteilte.

---

55 Über den Empfänger dieses Briefes von Walter Buch war nichts zu ermitteln. Dr. Paul Bang, MdR seit 1928, war seit langem mit Hitler bekannt und sein wichtigster Kontaktmann zum DNVP-Vorsitzenden Hugenberg. Dr. Friedrich Everling und Hptm. a. D. Otto Schmidt-Hannover waren seit 1924 Reichstagsabgeordnete der DNVP.

Die erste der Traubschen Bemerkungen im Heft 16 der Eisernen Blätter ist mir ganz aus der Seele gesprochen. Ich bin noch nicht so weit verparlamentarisiert, & werde es hoffentlich auch nie werden, daß mich derlei Vorgänge gleichgültig ließen. Wie häufig habe ich schon auf die Frage, ob denn die Tätigkeit im Reichstag nicht sehr anstrengend sei, geantwortet, anstrengend nur deshalb, weil man sich so oft fürchterlich schämen muß. Am Sonnabend, den 12. 4., hatte ich nach der maßgebenden Abstimmung sofort das Gefühl: Helm aufsetzen & Hugenberg, sowie Bang, Everling, Schmidt-Hannover & den anderen Bekannten dieses Kreises die Hand drücken. Am Abend zuvor saßen wir noch mit einigen Herren nach der Sitzung in der Wandelhalle. Da sagte Bang: Sie können versichert sein, es klappt morgen. Fünfzehn werden sich allerdings absentieren, aber die anderen halten zur Stange. Und doch behielten dann die Alten aus unserer Fraktion, die seit 24 drin sitzen, recht mit ihrer Ansicht: (Verzeihen Sie) Die Schweine lassen den Hugenberg trotz aller Versprechungen im Stich. Hitler wurde wütend, als er die Ansicht zum ersten Mal hörte. Jetzt muß er der Ansicht der alten eiskalten Praktiker beipflichten.

Um ein Meisterstück anzufertigen, muß man einwandfreies Material haben. Im Holz darf nicht der Wurm, das Eisen darf nicht rostig sein. In der Fraktion darf nicht Treulosigkeit nisten. Ich sehe meine Nachbarn so: Ihr untadeliger Führer hat einen kleinen Kreis treuer Gefolgsleute in der Fraktion sitzen, die ihm durch Dick & Dünn folgen. Wenn er sich jetzt nicht auf die stützt & die anderen aus seiner Organisation entfernt, dann hat Brüning sein Ziel erreicht. Nur Stahleshärte hilft hier, kein Kompromiß! Das Ziel der Anderen, ihn samt den Getreuen herauszudrängen, darf nicht erreicht werden. Mit denen hat der Kanzler längst das Spiel abgekartet. Hugenbergs Aufgabe ist, erst eine harte Fraktion zu schmieden, mit der er dann das Meisterstück vollenden kann. Mit dem morschen Gebilde von heute gelingt es nicht.

Ich weiß nicht, verehrter Herr Doktor, ob Ihnen an meiner Meinung etwas liegt. Ich glaubte sie Ihnen heute nicht vorenthalten zu dürfen. Denn nicht nur haben wir allen Grund, neben uns einen Bundesgenossen in vielem zu wissen, mit dem man rechnen kann; es ist vielmehr auch schier unerträglich mitanzusehen, wie im nationalen Lager Untreue brütet & den besten Willen zuschanden macht. Seien Sie meiner ständigen Anhänglichkeit versichert & lassen Sie sich herzlich die Hand drücken

von Ihrem ergebensten

[BAK, NS 26 – 1375]

[135] *Eine Kundgebung der Geschlossenheit und Disziplin*

Am 26. und 27. April fand die Reichsführertagung der N.S.D.A.P. unter dem Vorsitz *Adolf Hitlers* statt. Abg. *Straßer* leitete die Aussprache, die in ihrem ersten Teil in kurzen Referaten über Organisations- und Finanzfragen der Partei bestand. Aus den Mitteilungen des Reichsschatzmeisters *Schwarz* ging die erfreuliche Tatsache hervor, daß sich die Partei im zunehmenden Tempo zu einer Großorganisation entwickelt, deren Anziehungskraft auf alle deutschen Volkskreise von Monat zu Monat wächst. Organisationsleiter Straßer entwickelte einige Gedankengänge über den weiteren Ausbau der Organisation und betonte die grundsätzlichen Grenzen, die bei der ressortmäßigen Gliederung der Partei einzuhalten sind. Daran schloß sich eine längere Diskussion, an der sich viele Gauführer sowie Adolf Hitler selbst beteiligten. U. a. wurde das Verhältnis zwischen S.A. und politischer Organisation erneut klargestellt. R.-A. Dr. *Frank* behandelte einige aktuelle Rechtsfragen. Reichswehroberst a. D. *Hierl* hielt ein bedeutungsvolles Referat über die derzeitige militärpolitische Lage in Europa. Er prüfte nüchtern-militärisch die Aussichten eines allenfalls von den westeuropäischen Mächten geplanten Koalitionskrieges gegen Sowjetrußland und zog die Schlußfolgerungen, die sich hieraus für die deutsche Politik im allgemeinen wie für das taktische Verhalten der Partei ergeben. Oberster Gesichtspunkt für uns bleibt dabei die Sicherstellung der deutschen Zukunft.

Seine Ausführungen leiteten über zur zweistündigen Schlußrede *Adolf Hitlers.* Sie bestand in einem großartigen Umriß der nationalpolitischen und historischen Aufgabe der nationalsozialistischen Partei. Im Rahmen dieser richtunggebenden Ausführungen charakterisierte er den russischen Bolschewismus als einen wesentlichen Bestandteil der jüdisch-marxistischen Völkerzersetzung und demgemäß jede marxistische Revolutionsbewegung als eine politische und rassische Minderwertigkeitserscheinung. Die nationalsozialistische Auffassung unterscheidet sich von der proletarischen und bürgerlichen grundsätzlich darin, daß sie die historischen Vorgänge der Weltpolitik nicht primär als soziale und wirtschaftliche Auseinandersetzungen, sondern als völkische und rassische Machtkämpfe begreift. Der Nationalsozialismus ist nicht aus dem Gedanken einer allgemeinen Mitleidsmoral heraus geboren, sondern aus dem Bewußtsein für die Notwendigkeit einer deutschen Herrenmoral. Darum liegt die Wurzel des Nationalsozialismus auch nicht im Sozialismus als Allerweltserlösungsidee, er ist auch kein mit einem nationalen Vorzeichen versehener Teil dieser Idee, sondern ein völlig neuer politischer Begriff, dessen Totalität nicht in verschiedene Bestandteile zerlegt werden kann. In diesem Zusammenhang umriß der Führer die Zukunftsaufgabe der Bewegung in einigen prägnanten Formulierungen.

Die auf ein einziges kühnes Endziel gerichtete, vom Schicksal Deutschlands nicht zu trennende nationalsozialistische Mission bedingt rückwirkend von selbst die innere Einheit der Bewegung, in der jeder politische oder taktische Richtungsstreit eine Sinnlosigkeit wäre.

Die einmütige Zustimmung aller Anwesenden zu diesen Gedankengängen des Führers kam noch besonders in dem Schlußwort Gregor Straßers zum Ausdruck, der die unerschütterliche Einigkeit und Geschlossenheit der Partei nach innen und nach außen als Ergebnis der Tagung feststellte. Mit dem Gelöbnis der Gefolgschaftstreue zum Führer Adolf Hitler schloß Abg. Straßer die Tagung.

Sie hat erneut bewiesen, daß die nationalsozialistische Partei keine Partei im herkömmlichen Sinne des Wortes ist, sondern der organisierte deutsche Wille selbst. Die Verwirklichung dieses Willens ist keine Sache unfruchtbarer Auseinandersetzungen, sondern der Disziplin.

[Völkischer Beobachter Nr. 100 v. 29. 4. 1930, S. 1]

[136] *Gregor Straßer über den Parteiaustritt seines Bruders*[56]

Organisations-Abtlg. I. München, den 22. VII. 1930
Str./Tü.

Herrn Ingenieur Rudolf Jung,
Troppau (Tschechei)

Lieber Freund Jung,
ich habe Deinen Brief vom 14. Juli erhalten und komme infolge der durch die Reichstagsauflösung eingetretenen Arbeitsüberlastung erst heute zur Beantwortung desselben.

Der Austritt meines Bruders und sein Kampf gegen die Partei ist heller Wahnsinn. Er ist die Folge seines rein theoretischen und nur am Schreibtisch sich auswirkenden Wesens, der nie eine Versammlung oder einen Parteitag besuchte und dem daher der Rhythmus einer Bewegung und die Seele des Volkes restlos fremd geblieben sind. Statt dessen hat er in der berühmten Unterredung mit Hitler, die er absolut illoyal und einseitig

---

56 Mit dem Vorsitzenden der sudetendeutschen DNSAP war Straßer seit langem befreundet. Er schätzte den Verfasser der programmatischen Schrift »Der Nationale Sozialismus« (1919) sehr (s. Dokument 109). Außer diesem Brief äußert sich Straßer ähnlich in zwei Schreiben an Alois Bayer, Regensburg, vom 17. 9. 1930 (BAK, NS 22 – 352 und 377) und Richard W. Tries, Oberhausen/Rhld., vom 8. 12. 1930 (BDC, OPG-Akte Tries).

wiedergibt, eine Überspitzung der Formulierungen des sozialistischen Problems gewählt, die ich für sinnlos und in der Praxis für wahnsinnig halte. Er verlangt nämlich die Festlegung der Partei zum Besitz eindeutig und klar formuliert wie folgt: Die Partei erklärt, Besitz wird in Zukunft soweit vergesellschaftet oder nach der Größe zur Vergesellschaftung reif aufgeteilt in $1/3$ bisherige Besitzer, $1/3$ Wirtschaft, $1/3$ Staat. Hitler vertrat demgegenüber die individuelle Stellungnahme zu diesem Problem, d. h. restlose Enteignung des sich unsittlich auswirkenden Besitzes, Schonung des Besitzes, der sich in den Rahmen des nationalsozialistischen Wirtschaftssystems eingliedert und seine Pflicht tut. Eine zweite Sache war folgende:

Hitler erklärte als sein Prinzip Autorität nach unten, Verantwortung nach oben, während mein Bruder auf der Formulierung bestand: Verantwortung nach unten, Autorität nach oben. Nach dieser Unterredung war ein Verbleib meines Bruders in der Partei nicht mehr möglich. Er hat es nun für richtig gehalten, den Kampf in der Form aufzunehmen, daß er seine Ansichten für den richtigen Nationalsozialismus hält und gegen den Nationalsozialismus kämpft, der seit 10 Jahren Hunderttausende von fanatischen Mitgliedern gesammelt hat. Ohne die Zeitung wäre alles bedeutungslos. Wie er die von mir gegründete Zeitung zu sich herübergebracht hat, ist eine Fülle illoyaler Schachzüge, die letzten Endes nur mich persönlich angehen, die aber unser persönliches Verhältnis vollständig zerstört haben. Solange die Zeitung noch erscheint, wird er vielleicht 2–300 Leute um sich versammeln, teils ehrliche Sektierer und jugendliche Fanatiker, aber noch mehr früher von der Partei ausgeschlossene gewerbsmäßige Stänkerer. Sobald die Zeitung bankerott ist, ist das ganze restlos erledigt.

Jedenfalls bitte ich Dich dringend, jede Verbindung und jeden Versuch zu einer solchen als aussichtslos und kompromittierend abzulehnen, wie Du es ja schon in Deinem Schreiben getan hast.

Mit vielen Grüßen an die anderen Herren bin ich

mit Gruß und Handschlag
Dein Freund

[BAK, Slg. Schumacher 313]

[137] *Osaf v. Pfeffers Rücktritt*[57]

Walter Buch
Major a. D.

Solln b. München, den 13. 9. 30

Herrn Hauptmann a. D. Franz v. Pfeffer
Pasing bei München

[hd Buch]
nicht abgegangen!

Sehr geehrter Herr v. Pfeffer!
Am Freitag, den 5. 9. riefen Sie meine Frau an, um ihr mitzuteilen, daß Ihre Gattin soweit sei, jetzt ihren Besuch in Solln zu machen, & sie schlugen vor, Sonnabend nachmittag, den 6. 9. zu uns zu kommen & von da nach Grünwald zu unseren Kindern zu fahren. Ich kann nicht umhin, Ihnen auf den Anruf zu erwidern, daß wir dafür kein Verständnis haben.

Daß Ihre Gattin bisher keine Zeit & und darum den Weg nach Solln nicht finden konnte, weil sie durch die Kinder ganz von Haushaltungssorgen in Anspruch genommen wurde, das wollen wir gerne verstehen. Wir haben uns darüber auch keinen Augenblick Gedanken gemacht. Daß Sie aber diesen Besuch vorschlagen in einem Zeitpunkt, der eben Ihr Ausscheiden als Osaf unter eigenartigen Begleiterscheinungen mit sich gebracht hat, dafür haben wir kein Verständnis.

Von jedem gesund empfindenden Menschen wird Ihr Verhalten gegenüber Adolf Hitler, gegenüber der Bewegung als schnöder Treubruch betrachtet. Darüber kann auch keine noch so gewundene Afterlogik hinweghelfen. Die Tatsache bleibt bestehen, daß Sie dem anfänglichen Wunsch Adolf Hitlers, SA-Führer in den Reichstag zu schicken, widerstrebten durch das ungereimte Verlangen, die ins Parlament gewählten SA-Führer sollten auch weiterhin Ihrer Befehlsgewalt unterstehen. Auf die Unmöglichkeit dieses Verlangens hingewiesen, verzichteten Sie darauf, SA-Führer im Parlament zu sehen. Adolf Hitler willigte ein. Und Sie fuhren nach Schleswig-Holstein & hielten auch Ihre Beteiligung an der Führerbesprechung am 27.7., wo die Kandidatenlisten aufgestellt wurden, nicht für notwendig. Erst einige Tage darnach wollten Sie in meiner Gegenwart dem Führer erneut Ihre Wünsche bzgl. der Aufstellung von Kandidaten aus der SA unterbreiten. Als Adolf Hitler Sie auf Ihren Verzicht hinwies,

---

57 Zu diesem Brief s. auch die Dokumente 97 und 98. Die im Brief erwähnten Kinder Buchs sind seine Tochter Gerda und ihr junger Gatte Martin Bormann. Ihn hatte v. Pfeffers Adjutant Hallermann, der ihn aus der Nachkriegszeit kannte, Ende 1928 als Leiter der Abteilung SA-Versicherung nach München geholt.

schwiegen Sie & zogen sich zurück. Die Tage nachher waren Sie wieder auf Dienstreisen. – Und aus der SA wurden hier & dort Stimmen laut, Adolf Hitler habe sein Wort gebrochen & weigere sich, SA-Führer aufzustellen.

Herr v. Pfeffer, Sie haben in den letzten Jahren zu oft die Unwahrheit gesprochen, haben zu oft treulos gehandelt, als daß nicht jeder Einsichtige Ihr Ränkespiel heute klar durchschauen könnte: Von der Ausschaltung der ehemaligen Gausafs & der Zusammenfassung größerer SA-Verbände unter Osaf-Stellvertretern gegen den Willen sämtlicher politischer Führer über die Versuche der finanziellen Unabhängigkeit der SA durch Errichtung der Zeugmeistereien samt der Entnahme von Geldern aus ihnen hinter dem Rücken des Reichsschatzmeisters, über die Herausgabe eines besonderen SA-Abzeichens & das Anlegen der grünen Schnur des Freikorps v. Pfeffer bis zur Fälschung der Wahrheit bzgl. der Aufstellung von SA-Führern sowie dem eigentümlichen Finanzunternehmen beim DHV geht als roter Faden der einheitliche Wille der Wiedererweckung des Freikorps v. Pfeffer. Und nach Ihrer Handlungsweise & den wiederholten Treubrüchen, die oft zu schweren Auseinandersetzungen zwischen Ihnen & Adolf Hitler führten, sind Sie heute auch nicht mehr in der Lage, sich von dem Verdacht zu reinigen, daß Sie dieses Ihr von der NSDAP möglichst losgelöstes Freikorps, wie in den Jahren 19/20 dem Meistbietenden zur Verfügung stellen wollten. Und wollten Sie mit Engelszungen reden, es würde Ihnen nicht mehr gelingen, alle Ihre Handlungen während Ihrer Osaf-Dienstzeit als zu Nutz & Frommen der Bewegung zu erklären. Es ist nicht nur einmal, sondern verschiedentlich geschehen, daß Mitglieder der Reichsleitung sich mit mir frugen: wie ist es möglich, daß ein kgl. preußischer Hauptmann sich von Adolf Hitler so behandeln läßt, wie Sie es hingenommen haben, ohne sofort den Dienst zu quittieren. Heute wissen wir, daß diese undurchsichtige Langmut & Geduld nur der Errichtung des Freikorps v. Pfeffer dienen sollte.

Herr v. Pfeffer! Sie haben von Grund aus treulos gehandelt. Und die Treue ist das Mark der Ehre. Sie mögen dafür kein Empfinden mehr haben. Wir im Holzhaus zu Solln haben es & verzichten darum gerne auf weiteren gesellschaftlichen Verkehr.

Mit vorzüglicher Hochachtung!
[gez.] WB.

[BAK, NS 26 – 1374]

[138] *Osaf-Stellvertreter Süd, Schneidhuber, zur vorgesehenen Umorganisation der SA-Führung*

München, den 19. September 1930

... Das Gefüge der Partei zeigt als Merkmal eine Zweiteilung, nämlich das Vorhandensein einer politischen Organisation und der SA. Bisher wurde die SA für den Führer von einem Beauftragten, dem Osaf, einheitlich in straffer Geschlossenheit geführt, eine Führung, die auf dem Vertrauen Hitlers basieren mußte. Von einer Führung der politischen Organisation im gleichen Sinne konnte ja wohl nicht die Rede sein. Infolgedessen fehlt der politischen Organisation und damit natürlich der Masse der Parteigenossen jede Disziplin und damit jede Einsatzmöglichkeit. Der Beweis hierfür ist, wie ich später ausführen werde, bei dem letzten Wahlkampf einwandfrei erbracht. Es darf keinesfalls übersehen werden, daß der Nationalsozialismus, augenblicklich repräsentiert allein noch durch die N.S.D.A.P., einzig und allein auf dem Führer Adolf Hitler und seiner Idee basiert und daß die Tragkraft *nur* in dem wundervollen Geist besteht, der insbesondere die SA und im weiteren die Parteigenossen beseelt. Dieser Geist, der der Not der Zeit entspricht, ist von Hitler aufgefangen und in ein Sammelbecken geleitet worden. Daß dieses Sammelbecken – die Partei – bisher ausreichte, das Werdende zu fassen, ist nicht etwa das Verdienst von Organisatoren, sondern allein das des Kennwortes »Hitler«, unter dem alles zusammenhält. Die Organisation hat nur einen ganz bescheidenen Anteil an dieser Tatsache, weil sie unzureichend, vor allem im Bezug auf die Leistungsfähigkeit von Persönlichkeiten unzureichend ist. Es steht mir kein Urteil zu über das Gefüge der politischen und Parteileitung, doch bitte ich meine Anschauungen kurz andeuten zu dürfen, um in der Folge verständlich bleiben zu können. Der Führer einer ins Riesenhafte wachsenden Bewegung, die sich nichts Geringeres als die Umbildung von Volk und Staat vorgenommen hat, bedarf eines Mitarbeiterstabes in seiner Führung, der seines restlosen Vertrauens wert ist. Es gehören dorthin ungeteilt eingesetzte Persönlichkeiten von größtem Format für die von ihnen zu bearbeitenden Gebiete. Die bisherige Besetzung kann meist nicht befriedigen und ich sehe hierin einen der mannigfachen Gründe, warum bisher immer noch so wenig Köpfe zur Partei stoßen.

Die Vertreter des Führers im Lande, die Gauleiter, sind nur durch die Idee gefesselt, nicht etwa durch Disziplin, sie haben ihre Erfolge der Richtigkeit der Idee und nächstdem ihrer Redegabe zuzuschreiben. Ein erhebliches Treibmittel für eine ganze Anzahl von Gauleitern, ihre Arbeitskraft einzusetzen, ist nicht zuletzt dem Wunsch nach Emporkommen und dem Ehrgeiz nach Anerkennung durch die Volksgenossen zuzuschreiben. Das ist der Grund, warum die Gauleiter in ihren Bereichen eine Art Gottähnlichkeit erreicht haben und genau besehen tun und lassen, was sie Lust haben. Ich habe oft festgestellt, daß das Wirken von Gauleitern nicht immer mit nationalsozialistischem Geist vereinbar ist. (Verbot des Verkaufs der Flamme bei Veranstaltungen der Ortsgruppe Nürnberg. »Für mich ist nur der Nationalsozialist, der seinen Beitrag bezahlt« gez. Reinhardt, etc.)

Die Verantwortung der Führung von 6½ Millionen gläubigen Menschen gegenüber ist heute so groß geworden, daß nur dieses Verantwortungsgefühl maßgebend sein darf für die Führung. Verdienste sind nach der Tat und der sauberen Weste abzumessen, Vettern- und Cliquenwirtschaft ist Verderben. Nur mit straffster Führung durch wirkliche Köpfe ist *der neuen großen Gefahr, nämlich dem Zuströmen verrotteten Bürgertums zur Partei jetzt nach dem Wahlsieg,* mit Aussicht auf Erfolg Herr zu werden. Wir dürfen uns nicht mit den Leichnamen eines abgewirtschafteten Bürgertums belasten, unsere Zukunft ist der Arbeiter und der Bauer. Es bliebe noch viel zu sagen zu diesen Fragen, doch kann das Vorstehende genügen, um die Mentalität der S.A. zu verstehen. Ich komme daher zu dem, was mich und Tausende seit Wochen und fast Monaten zutiefst bewegt, zur Stellung der S.A. im Parteiganzen.

Die S.-A.

Es unterliegt gar keinem Zweifel, daß das Instrument der S.-A. unserem Führer im Drang der Ereignisse und mit der Zeit fremd geworden ist, was erklärlich ist, da er sie bei Osaf in besten Händen wußte. Dieses Gefühl beseelt fast jeden S.-A.-Mann und stimmt ihn um so betrübter, als gerade der S.-A.-Mann *nur* Adolf Hitler als seinen Führer kennt und *nur ihm allein folgt,* im Gegensatz zu den Pg., die in ihren Bereichen als Zwischeninstanz ihren gottgleichen Gauleiter oder sonst einen Volksliebling haben. Es ist der grundlegende Unterschied zwischen ehrlichen Kämpfern, sagen wir Soldaten, und einem Zivilisten, daß der Soldat mit unerschütterlicher, disziplinierter Treue an seinem höchsten Vorgesetzten hängt. Der Soldat kennt keine Götter neben diesem, seine unmittelbaren Vorgesetzten sind nur Vollzugsorgane des Willens des höchsten Führers und auch in der gehobenen Stellung seinesgleichen, also S.-A.-Männer. Die S.-A. ringt mit dem Führer um seine Seele und hat sie bisher nicht. Aber sie muß sie haben, wenn anders ihre Arbeit und ihr Opfermut nicht vergeblich sein soll. Die S.-A. hat im Gegenteil das Gefühl, als ob ihr mißtraut wird, als ob es kleinen selbstsüchtigen, ziellosen Gehirnen möglich gewesen wäre, den Wert der S.-A. herabzusetzen und den Glauben an eine selbstlose Arbeit der S.-A. zu unterwühlen. Die S.-A. kann dem Führer, wenn er ihr seine Seele schenkt, niemals entgleiten! Daß der Führer zur Zeit wenig Konnex mit seiner S.-A. hat, hat die bedauerliche Berliner Angelegenheit bewiesen. Es war seit langem vorauszusehen, daß einmal ein Schrei nach dem Führer und seiner Anerkennung und seinem Dank in Form von Verständnis für die S.-A. ausbrechen würde. Der Führer hat leider auf die warnenden Stimmen nicht gehört. Hätte er damals, als die Berliner Führer in München waren, nur eine Stunde sich sprechen lassen, wäre ihm die Überzeugung gekommen, um was es ginge. Der Anlaß zum Ausbruch in Berlin spielt dabei keine Rolle, wie ich auch den Zeitpunkt *des Ausbruches* mißbillige. (Wenn auch der Zeitpunkt des *Anlasses* kein anderer sein konnte [Erscheinen der Listen].)

Um den Führer in großen Zügen über den Wert und die Arbeit der S.-A. ins Bild zu setzen, gebe ich im Folgenden eine kurzgefaßte Darstellung darüber.

Aufgaben der S.-A.

Die S.-A. soll die straffe Zusammenfassung der *wertvollsten, aktivsten und opferfreudigsten* Pg. sein. Ihr Aufgabenkreis umfaßt im einzelnen: Heranbildung zu einer in der Hand der Führung befindlichen, disziplinierten Stoßtruppe, die zunächst als Einsatz für Saal- und Versammlungsschutz, für Brechung von Terror (Straßenkampf), als wirksames Propagandainstrument durch geschlossenes Auftreten in einheitlicher Kleidung, kurz als Vortreiber und Schützer der nationalsozialistischen Weltanschauung in der Praxis Verwendung findet. Sie dient weiter als Sammelbecken für die wertvolle Jugend, um in ihren geschlossenen Formationen Erziehungsarbeit zu leisten in körperlicher und geistiger Beziehung.

Darüber hinaus hat die S.-A. die Aufgabe, das Rückgrat der Partei zu sein, die starke Säule, auf deren Bereitschaft sich der Führer in allen Lagen stützen kann. Die S.-A. *muß* die ultima ratio regis sein und bleiben. Der verantwortliche S.-A.-Führer hat demnach darnach zu trachten, das ihm in die Hand gegebene Instrument scharf zu halten. Das kann er nur, wenn dieses Instrument ein in sich geschlossenes Ganzes bildet und ausschließlich abhängig ist vom Obersten Führer und Träger der Idee. Der S.-A.-Führer muß also im Gegensatz zum politischen Führer ausschließlich Vollzugsorgan sein, d. h. seine Produktivität muß sich allein mit der Auswertung gegebener richtungsweisender und praktischer Anweisungen bei vollem Einsatz seiner Verantwortungsfreudigkeit für das Ganze und bei völliger Ausschaltung seiner Person als solcher befassen. Er ist Soldat im wahrsten Sinne des Wortes. Die Durchführung einer derart aufgefaßten Arbeitsweise der S.-A. ist natürlich nur möglich, wenn eine völlige Unabhängigkeit von Sonder- und Einzelinteressen straff durchgeführt wird, wie ich nachstehend später beweisen werde. Es liegt eine tiefe historische Kenntnis in der Einrichtung, daß die Wehrmacht eines Staates von der Wahl der Volksvertretungen ausgeschlossen bleibt. Das sollte zu denken geben und bei Entschlüssen über die Organisation und Verwendung der S.-A. nicht nachgemacht werden, aber richtunggebend bleiben. ...

Umorganisation und Führung der S.-A.

Die Veränderungen in der Obersten S.-A.-Führung zwingen naturgemäß zur Schaffung neuer Verhältnisse und es [ist] ebenso notwendig, daß diese Veränderungen ohne Übereilung, aber doch recht schnell befohlen werden, denn ein Instrument, welches geregelte Befehlsverhältnisse gewohnt ist, kann nicht lange ohne Kopf bleiben, ohne Schaden zu nehmen. Die Grundfrage lautet: Soll die S.-A. wie bisher, Kampftruppe der Partei in unabhängiger disziplinierter Geschlossenheit bleiben, oder soll durch eine Lockerung eine Umstellung auf mehr lokale Hilfstruppen erreicht werden. Ich persönlich und meine ganze S.-A. ist der Ansicht, daß nur das erstere für die Bewegung richtig und auf die Dauer erträglich ist. Der beste Beweis dafür ist die vergangene Wahlperiode. Die S.-A., die in den letzten Wochen als Hilfstruppe eingesetzt wurde, ist innerlich auseinandergelaufen. Es hat keine straffe Zusammenfassung mehr stattfinden können in den Wochen mit Überlastung an Wahlarbeit, kein Appell hat stattgefunden, 50 % der S.-A.-Männer hat sich in Ermangelung von opferbereiten Pg. in der Arbeit als Obmänner u.s.w. verloren, kurz, eine einheitliche Führung war dadurch, daß die S.-A. ausschließlich den Gauen, Ortsgruppen, Zellen etc. zur Verfügung stand, nicht mehr möglich, sie muß sofort wieder in die Hand genommen werden, um sie für neuen Kampf tauglich zu erhalten. Ruhe gibt es nicht. Der Sinn der S.-A. liegt in der Benennung – »Sturmabteilung«. Die S.-A. will der politische Soldat der Bewegung, will Stürmer der Idee sein! Das ist nach allen bisher gemachten Erfahrungen nur möglich, wenn die einheitliche Geschlossenheit und die absolute Unabhängigkeit gewahrt bleiben bezw. immer aufs neue hergestellt wird. Wenn ich das aussprechen darf, was mir in diesem Zusammenhang ganz klar vor Augen steht, ich sehe absolut nicht ein, warum eine Reform an einem in seinem Bestand erfolgreichen und bewährten Instrument durchgeführt werden soll, während das andere, dringend reformbedürftige Instrument unangetastet bleibt, obwohl es vielfach versagt hat. ...

[Ungezeichnet. BAK, Slg. Schumacher 403 (gekürzt)]

[139] *Der große Topf der nationalsozialistischen Idee*[58]

Str./Tü. München, den 24. XII. 30

Herrn Hinrich Lohse, M.d.L.,
Altona

Lieber Pg. Lohse!

Die Tatsache, daß der Landwirtschaftsreferent der Reichsleitung, Pg. Darré, dessen Arbeit in der Erfassung der deutschen Landwirtschaft und des Landbundes für unseren Gedanken sich ganz außerordentlich segensreich und fruchtbar ausgewirkt hat, im Januar in Deinen Gau kommt, gibt mir Veranlassung, Dir kurz zu schreiben. Wir haben über die Landvolkbewegung uns des öfteren unterhalten und ich glaube, wir waren darin einig, daß, ebenso wie seinerzeit aus politischen Sicherheitsgründen ein Abrücken notwendig war, es heute eine Deiner wichtigsten Führeraufgaben sein wird, diese organisatorisch nur schwach erfaßten Leute, durch geschickte Behandlung, in den großen Topf der nationalsozialistischen Idee hereinzuholen.

Pg. Darré hat als Vertreter der Reichsleitung die Aufgabe, vom nationalsozialistischen Standpunkt aus auch in dieser Richtung hin tätig zu sein, und ich möchte Dich dringend bitten, Dich vorher mit ihm genau über den ganzen Fragenkomplex auseinanderzusetzen und dann die notwendigen Besprechungen möglichst gemeinsam durchzuführen. Denn darüber sind wir uns doch klar, daß die notorischen Kräfte der Landvolkbewegung entweder bei uns münden oder im anderen Falle sinnlos vergeudet werden. Die Behandlung der Frage wird immer jeweils aktuelles Fingerspitzengefühl sein.

Der Zweck meiner Zeilen war nur, Dir mitzuteilen, daß die Herstellung eines erträglichen Verhältnisses, unter strengster Innehaltung des Standpunktes der Partei, im Sinne der Reichsleitung und des Führers der Bewegung ist, und daß von dieser Ansicht ausgehend der Besuch des Pg. Darré bei Dir und in Zusammenarbeit mit Dir eine unter Umständen große politische Bedeutung haben kann.

Mit den besten Wünschen für ein gesundes erfolgreiches neues Jahr

bin ich
mit deutschem Gruß
Dein

[BAK, NS 22 – 383]

---

58 Die Landvolkbewegung entstand 1928 als »Selbsthilfe« radikaler schleswig-holsteinischer Bauern, die gegen Zwangsversteigerungen und Pfändungen mit Steuerstreik und 1929 auch mit Bomben gegen Finanzämter usw. vorgingen. Trotz des parteioffiziellen Verbotes für Parteigenossen, sich an ihr zu beteiligen, hatte die Reichsleitung Kontakte zu ihren Führern unterhalten.

[140] *Hitler behält sich die Ernennung des SA-Führerkorps vor*[59]

N.S.D.A.P. Berlin NW 7, den 5/2. 1931
Personalamt

An R. L. Abt. Osaf
München

Auf Anordnung Adolf Hitlers sollen hinfort sämtliche S.A. u. SS. Führer bis zum Sturmf. einschließlich auf meinen Vorschlag hin von ihm selbst ernannt werden u. ein von ihm unterschriebenes, vom Chef des Pers.Amtes gegengezeichnetes Patent erhalten. Ich bitte daher, mir bis 1. März einen Stellenbesetzungsplan für die Gesamt-S.A. u. S.S. als Vorschlag herreichen zu wollen (bis einschl. Sturmf.) u. zwar in doppelter Ausfertigung.

Dieser Vorschlag wäre zu gliedern nach:

a. Oberste S.A. Führung (Stab)
b. Osafstellvertreter („)
c. Stäbe u. Verbände, die den Osaf Stellv. unterstellt sind
d. S.S. nach den gleichen Grundsätzen.

Die etwa von *Adolf Hitler* schon ernannten Führer bitte ich anzumerken, sie werden erneut bestätigt, während die anderen neu ernannt werden.

Für die Stellenbesetzung sind natürlich die Vorschläge u. Wünsche der S.A. u. S.S. Dienststellen in erster Linie maßgebend. Um aber von vornherein Reibungen auszuschalten, bitte ich zu veranlassen, daß jeder Osaf-Stellvert. vermerkt, daß auch jeder Gauleiter seines Bereiches mit den für dessen Gau in Frage kommenden Vorschlägen einverstanden ist. Verneinenden Falles bitte ich um entsprechenden Vermerk.

Den Ernennungsvorschlag bitte ich dort bereit zu halten, ich werde ihn mir nach Einrichtung meines Büros in München von der dortigen Dienststelle abholen. Nach Vollzug durch Adolf Hitler geht der Vorschlag dorthin zurück zwecks Bekanntgabe an die S.A. u. S.S.

Um Bestätigung über Erhalt dieses Schreibens an meine Anschrift im Reichstage wird gebeten.

Heil!
Der Chef des Pers. Amtes.
Loeper

[Handschreiben. BDC, SA-Akte 49 »Stennes-Meuterei«. Röhms Bestätigung vom 7. Februar ebda.]

---

59 Das Personalamt, das den übrigen Abteilungen der Reichsleitung nebengeordnet war, wurde zum Jahresanfang 1931 eingerichtet. Sein Leiter Loeper blieb gleichzeitig Gauleiter von Magdeburg-Anhalt (s. Dokument 150 b).

[141] *Wir kämpfen nicht gegen Hitler, sondern gegen seine Umgebung*

Untergruppe Schlesien Breslau, den 2. 4. 31.

An sämtl. Staf, Sturmbannführer und Sturmf.!

Wie Ihnen aus Zeitungsnachrichten bekannt sein dürfte, ist Osaf Ost mit sofortiger Wirkung seiner Dienststelle enthoben worden. Der Weg, auf den uns Hauptmann Stennes führte, war der einzig gangbare, der zur Befreiung des Volkes aus der Knechtschaft führte. Damit soll nicht gesagt sein, daß Hitler bewußt einen falschen Weg gegangen ist, im Gegenteil, ich bin fest davon überzeugt, daß Adolf Hitler bis heute genauso ehrlich gehandelt hat wie jeder einzelne von uns. Die Tatsache ist jedoch nicht zu leugnen, daß sich um Hitler eine Camarilla gebildet hat, die ihn bewußt falsch beraten hatte, mit dem Ziel, die revolutionäre SA zu zerschlagen. Der Kampf dieser Camarilla tobt schon 2 Jahre. Sie scheute nicht die gemeinsten Mittel, um diejenigen SAF, die ganz klar und eindeutig den ursprünglichen Weg, den uns Hitler gezeigt hat, gegangen sind, zu Fall zu bringen. Als erster ist ihr Hauptmann von Pfeffer zum Opfer gefallen. Wir SA M wissen, daß uns Hitler die Weltanschauung, die wir jahrelang unterbewußt im Herzen trugen, formulierte und uns [da-] durch die Hoffnung auf die Wiedergeburt des deutschen Volkes gab. Wir wissen aber auch, daß uns Hpt. von Pfeffer mit seinem besten Bundesgenossen Hpt. Stennes die Form gaben und eine Basis schufen, auf der die von Adolf Hitler geweckten Geister gesammelt und zu einer Kampfeinheit geballt worden sind. Diese einmütige Kampfesweise des Weckers und des Formers war für alle, die ein freies Volk nicht mehr sehen wollten, die größte Gefahr. Ich bin so vermessen zu sagen, daß die bewußten Zerstörer dieser Einheit zur Umgebung Adolf Hitlers gehören. Ich nenne nur 2 Männer: Reichsschatzmeister [Schwarz] und Dr. Frank II. Diesen beiden war keine Gemeinheit zu groß, um ihr Ziel zu erreichen. Sie haben es fertig gebracht, daß die Form des Nationalsozialismus, die NSDAP zerschlagen wurde und daß sich die SA M und die pol. Leiter stets bekämpften. Unser Kampf richtet sich nach den Vorfällen in Weimar nicht gegen die Person Adolf Hitlers, sondern gegen seine Umgebung, die er noch nicht erkannt hat. Es ist daher unsere Pflicht, fest zusammenzuhalten und der Befehle gegenwärtig zu sein, die uns Hpt. Stennes geben wird. Die Gau-SA Führer haben in Erkenntnis dieser Tatsache Hpt. Stennes die Treue gehalten, weil sie der festen Überzeugung sind, daß die Freiheit, die uns allen jahrelang vorschwebte, für die wir schles. SA M das Blut von 6 Toten und 700 Verletzten hergaben, nur dann erreicht werden kann, wenn Hitler sich besinnt und zur Front zurückkehrt; denn nur die aktive Kraft der revolutionären SA vermag das deutsche Volk vor dem Untergang zu bewahren. Wir dulden es aber nicht, daß Bonzen und anderes lichtscheues Gesindel uns den Weg versperren. Ich bin fest überzeugt, daß in der nächsten Zeit politische Leiter, die bis heute der Meinung waren, daß SA nur zum Sterben da ist, ferner daß man jetzt der SA die SS gegenüberstellen muß, weil erstere unzuverlässig sei, den Versuch machen werden, Sie von mir und Hpt. Stennes abtrünnig zu machen. Ich verbiete jedem SAF jeglichen Verkehr mit der pol. Leitung, bis nicht ein gegenteiliger Bescheid von mir ergeht. Sollte einer der Meinung sein, daß der Schritt von Hpt. Stennes als Verrat oder Untreue anzusehen ist, so halte ich dagegen, daß einmal ein Graf Yorck von Wartenburg seinem König das Wort brach, weil er nur das einzige Ziel kannte, Preußen frei zu machen, weil er wußte, daß auch sein König falsch beraten war.

Wer aber denkt, daß der von mir begangene Weg falsch ist und sich mit seinem Gewissen nicht vereinbaren läßt, den entbinde ich hiermit jeglicher Pflichten als Saf.

F.d.R.

gez: Unterschr.	gez: Kremser
Stabsführer.	Oberführer Schlesien.

[Abschrift. B.H.St.A. I, Sonderabgabe 1565]

[142] *Legal führt der Weg nur über ein Rechtskabinett*

Str./Tü. München, den 12. IX. 1931

Herrn Gauleiter Dr. Schlange,
Berlin

Werter Parteigenosse!

Ich bestätige den Erhalt Ihres Briefes vom 9. September und bitte Sie Folgendes zur Kenntnis zu nehmen:

Das Abgeben einer eigenen Erklärung auf eine in einem Zeitungsartikel angekündigte Zusammenarbeit zwischen SA und Stahlhelm für den Fall kommunistischer Unruhen erscheint mir höchst unnötig, untunlich und falsch.

1. einmal haben offizielle Erklärungen auf Zeitungsartikel einer anderen Partei wenig Erfolg und Sinn,
2. freut sich darüber nur der Gegner und
3. spricht aus der Erklärung die vollständige Abwesenheit von politischem Fingerspitzengefühl für die gegenwärtige Situation. Sie werden gerade von mir wissen, daß ich vor Jahren scharf den Stahlhelm angegriffen habe, wie ich auch immer auf dem Standpunkt stehe und stand, daß eine Hauptaufgabe der Partei die Gewinnung marxistischer Genossen ist. Die

noch größere Aufgabe der Partei aber ist heute, an die politische Macht zu kommen, die planmäßige Zermürbungstaktik des Herrn Brüning mit allen Mitteln zu konterkarieren, d. h. mit andern Worten das Kabinett Brüning sobald als möglich zu stürzen. Wenn wir darauf warten, bis wir soviel Sozialdemokraten bekehrt haben, daß wir dann das Kabinett Brüning stürzen können, sind wir beide um Jahrzehnte älter geworden und die politische Situation von heute ist restlos eine andere, mit andern Worten, die aktuelle politische Aufgabe, Sturz des Kabinetts, drängt und muß mit den Mitteln und den Organisationen und Menschen durchgeführt werden, die gegenwärtig für diesen Zweck zur Verfügung stehen, ganz gleichgültig, wie weit sie sonst unsern revolutionären Weg mit uns gehen können oder wollen, mit andern Worten, der Weg zur nationalsozialistischen Regierung geht wohl nach der Ansicht aller politisch fähigen Menschen, solange er legal überhaupt möglich ist, nur über die Etappe eines sogenannten Rechtskabinetts. Ob uns das im Einzelnen paßt oder nicht spielt gar keine Rolle, die Hauptsache ist, daß wir unser erstes Ziel erreichen und dann später im Besitze der Macht an die Durchführung der Grundidee des Nationalsozialismus von einer viel stärkeren und mächtigeren Basis ausgehen. Das ist die Politik der sogenannten nationalen Opposition. Dieselbe ist vom Führer festgelegt und, wie ich bisher geglaubt habe, auch von allen Gauleitern verstanden worden. Ihr Vorgehen zeigt mir, daß diese optimistische Meinung falsch war. Daß diese nationale Opposition sich auch in einem stärkeren Zusammenarbeiten mit Stahlhelm und Deutschnationalen nach außen zeigen muß, ohne daß wir dabei unsere eigene Grundeinstellung und unsere Einstellung zu diesen Verbänden innerlich ändern, ist selbstverständlich. Wenn daher der Führer des Brandenburgischen Stahlhelms, ich möchte fast sagen in dem Überschwang einer Rede erklärt, daß gegen bolschewistische Horden und ihre Zerstörungsarbeit im Gau Brandenburg Stahlhelm und SA zusammenarbeiten, so ist das zum großen Teil eine Redefloskel, zum andern Teil aber eine im Hinblick auf die gemeinsame Aufgabe der nationalen Opposition richtig gedachte Maßnahme, und zwar eine Maßnahme, die unter das Kapitel Taktik fällt, nicht unter das Kapitel Prinzip.

Nachdem diese Taktik vom Führer der Bewegung und von der Reichsleitung, weil sie die allein richtige ist, im gegenwärtigen Zeitpunkt überall geübt wurde, muß das Verständnis dafür auch von dem Gauleiter von Brandenburg erwartet werden und kann nicht durch einen prinzipiellen Gedankengang desselben durchkreuzt werden. Aus diesem Grunde habe ich die Erklärung als unpraktisch, unzeitgemäß und falsch erachtet. Sie müssen demgemäß einen Weg finden, wie Sie aus der Sackgasse, in die Sie selbst durch eigene Schuld geraten sind, wieder herauskommen. Wenn dabei Ihr Prestige etwas ramponiert wird, ist das Ihre eigene Schuld. Besprechungen über Maßnahmen gegen bolschewistischen Einbruch haben zwischen der SA und dem Stahlhelm wohl in allen Gauen stattgefunden und müssen von dem betreffenden SA-Führer als pflichtgemäß anerkannt werden. ...

Mit deutschem Gruß

[Verfasser Gregor Straßer. BAK, NS 22 – 364 (gekürzt)]

[143 a] *Straßer freut sich über Hitlers Lob*[60]

Str./Tü. München, den 20. XI. 1931

Herrn Reichstagsabgeordneten
Franz Stöhr,
Berlin-Steglitz

Lieber Herr Stöhr!

Für Ihren Brief besten Dank. Sie werden inzwischen meine Aufsätze im V.B. gelesen haben, sowohl die, die ich für notwendig hielt zur Auseinandersetzung mit dem Deutschen, wie auch den Artikel »Sozialreaktion?«, in dem ich nun die Quintessenz der Unterredung mit den Herren Bächli und Habermann schriftlich fixiert habe.

Es wird Sie interessieren zu hören, daß der Führer mich am andern Tage antelefonierte, den Artikel »Sozialreaktion?« als den seiner Ansicht nach besten bezeichnete, den ich je geschrieben habe und sich mit jedem Wort der Formulierung einverstanden erklärte und die Formulierung selbst als die glücklichste bezeichnete, die darüber bis jetzt als die Ansicht der Partei veröffentlicht worden sei. Ich freue mich deswegen darüber, weil damit doch wohl die sozialistische Linie wieder einmal stabilisiert erscheint. ...

Mit deutschem Gruß
Ihr

[Verfasser Gregor Straßer. BAK, Slg. Schumacher 319 (gekürzt)]

60 Das erwähnte Gespräch zwischen Hitler, Straßer, Heß und dem Verbandsvorsteher des Deutschnationalen Handlungs-Gehilfen-Verbandes, Hans Bechly, und seinem Politischen Beauftragten, Max Habermann, fand am 6. 11. 1931 in München statt (vgl. I. Hamel, Völkischer Verband und Nationale Gewerkschaft. Der DHV 1893–1933. Frankfurt/M. 1967, S. 249 f.).

[143 b] *Sozialreaktion? Von Gregor Straßer*

... Das Wort »Sozialreaktion« bedeutet im Mund unserer Gegner: *Ablehnung der Gewerkschaften, des Schlichtungs- und Tarifwesens, sowie Zerschlagung der Sozialversicherung. Weil wir die Psyche der deutschen Arbeitnehmer aus unserer Verbundenheit mit ihnen ebenso kennen wie die Brunnenvergiftermethoden angstschlotternder Stellenbesitzer, weil uns an jenen alles, an diesen gar nichts liegt,* will ich die Stellungnahme der Partei zu diesen Problemen, wie sie immer war und immer sein wird, hier kurz umreißen: Daß in der heutigen Entwicklung des ganzen Wirtschafts- und Produktionsablaufes das einmal vorhandene und damals berechtigte Verhandlungssystem nicht mehr möglich ist, ist klar. Andererseits kann der einzelne Arbeitnehmer die Vertretung seiner Interessen dem Arbeitgeber gegenüber aus persönlichen und sachlichen Gründen ebensowenig durchsetzen wie das der einzelne Arbeitgeber und Produzent kann, der sich deshalb zu Arbeitgeberverbänden, Syndikaten und Konzernen zusammengeschlossen hat. *Genauso notwendig und in bestimmtem Sinne berechtigt wie diese sind darum die Gewerkschaften als die Organisationen zur Vertretung der beruflichen, standesmäßigen und wirtschaftlichen Interessen der Arbeitnehmer.*

Die N.S.D.A.P. hat zu jedem Zeitpunkt ihrer Parteigeschichte die Gewerkschaften und ihre Zukunftsberechtigung anerkannt und gefordert. Adolf Hitler hat in dem grundlegenden Werk des Nationalsozialismus »Mein Kampf« das ausdrücklich und einwandfrei festgelegt.

Auf dem Parteitag 1929 in Nürnberg hat die Sondertagung für gewerkschaftliche und sozialpolitische Fragen unter dem Vorsitz des Reichstagsabgeordneten Stöhr, eines alten Kämpfers in der nationalen Gewerkschaftsbewegung, in einer programmatischen, von dem Führer der Partei ausdrücklich bestätigten Erklärung, die an die gesamte Presse ging und im »Völkischen Beobachter« veröffentlicht wurde, zu dem Problem der Gewerkschaft absolut positiv und deutlich Stellung genommen. Selbstverständlich ist es, daß so, wie im nationalsozialistischen Staat kein Mensch und keine Organisation, die einzig das Leben und die Existenz verbürgende Verbundenheit mit dem ganzen Volk und das Bekenntnis zum deutschen Staat ablehnen kann und wird, auch die Gewerkschaften prinzipiell die Nation bejahen müssen. *Internationale und volkszerstörender Klassenkampf in der Gewerkschaft sind daher schlechterdings unmöglich und werden niemals geduldet werden.*

Vom Anfang ihrer Geschichte an hat die N.S.D.A.P. prinzipiell sich zu einem *ständemäßigen Ausbau unseres Staates* bekannt, ohne sich deswegen in irgendeiner Form mit dem zu identifizieren, was an Formulierungen und Vorarbeiten und Vorschlägen auf diesem Gebiet zurzeit vorliegt. *Auch hier werden wir unsere Vorschläge dann zur Kenntnis des deutschen Volkes bringen, wenn wir vorher durch Leistung und Erfolg die Möglichkeit geschaffen haben, sie von der Basis eines nutzlosen Palavers zu der Entscheidung von Gesetzen emporzuheben.* Im Ständegedanken an sich liegt aber die weitgehendste Heranziehung der Arbeiter und Angestellten zur Mitarbeit *zu größeren Rechten, aber auch größeren Pflichten.* Für den theoretisch und praktisch jederzeit denkbaren Fall, daß vor allem wirtschaftliche Lohn- und Berufsfragen trotz der neuen, unter dem Gewölbe *des sittlichen Staates der Volksgemeinschaft* stattfindenden Verhandlungsmethode zwischen Arbeitgebern und Arbeitnehmern nicht in Übereinstimmung gelöst werden können, übernimmt automatisch die Entscheidung *der Staat selbst. Der Schlichter des nationalsozialistischen Staates ist die Verkörperung seiner Macht und Größe seines Verantwortungsbewußtseins und eminent sozialen Gestaltungswillens, seine Entscheidung dient nur einem, dem Volke.* Der Schlichter von heute ist ein armer Mensch, der kompromisseln *muß* und zu dem daher die einen mit unsittlichen Überforderungen, die andern mit unsittlichen Unterangeboten kommen, so wie beim Kälberhandel auf dem Lande, so daß am Schluß alle drei unzufrieden sind und sehr oft in jedem Stadium des Handelns *bar jeder großen Idee von Volk und Lebensrecht aller Stände.* ...

[Völkischer Beobachter Nr. 319/320 v. 15./16. 11. 1931, S. 1–2 (gekürzt)]

[144] *Gregor Straßers Geleitwort zur Dienstvorschrift für die PO*

Durch drei Tatsachen ist die National-Sozialistische-Deutsche-Arbeiter-Partei das geworden, was sie heute ist. Durch eine neue, unerhörte Art der *Propaganda,* durch den neuen Typ des politischen Soldaten Adolf Hitlers, wie ihn die SA. darstellt, und durch eine antidemokratische, auf Autorität, Disziplin und Führer-Gedanke aufgebaute *politische Organisation,* wie sie in dieser Schlagkraft und Geschlossenheit keine andere Partei Deutschlands hat noch haben kann. Dabei sind diese Organisationsformen nicht am grünen Tisch erdacht, von oben her befohlen worden, sondern sind organisch aus den Notwendigkeiten des Tageskampfes und des Zieles der Bewegung von unten her herausgewachsen. Die kommenden Ereignisse und Aufgaben erfordern mehr denn je im Prinzipiellen und Formalen weitgehendste Geschlossenheit des Organisationsapparates, damit der Führung die Durchführung jedes Befehles reibungslos ermöglicht und das Durchsetzen jeder politischen Zielsetzung und Auffassung gesichert wird. Aus diesem Grunde erscheint die Dienstanweisung der politischen Organisation gerade in diesem Zeitpunkt. Ich verlange und erwarte von jedem Amtswalter der politischen Organisation die restlose und freudige Durchführung der getroffenen Anordnungen; denn die Arbeit der politischen Organisation ist nicht Selbstzweck, sondern kennt nur ein Ziel

Arbeit, Freiheit und Brot

im nationalsozialistischen Großdeutschland unter Führung Adolf Hitlers.

München, 15. Juli 1932 Der Reichsorganisationsleiter: *G. Straßer.*

[BAK, ZSG. 3/1079]

[145] *Otto Erbersdobler über Gregor Straßer*

Wie schon einmal erwähnt, stand Straßer bis 1932 unentwegt zu Hitler als »Führer«, obwohl in der Gestaltung von Organisation, Propaganda und der ganzen Art, wie Hitler die einzelnen Probleme durchsetzen und verwirklichen wollte und seine Anordnungen danach richtete, Straßer zum großen Teil anderer Anschauung war. Er sagte mir das auch einmal. »Ich habe in so vielen Punkten ganz andere Anschauungen und Meinungen über Behandlung und Durchführung wie Hitler, aber ich weiß, daß dieser Mann bei allem Unangenehmen an ihm eine geradezu seherische Gabe hat, große politische Probleme richtig zu sehen und auch in geeignetem Moment trotz scheinbar unüberwindlicher Schwierigkeiten das Richtige zu tun.« ... Allerdings ist Straßer auch bis zu einem gewissen Grade dem unheimlichen Einflusse erlegen, den steigende Macht- und Geldfülle auf die meisten Menschen ausübt, besonders wenn sie aus verhältnismäßig bescheidenen Verhältnissen kommen. Des öfteren hat er mir zu verstehen gegeben, daß es eine besondere Vergünstigung sei, wenn er mir in Niederbayern zusätzliche Versammlungstermine mit ihm zukommen ließe mit ein paar Tausend Zuhörern, wenn es hoch ginge – wo doch von Königsberg über Sachsen und Mitteldeutschland bis zum Ruhrgebiet -zigtausend Menschen auf ihn als Redner warteten. Dabei hatten mir aber Kreisleiter und SA-Führer, gerade aus dem Ruhrgebiet, auf einer Münchener Tagung vertraulich mitgeteilt, daß sie in der letzten Zeit von Straßer enttäuscht seien, denn er scheine auf dem Wege zu sein, sich von Hitler zu entfernen und eigene Pläne zu schmieden. Ich möchte ihn bei passender Gelegenheit warnen. Gegen Hitler würden sie niemals seine Gefolgsleute sein.

Auch Straßer hatte, trotz bereits gehabter Beispiele, die Magie der Persönlichkeit Hitlers verkannt und das Gewicht seiner eigenen Persönlichkeit überschätzt. Und einmal äußerte sich Straßer mir gegenüber ziemlich deutlich, daß es ihm immer schwerer falle, den Wegen und Einstellungen Hitlers zu folgen. Er sagte eigentlich vielmehr: – dem zu folgen, was Hitler geschehen lasse in der Durchführung durch andere führende Männer in den Parteispitzen. Dann spielte er an auf den Gau Niederbayern, den er doch aufgebaut und dann mir übergeben habe, und er glaube, daß er hier gleichsam eine starke Burg und eine unentwegte Gefolgschaft habe. Ich sah also bestätigt, was mir schon vordem gesagt wurde. Ich antwortete diplomatisch, daß freilich Niederbayern und Straßer ein Begriff seien, daß alles aber doch nur ein Glied der großen Bewegung sei, daß sich Unstimmigkeit und Unterschiedlichkeit in der Abwägung verschiedener Fragen und Belange letzten Endes in der Führungsspitze wieder ausgleichen müßten. Ich erinnerte daran, wie es denn aussah, als Hitler nach dem mißglückten Putsch in der Festungshaft saß. ... Ein Bild der Verwirrung. Erst Hitler hat dann wieder die alte NSDAP errichtet und all diesen Gruppen unnachsichtlich anheimgestellt, sich ihm unterzuordnen oder ihren eigenen Weg zu gehen.

Da hat dann Straßer sofort abgelenkt – aber er hat mit mir auch nicht mehr über seine Pläne gesprochen. Er hat mich dann überhaupt in seiner Zusammenarbeit mit Oberltnt. Schulz, den ich nur flüchtig kannte, über nichts mehr unterrichtet und auch seine Organisationsarbeit in steigendem Maße durch Dr. Ley, der ja auch später sein Nachfolger wurde, erledigen lassen. Im Spätherbst 1932 wurde ich bei der Kandidatenaufstellung zur 2. Reichstagswahl in diesem Jahre einem SA-Führer nachgestellt und verlor dadurch mein Mandat. Da ließ er mich dann erst später kommen und sagte mir, daß er (ohne es näher zu begründen) sich in der letzten Zeit um die Organisationsarbeit und die Kandidatenaufstellung nicht in notwendigem Maße kümmern konnte, sodaß ich leider der Leidtragende wurde. Er werde aber dafür Sorge tragen, daß ich das nächste Mal wieder zum Zuge käme. Da habe ich ihn das letztemal persönlich gesprochen. Kurz darauf hat er alle seine Ämter niedergelegt und sich völlig aus der Parteiarbeit zurückgezogen. Ausgetreten ist er aber nicht.

Später rief mich Göring an und ersuchte mich, ihn bei der nächsten Reichstagssitzung aufzusuchen; er hätte etwas mit mir zu besprechen. Ich sagte ihm, in kurzer Schilderung des Tatbestandes, daß ich meinen Reichstagssitz verloren habe. Darauf erwiderte er, das sei eine Schweinerei, das hätte ich Straßer zu verdanken. Und jetzt kam seine Frage: Glauben Sie, daß die Niederbayern einen Ausschluß Straßers mit einer Rebellion beantworten würden? Ich sagte ihm: Nein! Es würde wohl einige Unruhe erregen, aber ich glaube an die Gefolgschaftstreue meiner Leute zu Hitler, ob denn ein Ausschluß Str. gegeben sei. Er sagte, es sei noch nicht soweit –

aber es könnte vielleicht notwendig werden. Das hänge ganz von den weiteren Schritten Straßers ab.

[Aus einer Aufzeichnung des ehemaligen Gauleiters von Niederbayern (1929–1932), Otto Erbersdobler, vom Juli 1968. Im Besitz des Verfassers; Photokopie im Institut für Zeitgeschichte, München.]

[146] *Heute sind wir gewöhnt, blindlings dem Führer zu folgen*

Aufgefordert durch die Kanzlei Hitler (Pg. Bormann) teile ich Ihnen wahrheitsgetreu ein Gespräch mit Pg. Gottfried Feder mit. Am Freitag, den 30. Dezember 1932 traf ich abends 5¹/₄ Uhr Pg. Feder, der eben aus München kam, am Bahnhof in Murnau. Das Zusammentreffen mit Feder war mir sehr erwünscht, da ich mit Feder eine Zeitungsangelegenheit zu besprechen hatte. Ich begleitete Feder zu seinem Landhaus am Eichholz und unterhielt mich nach Erledigung meiner Anfrage über die allgemeine pol. Lage. Unter anderem bestätigte er meine Ansicht, daß um Mitte Januar herum der Reichstag neuerdings aufgelöst würde. Feder meinte, aus diesem Wahlkampf werden wir wiederum mit einem großen Mandatsverlust herauskommen. Er, wie auch Straßer, waren sich schon lange darüber im Klaren, daß die Bewegung den Höhepunkt überschritten habe. Aus diesem Grunde sei es unklug gewesen, nicht in die Regierung einzutreten. Auch sei der Unterschied zwischen dem, was man Hitler geboten und was Hitler gefordert habe, nicht allzu groß. Er zählte dabei die einzelnen Minister auf, die Hitler an und für sich übernommen hätte. –

Feder stellte an mich auch die Frage, wie man sich hier (in Murnau) zum Fall Röhm stelle. Meine Antwort: Darüber wird hier nicht gesprochen. Feder: Röhm hat uns außerordentlich geschadet und es sei sehr peinlich, daß sich Röhms Briefe als echt erwiesen haben. In vielen Kreisen der Bevölkerung und auch in den eigenen Reihen ist man doch kopfstutzig geworden. Ich sagte zu Feder: Auch mir war dieser Fall sehr peinlich, aber letzten Endes ist es doch so, daß die ganze gegnerische Presse über Röhm hergefallen ist. Ich stünde auf dem Standpunkt, daß jeder, der vom Gegner angegriffen wird, unser Freund sein muß, und nachdem der Führer ja selbst Röhm in seinem Amte belassen hat, gibt es für uns als die einfachen Soldaten der Bewegung keinen Fall Röhm. Feder: Das sei wohl nationalsozialistisch gedacht, aber ob es für die Partei förderlich ist, sei eine andere Frage. –

Weiter kamen wir, wohl durch mich veranlaßt, auch auf die Pol. Organisation der Bewegung zu sprechen. Ich sagte Feder hier offen meine Meinung. Insbesonders habe ich bemängelt, daß die Amtswalter neu uniformiert wurden. Lange habe ich die neue Amtswalteruniform nicht tragen wollen. Das einfache Braunhemd sei mir eigentlich heute noch lieber. Ein Amtswalter, der an und für sich nichts taugt, wird sich auch in seiner neuen Uniform keinen größeren Respekt verschaffen können. Auch verstünde ich nicht, weshalb auch die Ortsgruppen eine Fahne haben sollten. Wir sind doch kein Kegelklub. Als Feder mich fragte, was das mit Straßer zu tun habe, sagte ich: Die Dienstvorschrift für die PO hat Straßer verfaßt. Feder: Nein, das war die Arbeit von Dr. Ley. Ich erwiderte, das könne nicht stimmen, da Straßer die PO gezeichnet hat. Feder: Nein, Hitler hat die PO gezeichnet. Ich: Aber Straßer hat doch dazu das Geleitwort geschrieben. Feder: Das ist richtig, aber Straßer hat damit nichts zu tun gehabt, das war die Arbeit des Dr. Ley. Hier konnte ich mich nicht des Eindrucks erwehren, als ob Feder Dr. Ley gegen Straßer ausspielen wollte, weil ich persönlich mit mancherlei aus der PO-Dienstvorschrift nicht einverstanden war. –

Unaufgefordert kommt Feder auf seinen Fall zu sprechen. Die Auflösung der Wirtschaftspol. Abt. sei unklug. Mit Weltanschauungen allein könne man das Volk auf die Dauer nicht füttern, es sei ja wohl im Wesentlichen alles beim Alten geblieben. Er habe Hitler sehr energisch über die Lage aufgeklärt. In seinem Brief an Hitler sei aber in der Presse der Schlußsatz, den er geschrieben, weggeblieben. Was haben Sie in diesem Satz an Hitler geschrieben, wurde von Feder beantwortet: »In unverbrüchlicher Treue, dem von Ihnen (Hitler) sanktionierten und von mir formulierten Programm.«

Das weitere Gespräch mit Feder war auf die örtlichen Verhältnisse und auf die Leiden und Freuden eines Ortsgruppenleiters zugeschnitten. Ich erwähnte noch, daß der Fall Straßer für uns nichts Aufregendes brachte. Anläßlich des Falles Stennes hätten wir noch den Kopf hängen lassen. Heute seien wir gewöhnt, blindlings dem Führer zu folgen.

Murnau, den 5. Januar 1932[61]

[gez.] Otto Engelbrecht
Kreis- u. Ortsgruppenleiter

[BAK, NS-Mischbestand 1122]

61 Beim Datum ist dem Verfasser des Berichtes ein Irrtum unterlaufen. Es muß natürlich 1933 heißen.

VIII. Zahlen und Übersichten zur Entwicklung der NSDAP bis 1933

[147] *Mitgliedsnummern und Mitgliedsstand der NSDAP 1925–1933*

Die Mitgliedsnummern wurden seit 1925 fortlaufend ausgegeben, wobei mehrere Zahlenblöcke freiblieben (vgl. Dokument 152). Durch Austritt usw. freiwerdende Nummern wurden nicht neu besetzt. Die Fluktuation war relativ stark, sie wurde von mehreren Gauleitern mit 10 bis 15 % angegeben, so daß die tatsächliche Mitgliederzahl entsprechend niedriger zu veranschlagen ist.

Aufnahmedatum		Nummer	Aufnahmedatum		Nummer
März	1925	1	Januar	1931	400 000
Juli	1925	10 000	Februar	1931	450 000
September	1925	20 000	April	1931	500 000
Januar	1926	30 000	Juni	1931	550 000
Juni	1926	40 000	August	1931	600 000
Dezember	1926	50 000	Oktober	1931	650 000
April	1927	60 000	November	1931	700 000
November	1927	70 000	Dezember	1931	800 000
April	1928	80 000	Januar	1932	850 000
Juni	1928	90 000	Februar	1932	900 000
1. Oktober	1928	100 000	März	1932	950 000
September	1929	150 000	April	1932	1 000 000
Februar	1930	200 000	30. Januar	1933	1 435 530
Juni	1930	250 000	März	1933	1 500 000
September	1930	300 000	Mai	1933	3 262 698
November	1930	350 000			

[BAK, Slg. Schumacher 376]

[148 a] *Die Gliederung der NSDAP (PO) 1925 bis Juli 1932*[62]

- Führer
  - Reichsleitung
    - Gau
      - Stützpunkt (weniger als 6 bzw. 15 Mitglieder)
      - Ortsgruppe (bis 13. 5. 1927 wenigstens 6, seitdem wenigstens 15 Mitglieder)
        - Sektion (nach Bedarf vom Ortsgruppenleiter einzurichten)
      - Bezirk und/oder Kreis (nur für Propagandazwecke, Einrichtung dem Gauleiter anheimgestellt)

[148 b] *Die Gliederung der NSDAP (PO) seit dem 15. Juli 1932*

- Führer
  - Reichsorganisationsleitung
    - Reichsinspektion I
      - 5 Landesinspektionen (Ost, Berlin, Mitteldeutschland-Brandenburg, Nord, Niedersachsen)
        - Gau
          - Kreis
            - Ortsgruppe
              - Zelle oder Stützpunkt
                - Block
    - Reichsinspektion II
      - 4 Landesinspektionen und eine Landesleitung (West, Sachsen-Thüringen, Südwest, Bayern; Österreich)
        - Gau
          - Kreis
            - Ortsgruppe
              - Zelle oder Stützpunkt
                - Block

Gau (in der Regel gleich Wahlkreis)
Kreis (entsprechend der jeweiligen Verwaltungseinheit)
Ortsgruppe (51–500 Mitglieder)
Zelle oder Stützpunkt (11–50 Mitglieder)
Block (1–10 Mitglieder)

[Verordnungsblatt der Reichsleitung der NSDAP, Folge 25 vom 17. Juni 1932; Dienstvorschrift für die PO der NSDAP vom 15. Juli 1932]

62 Vgl. Dokumente 83 und 93.

[149 a] *Die Gliederung der SA 1926/27 bis April 1931*

Parteiführer
(seit 2. 9. 1930 auch oberster SA-Führer)

Oberste SA-Führung (OSAF)

7 Osaf-Stellvertreter:	Ost, Nord, West, Mitte, Süd, Oberführer Ruhr, Oberführer Österreich) (im August 1928 eingerichtet)
Gausturm	(1930/31: 33)
Brigade	(2–5 Standarten; nicht überall aufgestellt)
Standarte	(2–5 Stürme)
Sturm	(2–4 Trupps)
Trupp	(5–8 Gruppen)
Gruppe	(6–12 Mann)

[149 b] *Die Gliederung der SA Mai 1931 bis 1932/33*

Partei- und Oberster SA-Führer

Oberste SA-Führung (Der Chef des Stabes)

4 Obergruppen	(seit September 1932)
Gruppe	(1931: 10; 1932: 18)
Untergruppe (Gausturm)	– 15 000 Mann
Standarte	1 000 – 3 000 Mann
Sturmbann	250 – 600 Mann
Sturm	70 – 200 Mann
Trupp	20 – 60 Mann
Schar	4 – 12 Mann

[Dok. 149 a u. 149 b. BAK, Slg. Schumacher 403 und NS 26 – 306]

[150 a] *Die Reichsleitung der NSDAP 1925–1930*

Die Abteilungen der Reichsleitung sind fortlaufend numeriert. Unterstellungen sind durch Kleinbuchstaben und Einrücken gekennzeichnet, weitere Untergliederungen durch Doppelbuchstaben und weiteres Einrücken. Die Angaben hinter dem Namen nennen – in dieser Reihenfolge – Geburtsjahr, Beruf, Mitgliedsnummer bzw. Beitrittsdatum (vgl. Tabelle 147). Ein Ortsname hinter dem Geburtsjahr bedeutet, daß die betreffende Person ihre Aufgabe nicht von München aus wahrnahm. Die letzte Spalte bezeichnet die Dauer der Tätigkeit, aus dem ersten und dem letzten Datum ergibt sich jeweils, wie lange die betreffende Abteilung bestand. Angaben, die über 1933 hinausgehen, verweisen auf Tätigkeit in einer entsprechenden Parteifunktion nach der »Machtergreifung«, nach der sich vielfach die Bezeichnungen änderten.

1 1 a	Vorsitzender und Führer der Partei Privatsekretär	*Adolf Hitler* (1889), Schriftsteller. 1 *Rudolf Heß* (1894), Kaufmann, Student. 16	26. 2. 1925–1945 4. 1925–1933
2	Schriftführer des NSDAV e. V.	*Hermann Schneider* (1894) Studienassessor. 14 *Karl Fiehler* (1895), kfm. Ang., Städt. Verwaltungsassistent. 37	21. 8. 1925 –31. 8. 1928 31. 8. 1928 –1. 8. 1935
3	Reichsschatzmeister	*Franz Xaver Schwarz* (1875), Verw.-Oberinspektor a. D. 6	3. 1925–1945
4	Reichsgeschäftsführer	*Philipp Bouhler* (1899), Leutnant, Student. Seit 1922 2. Geschäftsf. der NSDAP. 12	3. 1925–10. 1934
5 5 a	Reichspropagandaleiter Stellvertreter	*Hermann Esser* (1900), Schriftleiter. Seit 1920 beim VB. 2 *Gregor Straßer* (1892), Apotheker. 9 *Adolf Hitler* [s. 1] *Joseph Goebbels* (1897), Dr. phil. 22 (erst am 22. 3. 1926 offiziell aufgenommen) *Heinrich Himmler* (1900), Diplom-Landwirt. 14 303	4. 8. 1925–4. 1926 16. 9. 1926–12. 1927 2. 1. 1928 –27. 4. 1930 27. 4. 1930–1945 16. 9. 1926 –27. 4. 1930 (tätig in der RPL bis 9. 1930)
6	Reichspropagandaleiter II	*Fritz Reinhardt* (1895), Herrsching a. A., Fern-Handelsschuldirektor. 45 959	27. 4. 1930–1933

7	Reichsorganisationsleiter	*Bruno Heinemann* (1855), Generalleutnant a. D. 355	7. 1926–2. 1. 1928
		Gregor Straßer [s. 5]	2. 1. 1928 –8. 12. 1932
7 a	Sachbearbeiter für Kommunalfragen	*Karl Fiehler*, Stadtrat München seit 1924 [s. 2]	1. 1930–1933
		Rudolf Buttmann (1885), Dr. phil., Bibliothekar. Mdbayr. L. seit 1924. 4	1. 1930–10. 6. 1932
8	Leiter der Organisationsabt. II	*Constantin Hierl* (1875), Oberst a. D. 126 752	6. 1929–9. 6. 1932
8 a	Leiter der Agrarpolitischen Abt.	*Richard Walther Darré* (1895), Diplom-Landwirt. 248 256	1. 8. 1930–1945
9	Vorsitzender des USchlA RL	*Bruno Heinemann* [s. 7]	1. 12. 1925 –27. 11. 1927
		Walter Buch (1883), Major a. D. 7733	27. 11. 1927–1945
9 a	1. Beisitzer	*Ulrich Graf* (1878), Stdt. Freibankmeister. 8 (Pg. seit 1920)	1. 12. 1925–(1934?)
9 b	2. Beisitzer	*Karl Ostberg* (1890), Beamter, seit 1926 Parteiangestellter. 10 166. (Pg. seit 1920)	1. 12. 1925 –1. 10. 1927
		Hans Frank (1900), Dr. jur., Rechtsanwalt. 40 079 (Pg. 1921–1923)	1. 10. 1927–(1931?)
10	Oberster SA-Führer	*Franz von Pfeffer* (1888), Hauptmann a. D. 16 101	1. 11. 1926 –29. 8. 1930
10 a	Adjutant	*Georg Hallermann* (1898), Leutnant d. R., stud. ing. 16 102	1. 11. 1926 –2. 1930
10 b	Stabschef	*Otto Wagener* (1888), Dr. phil. h. c., Hauptmann a. D. Industrieller. 159 203	1. 10. 1929 –31. 12. 1930
10 c	Reichsführer der Schutzstaffeln	*Julius Schreck* (1898), (?) 53 (Pg. seit 1921)	9. 1925–4. 1926
		Josef Berchtold (1897), Schreibwarenhändler. 36 003 (Pg. seit 1920, Führer des »Stoßtrupp Hitler« 1923)	9. 6. 1926 –1. 3. 1927
		Erhard Heiden (1901), Kaufmann. 74 (1925–1927 Stellvertretender RFSS)	3. 1927–6. 1. 1929
		Heinrich Himmler [s. 5 a] (1927–1929 Stellv. RFSS)	6. 1. 1929–1945
10 ca	Adjutant	*Hanns Hustert* (1900), Kaufmann. 85 001	1. 1929–12. 1929

11	Leiter des Jugendausschusses	*Franz von Pfeffer* [s. 10]	11. 1926–11. 6. 1930
		Walter Buch [s. 9]	11. 6. 1930–10. 1931
11 a	Reichsführer der Hitler-Jugend (vom 1. 5. bis 30. 10. 1931 unmittelbar dem Stabschef der SA unterstellt)	*Kurt Gruber* (1904), Plauen, (?) 7270	4. 7. 1926 –29. 10. 1931
12	Direktor des Parteiverlags (vor 1931 nicht als Mitglied der RL bezeichnet)	*Max Amann* (1891), Feldwebel, Bankangestellter, seit 8. 1921 Geschäftsf. der NSDAP, seit 4. 1922 auch des VB. 3	2. 1925–1945

Bis 1930 entstanden außerdem sieben Organisationen durch Privatinitiative, die vom Parteiführer offiziell als nationalsozialistisch anerkannt wurden. Formal unabhängig, lebten sie vom freiwilligen Interesse der Parteigenossen und der mehr oder weniger wohlwollenden Unterstützung durch die Gaue und Ortsgruppen. Dies waren:

13	*Nationalsozialistischer Deutscher Studentenbund (NSDStB)*		
	Gründer	Wilhelm Tempel und Helmut Podlich (8. 12. 1925)	
	Reichsführer	*Wilhelm Tempel* (1905), Leipzig, stud. jur. 15 925	2. 1926–6. 1928
		Baldur von Schirach (1907), München, stud. phil. 17 251	7. 1928–6. 1932
14	*Kampfbund für Deutsche Kultur (Nationalsozialistische Wissenschaftliche Gesellschaft)* (1927/28: Nationalsozialistischer Kampfbund . . .)		
	Gründer	Alfred Rosenberg (20. 8. 1927)	
	Leiter	*Alfred Rosenberg* (1893), München, Dipl.-Architekt. 18 (Pg. seit 1919)	10.1927–(1933?)
15	*Deutscher Frauenorden »Rotes Hakenkreuz«* (1923/1927: Deutscher Frauenorden. Seit 1. 10. 1931 als »NS-Frauenschaft« der Reichsorganisationsleitung unterstellt.)		
	Gründerin	Elsbeth Zander (9. 1923)	
	Leiterin	*Elsbeth Zander* (1888), Berlin, (?) 33 511	2. 1. 1928–4. 1933
16	*Bund Nationalsozialistischer Deutscher Juristen (BNSDJ)*		
	Gründer	Dr. Hans Frank (9. 1928)	
	Leiter	*Dr Hans Frank* [s. 9 b]	9. 1928–1942

17	*Nationalsozialistischer Lehrerbund (NSLB)*		
	Gründer	Hans Schemm (1927)	
	Leiter	*Hans Schemm* (1891), Bayreuth, Lehrer. 29 313	2. 8. 1929–5. 3. 1935 (†)
18	*Nationalsozialistischer Deutscher Ärztebund*		
	gegründet	3. 8. 1929 (Parteitag Nürnberg)	
	Leiter	*Ludwig Liebl* (?), Ingolstadt, Dr. med.	3. 8. 1929–18. 9. 1932
		Gerhard Wagner (1888), München, Dr. med. 129 008	18. 9. 1932–(1933?)
19	*Nationalsozialistischer Schülerbund (NSS)*		
	gegründet	3. 1929 in Hamburg	
	Leiter	*Theodor Adrian von Renteln* (1897), Berlin, Dr. rer. pol., Wirtschaftsjournalist. 109 184	17. 9. 1929–15. 6. 1932

[Zusammengestellt aus den verfügbaren Unterlagen. Als besonders wertvoll erwiesen sich neben den üblichen Handbüchern und Nachschlagewerken und der umfangreichen Partei-Historiographie die Nationalsozialistischen Jahrbücher (1927 ff.), das Deutsche Führerlexikon 1934/35 (Berlin 1934), der Völkische Beobachter (1925 ff.), das Verordnungsblatt der Reichsleitung der NSDAP (1931 ff.) und vor allem die Unterlagen im BDC (Mitgliederkartei der NSDAP, Bestände PKC und OPG) und im BAK (Bestände NS 1, NS 22, NS 26, Slg. Schumacher)]

[150 b] *Die Reichsleitung der NSDAP von September 1930 bis Juni 1932*

Diese Aufstellung folgt dem Muster der vorangegangenen. Verweise in eckigen Klammern beziehen sich auf die entsprechende Nennung dort. Die Zahl der Abteilungen in der Reichsleitung, deren Leiter seit 1931 Amtsleiter hießen, wuchs in diesem Zeitraum um vier (Parteiverlag, Rechtsabteilung, Personalamt und Reichsjugendführung). Auffallend ist vor allem die völlig unsystematische Erweiterung der beiden Organisationsabteilungen. Die Bildung neuer Unterabteilungen beruhte hier weit seltener auf zielbewußter Planung als darauf, daß sich Parteigenossen oder solche, die es dann wurden, bei Straßer oder Hierl bewarben. Unterabteilungen, die der »Erfassung« der Partei- und Volksgenossen bestimmter Berufe dienten, wurden der O I unterstellt. Die O II umfaßte die übrigen, die vorwiegend politische Stellungnahmen und Zukunftspläne ausarbeiten sollten. In der Praxis war das jedoch nicht immer exakt zu trennen. So unterstand die Betriebszellen-Abteilung der O I, die Landwirtschafts-Abteilung, die ihre Erfolge gerade mit der »Erfassung« der Bauernschaft durch ihren Agrarpolitischen Apparat errang, verblieb bei der O II. Außer den beiden genannten und der Wirtschaftspolitischen

Abteilung hatte keine bis Juni 1932 mehr als höchstens drei Mitarbeiter in München bzw. am Sitz ihres Leiters. Das war zum einen Folge der Sparsamkeit des Reichsschatzmeisters, der alle bezahlten Anstellungen genehmigen und finanzieren mußte; zum andern beruhte es auf der traditionellen Struktur der Partei. In der Regel war es nämlich die erste Maßnahme der neuen Abteilungsleiter, die nicht zu übergehenden Gauleiter aufzufordern, einen Gaufachberater für das betreffende Fachgebiet zu benennen, der in Zusammenarbeit mit der jeweiligen Stelle der O I bzw. O II die praktische Arbeit im Gau leisten sollte. Am konsequentesten wurde dies in Darrés Agrarpolitischem Apparat durchgeführt. Die Gauleitungen blähten sich dementsprechend auf. Im ganzen kam es dabei jedoch nur zu einem unorganischen Nebeneinander divergierender Kräfte, weil es keine durch Sachverstand und politische Wirkungsmöglichkeit kompetente Zentralstelle gab. Schon vor 1933 deutete sich an, daß den Nationalsozialisten das bloße »Erfassen« von Menschen sehr viel leichter fiel als politische Generalstabsarbeit. Dieses Stadium haben sie bis 1945 nicht überwunden.

1	Partei- und Oberster SA-Führer (seit 2. 9. 1930)	*Adolf Hitler*	[s. 150 a Nr. 1]
1 a	Persönliche Adjutanten	*Rudolf Heß* *Wilhelm Brückner* (1884), Oberleutnant a. D., Ingenieur. 298 623 (Führer des SA-Regiment München 1923)	[s. 150 a Nr. 1 a] 1. 9. 1930–(1941?)
1 b	Außenpolitischer Berater (Außenpolit. Archiv)	*Alfred Rosenberg* [s. 150 a Nr. 14]	
2	Schriftführer des NSDAV e. V.	*Karl Fiehler*	[s. 150 a Nr. 2]
3	Reichsschatzmeister	*Franz Xaver Schwarz*	[s. 150 a Nr. 3]
3 a	Reichszeugmeister (bis 14. 8. 1930 OSAF unterstellt)	*Richard Büchner* (1897), Kaufmann. 444	1. 1. 1929 –(1933?)
3 b	Leiter der NS-Hifskasse (bis 14. 8. 1930 OSAF unterstellt)	*Martin Bormann* (1900), Landw. Angestellter. 60 508	1928–1933
4	Reichsgeschäftsführer	*Philipp Bouhler*	[s. 150 a Nr. 4]
4 a	Leiter der NS-Auskunft (für Rassefragen und Stammbaumforschung)	*Achim Gercke* (1902), Dr. phil. nat., Univ.-Assistent für Chemie Greifswald. 31 490	1.1.1931–10.1934

5	Direkcor d. Parteiverlags	*Max Amann*	[s. 150 a Nr. 12]
6	Vorsitzender des USchlA RL	*Walter Buch*	[s. 150 a Nr. 9]
6 a	Stellvertreter	*Wilhelm Freiherr von Holzschuher* (1893), (?). 75 001	9. 1930–4. 1933
6 b, c	Beisitzer		[s. 150 a Nr. 9 a, b]
7	Leiter der Rechtsabteilung	*Dr. Hans Frank* [s. 150 a Nr. 9 b]	1. 11. 1930–1942
8	Leiter des Personalamtes	*Wilhelm Friedrich Loeper* (1883), Hauptmann a. D., 6980	12. 1930–8. 1932
9	Chef des Stabes der Obersten SA-Führung	*Ernst Röhm* (1887), Hauptmann a. D. 41 (erst am 1. 11. 1930 aufgenommen)	5. 1. 1931 –30. 6. 1934 (†)
9 a	Reichsführer SS	*Heinrich Himmler*	[s. 150 a Nr. 10 c]
10	Reichsjugendführer (vom 30. 10. 1931 bis 13. 5. 1932 dem Stabschef der SA unterstellt, seitdem selbständiger Amtsleiter)	*Baldur von Schirach* [s. 150 a Nr. 13]	30. 10. 1931–1940
10 a	Führer der Hitlerjugend	*Theodor Adrian von Renteln* [s. 150 a Nr. 19]	30. 10. 1931 –15. 6. 1932
		Baldur von Schirach [s. 150 a Nr. 13]	6. 1932–1940
10 b	Bundesführer des NSDStB	*Baldur von Schirach*	[s. 150 a Nr. 13]
		Gerd Rühle (1905), Rechtsreferendar. 694	6. 1932–1933
10 c	Leiter des NS-Schülerbundes (am 1. 3. 1933 in die HJ eingegliedert)	*Theodor Adrian von Renteln* [s. 150 a Nr. 19]	30. 10. 1931 –6. 1932
		Friedrich Krüger	6. 1932–1. 3. 1933
10 d	Führer des Deutschen Jungvolks	*Curt Brieger* (1907)	27. 3. 1931 –12. 1931
	(seit 27. 3. 1931 der HJ angeschlossen)	*Balduin Geißler*	8. 1932–(1933?)
10 e	Bundesführerin des Bund Deutscher Mädel (BDM)	*Martha Aßmann*, Chemnitz	7. 1930 –1. 10. 1931
		Elisabeth Greiff-Walden, München	1. 10. 1931–1933

11	Reichspropagandaleiter I	*Dr. Joseph Goebbels*	[s. 150 a Nr. 5]
11 a	Stellvertreter	*Heinz Franke* (1903), (Student ?). 103 408	10. 11. 1930–1933
12	Reichspropagandaleiter II	*Fritz Reinhardt*, Herrsching am Ammersee	[s. 150 a Nr. 6]
13	Reichsorganisationsleiter I	*Gregor Straßer*	[s. 150 a Nr. 7]
13 a	Stellvertreter	*Paul Gustav Schulz* (1898), Oberleutnant a. D. 319 068	10. 1930 –10. 6. 1932
13 b	Reichsorganisations-Inspekteur	*Robert Ley* (1890), Dr. phil., Chemiker. 18 441	21. 10. 1931 –9. 12. 1932
13 c	Sachbearbeiter für Kommunalfragen	*Karl Fiehler* *Rudolf Buttmann*	[s. 150 a Nr. 7 a] [s. 150 a Nr. 7 a]
13 d	Sachbearbeiter für Kriegsbeschädigtenfragen	*Hanns Oberlindober* (1896), Oberleutnant a. D., Kaufmann. 14 765	11.1930–(1933 ff.)
13 e	Leiter der Reichsbetriebszellen-Abteilung (NSBO)	*Walter Schuhmann* (1898), Berlin, Monteur. 19 874	15. 1. 1931 –(1933 ff.)
13 ea	Stellvertreter	*Reinhold Muchow* (1905), München, kfm. Angestellter. 24 006	15. 1. 1931 –12. 9. 1933(†)
13 f	Sachbearbeiter für Beamtenfragen (seit 1. 6. 1932 Abteilung)	*Jakob Sprenger* (1884), Frankfurt/M., Oberpostinspektor. 17 009	4. 1931–1933
13 g	Leiter der Auslandsabteilung	*Hans Nieland* (1900), Hamburg, Dr. rer. pol., Rechtsreferendar. 33 333	1. 5. 1931 –15. 3. 1933
13 h	Abteilungsleiter Pressestelle	*Otto Dietrich* (1897), Dr. rer. pol., Journalist. 126 727	1. 8. 1931–1945
13 i	Sachbearbeiterin NS-Frauenschaft (seit 1. 11. 1931 Abt.)	*Elsbeth Zander* [s. 150 a Nr. 15]	1. 10. 1931 –4. 1933
13 k	Leiter der Abteilung Seefahrt	*Kurt Thiele* (1896), Hamburg, Angestellter. 8607	1. 3. 1932 –15. 3. 1933
14	Reichsorganisationsleiter II	*Constantin Hierl* [s. 150 a Nr. 8]	6. 1929–9. 6. 1932
14 a	Adjutant	*Albert Dressler* (1885), Hauptmann a. D. 23 009 (am 8. 10. 1926 ausgetreten, am 1. 3. 1929 wieder eingetreten)	1. 1930–6. 1932

14 b	Leiter der Agrarpolitischen Abteilung (Abt. Landwirtschaft)	*Richard Walter Darré*	[s. 150 a Nr. 8 a]
14 ba	Geschäftsführer des Agrarpolitischen Apparates	*Richard Arauner* (1902), Diplom-Landwirt	1931–(1933 ff.)
14 bb	Leiter des Forstpolitischen Apparates	*Wilhelm Parchmann* (1890), Aue/Westf., Oberförster	1. 1931–(1933 ff.)
14 bc	Leiter der Unterabt. Landw. Markt- und Börsenwesen	*Bruno Luxenberg* (1883), Prokurist. Pg. seit 1920	1. 3. 1931 –30. 9. 1932
14 bd	Leiter der UA Agrarpolitisches Zeitungswesen	*Gustav Staebe* (1906), kfm. Angest., seit 1926 nur für die Partei tätig. 36 347	1. 4. 1931 30. 9. 1932
14 be	Leiter der UA Ostland	*Karl Motz* (1906), Dipl.-Bauingenieur. 122 014	1. 4. 1931 –(1933 ff.)
14 bf	Leiter der UA Gartenbau und Winzer	*Hermann Reischle* (1898), Dr. rer. pol.	11. 1931 –(1933 ff.)
14 bg	Leiter der UA Werbung	*Erwin Metzner* (1890), (?). 110 974	1. 1. 1932 –(1933 ff.)
14 c	Leiter der Wirtschaftspolitischen Abteilung	*Dr. h. c. Otto Wagener* [s. 150 a Nr. 10 b]	1. 1. 1931 –9. 1932
14 ca	Leiter der UA Währung, Finanzen, Produktion	*Dr. Theodor Adrian von Renteln* [s. 150 a Nr. 19]	3. 1931 –30. 9. 1932
14 cb	Leiter der UA Handel (zugleich Leiter des »Unterbüro Berlin« der WPA)	*Hermann Cordemann* (?), Berlin	1931–10. 6. 1932
14 cc	Referent Wirtschaftspresse und Nachrichtenwesen (UA Archiv und Propaganda)	*Dr. Ottokar Lorenz*	5. 1931–1932
		Hansfritz Sohns (?), (1927 stud. jur.), 10 820	1932–30. 9. 1932
14 cd	Leiter der UA Sozialpolitik	*Dr. Ottokar Lorenz*	1932–30. 9. 1932
14 ce	Leiter der UA Zwischenstaatliche Wirtschaftsbeziehungen	*Karlheinz Seidel* (?), Diplom-Volkswirt	5. 1932 –30. 9. 1932
14 cf	Leiter der UA Arbeitsbeschaffung	*Bernhard Köhler* (1882)	5. 1932 –30. 9. 1932
		Hermann Tholens (1882), Korvettenkapitän a. D., Pg. seit 1931	5. 1932 –15. 12. 1932
14 cg	Leiter der UA Handwerk und Gewerbe	*Karl Zeleny* (1898)	5. 1932 –30. 9. 1932

14 ch	Leiter der UA Wirtschaftswissenschaft	*Dietrich Klagges* (1891), Braunschweig, Mittelschulkonrektor. 7646	5. 1932 –15. 12. 1932
14 d	Wirtschaftsrat zur Beratung der WPA in grundsätzlichen Fragen. (Am 2. 11. 1931 mit diesem Auftrag auf Hitlers Anordnung gegründet, jedoch nicht ausdrücklich der O II unterstellt. Am 29. 7. 1932 gab Straßer bekannt, der »Reichswirtschaftsrat« sei das oberste Organ der RL in Wirtschaftsfragen und unterstehe unmittelbar dem Führer. Am 22. 9. neu konstituiert [1. Vors. Feder, 2. Vors. Funk], wurde der RWR am 15. 12. 1932 aufgelöst.)	Vorsitzender:	
		Gottfried Feder (1883), Dipl.-Ing. 11	2. 11. 1931 –15. 12. 1932
		Mitglieder:	
		Herbert Albrecht (1900), Dr. phil. agr., Volkswirt. 35 916	2. 11. 1931 –22. 9. 1932
		Dietrich Klagges [s. Nr. 14 ch]	2. 11. 1931 –22. 9. 1932
		Alfred Pfaff (1872), Dr., Elektro-Chemiker	2. 11. 1931 –22. 9. 1932
		Fritz Reinhardt [s. 150 a Nr. 6]	2. 11. 1931 –22. 9. 1932
		Walther Funk (1890), Berlin, Dr., Wirtschaftsjournalist. 551 712	2. 11. 1931 15. 12. 1932
		Werner Daitz (1884), Lübeck	2. 11. 1931 –22. 9. 1932
14 e	Leiter der Abteilung Rasse und Kultur (am 6. 5. 1932 in Kulturpolitische Abt. unbenannt, am 10. 6. 1932 aufgelöst)	*Hanno Konopath* (?), Berlin, Ministerialrat	12. 1930 –10. 6. 1392
14 ea	Leiter der UA Erbgesundheitspflege und Volksaufartung	*Karl Astel* (1898), Dr. med., Sportarzt der Universität München	30. 5. 1931 –1. 3. 1932
		Prof. Dr. Staemmler, Chemnitz	1. 3. 1932 –10. 6. 1932
14 eb	Leiter der UA Theater, Musik, Film	*Erich Orthmann* (?), Berlin, Generalmusikdir.	30. 5. 1931 –1. 3. 1932
14 ec	Leiter der UA Film	*Arnold Raether* (1896), Berlin	1. 3. 1932 –(1933 ff.)
14 ed	Leiter der UA Theater	*Hans Severus Ziegler* (1893), Weimar, Dr. phil., Schriftleiter. 1317	1. 3. 1932 –10. 6. 1932
14 ee	Leiter der UA Presse	*Otto Tröbes* (?), Berlin, Schriftsteller	30. 5. 1931 –10. 6. 1932
14 ef	Leiter der UA Rundfunk	*Horst Dreßler-Andreß* (1899), Berlin, (?). 237 435	30. 5. 1931 –(1933 ff.)
14 f	Leiter der Ingenieurtechnischen Abteilung	*Gottfried Feder* [s. Nr. 14 d]	22. 10. 1931 –15. 12. 1932
14 g	Leiter der Abteilung Arbeitsdienstpflicht	*Paul Gustav Schulz* [s. Nr. 13 a]	22. 10. 1931 –9. 6. 1932

14 h	Leiter der Innenpolitischen Abteilung	*Helmut Nicolai* (1895), Dr. jur., Regierungsrat	22. 10. 1931 –1933
14 i	Leiter der Rechtspolitischen Abteilung	*Dr. Hans Frank* [s. 150 a Nr. 9 b]	20. 11. 1931 –30. 10. 1932

[S. 150 a]

[150 c] *Die Gliederung der Reichsorganisationsabteilung vom 10. Juni 1932 bis zum Rücktritt Gregor Straßers*

Während sich bei den übrigen Ämtern in diesen Monaten nichts Wesentliches änderte (das Personalamt blieb nach Loepers Ernennung zum Landesinspekteur Mitteldeutschland-Brandenburg bis zum 28. Dezember unbesetzt), gelang es nicht, für die ROL eine befriedigende Lösung zu finden. Am 9. bzw. 10. Juni 1932 gaben Hitler und Straßer bekannt, daß mit dem Ausscheiden Hierls (er fungierte fortan als Beauftragter des Führers für die Arbeitsdienstpflicht) die bisherigen Abteilungen Organisation I und II zusammengelegt würden. Die neue Reichsorganisationsleitung gliederte sich zunächst in fünf, seit Juli sechs, seit Oktober neun Hauptabteilungen, die sich in Abteilungen, Unterabteilungen und Hilfsreferate unterteilen sollten. Die getroffenen Maßnahmen vermittelten den Eindruck der Hilflosigkeit. Die sechs Monate bis zu Straßers Ausscheiden sind gekennzeichnet durch ständige Auflösungen, Neugründungen, Umbenennungen und Verschiebungen sowie durch einen auffallend starken und raschen Personalwechsel, der nicht einmal die sonst so stabile Abteilung Landwirtschaft verschonte. Rigorose Sparmaßnahmen des Reichsschatzmeisters verstärkten die Konfusion. Bis zum 8. 12. 1932 blieben Straßers Bemühungen erfolglos, aus dem Wildwuchs der Jahre zuvor einen arbeitsfähigen, einheitlich strukturierten Apparat zu schaffen und die Tätigkeit der einzelnen Abteilungen sinnvoll aufeinander abzustimmen. Die zum 1. 10. 1932 vorgenommene Bereinigung änderte daran wenig.

Die Numerierung folgt diesmal den von den Nationalsozialisten für die Hauptabteilungen verwandten Ziffern.

	Reichsorganisationsleiter	*Gregor Straßer* [s. 150 a Nr. 7]	10. 6. 1932 –8. 12. 1932
	Hauptstabsleiter	*Alexander Glaser* (1884), Dr. jur.	7. 7. 1932 –9. 12. 1932
	1. Adjutant (Privatsekretär des ROL)	*Rudolf Vollmuth* (1895), (?), 20 008 (Schwager Gregor Straßers)	7. 1931 –9. 12. 1932
	2. Adjutant	*Albert Dressler* [s. 150 b Nr. 14 a]	10. 6. 1932 –9. 12. 1932

	Wirtschaftspolitischer Berater des ROL	*Dr. Walther Funk* [s. 150 b Nr. 14 d]	10. 6. 1932 –9. 12. 1932
	Leiter der Abteilung Film (vom 10. 6. bis 17. 8. dem RGF, vom 17. 8. bis 30. 9. dem ROL, seitdem dem RPL I unterstellt)	*Arnold Raether*	[s. 150 b Nr. 14 ec]
	Leiter der Abteilung Rundfunk (Unterstellungen jeweils wie Abt. Film)	*Horst Dreßler-Andreß*, Berlin	[s. 150 b Nr. 14 ef]
1	Reichsinspekteur I [vgl. 148 b]	*Paul Gustav Schulz* [s. 150 b Nr. 13 a]	10. 6. 1932 –9. 12. 1932
1 a	Adjutant	*Karl Weber*	10. 6. 1932 –9. 12. 1932
2	Reichsinspekteur II [vgl. 148 b]	*Dr. Robert Ley* [s. 150 b Nr. 13 b]	10. 6. 1932 –9. 12. 1932
2 a	Adjutant	*Heinrich Simon* (1910), stud. jur.	9. 1932–(1933 ff.)
3	Leiter der Hauptabteilung III	vorläufig: *Gregor Straßer* [s. 150 a Nr. 7]	10. 6. 1932 –15. 7. 1932
		Rolf Rienhardt (1903), Rechtsanwalt. 89 103	15. 7. 1932 –12. 1932
3 a	Leiter der Innenpol. Abt. (am 14. 12. 1932 der Rechtsabt. unterstellt)	*Dr. Helmut Nicolai*	[s. 150 b Nr. 14 h]
3 b	Leiter der Rechtspolitischen Abt. (am 30. 9. 1932 in die Rechtsabt. überführt)	*Dr. Hans Frank*	[s. 150 b Nr. 14 i]
3 c	BNSDJ (seit 14. 12. 1932 der Rechtsabt. unterstellt)	Leiter: *Dr. Hans Frank*	[s. 150 a Nr. 16]
3 d	Leiter der Ingenieurtechnischen Abt. (zum 1. 10. 1932 der HA IVa unterstellt, am 15. 12. aufgelöst)	*Gottfried Feder*	[s. 150 b Nr. 14 f]
3 e	Leiter der Abt. Volksgesundheit	*Bernhard Hörmann* (?), Dr. med.	10. 6. 1932–1933
3 ea	Leiter der UA Rassenpflege	*Hermann Böhm* (?), Dr. med.	10. 6. 1932–1933
3 eb	Leiter der UA Gesundheitsfürs.	*Walter Gross* (1904), Dr. med. 2815	10. 6. 1932–1933

3 f	NS-Ärztebund	Geschäftsführer: *Hans Deuschl* (?), Dr. med. 147 015	[s. 150 a Nr. 18]
3 g	Leiter der Abt. Volksbildung (am 14. 12. 1932 der Reichspropagandaleitung I unterstellt)	*Dr. Rudolf Buttmann* [s. 150 a Nr. 7 a]	7. 9. 1932–1933
3 h	NS-Lehrerbund	Leiter: *Hans Schemm*, Bayreuth	[s. 150 a Nr. 17]
3 i	Leiter der Abt. Wehr- und Außenpolitik (am 8. 9. 1932 als Wehrpolitisches Amt dem Stab OSAF angeschlossen)	*Franz Ritter von Epp* (1868), Generalleutnant a. D. 85 475	10. 6. 1932 –8. 9. 1932
3 k	Leiter der Abt. Kommunalpolitik	*Karl Fiehler*	[s. 150 a Nr. 7 a]
3 l	Leiter der Auslandsabt. (seit 15. 10. 1932 als Gau Ausland der Reichsinspektion I unterstellt)	*Dr. Hans Nieland*	[s. 150 b Nr. 13 g]
3 m	Leiter der Abt. Seefahrt (seit 15. 10. 1932 als Gau S. der Reichsinspektion I unterstellt)	*Kurt Thiele*	[s. 150 b Nr. 13 k]
3 n	Leiter der Presseabteilung (seit 24. 9. 1932 als Reichspressestelle dem Führer unterstellt)	*Dr. Otto Dietrich*	[s. 150 b Nr. 13 h]
3 o	Leiter der Abt. Wirtschaftswissenschaft	*Dietrich Klagges* [s. 150 b Nr. 14 ch]	1. 10. 1932 –12. 1932
3 p	Leiter der Abt. Wirtschaftsrecht	*Ernst Jarmer* (1886), Dr. jur., Rechtsanwalt	1. 10. 1932 –12. 1932
3 q	Leiter der Abt. Wirtschaftsverfassung	*Dr. Freiherr Heyl zu Herrnsheim*	1. 10. 1932 –12. 1932
4	Leiter der Hauptabteilung IV (zum 1. 10. 1932 neu organisiert: HA IV A (Staatswirtschaft), HA IV B (Privatwirtschaft)	*Dr. h. c. Otto Wagener* [s. 150 b Nr. 14 c]	10. 6. 1932 –30. 9. 1932
4 a	Abt. I (Wirtschaftspolitik)		

4 aa	Leiter der UA Währung und Geldwesen	*Dr. Th. A. von Renteln* [s. 150 b Nr. 14 c, a]	10. 6. 1932 –30. 9. 1932
4 ab	Leiter der UA Produktionspolitik	*Dr. Th. A. von Renteln*	10. 6. 1932 –30. 9. 1932
4 ac	Leiter der UA Zwischenstaatl. Wirtschaftsbez.	*Karlheinz Seidel* [s. 150 b Nr. 14 ce]	10. 6. 1932 –30. 9. 1932
4 b	Abt. II (Wirtschaftsstände)		
4 ba	Leiter der UA Industrie	*Dr. H. von Lucke*	7. 1932 –30. 9. 1932
4 bb	Leiter der UA Handwerk und Gewerbe	*Karl Zeleny* [s. 150 b Nr. 14 cg]	10. 6. 1932 –30. 9. 1932
4 bc	Leiter der UA Handel	*Erich Wildt*	7. 1932 –30. 9. 1932
4 c	Leiter der Abt. III (Sozialpolitik)	*Dr. Ottokar Lorenz* [s. 150 b Nr. 14 cd]	10. 6. 1932 –30. 9. 1932
4 d	Leiter der Abt. IV (Arbeitsbeschaffung)	*Bernhard Köhler* [s. 150 b Nr. 14 cf]	10. 6. 1932 –30. 9. 1932
		Hermann Tholens [s. 150 b Nr. 14 cf]	10. 6. 1932 –30. 9. 1932
4 e	Leiter der Abt. V (Wirtschaftswissenschaft) (zum 1. 10. 1932 mit beiden Unterabteilungen der HA III unterstellt; s. oben 3 o, p, q)	*Dietrich Klagges* [s. 150 b Nr. 14 ch]	10. 6. 1932 –30. 9. 1932
4 f	Leiter der Abt. VI (Presse und Propaganda)	*Hansfritz Sohns* [s. 150 b Nr. 14 cc]	10. 6. 1932 –30. 9. 1932
4 g	Leiter der »Mittelstandsorganisation Kampfgemeinschaft gegen Warenhaus und Konsumverein«	*Georg Sturm*	7. 1932 –30. 9. 1932
4 A	Leiter der Hauptabteilung IV A (Staatswirtschaft)	*Gottfried Feder* [s. 150 b Nr. 14 f]	1. 10. 1932 –15. 12. 1932
4 Aa	Stabsleiter	*Bernhard Köhler* [s. 150 b Nr. 14 cf]	1. 10. 1932 –15. 12. 1932
4 Ab	Leiter der Abt. Währung und Geldwesen	*Dr. Arthur R. Herrmann*	1. 10. 1932 –15. 12. 1932
4 Ac	Leiter der Ingenieurtech. Abteilung	*Gottfried Feder*	1. 10. 1932 –15. 12. 1932
4 Ad	Leiter der Abteilung Öffentliche Siedlung	*Hermann Tholens* [s. 150 b Nr. 14 cf]	1. 10. 1932 –15. 12. 1932

4 Ae	Leiter der Abteilung Energiewirtschaft	*Franz Lawaczeck* (?), Dr.-Ing.	1. 10. 1932 –15. 12. 1932
4 Af	Leiter der Abteilung Verkehrswesen	*Lieb*	1. 10. 1932 –15. 12. 1932
4 B	Leiter der Hauptabteilung IVB (Privatwirtschaft)	*Dr. Walther Funk*, Berlin [s. 150 b Nr. 14 d]	1. 10. 1932 –15. 12. 1932
4 Ba	Leiter der Abteilung Industrie	*Dr. Walther Funk*	1. 10. 1932 –15. 12. 1932
4 Bb	Leiter der Abteilung Handwerk, Handel und Gewerbe	*Dr. Th. A. von Renteln* [s. oben 4 aa]	1. 10. 1932 –15. 12. 1932
4 Bc	Leiter der Abteilung Verkehr	*Sauerteig*	1. 10. 1932 –15. 12. 1932
5	Leiter der Hauptabt. V (Landwirtschaft) (seit 14. 12. 1932 als Amt für Agrarpolitik dem Führer unmittelbar unterstellt)	*Richard W. Darré*	[s. 150 a Nr. 8 a]
	Abteilungsleiter wie 150 b Nr. 14 b mit folg. Änderungen		
	Leiter der Agrarpolitischen Pressestelle	*Roland Schulze* (1898)	1. 1. 1932–1933
	Leiter d. Abt. Ländl. Siedlungswesen	*Karl Franz Jurda*	6. 1932–12. 1932
	Leiter der Abteilung Geflügelwirtschaft	*Dietrich von Stetten*	6. 1932–12. 1932
6	Leiter der Hauptabteilung VI (Betriebszellen) (bis 15. 7. 1932 der HA III unterstellt)	*Walter Schuhmann*, Berlin Stellvertreter: *Reinhold Muchow*, München	[s. 150 b Nr. 13 e]
7	Leiter der Hauptabteilung VII (Beamte) (bis 1. 10. 1932 der HA III unterstellt)	*Jakob Sprenger*, Frankfurt/M.	[s. 150 b Nr. 13 f]
8	Leiterin der Hauptabteilung VIII (NS-Frauenschaft) (bis 1. 10. 1932 der HA III unterstellt)	*Elsbeth Zander*	[s. 150 b Nr. 13 i]
9	Leiter der Hauptabteilung IX (Kriegsopferversorgung) (bis 1. 10. 1932 der HA III unterstellt)	*Hanns Oberlindober*	[s. 150 b Nr. 13 d]

[S. 150 a]

[150 d] *Die Neuorganisation der Politischen Organisation durch Robert Ley*

Am 9. Dezember 1932 übernahm *Hitler* formell selbst die oberste Leitung der Politischen Organisation und ernannte *Dr. Ley* zu seinem Stabschef. Mit den folgenden Maßnahmen wurde der Apparat der bisherigen ROL zerschlagen:

1. Auflösung der Reichsinspektionen.
2. Beibehaltung der Landesinspektionen, aber Rückkehr der Landesinspekteure als »Statthalter des Führers« in ihren ehemaligen Gau (s. Tabelle 152).
3. Erhebung des Agrarpolitischen Apparates und der ihm angeschlossenen Abteilungen der bisherigen ROL (Hauptabteilung V) zum selbständigen Amt unmittelbar unter dem Führer.
4. Auflösung der Wirtschaftspolitischen Abteilung (Hauptabteilung IV A und IV B) und des Reichswirtschaftsrates.
5. Überführung verschiedener Abteilungen aus der ehemaligen Hauptabteilung III in andere Ämter (s. 150 c Nr. 3 a und 3 g).
6. Bildung der »Politischen Zentralkommission« unter dem neuen Amtsleiter *Rudolf Heß* am 15. Dezember 1932, »um die höchste Einheitlichkeit in der Durchführung des politischen Kampfes sicherzustellen«. Die PZK umfaßte drei Komissionen:

I. Kommission für Beratung und Überwachung der nationalsozialistischen parlamentarischen Arbeit in den Länder-Parlamenten und Kommunen.
Vorsitzender: *Dr. Rudolf Buttmann* [s. 150 a, Nr. 7 a]
Unterkommission A zur Beratung und Überwachung der N.S.-Arbeit in den Länderparlamenten.
Vorsitzender: *Dr. Rudolf Buttmann*
Unterkommission B zur Beratung und Überwachung der N.S.-Arbeit in den Kommunen.
Vorsitzender: *Karl Fiehler* [s. 150 a, Nr. 7 a]

II. Kommission zur Überwachung der nationalsozialistischen Presse.
Vorsitzender: Reichs-Pressechef *Dr. Otto Dietrich* [s. 150 b, Nr. 13 h]

III. Kommission für Wirtschaftsfragen.
Unterkommission A: Wirtschaftspolitik.
Vorsitzender: *Dr. Walther Funk* [s. 150 b, Nr. 14 d]
Unterkommission B: Arbeitsbeschaffung.
Vorsitzender: *Gottfried Feder* [s. 150 b, Nr. 14 d]

Darüber hinaus organisierte Ley die Oberste Leitung der Politischen Organisation wie folgt:

Stabsleiter	*Dr. Robert Ley* [s. 150 b, Nr. 13 b]
Leiter des Personalamts (bis April 1933):	*Robert Wagner* (1895), Gauleiter Baden, Leutnant a. D. 11 540
Leiter des Organisationsamts (bis April 1933):	*Heinz Haake* (1892), Landesinspekteur West, kfm. Angestellter. 13 340
Leiter des Politischen Amtes (zunächst dem Org.-Amt unterstellt, nach Haakes Ausscheiden als Reichsschulungsamt den beiden anderen nebengeordnet).	*Rudolf Schmeer* (1905), zuvor Stabsleiter des Landesinspekteur West. Elektromonteur. Pg. seit 1925/26. (Haake und Schmeer waren Ley seit 1925 aus dem Gau Rheinland gut bekannt.)

Dem Stabsleiter der PO blieben unterstellt:

NS-Betriebszellenorganisation	[s. 150 c, Nr. 6]
Kampfbund des gewerblichen Mittelstandes (seit 15. 12. 1932 neu organisiert, 1933 in NS-Handwerks-, Handels- und Gewerbeorganisation – Hago – umbenannt)	Leiter: *Dr. Th. A. von Renteln* [s. 150 c, Nr. 4 g und 4 B b]
NS-Frauenschaft	[s. 150 c, Nr. 8]
NS-Beamtenabteilung	[s. 150 c, Nr. 7]
NS-Kriegsopferversorgung	[s. 150 c, Nr. 9]
Kommunalpolitische Abteilung	[s. 150 c, Nr. 3 k]
Abteilung für Volksgesundheit	[s. 150 c, Nr. 3 e]
NS-Ärztebund	[s. 150 c, Nr. 3 f]

Die veränderte Situation nach dem 30. Januar 1933 machte erneute Änderungen notwendig, doch blieb der Grundzug dieser Einteilung fortan gewahrt.

[S. 150 a]

[151] *Die Gliederung des Stabes der Obersten SA-Führung im Juli 1930*[63]

I a Führung und Gliederung
I b Sport und Ausbildung

63 Ausführliche Übersichten des Organisationsaufbaues der Obersten SA-Führung im April 1931, August 1931 und Herbst 1932 gibt A. Werner, SA und NSDAP . . ., S. 536 ff.

Ic	Verpflegung, Unterkunft, Transportwesen
IIa	Angelegenheiten der SA-Führer, Personalabteilung
IIb	Angelegenheiten der SA-Männer (Stärkenachweis)
IIc	Bekleidung, Ausrüstung, Geräte, Feldküchen
III	Sanitätswesen
IV	Wirtschaftsabteilung Reichszeugmeisterei »Sturm«, Zigarettenhandel SA-Versicherung Versicherungshilfe Osaf-Stabskasse
V	Juristische Abteilung
VI	Propaganda, Presse

Sämtliche Abteilungen unterstehen dem Stabs-Chef, der sie auf Grund der Anweisungen von Osaf leitet.

[BAK, Slg. Schumacher 403]

[152] *Die Gaue und Gauleiter der NSDAP 1925–1932/33*

In dieser Aufstellung sind alle Gaue der NSDAP, die vor 1933 bestanden, mit den vom Parteiführer anerkannten Gauleitern enthalten. Aus ihr lassen sich die erstaunliche Kontinuität in manchen Gauen über 1933 hinaus und die Instabilität in anderen ablesen. Darüber hinaus ermöglicht sie zum ersten Mal eine funderte Aussage über das Führerkorps der Partei vor 1933 (zu der außerdem die Angaben der Tabellen 150 a–d herangezogen werden können). Der Eindruck von der NSDAP als einer »jungen« Partei des Mittelstandes und Kleinbürgertums findet hier volle Bestätigung. Nur zwei Arbeiter finden sich unter den 73 Gauleitern, im übrigen ergibt sich eine recht breite Streuung, deren Schwerpunkte einmal bei den akademischen und Lehrberufen, zum anderen bei den kaufmännischen Berufen (Selbständige und Angestellte) liegen. Die Auswertung der leider nicht immer ganz präzisen Berufsangaben ergibt folgendes Bild:

Abgeschlossenes Hochschulstudium	18		(davon 12 promoviert)
davon in freien Berufen		9	
Schul- bzw. Hochschuldienst		4	
Beamte (höh.)		1	
Angestellte		4	(darunter der Berufsoffizier Dr. Meyer)
Lehrer (Volks-, Handelsschulen)	13		(darunter Reinhardt, der ursprünglich Kaufmann war)

Studenten	3	
ehem. Berufsoffiziere	3	(ohne den genannten Dr. Meyer)
ehem. Berufssoldat (ohne näh. Ang.)	1	
Beamte (ohne höhere)	7	
Kaufleute (selbst. u. ohne nähere Angabe)	11	
Angestellte (kaufm. u. Verwalt.)	10	
Journalisten	3	
Gutsbesitzer	1	
Matrose/Schlosser	1	
Arbeiter	2	
	73	

Bei der überwiegenden Mehrheit gingen Berufsarbeit und Parteifunktion verhältnismäßig lange nebeneinander her, zum Teil bis 1933.

Nach Alterszugehörigkeit geordnet, zeigt sich dies (eine Angabe fehlt):

Jahrgänge	1869–1875:	4	Jahrgänge	1891–1895:	21
	1876–1880:	4		1896–1900:	22
	1881–1885:	5		1901–1903:	5
	1886–1890:	11			72

Zur Benutzung der folgenden Tabelle:

In der ersten Spalte findet sich der Name des jeweiligen Gaues, in Klammern seltener oder nur zeitweise verwandte Namen. Alle Gaue, die zeitweilig miteinander vereinigt waren, sind durch dieselbe Kennziffer kenntlich gemacht und durch Buchstaben unterschieden. Die zweite Spalte gibt das Gründungsdatum an, gegebenenfalls das Datum der Auflösung bzw. Umorganisation (nur bis 1933). In der dritten Spalte gibt die Zahl hinter dem Namen des Gauleiters das Geburtsjahr an, die Zahl hinter der Berufsangabe die Mitgliedsnummer. Aus dieser läßt sich mit Tabelle 147 das Eintrittsdatum bestimmen. Aus Spalte vier ergibt sich die Amtszeit des jeweiligen Gauleiters in diesem Gau. Zu den bayrischen Gauen (21–27) ist noch zu bemerken, daß sie vom 1. 10. 1928 bis 1931 als »selbständige Untergaue unter Führung Adolf Hitlers« bezeichnet wurden, ohne daß sich irgendwelche Konsequenzen daraus ergaben.

1 a	Hannover (H.-Nord)	22. 3. 1925 –1. 10. 1928	*Bernhard Rust* (1883), Studienrat. 3390	27. 3. 1925 –1. 10. 1928
1 b	Hannover-Süd (Göttingen)	22. 3. 1925 –1. 10. 1928	*Ludolf Haase* (1898), Medizinalpraktikant. 2827	27. 3. 1925 –1. 10. 1928
1 c	Hannover–Süd-Braunschweig (aus 1 a und 1 b)	1. 10. 1928	*Bernhard Rust* [s. 1 a] *Hermann Muhs* (1894), Dr. jur., Rechtsanwalt	1. 10. 1928 –8. 1932 u. 1933–1940 17. 8. 1932 –12. 1932
1 d	Weser-Ems (ausgegliedert aus 1 a)	1. 10. 1928	*Carl Röver* (1889), Kaufmann. 10 544	1. 10. 1928 –1942 (†)
2	Hannover-Ost (bis 1. 10. 1928: Lüneburg–Stade)	22. 3. 1925	*Otto Telschow* (1876), Polizeiobersekretär a. D. 7057	16. 7. 1925 –1945
3	Hamburg	22. 3. 1925 –1. 11. 1926 (bis 1. 4. 1928 selbst. Ortsgruppe, der RL unterstellt) 1. 4. 1928	*Josef Klant* (1869), Zigarrenhändler. 1065 *Albert Krebs* (1899), Dr. phil., DHV-Angest. 35 589 *Hinrich Lohse* (kommissarisch) [s. 4] *Karl Kaufmann* [s. 15 a]	27. 3. 1925 –1. 11. 1926 1. 4. 1928 –1. 10. 1928 (beurl. s. 9. 5.) 1. 10. 1928 –15. 4. 1929 15. 4. 1929 –1945
4	Schleswig-Holstein	22. 3. 1925	*Hinrich Lohse* (1896), Kaufmänn. Angest. 7522 *Joachim Meyer-Quade* (1897), Landw. Schriftleiter. 7608	27. 3. 1925 –8. 1932 u. 1933–1945 17. 8. 1932 –12. 1932
5	Mecklenburg–Lübeck	22. 3. 1925	*Friedrich Hildebrandt* (1898), Landarbeiter. 3653 *Herbert Albrecht* (1900), Dr. phil. agr., Volkswirt. 35 916 (kommissarisch)	27. 3. 1925 –7. 1930 u. 2. 1931 –1945 7. 1930 –2. 1931
6	Pommern	22. 3. 1925	*Theodor Vahlen* (1869), Professor für Mathematik, Univ. Greifswald. 3961 *Walther von Corswant* (1886), Rittergutsbesitzer. 7342 *Wilhelm Karpenstein* (1903), Rechtsanwalt. 17 333	27. 3. 1925 –21. 8. 1927 (beurl. s. 1. 5. 1927) 21. 8. 1927 –1. 4. 1931 1. 4. 1931 –1934 (bis 1. 1932 komm.)

7	Danzig (1927/28: D.–Westpreußen)	3. 1926 (1930 zeitweilig nur selbständige Ortsgruppe, der RL unterstellt)	*Hans Albert Hohnfeldt* (1897), Reg.-Oberinspektor. 23 343 Stellv. Gauleiter *Walter Maaß* (kommissarisch) *Erich Koch* (kommissarisch) [s. 8] *Albert Forster* (1902) Angestellter. 1924	3. 1926 –20. 8. 1928 20. 8. 1928 –1. 3. 1929 1. 3. 1929 –9. 1930 15. 10. 1930 –1945
8	Ostpreußen	12. 1925	*Wilhelm Stich* (1894), Handlungsgehilfe. 18 327 *Bruno Gustav Scherwitz* (1896), Kaufmann. 18 325 *Hans Albert Hohnfeldt* (kommissarisch) [s. 7] *Erich Koch* (1896), Eisenbahnassessor. 32 672 (nach 1933: Mitgl.-Nr. 90)	12. 1925 -1. 1926 1. 1926 –3. 1927 17. 3. 1927 –8. 1928 1. 10. 1928 –1945
9	Schlesien (unterteilt in die 1933 verselbständigten Untergaue Ober-, Mittel- u. Niederschlesien)	15. 3. 1925	*Helmuth Brückner* (1896), Leutnant, stud. phil., Schriftleiter. 2023	15. 3. 1925 –1934
10 a	Groß-Berlin	14. 3.1925 –9. 11. 1926	*Ernst Schlange* (1888), Dr. jur., Regierungsrat. 4387	27. 3. 1925 –10. 1926 (beurl. s. 6. 1929)
10 b	Potsdam	11. 1925 –9. 11. 1926	*Walter Klaunig* (1893), Dipl.-Ing. 20 237	5. 11. 1925 –6. 1926
10 c	Berlin–Brandenburg (aus 10 a u. 10 b)	9. 11. 1926 –1. 10. 1928 (Ortsgruppe Berlin verboten vom 6. 5. 1927–31. 3. 1928)	*Joseph Goebbels* [s. 15 c]	9. 11. 1926 –1. 10. 1928
10 d	Groß-Berlin (aus 10 c ausgegliedert)	1. 10. 1928	*Joseph Goebbels* [s. 15 c]	1. 10. 1928 –1945
10 e	Brandenburg (aus 10 c ausgegliedert)	1. 10. 1928	*Emil Holtz* (1873), Oberlehrer. 11 651 *Ernst Schlange* [s. 10 a]	1. 10. 1928 –10. 1930 18. 10. 1930 –16. 3. 1933 (bis 1. 1932 kommissarisch)

10 f	Ostmark (ausgegliedert aus 10 c)	2. 1. 1928	*Wilhelm Kube* (1887), Hauslehrer, Chefredakteur. 71 682	2. 1. 1928 –1936
11 a	Anhalt	6. 1925 –1. 9. 1926	*Gustav Schmischke* (1883), Dr. med., Prakt. Arzt. 9355	17. 7. 1925 –1. 9. 1926
11 b	Elbe-Havel-Gau	11. 1925 –1. 9. 1926	*Alois Bachschmid* (1900), Kaufmann (?). 76	11. 1925 –1. 9. 1926
11 c	Harzgau (Gau Magdeburg)	14. 3. 1926 –1. 9. 1926	*Ludwig Viereck* (1892), Kaufmann. 7392	14. 3. 1926 –1. 9. 1926
11 d	Anhalt/ Provinz Sachsen-Nord (aus 11 a–c) (s. 1. 10. 1928: Magdeburg–Anhalt)	1. 9. 1926	*Gustav Schmischke* [s. 11 a] *Wilhelm Friedrich Loeper* (1883), Hauptmann a. D. 6980 *Paul Hofmann* (1901), Berufssoldat bis 1930. 359 542	1. 9. 1926 –1. 4. 1927 1. 4. 1927 –17. 7. 1932 und 1933 –1935 (†) 17. 8. 1932 –12. 1932
12	Sachsen	27. 3. 1925	*Martin Mutschmann* (1879), Spitzen-Fabrikant. 35	27. 3. 1925 –1945
13	Halle–Merseburg	9. 1925	*Walter Ernst* (1899), cand. med. 1925/26, stud. rer. pol. 1926/27. 4476 *Paul Hinkler* (1892), Lehrer. 5942 *Rudolf Jordan* (1902), Lehrer. 4871	9. 1925 –25. 7. 1926 26. 7. 1926 –19. 1. 1931 19. 1. 1931 –1937
14	Thüringen	3. 1925	*Artur Dinter* (1876), Dr. phil. nat., Hauslehrer, Schriftsteller. 5 *Fritz Sauckel* (1894), Matrose, Schlosser. 1395	6. 4. 1925 –30. 9. 1927 1. 10. 1927 –1945
15 a	Rheinland-Nord	3. 1925 7. 3. 1926	*Axel Ripke* Journalist *Karl Kaufmann* (1900), Kaufmann. 32 667 (nach 1933: Mitgl.-Nr. 95)	27. 3. 1925 –27. 9. 1925 (beurl. s. 6.) 27. 9. 1925 –7. 3. 1926
15 b	Westfalen	3. 1925 7. 3. 1926	*Franz von Pfeffer* (1888), Hauptmann a. D. 16 101	27. 3. 1925 –7. 3. 1926

15 c	Ruhr (aus 15 a und b)	7. 3. 1926 –1. 10. 1928	Kollegial geführt von: *Karl Kaufmann* [s. 15 a], *Franz von Pfeffer* [s. 15 b], *Joseph Goebbels* (1897), Dr. phil. 22 (erst am 22. 3. 1926 offiziell aufgenommen – s. 8 und 15 a) *Karl Kaufmann* [s. 15 a]	7. 3. 1926 –20. 6. 1926 (Vollmacht Hitlers vom 9. 4. 1926) 20. 6. 1926 –1. 10. 1928 (beurl. s. 6. 1928)
15 d	Essen (aus 15 c ausgegliedert) (bis 4. 1930 selbst. Bezirk, der RL unter- stellt)	1. 10. 1928	*Josef Terboven* (1898), Bankbeamter. 25 247	1. 10. 1928 –1945
15 e	Düsseldorf (aus 15 c ausg.) (bis 4. 1930 selbst. Bezirk Bergisch- Land/Nieder- rhein, der RL unterstellt)	1. 10. 1928	*Fritz Härtl* (1892), Kaufmann. 25 565 *Friedrich Karl Florian* (1894), Zechenbeamter. 16 699	1. 10. 1928 –30. 9. 1929 1. 10. 1929 –1945
15 f	Westfalen (aus 15 c ausg.)	1. 10. 1928 –31. 12. 1930	*Josef Wagner* (1899), Lehrer. 16 951	1. 10. 1928 –31. 12. 1930
15 g	Westfalen- Süd (aus 15 f ausg.)	1. 1. 1931	*Josef Wagner* [s. 15 f]	1. 1. 1931 –1934
15 h	Westfalen- Nord (aus 15 f ausg.)	1. 1. 1931	*Alfred Meyer* (1891), Dr. rer. pol., Hauptmann a. D., Zechenbeamter. 28 738	1. 1. 1931 1945
16 a	Rheinland (bis 1926 Rh.-Süd)	3. 1925	*Heinz Haake* (1892), kaufm. Angestellter. 13 328 *Robert Ley* (1890), Dr. phil., Chemiker. 18 441	27. 3. 1925 –6. 1925 14. 7. 1925 –21. 10. 1931
16 b	Köln–Aachen (aus 16 a aus- gegliedert)	1. 9. 1931	*Josef Grohé* (1902), kaufm. Angestellter. 13 340	21. 10. 1931 –1945
16 c	Koblenz– Trier (aus 16 a ausgegliedert)	1. 6. 1931	*Gustav Simon* (1900), Dipl.-Handelslehrer. 17 017	1. 6. 1931 –1945

17 a	Hessen– Nassau-Süd	3. 1925	*Anton Haselmayer* (1895), stud. jur. 36 *Walther Schultz* (kommissarisch) [s. 18] *Jakob Sprenger* (1884), Oberpostinspektor. 17 009	3. 1925 –22. 9. 1926 5. 10. 1926 –1. 3. 1927 1. 3. 1927 –1945
17 b	Hessen (H.–Darm- stadt) (aus 17 a ausgegliedert)	1. 3. 1927	*Friedrich Ringshausen* (1880), Lehrer. 8993 *Peter Gemeinder* (1891), Arbeiter. Pg. seit 1925 *Karl Lenz* (1899), Lehrer. 32 388	1. 3. 1927 –9. 1. 1931 1. 2. 1931 –29.8.1931 (†) 16. 9. 1931 –12. 1932
18	Hessen– Nassau-Nord	4. 1925	*Walther Schultz* (1874), Dr. phil., Studienprofessor. 5767 *Karl Weinrich* (1887), Obersteuersekretär. 24 291	4. 1925 –1. 2. 1928 (beurl. s. 1. 9. 1927) 1. 2. 1928 –1945
19	Baden	3. 1925	*Robert Wagner* (1895), Lehrerseminar, 1914–1923 Leutnant. 11 540	25. 3. 1925 –1945
20	Württemberg	8. 7. 1925	*Eugen Munder* (1899), Angestellter. 1835 *Wilhelm Murr* (1888), Kaufmann. 12 873	7. 1925 –31. 1. 1928 1. 2. 1928 –1945
21	Rheinpfalz	13. 9. 1925	*Fritz Wambsganß* (1886), Hauptlehrer. 23 796 *Josef Bürckel* (1895), Lehrer. 33 979	13. 9. 1925 –13. 3. 1926 13. 3. 1926 –1944 (†)
22 a	Niederbayern (Ende 1926 bis 1. 10. 1928: Niederb.– Oberpfalz)	3. 1925 –17. 8. 1932	*Gregor Straßer* (1892), Apotheker. 9 *Otto Erbersdobler* (1895), Kaufmann. 14 607	3. 1925 –1. 3. 1929 1. 3. 1929 –17. 8. 1932
22 b	Oberpfalz	1. 10. 1928 –17. 8. 1932	*Adolf Wagner* (1890), Bergwerksdirektor in Bayern. 11 330 *Franz Maierhofer* (1897), Lehrer. 59 524	1. 10. 1928 –1. 11. 1930 15. 11. 1930 –17. 8. 1932
22 c	Nieder- bayern–Ober- pfalz (aus 22 a und b)	17. 8. 1932 –19. 1. 1933	*Franz Maierhofer* [s. 22 b]	17. 8. 1932 –19. 1. 1933

23 a	Oberfranken	1. 10. 1928 –19. 1. 1933	*Hans Schemm* (1891), Lehrer. 29 313	1. 10. 1928 –19. 1. 1933
23 b	Bayerische Ostmark (aus 23 a und 22 c)	19. 1. 1933	*Hans Schemm* [s. 23 a]	19. 1. 1933 –1935 (†)
24 a	Oberbayern-Schwaben	1. 6. 1928 –1. 10. 1928	*Fritz Reinhardt* (1895), Fern-Handelsschuldirektor. 45 959	1. 6. 1928 –1. 10. 1928
24 b	Oberbayern	1. 10. 1928 –1. 11. 1930	*Fritz Reinhardt* [s. 24 a]	1. 10. 1928 –1. 11. 1930
24 c	Schwaben	1. 10. 1928	*Karl Wahl* (1892), Städt. Angestellter. 9803	1. 10. 1928 –1945
25 a	München (s. 1. 11. 1930 Groß-München)	1. 10. 1928 –1. 11. 1930	Der Reichsleitung unterstellt *Adolf Wagner* [s. 22 b]	1. 10. 1928 –1. 11. 1929 1. 11. 1929 –1. 11. 1930
25 b	München-Oberbayern (bis 1933: Obb. mit Groß-München) (aus 25 b und 24 b)	1. 11. 1930	*Adolf Wagner* [s. 22 b]	1. 11. 1930 –1944 (†)
26 a	Nürnberg-Fürth	1. 10. 1928 –1. 3. 1929	*Julius Streicher* (1885), Hauptlehrer. 17	1. 10. 1928 –1. 3. 1929
26 b	Mittelfranken	1. 10. 1928 –1. 3. 1929	*Willy Grimm* (1889), Verwaltungsinspektor. 10 134	1. 10. 1928 –1. 3. 1929
26 c	Mittelfranken (aus 26 a und b)	1. 3. 1929	*Julius Streicher* [s. 26 a]	1. 3. 1929 –1940
27	Unterfranken	1. 10. 1928	*Otto Hellmuth* (1896), Dr. med. dent., Zahnarzt. 22 815	1. 10. 1928 –1945
28	Saargebiet (im Sommer 1929 zeitweilig aufgelöst)	1. 1. 1927	*Jakob Jung* (1895), Verwaltungsbeamter. 47 852 *Adolf Ehrecke* (1900), Studienassessor. 458 *Karl Brück* (1895), Sandformer	1. 1. 1927 –6. 1929 9. 1929 –15. 9. 1931 15. 9. 1931 –1933

[S. 150 a]

[153] *Die Berufszugehörigkeit der Parteigenossen Nr. 1–386 000*

Über die Sozialstruktur der NSDAP-Mitglieder vor 1933 liegen bisher nur wenige präzise Daten vor. Eine derart detaillierte Aufschlüsselung von je 10 000 der bis zum Dezember 1930 eingetretenen Parteigenossen nach Berufszugehörigkeit und Geschlecht, wie sie die auf Bildtafel VI/VII im Faksimile wiedergegebene Tabelle bietet, ist deshalb von beträchtlichem Wert. Aus ihr läßt sich ablesen, daß Angehörige der selbständigen (Handwerker, Kaufleute) und der unselbständigen (Angestellte, untere und mittlere Beamte) unteren Mittelschicht in der NSDAP auffällig stärker vertreten waren, als es ihrem Anteil an den Erwerbspersonen im Deutschen Reich entsprach. Bei den höheren Berufsgruppen waren nach den hier vorliegenden Angaben Ärzte und Studenten überrepräsentiert. Die Zahlen der in der Landwirtschaft Tätigen stiegen seit 1928/29 erheblich an; die Arbeiterschaft war, bezieht man die Handwerksgesellen mit ein, unterrepräsentiert, aber doch relativ stark vertreten.

Um die Benutzung zu erleichtern, folgen hier die Angaben der Kopfspalte: Kaufleute (Selbständige, Leiter, Angestellte); Landwirte (Selbst., Ltr., Gehilfen); Handwerker (Meister, Ltr., Gesellen); Beamte (mittlere, höhere, Pensionäre); Hauswirtschaft (Ehefrauen, Töchter, Hausangestellte); Techniker (Unternehmer, Ingenieure, techn. Ltr.); Akademiker (Ärzte, Studenten, Offiziere); ohne (Angabe fehlt, berufslos, Rentner); Sonstige (Arbeiter, Künstler, Kraftfahrer, Gastwirte, Seeleute, Pfarrer, Juristen); freie Nummern; Österreich (männlich, weiblich); Deutschland (männlich, weiblich); Gesamt.

Über die Herkunft dieses Dokuments – ein durch keinen Hinweis näher gekennzeichneter karierter Bogen im Format Din A 3 – läßt sich zunächst nur sagen, daß es sich zwischen überwiegend aus der Zeit nach 1933 stammenden, zweifellos echten Mitgliedschafts-Unterlagen aus dem Amtsbereich des Reichsschatzmeisters befindet, die nach dem Krieg unter amerikanischer Aufsicht aus ihren ursprünglichen Zusammenhängen genommen und als Ordner 376 der sogenannten »Sammlung Schumacher« (BAK) einverleibt wurden. Daß die Parteiführung Interesse an der Aufstellung einer »Berufskartothek« hatte, ist vielfach nachweisbar [vgl. Dokument 65], obgleich sie von dieser Seite her nie in Angriff genommen worden ist.

Dagegen wandte sich am 24. Juli 1931 der Leipziger Student Werner Studentkowski (geb. 1903 in Kiew, Pg. Nr. 3815 seit dem 8. 5. 1925, von Goebbels 1927 mit der Organisation und Propaganda in der Mark Brandenburg beauftragt, 1928 mit 197 Versammlungen einer der fleißigsten Redner der Gesamtpartei, 1930 MdL in Sachsen) an Hitler und Straßer mit der Bitte, für seine von dem Leipziger Soziologen Professor Hans

Freyer angeregte Dissertation über die soziale und berufliche Zusammensetzung der Mitgliedschaft der NSDAP die Zentralkartei der Partei in München auswerten zu dürfen. Wenn das Material noch nicht vorliege, heißt es in seinem Brief an Straßer (BAK, NS 22 – 378), sei er bereit, es sich selbst »aus der Mitgliederkartei der Parteizentrale [zu] erarbeiten«. Straßer gab ihm einen positiven Bescheid und verwandte sich bei Hitler für dieses Vorhaben. Tatsächlich nahm Studentkowski seine Arbeit in München auf und entwarf einen detaillierten Untersuchungsplan. Am 13. Dezember 1932 ließ der neue Stabsleiter der PO, Robert Ley, ihm auf einen noch an Straßer gerichteten Brief mitteilen, auch er lege Wert darauf, seine Arbeit »nach Fertigstellung der Partei zugänglich zu machen« [BAK, NS 22 – 351]. Mit dem 30. Januar 1933 ergaben sich jedoch andere Aufgaben für Studentkowski – seine Dissertation wurde niemals fertig. Über den Verbleib der von ihm zusammengestellten Unterlagen teilte Professor Hans Freyer dem Verfasser am 10. 4. 1968 mit, Studentkowski habe bei seinem Weggang aus Leipzig »ein starkes Faszikel von Statistiken, zum Teil bereits ausgewertet, immerhin noch im Rohzustand« beim dortigen Institut für Kultur- und Universalgeschichte in Aufbewahrung gegeben. Dieses Institut sei bei einem Bombenangriff im Dezember vollständig zerstört worden. Auch Studentkowski hat das »Dritte Reich« nicht überlebt.

Die Vermutung erscheint nicht abwegig, das abgebildete Dokument für ein Produkt der über ein Jahr währenden intensiven Arbeit Werner Studentkowskis an der Münchener Zentralkartei zu halten. Da ein Vergleich seiner handschriftlich abgefaßten Briefe mit der Schrift der Statistik keine Übereinstimmung ergibt, wäre dann anzunehmen, daß es sich um eine Abschrift handelt, die vielleicht auf Wunsch der an dieser Arbeit interessierten Parteistellen von deren Personal angefertigt wurde.

[154 a] *Die Erfolge des Nationalsozialistischen Deutschen Studentenbundes an den deutschen Hochschulen 1927–1930*

Wahlbeteiligung	Hochschule	v. Hundert der Asta-Sitze		
		1927/28	1928/29	1929/30
zum 1. Mal	Breslau U.	–	–	25,5
	Gießen U.	–	–	36,0
	Hamburg U.	–	–	16,6
	Heidelberg U.	–	–	23,3
zum 2. Mal	Berlin T. H.	–	13,3	30,0
	Braunschweig T. H.	–	15,0	25,0
	Darmstadt T. H.	–	8,2	17,5
	Jena U.	–	18,1	27,8
	Mannheim T. H.	–	8,3	16,6
	München T. H.	–	13,3	20,0

Wahlbeteiligung	Hochschule	v. Hundert der Asta-Sitze		
		1927/28	1928/29	1929/30
zum 3. Mal	Erlangen U.	20,0	32,0	56,0
	Greifswald U.	13,3	20,0	53,3
	Leipzig U.	6,6	7,1	28,6
	München U.	6,6	10,0	16,6
	Würzburg U.	10,0	20,0	30,0

[Nach: Baldur von Schirach, Der NSDStB. In: Nationalsozialistische Monatshefte. 1. Jg., Heft 1 (April 1930), S. 42]

[154 b] *Asta-Wahlen 1928/29*

Für 1928/29 liegen auch absolute Zahlen über die bei Asta-Wahlen für den NSDStB abgegebenen Stimmen vor. Die Prozentzahlen beziehen sich hier auf den Anteil an den abgegebenen Stimmen.

Berlin U.	791 St.	15,4 %	Jena U.	212 St.	15 %
Berlin T. H.	328 St.	11,6 %	Karlsruhe T. H.	59 St.	7,3 %
Darmstadt T. H.	132 St.	12 %	Leipzig U.	184 St.	8 %
Erlangen U.	342 St.	33 %	Mannheim T. H.	34 St.	13,5 %
Göttingen U.	202 St.	12 %	München U.	633 St.	10,3 %
Greifswald U.	165 St.	22 %	München T. H.	398 St.	11 %
Halle U.	176 St.	12,8 %	Würzburg U.	340 St.	19,5 %
Hamburg U.	199 St.	13 %			

[Nach: B. von Schirach, Wille und Weg des NSDStB. München 1929. Abgedruckt bei Jacobsen – Jochmann, Ausgewählte Dokumente . . .]

[155 a] *Die Ergebnisse der NSDAP bei den Reichstagswahlen 1928–1932/33*

Die Prozentzahlen nennen den Anteil an den abgegebenen gültigen Stimmen (zum Stimmenanteil der NSDAP in den einzelnen Wahlkreisen s. die Tabelle bei A. Milatz, Wähler und Gewählte . . ., S. 112). Die Wahlbeteiligung betrug in der Reihenfolge der Wahlen 75,6 %, 82,0 %, 84,0 %, 79,9 % und 88,7 %. Bei den beiden Reichstagswahlen 1924 hatte sie nur 76,4 bzw. 77,1 % erreicht (vgl. Dokument 25). Zu den Wahlerfolgen der NSDAP trug also die Mobilisierung von früheren Nichtwählern und Neuwählern erheblich bei. Die im Völkisch-Nationalen Block zusammengeschlossenen Rechtsgruppen erreichten 1928 nur noch 266 430 Stimmen (0,9 %).

Wahltag	Stimmenzahl		Zahl der Mandate
	absolut	in %	
20. 5. 1928	810 127	2,6	12 von 491
14. 9. 1930	6 379 672	18,3	107 von 577
31. 7. 1932	13 745 781	37,3	230 von 608
6. 11. 1932	11 737 021	33,1	196 von 584
5. 3. 1933	17 277 180	43,9	288 von 647

[Nach: Statistisches Jahrbuch für das Deutsche Reich. Jgg. 47–52 (1928 bis 1933)]

[155 b] *Die Ergebnisse der Reichspräsidentenwahlen 1932*

Die Prozentzahlen nennen den Anteil an den abgegebenen gültigen Stimmen. Der zweite Wahlgang wurde nötig, weil Hindenburg im ersten Wahlgang die notwendige absolute Mehrheit nur knapp verfehlte. Die Wahlbeteiligung sank dabei von 86,2 auf 83,5 %.

	1. Wahlgang (13. 3. 1932)	2. Wahlgang (14. 4. 1932)
Hindenburg	18 651 497 (49,6 %)	19 359 983 (53,0 %)
Hitler	11 339 446 (30,1 %)	13 418 547 (36,8 %)
Thälmann	4 983 341 (13,2 %)	3 706 751 (10,2 %)
Duesterberg	2 557 729 (6,8 %)	– –

[Nach: Statistisches Jahrbuch für das Deutsche Reich. Jg. 51 (1932)]

[155 c] *Die Ergebnisse der NSDAP bei den Landtagswahlen 1926–1932/33*[64]

Land	Wahltag	Stimmenzahl		Zahl der Mandate
		absolut	in %	
Sachsen	31. 10. 26	37 725	1,6	2 von 96
Thüringen	30. 1. 27	27 946	3,5	2 von 56
Mecklenburg-Schwerin	22. 5. 27	5 611	1,8	0 von 52
Hamburg	9. 10. 27	9 754	1,5	2 von 160
Braunschweig	27. 11. 27	10 358	3,7	1 von 48
Hamburg	19. 2. 28	14 760	2,2	3 von 160
Preußen	20. 5. 28	346 623	1,8	6 von 450
Bayern	20. 5. 28	203 098	6,1	9 von 128

Land	Wahltag	Stimmenzahl		Zahl der Mandate
		absolut	in %	
Württemberg	20. 5. 28	20 342	1,8	0 von 80
Oldenburg	20. 5. 28	17 457	7,5	3 von 48
Anhalt	20. 5. 28	4 117	2,1	1 von 36
Lippe	6. 1. 29	2 713	3,3	0 von 21
Sachsen	12. 5. 29	133 958	5,0	5 von 96
Mecklenburg-Schwerin	23. 6. 29	12 721	4,0	2 von 51
Baden	27. 10. 29	65 121	7,0	6 von 88
Lübeck	10. 11. 29	6 347	8,1	6 von 80
Thüringen	8. 12. 29	90 159	11,3	6 von 53
Sachsen	22. 6. 30	357 788	14,4	14 von 96
Braunschweig	14. 9. 30	67 902	22,2	9 von 40
Bremen	30. 11. 30	51 327	25,4	32 von 120
Schaumburg-Lippe	3. 5. 31	7 854	27,0	4 von 15
Oldenburg	17. 5. 31	97 802	37,2	19 von 48
Hamburg	27. 9. 31	202 145	25,9	43 von 160
Hessen	15. 11. 31	291 189	37,0	27 von 70
Mecklenburg-Strelitz	13. 3. 32	14 235	23,9	9 von 35
Preußen	24. 4. 32	8 007 384	36,3	162 von 423
Bayern	24. 4. 32	1 270 792	32,5	43 von 128
Württemberg	24. 4. 32	328 320	26,4	23 von 80
Anhalt	24. 4. 32	89 652	40,9	15 von 36
Hamburg	24. 4. 32	233 750	31,2	51 von 160
Oldenburg	29. 5. 32	131 543	48,4	24 von 46
Mecklenburg-Schwerin	5. 6. 32	177 076	49,0	30 von 59
Hessen	19. 6. 32	328 306	44,0	32 von 70
Thüringen	31. 7. 32	365 321	42,5	26 von 61
Lübeck	13. 11. 32	27 681		27 von 80
Schaumburg-Lippe	15. 1. 33	39 000	39,6	9 von 21
Preußen	5. 3. 33	10 312 090	43,2	211 von 474

[Die Prozentzahlen nennen den Anteil an den abgegebenen gültigen Stimmen. Nach: Statistisches Jahrbuch für das Deutsche Reich. Jgg. 46–52 (1927–1933). Ergänzt nach den Angaben bei H. Volz, Geschichte der NSDAP. Leipzig o. J. (1934)]

64 Zum Vergleich die Ergebnisse der völkischen Konkurrenz-Gruppen 1927/28 (zur Ausgangssituation im Jahre 1924 vgl. Dokument 25):
Thüringen (30. 1. 1927): DVFB 9115 (1,1 %), 1 Mandat;
Mecklenburg-Schwerin (22. 5. 1927): DVFB 17 736 (5,7 %), 3 Mandate;
Preußen (20. 5. 1928): Völk. Nat. Block 205 575 (1,1 %), 2 Mandate;
Bayern (20. 5. 1928): Völk. Block (DVFB) 7914 (0,3 %);
Oldenburg (20. 5. 1928): Völk. Nat. Block 4896 (2,1 %), 1 Mandat.

[156] *Nationalsozialistische Minister und Regierungen 1930–1932/33*[65]

Thüringen:	Innen- und Volksbildungsminister *Dr. Wilhelm Frick* (geb. 1877, Dr. jur., Polizei-Oberamtmann, MdR seit 1924. Pg. Nr. 10) vom 23. 1. 1930 bis zum 1. 4. 1931 (gestürzt durch Mißtrauensvotum).
Braunschweig:	Innen- und Volksbildungsminister *Dr. Anton Franzen* (geb. 1896, Dr. jur., Amtsgerichtsrat, MdR seit 1930) vom 1. 10. 1930 bis zum 26. 7. 1931 (Rücktritt gegen Hitlers Willen, am 1. 10. 1931 aus der NSDAP ausgetreten). *Dietrich Klagges* (geb. 1891, Mittelschulkonrektor, MdR seit Juli 1932, Pg. Nr. 7646) seit dem 15. 9. 1931.
Anhalt:	Ministerpräsident *Dr. Alfred Freyberg* (geb. 1892, Dr. jur., Rechtsanwalt und Notar, Pg. Nr. 5880, Bezirksführer Quedlinburg 1925–1929) seit dem 21. 5. 1932.
Oldenburg:	Ministerpräsident *Carl Röver* (geb. 1889, Kaufmann, MdR seit 1930, Pg. Nr. 10 544, Gauleiter Weser-Ems), seit dem 16. 6. 1932. Minister für Finanzen und soziale Fürsorge *Julius Pauly* (geb. 1901, Landgerichtsrat, Pg. Nr. 707 033, Ortsgruppenleiter Oldenburg seit 1932) seit dem 16. 6. 1932. Minister für Kultus und Justiz *Heinz Spangemacher* (geb. 1885, Privatlehrer, MdR seit 1930, Pg. seit 1923) seit dem 16. 6. 1932.
Mecklenburg-Schwerin:	Ministerpräsident *Walter Granzow* (geb. 1887, Landwirt, Landwirtschaftlicher Gaufachberater im Gau Mecklenburg-Lübeck) seit dem 13. 7. 1932. Minister *Dr. Scharf* seit dem 13. 7. 1932.
Thüringen:	Ministerpräsident und Innenminister *Fritz Sauckel* (geb. 1894, Matrose, seit 1919 Schlosser, MdL seit 1929, Pg. Nr. 1395, Gauleiter Thüringen) seit dem 26. 8. 1932.

Minister für Finanzen und Wirtschaft
Wilhelm Marschler (geb. 1893, Handlungsgehilfe, MdL seit 1924, Thüringischer Staatsrat 1930/31), Pg. Nr. 24 216, Gauschatzmeister und Bezirksleiter seit 1926)
seit dem 26. 8. 1932.
Volksbildungsminister
Fritz Wächtler (geb. 1891, Lehrer, MdL seit 1929, Pg. Nr. 35 313, Bezirksführer seit 1927)
seit dem 26. 8. 1932.

---

65 Außerdem gab es Regierungen unter Beteiligung der Nationalsozialisten in Mecklenburg-Strelitz (seit dem 6. 4. 1932) und Lippe (seit Januar 1933).

Die »Regierung der nationalen Konzentration« vom 30. 1. 1933

Reichskanzler
Adolf Hitler (geb. 1889, Schriftsteller und Führer der NSDAP, Pg. Nr. 1);

Reichsinnenminister
Dr. Wilhelm Frick (s. o.).

Reichsminister ohne Geschäftsbereich, Reichskommissar für den Luftverkehr und kommissarischer preußischer Innenminister
Hermann Göring (geb. 1893, Hauptmann a. D., MdR seit 1928, Pg. Nr. 23 seit dem 1. 4. 1928, seit 1930 Sonderbeauftragter Hitlers in Berlin);

Reichsminister für Volksaufklärung und Propaganda
Dr. Joseph Goebbels (geb. 1897, Dr. phil., Gauleiter von Berlin seit November 1926, Pg. Nr. 22 seit dem 22. 3. 1926)
seit dem 13. 3. 1933.

(Außerdem gehörten der Regierung folgende Nicht-Nationalsozialisten an: Vizekanzler und Reichskommissar in Preußen Franz von Papen, Reichsaußenminister Constantin von Neurath, Reichsfinanzminister Lutz Graf Schwerin von Krosigk, Reichswehrminister Werner von Blomberg, Reichswirtschaftsminister Alfred Hugenberg, Reichsminister für Ernährung und Landwirtschaft Alfred Hugenberg, Reichsminister für Post und Verkehr Paul von Eltz-Rübenach, Reichsarbeitsminister Franz Seldte, Reichsjustizminister Franz Gürtner.)

[S. 150 a]

Erläuterungen zu den Bildtafeln

Abb. I: Die Reichsführertagung in Weimar am 20. Januar 1929 versammelte das gesamte nationalsozialistische Führerkorps mit Ausnahme der höheren SA-Führer: die Reichsleitung, die Gauleiter und die Fraktionsvorsitzenden im Reichstag und in den Landtagen Preußens und Bayerns. Außerdem waren mehrere Abgeordnete zugegen (vgl. Tabelle 155 c). Sieben der 58 Abgebildeten konnten nicht identifiziert werden, in drei Fällen ist die Bestimmung unsicher. Die Funktionen der einzelnen Personen ergeben sich aus den Tabellen 150 a bzw. 152.

Untere Reihe (sitzend) von links: Karl Wahl, Karl Kaufmann (?), Dr. Rudolf Buttmann (5), Wilhelm Kube (6), MdR Gottfried Feder, Philipp Bouhler (7), Fritz Reinhardt, Elsbeth Zander, (?).

Mittlere Reihe von links: Hans Schemm, Erich Koch, Adolf Wagner, (?), (darüber:) Fritz Härtl, (vorn:) Reichsführer HJ Kurt Gruber (?), (darüber:) Otto Erbersdobler, Helmuth Brückner, (darüber:) Heinz Haake, (vor Brückner:) MdR Wilhelm Dreher (?), Josef Bürckel, Adolf Hitler (1), MdR Dr. Joseph Goebbels, (unten:) MdR Franz Stöhr, (darüber:) Jakob Sprenger, (unten:) MdR Dr. Wilhelm Frick, (darüber:) Paul Hinkler, (unten:) MdR Josef Wagner, (darüber:) Otto Telschow, Dr. Robert Ley, (?), Alfred Rosenberg, Robert Wagner, Fritz Sauckel, Friedrich Ringshausen, (verdeckt:) Friedrich Hildebrandt, Bernhard Rust, Karl Weinrich, (verdeckt:) Martin Mutschmann, Julius Streicher.

Obere Reihe von links: Willy Grimm, Franz von Pfeffer, Wilhelm Friedrich Loeper, Josef Terboven, MdR Walter Buch, Hinrich Lohse, Dr. Otto Hellmuth, MdR Gregor Straßer (2), (?), MdR Franz Ritter von Epp (3), Franz Xaver Schwarz (4), Wilhelm Murr, (?), (?), (?), Walther von Corswant, Hanns Kerrl, Rudolf Heß, Heinrich Himmler.
[Illustrierter Beobachter Folge 4 v. 26. 1. 1929, S. 48]

Abb. II: Zweimal sprach Gregor Straßer 1926 in Essen, am 7. März bei der Gründungstagung des Großgau Ruhr und am 12. Oktober. In Zivil zwischen der noch mit Feldjacken »uniformierten« SA: Joseph Goebbels (rechts unter der Fahne) und Erich Koch (rechts hinter ihm).
[Illustrierter Beobachter Folge 2, Februar 1927, S. 10]

Abb. III: Am 30. Mai 1927 wurde in München der vier Tage zuvor bei einer Schlägerei mit politischen Gegnern getötete SA-Mann Georg Hirschmann beigesetzt. Die Abordnung der Partei führten Generalleutnant a. D. Bruno Heinemann, Adolf Hitler und Rudolf Heß an. Hinter Hitlers SS-Leibgardisten (rechts Julius Schreck) erkennt man ganz links Reichsschatzmeister Schwarz, ganz rechts Dr. Frick.
[Illustrierter Beobachter Folge 11, Juni 1927, S. 152]

Abb. IV: Das »Wahlprogramm« der NSDAP für die Reichstagswahlen am 20. Mai 1928, entworfen von Hitler.
[Völkischer Beobachter Nr. 113 v. 15. 5. 1928, S. 1]

Abb. V: Der Kult um Hitlers Person stand schon in den Jahren des Wartens innerhalb der Partei in voller Blüte. Hitler war sich über den Nutzen vermutlich im klaren, doch mied er es peinlich, sich damit zu identifizieren, weil solche Auswüchse ihn dem Spott der Öffentlichkeit aussetzten. Z. B. gab er schon 1926 zu verstehen, daß in seiner Gegenwart das »Hitlerlied« (Refrain: »Hitler treu ergeben, treu bis in den Tod, Hitler wird uns führen einst aus dieser Not«; vgl. Dokument 43 c) nicht gesungen werden sollte. Auf die hier abgebildeten Geburtstags-Huldigungen seines Illustrierten Beobachters reagierte er unterschiedlich. Während sich 1928 kein Echo feststellen läßt, erschien ihm 1929 angesichts der wachsenden Bedeutung der Partei im nationalen Lager ein derartiges Gedicht seiner politischen Seriosität offenbar abträglich. Am 11. Mai 1929 versandte Bouhler ein Rundschreiben, in dem es hieß: »Herr Hitler legt Wert darauf, den Parteigenossen zur Kenntnis zu bringen, daß der Abdruck des Geburtstags-Gedichtes im ›Illustrierten Beobachter‹ Nr. 16 ohne sein Wissen und entgegen einer grundsätzlichen Anordnung – keine ihn betreffenden Gedichte zu bringen – erfolgte. Er hat auf Grund dieser Gedichts-Veröffentlichung seine Mitarbeit im ›Illustrierten Beobachter‹ eingestellt. Diese Mitteilung ist nur für Parteigenossen bestimmt, also nicht durch die Presse zu verbreiten.« (BAK, Slg. Schumacher 373.) Allerdings erschien Hitlers wöchentliche Kolumne seit Juli 1929 wieder im IB. Zu den Verfassern: Otto Bangert, von Beruf ursprünglich Lehrer, betätigte sich schriftstellerisch (Gold oder Blut, 1927; Deutsche Revolution, 1929) und in der NS-Publizistik (s. Dokumente 102 und 112). Muth-Klingenbrunn glossierte gelegentlich als »Mu-Kli« im VB Münchener Lokalereignisse in Versform.
[Illustrierter Beobachter Folge 8 v. 21. 4. 1928 und Folge 16 v. 20. 4. 1929]

Abb. VI/VII: Verkleinertes Faksimile der Berufsstatistik der Pg Nr. 1 bis 386 000 (1925–1930). S. den Text zu Dokument 153 auf S. 379.

Abb. VIII: Anzeigenreklame für »Sturm«-Zigaretten und »Sturm«-Rasierklingen. Die 1929 aufgenommene Zusammenarbeit mit den Firmen aus Dresden bzw. Solingen brachte der Obersten SA-Führung 1930 monatlich mehrere tausend Mark ein und sollte nach von Pfeffers und Wageners Plänen dazu beitragen, sie unabhängiger von der Finanzierung durch die Gaue zu machen (vgl. Kap. VII). Nach von Pfeffers Ausscheiden baute Reichsschatzmeister Schwarz diese engen Bindungen seit 1931 allmählich ab. Die Packungen tragen das eigens entworfene SA-Abzeichen (vgl. Dokument 137).
[Völkischer Beobachter Nr. 228 v. 2. 10. 1929, S. 4 (»Sieg«) und Nr. 221 v. 17. 9. 1930, Beilage Münchner Beobachter, S. 4]

Nationalsozialistische Führertagung in Weimar

Die nationalsozialistischen Gauführer sowie die Vorsitzenden der nationalsozialistischen Parlamentsfraktionen versammelten sich am 20. Januar in Weimar, um wichtige taktische und organisatorische Fragen zu beraten und eine bedeutungsvolle Rede Adolf Hitlers über die nächsten Aufgaben der nationalsozialistischen Bewegung entgegenzunehmen. (1) Adolf Hitler, (2) Gregor Strasser, der die Beratungen leitete, (3) Reichstagsabgeordneter General Franz Ritter von Epp, (4) Reichsschatzmeister Schwarz, (5) Dultmann, Vors. der bayer. Landtagsfraktion, (6) Kube, Vors. der preuß. Landtagsfraktion, (7) Bouhler, Geschäftsführer der Reichsleitung. (Eigene Aufnahme d. „I. B.")

DER NATIONALSOZIALISMUS MARSCHIERT

Phot. Rosenkranz

Riesenkundgebung der N.S.D.A.P. auf dem Marktplatz in Essen. Reichstagsabgeordneter Gregor Straßer spricht!

113. Ausgabe · 41. Jahrg. 20 Pf. Bayernausgabe Bayernausgabe München, Dienstag, 15. Mai 1928

VÖLKISCHER BEOBACHTER

Herausgeber Adolf Hitler

Kampfblatt der national-sozialistischen Bewegung Großdeutschlands

An das ganze schaffende Deutschland!

Der ganze Bankerott der Revolte von 1918, der große Betrug am Volk ist entlarvt durch das Versagen der gesamten Erfüllungs- und Verelendungspolitik. Ergebung vor den französischen Bajonetten, Kriechen vor den Börsenpiraten der Wallstreet, Korruption, Schieberschutz, Arbeitsnot, Wohnungsmangel, eine erschreckende Selbstmordepidemie, Auswanderung der besten Volksteile usw., das alles ist die Folge des „Sieges auf der ganzen Linie". Gegen diese

Schmach von Versailles und den Dawesbetrug

kämpft zielklar und unerschrocken nur die

Nationalsozialistische Deutsche Arbeiterpartei

Sie kämpft

gegen die Verlumpung des deutschen Lebens und den Gesinnungsverfall in allen Volksschichten,

gegen die Herrschaft des internationalen Finanzkapitals und seiner marxistisch-demokratischen Knechte,

gegen den Warenhauswucher,

gegen die Lüge von der internationalen Klassensolidarität und Völkerversöhnung,

gegen das Betrugsgerede von der Friedfertigkeit der Franzosen, Polen und Tschechen; gegen Locarnoschwindel und Völkerbundslüge,

gegen die Folgen von Inflationsbetrug, Börsenschiebungen und Wucherfreiheit,

gegen die Dawestribute und Riesensteuern zugunsten der „Reparationen" und internationalen Schieber,

gegen den Schmutz und Schund, der unsere Jugend, unsere ganze Kunst verpestet, und seine jüdischen und nichtjüdischen Förderer,

gegen die organisierte Lüge der internationalen Judenpresse und ihren fortgesetzten Volks- und Landesverrat,

für die Wiedererweckung des nationalen Ehrgefühls, des Wehrgedankens und des Freiheitswillens,

für die Verstaatlichung der Notenbanken und Börsen, d. h. für Sicherung des ganzen, ehrlich arbeitenden Volkes vor privater Ausbeutung,

für die Volksgemeinschaft aller Arbeiter der Stirne und der Faust gegenüber der außenpolitischen Bedrohung und innerpolitischen Knechtung,

für eine Umstellung der Außenpolitik mit Hilfe der organischen Gegner des französisch-polnischen Systems,

für eine gerechte Aufwertung der Beraubten, hohe Besteuerung der Bankfürsten und Todesstrafe für Volksausbeuter,

für Wohnungsbauten, Mieterschutz und Arbeitsgelegenheit der Dawesarmee der Arbeitslosen, für Annullierung des Dawesvertrages, für die Sauberkeit unseres Schrifttums und Theaters, für Förderung deutscher Kunst und Künstler,

für die Unabhängigkeit und Unbestechlichkeit des deutschen öffentlichen Lebens, für ein Gesetz zum Schutz des Vaterlandes u. der Volksehre,

für Feststellung und Bestrafung der Verantwortlichen an der November-Revolte, an der Inflation, am Dawesverbrechen und am Völkerbundsbetrug,

für echten Nationalismus und wahren Sozialismus, der nicht Bürger und Proletarier kennt, sondern nur Deutsche.

Deutsche Arbeiter, Bürger, Bauern! Deutsche aller Berufe und Stände! Deutsche Männer und Frauen!
Wer für Deutschlands Ehre, für die Freiheit der deutschen Arbeit u. einen wirklichen Volksstaat kämpfen will, der wähle jene Bewegung, welche die deutsche Einheitsfront aller Schaffenden in sich bereits verwirklicht hat, die

Nationalsozialistische Deutsche Arbeiterpartei (Hitler-Bewegung)

Bei allen Wahlen Liste 10!

Plakat 10

Adolf Hitler

Er stieg empor aus Urwelttiefen
und wurde ragend wie ein Berg.
Und während wir ins Elend liefen
und bebend nach dem Retter riefen,
begann er groß sein heilig Werk.

Er trat mit starken, kühnen Schritten
in eine Welt von Haß und Trug.
Und siehe! plötzlich stand er mitten
im Volk, mit dem sein Herz gelitten,
sein Herz, das so voll Liebe schlug.

Er steht mit aufgereckten Händen
im Untergange einer Welt.
Verzweiflung zuckt an allen Enden,
doch wie mit heißen Feuerbränden
sein Geist die wüste Nacht erhellt.

Und plötzlich sieht man Fahnen wehen
von einer nie erschauten Art.
Kolonnen zieh'n, die Trommeln gehen
und hunderttausend Männer stehen
um einen Willen fest geschart.

Ins ferne Morgenglühen weist er
und alle Herzen sind entbrannt.
Die Fäuste beben und die Geister —
Nun baue deinem Volk, o Meister,
ein neues, hohes Vaterland!

Otto Bangert

Zu Adolf Hitlers 39. Geburtstag

Phot. Hoffmann

Zu Adolf Hitlers 40. Geburtstag am 20. April

Bist Wieland der Schmied! Bist Siegfriedgestalt!
Dein Wort ist Schwert und Hammergewalt,
Durch das in gärenden Tagen
In tausend Herzen der heil'ge Brand
Der Liebe zu Volk und Vaterland
Neu lodernd empor geschlagen.

Vier Jahre standest Du brav und schlicht,
Der Fahne getreu und Soldatenpflicht
Im Höllenbrause der Schlachten,
Bis feindgoldfeiler Heimatverrat
Der Front die Waffen entwunden hat,
Und Schwätzer Schandfrieden machten.

Da wurde Dein deutsches Soldatenherz
Zum Feuerofen, zum brennenden Erz.
Und wie pfingstliche Flammenzungen
Fuhr in die Seele der Führergeist,
Der Deutschland wieder zur Freiheit weist
Aus slavischen Niederungen.

Du Held der Front!
Du Führer aus Not!
Es wachse Dein Werk!
Es schütze Dich Gott,
Der Hort der Kühnen
und Treuen.
Und lasse licht brechen
den Morgen an,
Wo die braunen Kolonnen,
der Hitlerbann,
All' Deutschland
aus Ketten befreien.

Roth-Klingenbrunn

Mitgl.-Nummern	Kaufleute			Handwerk			Industriearbeiter			Beamte			Landwirtschaft				Sonstige
	Selbst.	Ltr.	Ang.	Selbst.	Ltr.	Gehilf.	Arbeiter	Ltr.	Gesell.	Mittl.	Höhe	Pens.	Hauptz.	Töchter	Tagelohn	Unternehmer	Jug.
1-10000	1040	135	1502	252	50	117	560	138	1868	876	77	55	562	62	109	50	165
10001-20000	831	217	1256	286	141	169	722	94	1620	1144	106	29	171	23	97	29	303
20001-27338	481	203	1198	288	79	121	730	57	1233	569	21	53	173	20	62	10	168
Ende 1925:	2352	555	3956	826	270	407	2012	289	4721	2589	204	137	906	105	265	89	636
27339-30000	159	68	393	95	28	41	231	20	403	180	9	19	58	5	19	2	58
30001-40000	770	81	1325	588	51	305	426	72	2552	480	11	15	306	23	75	21	206
40001-49605	619	42	1205	507	55	262	317	227	3042	357	8	7	183	24	94	30	210
Ende 1926	1548	191	2923	1190	134	608	974	319	5997	1017	28	41	547	52	188	53	474
49606-50000	19	2	71	15	3	10	11	9	150	15	–	1	11	–	4	2	8
50001-60000	335	32	600	328	17	134	191	49	1104	232	3	11	133	11	42	14	119
60001-70000	721	136	1530	377	86	384	820	91	2511	418	20	27	162	21	99	42	168
70001-72503	131	43	395	103	40	79	303	24	582	137	8	7	15	2	15	2	48
Ende 1927	1206	213	2546	823	146	607	1375	173	4347	802	31	46	321	34	160	60	343
72504-80000	324	109	799	880	73	136	397	75	1032	275	21	12	56	5	29	4	107
80001-90000	445	48	622	773	34	299	271	53	1389	302	10	5	40	10	68	24	100
90001-100000	515	85	1508	910	75	429	701	144	1736	430	37	55	195	42	148	55	480
100001-108700	580	58	1189	1088	66	383	757	102	1836	336	23	42	70	14	75	31	141
Ende 1928	1864	300	4128	3651	248	1247	2126	374	5993	1343	91	114	361	71	320	114	525
108701-110000	142	15	160	131	9	72	209	16	183	47	2	4	19	6	1	3	8
110001-120000	602	30	777	904	38	401	727	87	878	407	44	4	96	16	69	–	72
120001-130000	685	123	1211	631	74	284	630	108	2005	572	34	33	174	22	89	29	170
130001-140000	967	137	840	1188	236	619	1465	402	1343	510	–	–	71	–	34	–	111
140001-150000	1057	77	1077	1023	67	686	1043	192	1703	632	3	-	116	-	43	–	125
150001-160000	1027	136	1349	1060	86	379	420	63	2505	383	33	42	142	25	57	241	157
160001-170000	906	99	1080	1286	97	604	1859	402	1394	559	2	–	171	–	37	133	19
170001-179775	803	75	1465	1164	102	253	332	9	2116	278	33	34	113	39	62	307	157
Ende 1929	6153	682	7959	7387	699	3268	6189	1216	12127	3388	118	117	902	108	372	713	788
179776-180000	17	–	27	10	8	13	36	5	44	13	–	–	3	1	–	–	3
180001-190000	1125	76	854	1739	117	310	475	34	2633	367	27	82	134	20	28	8	132
190001-200000	986	48	909	1181	60	285	460	40	2830	766	11	66	126	10	26	17	121
200001-210000	737	60	1097	1855	167	410	348	20	2205	204	24	32	141	27	54	368	99
210001-220000	1010	125	795	1772	207	505	983	229	1766	430	9	20	144	19	34	–	130
220001-230000	857	63	1421	1574	98	425	401	5	2349	247	19	39	95	15	34	329	110
230001-240000	879	89	1280	1609	109	393	398	14	2326	171	20	19	101	25	37	390	113
240001-250000	953	82	1455	1102	55	409	385	23	2257	190	22	21	91	11	37	375	92
250001-260000	1347	84	815	1253	71	374	442	29	2679	521	9	84	92	16	58	–	164
260001-270000	1189	189	1090	896	182	615	1290	442	1211	409	–	–	229	8	66	–	195
270001-280000	1437	88	845	813	31	384	477	42	2912	470	9	52	125	5	48	–	166
280001-290000	1472	107	1347	907	73	348	379	47	2507	123	17	47	80	31	21	787	138
290001-300000	1205	121	1442	782	51	345	357	61	2432	155	22	47	56	29	32	500	156
300001-310000	1369	68	1477	664	37	239	365	51	2898	717	30	55	69	12	49	–	155
310001-320000	1088	131	1415	937	82	426	351	44	2428	140	26	49	37	26	38	396	173
320001-330000	1726	79	1128	577	36	260	395	34	2804	415	18	33	21	29	51	–	234
330001-340000	1569	49	782	957	56	298	955	51	2635	522	21	63	150	23	59	–	176
340001-350000	1450	113	1366	871	66	398	416	56	2326	477	36	57	183	31	34	516	174
350001-360000	1139	116	1267	878	60	389	472	56	2306	847	77	87	169	26	84	571	157
360001-370000	825	75	1075	907	51	366	421	95	2371	1281	20	61	125	15	10	–	147
370001-380000	1431	123	1267	1094	60	349	390	77	2392	181	45	80	136	29	29	461	172
380001-386000	658	82	816	653	62	207	233	41	1997	102	20	42	79	18	22	287	76
Ende 1930.	22545	2075	23772	20978	1741	7493	9949	1473	39534	7895	445	1001	2380	426	820	4672	3082

	Akademiker			[illegible]										Freie Ak.	Österreich		Deutschland		Gesamt
Schüler	Ärzte	Stud.	[illegible]	Angestellt	kaufm.	[illegible]	I. Arb.	[illegible]	[illegible]	Gastw.	[illegible]	Frauen	Kinder		Männl.	Weibl.	Männl.	Weibl.	
79	165	263	51	716	109	48	773	92	36	71	5	4	–	–	–	–	8629	1371	10000
182	77	110	66	677	82	70	602	88	52	92	16	12	-	542	–	–	8797	661	10000
102	95	90	39	501	114	36	705	55	59	57	10	9	-	–	-	–	6643	695	7338
363	434	463	156	1894	305	154	2050	235	147	220	31	25	–	542	–	–	24069	2727	27338
31	25	42	11	161	41	4	260	18	21	13	3	1	–	273	–	–	2187	232	2662
281	80	267	18	560	178	98	990	74	91	40	9	5	–	–	–	–	9379	621	10000
111	78	239	16	406	57	51	1238	40	117	67	4	12	–	–	–	–	9114	511	9625
423	185	548	45	1127	276	153	2488	132	229	120	16	18	–	273	–	–	20680	1364	22287
3	4	9	–	10	3	1	34	2	5	3	–	–	–	–	–	–	300	75	375
156	51	124	8	372	191	74	636	41	47	23	–	2	–	–	4651	349	4701	299	10000
78	57	194	14	517	29	68	1181	47	101	58	7	–	–	–	–	–	9393	607	10000
51	34	50	6	119	20	10	229	23	31	27	10	2	–	–	–	–	2362	151	2513
234	146	377	28	918	243	153	2080	113	184	108	17	4	–	-	4651	349	16756	1132	22888
53	59	125	24	189	61	20	499	37	40	45	28	5	-	1968	-	-	5299	200	7467
53	52	131	21	213	166	53	594	33	51	93	5	3	-	29	3728	272	5634	337	10000
62	63	350	37	513	90	69	1201	95	155	130	37	3	-	–	–	–	9390	610	10000
109	80	125	16	376	12	44	872	54	137	74	12	1	-	–	–	–	8266	934	8700
277	254	731	98	1291	179	[illegible]	3166	219	383	330	82	12	–	1997	3728	272	28589	1601	36187
17	8	26	5	53	2	6	137	6	16	18	2	3	–	4	–	–	1232	68	1300
21	49	106	42	233	–	98	1040	79	109	146	–	4	–	44	2637	363	6753	203	10000
121	48	199	18	502	99	65	1722	85	96	79	19	2	–	21	–	–	9633	367	10000
39	79	233	34	407	–	59	859	81	127	117	19	12	8	17	–	–	9533	453	10000
28	84	280	48	396	6	52	883	101	131	120	13	6	11	–	–	–	9425	575	10000
61	35	150	30	56	511	56	[illegible]	105	[illegible]	83	15	5	10	–	–	–	9531	469	10000
50	99	356	40	225	–	49	732	66	130	86	7	6	9	2	–	–	9485	505	10000
60	55	185	31	19	529	83	592	75	108	72	14	6	15	612	–	–	8628	535	9775
397	506	1535	248	1851	1147	508	6663	528	839	721	89	44	53	697	2637	363	[illegible]	3181	71075
1	5	7	1	–	9	1	15	1	7	2	–	–	–	–	–	–	212	13	225
64	16	192	–	508	–	49	682	53	146	108	11	2	–	21	2994	487	9441	558	10000
105	34	270	–	401	–	50	858	50	125	86	19	8	–	9	–	–	6667	333	10000
45	67	132	47	534	10	75	811	41	133	104	22	3	4	13	–	–	9419	568	10000
70	57	192	34	276	–	72	773	84	137	129	8	6	12	[illegible]	–	–	9150	402	10000
55	75	173	32	485	15	69	736	67	135	109	10	10	8	–	–	–	9476	507	10000
69	51	169	26	539	19	96	718	99	108	145	23	5	8	–	–	–	9508	492	10000
62	61	191	31	622	26	41	823	80	158	107	12	3	8	–	–	–	9580	420	10000
85	61	228	31	519	57	16	699	89	121	115	17	4	1	1	–	–	9477	522	10000
74	113	297	59	145	–	83	778	107	163	126	21	4	19	–	–	–	9508	492	10000
119	59	279	27	454	40	19	777	75	125	116	37	11	–	54	–	–	9383	523	10000
77	63	191	30	622	25	27	719	92	164	119	20	6	7	–	–	–	9562	438	10000
62	63	233	27	636	37	31	647	94	180	108	22	3	8	2	–	–	9501	497	10000
118	120	290	38	508	16	18	562	69	151	103	28	8	–	52	1811	171	7632	361	10000
65	85	203	51	605	45	35	670	144	188	87	18	5	12	–	–	–	9511	489	10000
99	105	206	41	622	46	38	569	123	202	121	17	3	–	–	–	–	9492	508	10000
80	80	288	37	530	72	53	600	113	157	115	16	11	16	–	–	–	9410	590	10000
66	85	214	17	577	77	28	538	141	140	123	39	4	15	–	–	–	9467	533	10000
61	102	206	26	557	37	49	690	98	170	187	4	6	12	–	–	–	9873	127	10000
87	105	386	42	522	16	33	578	65	164	119	9	10	25	–	1058	[illegible]	9761	239	10000
72	94	215	26	527	35	36	608	93	140	138	29	5	7	–	–	–	9526	477	10000
38	36	147	9	306	30	24	375	53	83	70	15	3	9	–	–	–	5699	301	6000
1568	1567	4659	669	10521	574	893	14271	1828	3084	2365	384	120	171	280	9173	770	[illegible]	9387	206225

Nur 10 Pfg. täglich

kostet eine gut regulierte Armbanduhr für Damen oder Herren oder diese bessere Anker-Remontoir-Taschenuhr. 1 Jahr Garantie. Neusilber und vergoldet. Bestellen Sie eine dieser Uhren zum Preise von nur je 15 RM. Sie können diesen Betrag in 5 Monatsraten einzahlen, so daß auf den Tag nur 10 Pfennig entfallen. Im voraus braucht kein Geld eingesandt zu werden. Die Uhr wird sofort an Sie geliefert. Rücksendung bei Nichtgefallen innerhalb 3 Tagen gestattet. Schreiben Sie noch heute und fügen Sie diese Anzeige bei.

Kurt Teichmann, Uhrenversand, Berlin-Lankwitz 108.

Alle Arten Rheuma-, Gicht-, Ischias u. Nervenleiden etc., selbst verzweifelte, hoffnungslose Fälle, bei denen die Kunst ernsthafter Aerzte versagte, wurden in

Bad Siebers bei Weiler im Allgäu

schon in kurzer Zeit geheilt. – Verlangen Sie Prospekte über Bade- und Haustrinkkuren mit der „Johanna-Quelle". – Tägl. einlauf. begeisterte Anerkennungs-Schreiben. Herrliche, staubfreie, ruhige Höhenlage. Beste Verpflegung, 4 Mahlzeiten, M. 5.– täglich.

Bes. H. Ambos, Pg.

München

Hotel-Pension „Stachus"
Karlsplatz 22 (im Kaufhaus Horn). Telephon 51316 (3 Minuten vom Hauptbahnhof). Bestempf. bürgerl. Passantenhaus. Teilweise fließendes Wasser. Bäder, Zentralheizung, Lift. Ermäßigte Preise.

Für eine Neuheit u. konkurrenzlosen Artikel der Textilbranche sucht Hersteller für jeden Gau Deutschl. 1–2 Parteigenoss(inn)en als

Empfehlenswerte Gaststätten

München | **Stuttgart**

Bibliographie

In diese Literaturübersicht wurden vorwiegend jüngere Arbeiten aufgenommen, die sich mit der Entwicklung der NSDAP bis 1933 befassen. Weitere Hinweise auf die ältere Literatur, auf Werke zum geistesgeschichtlichen und politischen Hintergrund des Aufstiegs der NSDAP und zur Faschismus-Diskussion finden sich vor allem in den genannten Büchern von Bracher, Hofer, Jasper, Nolte und Sontheimer.

Abel, Theodore, The Nazi Movement. Why Hitler came to Power. New York 1966 (zuerst 1938).

Allen, William Sh., Das haben wir nicht gewollt! Die nationalsozialistische Machtergreifung in einer Kleinstadt. Gütersloh 1966 (englisch 1965).

Angress, Werner T. u. Smith, Bradley F., Diaries of Heinrich Himmler's Early Years. In: Journal of Modern History 31 (1959), S. 206–224.

Anschütz, Helga, Die Nationalsozialistische Deutsche Arbeiterpartei in Hamburg. Ihre Anfänge bis zur Reichstagswahl vom 14. September 1930. Diss. Hamburg 1956 (masch. schr.).

Aronson, Shlomo, Heydrich und die Anfänge des SD und der Gestapo (1931 bis 1935). Diss. Berlin (FU) 1967.

Auer, Johann, Zwei Aufenthalte Hitlers in Wien. In: VJHZ 14 (1966), S. 207 f.

Balle, Hermann, Die propagandistische Auseinandersetzung des Nationalsozialismus mit der Weimarer Republik und ihre Bedeutung für den Aufstieg des Nationalsozialismus. Diss. Erlangen 1963.

Bauer, Otto, Marcuse, Herbert, Rosenberg, Arthur, u. a., Faschismus und Kapitalismus. Theorien über die sozialen Ursprünge und die Funktion des Faschismus. Frankfurt/M. 1967.

Bennecke, Heinrich, Die Bedeutung des Hitlerputsches für Hitler. In: Politische Studien 13 (1962), S. 685–692.

–, Hitler und die SA. München/Wien 1962.

Bleuel, Hans Peter, u. Klinnert, Ernst, Deutsche Studenten auf dem Weg ins Dritte Reich. Ideologien – Programme – Aktionen 1918–1935. Gütersloh 1967.

Bracher, Karl Dietrich, Die Auflösung der Weimarer Republik. Eine Studie zum Problem des Machtverfalls in der Demokratie. 4. Aufl. Villingen 1964.

–, Die Deutsche Diktatur. Entstehung, Struktur, Folgen des Nationalsozialismus. Köln/Berlin 1969.

Bracher, Karl Dietrich, Sauer, Wolfgang, u. Schulz, Gerhard, Die Nationalsozialistische Machtergreifung. Studien zur Errichtung des totalitären Herrschaftssystems in Deutschland 1933/34. 2. Aufl. Köln/Opladen 1962.

Brandenburg, Hans-Christian, Die Geschichte der HJ. Köln 1968.

Bramstedt, Ernest K., Goebbels and National Socialist Propaganda. 1925–1945. London 1965.

Breitling, Rupert, Literatur zur Partei- und Wahlfinanzierung. In: Politische Vierteljahresschrift 9 (1968), S. 99–120.

Brenner, Hildegard, Die Kunstpolitik des Nationalsozialismus. Hamburg 1963.

Broszat, Martin, Der Nationalsozialismus. Weltanschauung, Programm und Wirklichkeit. Stuttgart 1960.

–, Die Anfänge der Berliner NSDAP 1926/27 (Dokumentation). In: VJHZ 8 (1960), S. 85–118.

–, Betrachtungen zu »Hitlers zweitem Buch«. In: VJHZ 9 (1961), S. 417–429.
–, Der Staat Hitlers. Grundlegung und Entwicklung seiner inneren Verfassung. München 1969.
Bruhn, Wolfgang, Die NSDAP im Reichstag 1930–1933. Eine Studie zur parlamentarischen Wirksamkeit einer Partei. Diss. Berlin (FU) 1952 (masch. schr.).
Bucher, Peter, Der Reichswehrprozeß. Der Hochverrat der Ulmer Reichswehroffiziere 1929/30. Boppard 1967.
Bullock, Allan, Hitler. Eine Studie über Tyrannei. Düsseldorf 1967 (Neuausgabe. Zuerst engl. 1951).
Burden, Hamilton T., The Nuremberg Party Rallies 1923–1939. London 1967.
Burke, Kenneth, Die Rhetorik in Hitlers »Mein Kampf« und andere Essays zu Strategie der Überredung. Frankfurt/M. 1967.
Calic, Edouard (Hrsg.), Ohne Maske. Hitler – Breiting Geheimgespräche 1931. Frankfurt/M. 1968.
Carsten, Francis L., Reichswehr und Politik 1918–1933. Köln 1964.
–, Der Aufstieg des Faschismus in Europa. Frankfurt/M. 1968.
Caspar, C., Mein Kampf – a Best Seller. In: Jewish Social Studies 20 (1958), S. 3–16.
Conze, Werner, und Raupach, Hans (Hrsgg.), Die Staats- und Wirtschaftskrise des Deutschen Reiches 1929/33. Stuttgart 1967.
Czichon, Eberhard, Wer verhalf Hitler zur Macht? Zum Anteil der deutschen Industrie an der Zerstörung der Weimarer Republik. Köln 1967.
Daim, Wilfried, Der Mann, der Hitler die Ideen gab. München 1958.
Deuerlein, Ernst, Hitlers Eintritt in die Politik und die Reichswehr (Dokumentation). In: VJHZ 7 (1959), S. 177–227.
– (Hrsg.), Der Hitler-Putsch. Bayerische Dokumente zum 8./9. November 1923. Stuttgart 1962.
– (Hrsg.), Der Aufstieg der NSDAP in Augenzeugenberichten. Düsseldorf 1968.
Dickmann, Fritz, Machtwille und Ideologie in Hitlers außenpolitischen Zielsetzungen vor 1933. In: K. Repgen und St. Skalweit (Hrsgg.), Spiegel der Geschichte. Festschrift für Max Braubach. Münster/W. 1964, S. 915–941.
–, Die Regierungsbildung in Thüringen als Modell der Machtergreifung. Ein Brief Hitlers aus dem Jahre 1930 (Dokumentation). In: VJHZ 14 (1966), S. 454–464.
Domarus, Max (Hrsg.), Hitler. Reden und Proklamationen 1932–1945. Kommentiert von einem deutschen Zeitgenossen. 2 Bde. München 1965.
Ensor, James, Rudolf Heß. London 1962.
Fabry, Philipp W., Mutmaßungen über Hitler. Urteile von Zeitgenossen. Düsseldorf 1969.
Falb, Heinrich, Artur Dinter als Politiker und Ideologe – Ein Beitrag zur Geschichte und Weltanschauung der nationalsozialistischen Bewegung. Freiburg 1967 (masch. schr. Staatsexamensarbeit).
Feder, Gottfried, Das Manifest zur Brechung der Zinsknechtschaft des Geldes. München 1919. 2. Aufl. 1920. 3. Aufl. 1928.
–, Der deutsche Staat auf nationaler und sozialer Grundlage. Neue Wege in Staat, Finanz und Wirtschaft. 3. Aufl. München 1924.
–, Das Programm der NSDAP und seine weltanschaulichen Grundgedanken. München 1927. 50. Aufl. 1931.
Fest, Joachim C., Das Gesicht des Dritten Reiches. Profile einer totalitären Herrschaft. München 1963.

Figge, Reinhard, Die Opposition der NSDAP im Reichstag. Diss. Köln 1963.
Fishman, Sterling, The Rise of Hitler as a Beer Hall Orator. In: Review of Politics 26 (1964), S. 244–256.
Fraenkel, Heinrich, und Manvell, Roger, Goebbels. Eine Biographie. Köln/Berlin 1960 (engl. 1960).
–, Hermann Göring. Hannover 1964 (engl. 1962).
–, Himmler. Kleinbürger und Massenmörder. Berlin 1965 (engl. 1964).
Frank, Hans, Im Angesicht des Galgens. Deutung Hitlers und seiner Zeit auf Grund eigener Erlebnisse und Erkenntnisse. München-Gräfelfing 1953.
Franz-Willing, Georg, Die Hitlerbewegung. Der Ursprung 1919–1922. Hamburg/Berlin 1962.
Geiger, Theodor, Die soziale Schichtung des deutschen Volkes. Soziographischer Versuch auf statistischer Grundlage. Darmstadt 1967 (Nachdruck. Zuerst Stuttgart 1932).
Gies, Horst, R. Walther Darré und die nationalsozialistische Bauernpolitik 1930 bis 1933. Diss. Frankfurt/M. 1966.
–, NSDAP und landwirtschaftliche Organisationen in der Endphase der Weimarer Republik. In: VJHZ 15 (1967), S. 341–376.
Granzow, Brigitte, A Mirror of Nazism. British Opinion and the Emergence of Hitler 1929–1933. London 1964.
Hale, Oron J., Adolf Hitler: Taxpayer. In: American Historical Review 60 (1954/55), S. 830–842).
–, Gottfried Feder Calls Hitler to Order: an Unpublished Letter on Nazi Party Affairs. In: Journal of Modern History 30 (1958), S. 358–362.
–, Presse in der Zwangsjacke 1933–1945. Düsseldorf 1965 (engl. 1964).
Hallgarten, George W. F., Hitler, Reichswehr und Industrie. Zur Geschichte der Jahre 1918–1933. Frankfurt/M. 1962 (Neudruck. Zuerst 1955).
Hammer, Hermann, Die deutschen Ausgaben von Hitlers »Mein Kampf«. In: VJHZ 4 (1956), S. 161–178.
Hanfstaengl, Ernst, Hitler. The Missing Years. London 1957.
Heberle, Rudolf, Landbevölkerung und Nationalsozialismus. Eine soziologische Untersuchung der politischen Willensbildung in Schleswig-Holstein 1918 bis 1932. Stuttgart 1963.
Heer, Friedrich, Der Glaube des Adolf Hitler. Anatomie einer politischen Religiosität. München 1968.
Heiber, Helmut, Adolf Hitler. Berlin 1960.
– (Hrsg.), Das Tagebuch von Joseph Goebbels 1925/26. Mit weiteren Dokumenten. Stuttgart 1960.
–, Joseph Goebbels. Berlin 1962.
Heiden, Konrad, Geschichte des Nationalsozialismus. Die Karriere einer Idee. Berlin 1932.
–, Adolf Hitler. Das Zeitalter der Verantwortungslosigkeit. Zürich 1936.
Heuß, Theodor, Hitlers Weg. Eine historisch-politische Studie über den Nationalsozialismus. Stuttgart 1932 (neu hrsg. von E. Jäckel, Tübingen 1968).
Heyen, Franz Josef (Hrsg.), Nationalsozialismus im Alltag. Boppard 1967.
Hitler, Adolf, Mein Kampf. Eine Abrechnung. München 1925.
–, Mein Kampf 2. Band: Die nationalsozialistische Bewegung. München 1926. (3. Aufl. 1930: 2 Bde. in einem).
Hitlers zweites Buch. Ein Dokument aus dem Jahre 1928. Eingeleitet und kommentiert von Gerhard L. Weinberg. Stuttgart 1961.

Hoepke, Klaus-Peter, Die deutsche Rechte und der italienische Faschismus. Düsseldorf 1968.
Höhne, Heinz, Der Orden unter dem Totenkopf. Die Geschichte der SS. Gütersloh 1967.
Hofer, Walther, Die Diktatur Hitlers bis zum Beginn des zweiten Weltkrieges. Konstanz 1960.
Hoffmann, Heinrich, Hitler was my Friend. London 1955.
Hofmann, Hanns Hubert, Der Hitlerputsch. Krisenjahre deutscher Geschichte 1920–1924. München 1961.
Holborn, Hajo, Origins and Political Character of Nazi Ideology. In: Political Science Quarterly 79 (1964), S. 542–554.
Horn, Wolfgang, Ein unbekannter Aufsatz Hitlers aus dem Frühjahr 1924. In: VJHZ 16 (1968), S. 280–294.
Hüttenberger, Peter, Die Gauleiter. Studie über das Problem der Herrschafts- und Machttechnik im Dritten Reich. Diss. Bonn 1966 (masch. schr.).
Jäckel, Eberhard, Hitlers Weltanschauung. Tübingen 1969.
Jacobsen, Hans-Adolf, Die Gründung der Auslandsabteilung der NSDAP (1931 bis 1933). In: Gedenkschrift Martin Göhring. Studien zur Europäischen Geschichte. Wiesbaden 1968. S. 353–368.
–, Die nationalsozialistische Außenpolitik 1933–1938. Frankfurt/M. 1968.
Jacobsen, Hans-Adolf, und Jochmann, Werner (Hrsgg.), Ausgewählte Dokumente zur Geschichte des Nationalsozialismus 1933–1945. Bielefeld 1961 bis 1966 (10 Folgen und Kommentarheft).
Jasper, Gotthard (Hrsg.), Von Weimar zu Hitler 1930–1933. Köln/Berlin 1968.
Jetzinger, Franz, Hitlers Jugend. Phantasien, Lügen – und die Wahrheit. Zürich 1956.
Jochmann, Werner (Hrsg.), Im Kampf um die Macht. Hitlers Rede vor dem Hamburger Nationalklub von 1919. Frankfurt/M. 1960.
– (Hrsg.), Nationalsozialismus und Revolution. Ursprung und Geschichte der NSDAP in Hamburg 1922–1933. Dokumente. Frankfurt/M. 1963.
Jung, Rudolf, Der nationale Sozialismus. Seine Grundlagen, sein Werdegang und seine Ziele. 2. vollst. umgearb. Aufl. München 1922.
Klein, Fritz, Zur Vorbereitung der faschistischen Diktatur durch die deutsche Großbourgeoisie (1929–1932). In: Zeitschrift für Geschichtswissenschaft 1 (1953), S. 872–904 (auch in: G. Jasper, Von Weimar zu Hitler).
Kluke, Paul, Der Fall Potempa (Dokumentation). In: VJHZ 5 (1957), S. 279 bis 297.
Krebs, Albert, Tendenzen und Gestalten der NSDAP. Erinnerungen an die Frühzeit der Partei. Stuttgart 1959.
Kühnl, Reinhard, Zur Programmatik der nationalsozialistischen Linken: das Straßer-Programm von 1925/26. In: VJHZ 14 (1966), S. 317–333.
–, Die nationalsozialistische Linke 1925–1930. Meisenheim 1966.
Lang, Jochen v. (Hrsg.), Adolf Hitler – Gesichter eines Diktators. Vorwort von J. Fest. Hamburg 1968.
Lange, Karl, Hitlers unbeachtete Maximen. »Mein Kampf« und die Öffentlichkeit. Stuttgart 1968.
Laqueur, Walter, Deutschland und Rußland. Berlin 1965.
Lepsius, Rainer, Extremer Nationalismus. Strukturbedingungen vor der nationalsozialistischen Machtergreifung. Stuttgart 1966.
Lebovics, Herman, A Socialism for the German Middle Classes. Anticapitalist and Antimarxist Social Thought in Germany 1914–1933. Princeton 1969.

O'Lessker, Karl, Who voted for Hitler? A New Look at the Class Basis of Nazism. In: American Journal of Sociology 74 (1968), S. 63–69.
Lipset, Seymour M., Der »Faschismus«, die Linke, die Rechte und die Mitte. In: Kölner Zeitschrift für Soziologie und Sozialpsychologie 11 (1959), S. 401 bis 444 (auch in: G. Jasper, Von Weimar zu Hitler, und: E. Nolte, Theorien über den Faschismus).
Ludwig, Kurt, Die Arbeiterklasse in Thüringen im Kampf gegen das Vordringen des Faschismus und die Bildung der Frick-Regierung 1928–1930. Diss. Jena 1960 (masch. schr.).
Luedecke, Kurt G. W., I knew Hitler. The Story of a Nazi who escaped the Blood Purge. London 1938.
Lükemann, Ulf, Der Reichsschatzmeister der NSDAP. Ein Beitrag zur inneren Parteistruktur. Diss. Berlin (FU) 1963.
Maser, Werner, Die Frühgeschichte der NSDAP. Hitlers Weg bis 1924. Frankfurt/M.–Bonn 1965.
–, Hitlers Mein Kampf. Entstehung, Aufbau, Stil, Änderungen, Quellen, Quellenwert und kommentierte Auszüge. München 1966.
Milatz, Alfred, Wähler und Wahlen in der Weimarer Republik. Bonn 1965.
Morsey, Rudolf, Hitler als Braunschweigischer Regierungsrat (Dokumentation). In: VJHZ 8 (1960), S. 419–448.
Neumann, Sigmund, Die Parteien der Weimarer Republik. Stuttgart 1965 (neu hrsg. v. K. D. Bracher, zuerst Berlin 1932).
Nilson, Sten S., Wahlsoziologische Probleme des Nationalsozialismus. In: Zeitschrift für die Gesamte Staatswissenschaft 110 (1954), S. 279–311.
Noakes, Jeremy, Conflict and Development in the NSDAP 1924–1927. In: Journal of Contemporary History 1 (1966), Heft 4, S. 3–36.
–, The NSDAP in Lower Saxony 1921–1933: A Study of National Socialist Organization and Propaganda. Diss. Oxford 1967 (masch. schr.).
Noller, Sonja, Die Geschichte des »Völkischen Beobachters« von 1920–1923. Diss. München 1956 (masch. schr.).
Noller, Sonja, und Kotze, Hildegard v., Facsimile Querschnitt durch den Völkischen Beobachter. München 1967.
Nolte, Ernst, Eine frühe Quelle zu Hitlers Antisemitismus. In: Historische Zeitschrift 192 (1961), S. 584–606.
–, Der Faschismus in seiner Epoche. Action française – Italienischer Faschismus – Nationalsozialismus. München 1963.
– (Hrsg.), Theorien über den Faschismus. Köln/Berlin 1967.
–, Die Krise des liberalen Systems und die faschistischen Bewegungen. München 1968.
Nyomarkay, Joseph, Charisma and Factionalism in the Nazi Party. Minneapolis/Minn. 1967.
Orlow, Dietrich, The Organizational History and Structure of the NSDAP, 1919–1923. In: Journal of Modern History 37 (1965), S. 208–226.
–, The Conversion of Myths into Political Power: The Case of the Nazi Party, 1925–1926. In: American Historical Review 72 (1967), S. 906–924.
–, A History of the Nazi Party 1919–1933. Pittsburgh 1969.
Pese, Walter W., Hitler und Italien 1920–1926. In: VJHZ 3 (1955), S. 113–126.
Pfeifer, Eva, Das Hitlerbild im Spiegel einiger konservativer Zeitungen in den Jahren 1929–1933. Diss. Heidelberg 1966.
Phelps, Reginald H., Dokumente aus der »Kampfzeit« der NSDAP – 1923. In: Deutsche Rundschau 84 (1958), S. 459–468 und S. 1034–1044.

–, Anton Drexler – der Gründer der NSDAP. In: Deutsche Rundschau 87 (1961), S. 1134–1143.
–, Hitler and the Deutsche Arbeiterpartei. In: American Historical Review 68 (1962/63), S. 974–986.
–, "Before Hitler Came": Thule Society and Germanen Orden. In: Journal of Modern History 35 (1963), S. 245–261.
–, Hitler als Parteiredner im Jahre 1920 (Dokumentation). In: VJHZ 11 (1963), S. 275–333.
Pirker, Theo (Hrsg.), Komintern und Faschismus. Dokumente zur Geschichte und Theorie des Faschismus. Stuttgart 1965.
Röhm, Ernst, Die Geschichte eines Hochverräters. München 1928.
Roloff, Ernst-August, Bürgertum und Nationalsozialismus. Braunschweigs Weg ins Dritte Reich. Hannover 1961.
–, Wer wählte Hitler? Thesen zur Sozial- und Wirtschaftsgeschichte der Weimarer Republik. In: Politische Studien 15 (1964), S. 293–300.
Rosenberg, Alfred, Wesen, Grundsätze und Ziele der Nationalsozialistischen Deutschen Arbeiterpartei. Das Programm der Bewegung. München 1930 (zuerst 1923).
–, Letzte Aufzeichnungen. Ideale und Idole der nationalsozialistischen Revolution. Göttingen 1955.
Schäfer, Wolfgang, NSDAP. Entwicklung und Struktur der Staatspartei des Dritten Reiches. Hannover/Frankfurt 1956.
Schildt, Gerhard, Die Arbeitsgemeinschaft Nord-West. Untersuchungen zur Geschichte der NSDAP 1925/26. Diss. Freiburg/Br. 1964.
Schubert, Günter, Anfänge nationalsozialistischer Außenpolitik. Köln 1963.
Schüddekopf, Ernst Otto, Linke Leute von rechts. Die nationalrevolutionären Minderheiten in Deutschland und der Kommunismus in der Weimarer Republik. Stuttgart 1960.
Schulz, Gerhard, Der »Nationale Klub von 1919« zu Berlin. Zum politischen Zerfall einer Gesellschaft. In: Jahrbuch zur Geschichte Mittel- und Ostdeutschlands 11 (1962), S. 207–237.
Schumann, Hans-Gerd, Nationalsozialismus und Gewerkschaftsbewegung. Die Vernichtung der deutschen Gewerkschaften und der Aufbau der »Deutschen Arbeitsfront«. Hannover/Frankfurt 1958.
Shirer, William L., Aufstieg und Fall des Dritten Reiches. Köln/Berlin 1961 (engl. 1960).
Sidman, Charles F., Die Auflagen-Kurve des Völkischen Beobachters und die Entwicklung des Nationalsozialismus. Dezember 1920 bis November 1923 (Dokumentation). In: VJHZ 13 (1965), S. 112–118.
Sörgel, Werner, Metallindustrie und Nationalsozialismus. Eine Untersuchung über Struktur und Funktion industrieller Organisationen in Deutschland 1929–1939. Frankfurt/M. 1965.
Sontheimer, Kurt, Antidemokratisches Denken in der Weimarer Republik. Die politischen Ideen des deutschen Nationalismus zwischen 1918 und 1933. München 1962.
Stoltenberg, Gerhard, Die politischen Strömungen des schleswig-holsteinischen Landvolks 1918–1933. Düsseldorf 1962.
Straßer, Gregor, Freiheit und Brot. Idee. Berlin 1928.
–, Hammer und Schwert. Kampf. Berlin 1928.
–, Kampf um Deutschland. 52 Reden eines Nationalsozialisten. München 1932.

Thyssen, Fritz, I Paid Hitler. London 1941.
Trumpp, Thomas, Franz von Papen, der preußisch-deutsche Dualismus und die NSDAP in Preußen. Ein Beitrag zur Vorgeschichte des 20. Juli 1932. Marburg 1963.
Turner, Henry A., Hitler's Secret Pamphlet for Industrialists, 1927. In: Journal of Modern History 40 (1968), S. 348–374.
Unger, Erich, Das Schrifttum des Nationalsozialismus von 1919 bis zum 1. Januar 1934. Berlin 1934.
Vierhaus, Rudolf, Faschistisches Führertum. Ein Beitrag zur Phänomenologie des europäischen Faschismus. In: Historische Zeitschrift 198 (1965), S. 614–639.
Vogelsang, Thilo, Reichswehr, Staat und NSDAP. Beiträge zur deutschen Geschichte 1930–1932. Stuttgart 1962.
Volz, Hans, Geschichte der NSDAP. Leipzig–Berlin 1934.
Watt, D. C., Die bayerischen Bemühungen um Ausweisung Hitlers 1924. In: VJHZ 6 (1958), S. 270–280.
Weinberg, Gerhard L., National Socialist Organization an Foreign Policy Aims in 1927. In: Journal of Modern History 36 (1964), S. 428–433.
Werner, Andreas, SA und NSDAP. Studien zur Geschichte der SA und der NSDAP 1920–1933. Diss. Erlangen–Nürnberg 1964.
Wörtz, Ulrich, Programmatik und Führerprinzip. Das Problem des Straßer-Kreises in der NSDAP. Eine historisch-politische Studie zum Verhältnis von sachlichem Programm und persönlicher Führung in einer totalitären Bewegung. Diss. Erlangen–Nürnberg 1966.

VERZEICHNIS DER ABKÜRZUNGEN

BAK *Bundesarchiv Koblenz*

BDC *Berlin Document Center*

B.H.St.A. I *Bayerisches Hauptstaatsarchiv, Abt. I (Allgemeines Staatsarchiv), München*

B.H.St.A. II *Bayerisches Hauptstaatsarchiv, Abt. II (Geheimes Staatsarchiv), München*

St.A. Hannover *Niedersächsisches Staatsarchiv Hannover*

Bll. *Blätter*

DAP *Deutsche Arbeiterpartei*

DHV *Deutschnationaler Handlungsgehilfen-Verband*

DNSAP *Deutsche Nationalsozialistische Arbeiterpartei*

DVFB *Deutschvölkische Freiheitsbewegung*

DVFP *Deutschvölkische Freiheitspartei*

DVO *Deutschvölkischer Offiziersbund*

e.h. *eigenhändig*

gez. *gezeichnet*

GVG *Großdeutsche Volksgemeinschaft*

hd *handschriftlich*

Jg. *Jahrgang*

KPD *Kommunistische Partei Deutschlands*

MdbL *Mitglied des bayrischen Landtags*

MdR *Mitglied des Reichstags*

M.N.N. *Münchener Neueste Nachrichten*

NSAG *Nationalsozialistische Arbeitsgemeinschaft*

NSDAP *Nationalsozialistische Deutsche Arbeiterpartei*

NSDAV *Nationalsozialistischer Deutscher Arbeiterverein*

NSFB *Nationalsozialistische Freiheitsbewegung*

NSFP *Nationalsozialistische Freiheitspartei*

O I, O II *Organisationsabteilung I, II*

O.G., O.Gr. *Ortsgruppe*

Osaf *Oberster SA-Führer*

OSAF *Oberste SA-Führung*

Pg. *Parteigenosse*

PO *Politische Organisation*

RGF *Reichsgeschäftsführer*

RL *Reichsleitung*

ROL *Reichsorganisationsleiter*

RPL *Reichspropagandaleiter*

SABE *SA-Befehl*

Slg. *Sammlung*

St *Stempel*

Staf *Standartenführer*

USchlA, USA *Untersuchungs- und Schlichtungsausschuß*

VB *Völkischer Beobachter*

VJHZ *Vierteljahrshefte für Zeitgeschichte*

V.V.V. *Vereinigte Vaterländische Verbände*

WPA *Wirtschaftspolitische Abteilung*

PERSONENREGISTER

Römische Zahlen verweisen auf die Bildtafeln und den dazugehörigen Text.